高等院校经济管理类系列教材

数据分析软件应用教程

吴培乐　李永红　主编

科学出版社

北　京

内 容 简 介

本书贯彻"实用"的原则，力求以统计数据分析过程为主线，深入浅出地介绍 Excel、SPSS、Power BI 三种数据分析软件在统计数据分析中的操作与应用。全书共由 4 篇 16 章组成：第 1 篇为数据分析的基本问题，主要介绍数据分析的内容、方法、程序等理论知识；第 2 篇为 Excel 数据处理与分析，主要介绍 Excel 的数据整理、汇总、分析和图表制作等内容；第 3 篇为 SPSS 数据处理与分析，主要介绍 SPSS 软件的数据预处理、整理、分析和图表制作等内容；第 4 篇为 Power BI 数据处理与分析，主要介绍 Power BI Desktop 工具的数据编辑、建模和可视化等内容。本书在内容上过程与说明并重，并配有大量的图片演示，是一本通俗易懂的数据分析软件应用工具书。

本书配备大量的实例操作数据，可作为经济类、管理类各专业本科生和硕士研究生的教材，也可作为广大管理工作者自学 Excel、SPSS、Power BI 软件的参考用书。

图书在版编目（CIP）数据

数据分析软件应用教程/吴培乐，李永红主编. —北京：科学出版社，2023.2
（高等院校经济管理类系列教材）

ISBN 978-7-03-070138-1

Ⅰ. ①数… Ⅱ. ①吴… ②李… Ⅲ. ①统计分析-应用软件-高等学校-教材 Ⅳ. ①C819

中国版本图书馆 CIP 数据核字（2021）第 214061 号

责任编辑：纪晓芬 袁星星 / 责任校对：王万红
责任印制：吕春珉 / 封面设计：东方人华平面设计部

科学出版社 出版
北京东黄城根北街 16 号
邮政编码：100717
http://www.sciencep.com
北京中科印刷有限公司 印刷
科学出版社发行 各地新华书店经销
*
2023 年 2 月第 一 版 开本：787×1092 1/16
2023 年 11 月第二次印刷 印张：25 3/4
字数：607 000

定价：89.00 元

（如有印装质量问题，我社负责调换〈中科〉）
销售部电话 010-62136230 编辑部电话 010-62135397-2021

前　言

随着数据时代的到来，社会对经济管理人才的数据处理能力提出了更高的要求。为此，各大专院校相继对管理类专业的学生开设了数据分析软件应用类课程，以培养和提高学生迅速处理大规模数据的能力。本书旨在通过对比的方式使读者系统、快速地掌握使用 Excel、SPSS、Power BI 三种数据分析软件的数据处理方法和操作技巧。

本书在编写中坚持“新、特、精”的原则，以独特的方式、精炼的内容，介绍最新版本的软件应用，其特色主要有以下三点。

1. 以数据分析过程为主线介绍软件应用

数据分析是每个管理类专业的学生都会遇到的工作或任务。对于非统计专业的学生来说，在数据分析过程中存在的首要问题是对数据分析的基本理论和知识掌握不够，或十分有限，从而导致其在熟悉数据分析软件操作的情况下，面对数据分析任务仍是困难重重，不知如何下手。为此，我们在教材的开始，首先对数据分析的内容、方法与程序等进行系统介绍，然后以数据分析过程为主线介绍每种软件的应用，这也正是本书编写的特别之处。

2. 系统介绍 Excel、SPSS、Power BI 三种软件的数据分析功能与操作技巧

首先，由于每种软件各具特色，所以只有比较学习，才能掌握其精华。本书通过对三种软件数据分析功能的介绍，使学生一方面掌握各种软件的基本数据分析功能和操作技巧；另一方面通过对各种软件在数据分析中的共性、差异进行比较，使学生充分了解各种软件的特色和优势。

其次，之所以选择以上三种软件，是因为这三种软件都具有易学易用、操作界面友好、软件容易获得等特点，同时它们分别代表了三种不同类型的数据分析工具。Excel 是办公软件系列，在基础数据处理方面无与伦比；SPSS 是著名的统计分析软件，在数据建模和多元统计分析上更胜一筹；Power BI 属于智能数据分析软件，在多表数据联动和数据可视化方面更受用户青睐。通过对这三种软件的学习，学生可掌握使用软件工具进行数据分析的基本程序和操作技巧，为学习其他数据分析软件奠定基础。

3. 以各软件的最新版本为依据介绍其应用

目前，介绍各种数据分析软件应用的书籍不少，但最新版本的应用指导书不多。鉴于各软件的最新版本的操作界面、功能设置都有较大的改变，所以，本书选择 Excel 2019、SPSS 26.0、Power BI 来介绍各自在数据分析中的应用。

本书建议教学时数为48学时，各篇的学时分配如下表所示。

课时分配表

篇次	课程内容	学时分配	
		讲授	实践训练
第1篇	数据分析的基本问题	2	—
第2篇	Excel数据处理与分析	10	8
第3篇	SPSS数据处理与分析	10	8
第4篇	Power BI数据处理与分析	6	4
学时总计		28	20

本书由吴培乐、李永红任主编，吴培乐编写第1～6、9、10、15章，李永红编写第7、14、16章，刘飞编写第8、12章，田巧娣编写第11章，张成芬编写第13章。在编写本书的过程中，研究生张楠、尤逸文参与了资料检索、内容研讨、校对、修改等环节（每人参与的内容均超过3万字）；西安交通大学经济金融学院的王文博教授提出了许多指导性的宝贵意见。在此，一并表示衷心的感谢！

由于同时介绍多种软件的软件应用类教材编写尚处于探索阶段，加之编者水平有限，所以书中难免会有不足和纰漏，敬请广大读者批评指正！

目　录

第 1 篇　数据分析的基本问题

第 2 篇　Excel 数据处理与分析

第 3 篇 SPSS 数据处理与分析

第 4 篇 Power BI 数据处理与分析

第1篇

数据分析的基本问题

在数据分析过程中，研究人员不仅需要熟练掌握计算机和数据分析软件的应用技术，而且需要系统掌握统计数据分析的相关理论与知识。本篇主要介绍数据分析的内容、方法、程序和常用软件等，其目的是使学生对数据分析的基本知识有所了解，避免滥用和误用分析方法等。

第 1 章　数据分析概述

随着数据时代的到来，无论是企业的经营管理，还是国家的宏观经济调控，都离不开对数据的分析与使用。特别是大数据的出现，使得数据的价值倍增，一个不懂数据的公司将无法生存，因此，数据分析技能已成为社会经济管理人才必备的基本技能。为此，本书首先对数据分析的基本知识进行概括介绍。本章内容为必修内容，建议讲授 2 学时。

1.1　数据分析的概念与种类

1.1.1　数据分析的概念与作用

数据分析是指采用适当的方法对搜集来的统计数据进行分析，以提取有用信息并形成结论，进而对数据加以详细研究和概括总结的过程。由此概念可以看出，数据分析必须采用适当的方法，也只有采取适当的方法对数据进行分析，才能得出更有价值的分析结论。因此，在数据分析过程中，分析方法的选择至关重要。

从大数据分析看，大数据具有数量巨大、形式多样、数据产生速度快等区别于传统数据的特征，其分析模式和理念也都不同于传统数据。一是大数据不再需要随机分析，主要强调全数据分析模式；二是大数据由于数据足够多，所以不用担心某个混乱数据对整体的影响；三是大数据更注重对数据相关关系的发现和使用。大数据分析的目的更加注重“是什么”，而不是“为什么”。

1.1.2　数据分析的种类

数据分析可以从不同的角度分类，但常见的主要从以下三个角度分类。

根据分析目的的不同，数据分析可分为描述性分析、诊断性分析及预测性分析。描述性分析主要用于分析现状；诊断性分析主要用于发现问题，并找出原因；预测性分析则是用于发现事物的发展变动规律或关联形式，并进行建模预测。

从分析方法的层次看，数据分析可分为描述性分析、探索性分析和验证性分析。其中，探索性分析侧重于在数据之中发现新的特征，验证性分析则侧重于对已有假设的证实或证伪。描述性分析属于基础数据分析方法，而探索性分析和验证性分析属于高级数据分析方法。

从分析的数据类型看，数据分析可分为定量数据分析和定性数据分析。定性数据和定量数据由于表现特征不同，分析方法也不同。所以在分析数据之前，首先需要正确区分数据的类型。

1.2 数据分析的主要内容

当我们面对一堆数据需要分析的时候，该从哪些方面着手呢？例如，你想了解一个企业或者一所大学，在已经获得了关于它们的大量数据后，你将从哪些方面着手分析而得到结果呢？由不同目的获得的统计数据，其分析的内容也不同，但一般可以从以下五个方面进行考虑分析。

1.2.1 数据结构分析

数据结构分析是通过计算具有某种特征的数据在全部数据中所占的比例，来反映总体在某方面的构成，它是数据分析中最简单也是最常见的一种分析内容。例如，根据企业的员工信息，来分析企业员工的性别、年龄、文化程度等构成。数据结构分析通常是先对数据按分析要求进行分类或分组，然后通过计算结构相对数来完成。在数据结构分析中，经常用“饼图”和“环形图”表现其分析结果。其中，饼图主要用于反映一个总体在某方面的构成，环形图则用于比较多个总体在某种构成上的差异。

1.2.2 数据分布特征分析

数据分布特征分析是针对数值型数据的一种分析方法。数据分布特征可以从三个方面进行测度和描述：一是分布的集中趋势；二是分布的离散程度（离中趋势）；三是分布的形状（偏态与峰度）。这三个方面分别反映数据分布特征的不同侧面。

（1）集中趋势

集中趋势是指一组数据向某一中心值靠拢的倾向，测度集中趋势也就是寻找数据一般水平的代表值或中心值。数据的集中趋势既可以作为评判事物的标准或依据，也可以用于不同地区或单位之间发展水平的比较，还可以对总量指标进行数量上的推算。

集中趋势的测度指标主要有众数、中位数和均值等。众数是一组数据中出现次数最多的变量值，主要用于测定“定类数据”的集中趋势，也可以用于测定“定序数据”和“数值型数据”的集中趋势；中位数是一组数据按大小排序后，处于中间位置的数值，主要用于定序数据集中趋势的测度，也可用于数值型数据，但不能用于定类数据；均值是全部数据的算术平均，也称为算术平均数，只能用于数值型数据集中趋势的测度。

（2）离散程度

离散程度反映的是各数据远离其中心值的程度，其值越大，数据分布越分散；其值越小，数据分布越集中。测定数据分布的离散程度主要有两个方面的作用：第一，可以了解数据分布的差异程度。在实际中很多问题都可以通过数据的差异程度加以反映，如投资风险的测定，地区之间经济发展不平衡问题的研究，生产过程的均衡性、节奏性的衡量等。第二，可以衡量集中趋势测度值的代表性大小。数据的离散程度越大，集中趋势对该组数据的代表性就越差；离散程度越小，其代表性就越好。

描述数据离散程度的测度值，根据所依据的数据类型不同主要有异众比率、四分位差、标准差，此外还有极差、平均差、方差及测定相对离散程度的离散系数等。异众比率是指非众数组的频数占总频数的比率，主要用于测度定类数据的离散程度，也可以用于定序数据和数值型数据离散程度的测定；四分位差是上四分位数与下四分位数之差，主要用于测度定序数据的离散程度，也可用于数值型数据，但不能用于定类数据；标准差是各数据与其算术平均数的离差平方和的平均数的平方根，主要用于数值型数据离散程度的测定。

（3）分布的形状

集中趋势和离散程度是数据分布的两个重要特征，但要全面了解数据分布的特点，还需要知道数据分布的形状是否对称、偏斜的程度及分布的扁平程度等。偏态和峰度就是对这些数据分布特征的进一步描述。

偏态是指数据非对称分布的偏斜状态，包括偏斜的方向和程度。对数据分布的偏斜方向可以利用众数、中位数和均值之间的关系加以判断，若要测度偏斜的程度，则需要计算偏态系数。偏态系数的计算方法主要有皮尔逊偏态系数、中心矩偏态系数等。

峰度是指一组数据的分布与正态分布相比的陡峭程度，通常用峰度系数来测定。

此外，也可以用图形直观地描述数据的分布特征，常用的图形有直方图、盒图和茎叶图等。

1.2.3 数据关联性分析

数据相互关系的分析是对具有相关关系的事物之间的关联程度和影响程度的分析。客观现象总是普遍联系和相互依存的，如广告费支出与商品销售额、保险利润与保险赔款、储蓄额与居民收入、上市公司的经营业绩与其股票价格及市场价值等都存在密切的关系。数据相互关系分析是数据分析中相对较为复杂的内容，根据数据的特征和表现形式不同，可将数据之间的相互关系分为不同的种类，不同种类数据之间相互关系的分析和研究需要采用不同的方法，如图 1-1 所示。

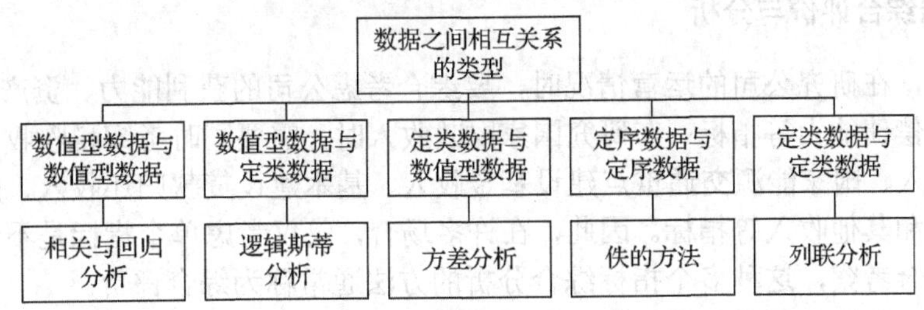

图 1-1 数据之间相互关系的类型与相应的研究方法

1.2.4 数据变动规律分析

按照被描述的现象与时间的关系，可以将统计数据分为截面数据和时间序列数据。

截面数据（cross sectional data）是在相同或近似相同的时间点上收集的数据，这类数据通常是在不同的空间上获得的，用于描述现象在某一时刻的变化情况。例如，2020年我国各地区的国内生产总值数据就是截面数据。时间序列数据（time series data）是在不同时间上收集到的数据，这类数据是按时间顺序收集得到的，用于描述现象随时间变化的情况。例如，2010～2020年我国的国内生产总值数据就是时间序列数据。对时间序列资料进行分析可以揭示客观事物发展变动的特征和规律性，为预测事物的未来发展提供依据。数据变动规律及特征的分析主要采用以下两种方法。

（1）动态指标分析法

动态指标分析法是通过计算一系列动态分析指标来反映现象随时间变动所表现出来的变动规律及特征。根据指标特征不同，动态分析指标可分为水平分析指标和速度分析指标两类。其中，水平分析指标是最简单，也是最基础的时间序列分析指标，用来反映现象随时间变化的绝对变动量，主要包括发展水平与平均发展水平、增减量与平均增减量。速度分析指标则反映了现象随时间变化的相对变动量，常用的速度分析指标主要有发展速度、增长速度、平均发展速度和平均增长速度四种。

（2）时间序列构成分析法

对现象进行动态分析，除了计算各种发展水平和发展速度分析指标外，还要研究现象变动的原因及其构成因素。

在诸多影响时间序列的因素中，有些对事物的发展起着长期的、决定性的作用，致使事物的发展呈现出某种趋势和一定的规律；有些则对事物的发展起着短期的、非决定性的作用，致使事物的发展呈现出某种不规则性。这些因素，按照对事物变化影响的类型，可归纳为四种，即长期趋势（T）、季节变动（S）、循环变动（C）和不规则变动（I）。将各影响因素从时间数列中分离出来并加以测定的过程，称为时间序列构成分析。

时间序列构成分析的基本原理：根据时间序列各要素之间的相互关系，建立一定的数学分析模型，测定和分析影响时间序列的各种因素及其变动，为认识和预测事物的发展提供依据。

1.2.5 数据综合评价与分析

实际中，在研究公司的运营情况时，要综合考虑公司的获利能力、资产运营能力、竞争能力及偿债能力等指标；在研究国家财政收入时，需要同时考察税收收入、企业收入、债务收入、国家能源交通重点建设基金收入、基本建设贷款归还收入、国家预算调节基金收入和其他收入等指标。因此，在许多场合，仅仅考虑单个指标是不够的，需要多个指标综合考察，这种多个指标综合分析的方法通常称为综合评价。

数据综合评价涉及的内容很多，所以评价方法的选择就至关重要。数据综合评价的方法很多，目前常用的有综合指数法、模糊评判法、层次分析法、因子分析法、主成分分析法、聚类分析法等。其中，因子分析法、主成分分析法、聚类分析法属于多元统计分析方法，在指标权重确定上不受主观因素影响，且有专门的统计分析软件支撑，在实际中被广泛采用。

1.3 数据分析的基本方法

数据分析的方法多种多样，从不同的角度可以有不同的分类，其中根据分析工具的不同，数据分析方法可分为指标法、模型法和图表法三种。这三种方法既可以单独使用，也可以选择两种或三种同时使用，如指标法和图表法经常结合使用。

1.3.1 指标法

数据分析的目的在于揭示总体现象的数量特征和规律性。通过对统计数据的整理，我们对总体数据的分布类型及其特征有了大致的了解。但这种了解远远不够，还缺少代表性的数量特征值来准确地描述出总体的数量特征。为了进一步掌握数据的分布特征和规律，对统计数据作深入的分析，就需要计算一系列反映总体数量特征的指标数值，对总体的数量特征做全面系统的描述。

指标法是通过计算一系列数据分析指标，来反映所研究对象的各种数量特征的一种数据分析方法。通常用于分析的指标有总量指标、相对指标、平均指标和变异指标。例如，依据企业利润表就可以计算一系列财务指标来反映企业的财务状况，如图 1-2 所示。

2019年利润表

编制单位：xx公司　　单位：万元

项　目	本期金额	上期金额	增减额	增降率
一、营业收入	21,200	18,800	2,400	12.77%
减：营业成本	12,400	10,900	1,500	13.76%
税金及附加	1,200	1,080	120	11.11%
销售费用	1,900	1,620	280	17.28%
管理费用	1,000	800	200	25.00%
财务费用	300	200	100	50.00%
加：投资收益	300	300	0	0.00%
二、营业利润	4,700	4,500	200	4.44%
加：营业外收入	150	100	50	50.00%
减：营业外支出	650	600	50	8.33%
三、利润总额	4,200	4,000	200	5.00%
减：所得税费用	1,050	1,000	50	5.00%
四、净利润	3,150	3,000	150	5.00%

指标	公式	数值
营业利润率	营业利润/营业收入	22.17%
销售利润率	利润总额/营业收入	19.81%
销售净利率	净利润/营业收入	14.86%
成本费用利润率	净利润/成本费用总额	20.19%
成本利润率	净利润/营业成本	21.74%

图 1-2 指标法的应用

1.3.2 模型法

模型法主要依据大量数据，通过建立数学模型的形式，来分析现象或变量之间的依存关系，或对现象进行综合评价。例如，利用回归模型可以分析企业生产费用和产品产量之间的变动关系，如图 1-3 所示。由所建模型可以看出，在模型检验通过的情况下，生产量每增加 1 件，生产费用会平均增加 577 元。

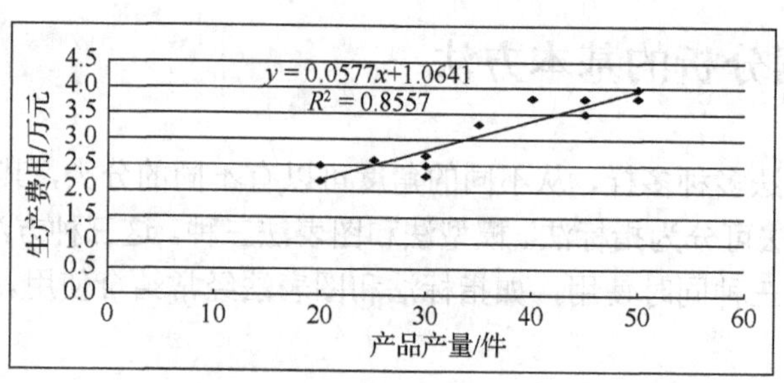

图 1-3　模型法的应用

常用的数据分析模型包括时间序列模型、回归分析模型、综合评价模型等。使用模型进行数据分析通常需要经过三个环节，首先是选择分析模型，其次是求解模型参数，最后利用模型进行分析，其难点是模型的选择。

1.3.3　图表法

图表法是以统计图形和表格的形式来分析和表现数据规律和特征的一种直观的方法。正确地使用统计图和统计表是做好数据分析最基本的保证。

统计图主要通过点的位置、线段升降、直线的长短或面积大小来表现事物的数量关系，使用统计图代替冗长的文字叙述，往往可以大大提升统计报告的可读性，令人赏心悦目，从而达到事半功倍的效果。统计图根据其用途可以分为以下几类。

1）反映数据构成的图形：饼图、环形图、面积图等。

2）反映数据分布特征的图形：条形图、直方图、折线图、箱线图、茎叶图等。

3）反映数据依存关系的图形：散点图、比较图、气泡图、瀑布图等。

4）反映变动趋势的图形：折线图、柱形图等。

5）用于综合评价的图形：雷达图、四分图等。

统计表是把杂乱的数据有条理地组织在一张简明的表格内以展示数据。与图形相比，表格更能准确地反映数据，同时也能表明数据之间的计算关系。在数据的搜集、整理、描述和分析过程中，经常要使用统计表。许多杂乱的数据，一旦整理在一张统计表内，就会变得一目了然，清晰易懂。根据反映内容的不同，统计表分为时空表和分组表两种，其中分组表又可分为简单分组表和复合分组表。

图表不仅可以比较数据的多少和分布状况，而且可以反映错综复杂的数据关系。例如，利用瀑布图可以反映企业收入、成本和利润之间的关系，如图 1-4 所示。

图 1-4 图表法的应用

1.4 数据分析的一般步骤

数据分析一般包括收集数据、加工和整理数据、分析数据三个主要阶段。统计学对此有非常完整和严谨的论述。在数据分析实践中，用统计学理论来指导应用是必不可少的，也是极为重要的。

1.4.1 数据分析的基本步骤

（1）明确数据分析目标

明确数据分析目标是数据分析的出发点。明确数据分析目标就是要明确本次数据分析要研究的主要问题和预期的分析目标等。一项分析活动只有目的明确，才能正确地制定数据收集的行动方案，为数据搜集指明方向，如应该收集哪些数据，应采用怎样的方法收集等，进而为数据分析做好准备。

（2）广泛、准确地搜集数据

在明确了数据分析目标之后，一个重要的问题就是怎样才能准确、有效地收集数据，以客观而全面地反映所研究现象的真实状况。收集数据的方法主要包括观察法、询问法、报告法和实验法，在实际中应灵活运用，恰当选取。例如，对于人们的内心活动，如态度、想法、看法等的了解就需要采取询问法；对于人们的行为、表现，如是否遵守交通规则，就需要采取观察法；报告法主要是统计部门常用的资料搜集方法；实验法是通过做实验获取数据，起初主要用于自然科学的研究，近年来也被引入市场营销活动中。

（3）科学处理调查数据

对于在明确数据分析目标的基础上收集到的数据，往往还需进行必要的加工整理后才能真正用于分析建模。数据加工整理通常包括数据的缺失值处理、数据的分组、基本描述统计量的计算、基本统计图形的绘制和数据的标准化处理等工作。此外，在收集数据的过程中，经常会获得一些与分析目标无关或者对分析目标起相反作用的干扰数据，排除这些数据也是数据处理的重要环节。数据的前期处理，既是对数据进行去伪存真的过程，也是初步掌握数据总体分布的过程，可为进一步的深入分析和建模奠定基础。

（4）正确选择分析方法

数据加工整理完成后，一般就可以进行数据分析了。分析应根据研究目的和数据特征选用适当的方法，切忌滥用和误用统计分析方法。滥用和误用统计分析方法主要是由对方法能解决哪类问题、方法适用的前提、方法对数据的要求不清楚造成的。另外，统计软件的不断普及和应用中的不求甚解也会加重这种现象。因此，在数据分析中应正确选择分析方法，以免分析结果偏差较大，甚至错误。

（5）合理解释分析结果

数据分析的直接结果是统计指标和统计参数。正确理解这些指标和参数的统计含义是一切分析结论的基础，不仅能够帮助人们有效避免毫无根据地随意引用统计数字的错误，同时也是证实分析结论正确性和可信性的依据，而这一切都取决于人们对统计分析方法的基本思想和原理是否掌握。

1.4.2　利用软件工具进行数据分析的步骤

利用数据分析软件进行数据分析也应该按照数据分析的一般步骤进行，但涉及的方面相对较少。

（1）建立数据文件

不管使用什么软件进行数据分析，都必须首先建立该软件可以识别的数据文件，包括在数据编辑窗口中定义数据结构、输入和修改数据等操作。具体在建立数据文件时，不同的软件有不同的要求，本书在每个软件学习的开始都有介绍。

（2）数据预处理

数据的预处理包括数据审核、筛选、排序、缺失值处理等内容。例如，我们想了解某企业员工中 35 岁以下年轻职工的工资整体水平，就需要利用数据分析软件的筛选功能先把这部分人筛选出来，这个过程就是数据的预处理，即准备需要分析的数据。

（3）选择分析方法并通过软件执行

数据分析软件能够自动完成数据建模中的数学计算并给出计算结果，使分析人员无须记忆数学公式，这无疑给统计分析方法和数据分析软件的广泛应用铺平了道路。不同的分析内容采用的分析方法不同，同一分析方法也可以使用不同的软件完成。例如，要了解某企业员工的工资水平，就需要选用描述性分析法。我们将要讲到的三个软件都可以完成此工作，但各有特点，在实际中应灵活选用。

（4）结果的解释

最后一个环节是解读计算结果，即读懂数据分析软件输出窗口中的分析结果，明确其统计含义，并结合应用背景知识做出符合实际的合理解释。结果解释既是数据分析的重点，也是难点，它要求分析人员既熟悉数据分析理论，也对实际问题有深入的了解和深刻的认识。

1.4.3 大数据分析的流程

大数据的处理流程和传统数据的处理流程基本相同，所不同的是面对的数据种类更多，分析方法更为复杂，主要包括以下几个环节：

1）数据获取。通过数据采集可以获得数据量巨大且种类繁多的原始分析数据。

2）数据处理与集成。数据处理与集成主要是对采集到的数据进行处理、清洗和去噪及进一步集成存储。

3）数据分析。数据分析是大数据处理的核心，因为大数据的价值产生于分析过程，只有经过分析的数据才有价值。

4）数据的解释。对于广大的数据用户来讲，最关心的并非数据的分析处理过程，而是对大数据结果的解释与展示。

习 题

1．什么是数据分析？数据分析有哪些种类？

2．大数据分析与传统数据分析有什么区别？

3．数据分析的基本内容有哪些？

4．根据分析工具不同，常用的数据分析方法有哪些？

5．简述使用数据分析软件进行数据分析的步骤。

第 2 章　常用数据分析软件介绍

对于简单的少量数据的处理或许还可以通过小型计算器等手工方式来完成，但是面对大量而复杂的多元统计数据，手工分析则显得无能为力，必须借助计算机和专用的数据分析软件来完成。

目前，广泛应用的传统数据分析软件主要有 Excel、SAS（Statistical Analysis System）、SPSS（Statistical Package for the Social Sciences）、Stata、Datax 等，智能大数据分析软件主要有 Power BI、Tableau、Python 等。每个软件都有自己独特的风格和优缺点，本章主要对本书涉及的 Excel、SPSS、Power BI 三个软件进行简单介绍，要求学生了解各个软件的发展现状、基本特征和功能组成等。本章内容为选修内容，可以由学生自学完成。

2.1　Excel

Excel 是美国微软公司开发的 Windows 环境下运行的电子表格处理软件，集数据的编辑整理、统计分析、图表绘制于一身。微软公司先后推出了 Excel 97、Excel 2000、Excel 2002……Excel 2019 等不同版本，随着版本不断提高，数据处理功能和操作的简易性也不断加强。

Excel 具有四大特征：19 个数据分析工具（data analysis tools）、80 个统计功能（statistical functions）、智能制表（chart wizard）和趋势线（trend line）。

Excel 的优势：强大的数据与公式自动填充功能；方便的数据编辑与透视分析功能；灵活的单元格绝对引用与相对引用功能；完美的图形绘制系统与丰富的内置函数功能。

2.2　SPSS

SPSS 的英文原名为 Statistical Package for the Social Sciences，译为社会科学统计软件包，2002 年其英文全称被更改为 Statistical Product and Service Solutions，译为统计产品与服务解决方案。2009 年，SPSS 公司宣布重新包装旗下的 SPSS 产品线，定位为预测统计分析软件（Predictive Analytics Software，PASW），2009 年 7 月 SPSS 公司被 IBM 公司收购，此后的版本均以“IBM SPSS Statistics+数字序号”为全名。目前投放市场的较新版本为 IBM SPSS Statistics 26.0。

SPSS 的特点如下：

1）功能强大。①囊括了各种成熟的统计方法与模型；②提供了各种数据整理技术；③自由灵活的表格功能；④有各种统计制图功能。

2）兼容性好。①在数据方面，不仅可以输入数据，而且可以导入 Excel 格式数据、文本格式数据；②在结果方面，其表格、图形可直接导出为 Word、文本、网页、Excel 格式等，也可以将其作为对象选择性粘贴到 Word、Power Point 中。

3）易用性强。人机界面友好，操作简单。SPSS 的统计分析功能是 SPSS 的核心部分，其基本统计功能包括样本数据的描述和预处理、假设检验（包括参数检验、非参数检验及其他检验）、方差分析（包括一般的方差分析和多元方差分析）、列联表分析、相关分析、回归分析、神经网络、聚类分析、判别分析、因子分析、时间序列预测、质量控制等。

2.3　Power BI

Power BI（Power Business Intelligence）是微软新一代的可视化交互式报表工具，它能够把相关的静态数据转化为炫酷的可视化报表，并且可以根据过滤条件对数据进行动态筛选，从而从不同角度和粒度上分析数据，它可以连接数百个数据源，简化数据准备并提供即席查询（Ad Hoc）。即席查询是用户根据自己的需求，灵活地选择查询条件，系统可以根据用户选择的条件生成对应的报表。

与传统的数据分析软件相比，Power BI 具有以下主要特点：

1）数据来源广泛。Power BI 能够从各种数据源中获取需要分析的数据，除了支持微软自家产品（如 Excel、SQL Server 等）和各类数据库（如 Oracle、MySQL、IBM DB2 等）外，还支持从 R 语言脚本、HDFS（Hadoop distributed file system，Hadoop 分布式文件系统）、Spark 平台等导入数据，同时还支持直接从网页抓取数据，并且随着 Power BI 的更新，支持的数据类型还在不断增加，能够持续满足用户的各种需求。

2）快速创建可视化交互式报表。Power BI 拥有十分丰富的图库及强大的数据可视化功能，能够制作交互式的报表，使得数据可视化的过程变得更加简洁、灵活和智能。

3）多款服务可满足用户的个性化需求。Power BI 包含多款服务，分别为 Windows 桌面应用程序（又称为 Power BI Desktop）、联机 SaaS 服务（也称为 Power BI 服务），以及移动 Power BI 应用，能够在 Windows 平板计算机及 iOS 和 Android 手机等设备上使用。多样化的服务系统可以满足用户的个性化需求。

4）支持数据共享。在 Power BI 中只要以公司或学校邮箱注册一个账号，就可以把数据报告上传到 Power BI 在线服务中，实现数据共享。无论在何处，不管使用的是笔记本计算机、平板计算机还是手机，用户都可以快速查看数据报告。

综上所述，以上数据分析软件均能完成日常工作中的数据分析任务，但各有所长，在实践中，应根据实际需要灵活选用。

习　题

1．简述三个软件的基本功能，说明各自有什么特点。

2．与其他软件相比，Excel 有哪些优势功能？

3．SPSS 软件有什么特点？该软件目前发展到了什么程度？

4．Power BI 软件与传统的数据分析软件相比有哪些特点？

5．除了本书介绍的数据分析软件外，你还知道哪些常用的数据分析软件？

第 2 篇

Excel 数据处理与分析

本篇主要介绍 Excel 数据整理与分析功能的操作与应用，包括数据管理、数据整理、数据分析、图表制作等内容。通过对本篇的学习与实践操作，学生应熟悉利用 Excel 进行数据整理与分析的基本步骤、常用方法和操作技巧等。

第 3 章　Excel 2019 数据分析基础

利用 Excel 进行数据分析必须具备一定的基础知识，如 Excel 的数据分析功能有哪些、调用什么工具可以使用这些功能、利用 Excel 进行数据分析必须做哪些数据准备工作、对数据有什么要求等。本章内容分为两节，3.1 节介绍 Excel 2019 的数据分析功能；3.2 节介绍 Excel 数据文件（数据清单）建立的基本步骤和相关操作。通过对本章的学习，学生应了解 Excel 2019 的常用数据整理与分析工具及其功能，掌握 Excel 数据文件建立的基本步骤和操作注意事项。本章内容建议讲授 2 学时，实践训练 1 学时。

3.1　Excel 2019 数据分析功能概述

Excel 作为一种常用的自动化办公软件，有着很强的数据处理和分析功能。日常工作中的数据整理与分析任务几乎都可以利用 Excel 快速完成。从早期的 Excel 版本到最新版本，每一次升级，数据分析功能都会增强。Excel 2019 的数据分析工具仍然主要是数据透视图表工具、数据分析工具、公式与函数和图形，但新增了函数和图表，增强了数据透视图表、视觉对象、记忆式键盘输入等功能。下面对 Excel 2019 的主要数据分析工具做一概括介绍。

3.1.1　数据透视图表工具

Excel 数据透视图表工具是一种可以有效管理和快速处理大量统计数据的交互式工具。其中，数据透视表是 Excel 提供的一种用于数据分析与管理的交互式报表，可用于对一组具有多个字段的数据进行多维度立体式汇总和分析。数据透视图是用于展示数据透视表数据的直观工具，与数据透视表紧密联系在一起，两者的字段设置相互对应，如果更改数据透视表中的字段设置，那么数据透视图中的字段设置也会相应地改变。

（1）数据透视图表工具的主要功能

1）有效管理大规模数据，即以友好方式查看大量数据表格，展开和折叠所关注的数据，快速查看摘要数据的明细信息，建立交叉表并通过行列互换展示原数据的不同汇总结果等。

2）对数据进行整理，即对数据进行快速分类汇总，按分类和子分类表现数据频数分布状况。

3）对数据进行同步计算，即对多项数据同步计算差异、百分比、差异百分比等分析指标。

（2）创建数据透视图表的要求与步骤

创建数据透视图表要求原始数据必须是数据库格式，即数据表中必须包含字段、记录和数据项。表格的第一行是字段名称，字段名称不能为空；数据记录中尽量不要有空白单元格和合并单元格；每个字段中的数据类型必须一致。总之，数据越规则，数据透视图表的创建就越方便。创建数据透视图表的一般步骤如下。

Step1：选择数据类型。用户可以根据以下四种类型的数据源创建数据透视图表。

① Excel 数据列表：如果以 Excel 数据列表作为数据源，则标题行不能有空白单元格或合并单元格，否则不能生成数据透视表，或出现错误。

② 外部数据：外部数据源包括文本文件、Microsoft SQL Server 数据库、Microsoft Access 数据库、dBASE 数据库等，Excel 2000 及以上版本利用 Microsoft OLAP 多维数据集创建数据透视图表。

③ 多个独立的 Excel 数据列表：数据透视表在创建过程中，可以将各个独立表格中的数据信息汇总到一起。

④ 其他数据透视图表：创建完成的数据透视图表也可以被作为数据源来创建另外一个数据透视图表。

Step2：选择数据区域。单击数据列表中的任何一个单元格就可以选择全部数据创建数据透视图表，也可以拖动鼠标选择数据区域来创建数据透视图表。

Step3：选择数据透视图表的显示位置。创建的数据透视图表既可以显示在数据所在的工作表中，也可以显示在新工作表中，默认情况下将显示在新建的工作表中。

Step4：对数据透视图表进行布局。这一步是创建数据透视图表关键的一步，因为不同的数据透视图表，其差异主要体现在数据图表的布局上，不同布局的数据透视图表可以用来满足用户不同角度的数据分析和报表结构变化的需求。对于已经创建完成的数据透视图表，用户只需要在“数据透视表字段列表”中拖动字段按钮，就可以重新安排数据透视图表的布局，从而满足新的数据分析需求。

Step5：设置数据透视表的格式。数据透视图表创建完成之后，用户往往还希望将自己的报表装扮得漂亮一点，得到更令人满意的效果，这就需要启用“数据透视图表工具”。单击数据透视图表的任意单元格就会显示“数据透视图表工具”。此工具为数据透视图表专用，设有“选项”和“设计”两个选项卡，其中，“设计”选项卡主要用于对数据透视图表的格式进行设定，“选项”选项卡则主要用于数据透视图表的分析。

3.1.2 数据分析工具

Excel 数据分析工具是 Excel 加载宏文件的主要组件之一，该工具提供了一组非常实用的数据分析方法。这些分析方法在统计分析、经济计量模型构建等方面有很强的实用价值。

Excel 分析工具由 Excel 自带的加载宏提供。启动 Excel 2019 后，如果其中的“数据”下拉列表中没有“数据分析”选项，就需要从 Excel 文件菜单中启动 Excel 选项中的加载项菜单，将分析工具库加载到 Excel 系统中（具体加载过程见 6.2.1 节）。如果“加载宏”对话框中没有分析工具库，则单击“加载宏”对话框中的“浏览”按钮，定位到分析工具库加载项 ANALYS32.XLL 所在的驱动器和文件夹，通常位于 Microsoft Office\

OFFICE14\Library\Analysis 中，否则需运行 Office 系统的安装程序。

Excel 数据分析工具的统计分析功能如表 3-1 所示。

表 3-1　Excel 数据分析工具的统计分析功能

名称	说明
方差分析	包括单因素方差分析、可重复双因素方差分析、无重复双因素方差分析
相关系数	用于计算相关数据之间的相关系数
协方差	用于计算数据之间的协方差
描述统计	用于计算一组数据的描述性统计量
指数平滑	用于计算时间序列中的指数平滑值
傅里叶分析	解决线性系统问题，并能通过快速傅里叶变换（fast Fourier transform，FFT）分析周期性数据
F 检验	用于比较两个样本的总体方差
直方图	在给定数据单元格区域和接收区间的情况下，计算数据分组的频数和累计频数
移动平均	根据时间序列计算移动平均数
回归	用于计算回归系数和回归方程检验统计量
抽样	从输入区域抽取总体的一个随机样本
t 检验	提供了三种不同的假设检验，即双样本等方差假设检验、双样本异方差假设检验、平均值的成对二样本分析
Z 检验	双样本平均差检验

3.1.3　公式与函数

公式与函数是 Excel 进行数据统计和分析的重要工具，可以利用输入的公式或函数对数据进行自动计算。这部分主要介绍 Excel 公式与函数的相关操作和一些使用技巧。

1. 公式及使用技巧

公式是对工作表中的数据进行计算和操作的等式，由运算符和数据或数据引用组成。

（1）公式中的运算符

运算符是用于实现对公式中的指定操作进行特定类型运算的符号。Excel 包括四种类型的运算符：算术运算符、比较运算符、文本运算符和引用运算符。各类运算符的运算级别如表 3-2 所示。

表 3-2　公式中的运算符

运算符	名称	示例	运算级别
：（冒号）	区域运算符	A1:C6	1
，（逗号）	联合运算符	(A5:B9,D2:D6)	2
（空格）	交叉运算符	(B1:D6 A3:C4)	3
^	乘幂号	6^5	4
–	负号	–6	5

续表

运算符	名称	示例	运算级别
%	百分号	65%	6
*、/	乘、除	6*5、6/5	7
+、-	加、减	6+5、6-5	8
&	文本链接符	A1&B2	9
=、>、<、>=、<=、<>	比较运算符	A1<>B1	10

若要更改运算符的优先级顺序，可以在公式中使用括号，将要先计算的部分用括号括起来。括号在公式中的优先级是最高的，也就是说如果在公式中含有括号，则先计算括号内的表达式，再计算括号外的表达式。

（2）公式的基本操作

1）输入公式：用户可以在单元格中输入公式，也可以在编辑栏中输入，输入的公式都以“=”开头，接着输入运算项和运算符，然后按 Enter 键，计算结果就会显示在单元格中。

2）编辑公式：输入公式后，用户还可以对其进行编辑，主要包括修改公式、复制公式和删除公式。

① 修改公式：双击要修改公式的单元格，使公式进入修改状态，修改完毕后按 Enter 键即可。

② 复制公式：当单元格中的计算公式类似时，可通过复制公式的方式自动计算出其他单元格的结果。复制公式时，公式中引用的单元格会自动发生相应的改变。用户既可以对公式进行单个复制，也可以进行快速填充。

③ 删除公式：选中要删除的公式，按 Backspace 键即可删除公式。

3）显示公式：显示公式的方法有两种，除了直接双击要显示公式的单元格进行单个显示外，也可以单击“公式”选项卡下“公式审核”组中的“显示公式”按钮显示表格中的所有公式。通过显示公式可以快速了解 Excel 表格中的数据计算关系。

（3）公式中的单元格引用

1）相对引用：相对引用是基于包含公式的单元格和引用单元格的相对位置而言的，即公式所在单元格发生变化，引用单元格也随之改变。如果多行或多列地复制公式，引用会自动调整。例如，如果将单元格 C7 中的相对引用复制到单元格 D7，将自动从“=SUM(C3+C4+C5+C6)”调整到“=SUM(D3+D4+D5+D6)”。

相对引用使用字母标识列（A～IV，共 256 列）和数字标识行（1～65536）标识单元格的相对位置。例如，E2 引用列 E 和行 2 交叉处的单元格。

2）绝对引用：绝对引用是指总是在指定位置引用单元格，即公式显示单元格位置改变，引用的单元格始终保持不变。绝对引用的单元格表示为$A$1、$B$1、$C$1。如果多行或多列地复制公式，绝对引用也不作调整。

【例 3-1】完成一次绝对引用。

Step1：打开示例文件 data3-1，在图 3-1 所示的工作表中的 F2 单元格中输入“=$D$2*

$E$2”，按 Enter 键完成输入。

F2　　×　✓　fx　=$D$2*$E$2

	A	B	C	D	E	F	G
1	产品名称	规格	单位	销售单价	销售数量	销售金额	
2	荧光笔	10支/盒	盒	18	500	=$D$2*$E$2	
3	白板笔	10支/盒	盒	18	640		
4	白板笔	10支/盒	盒	18	600		
5	文件夹	A4	件	8	800		
6	2B铅笔	50支/桶	桶	16	500		
7	白板笔	10支/盒	盒	18	800		
8	中性笔	12支/盒	盒	12	900		
9							

图 3-1　绝对引用示例

Step2：将 F2 单元格中的公式复制到 F3～F8 中，会发现每个单元格中的公式都是“=$D$2*$E$2”，也就是说，复制绝对引用公式后，每个单元格公式的计算结果是一样的，因为引用的单元格是固定的。

3）混合引用：具有绝对列和相对列或是绝对行和相对行。绝对引用行采用 A$1、B$1 等形式，绝对引用列采用$A1、$B1 等形式。如果公式所在单元格的位置改变，相对引用改变，而绝对引用不变。如果多行或多列地复制公式，相对引用自动调整，而绝对引用不作调整。

2. 函数及使用技巧

Excel 函数是 Excel 自带的可以直接调用的计算关系式，可以单独使用，也可以嵌入公式中使用。使用函数可以简化计算并减少出错率，从而提高工作效率。Excel 2019 中新增了 CONCAT、IFS、MAXIFS、MINIFS、TEXTJOIN 等多个函数，不仅功能更强大，而且可以简化之前版本函数参数繁杂的问题。

（1）函数的使用方式

1）在单元格中直接输入函数，即通过书写函数来使用函数。利用这种方式调用函数，需要掌握函数的书写规则。Excel 函数的书写规则如下：

首先，在单元格中输入一个“=”（备注：= 符号不包含引号），即

```
=
```

接着，输入一个函数名（不区分大小写）。例如，输入 IF 函数：

```
=if
```

然后，输入一对小括号。这里需要强调的是，函数都是在英文状态下编辑的，即

```
=if( )
```

最后，在括号里输入参数，这也是学习函数最难的一部分，说到底学习函数就是学习它的参数（这个将在函数的具体应用中进行讲解）。例如，

```
=if(a1>10,"大于10","小于10" )
```

注意:

手工输入函数时，可以利用 Excel 的“公式记忆式输入”功能快速书写函数。

例如，在单元格中输入“=SU”。Excel 将自动显示图 3-2 所示的、所有以“=SU”开头的函数扩展下拉列表，通过在扩展下拉列表中移动上下方向键或使用鼠标选择需要的函数，然后双击或者按 Tab 键，即可将此函数添加到当前的编辑位置。

图 3-2 公式记忆式输入

2）使用函数库插入已知类别的函数。在“公式”选项卡的“函数库”组中，Excel 按照内置函数分类提供了财务、逻辑、文本等多个下拉按钮。在“其他函数”下拉列表中还提供了统计、工程、多维数据集、信息、兼容性和 Web 等函数扩展菜单，如图 3-3 所示。

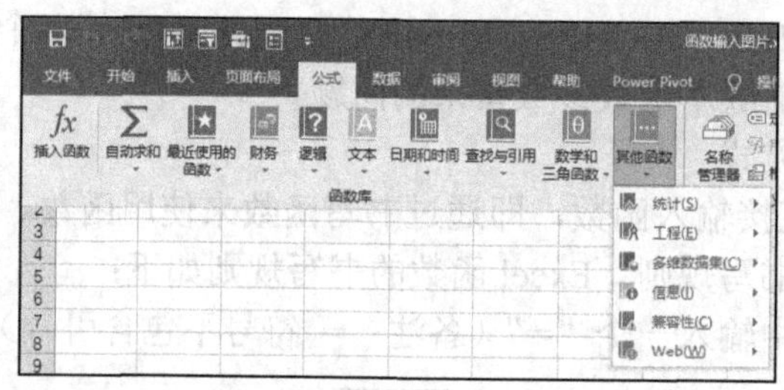

图 3-3 在“公式”选项卡的“函数库”组中选择函数

用户可以根据需要和分类插入函数，还可以从“最近使用的函数”下拉列表中选取最近使用过的 10 个函数。

3）使用“插入函数”向导搜索函数。如果用户对函数所属的类别不太熟悉，还可以使用“插入函数”对话框来选择或搜索所需要的函数。

Step1：选中需要输入函数的单元格。

Step2：单击“公式”→“函数库”→“插入函数”按钮，弹出“插入函数”对话框，也可以按 Shift+F3 组合键进入对话框，如图 3-4 所示。

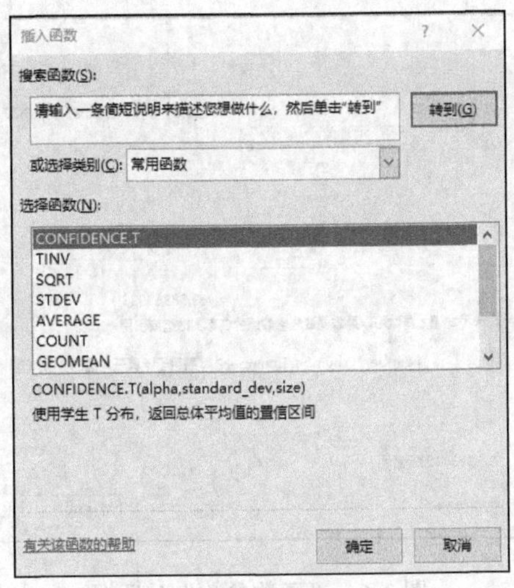

图 3-4　“插入函数”对话框

Step3：在“或选择类别”下拉列表中选择所需的函数类型，则该函数类型的所有函数将显示在“选择函数”列表框中，然后在该列表框中选择需要调用的函数即可。例如，插入平均值函数，就需要在“或选择类别”下拉列表中选择“常用函数”或“统计”类型选项，然后在“选择函数”列表中选择 AVERAGE 函数，如图 3-5 所示。

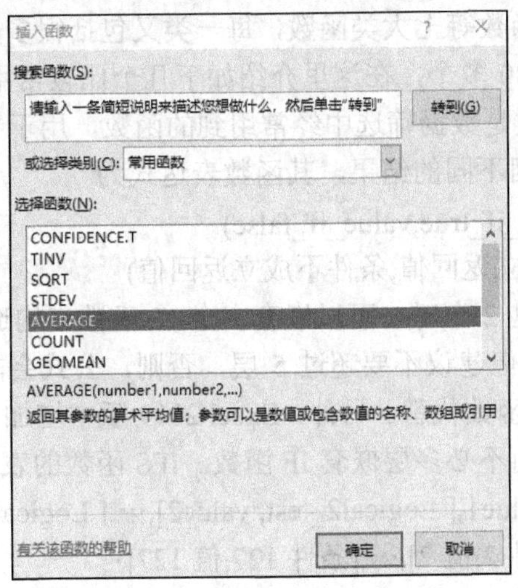

图 3-5　选择要插入的函数

Step4：单击“确定”按钮，完成函数的输入，弹出图 3-6 所示的“函数参数”对话框。在此对话框中单击 AVERAGE 区域的 Number1 文本框右侧的按钮，回到数据表中选定原数据所在区域，本例为 B2:B13。然后单击按钮，回到“函数参数”对话框。

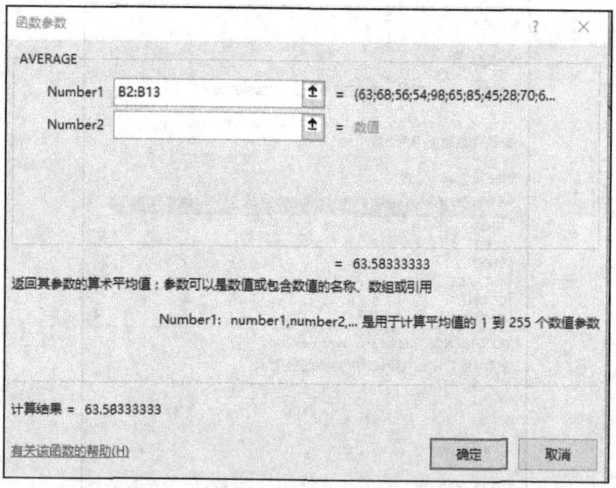

图 3-6　“函数参数”对话框

如果有两组数据同时要计算均值，则可在 Number1、Number2 文本框中同时选定分析数据所在的区域。

Step5：单击“确定”按钮，即可得到计算结果。

（2）数据分析中的常用函数

Excel 提供了财务函数、逻辑函数、文本函数、日期和时间函数、查找与引用函数、数学与三角函数、其他函数等七大类函数，每一类又包括很多具体函数，其中用于数据整理与分析的函数就有 80 多个，在这里介绍如下几个比较常用的函数。

1）IF 函数。IF 函数是数据筛选中经常用到的函数，用于判断是否满足条件，然后根据判断结果的真假返回不同的结果，其函数表达式为

IF(Logical_test,value_if_true,value_if_false)

IF(条件判断,条件成立返回值,条件不成立返回值)

实际中，当条件超过 2 个时，可以嵌套多个 IF 函数来构造复杂的判断条件。IF 函数最多可以嵌套 64 层，但建议不要超过 5 层，否则，公式会非常冗长，逻辑也难以理清，这时可用 LOOKUP 函数代替。另外，Excel 2019 版本增加了 IFS 函数，也可很好地解决多条件判断问题，而不必多层嵌套 IF 函数。IFS 函数的表达式为

IFS(Logical_test1, value1,[Logical2_test, value2],…,[Logical27_test, value127])

IFS(条件 1,值 1,[条件 2,值 2],…,[条件 127,值 127])

如果条件 1 成立，就显示值 1；条件 2 成立，就显示值 2；以此类推，最后一个条件成立，就显示最后一个值。式中，中括弧部分表示该部分可以省略。

【例 3-2】打开示例文件 data3-2，如图 3-7 所示，A:B 列展示了某公司员工考核成绩表的部分信息，需要根据考核成绩评定考核等级，成绩大于等于 90 分为优秀，大于等于 80 分为良好，大于等于 70 分为中等，大于等于 60 分为及格，小于 60 分为不及格。

分别使用 IF、LOOKUP、IFS 函数完成这一任务。

	A	B	C	D	E
1	姓名	考核成绩	考核等级（IF函数）	考核等级（LOOKUP函数）	考核等级（IFS函数）
2	钱世明	73	中等	中等	中等
3	马旭	88	良好	良好	良好
4	杨加寿	68	合格	合格	合格
5	董景涛	72	中等	中等	中等
6	杨秀坤	93	优秀	优秀	优秀
7	张健	62	合格	合格	合格
8	李亚娟	51	不合格	不合格	不合格
9	常加仙	97	优秀	优秀	优秀
10	丁绍晖	78	中等	中等	中等

图 3-7 某公司员工考核成绩表

Step1：在 C2 单元格输入或插入以下公式，并将公式复制到 C3:C10 单元格区域。

=IF(B2>=90,"优秀",IF(B2>=80,"良好",IF(B2>=70,"中等",IF(B2>=60,"合格","不合格"))))

如果成绩大于等于 90，则返回“优秀”；如果不满足第一条件，继续判断成绩是否大于等于 80，满足条件则返回“良好”；如果也不满足第二条件，继续判断成绩是否大于等于 70，满足条件则返回“中等”，如果仍不满足，继续判断成绩是否大于等于 60，满足条件则返回“合格”；如果以上条件均不满足，则返回“不合格”。

Step2：在 D2 单元格输入或插入以下公式：

=LOOKUP(B2,{0,60,70,80,90},{"不合格","合格","中等","良好","优秀"})

注意：

若需要在查找范围中查找一个明确的值，则查找范围必须升序排列；若需要查找一个不确定的值，如查找一列或一行数据的最后一个值，则查找范围并不需要严格的升序排列。

Step3：在 E2 单元格输入或插入以下公式：

=IFS(B2>=90,"优秀",B2>=80,"良好",B2>=70,"中等",B2>=60,"合格",B2<60,"不合格")

该公式表示如果 B2≥90，则显示“优秀”；如果 B2≥80，则显示“良好”；如果 B2≥70，则显示“中等”；如果 B2≥60，则显示“合格”；如果 B2<60，则显示“不合格”。

2）VLOOKUP 函数。VLOOKUP 函数属于查找与引用函数。查找与引用函数有 LOOKUP、HLOOKUP VLOOKUP、CHOOSE 等函数。其中 VLOOKUP 最为常用，用于按列在数据清单或表格中查找特定数值，或者查找某一单元格的引用时使用的函数。在建立 Excel 数据表时，经常利用 VLOOKUP 函数从已有的数据表中间接导入需要的数据，其函数表达式为

VLOOKUP(lookup_value,table_array,col_index_num,range_lookup)

VLOOKUP(查找值,查找区域,返回列号,精确/近似匹配)

第一参数是要在表格或区域的第一列中查找的值。

第二参数是需要查询的单元格区域。这个区域中的首列必须包含查询值，否则公式将返回错误值。如果查询区域包含多个符合条件的查询值，那么 VLOOKUP 函数只能返回首个结果。

第三参数用于指定返回查询区域中第几列的值。如果该参数超出待查询区域的总列数，VLOOKUP 函数将返回错误值#N/A。

第四参数决定函数的查找方式。如果为零或 FALSE，则用精确匹配方式，而且支持无序查找。如果为 1 或 TRUE 或者被省略，则使用近似匹配方式，同时要求查询区域的首列按升序排序。

精确查找的规则：查找区域第一列中，如果有多行数值与查找值相等，则返回第一个，忽略后面的；如果没有相等的值，则返回错误值#N/A。

分数	评级
0	E
60	D
70	C
80	B
90	A

图 3-8　评级标准

近似查找的规则：返回小于等于“查找值”里最大的那个值（所在的行，相应的列），注意不是“最接近”的值。如按图 3-8 所示的评级标准，查找 61 分的评级，会返回 60 所对应的等级 D；查找 69 分的评级，还是 60 分所对应的等级 D，并不会因为 69 更接近 70 而返回 70 分所对应的等级 C；再如查找 88 分的评级，“<=88”的有 0、60、70、80 这几个数，但是最大的值是 80，故返回 80 对应的等级 B。

【例 3-3】打开示例文件 data3-3，利用 VLOOKUP 函数进行查找的结果如图 3-9 所示，A:F 列是某班部分学生的成绩数据，H:N 列是利用 VLOOKUP 函数根据不同情况及需求进行的相应查找。

	A	B	C	D	E	F	G	H	I	J	K	L	M	N	O
1	学号	姓名	语文	数学	英语	总分		一、常规查找				二、文本数字查找			
2	901	陆逊	60	67	59	186			学号	姓名			学号	总分	
3	902	黄月英	60	24	18	102			902	黄月英			905	132	
4	903	邓艾	57	51	54	162		三、屏蔽错误值				四、通配符查找			
5	904	周瑜	61	52	54	167			学号	姓名			第一个姓黄人员的总分：		
6	905	黄忠	52	38	42	132			908	查无此人				102	
7	906	司马懿	71	54	56	181		五、查找一系列值							
8										姓名	语文	数学	英语	总分	
9										黄忠	52	38	42	132	
10										邓艾	57	51	54	162	
11															

图 3-9　利用 VLOOKUP 函数查找的结果

各查找结果的公式及含义如下。

① 常规查找。在 J3 单元格中输入以下公式，查找学号 902 对应的学生姓名：

=VLOOKUP(I3,A:B,2,0)

目标值 I3 位于查找区域 A:B 的第一列 A 列中，返回区域中的第二列，即 B 列对应位置的值“黄月英”。

② 文本数字查找。在 N3 单元格中输入以下公式，查找学号为 905 的学生的成绩总分：

=VLOOKUP(--M3,A:F,6,0)

M3 单元格中的 905 是文本型数字，所以需要将其转换为数值型数据，即在 M3 前加“--”。

③ 屏蔽错误。在 J6 单元格中输入以下公式，查找学号为 908 的学生的姓名：

=IFERROR(VLOOKUP(I6,B:C,2,0),"查无此人")

在成绩表中，学号信息对应的没有 908 这个人，所以 VLOOKUP 部分会返回错误值 #N/A。在此函数外嵌套 IFERROR 函数处理错误之值，使结果返回“查无此人”。

④ 通配符查找。

在 N6 单元格中输入以下公式，查找以“黄”字开头的学生的姓名：

=VLOOKUP("黄*",B:F,5,0)

VLOOKUP 函数支持通配符查找，“黄*”代表以“黄”字开头的单元格，即返回结果为黄月英的总成绩 102。

⑤ 查找一系列值。在 K9 单元格中输入系列公式，向右复制到 K9:N10 单元格区域，可以完成对一个目标值返回一系列的结果。

=VLOOKUP($J9,$B:$F,COLUMN(B:B),0)

COLUMN(B:B)计算结果为 2，向右复制时，得到起始值为 2、步长为 1 的自然数序列，用作 VLOOKUP 的第三个参数。

VLOOKUP 函数根据 J9 单元格的学生姓名，在$C:$F 单元格区域中查找其位置，并分别返回同一行中第 *n* 列的内容。

3）OFFSET 函数。OFFSET 函数以指定的引用为参照系，通过给定偏移量得到新的引用，得到的引用可以为一个单元格或单元格区域。OFFSET 能够为动态数据透视表、动态图表提供动态数据源，以及在多维引用中使用。OFFSET 实际上并不移动任何单元格或更改选定区域，它只是返回一个引用，可用于任何需要将引用作为参数的函数，其函数表达式为

OFFSET(reference,rows,cols,[height],[width])

OFFSET(参考原点,偏移行数,偏移列数,[区域高度],[区域宽度])

在使用 OFFSET 函数的过程中，需要注意：

reference 作为偏移量参照系的引用区域，必须为对单元格或相连单元格区域的引用；否则，函数 OFFSET 返回错误值#VALUE!。如果省略 height 或 width，则假设其高度或宽度与 reference 相同。

当引用的单元格或区域位于参考原点的右下方时，偏移量参数和引用区域参数均为正值，如图 3-10 所示；当引用的单元格或区域位于参考原点的左上方时，偏移量参数和引用区域参数均为负值，如图 3-11 所示。

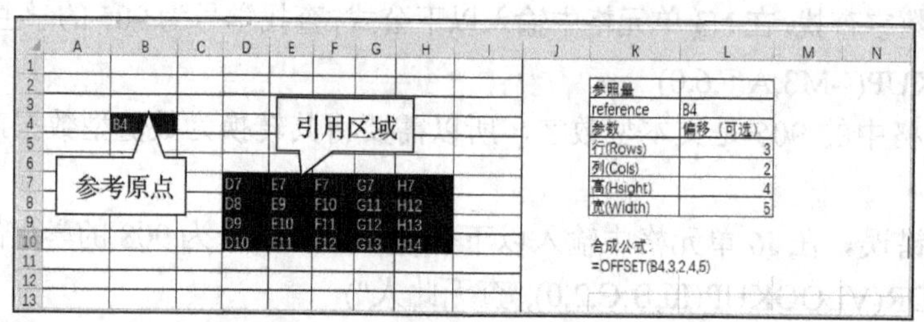

图 3-10　引用区域位于参考原点右下方

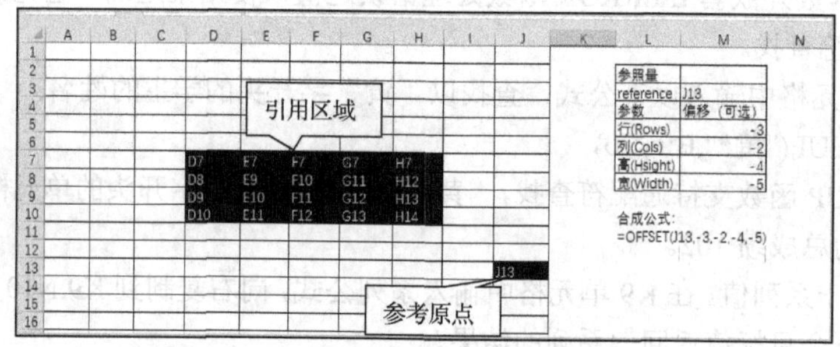

图 3-11　引用区域位于参考原点左上方

当引用为一个区域时，插入 OFFSET 函数，须选定整个函数返回区域，并动手输入函数，然后按 Shift+Ctrl+Enter 组合键以生成数组公式，否则会输出错误值#VALUE!。

【例 3-4】 打开示例文件 data3-4，利用 OFFSET 函数从原始数据表中引用数据。各种形式的参数设置如图 3-12 所示。

序号	编号	姓名	性别	出生日期	身份证号码
1	S0001	李小筱	女	1987/02/03	37****198702035023
2	S0002	田雨心	女	1980/09/29	22****198009295128
3	S0003	张阳	男	1983/11/23	37****198311232311
4	S0004	曹文	女	1987/07/14	37****198707143223
5	S0005	马志远	男	1985/04/16	37****198504165212
6	S0006	李莉	女	1987/05/18	21****198705183327
7	S0007	刘姗姗	女	1984/10/29	42****198410292561
8	S0008	王小小	女	1989/03/18	37****198903182527
9	S0009	孙明明	男	1978/12/12	37****197812121213
10	S0010	张燕	女	1973/02/03	22****197302035023
11	S0011	刘洋	男	1987/05/18	37****198705185637
12	S0012	苏名航	男	1976/01/15	37****197601156018
13	S0013	刘一飞	男	1980/09/23	22****198009239191
14	S0014	张兰	女	1979/11/21	34****197911210628
15	S0015	何俊雅	女	1982/09/11	37****198209116029

公式	结果	说明
=OFFSET(A1,5,2,1,1)	马志远	显示基于A1单元格向下偏移5行，向右偏移2列单元格的值
=OFFSET(A16,-3,2,1,1)	苏名航	显示基于A16单元格向上偏移3行，向右偏移2列单元格的值
=OFFSET(E18,-4,-2,-1,-1)	刘一飞	显示基于E18单元格向上偏移4行，向左偏移2列单元格的值
{=OFFSET(A1,4,2,3,3)}	曹文 女 1987/07/14 马志远 男 1985/04/16 李莉 女 1987/05/18	显示基于A1单元格向下偏移4行，向右偏移2列的3行3列单元格区域的值

图 3-12　OFFSET 函数的参数设置

4）条件统计函数。在数据分析中，经常需要按条件有选择地分析，因此会频繁地使用条件统计函数。条件统计函数包括单条件统计函数 COUNTIF、SUMIF、AVERAGEIF 和多条件统计数函数 COUNTIFS、SUMIFS、AVERAGEIFS。

✧　COUNTIF 与 COUNTIFS 函数。

COUNTIF 函数是对区域中满足单个条件的单元格计数，其函数表达式为

COUNTIF(range,criteria)

COUNTIF(条件区域,条件)

条件可以是对数字、比较式、文字、数组或数字的引用。但如果不是数值，应用双引号将其包围，如 70、"男"或">=80"。

COUNTIFS 函数是对区域中满足多个条件的单元格计数，其函数表达式为

COUNTIFS(criteria_range1,criteria1,[criteria_range2,criteria2]…)

COUNTIFS(条件区域 1,条件 1,[条件区域 2,条件 2]…)

第一个条件区域和条件必须指定，其余条件区域和条件是可选的，最多可附加 127 个区域及其关联条件。

【例 3-5】打开示例文件 data3-5，利用 COUNTIF 和 COUNTIFS 函数进行条件计数。参数设置分别如图 3-13 和图 3-14 所示。

组别	姓名	销售日期	销售金额
第1组	陆建	2017/2/3	5000
第1组	刘备	2017/2/3	5000
第1组	刘坚	2017/2/22	3000
第1组	刘阳	2017/3/22	9000
第2组	刘璋	2017/2/3	5000
第2组	司马睿	2017/2/24	7000
第2组	周鹏	2017/3/8	8000
第2组	曹艳	2017/3/9	5000
第2组	刘尚香	2017/3/10	4000
第2组	小乔	2017/3/31	2000
第3组	孙红	2017/1/3	4000
第3组	刘表	2017/2/4	5000
第3组	诸葛瑾	2017/2/5	8000

1、按类别计数

组别	人数	函数式
第1组	4	←"=COUNTIF(A:A,G3)"
第2组	6	←"=COUNTIF(A:A,G4)"
第3组	3	←"=COUNTIF(A:A,G5)"
按组统计人数		

2、使用通配符计数

条件	人数	函数式
姓氏为刘	6	←"=COUNTIF(B:B,"刘*")"
姓刘且姓名为2个字	5	←"=COUNTIF(B:B,"刘?")"
姓刘且姓名为3个字	1	←"=COUNTIF(B:B,"刘??")"
按名字长短统计姓刘的员工人数		

3、统计数字

条件	人数	函数式
大于4000元	9	←"=COUNTIF(D:D,">4000")"
等于4000元	2	←"=COUNTIF(D:D,">4001")"
小于等于4000元	4	←"=COUNTIF(D:D,">4002")"
按销售金额分组统计人数		

图 3-13　COUNTIF 函数的参数设置

组别	姓名	销售日期	销售金额
第1组	陆建	2017/2/3	5000
第1组	刘备	2017/2/3	5000
第1组	刘坚	2017/2/22	3000
第1组	刘阳	2017/3/22	9000
第2组	刘璋	2017/2/3	5000
第2组	司马睿	2017/2/24	7000
第2组	周鹏	2017/3/8	8000
第2组	曹艳	2017/3/9	5000
第2组	刘尚香	2017/3/10	4000
第2组	小乔	2017/3/31	2000
第3组	孙红	2017/1/3	4000
第3组	刘表	2017/2/4	5000
第3组	诸葛瑾	2017/2/5	8000

1、统计日期

月份	人数	函数式
1	1	←"=COUNTIFS(C:C,">="&DATE(2017,G3,1),C:C,"<"&DATE(2017,G3+1,1))"
2	7	←"=COUNTIFS(C:C,">="&DATE(2017,G4,1),C:C,"<"&DATE(2017,G4+1,2))"
3	5	←"=COUNTIFS(C:C,">="&DATE(2017,G5,1),C:C,"<"&DATE(2017,G5+1,3))"
按月份统计两个日期之间的人数		

2、多条件统计

条件	人数	函数式
第1组且姓氏为刘	3	←"=COUNTIFS(A:A,"第1组",B:B,"刘*")"
第2组3月销售数据	4	←"=COUNTIFS(A:A,"第2组",C:C,">="&DATE(2017,3,1),C:C,"<"&DATE(2017,4,1))"

图 3-14　COUNTIFS 函数的参数设置

✧　SUMIF 与 SUMIFS 函数。

SUMIF 函数是对区域中满足单个条件的单元格求和。此函数功能类似 COUNTIF，但所求对象改为求某列中符合条件部分的和，其函数表达式为

SUMIF(range,criteria,[sum_ range])

SUMIF(条件区域,条件,[求和区域])

“条件”可以是数字、比较式或文字。但如果不是数值，应用双引号将其包围。“求和区域”用于标出要进行求和的单元格范围，如果省略，则计算条件范围内的单元格的合计，仅适用于条件范围为数值的情况。

SUMIFS 函数是对区域中满足多个条件的单元格求和，其函数表达式为

SUMIFS(sum_ range, criteria_range1,criteria1,[criteria_range2,criteria2]…)

SUMIFS(求和区域,条件区域 1,条件 1,[条件区域 2,条件 2]…)

每一个附加的区域都必须与参数 criteria_range1 有相同行数或列数，但这些区域无须彼此相邻。

【例 3-6】打开示例文件 data3-6，利用 SUMIF 和 SUMIFS 函数进行条件求和。参数设置分别如图 3-15 和图 3-16 所示。

	A	B	C	D
1	组别	姓名	销售日期	销售金额
2	第1组	陆建	2017/2/3	5000
3	第1组	刘备	2017/2/3	5000
4	第1组	刘坚	2017/2/22	3000
5	第1组	刘阳	2017/3/22	9000
6	第2组	刘瑾	2017/2/3	5000
7	第2组	司马睿	2017/2/24	7000
8	第2组	周鹏	2017/3/8	8000
9	第2组	曹艳	2017/3/9	5000
10	第2组	刘尚香	2017/3/10	4000
11	第2组	小乔	2017/3/31	2000
12	第3组	孙红	2017/1/3	4000
13	第3组	刘表	2017/2/4	5000
14	第3组	诸葛瑾	2017/2/5	8000

1、条件为类别

组别	销售总额	函数式
第1组	22000	←"=SUMIF(A:A,G3,D:D)"
第2组	31000	←"=SUMIF(A:A,G4,D:D)"
第3组	17000	←"=SUMIF(A:A,G5,D:D)"
按组汇总销售金额		

2、条件中使用通配符

条件	销售总额	函数式
姓氏为刘	31000	←"=SUMIF(B:B,"刘*",D:D)"
姓刘且姓名为2个字	4000	←"=SUMIF(B:B,"刘？",D:D)"
姓刘且姓名为3个字	4000	←"=SUMIF(B:B,"刘？？",D:D)"
按名字长短汇总姓刘的员工的销售金额		

3、条件为数字

条件	销售总额	函数式
大于5000元	32000	←=SUMIF(D:D,">5000")
等于5000元	25000	←=SUMIF(D:D,">5000")
小于等于5000元	38000	←=SUMIF(D:D,">5000")
分组汇总销售额		

图 3-15　SUMIF 函数的参数设置

	A	B	C	D
1	组别	姓名	销售日期	销售金额
2	第1组	陆建	2017/2/3	5000
3	第1组	刘备	2017/2/3	5000
4	第1组	刘坚	2017/2/22	3000
5	第1组	刘阳	2017/3/22	9000
6	第2组	刘瑾	2017/2/3	5000
7	第2组	司马睿	2017/2/24	7000
8	第2组	周鹏	2017/3/8	8000
9	第2组	曹艳	2017/3/9	5000
10	第2组	刘尚香	2017/3/10	4000
11	第2组	小乔	2017/3/31	2000
12	第3组	孙红	2017/1/3	4000
13	第3组	刘表	2017/2/4	5000
14	第3组	诸葛瑾	2017/2/5	8000
15				

1、统计日期

月份	销售总额	函数式
1	4000	←"=SUMIFS(D:D,C:C,">="&DATE(2017,G3,1),C:C,"<"&DATE(2017,G3+1,1))"
2	38000	←"=SUMIFS(D:D,C:C,">="&DATE(2017,G4,1),C:C,"<"&DATE(2017,G4+1,1))"
3	28000	←"=SUMIFS(D:D,C:C,">="&DATE(2017,G5,1),C:C,"<"&DATE(2017,G5+1,1))"

注意：在多条件统计中，同一条件区域（数值范围）可以被多次使用

2、多条件统计

条件	销售总额	函数式
第1组且姓氏为孙	17000	←"=SUMIFS(D:D,A:A,"第1组",B:B,刘"
第2组3月销售数据	19000	←"=SUMIFS(D:D,A:A,"第2组",C:C,">="&DATE(2017,3,1),C:C,"<"&DATE(2017,4,1))"

图 3-16　SUMIFS 函数的参数设置

✧　AVERAGEIF 与 AVERAGEIFS 函数。

AVERAGEIF 函数是对区域中满足单个条件的单元格计算算术平均值。AVERAGEIFS 函数则是对区域中满足多个条件的单元格计算算术平均值。两者的语法与参数设置与 SUMIF 与 SUMIFS 函数完全一致，差异在于 SUMIF 与 SUMIFS 函数是对符合条件的单元格求和，AVERAGEIF 与 AVERAGEIFS 函数则是对符合条件的单元格求算术平均数，这里不再举例说明。

5）平均值函数。

数据分析的基本方法之一就是均值分析，因此数据分析中经常需要计算平均数。Excel 提供的平均数计算函数有 AVERAGE、TRIMMEAN、HARMEAN 和 GEOMEN，其中，AVERAGE 函数用于计算算术平均数，参数设置相对简单，下面主要介绍其他三种平均数函数的语法与应用。

✧ TRIMMEAN 函数返回数据集的内部平均值，即先从数据集两端除去一定百分比的数据点，再求平均值，其函数表达式为

TRIMMEAN(array,percent)

TRIMMEAN(数值区域,除去数据点比例)

TRIMMEAN 函数将除去的数据点数目向下舍入为最接近的 2 的倍数，如果 percent=30%，30 个数据点的 30%等于 9 个数据点，那么向下舍入最接近的 2 的倍数为数字 8，于是 TRIMMEN 函数将对等地在数据集的头部和尾部各除去 4 个数据。

【例 3-7】打开示例文件 data3-7，TRIMMEAN 函数的具体应用如图 3-17 所示。

✧ HARMEAN 函数返回一组正数的调和平均数，即所有参数倒数平均数的倒数。调和平均数经常用于计算逆指标的平均，其函数表达式为

HARMEAN(number1, [number2],…)

HARMEAN(数值 1,[数值 2],…)

number1 是必需的，后续数值是可选的。这是用于计算平均值的一组参数，参数的个数可以为 1～255，也可以用单一数组或者对某个数组的引用来代替用逗号分隔的参数。

【例 3-8】打开示例文件 data3-8，HARMEAN 函数的具体应用如图 3-18 所示。

	A	B	C	D	E
1	姓名	基本工资		内部平均值	函数式
2	陆建	35000		5082	←"=TRIMMEAN(B2:B14,20%)"
3	刘备	2900			
4	刘坚	4300			
5	刘阳	6300		算术平均值	函数式
6	刘璋	6300		7108	←"=AVERAGE(B2:B14)"
7	司马書	2400			
8	周鹏	7600			
9	曹艳	5900			
10	刘尚香	1500			
11	小乔	4400			
12	孙红	5100			
13	刘表	3200			
14	诸葛瑾	7500			

图 3-17　TRIMMEAN 函数的具体应用

	A	B	C
1	假设有五个工人，他们的劳动生产率水平如下，分别计算正指标和逆指标的平均劳动生产率。		
2	工人	劳动生产率	
3		正指标（件/小时）	逆指标(分/件）
4	甲	10	6
5	乙	12	5
6	丙	15	4
7	丁	20	3
8	戊	30	2
9	指标名称：	算术平均值(X̄)	调和平均值(H）
10	计算结果：	17.4	3.448
11	函数式：	=AVERAGE(B4:B8)	=HARMEAN(C4:C8)
12	两者换算关系：	H=60/17.4=3.448 （1小时=60分）	

图 3-18　HARMEAN 函数的具体应用

✧ GEOMEAN 函数返回一组正数的几何平均数，几何平均经常用于计算速度和比率的平均，其函数表达式为

GEOMEAN(number1, [number2],…)

GEOMEAN(数值 1,[数值 2],…)

“数值 1，数值 2，…”为需要计算几何平均数的单元格或区域参数，最多可达 255 个。

【例 3-9】打开示例文件 data3-9，GEOMEAN 函数的具体应用如图 3-19 所示。

	A	B	C	D
1	年份	收益率	毛利率	平均增长率
2	2016	9%	109%	7.2%
3	2017	8%	108%	函数式
4	2018	7%	107%	"=GEOMEAN(C2:C7)-100%"
5	2019	6%	106%	
6	2020	7%	107%	
7	2021	6%	106%	

图 3-19　GEOMEAN 函数的具体应用

6）参数估计函数。在数据分析中，为了加快速度和节约费用，经常要用样本数据估计总体参数，这一工作称为参数估计。Excel 中的 CONFIDENCE.NORM 函数可传回正态分布下总体平均值估计的误差范围。基于这一误差范围和样本指标可以估计总体参数的变动范围，其函数表达式为

CONFIDENCE.NORM(alpha, standard_dev, size)

CONFIDENCE.NORM(显著性水平, 总体标准差, 样本容量)

若总体标准差 σ 已知，则其计算公式为

$$Z_{\alpha/2}\cdot\frac{\sigma}{\sqrt{n}}$$

若总体标准差 σ 未知，则可用样本标准差 S 代替，其计算公式为

$$Z_{\alpha/2}\cdot\frac{S}{\sqrt{n}}$$

当样本指标为学生 T 分布时，可用 CONFIDENCE.T 函数传回总体平均值估计的误差范围。此函数用法与 CONFIDENCE.NORM 函数大致相同，只是样本指标的分布不同，在大样本情况下，两者估计结果接近。CONFIDENCE.T 的函数表达式为

CONFIDENCE.T(alpha, standard_dev, size)

CONFIDENCE.T(显著性水平, 总体标准差, 样本容量)

【例 3-10】从某班 40 名学生中随机抽取 10 名同学调查身高情况，结果如图 3-20 中的 B 列所示。假定该班学生身高符合正态分布，则利用 CONFIDENCE.NORM 函数按 95% 的置信水平估计得到的全班学生的平均身高所在的区间范围如图 3-20 中的 E 列所示。

	A	B	C	D	E
1	学号	身高	指标	函数式	结果
2	35	159	样本均值	=AVERAGE(B2:B11)	153.9
3	21	154	样本标准差	=STDEV(B2:B11)	11.56
4	12	159	误差范围	=CONFIDENCE.NORM(0.05,E3,10)	7.17
5	10	149	置信下限	=E2-E4	146.73
6	37	167	置信上限	=E2+E4	161.07
7	39	167			
8	3	135			
9	3	135			
10	17	152			
11	32	162			
12					

图 3-20　函数在参数估计中的应用

7）预测分析函数。

✧　FORECAST 函数。此函数利用回归分析，用已知的因变量数据点和自变量数

据点，建立线性回归方程，并将用户指定的一组新的自变量值代入回归方程计算因变量的估计（预测）值，是数据分析中常用的函数之一，其函数表达式为

FORECAST(x, known_y's, known_x's)

FORECAST(x, 因变量数据点, 自变量数据点)

在上述表达式中，x 为需要预测时期的自变量值，known_y's 为已知的因变量数据，known_x's 为已知的自变量数据。

✧ TREND 函数。此函数利用最小平方法，用已知的因变量数据点与自变量数据点，计算其线性回归方程式（但不显示回归方程式的内容），并将用户所指定的一组新的 x 值，代入回归方程式求其 y 的估计值。此函数既可用于建立回归预测模型，也可用于建立时间序列趋势预测模型，其函数表达式为

TREND(known_y's, known_x's, new_ x's, const)

TREND(因变量数据点, 自变量数据点, [新 x 值], [是否要常数])

在上述表达式中，“因变量数据点”、“自变量数据点”与“新 x 值”的单元格个数应一致。“是否要常数”为逻辑值，设定为 TRUE 或省略，表示要求计算常数 b（即截距），其回归结果为 $y = b + mx$。若设定为 FALSE，则将常数 b 设定为 0，回归结果将为 $y=mx$。

TREND 函数与 FORCAST 函数的作用相同，但是计算过程完全不同。另外，TREND 函数还可以进行系列预测，即输出一组预测结果。利用 TREND 函数进行数组预测时，需要先选好置放系列预测值的单元格区域，然后输入公式，并按 Ctrl+Shift+Enter 组合键确定完成。

【例 3-11】打开示例文件 data3-11，两个预测分析函数的实际应用如图 3-21 所示。

	A	B	C	D	E	F
1	企业	广告费(万元)	销售额(万元)	单个值预测	TREND函数系列值预测公式	各企业销售额预测值
2	1	250	2600	函数式	{=TREND(A4:A15,B2:B13,B2:B13)}	2596.026
3	2	300	2950	=FORECAST.LINEAR(230,B2:B13,A2:A13)		3055.258
4	3	200	1850	预测值		2136.795
5	4	180	1650	2412.334		1953.102
6	5	150	1500	函数式		1677.563
7	6	200	2400	=TREND(B2:B13,A2:A13,230)		2136.795
8	7	240	2800	预测值		2504.180
9	8	300	2960	2412.334		3055.258
10	9	190	2400			2044.948
11	10	150	1600			1677.563
12	11	120	1500			1402.024
13	12	220	2350			2320.487

图 3-21　TREND 函数与 FORECAST 函数的实际应用

3.2 Excel 数据文件的建立

利用任何数据分析软件分析统计数据，都必须将要分析的统计数据转化为软件可以识别的数据文件，Excel 也不例外。建立 Excel 数据文件，即将数据输入或导入 Excel 数据表格内并加以保存，以便分析调用。

3.2.1 数据的获取

1. 输入数据

数据输入是 Excel 办公应用中最基础的工作。在 Excel 2019 工作表中输入统计分析数据，通常的格式是每列对应一个变量（字段），每行对应一条记录。此外，数据表中间要避免空白单元格。图 3-22 所示就是一个工作表中的数据清单，该数据清单包括 5 个变量，10 条记录。

	A	B	C	D	E
1	西安市外来人口社会参与调查数据				
2	性别	职业	文化程度	年龄	在西安工作的时间
3	男	商业服务人员	初中及以下	20岁以下	1年以内
4	男	个体	初中及以下	30-40岁	5年以上
5	女	个体	高中、中专	30-40岁	3-5年
6	女	个体	初中及以下	20-30岁	3-5年
7	女	个体	高中、中专	20-30岁	3-5年
8	女	个体	高中、中专	20-30岁	5年以上
9	男	商业服务人员	初中及以下	20-30岁	1年以内
10	女	商业服务人员	初中及以下	20岁以下	1年以内
11	男	商业服务人员	初中及以下	20岁以下	1-3年
12	男	单位负责人	大专、本科	30-40岁	5年以上

图 3-22　Excel 数据清单

在 Excel 表格中输入数据不仅要注意输入格式，还应掌握以下数据输入技巧。

（1）特殊字符的输入

1）输入以“0”开头的数字。用户在编辑工作表时，尤其是在编辑员工档案或者产品编码时，经常需要输入以“0”开头的数据，但是直接输入时会发现 Excel 将自动省略有效数前面的“0”。

如果要保持输入内容不变，可以先输入“'”，再输入数字或者字符。这种方法是把这些数字作为文本格式输入，但是这样低版本的 Excel 就不能用自动填充功能进行填充，如图 3-23 所示。

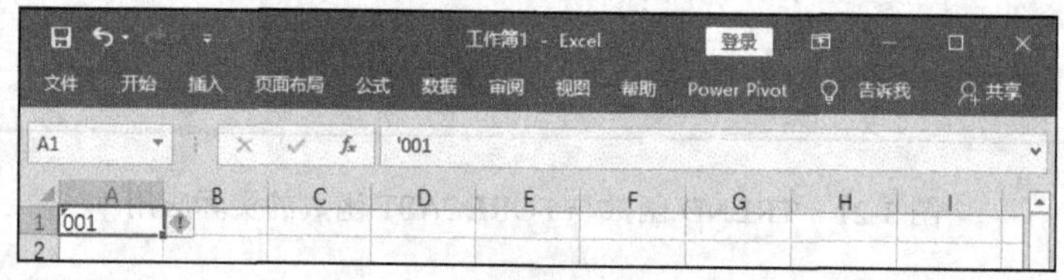

图 3-23　作为文本格式输入

用户也可以输入常规数字，然后将其自定义为数字格式。自定义了内容的长度后，如果你输入的内容长度不够设定的位数，Excel 就会在前面补上相应位数的“0”。使用这个方法既可以保留输入的“0”，又可以使用自动填充功能填充数据。

例如，选中单元格 A1，输入“01020001”，如图 3-24 所示。

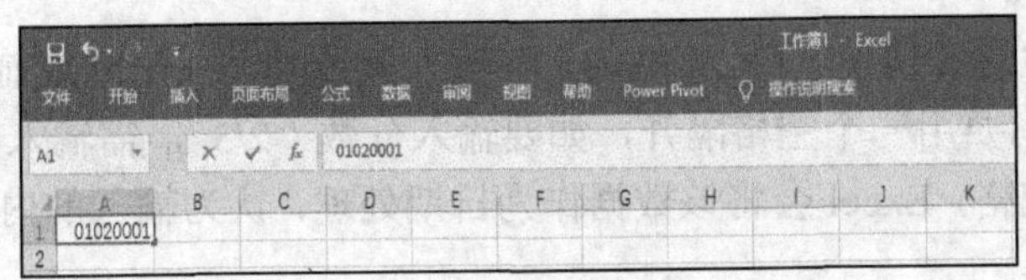

图 3-24　作为数字格式输入

按 Enter 键，即可看到单元格 A1 中输入的以“0”开头的数字自动省略了第一位的“0”，如图 3-25 所示。

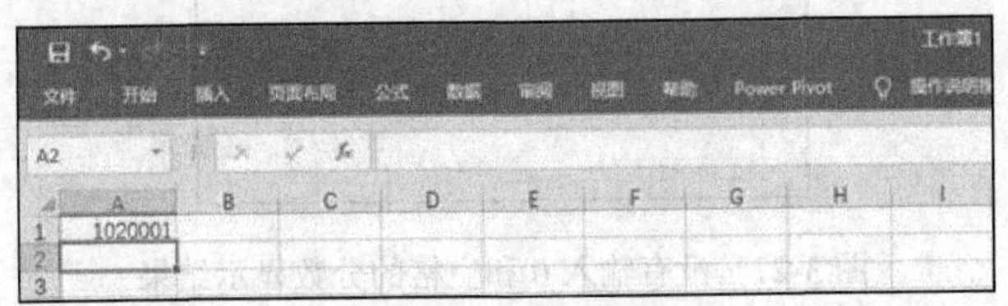

图 3-25　数字格式输入效果

选中单元格 A1，右击，在弹出的快捷菜单中选择“设置单元格格式”命令，弹出“设置单元格格式”对话框，如图 3-26 所示。切换到“数字”选项卡，在“分类”列表框中选择“自定义”选项，然后在右侧的“类型”文本框中输入“00000000”，单击“确定”按钮返回工作表，即可看到单元格 A1 中数字的设置效果。

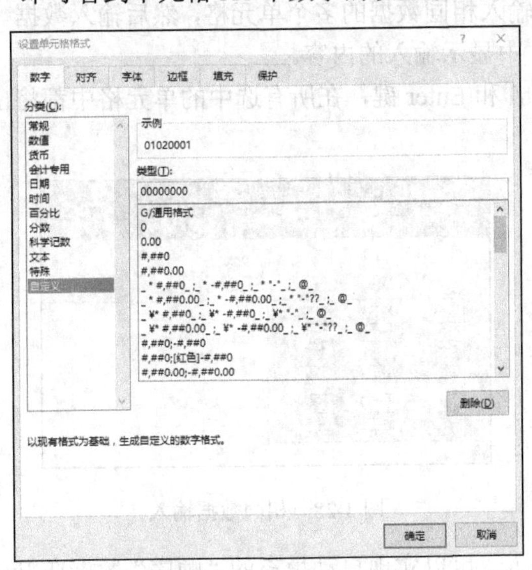

图 3-26　自定义数字格式

2）输入分数。在工作表中，分式常以“/”来分界分子和分母，其格式为“分子/分母”，但日期也是以“/”来分隔年月日的，如“2019 年 1 月 28 日”，可以表示为“2019/1/28”，这就有可能造成在输入分数时，系统将分数当成日期处理的错误。

为了避免发生这种情况，Excel 规定，在输入分数时，须在分数前输入 0 作为区别，并且 0 和分子之间要用一个空格隔开，如要输入分数“2/3”，需输入“0 2/3”。如果没有输入 0 和一个空格，Excel 会将该数据作为日期处理，认为输入的内容为“2 月 3 日”，如图 3-27 所示。

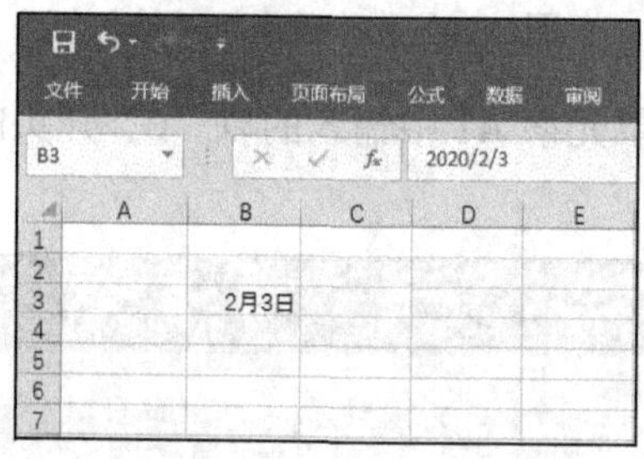

图 3-27　没有输入 0 和空格的分数显示结果

3）输入负数。在输入负数时，可以在负数前输入“-”作为标识，也可以将数字置于括号“()”中。例如，在选定的单元格中输入“(1)”，然后按 Enter 键，即可显示为“-1”。

（2）有规律数据的输入

1）在多个单元格中输入相同的数据。如果表格中有很多单元格的内容是相同的，逐个单元格重复输入会很麻烦，就可使用一次填充多个单元格的方法。具体操作步骤如下。

Step1：选中需要输入相同数据的多个单元格，然后输入数据。此时只在活动单元格（最后选取的单元格）中显示输入的内容。

Step2：同时按 Ctrl 和 Enter 键，在所有选中的单元格中都将出现相同的输入数据，效果如图 3-28 所示。

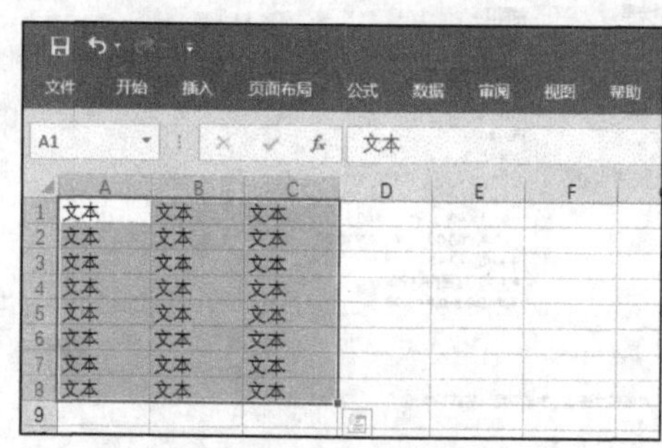

图 3-28　相同数据输入

2）序列数据的输入。可以实现自动填充的“顺序”数据在 Excel 中被称为序列。对于序列数据可以使用 Excel 提供的数据填充功能进行快速地批量输入。

✧　自动填充序列。

【例 3-12】打开示例文件 data3-12，选中单元格 A4，输入“1”，按 Enter 键，活动单元格就会自动跳到单元格 A5，如图 3-29 所示。

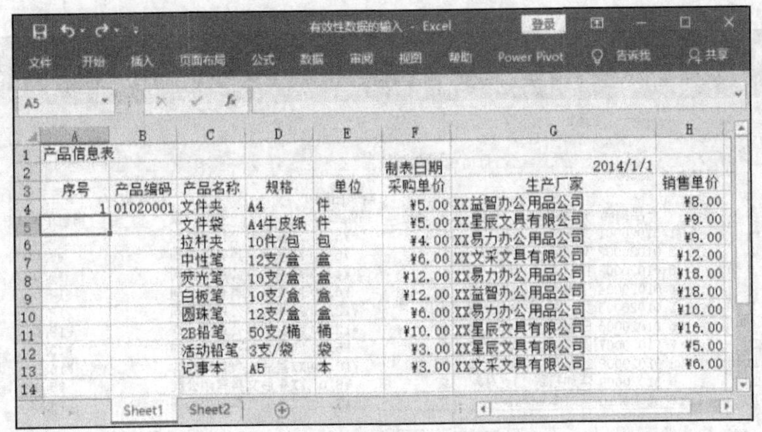

	A	B	C	D	E	F	G	H
1	产品信息表							
2						制表日期	2014/1/1	
3	序号	产品编码	产品名称	规格	单位	采购单价	生产厂家	销售单价
4	1	01020001	文件夹	A4	件	¥5.00	XX益智办公用品公司	¥8.00
5			文件袋	A4牛皮纸	件	¥5.00	XX星辰文具有限公司	¥9.00
6			拉杆夹	10件/包	包	¥4.00	XX易力办公用品公司	¥9.00
7			中性笔	12支/盒	盒	¥6.00	XX文采文具有限公司	¥12.00
8			荧光笔	10支/盒	盒	¥12.00	XX易力办公用品公司	¥18.00
9			白板笔	10支/盒	盒	¥12.00	XX益智办公用品公司	¥18.00
10			圆珠笔	12支/盒	盒	¥6.00	XX易力办公用品公司	¥10.00
11			2B铅笔	50支/桶	桶	¥10.00	XX星辰文具有限公司	¥16.00
12			活动铅笔	3支/袋	袋	¥3.00	XX星辰文具有限公司	¥5.00
13			记事本	A5	本	¥3.00	XX文采文具有限公司	¥6.00
14								

图 3-29　输入第一个数据

选中单元格 A4，将鼠标指针移动至单元格右下角，鼠标指针变成“+”形状，按住左键不放向下拖动鼠标，此时在鼠标的右下角会有一个“1”跟随其向下移动。将鼠标指针拖至单元格 A13 后释放，鼠标所经过的单元格中均被填充为“1”，同时在最后一个单元格 A13 的右下角会出现一个“自动填充选项”按钮，如图 3-30 所示。

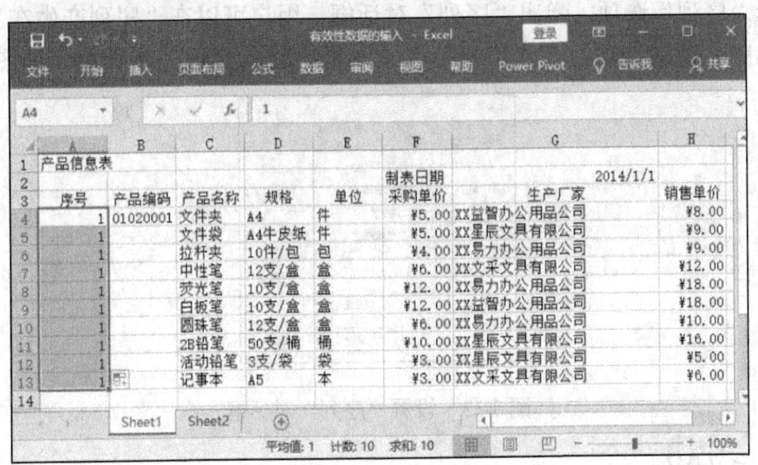

	A	B	C	D	E	F	G	H
1	产品信息表							
2						制表日期	2014/1/1	
3	序号	产品编码	产品名称	规格	单位	采购单价	生产厂家	销售单价
4	1	01020001	文件夹	A4	件	¥5.00	XX益智办公用品公司	¥8.00
5	1		文件袋	A4牛皮纸	件	¥5.00	XX星辰文具有限公司	¥9.00
6	1		拉杆夹	10件/包	包	¥4.00	XX易力办公用品公司	¥9.00
7	1		中性笔	12支/盒	盒	¥6.00	XX文采文具有限公司	¥12.00
8	1		荧光笔	10支/盒	盒	¥12.00	XX易力办公用品公司	¥18.00
9	1		白板笔	10支/盒	盒	¥12.00	XX益智办公用品公司	¥18.00
10	1		圆珠笔	12支/盒	盒	¥6.00	XX易力办公用品公司	¥10.00
11	1		2B铅笔	50支/桶	桶	¥10.00	XX星辰文具有限公司	¥16.00
12	1		活动铅笔	3支/袋	袋	¥3.00	XX星辰文具有限公司	¥5.00
13	1		记事本	A5	本	¥3.00	XX文采文具有限公司	¥6.00
14								

图 3-30　自动填充数据

将鼠标指针移至“自动填充选项”按钮上，单击此按钮，从弹出的下拉列表中选择“填充序列”选项，如图 3-31 所示。

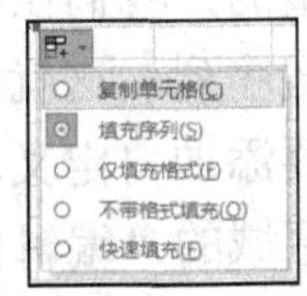

图 3-31　“填充序列”选项

此时，鼠标指针所经过的单元格区域中的数据就会自动地按照序列方式递增显示。按照相同的方法填充产品编码列，最终结果如图 3-32 所示。

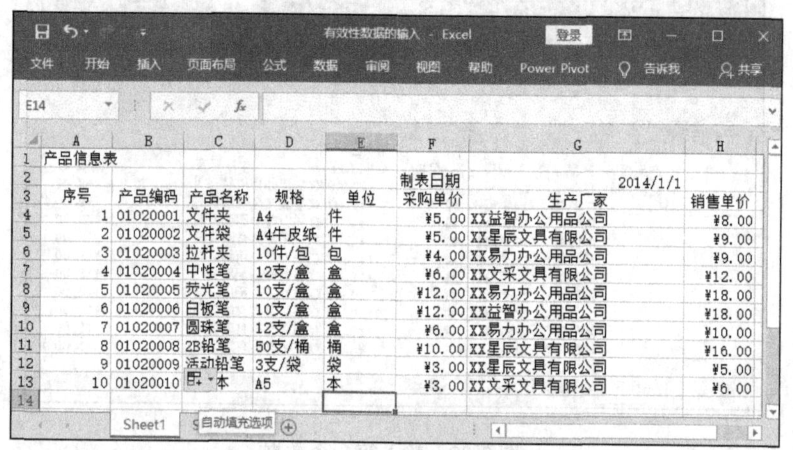

	A	B	C	D	E	F	G	H
1	产品信息表							
2						制表日期	2014/1/1	
3	序号	产品编码	产品名称	规格	单位	采购单价	生产厂家	销售单价
4	1	01020001	文件夹	A4	件	¥5.00	XX益智办公用品公司	¥8.00
5	2	01020002	文件袋	A4牛皮纸	件	¥5.00	XX星辰文具有限公司	¥9.00
6	3	01020003	拉杆夹	10件/包	包	¥4.00	XX易力办公用品公司	¥9.00
7	4	01020004	中性笔	12支/盒	盒	¥6.00	XX文采文具有限公司	¥12.00
8	5	01020005	荧光笔	10支/盒	盒	¥12.00	XX易力办公用品公司	¥18.00
9	6	01020006	白板笔	10支/盒	盒	¥12.00	XX益智办公用品公司	¥18.00
10	7	01020007	圆珠笔	12支/盒	盒	¥6.00	XX易力办公用品公司	¥10.00
11	8	01020008	2B铅笔	50支/桶	桶	¥10.00	XX星辰文具有限公司	¥16.00
12	9	01020009	活动铅笔	3支/袋	袋	¥3.00	XX星辰文具有限公司	¥5.00
13	10	01020010	本	A5	本	¥3.00	XX文采文具有限公司	¥6.00
14								

图 3-32　自动填充结果

序列填充数据时，系统默认的步长值是“1”，即相邻的两个单元格之间的数字递增或者递减的值为“1”。用户可以根据实际需要改变默认的步长值，方法如下：

切换到“开始”选项卡中，单击“编辑”组中的“填充”按钮，然后从弹出的下拉列表中选择“序列”选项，弹出“序列”对话框，用户可以在“序列产生在”和“类型”组合框中选中合适的选项，在“步长值”文本框中输入合适的步长值，如图 3-33 所示。

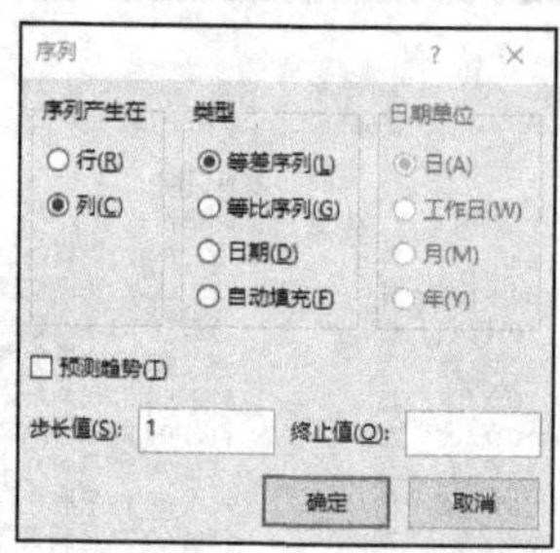

图 3-33　设置“序列”对话框

✧　自定义序列。

之所以能自动填充，是因为 Excel 内置了许多数据序列。但是内置序列的种类毕竟是有限的，我们在日常工作中还需要快速输入如学历、职称、地区、部门、产品型号等的固定序列，这就需要用户添加自定义序列。

要添加自定义序列，需要在“Excel 选项”对话框中选择“高级”选项卡，单击“常规”区域的“编辑自定义列表”按钮，弹出“自定义序列”对话框。在左侧列表框中选择“新序列”选项，在右侧的“输入序列”列表框中输入序列，如 1 月、2 月、…、12 月，每输入完一项，按一次 Enter 键，让它单独占一行，全部输入完成后单击“添加”按钮即可，如图 3-34 所示。

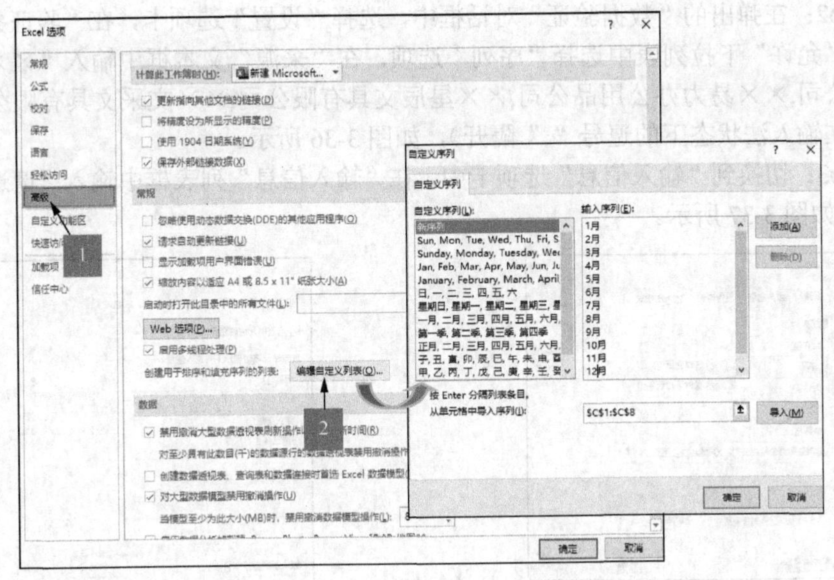

图 3-34　自定义填充序列

如果需要添加的各项内容已经存在于工作表中，则可以使用底部的选择按钮将内容所在的区域选中，然后单击“导入”按钮。完成后就可以在左侧列表框里看到 1 月、2 月、3 月……这就是我们自定义的序列。这个自定义序列可以用于填充序列，也可以用于实现表格和数字数据透视表的排序等功能。

（3）使用“数据验证”功能限制输入内容

利用 Excel 的“数据验证”功能，既可以对数据输入的准确性和规范性进行限制，还可以设置下拉菜单快速输入数据。

【例 3-13】使用“数据验证”功能制作下拉菜单输入生产厂家的名称。

Step1：打开示例文件 data3-13，选中单元格区域 G4:G13，切换到“数据”选项卡，单击“数据工具”组中的“数据验证”按钮右侧的下拉按钮，从弹出的下拉列表中选择“数据验证”选项，如图 3-35 所示。

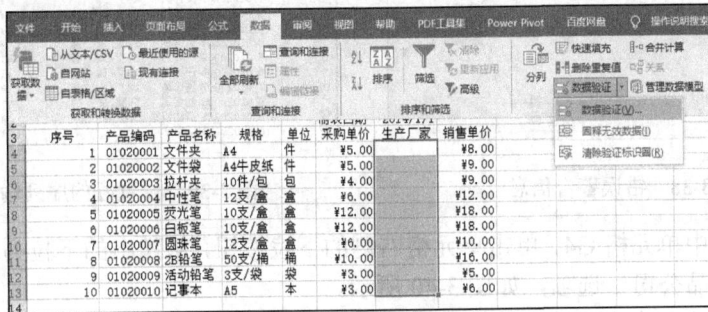

序号	产品编码	产品名称	规格	单位	采购单价	生产厂家	销售单价
1	01020001	文件夹	A4	件	¥5.00		¥8.00
2	01020002	文件袋	A4牛皮纸	件	¥5.00		¥9.00
3	01020003	拉杆夹	10件/包	包	¥4.00		¥9.00
4	01020004	中性笔	12支/盒	盒	¥6.00		¥12.00
5	01020005	荧光笔	10支/盒	盒	¥12.00		¥18.00
6	01020006	白板笔	10支/盒	盒	¥12.00		¥18.00
7	01020007	圆珠笔	12支/盒	盒	¥6.00		¥10.00
8	01020008	2B铅笔	50支/桶	桶	¥10.00		¥16.00
9	01020009	活动铅笔	3支/袋	袋	¥3.00		¥5.00
10	01020010	记事本	A5	本	¥3.00		¥6.00

图 3-35　选中单元格区域 G4:G13 并选择“数据验证”选项

Step2：在弹出的“数据验证”对话框中，选择“设置”选项卡，在“验证条件”区域中的“允许”下拉列表中选择“序列”选项，在“来源”文本框中输入“××益智办公用品公司,××易力办公用品公司,××星辰文具有限公司,××文采文具有限公司”(中间用英文输入法状态下的逗号“,”隔开)，如图 3-36 所示。

Step3：切换到“输入信息”选项卡中，在“输入信息”列表框中输入“请选择生产厂家”，如图 3-37 所示。

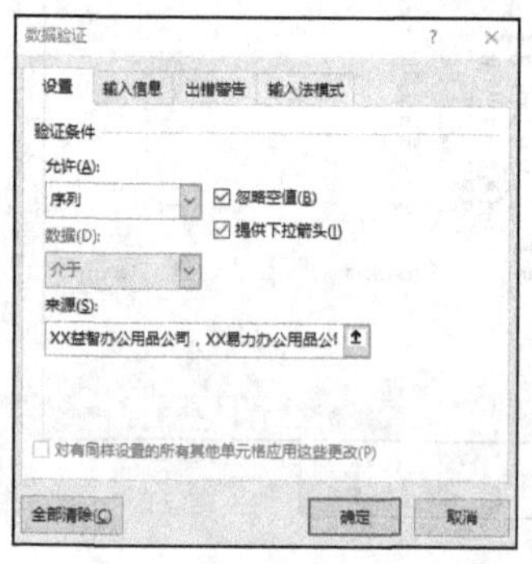

图 3-36　序列设置

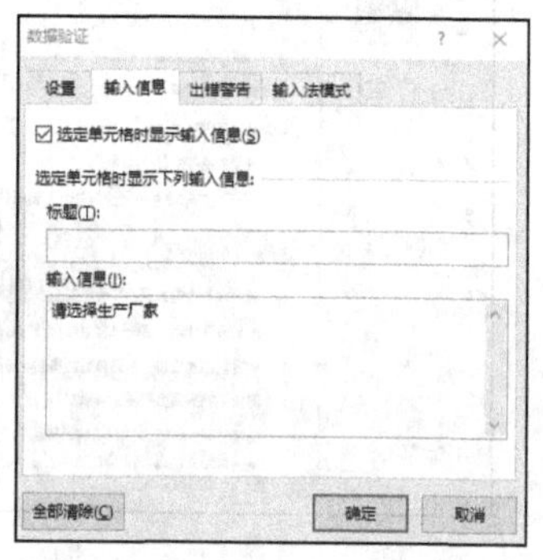

图 3-37　输入信息提示

Step4：切换到“出错警告”选项卡中，在“输入无效数据时显示下列出错警告”区域中的“样式”下拉列表中选择“警告”选项，在“标题”文本框中输入“输入生产厂家错误”，在“错误信息”列表框中输入“请单击下拉按钮进行选择!”，如图 3-38 所示。

Step5：单击“确定”按钮，效果如图 3-39 所示。

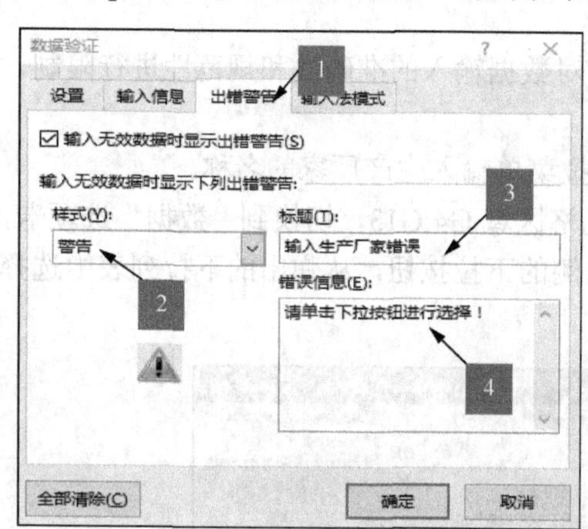

图 3-38　错误警告信息

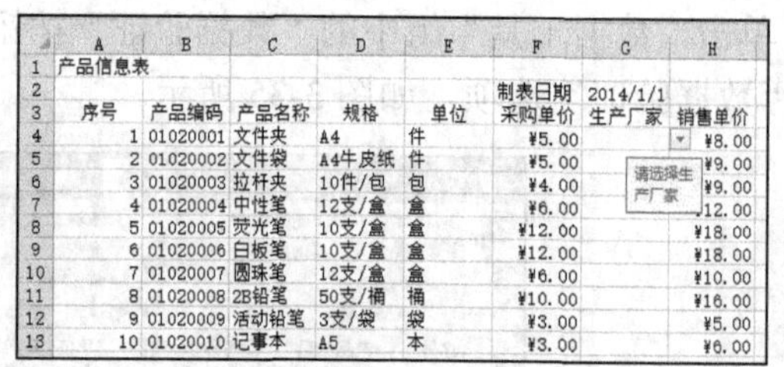

	A	B	C	D	E	F	G	H
1	产品信息表							
2						制表日期	2014/1/1	
3	序号	产品编码	产品名称	规格	单位	采购单价	生产厂家	销售单价
4	1	01020001	文件夹	A4	件	¥5.00		¥8.00
5	2	01020002	文件袋	A4牛皮纸	件	¥5.00	请选择生产厂家	¥9.00
6	3	01020003	拉杆夹	10件/包	包	¥4.00		¥9.00
7	4	01020004	中性笔	12支/盒	盒	¥6.00		¥12.00
8	5	01020005	荧光笔	10支/盒	盒	¥12.00		¥18.00
9	6	01020006	白板笔	10支/盒	盒	¥12.00		¥18.00
10	7	01020007	圆珠笔	12支/盒	盒	¥6.00		¥10.00
11	8	01020008	2B铅笔	50支/桶	桶	¥10.00		¥16.00
12	9	01020009	活动铅笔	3支/袋	袋	¥3.00		¥5.00
13	10	01020010	记事本	A5	本	¥3.00		¥6.00

图 3-39　设置好的序列输入按钮

Step6：选中单元格 G4，单击单元格右侧的下拉按钮，从弹出的下拉列表中选择“××益智办公用品公司”选项，如图 3-40 所示。

按照相同的办法就可以为 G 列的其他单元格选择相应的生产厂家。

用户也可以直接在 G 列中输入数据，但此时输入的数据只能是序列中设置的内容。如果输入其他内容，系统就会自动弹出“输入生产厂家错误”提示对话框，如图 3-41 所示。

	A	B	C	D	E	F	G	H
1	产品信息表							
2						制表日期	2014/1/1	
3	序号	产品编码	产品名称	规格	单位	采购单价	生产厂家	销售单价
4	1	01020001	文件夹	A4	件	¥5.00	XX益智办公	¥8.00
5	2	01020002	文件袋	A4牛皮纸	件	¥5.00	XX益智办公用品	¥9.00
6	3	01020003	拉杆夹	10件/包	包	¥4.00	XX易力办公用品	¥9.00
7	4	01020004	中性笔	12支/盒	盒	¥6.00	XX星辰文具有限	¥12.00
8	5	01020005	荧光笔	10支/盒	盒	¥12.00	XX文采文具有限	¥18.00
9	6	01020006	白板笔	10支/盒	盒	¥12.00		¥18.00
10	7	01020007	圆珠笔	12支/盒	盒	¥6.00		¥10.00
11	8	01020008	2B铅笔	50支/桶	桶	¥10.00		¥16.00
12	9	01020009	活动铅笔	3支/袋	袋	¥3.00		¥5.00
13	10	01020010	记事本	A5	本	¥3.00		¥6.00
14								

图 3-40　选择生产厂家

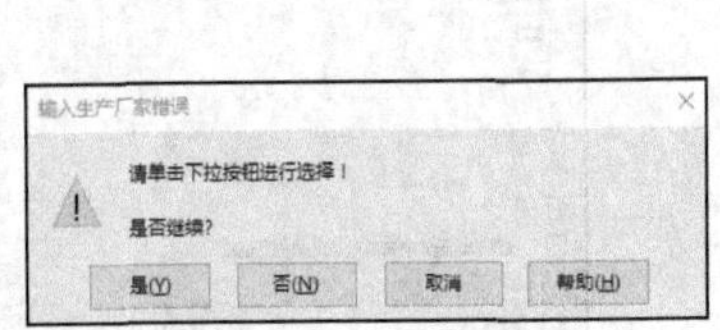

图 3-41　出错警告

由图 3-41 可以看出，在“出错警告”选项卡中设置的样式、标题和错误信息三项内容都显示在“输入生产厂家错误”对话框中。由此可以看出在“数据验证”对话框中设置的内容和数据有效性应用时的对应关系。

单击“是”按钮保存输入的错误信息，单击“否”按钮则返回工作表中，用户可以重新进行编辑，单击“取消”按钮即可取消此次数据的输入。

当数据有效性中的条件为数字时，还可以设置有效数据的取值范围或取值长度。当在单元格中输入了其他内容或者输入的数值超出了设定的条件时，Excel 将视其无效。

在本例中，若产品编码的长度为 8 位，则可以设置其数值长度，防止输入的数值超过或小于 8 位，具体的操作步骤如下。

Step1：打开示例文件 data3-13，选中单元格 B4，切换到“数据”选项卡，单击“数据工具”组中的“数据验证”按钮右侧的下拉按钮，从弹出的下拉列表中选择“数据验证”选项，如图 3-42 所示。

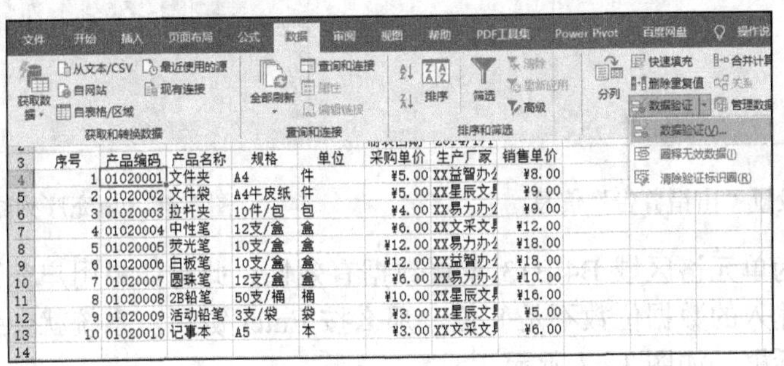

	A	B	C	D	E	F	G	H
3	序号	产品编码	产品名称	规格	单位	采购单价	生产厂家	销售单价
4	1	01020001	文件夹	A4	件	¥5.00	XX益智办公	¥8.00
5	2	01020002	文件袋	A4牛皮纸	件	¥5.00	XX星辰文具	¥9.00
6	3	01020003	拉杆夹	10件/包	包	¥4.00	XX易力办公	¥9.00
7	4	01020004	中性笔	12支/盒	盒	¥6.00	XX文采文具	¥12.00
8	5	01020005	荧光笔	10支/盒	盒	¥12.00	XX易力办公	¥18.00
9	6	01020006	白板笔	10支/盒	盒	¥12.00	XX益智办公	¥18.00
10	7	01020007	圆珠笔	12支/盒	盒	¥6.00	XX易力办公	¥10.00
11	8	01020008	2B铅笔	50支/桶	桶	¥10.00	XX星辰文具	¥16.00
12	9	01020009	活动铅笔	3支/袋	袋	¥3.00	XX星辰文具	¥5.00
13	10	01020010	记事本	A5	本	¥3.00	XX文采文具	¥6.00
14								

图 3-42　选中单元格 B4 并选择“数据验证”选项

Step2：在弹出的“数据验证”对话框中，选择“设置”选项卡，在“验证条件”区域中的“允许”下拉列表中选择“文本长度”选项，在“数据”下拉列表中选择“等于”选项，在“长度”文本框中输入“8”，如图 3-43 所示。

Step3：切换到“输入信息”选项卡，在“输入信息”列表框中输入“请输入 8 位产品编码”，如图 3-44 所示。

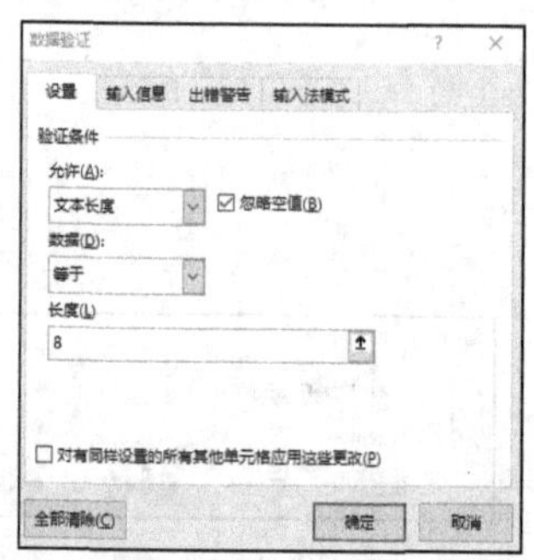

图 3-43　设置数据“验证条件”

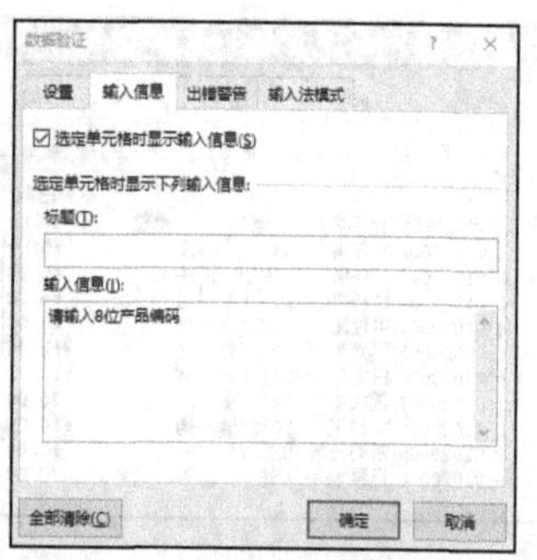

图 3-44　设置提示“输入信息”

Step4：切换到“出错警告”选项卡，在“输入无效数据时显示下列出错警告”区域中的“样式”下拉列表中选择“警告”选项，在“标题”文本框中输入“数据输入错误”，在“错误信息”列表框中输入“请输入 8 位产品编码”，如图 3-45 所示。

Step5：单击“确定”按钮返回工作表中，选中单元格 B4，将鼠标指针移至单元格右下角，鼠标指针变为“+”形状，按住鼠标左键不放，向下填充至单元格 B13 中。

Step6：单击“自动填充选项”按钮，从弹出的下拉列表中选择“填充序列”选项，如图 3-46 所示。

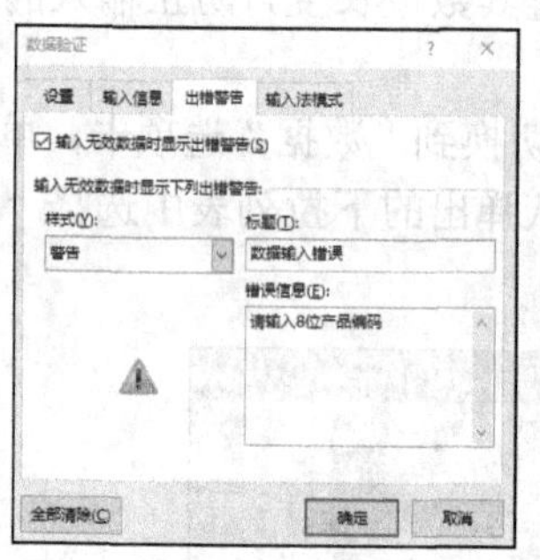

图 3-45　设置“出错警告”信息

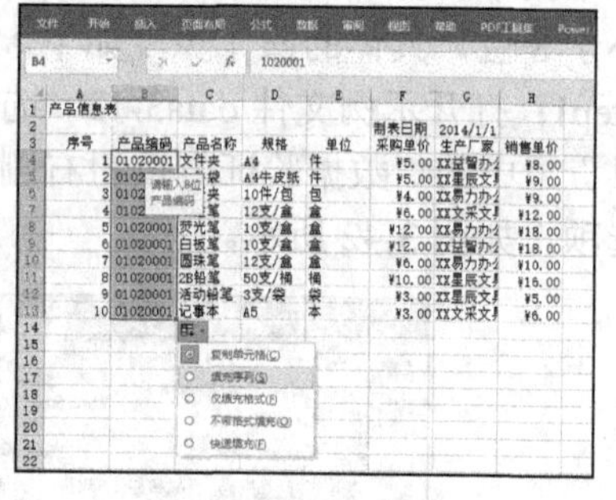

图 3-46　填充序列结果

这样即可为单元格区域 B4:B13 设置数据有效性，此时如果用户在该单元格区域的任意单元格中输入的数据位数不是 8 位，那么按 Enter 键后，系统就会弹出“数据输入错误”提示对话框，如图 3-47 所示。

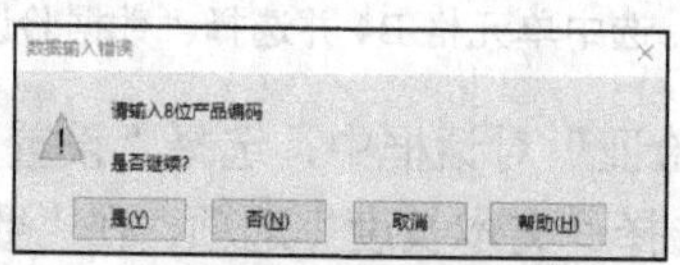

图 3-47　出错警告

2. 引用数据

引用数据，即工作表之间数据的链接调用，通过数据引用可以快速建立新工作表。工作表之间的数据调用分为直接引用和间接引用。

（1）直接引用

当引用的数据区域连续，内容固定，就可以在工作表或工作簿之间直接调用数据，这种引用称为直接引用。

注意：

想要通过鼠标单击选择引用其他工作簿中的数据，则需要把引用数据所用到的工作簿事先打开。

（2）间接引用

当数据区域不连续，或者内容不固定时，不能直接调用数据，需要借助函数进行间接调用，这种引用称为间接引用。间接引用需要借助查找与引用函数完成，如 VLOOKUP 函数。

【例 3-14】以编制会计科目余额表为例，说明数据的直接引用和间接引用的实际操作。

图 3-48 所示是某公司 2019 年 1 月的科目余额表，编制过程中需要引用上期“科目余额表”和本期“科目汇总表”中的数据。

	A	B	C	D	E	F	G	H
1	XXX公司科目余额表							
2	科目编码	会计科目	期初余额		本期发生额		期末余额	
3			借方	贷方	借方	贷方	借方	贷方
4	1001	库存现金	500.00		600.00	200.00	900.00	
5	1002	银行存款	20,000.00		16,000.00	5,500.00	30,500.00	
6	1101	交易性金融资产	1,000.00		-	-	1,000.00	
7	1121	应收票据	-		-	-	-	
8	1122	应收账款	40,000.00		10,000.00	8,000.00	42,000.00	
9	1123	预付账款	-		-	-	-	
10	1221	其他应收款	-		-	-	-	

图 3-48　会计科目余额表

1）期初余额的链接调用。由于各期科目余额表中的会计科目一般是固定的，这样期初余额的链接可以直接从上期科目余额表的期末余额中调用。具体步骤如下。

Step1：打开示例文件 data3-14，选中 C4 单元格，输入“=”，如图 3-49 所示。

	A	B	C	D	E	F	G	H
1	XXX公司2019年1月份科目余额表							
2	科目编码	会计科目	期初余额		本期发生额		期末余额	
3			借方	贷方	借方	贷方	借方	贷方
4	1001	库存现金	=					
5	1002	银行存款						
6	1101	交易性金融资产						
7	1121	应收票据						
8	1122	应收账款						
9	1123	预付账款						
10	1221	其他应收款						

图 3-49　本期科目余额表

Step2：将鼠标指针移至“2018 年 12 月份科目余额表”工作表，单击 G4 单元格，如图 3-50 所示。

G4　=′2018年12月科目余额表′!G4

	A	B	C	D	E	F	G	H
1	XXX公司2018年12月份科目余额表							
2			期初余额		本期发生额		期末余额	
3	科目代码	会计科目	借方	贷方	借方	贷方	借方	贷方
4	1001	库存现金					500.00	
5	1002	银行存款					20,000.00	
6	1101	交易性金融资产					1,000.00	
7	1121	应收票据					-	
8	1122	应收账款					40,000.00	
9	1123	预付账款					-	
10	1221	其他应收款					-	
11	1231	坏账准备						200.00
12	1401	材料采购					-	
13	1403	原材料					8,000.00	
14	1405	库存商品					50,000.00	

图 3-50　上期科目余额表

Step3：按 Enter 键，系统在本期“科目余额表”工作表的 C4 单元格显示期初现金余额的数值。选中单元格 C4，将鼠标指针移动至单元格右下角，鼠标指针变成“+”形状，按住左键不放向下拖动鼠标至单元格 C52，即可自动填写其他科目的期初借方余额。

使用同样的方法，建立期初贷方余额的链接，引用数据，结果如图 3-51 所示。

	A	B	C	D	E	F	G	H
2	科目编码	会计科目	期初余额		本期发生额		期末余额	
3			借方	贷方	借方	贷方	借方	贷方
4	1001	库存现金	500.00	-				
5	1002	银行存款	20,000.00	-				
6	1101	交易性金融资产	1,000.00	-				
7	1121	应收票据	-	-				
8	1122	应收账款	40,000.00	-				
9	1123	预付账款	-	-				
10	1221	其他应收款	-	-				
11	1231	坏账准备	-	200.00	-	-		
12	1401	材料采购	-	-				
13	1403	原材料	8,000.00	-				
14	1405	库存商品	50,000.00	-				
15	1501	持有至到期投资	600.00	-				
16	1511	长期股权投资	7,000.00	-				
17	1601	固定资产	90,000.00	-				
50	6603	财务费用	-	-				
51	6711	营业外支出	-	-				
52	6801	所得税费用	-	-				
53		合计	220,400.00	220,400.00				

图 3-51　填写期初余额

2）本期发生额的链接调用。科目余额表中的“本期发生额”需从本期科目汇总表中调用。由于每个会计期间发生的经济业务不尽相同，所以根据记录经济业务的日记账自动生成的科目汇总表的会计科目也不固定。在从本期科目汇总表中调用数据时，不能直接调用，需要借助于函数进行间接调用。

Step1：打开本期“科目余额表”工作表。

Step2：在 E4 单元格中输入公式“=IF(ISNA(VLOOKUP("E4",科目汇总表!$B$5:$D$25,2,FALSE)),0,VLOOKUP("E4",科目汇总表!$B$5:$D$25,2,FALSE))”或者插入 IF 函数，在 Logical_test 设置条件处，再插入 ISNA 函数，如图 3-52 所示。

Step3：将鼠标移至 ISNA 函数的 Value 自变量位置空白处，进一步插入 VLOOKUP 函数，如图 3-53 所示。

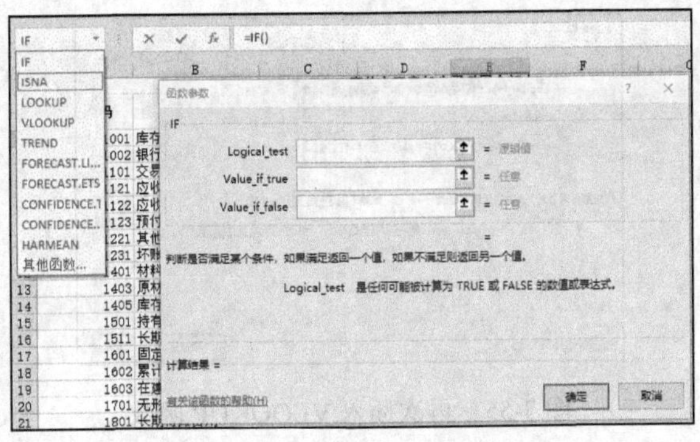

图 3-52　插入 ISNA 函数

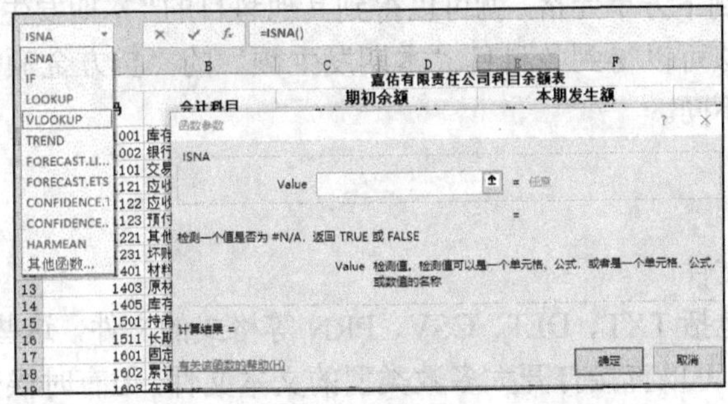

图 3-53　插入 VLOOKUP 函数

在 VLOOKUP 函数的 Lookup_value 自变量位置输入“B4”，在 Table_array 自变量位置输入“科目汇总表!$B$5:$D$25”（直接选取该工作表相应区域即可），在 Col_index_num 自变量位置输入 2，在 Range_lookup 自变量位置输入 FALSE，如图 3-54 所示。

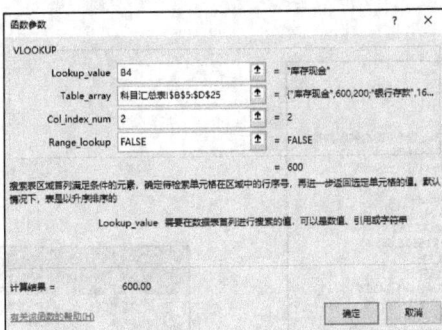

图 3-54　设置 VLOOKUP 函数参数

Step4：将鼠标移回至 IF 函数，在 Value_if_true 自变量位置输入“0”，在 Value_if_false 自变量位置空白处再次插入 VLOOKUP 函数，操作与上面相同，设置结果如图 3-55 所示。

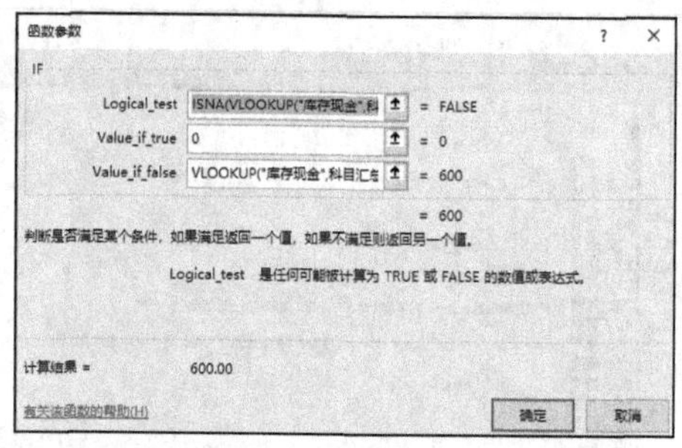

图 3-55 再次插入 VLOOKUP 函数

Step5：单击“确定”按钮完成函数的设置，得到“库存现金”本期发生额的“借方金额”。将公式复制到下方单元格，就可以得到其他科目的“本期发生额”的“借方金额”。

利用同样的方法可以得到各科目“本期发生额”的“贷方金额”，只是在套用函数时，引用的单元格不同。

3. 导入数据

(1) 导入文本文件

文本数据主要包括 TXT、DLT、CSV、PRN 等格式的文件，这些文件可用记事本打开。虽然 Excel 2019 可以直接打开大多数类型的文本文件，但有时候也会出现一些问题，所以大多数情况下，人们还是喜欢通过导入而不是打开的方式将文本文件加载到 Excel 工作表中进行分析。

【例 3-15】以图 3-56 所示的 TXT 文件为例说明文本文件导入 Excel 的过程。

Step1：新建一个 Excel 工作簿并打开。

Step2：选择“数据”选项卡，在“获取和转换数据”组中单击“从文本/CSV”按钮，如图 3-57 所示。

图 3-56 文本文件

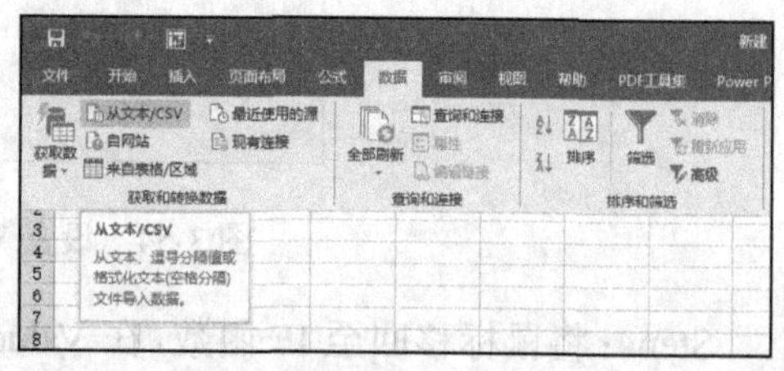

图 3-57 选择要导入的文件类型

Step3：在弹出的“导入文本文件”对话框中，选中要添加的文件“data3-15 职工工资表”，之后单击“导入”按钮，弹出如图 3-58 所示的对话框。

职工工资表.txt

文件原始格式：936: 简体中文(GB2312)　分隔符：逗号　数据类型检测：基于前 200 行

编号	姓名	部门	职务	基本工资	奖金	补贴	小计	失业保险	医疗保险	公积金	养老金
1	黄李萍	管理部	经理	4500	2800	300	7600	76	152	532	608
2	郝遥遥	管理部	保安	2000	200	200	2400	24	48	168	192
3	姚辉黎	业务部	保安	2280	300	200	2780	27.8	55.6	194.6	222.4
4	曲晓东	研发部	保安	2100	300	200	2600	26	52	182	208
5	张丹平	工程部	设备	3000	300	150	3450	34.5	69	241.5	276
6	汤沐化	生产部	经理	4800	4500	200	9500	95	190	665	760
7	伍立富	品保部	经理	4800	3000	150	7950	79.5	159	556.5	636
8	钟明	管理部	人事	3600	500	100	4200	42	84	294	336
9	黄宏	生产部	组长	3600	600	200	4400	44	88	308	352
10	王汇平	生产部	课长	4200	1000	280	5480	54.8	109.6	383.6	438.4
11	吴华	生产部	员工	3300	300	100	3700	37	74	259	296
12	程文艺	品保部	副经理	4800	2800	100	7700	77	154	539	616
13	李大进	物料部	经理	4680	3000	100	7780	77.8	155.6	544.6	622.4
14	马辉	生产部	员工	2500	200	100	2800	28	56	196	224
15	沈东坚	物料部	采购	3900	300	100	4300	43	86	301	344
16	万普	工程部	技术员	4200	500	150	4850	48.5	97	339.5	388
17	王小帧	研发部	副经理	4200	2800	100	7100	71	142	497	568
18	杨华	生产部	组长	3600	600	200	4400	44	88	308	352
19	张武	生产部	课长	3900	1200	280	5380	53.8	107.6	376.6	430.4
20	李平	财务部	经理	4800	4000	150	8950	89.5	179	626.5	716

加载　编辑　取消

图 3-58　数据预览对话框

Step4：单击“加载”按钮，Excel 2019 会通过智能检测数据行、自动识别分隔符号将数据返回工作表中，结果如图 3-59 所示。

	A	B	C	D	E	F	G	H	I	J	K	L
1	编号	姓名	部门	职务	基本工资	奖金	补贴	小计	失业保险	医疗保险	公积金	养老金
2	1	黄李萍	管理部	经理	4500	2800	300	7600	76	152	532	608
3	2	郝遥遥	管理部	保安	2000	200	200	2400	24	48	168	192
4	3	姚辉黎	业务部	保安	2280	300	200	2780	27.8	55.6	194.6	222.4
5	4	曲晓东	研发部	保安	2100	300	200	2600	26	52	182	208
6	5	张丹平	工程部	设备	3000	300	150	3450	34.5	69	241.5	276
7	6	汤沐化	生产部	经理	4800	4500	200	9500	95	190	665	760
8	7	伍立富	品保部	经理	4800	3000	150	7950	79.5	159	556.5	636
9	8	钟明	管理部	人事	3600	500	100	4200	42	84	294	336
10	9	黄宏	生产部	组长	3600	600	200	4400	44	88	308	352
11	10	王汇平	生产部	课长	4200	1000	280	5480	54.8	109.6	383.6	438.4
12	11	吴华	生产部	员工	3300	300	100	3700	37	74	259	296
13	12	程文艺	品保部	副经理	4800	2800	100	7700	77	154	539	616
14	13	李大进	物料部	经理	4680	3000	100	7780	77.8	155.6	544.6	622.4
15	14	马辉	生产部	员工	2500	200	100	2800	28	56	196	224
16	15	沈东坚	物料部	采购	3900	300	100	4300	43	86	301	344
17	16	万普	工程部	技术员	4200	500	150	4850	48.5	97	339.5	388
18	17	王小帧	研发部	副经理	4200	2800	100	7100	71	142	497	568
19	18	杨华	生产部	组长	3600	600	200	4400	44	88	308	352
20	19	张武	生产部	课长	3900	1200	280	5380	53.8	107.6	376.6	430.4
21	20	李平	财务部	经理	4800	4000	150	8950	89.5	179	626.5	716

图 3-59　导入的文本数据

注意：

Excel 2016 及以前版本，导入“文本文件”需要三个步骤，即首先确定文本分隔方式是“分隔符号”还是“固定宽度”。如果是分隔符号，则需进一步明确是哪种分隔符，如本例为“逗号”；然后对文本导入之前各列的数据格式进行设定，通常选择“常规”即可。

（2）导入外部数据库数据

在日常工作中，虽然可以使用 Excel 工作表存储数据，但许多情况下，用户不得不使用外部数据库文件。外部数据库文件无论在存储方式上还是存储量方面都有其优势。Excel 2019 中可以直接导入的外部数据库文件有 11 种。

【例 3-16】以“Microsoft Access 数据库”文件为例说明在 Excel 中导入外部数据库文件的操作过程。

Step1：新建一个 Excel 工作簿并打开。

Step2：单击“数据”选项卡下的“获取数据”按钮，在弹出的下拉列表中选择“自数据库”→“从 Microsoft Access 数据库”选项，如图 3-60 所示。

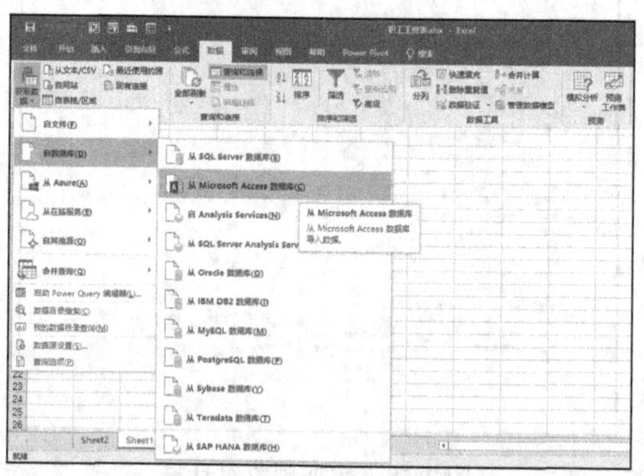

图 3-60　选择要导入文件的数据库

Step3：在弹出的“导航器”对话框中选择需要加载的文档“data3-16 Northwind”中的第一个表，此时该文件的信息就显示在右边的“数据预览”窗口，如图 3-61 所示。如果想选择多个文件，则需要选中“文档列表”框上方的“选择多项”复选框，然后同时选择多个表格。

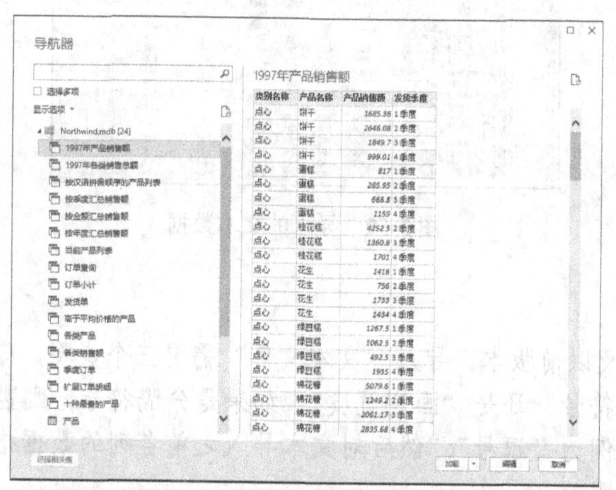

图 3-61　Microsoft Access 数据库文件导入

Step4：单击“加载”按钮，所选择的文件就加载到了 Excel 工作表中。但如果同时“加载”了多个表格，这些表格不会同时导入 Excel 表格中，而是会显示在 Excel 窗口右侧的“查询/&连接”窗格中，用户需要选择导入。

Step5：在“查询/&连接”窗格中选择要打开的文件，如“订单查询”。在文件预览窗口单击最下面的“…”按钮，在弹出的下拉列表中选择“加载到”选项，如图 3-62 所示。

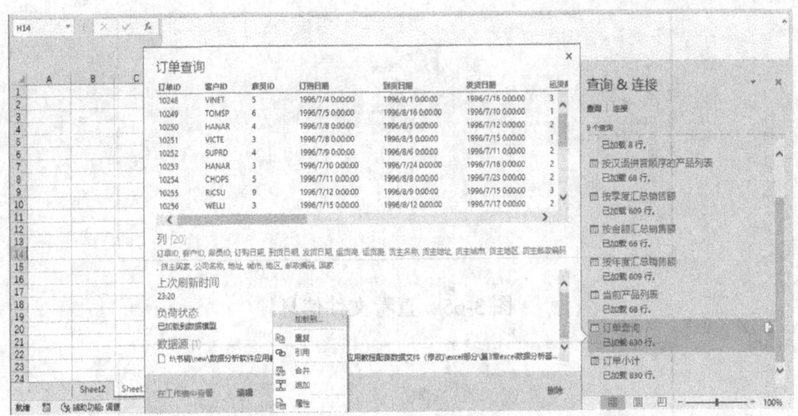

图 3-62 选择需要加载的文件

Step6：在弹出的“导入数据”对话框中，选中“表”单选按钮，并确定“数据的放置位置”，如图 3-63 所示，最后单击“确定”按钮完成数据加载。

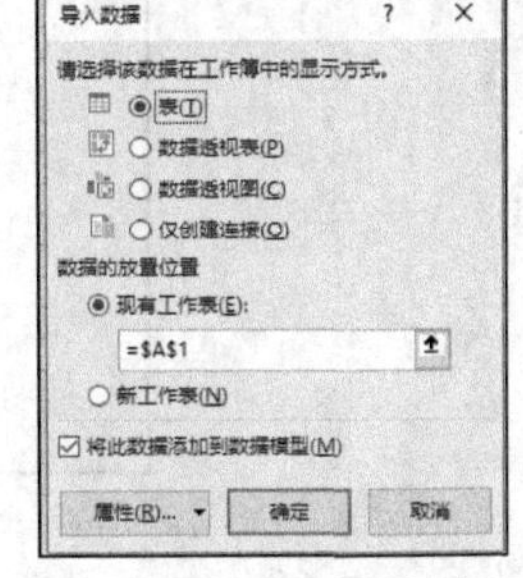

图 3-63 选择数据导入的显示方式

在多数情况下，并不需要导入整个外部文件，只需要按条件进行查询导入符合条件的数据即可。这时可单击“导航器”对话框中的“编辑”按钮，打开“Power Query 编辑器”进行数据的查询、删除与筛选。这部分相关内容将在本书第 4 篇“Power BI”中介绍。

（3）网页数据的导入

Excel 不但可以从外部数据库中获取数据，也可以从 Web 网页中轻松获取数据，步骤如下。

Step1：打开要导入数据的工作表，并选定放置数据的起始单元格。

Step2：单击“数据”选项卡中“获取或转换数据”组中的“自网站”按钮。

Step3：在弹出的“从 Web”对话框中的“URL”文本框中输入要查找数据的网址 http://www.stats.gov.cn/tjsj/zxfb/201608/t20160804_1384707.html，并单击 “确定”按钮，如图 3-64 所示。

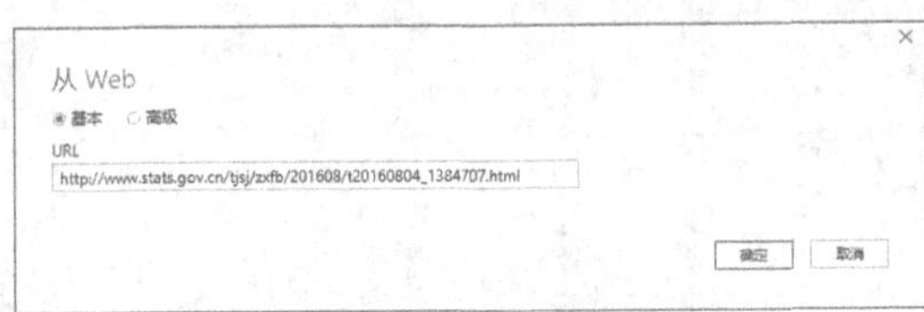

图 3-64 输入数据查找网址

Step4：在弹出的“导航器”对话框中，单击 Document 按钮查看文件信息，单击 Table 按钮预览数据，分别如图 3-65 和图 3-66 所示。

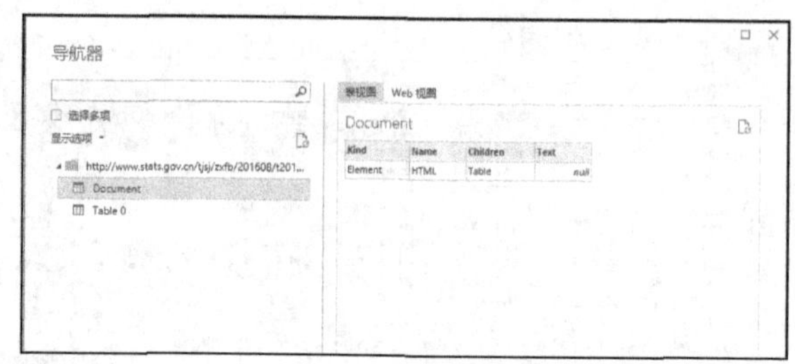

图 3-65　查看文件信息

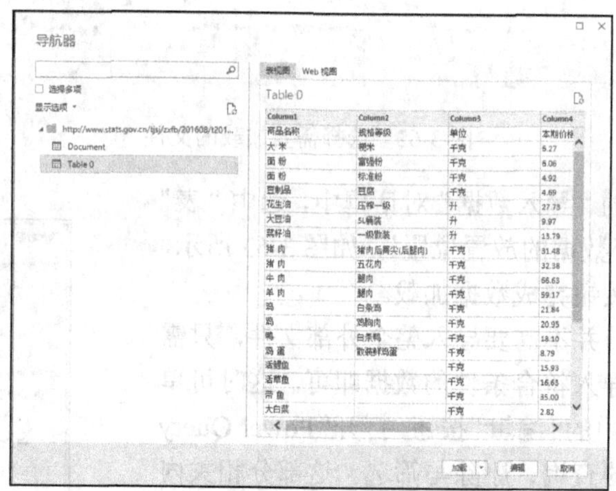

图 3-66　预览要导入的数据文件

Step5：单击“加载”按钮导入全部数据。如果是有选择地导入数据，则单击“编辑”按钮进入“Power Query 编辑器”对数据进行筛选和删除，也可以在文件导入后，选择弹出的“查询”选项卡，打开“查询工具”进行编辑，如图 3-67 所示。

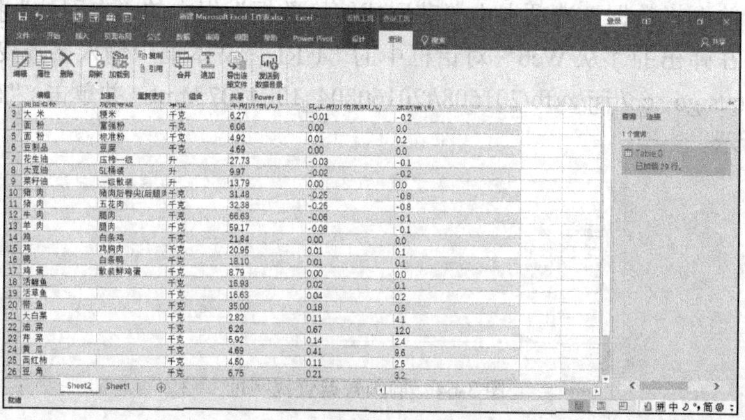

图 3-67　查询工具

3.2.2　数据的标识

在建立 Excel 数据表时，有时候需要对一些特殊或者重要的数据加以标注，即标识数据。利用 Excel 标识特殊数据可以使用其“条件格式”功能完成。Excel 的“条件格式”功能是在表格中设置一个条件，当某个单元格中的数据不满足这个条件时，可设置该单元格显示为另一种不同的格式，即通过对单元格应用条件格式，可以使单元格在包含不同的内容时显示不同的外观。

1. 标注重复值

【例 3-17】本示例中，设置“产品编码”列的格式为出现重复值时，其单元格中的数据显示为“浅红填充色深红色文本”。

Step1：打开示例文件 data3-17，选中需要标注“重复值”的单元格区域，如 B 列。

Step2：切换到“开始”选项卡，单击“样式”组中的“条件格式”按钮，从弹出的下拉列表中选择“突出显示单元格规则”选项，再从弹出的下拉列表中选择“重复值”选项，如图 3-68 所示。

图 3-68　选择显示规则：重复值

Step3：在弹出的“重复值”对话框中，为重复值显示设置格式，即在“为包含以下类型值的单元格设置格式”下拉列表中选择“重复”选项，在“设置为”右侧的下拉列表中选择“浅红填充色深红色文本”选项，如图 3-69 所示。

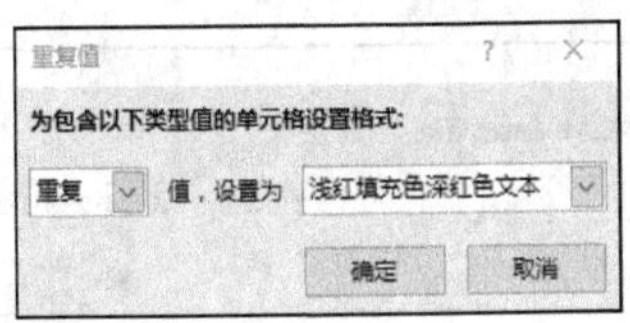

图 3-69　设置重复值显示颜色

Step4：单击“确定”按钮返回工作表中，即可看到“产品编码”列中的重复值已显示为“浅红填充色深红色文本”效果，如图 3-70 所示。

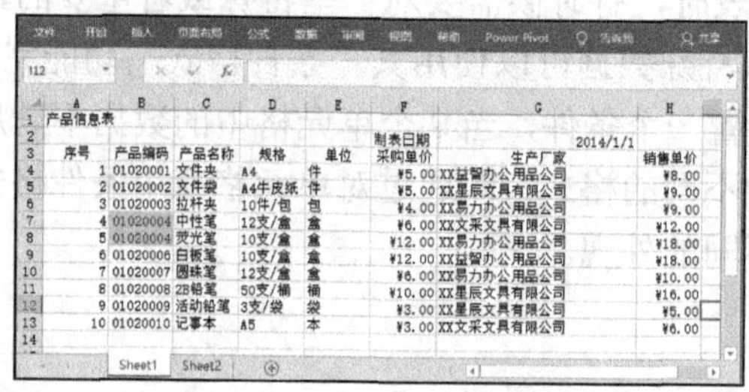

产品信息表							
					制表日期	2014/1/1	
序号	产品编码	产品名称	规格	单位	采购单价	生产厂家	销售单价
1	01020001	文件夹	A4	件	¥5.00	XX益智办公用品公司	¥8.00
2	01020002	文件袋	A4牛皮纸	件	¥5.00	XX星辰文具有限公司	¥9.00
3	01020003	拉杆夹	10件/包	包	¥4.00	XX易力办公用品公司	¥9.00
4	01020004	中性笔	12支/盒	盒	¥6.00	XX文采文具有限公司	¥12.00
5	01020004	荧光笔	10支/盒	盒	¥12.00	XX易力办公用品公司	¥18.00
6	01020006	白板笔	10支/盒	盒	¥12.00	XX益智办公用品公司	¥18.00
7	01020007	圆珠笔	12支/盒	盒	¥6.00	XX易力办公用品公司	¥10.00
8	01020008	2B铅笔	50支/桶	桶	¥10.00	XX星辰文具有限公司	¥16.00
9	01020009	活动铅笔	3支/袋	袋	¥3.00	XX星辰文具有限公司	¥5.00
10	01020010	记事本	A5	本	¥3.00	XX文采文具有限公司	¥6.00

图 3-70　重复值的标注结果

2. 标注极端值

【例 3-18】设置“销售单价”列的格式为出现极大值时，其单元格中的数据显示为“浅红填充色深红色文本”。

Step1：打开示例文件 data3-18，选中需要标注“极大值”的单元格区域，如 H 列。

Step2：切换到“开始”选项卡，单击“样式”组中的“条件格式”按钮，从弹出的下拉列表中选择“突出显示单元格规则”选项，再从弹出的下拉列表中选择“大于”选项，如图 3-71 所示。

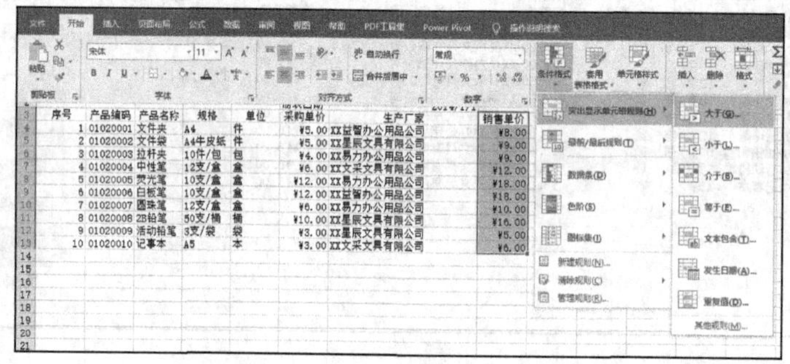

图 3-71　选择显示规则：“大于”

Step3：在“大于”规则对话框中，在“为大于以下值的单元格设置格式”文本框中输入“15”，在“设置为”右侧的下拉列表中选择“浅红填充色深红色文本”选项，如图 3-72 所示。

图 3-72　设置极大值显示的颜色

Step4：单击“确定”按钮返回工作表中，即可看到“销售单价”列中的极大值已显示为“浅红填充色深红色文本”效果，如图 3-73 所示。

	A	B	C	D	E	F	G	H
1	产品信息表							
2						制表日期	2014/1/1	
3	序号	产品编码	产品名称	规格	单位	采购单价	生产厂家	销售单价
4	1	01020001	文件夹	A4	件	¥5.00	XX益智办公用品公司	¥8.00
5	2	01020002	文件袋	A4牛皮纸	件	¥5.00	XX星辰文具有限公司	¥9.00
6	3	01020003	拉杆夹	10件/包	包	¥4.00	XX易力办公用品公司	¥9.00
7	4	01020004	中性笔	12支/盒	盒	¥6.00	XX文采文具有限公司	¥12.00
8	5	01020005	荧光笔	10支/盒	盒	¥12.00	XX易力办公用品公司	¥18.00
9	6	01020006	白板笔	10支/盒	盒	¥12.00	XX益智办公用品公司	¥18.00
10	7	01020007	圆珠笔	12支/盒	盒	¥6.00	XX易力办公用品公司	¥10.00
11	8	01020008	2B铅笔	50支/桶	桶	¥10.00	XX星辰文具有限公司	¥16.00
12	9	01020009	活动铅笔	3支/袋	袋	¥3.00	XX星辰文具有限公司	¥5.00
13	10	01020010	记事本	A5	本	¥3.00	XX文采文具有限公司	¥6.00

图 3-73　极大值显示结果

3. 标注缺失值

【例 3-19】设置“采购单价”列的格式为出现缺失值时，其单元格中的数据显示为“浅红填充色深红色文本”。

Step1：打开示例文件 data3-19，选中需要标注“缺失值”的单元格区域，如 F 列。

Step2：切换到“开始”选项卡，单击“样式”组中的“条件格式”按钮，从弹出的下拉列表中选择“突出显示单元格规则”选项，再从弹出的下拉列表中选择“其他规则”选项，如图 3-74 所示。

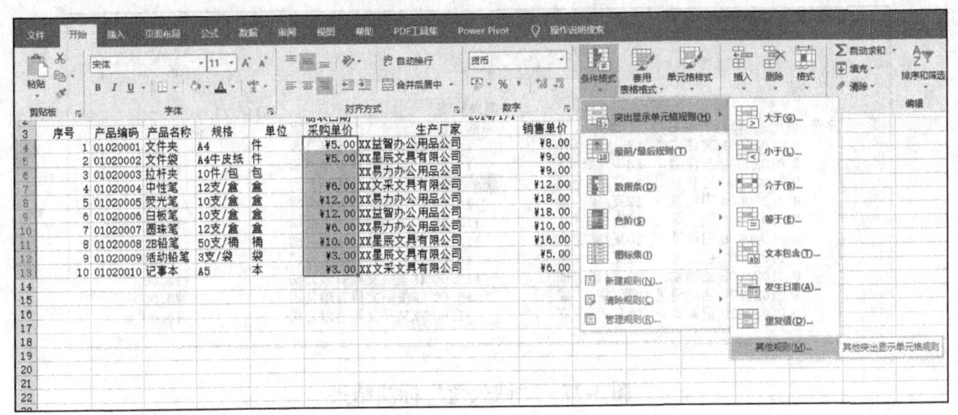

图 3-74　选择显示规则：“其他规则”

Step3：在弹出的“新建格式规则”对话框中，在“选择规则类型”区域中选择“只为包含以下内容的单元格设置格式”，在“只为满足以下条件的单元格设置格式”下拉列表中选择“空值”选项，如图 3-75 所示。

Step4：单击“格式”按钮，弹出“设置单元格格式”对话框，选择“填充”选项卡，在“图案颜色”和“图案样式”下拉列表中选择要设置的格式，如图 3-76 所示。

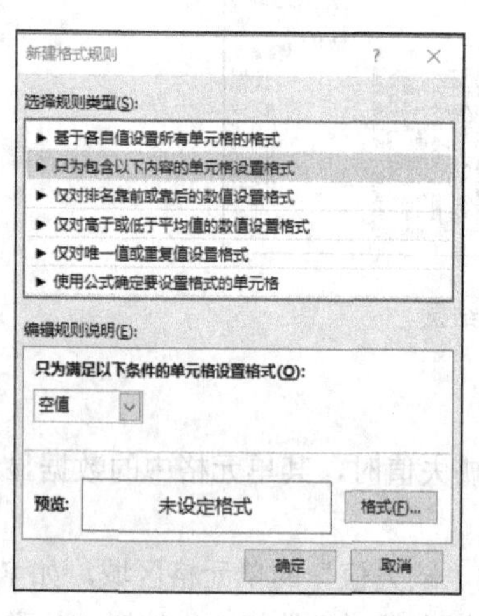

图 3-75　设置自定义显示规则的条件

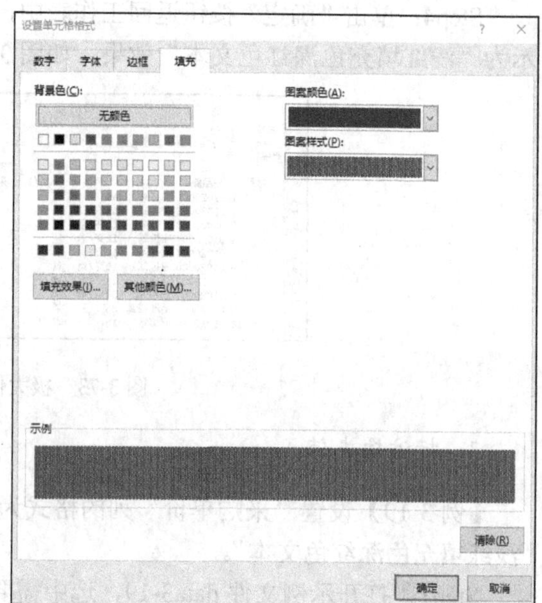

图 3-76　设置自定义显示规则的颜色和样式

Step5：单击“确定”按钮返回工作表中，即可看到图 3-77 所示的标记。

	A	B	C	D	E	F	G	H	I
1	产品信息表								
2						制表日期	2014/1/1		
3	序号	产品编码	产品名称	规格	单位	采购单价	生产厂家	销售单价	
4	1	01020001	文件夹	A4	件	¥5.00	XX益智办公用品公司	¥8.00	
5	2	01020002	文件袋	A4牛皮纸	件	¥5.00	XX星辰文具有限公司	¥9.00	
6	3	01020003	拉杆夹	10件/包	包		XX易力办公用品公司	¥9.00	
7	4	01020004	中性笔	12支/盒	盒	¥6.00	XX文采文具有限公司	¥12.00	
8	5	01020005	荧光笔	10支/盒	盒	¥12.00	XX易力办公用品公司	¥18.00	
9	6	01020006	白板笔	10支/盒	盒	¥12.00	XX益智办公用品公司	¥18.00	
10	7	01020007	圆珠笔	12支/盒	盒	¥6.00	XX易力办公用品公司	¥10.00	
11	8	01020008	2B铅笔	50支/桶	桶	¥10.00	XX星辰文具有限公司	¥16.00	
12	9	01020009	活动铅笔	3支/袋	袋	¥3.00	XX星辰文具有限公司	¥5.00	
13	10	01020010	记事本	A5	本	¥3.00	XX文采文具有限公司	¥6.00	
14									

图 3-77　“缺失值”标注结果

3.2.3　数据的清洗

数据清理（data cleaning）是对初始获得的数据进行审查和纠错的过程，目的在于处理重复、缺失、异常等错误信息。Excel 提供了多种清洗数据的工具和方法，由于篇幅有限，这里主要介绍以下几种数据清洗方法。

1. 删除重复值

如果数据来自多个数据源，那么可能包含重复的行，大多数时候需要消除重复值。

以前去除重复数据基本采用的是先排序再依次删除的人工处理方式完成，但当数据量很大时，这种人工方式不仅低效，甚至是难以完成的。现在可以利用 Excel 的删除重复值命令轻松完成。

（1）删除单列数据中的重复值

【例 3-20】如图 3-78 所示，A 列是各种商品的种类名称，目前需要从中提取一份不重复的商品种类名称清单。

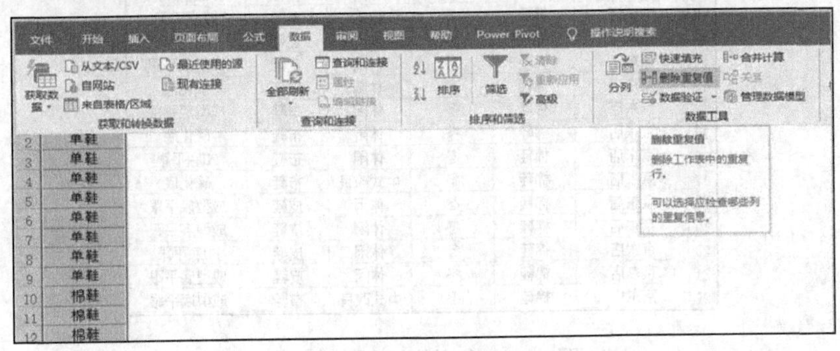

图 3-78 单列重复数据

Step1：打开示例文件 data3-20，单击数据区域中任意一个单元格，在“数据”选项卡中单击“删除重复值”按钮，弹出“删除重复值”对话框，如图 3-79 所示。

Step2：单击“确定”按钮关闭“删除重复值”对话框，在弹出的图 3-80 所示的“Microsoft Excel”对话框中单击“确定”按钮，直接在原始区域返回删除重复值后的商品种类名称清单。

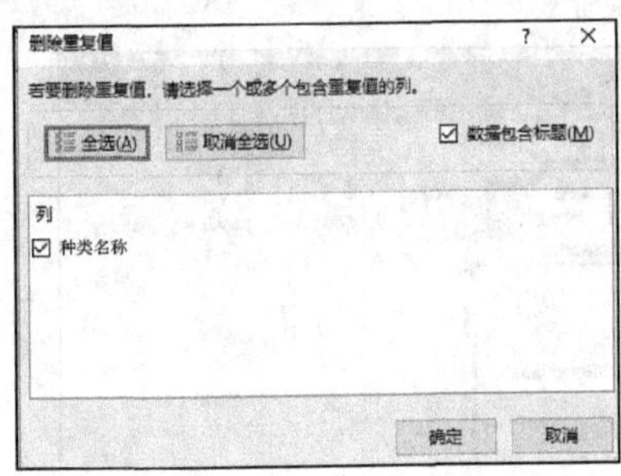

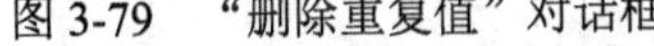

图 3-79 “删除重复值”对话框

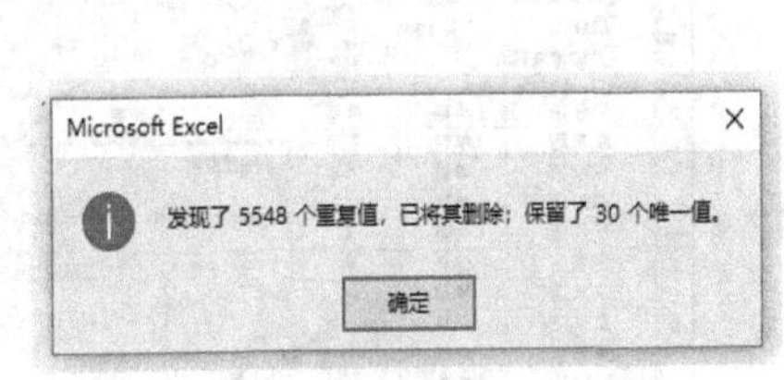

图 3-80 删除所有重复值

受 Excel 版本更新的差异影响，此功能按钮在部分用户的 Excel 2016 中显示为“删除重复项”。

（2）删除多列数据中的重复值

【例 3-21】图 3-81 所示的数据表是一份商品的销售记录，通过“删除多列数据中的重复值”功能确定各个商店有哪些特色分类商品参与了销售。

	A	B	C	D	E	F
1	商店名称	中类名称	季节名称	风格名称	大类名称	特色分类名称
2	京东店	单鞋	常年	中式	布鞋	胶片千层底
3	京东店	单鞋	常年	中式	布鞋	千层底
4	京东店	单鞋	常年	中式	布鞋	胶片千层底
5	京东店	单鞋	常年	中式	布鞋	皮底
6	京东店	单鞋	常年	休闲	布鞋	PU底平跟
7	京东店	单鞋	常年	中式改良	布鞋	PU底平跟
8	京东店	单鞋	秋	中式改良	布鞋	牛筋底坡跟
9	京东店	单鞋	秋	休闲	皮鞋	PU底平跟
10	京东店	棉鞋	冬	中式	布鞋	胶底手工
11	京东店	棉鞋	冬	中式改良	皮鞋	PU底平跟
12	京东店	棉鞋	冬	休闲	皮鞋	成型底平跟
13	京东店	棉鞋	冬	休闲	布鞋	硫化底
14	京东店	棉鞋	冬	休闲	布鞋	成型底平跟
15	京东店	棉鞋	冬	休闲	布鞋	硫化底
16	京东店	棉鞋	冬	休闲	布鞋	PU底平跟
17	京东店	棉鞋	冬	中式改良	布鞋	硫化底
18	京东店	棉鞋	冬	休闲	皮鞋	成型底平跟
19	京东店	棉鞋	冬	休闲	皮鞋	成型底平跟
20	京东店	棉鞋	冬	休闲	皮鞋	PU底平跟
21	京东店	棉鞋	冬	休闲	皮鞋	成型底平跟
22	京东店	棉鞋	冬	中式改良	布鞋	成型底平跟

图 3-81　多列数据中的重复值

Step1：打开示例文件 data3-21，选中数据区域内的任意单元格，如 B14 单元格。

Step2：在“数据”选项卡中单击“删除重复值”按钮，弹出“删除重复值”对话框。

Step3：单击“取消全选”按钮，在“列”列表框中选中“商店名称”和“特色分类名称”复选框。

Step4：单击“确定”按钮，关闭“删除重复值”对话框，然后单击“确定”按钮，关闭“Microsoft Excel”提示框，如图 3-82 所示。

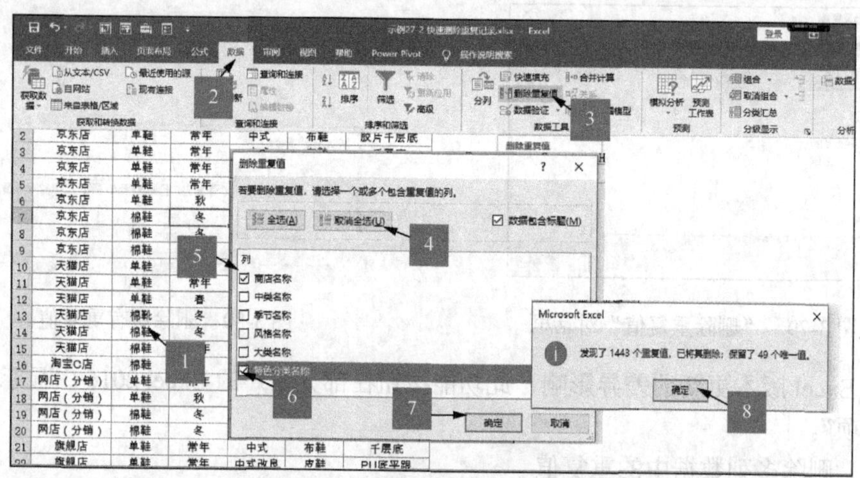

图 3-82　根据指定的多列删除重复值

Step5：最终得到各个商店参与销售的特色分类商品的不重复数据，如图 3-83 所示。

	A	B	C	D	E	F
1	商店名称	中类名称	季节名称	风格名称	大类名称	特色分类名称
2	京东店	单鞋	常年	中式	布鞋	胶片千层底
3	京东店	单鞋	常年	中式	布鞋	千层底
4	京东店	单鞋	常年	中式	布鞋	皮底
5	京东店	单鞋	常年	休闲	布鞋	PU底平跟
6	京东店	单鞋	秋	中式改良	布鞋	牛筋底坡跟
7	京东店	棉鞋	冬	中式	布鞋	胶底手工
8	京东店	棉鞋	冬	休闲	皮鞋	成型底平跟
9	京东店	棉鞋	冬	休闲	布鞋	硫化底
10	天猫店	单鞋	常年	中式改良	布鞋	PU底平跟
11	天猫店	单鞋	常年	中式	布鞋	胶底手工
12	天猫店	单鞋	春	正装	皮鞋	成型底平跟
13	天猫店	棉靴	冬	休闲	皮鞋	PU底中跟
14	天猫店	棉鞋	冬	中式改良	布鞋	硫化底
15	天猫店	棉鞋	常年	中式	布鞋	千层底
16	淘宝C店	棉鞋	冬	中式改良	布鞋	硫化底
17	网店（分销）	单鞋	常年	中式	布鞋	千层底
18	网店（分销）	单鞋	秋	休闲	布鞋	PU底平跟
19	网店（分销）	棉鞋	冬	中式改良	布鞋	硫化底
20	网店（分销）	棉鞋	冬	休闲	布鞋	成型底平跟
21	旗舰店	单鞋	常年	中式	布鞋	千层底
22	旗舰店	单鞋	常年	中式改良	皮鞋	PU底平跟

图 3-83　各个商店参与销售的特色分类商品的不重复数据

2. 删除多余空格

通常，需确保数据中没有多余的空格，但是只用眼看，无法发现文本字符串末尾的空格字符。多余空格可能会导致很多问题，尤其是需要比较文本字符串时，文本“May”和“May ”是不同的。后者在末尾加了一个空格，第一个长度是三个字符，而第二个长度是四个字符。

在 Excel 表格中删除多余空格可以使用 TRIM 函数完成。TRIM 函数用于删除所有前导和尾随空格，并使用一个空格替换多个空格。TRIM 函数的表达式为

TRIM("Fourth Quarter Earnings")

3. 删除奇异字符

通常情况下，导入工作表中的数据会包含一些不可打印的奇怪字符。此时，可以使用 CLEAN 函数删除字符串中所有无法打印的字符。如果数据位于 A2 单元格中，可以使用以下公式：

=CLEAN(A2)

CLEAN 函数会漏掉一些非打印 Unicode 字符。此函数被编程为删除 7 位 ASCII 码的前 32 个非打印字符，可通过查阅 Excel 帮助系统了解如何删除非打印的 Unicode 字符（在“帮助”系统中搜索 CLEAN 函数）。

3.2.4 数据的存储

1. 数据的保护

如果必须放下手中的工作，但又不想退出 Excel，此时可以为工作表和工作簿建立保护，以防止错误操作对工作表数据造成的损害。

（1）保护工作表

保护工作表功能可以防止修改工作表中的单元格、Excel 宏表、图表项、对话框编辑表项和图表对象等，具体操作步骤如下。

Step1：选定需要保护的工作表，单击“审阅”选项卡中的“保护工作表”按钮，弹出图 3-84 所示的“保护工作表”对话框。

Step2：在该对话框中选择需要保护的选项并输入取消工作表保护时使用的密码，设置密码可以防止未授权用户取消对工作表的保护。密码可以为字母、数字和符号，并且字母要区分大小写，密码长度不能超过 255 个字符。

Step3：单击“确定”按钮，弹出“确认密码”对话框，如图 3-85 所示，再次输入密码并单击“确定”按钮，使保护工作表设置生效。

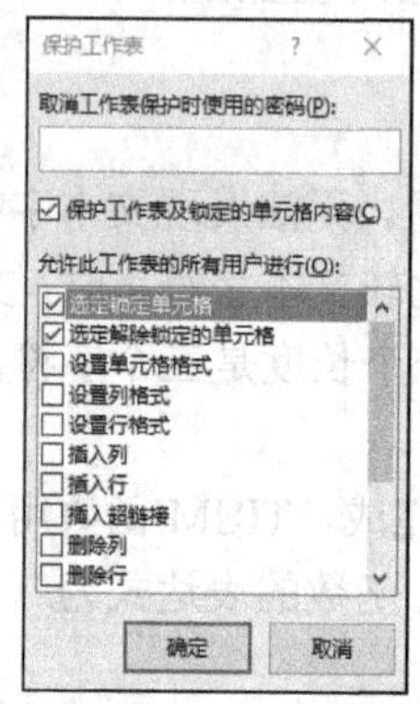

图 3-84　“保护工作表”对话框

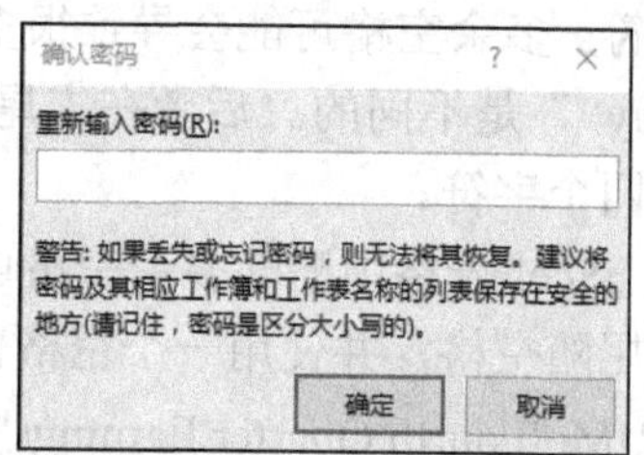

图 3-85　“确认密码”对话框

若有人试图修改受保护的工作表，则会弹出图 3-86 所示的警告对话框。

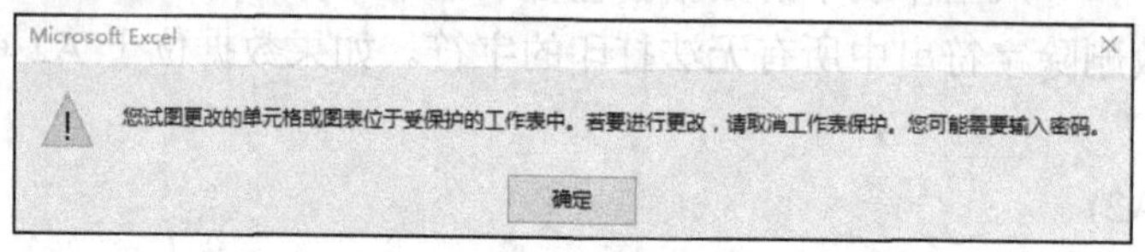

图 3-86　工作表保护提示

（2）保护工作簿

保护工作簿功能可以保护工作簿的结构和窗口，以防止对工作簿进行插入、删除、移动、隐藏、取消隐藏及重命名工作表等操作，从而保护窗口不被移动或改变大小。启动保护工作簿功能的操作步骤如下。

Step1：激活需要保护的工作簿，单击“审阅”选项卡中的“保护工作簿”按钮，弹出图 3-87 所示的“保护结构和窗口”对话框。

Step2：在该对话框中选择需要保护的选项并输入密码，然后单击“确定”按钮。

Step3：在弹出的“确认密码”对话框中，再次输入密码。单击“确定”按钮，使密码生效。

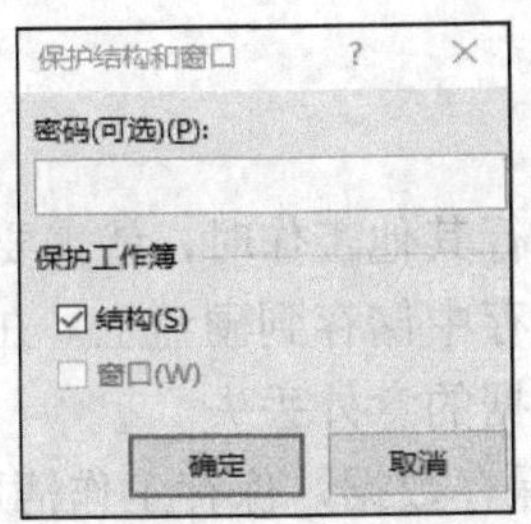

图 3-87　“保护结构和窗口”对话框

“保护结构和窗口”对话框中的各选项及其含义如下。

① “结构”：保护工作簿的结构，避免删除、移动、隐藏、取消隐藏、插入工作表和重命名工作簿。

② “窗口”：保护工作簿的窗口不被移动、缩放、隐藏、取消隐藏或关闭。

③ “密码”：与“保护工作表”中的密码功能相同。

（3）保护单元格

可以为单元格设置保护，防止单元格被非法修改。在设置单元格保护之前必须设置工作表保护。当设置工作表保护后，只需将“设置单元格格式”对话框切换到图 3-88 所示的“保护”选项卡，即可对单元格进行保护设置。

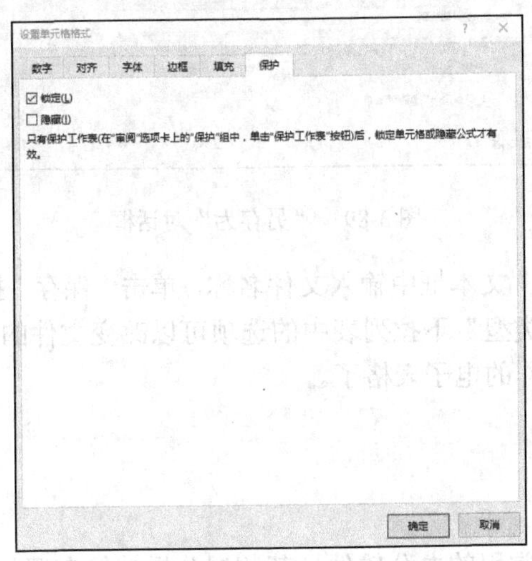

图 3-88　“设置单元格格式”对话框

（4）取消保护

如果要取消工作表或者工作簿的保护状态，可以单击“审阅”选项卡中的“撤销工作表保护”和“撤销工作簿保护”按钮。如果原来没有设置密码，选择所需要的命令即可取消保护；如果设置了密码，选择所需要的命令后将弹出“撤销工作表保护”或“撤销工作簿保护”对话框，输入正确的密码后，单击“确定”按钮，即可取消保护。

2. 数据的保存

当工作告一段落或者需要进行其他工作时，就需要对已经完成的工作进行保存，保存操作可以将所完成的操作从内存中储存到硬盘上。在实际使用 Excel 的过程中，随时保存十分重要，这样可以避免数据的意外丢失。

Excel 通常以工作簿的形式保存数据，保存工作簿可通过以下方式完成。

Step1：单击快速访问工具栏上的“保存”按钮。

Step2：选择“文件”选项卡，在菜单中选择“保存”命令或者选择“另存为”命令，在弹出的图 3-89 所示的“另存为”对话框中，选择要保存工作簿的位置，然后浏览到所需要的文件夹。

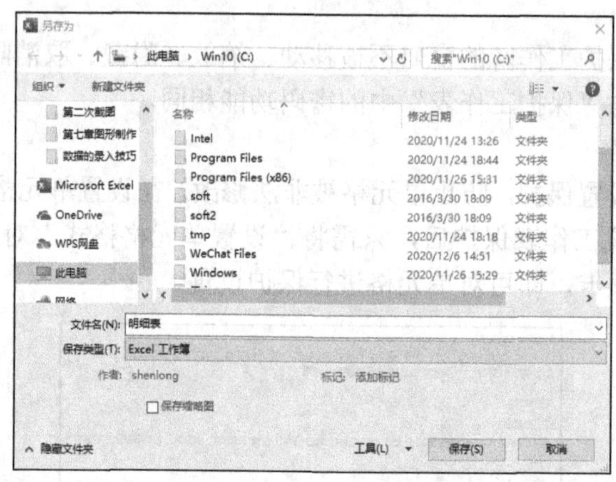

图 3-89　“另存为”对话框

Step3：在“文件名”文本框中输入文件名称，单击“保存”按钮，完成操作。另外，通过图 3-89 中“保存类型”下拉列表中的选项可以改变文件的格式，这样就可以在其他程序中使用 Excel 制作的电子表格了。

习　题

1．Excel 作为一种常用的办公软件，其数据分析功能有哪些？
2．什么是数据透视图表？其常用功能有哪些？
3．什么是数据分析工具？其主要功能是什么？
4．利用 Excel 函数进行数据处理有什么优缺点？
5．建立 Excel 数据清单（数据文件）的数据录入格式是什么？

第 4 章　Excel 数据整理

数据整理是根据研究目的，将统计调查所取得的数据进行科学加工，使之系统化、条理化，以符合分析需要的工作过程。不同类型的数据，整理所采用的方法也不同。一般来说，品质数据整理主要采用分类整理法，数值型数据整理则主要采用分组整理法。本章内容分为三节，主要介绍 Excel 的数据预处理与数据整理功能，要求学生了解利用 Excel 进行数据审核、排序、筛选等预处理功能的使用方法，重点掌握利用 Excel 数据透视图表工具进行数据整理的基本方法和操作技巧。本章内容为必修内容，建议讲授 1 学时，实践训练 1 学时。

4.1　Excel 数据预处理

在数据整理之前，通常需要对数据进行预处理。数据预处理是统计数据整理的准备阶段，在整个数据处理中占有重要的地位。数据预处理主要包括数据审核、筛选、排序、重组等，这些工作均可以通过 Excel 快速地完成。

4.1.1　数据审核

当 Excel 工作表建立完成后，为保证工作表中的数据准确无误，需要对数据进行审核。审核是数据预处理的首要环节，目的在于发现原始数据中存在的错误。利用 Excel 可以对数据进行逻辑检查、计算检查和有效性检查。

1. 逻辑检查

逻辑检查是通过寻找各项目或数字之间的矛盾来发现数据错误。例如，在一项某企业职工情况的调查中，年龄 31 岁的王某，工龄为 22 年，这在逻辑上就不符合常理，其中肯定有一个数据是错误的，如图 4-1 所示。数据逻辑错误的发现可利用 Excel 数据透视图表工具编制交叉频数分布表完成。具体操作过程可参见 6.1.3 节中双变量交叉列联频数统计的相关内容。

2. 计算检查

计算检查是通过考察各项目或数字之间的计算关系发现数据错误，如合计数是否等于各分项数据之和，各部分所占比例之和是否等于 100%，主要用于对数值型数据也就是定量数据进行检查。在具体操作上，可利用 Excel 的公式审核工具完成。

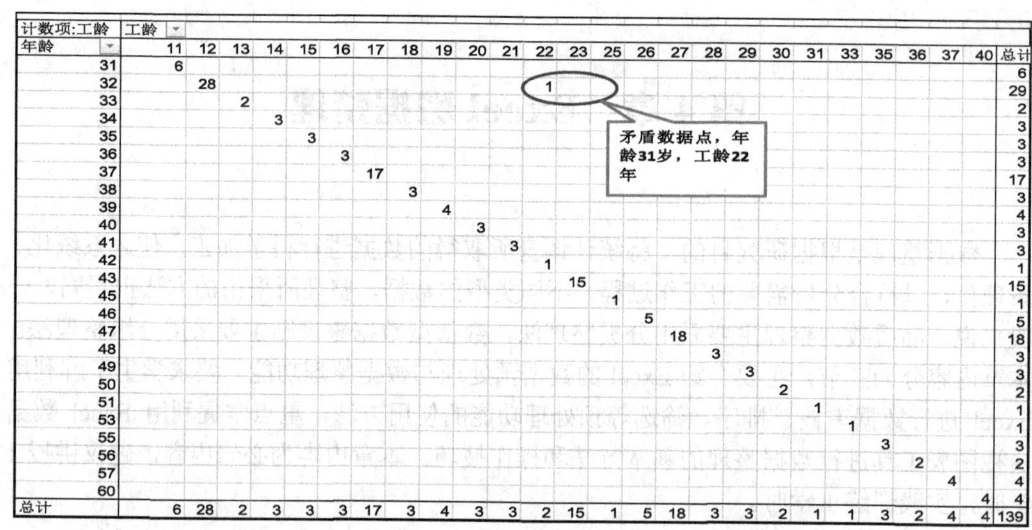

计数项:工龄 | 工龄

年龄	11	12	13	14	15	16	17	18	19	20	21	22	23	25	26	27	28	29	30	31	33	35	36	37	40	总计
31	6																									6
32		28										1														29
33			2																							2
34				3																						3
35					3																					3
36						3																				3
37							17																			17
38								3																		3
39									4																	4
40										3																3
41											3															3
42												1														1
43													15													15
45														1												1
46															5											5
47																18										18
48																	3									3
49																		3								3
50																			2							2
51																				1						1
53																					1					1
55																						3				3
56																							2			2
57																								4		4
60																									4	4
总计	6	28	2	3	3	3	17	3	4	3	3	2	15	1	5	18	3	3	2	1	1	3	2	4	4	139

图 4-1　年龄与工龄交叉表

（1）Excel 数据审核工具的基本功能

使用 Excel“公式审核”组中的各个工具按钮，可以检查工作表公式与单元格之间的相互关系并指出错误。在使用审核工具时，追踪箭头将指明哪些单元格为公式提供了数据，哪些单元格包含相关的公式。

在 Excel 2019 中，数据审核工具排列在“公式”选项卡的“公式审核”组中，各按钮名称及功能如表 4-1 所示。

表 4-1　Excel 公式审核工具按钮及功能

按钮	功能
追踪引用单元格	追踪引用单元格，并在工作表中显示追踪箭头，表明追踪的结果
追踪从属单元格	追踪从属单元格（包含引用其他单元格的公式），并在工作表中显示追踪箭头，表明追踪的结果
删除箭头	删除工作表上的所有追踪箭头
显示公式	显示工作表中的所有公式
错误检查	检查工作表中的所有公式
公式求值	在“公式求值”对话框中对单元格公式求值，以调试公式
监视窗口	监视所选单元格中的数据

（2）Excel 公式审核工具的应用

1）查找与公式相关的单元格。在查找公式中的错误时，可以通过查找与公式相关的单元格，来查看该公式引用的单元格中是否有错误。

要查找与公式相关的单元格，可以在选择包含公式的单元格后，单击“追踪引用单元格”按钮。此时系统将会在工作表中用蓝色的追踪箭头和边框指明为公式提供数据的单元格，如图 4-2 所示。

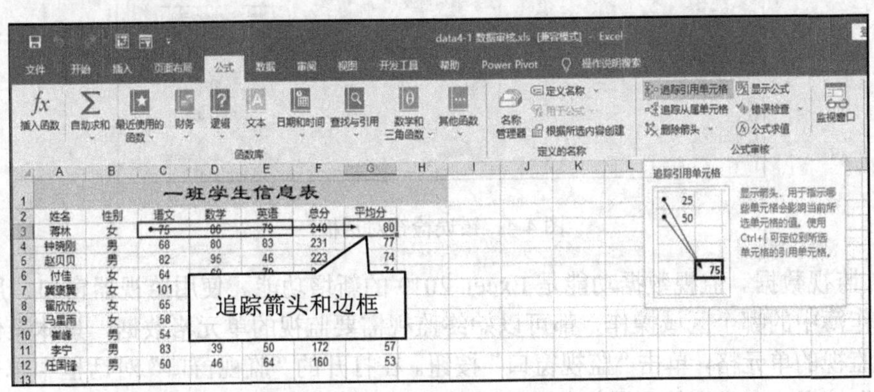

图 4-2　查找与公式有关的单元格

由图 4-2 可以看出，G3 单元格的公式引用的是 C3、D3 和 E3 单元格中的数据。另外，选择一个有数据的单元格，单击“追踪从属单元格”按钮后，系统会用蓝色箭头指明该单元格被哪个单元格中的公式所引用，如图 4-3 所示。

	A	B	C	D	E	F	G	H
1	一班学生信息表							
2	姓名	性别	语文	数学	英语	总分	平均分	
3	蒋林	女	75	86	79	240	80	
4	钟晓刚	男	68	80	83	231	77	
5	赵贝贝	男	82	95	46	223	74	
6	付佳	女	64	69	79	212	71	
7	冀霙翼	女	80	77	49	206	69	
8	翟欣欣	女	65	79	53	197	66	
9	马星雨	女	58	64	68	190	63	
10	崔峰	男	54	36	91	181	60	
11	李宁	男	83	39	50	172	57	
12	任国锋	男	50	46	64	160	53	

图 4-3　追踪从属单元格

由图 4-3 可以看出，D5 单元格中的数据被 G5 单元格中的公式引用。

2）查找错误源。当输入公式后单元格中显示错误时，使用审核工具中的“错误检查”功能，可以方便地查找到该错误是由哪些单元格引起的。

要查找错误单元格中的错误源，可以在选择该单元格后，单击“错误检查”下拉按钮，执行“追踪错误”命令。此时，系统在工作表中会指出该公式所引用的所有单元格。其中红色箭头（因本书是单色印刷，无法显示颜色，可在实际操作中查看。后面类似情况，不再进行说明）将指出导致错误公式的单元格，而蓝色箭头将指出包含错误数据的单元格。

如图 4-4 所示就是对 G4 单元格的错误检查结果。单击“错误检查”对话框中的“下一个”或“上一个”按钮可依次查找其他单元格的错误。

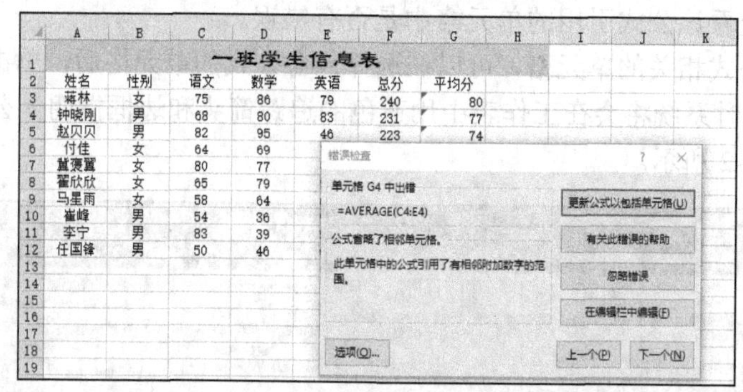

图 4-4 错误检查对话框

3）监视数据。监视数据功能是 Excel 2019 的新增功能。使用监视器窗口，用户无论在工作簿中的哪个区域操作，都可以始终监视需要监视的单元格数据，具体操作：选择需要监视的单元格，单击“监视窗口”按钮。在打开的“监视窗口”对话框中单击“添加监视”按钮，在弹出的“添加监视点”对话框中单击“添加”按钮，则该单元格中的内容将在监视窗口中显示。此时无论在工作簿中的哪个区域操作，该窗口将始终可见，如图 4-5 所示。

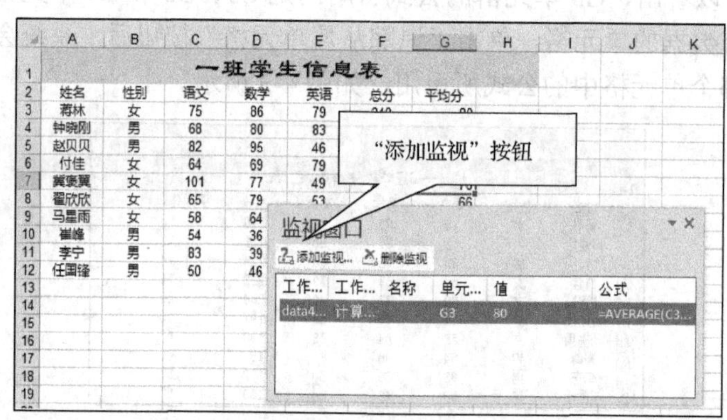

图 4-5 监视数据

3. 有效性检查

在调查过程中由于调查人员的登记错误，经常会出现超出合理范围的无效数据。为了保证输入的数据都在有效范围内，可以使用 Excel 提供的公式审核工具进行检查，并圈出无效的数据。

【例 4-1】一项调查中对被调查者的年龄有所限制，即只调查 18～60 岁范围内的人。数据已录入完毕，利用 Excel 提供的公式审核工具进行检查，并圈出无效数据。

Step1：打开示例文件 data4-1，选定 D2:D140，切换到“数据”选项卡，单击“数据工具”组中的“数据验证”按钮右侧的下拉按钮，从弹出的下拉列表中选择“数据验证”选项，并设置数值范围为 18～60，如图 4-6 所示。

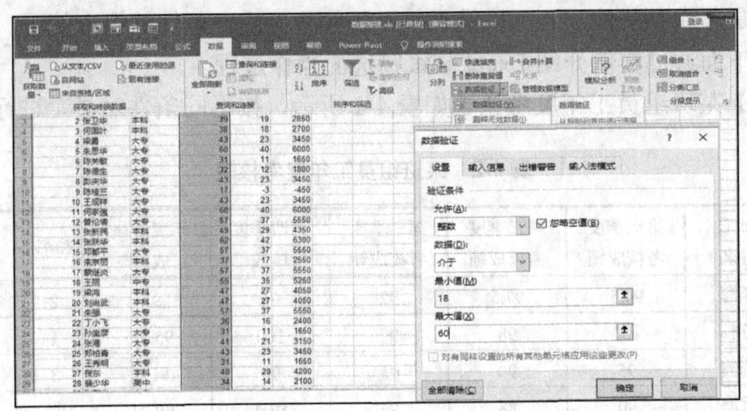

图 4-6　设置年龄有效范围

Step2：单击“数据验证”下拉按钮，在弹出的下拉列表中选择“圈释无效数据”选项，将工作表中的无效数据使用红色圆圈标识出来，如图 4-7 所示。

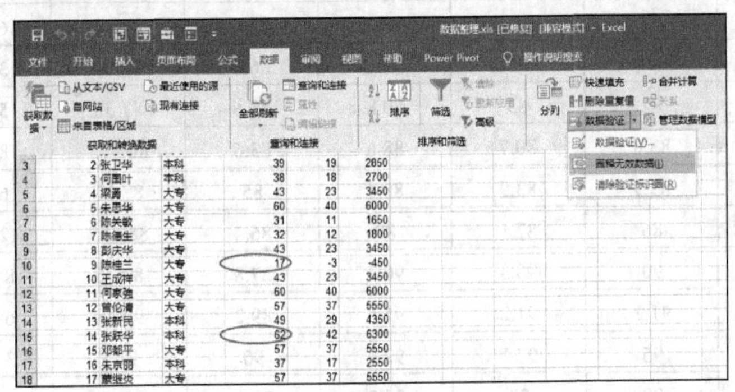

图 4-7　圈释无效数据

Step3：在使用红色圆圈标识出的无效数据单元格中，更改无效数据。

Step4：单击“数据验证”下拉按钮，在弹出的下拉列表中选择“清除无效数据标识圈”选项，隐藏无效数据的标识圈。

4.1.2　数据筛选

实际中，有时候只需要对符合条件的数据进行整理和分析，这就需要在整理之前对数据进行筛选，即将数据清单符合条件的数据快速地查找并显示出来。Excel 的筛选工具提供了三种数据的筛选操作，即自动筛选、自定义筛选和高级筛选。此外，Excel 2010 以后增加的切片器工具也可以实现数据的多条件快速筛选。Excel 的自动筛选功能使用简单，方便快捷，但在实际应用中，有些数据的筛选条件复杂，无法通过自动筛选功能完成，这就需要通过高级筛选来完成。

高级筛选可以使用较多的条件来对数据清单进行筛选，这些条件既可以是“与”条件，也可以是“或”条件，还可以是“与”条件与“或”条件的组合使用，还可以使用计算条件。下面通过实例介绍 Excel 高级筛选的操作过程。

【例 4-2】某班组员工年度考核表如表 4-2 所示，按不同条件对员工进行筛选。

表 4-2　某班组员工年度考核表

员工编号	员工姓名	第一季度考核成绩	第二季度考核成绩	第三季度考核成绩	第四季度考核成绩	年度考核成绩	排名	应获年终奖金
000001	李海	94.5	97.5	92	96	93	2	¥40,000
000002	苏杨	100	98	99	100	95.55	1	¥40,000
000003	陈霞	95	90	95	90	91.5	3	¥40,000
000004	武海	90	88	96	87.4	90.21	7	¥20,000
000005	刘繁	85.6	85.8	97	85	89.01	9	¥10,000
000006	袁锦辉	84	85	95.8	84.1	88.34	11	¥10,000
000007	贺华	83	82	94.6	83.6	87.48	14	¥10,000
000008	钟兵	83	90	93.4	84.6	88.65	10	¥10,000
000009	丁芬	82	81.4	92.2	85.6	87.18	16	¥10,000
000010	程静	80	86	91	86.6	87.54	13	¥10,000
000011	刘健	82	83	89.8	87.6	87.36	15	¥10,000
000012	苏江	83.6	80.7	88.6	83.6	86.475	18	¥1,000
000013	廖嘉	83.9	83.9	88.4	85	87.18	16	¥10,000
000014	刘佳	86	87.1	89	86.4	88.275	12	¥10,000
000015	陈永	90	90.3	90.3	87.8	89.76	8	¥20,000
000016	周繁	91.2	91.2	91.6	89.2	90.48	6	¥20,000
000017	周波	95	92.1	92.9	90	91.5	3	¥40,000
000018	熊亮	88	93	94.2	89.7	90.74	5	¥20,000

1）根据表 4-2 的资料筛选出一个季度考核成绩大于 95，同时年度考核成绩大于 90 的员工。

Step1：打开示例文件 data4-2，设置条件区域。在条件区域中，同一行中的条件是“与”条件，也就是这些条件必须同时满足；不同行中的条件是“或”条件，也就是这些条件只要满足其一即可。本例中只要求有一个季度考核成绩大于 95，属于“或”条件，但同时要求年度考核成绩大于 90，又是“与”条件，因此，应建立图 4-8 所示的条件区域。

Step2：选中数据清单或数据表中的任一非空单元格，然后单击“数据”选项卡中，“筛选”按钮右侧的“高级”按钮，弹出图 4-9 所示的“高级筛选”对话框。

	A	B	C	D	E	F	G	H	I
1	员工编号	员工姓名	第一季度考核成绩	第二季度考核成绩	第三季度考核成绩	第四季度考核成绩	年度考核成绩	排名	应获年终奖金
2			>95				>90		
3				>95			>90		
4					>95		>90		
5						>95	>90		

图 4-8 建立条件区域

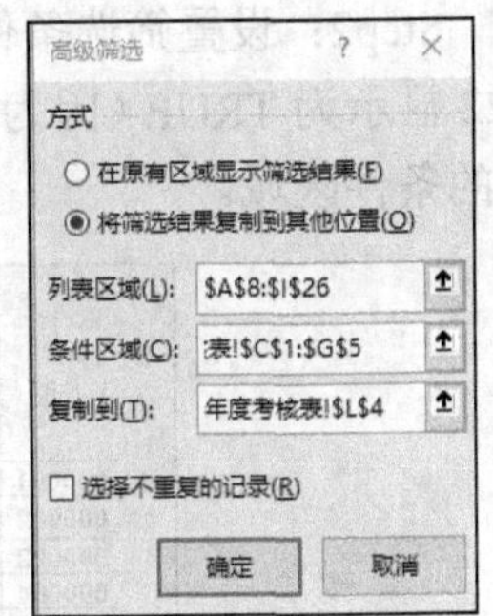

图 4-9 “高级筛选”对话框

Step3：指定条件区域。一般情况下，系统将自动给出数据区域，用户只需在“条件区域”栏中输入条件区域（本例中的条件区域为 C1:G5），也可以用鼠标选取单元格区域，此时在条件区域中将显示“年度考核表!$C$1:$G$5”。

Step4：指定筛选结果显示区域。高级筛选结果可以显示在数据清单的原有区域中，也可以显示在工作表的其他空白单元格区域，系统默认的方式是在数据清单的原有区域中显示结果。若需要在工作表的其他空白单元格区域显示结果，则在“高级筛选”对话框的“方式”区域中选中“将筛选结果复制到其他位置”单选按钮，并在“复制到”文本框中输入需要显示筛选结果的单元格。本例的筛选结果显示在 L1:T4 区域，筛选结果如图 4-10 所示。

L	M	N	O	P	Q	R	S	T
员工编号	员工姓名	第一季度考核成绩	第二季度考核成绩	第三季度考核成绩	第四季度考核成绩	年度考核成绩	排名	应获年终奖金
000001	李海	94.5	97.5	92	96	93	2	¥40,000
000002	苏杨	100	98	99	100	95.55	1	¥40,000
000004	武海	90	88	96	87.4	90.21	7	¥20,000

图 4-10 筛选结果

当需要重新显示原始的全部数据时，在“数据”选项卡中再次单击“高级”按钮即可。采用同样的方法可以完成“或”条件、“与”条件、“与或”条件组合使用情况下的高级筛选。

2）根据表 4-2 中的资料，找出该班组年度考核成绩大于成绩中位数的所有员工。

在有些情况下，筛选的条件不是一个常数，而是一个随数据清单中数据变化的计算结果，此时无法直接利用高级筛选进行数据筛选。在这种情况下，可以通过设置计算条件的方法解决。本例就需要设置计算条件，具体操作步骤如下。

Step1：在数据清单以外的任一空单元格内输入“年度考核成绩”中位数计算公式，如在单元格 E22 中输入公式“=MEDIAN(G2:G19)”，按 Enter 键后计算结果为 88.83，如图 4-11 所示。

Step2：设置筛选条件。在 D22 中输入“=G2>$E$22”作为筛选条件，按 Enter 键后 D22 显示为 TRUE（因为 G2 的数值 93 大于中值（中位数）88.83，结果为真），见图 4-11 中的条件区域。

	A	B	C	D	E	F	G	H	I
1	员工编号	员工姓名	第一季度考核成绩	第二季度考核成绩	第三季度考核成绩	第四季度考核成绩	年度考核成绩	排名	应获年终奖金
2	000001	李海	94.5	97.5	92	96	93	2	¥40,000
3	000002	苏杨	100	98	99	100	95.55	1	¥40,000
4	000003	陈霞	95	90	95	90	91.5	3	¥40,000
5	000004	武海	90	88	96	87.4	90.21	7	¥20,000
6	000005	刘繁	85.6	85.8	97	85	89.01	9	¥10,000
7	000006	袁锦辉	84	85	95.8	84.1	88.335	11	¥10,000
8	000007	贺华	83	82	94.6	83.6	87.48	14	¥10,000
9	000008	钟兵	83	90	93.4	84.6	88.65	10	¥10,000
10	000009	丁芬	82	81.4	92.2	85.6	87.18	16	¥10,000
11	000010	程静	80	86	91	86.6	87.54	13	¥10,000
12	000011	刘健	82	83	89.8	87.6	87.36	15	¥10,000
13	000012	苏江	83.6	80.7	88.6	83.6	86.475	18	¥1,000
14	000013	廖嘉	83.9	83.9	88.4	85	87.18	16	¥10,000
15	000014	刘佳	86	87.1	89	86.4	88.275	12	¥10,000
16	000015	陈永	90	90.3	90.3	87.8	89.76	8	¥20,000
17	000016	周繁	91.2	91.2	91.6	89.2	90.48	6	¥20,000
18	000017	周波	95	92.1	92.9	90	91.5	3	¥40,000
19	000018	熊亮	88	93	94.2	89.7	90.735	5	¥20,000
20				条件区域					
21									
22				TRUE	88.83				

图 4-11　计算条件情况下的高级筛选

Step3：按照前面介绍的步骤进行高级筛选，其中高级筛选的数据区域为“$A$1:$I$19”，高级筛选的条件区域为“$D$21:$E$22”，筛选结果如图 4-12 所示。

员工编号	员工姓名	第一季度考核成绩	第二季度考核成绩	第三季度考核成绩	第四季度考核成绩	年度考核成绩	排名	应获年终奖金
000001	李海	94.5	97.5	92	96	93	2	¥40,000
000002	苏杨	100	98	99	100	95.55	1	¥40,000
000003	陈霞	95	90	95	90	91.5	3	¥40,000
000004	武海	90	88	96	87.4	90.21	7	¥20,000
000005	刘繁	85.6	85.8	97	85	89.01	9	¥10,000
000015	陈永	90	90.3	90.3	87.8	89.76	8	¥20,000
000016	周繁	91.2	91.2	91.6	89.2	90.48	6	¥20,000
000017	周波	95	92.1	92.9	90	91.5	3	¥40,000
000018	熊亮	88	93	94.2	89.7	90.735	5	¥20,000

图 4-12　年度考核成绩大于中值的员工记录

4.1.3　数据排序

对数据进行排序有助于快速直观地组织和查找所需数据，并可以为数据整理做好准备，因此，对数据进行排序是数据分析中不可缺少的组成部分。

Excel 数据排序包括简单排序、复杂排序和自定义排序三种。一般的数据排序相对简单，但在有些情况下，对数据的排列顺序可能非常特殊，既不是按数值大小排序，也不是按汉字的拼音顺序或笔画排序，而是按照用户指定的特殊次序进行排序，即自定义排序。

【例 4-3】表 4-3 是某公司 2019 年 1～12 月的销售数据按“月份”简单排序的结果，

要求通过自定义排序对该数据进行重新排列。

表 4-3　某公司 2019 年 1～12 月的销售额数据

序号	月份	产品名称	销售地区	销售额/万元
10	10 月	产品五	东北	1200
16	9 月	产品一	华中	200
18	9 月	产品三	华北	990
8	8 月	产品四	东北	1300
17	8 月	产品一	华北	50
19	8 月	产品二	华东	900
12	7 月	产品四	华北	599
14	7 月	产品二	西南	2300
20	7 月	产品三	西南	1300
7	5 月	产品五	华南	100
11	5 月	产品三	华南	800
6	3 月	产品二	东北	2000
9	3 月	产品五	华中	700
3	2 月	产品三	华东	700
1	1 月	产品一	华中	1500
2	1 月	产品四	华中	900
4	1 月	产品四	华中	500
5	12 月	产品五	华北	400
21	12 月	产品一	华南	1800
13	11 月	产品三	西北	500
15	10 月	产品四	西南	349
22	10 月	产品四	华东	466

Step1：打开示例文件 data4-3，建立自定义序列，依次单击“数据”→“排序”按钮，弹出“排序”对话框，在“排序”对话框中单击“次序”栏右侧的下拉按钮，在弹出的下拉列表中选择“自定义序列”选项，如图 4-13 所示。

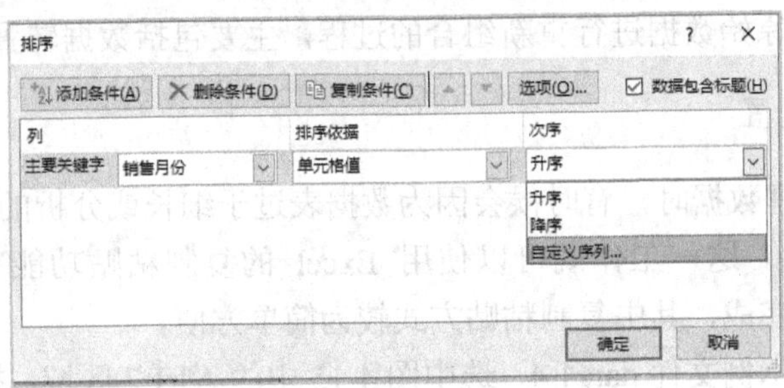

图 4-13　“排序”对话框

Step2：单击“确定”按钮，弹出“自定义序列”对话框，在“输入序列”文本框中输入：1 月,2 月,…,12 月（各月之间必须用英文状态下的逗号隔开）。输入完毕，单击“添加”按钮，将新建序列加入自定义序列中，然后单击“确定”按钮，如图 4-14 所示。也可以依次按下 Alt 键、T 键、O 键，弹出“Excel 选项”对话框，切换到“高级”选项卡，单击“编辑自定义列表”按钮，弹出“自定义序列”对话框。在此对话框中可以直接导入 Excel 工作表已有的序列。

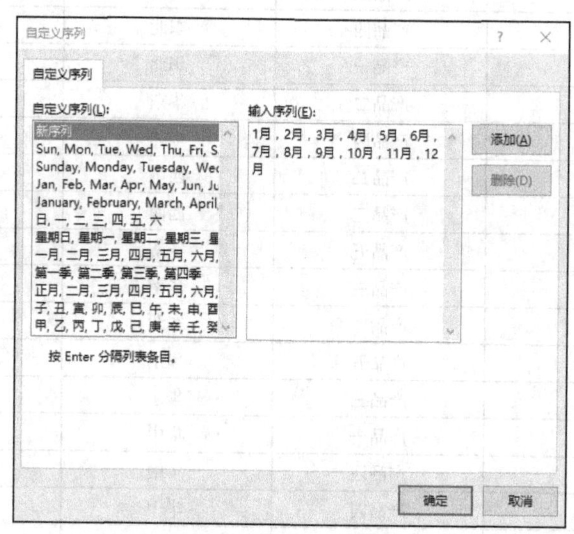

图 4-14　自定义序列设置

Step3：对数据按自定义序列排序。选定数据区域中要进行排序的任意单元格，依次单击“数据”→“排序”按钮，弹出“排序”对话框，在“次序”栏的下拉列表中选择“自定义序列”选项，弹出“自定义序列”对话框，选定前面建立好的自定义序列，然后单击“确定”按钮，即可对数据进行自定义排序。

4.1.4　数据重组

数据重组是对原始数据进行重新组合的过程，主要包括数据转置、合并与组合等。

1. 数据行列转置

使用 Excel 处理数据时，有时候会因为数据表过于细长或分析的需要而对表格中的数据进行行列转置。这一工作既可以使用 Excel 的复制粘贴功能完成，也可以使用 TRANSPOSE 函数完成，其中复制粘贴方式较为简单方便。

【例 4-4】打开示例文件 data4-4，选中图 4-15 中的 A1:E7 区域，按 Ctrl+C 组合键复制，再在某个空单元格上右击，在弹出的快捷菜单中单击“粘贴选项”中的“转置”按钮，即可得到图 4-15 中 B12:H16 区域中的转置结果。

	A	B	C	D	E
1	部门	第一季度	第二季度	第三季度	第四季度
2	营销一部	16	18	19	16
3	营销二部	19	15	19	17
4	营销二部	17	20	15	22
5	营销一部	21	21	15	17
6	营销二部	21	19	19	21
7	营销一部	19	17	19	17

粘贴选项:

	B	C	D	E	F	G	H
12	部门	营销一部	营销二部	营销二部	营销一部	营销二部	营销一部
13	第一季度	16	19	17	21	21	19
14	第二季度	18	15	20	21	19	17
15	第三季度	19	19	15	15	19	19
16	第四季度	16	17	22	17	21	17

图 4-15　数据行列转置

Excel 2007 及以前版本右击后的快捷菜单中没有快捷粘贴按钮，需要选择“选择性粘贴”选项，在弹出的“选择性粘贴”对话框中选中“转置”复选框，单击“确定”按钮完成数据转置，如图 4-16 所示。

2. 多列数据合并

要连接两列或更多列中的数据，比较简单的方法是使用“&”符号连接数据区域。例如，在 C2 单元格中输入“=A2&B2”就可以将 A2 和 B2 单元格的数据合并在 C2 单元格中。如果要在单元格之间插入空格或其他分隔符，就需要使用 CONCAT 函数或 TEXTJOIN 函数。

1）CONCAT 函数是 Excel 2016 版中新增的函数，是 CONCATEANTE 函数的升级版，其函数表达式为

CONCAT(Text1, Text2, Text3,…)

CONCAT(字符串 1,字符串 2,字符串 3,…)

CONCAT 函数最多可以连接 254 个文本字符串，字符串之间也可以连接其他分隔符。

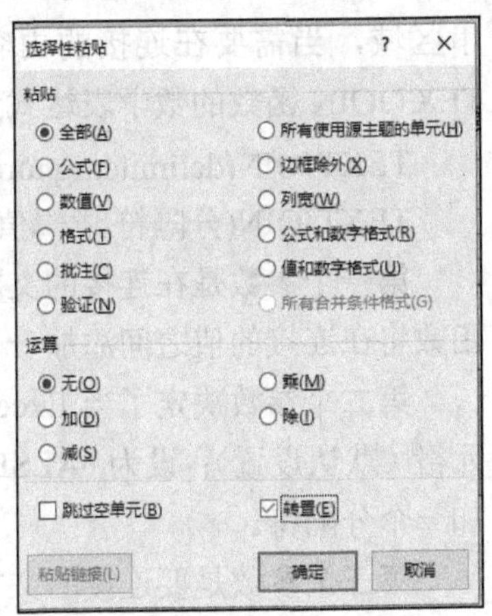

图 4-16　“选择性粘贴”对话框

例如，在图 4-17 中的 D4 单元格中插入 CONCAT 函数将 A4:C4 中的字符串进行合并，合并过程中每个单元格的内容以“-”分隔，最终合并为“陕西省-西安市-西安邮电大学”。操作步骤如图 4-17 所示。

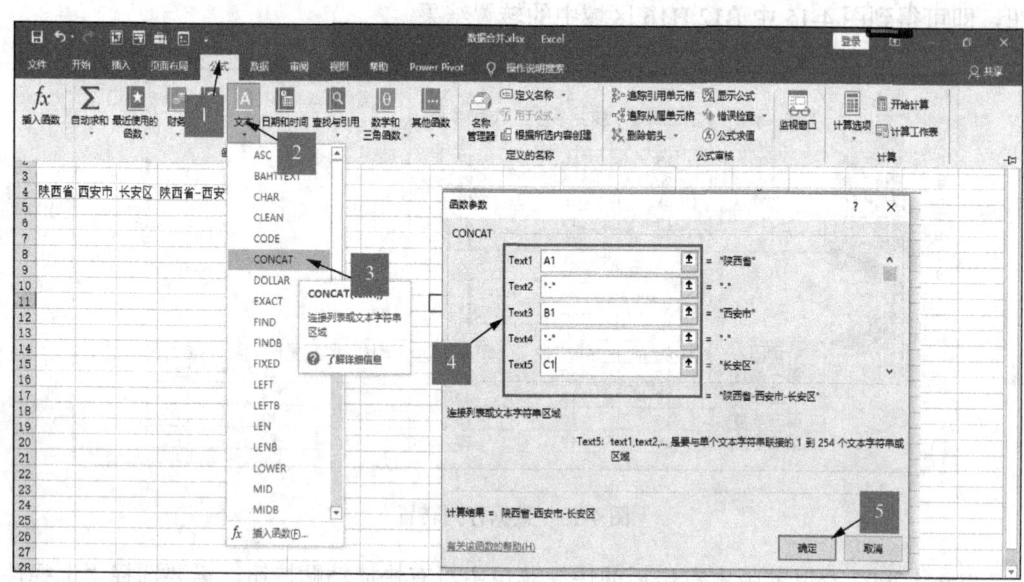

图 4-17　CONCAT 函数应用

2）TEXTJOIN 函数是 Excel 2019 新引入的函数，使用分隔符连接列表或文本字符串区域，当需要在连接的内容之间加连接符时，该函数比 CONCAT 函数更方便。TEXTJOIN 函数的数学表达式为

TEXTJOIN(delimiter,ignore_empty,values,text)

TEXTJOIN(分隔符,逻辑值,字符串)

第一个参数是在连接的文本项之间插入的分隔符。如果输入逗号作为分隔符，则该函数将在连接的值之间添加一个逗号。

第二个参数决定了当 Excel 遇到空单元格时如何处理。设为 TRUE，表示忽略空单元格（默认设置）；设为 FALSE，表示不忽略空单元格，Excel 会在连接的文本之间多添加一个分隔符。

第三个参数是要连接的文本。这个参数可以是一个简单的文本字符串，也可以是一个字符串数组，如一个单元格区域，且至少需要一个值或单元格引用。TEXTJOIN 函数可以连接 1～252 个文本字符串或区域。

图 4-18 中显示了 TEXTJOIN 函数的三个例子。在第一个例子中，分隔符为空格，且没有空单元格，第二个参数并不重要，所以忽略；在第二个和第三个例子中，都有空单元格，将第二个参数分别设为 FALSE 和 TRUE，并将分隔符号由空格改为逗号，结果可以看出，当不忽略空单元格时两个逗号出现在一起。

	A	B	C	D	E	F
1	Title	Ferst	Last	ignore_empty	Joined	expression
2	Mr	thomas	jones		Mr thomas jones	"=TEXTJOIN(" ",,A2:C2)"
3	Mr		jones	FALSE	Mr,,jones	"=TEXTJOIN(",",FALSE,A3:C3)"
4	Mr		jones	TRUE	Mr,jones	"=TEXTJOIN(",",TRUE,A4:C4)"
5						
6						
7						

图 4-18　TEXTJOIN 函数第二个参数（ignore_empty）设置结果比较

3. 数据项目组合

Excel 数据透视图表提供了一种非常有用的项目组合功能。它通过对文本、日期、数字等不同类型的数据项进行多种方式组合，来满足使用者对数据分析的需求。不同数据的组合方法大同小异，这里主要介绍文本型数据和日期型数据组合的操作过程。数值型数据项目的组合将在数据分组中介绍。

（1）文本型数据的组合

文本型数据即品质数据，在数据透视图表内对文本型数据的组合，需要采用手动方式进行。

【例 4-5】根据某公司 2019 年 9 月的会计科目创建的数据透视表如图 4-19 所示。图 4-19 中，会计科目字段的项目是文本型数据，包含了两级科目名称。利用 Excel 数据透视图表的组合功能按一级科目汇总数据。

	A	B	C
2		值	
3	会计科目	求和项:借方金额	求和项:贷方金额
4	102银行存款-工行	109904.19	11518.03
5	114其他应收款-备用金	53550	115437.25
6	114其他应收款-宽带上网年费		960
7	114其他应收款-刘明	960	
8	114其他应收款-徐平山	2475	
9	211其他应付款-湖州公司		4860
10	211其他应付款-太阳公司	66000	170620
11	211其他应付款-长城公司	37546.47	55384
12	631管理费用-办公费	5606.5	
13	631管理费用-差旅费	29990	
14	631管理费用-车辆费	15662.5	
15	631管理费用-电话费	4321.12	
16	631管理费用-工资社保费	6685.09	
17	631管理费用-年检费	108	
18	631管理费用-其他	1610	
19	631管理费用-水电物管费	5960	
20	631管理费用-业务招待费	18919.6	
21	641财务费用-利息		819.19
22	641财务费用-手续费	300	
23	总计	359598.47	359598.47

图 4-19　某公司 2019 年 9 月会计科目汇总表

Step1：打开示例文件 data4-5，选中透视表的“114 其他应收款”科目所在的 A5:A8 单元格区域，右击，在弹出的快捷菜单中选择“组合”命令，此时被合并的项目 A5:A8 之上出现组合项“数据组 1”。其他一级科目相同的项目之上也依次出现“数据组 2”“数据组 3”……如图 4-20 所示。

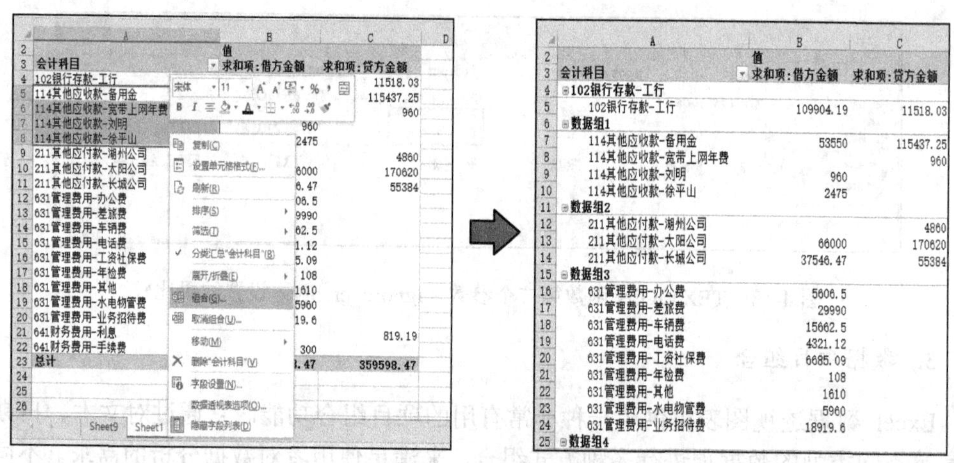

	A	B	C
2		值	
3	会计科目	求和项:借方金额	求和项:贷方金额
4	102银行存款-工行		11518.03
5	114其他应收款-备用金		115437.25
6	114其他应收款-宽带上网年费		960
7	114其他应收款-刘明	960	
8	114其他应收款-徐平山	2475	
9	211其他应付款-湖州公司		4860
10	211其他应付款-太阳公司	6000	170620
11	211其他应付款-长城公司	6. 47	55384
12	631管理费用-办公费	06. 5	
13	631管理费用-差旅费	9990	
14	631管理费用-车辆费	62. 5	
15	631管理费用-电话费	1. 12	
16	631管理费用-工资社保费	5. 09	
17	631管理费用-年检费	108	
18	631管理费用-其他	1610	
19	631管理费用-水电物管费	5960	
20	631管理费用-业务招待费	19. 6	
21	641财务费用-利息		819. 19
22	641财务费用-手续费	300	
23	总计	. 47	359598. 47

	A	B	C
2		值	
3	会计科目	求和项:借方金额	求和项:贷方金额
4	⊟102银行存款-工行		
5	102银行存款-工行	109904. 19	11518. 03
6	⊟数据组1		
7	114其他应收款-备用金	53550	115437. 25
8	114其他应收款-宽带上网年费		960
9	114其他应收款-刘明	960	
10	114其他应收款-徐平山	2475	
11	⊟数据组2		
12	211其他应付款-湖州公司		4860
13	211其他应付款-太阳公司	66000	170620
14	211其他应付款-长城公司	37546. 47	55384
15	⊟数据组3		
16	631管理费用-办公费	5606. 5	
17	631管理费用-差旅费	29990	
18	631管理费用-车辆费	15662. 5	
19	631管理费用-电话费	4321. 12	
20	631管理费用-工资社保费	6685. 09	
21	631管理费用-年检费	108	
22	631管理费用-其他	1610	
23	631管理费用-水电物管费	5960	
24	631管理费用-业务招待费	18919. 6	
25	⊟数据组4		

图 4-20　指定组合项目

Step2：将组合后的默认字段名改为对应的一级科目名称，即其他应收款、其他应付款、管理费用、财务费用，结果如图 4-21 所示。

Step3：单击各组合项前的伸缩按钮⊟，得到组合后的最终结果，如图 4-22 所示。

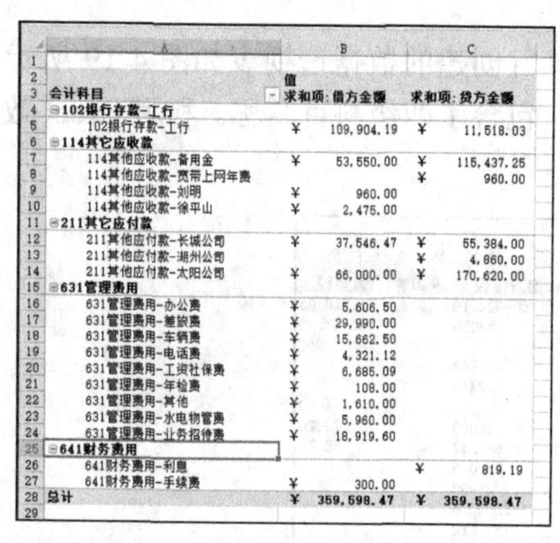

	A	B	C
1			
2		值	
3	会计科目	求和项: 借方金额	求和项: 贷方金额
4	⊟102银行存款-工行		
5	102银行存款-工行	¥ 109, 904. 19	¥ 11, 518. 03
6	⊟114其它应收款		
7	114其他应收款-备用金	¥ 53, 550. 00	¥ 115, 437. 25
8	114其他应收款-宽带上网年费		¥ 960. 00
9	114其他应收款-刘明	¥ 960. 00	
10	114其他应收款-徐平山	¥ 2, 475. 00	
11	⊟211其它应付款		
12	211其他应付款-长城公司	¥ 37, 546. 47	¥ 55, 384. 00
13	211其他应付款-湖州公司		¥ 4, 860. 00
14	211其他应付款-太阳公司	¥ 66, 000. 00	¥ 170, 620. 00
15	⊟631管理费用		
16	631管理费用-办公费	¥ 5, 606. 50	
17	631管理费用-差旅费	¥ 29, 990. 00	
18	631管理费用-车辆费	¥ 15, 662. 50	
19	631管理费用-电话费	¥ 4, 321. 12	
20	631管理费用-工资社保费	¥ 6, 685. 09	
21	631管理费用-年检费	¥ 108. 00	
22	631管理费用-其他	¥ 1, 610. 00	
23	631管理费用-水电物管费	¥ 5, 960. 00	
24	631管理费用-业务招待费	¥ 18, 919. 60	
25	⊟641财务费用		
26	641财务费用-利息		¥ 819. 19
27	641财务费用-手续费	¥ 300. 00	
28	总计	¥ 359, 598. 47	¥ 359, 598. 47
29			

图 4-21　组合后的结果

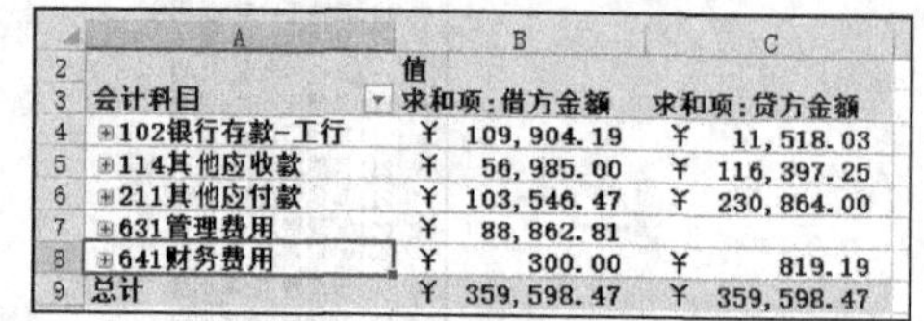

	A	B	C
2		值	
3	会计科目	求和项:借方金额	求和项:贷方金额
4	⊞102银行存款-工行	¥ 109, 904. 19	¥ 11, 518. 03
5	⊞114其他应收款	¥ 56, 985. 00	¥ 116, 397. 25
6	⊞211其他应付款	¥ 103, 546. 47	¥ 230, 864. 00
7	⊞631管理费用	¥ 88, 862. 81	
8	⊞641财务费用	¥ 300. 00	¥ 819. 19
9	总计	¥ 359, 598. 47	¥ 359, 598. 47

图 4-22　最终的数据透视表

如果想重新查看组合项的明细数据，单击每个组合字段名前面的按钮⊞即可。

（2）日期型数据的组合

对于日期型数据，数据透视表提供了更多的组合选项，可以按秒、分、时、日、月、季度、年等多种时间单位进行组合。

【例 4-6】根据某企业 2019 年 8～9 月的日常费用数据创建的数据透视表如图 4-23 所示，将这份报表按月份汇总。

Step1：打开示例文件 data4-6，选中时间字段中任意一个项目，如 A4 单元格，然后右击，在弹出的快捷菜单中选择“组合”命令，如图 4-24 所示。

	A	B	C	D
3	行标签	求和项:金额		
4	2019/8/1	700		
5	2019/8/8	250		
6	2019/8/9	350		
7	2019/8/16	2100		
8	2019/8/21	300		
9	2019/9/2	3500		
10	2019/9/4	2600		
11	2019/9/6	1000		
12	2019/9/8	320		
13	2019/9/10	800		
14	2019/9/12	980		
15	2019/9/14	1800		
16	2019/9/16	1200		
17	2019/9/18	1400		
18	2019/9/20	1900		
19	2019/9/22	580		
20	2019/9/24	600		
21	2019/9/26	400		
22	2019/9/28	800		
23	2019/9/30	2000		
24	总计	23580		

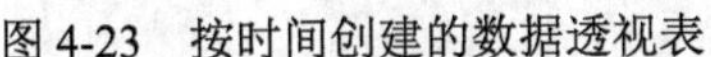

图 4-23　按时间创建的数据透视表

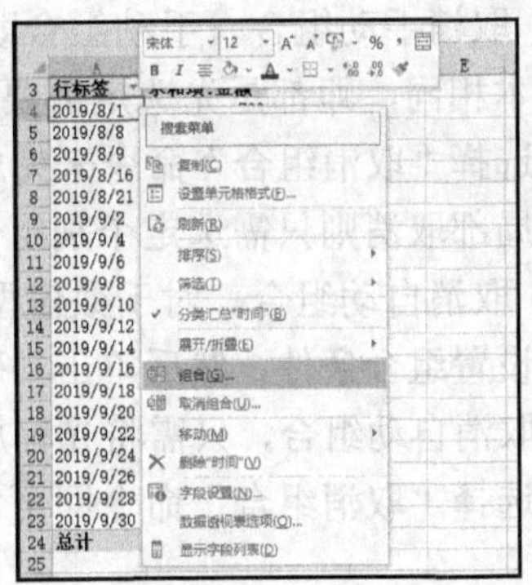

图 4-24　选择“组合”命令

Step2：在弹出的“组合”对话框中，选中“起始于”和“终止于”复选框。系统自动填写数据源中的起止日期，用户也可以根据需要进行手工修改。在“步长”列表框中选择“月”和“年”，如图 4-25 所示。

Step3：单击“确定”按钮，得到的组合结果如图 4-26 所示。

图 4-25　设置“组合”条件

	A	B	C
3	行标签	求和项:金额	
4	2019年	23580	
5	8月	3700	
6	9月	19880	
7	总计	23580	

图 4-26　组合后的数据透视表

经过分组，原数据透视表的“日期”字段按月重新进行了组合，同时新增了“年”字段，数据按年及月进行了汇总，形成了新的汇总数据透视表。

注意：

如果数据源中的日期是跨年度的，那么在数据透视表中按“月”进行组合时应该同时也按“年”进行组合，否则不同年份相同月份的数据会被组合到一起。

（3）取消项目组合

若要取消项目组合该如何操作呢？组合方式不同，取消组合的方法也略有差异。其中，自动组合只能全部取消，不能进行局部取消操作。

1）取消手动组合。手动组合既可以全部取消，也可以局部取消。两种情况的取消方式基本相同，即都是先选定需要取消组合的字段（变量），然后右击，在弹出的快捷菜单中选择“取消组合”命令来完成取消组合。不同的是，全部取消必须选定所有组合字段，局部取消则只需选定个别组合字段。

2）取消自动组合。对于数值型数据或日期型数据而言，在进行项目组合时，用户只需要设置组合条件，然后单击“确定”按钮，系统自动完成组合过程，即所谓的自动组合。取消自动组合，只需将光标放到组合字段列中任一单元格，右击，在弹出的快捷菜单中选择“取消组合”命令即可。

4.2 Excel 品质数据整理

数据类型不同，整理的方法也不同，对品质数据（定性数据）主要做分类整理，即按数据表现分成不同的类别，并统计各类频数与频率。品质数据整理可用 Excel 的数据透视图表和分类汇总工具来完成，其中数据透视图表工具更为灵活方便，这里主要介绍利用该工具进行品质数据整理的基本过程。

4.2.1 频数统计

【例 4-7】根据通过调查得到的 20 家公司的产业类别、获利能力及资本来源的资料，所建立的 Excel 数据文件如图 4-27 所示。对该数据文件进行分类整理，并统计各组的频数。

Step1：打开示例文件 data4-7，如图 4-27 所示。

Step2：将光标置于数据文件的任一单元格，依次单击“插入”→“图表”→“数据透视表”按钮，弹出图 4-28 所示的“创建数据透视表”对话框。

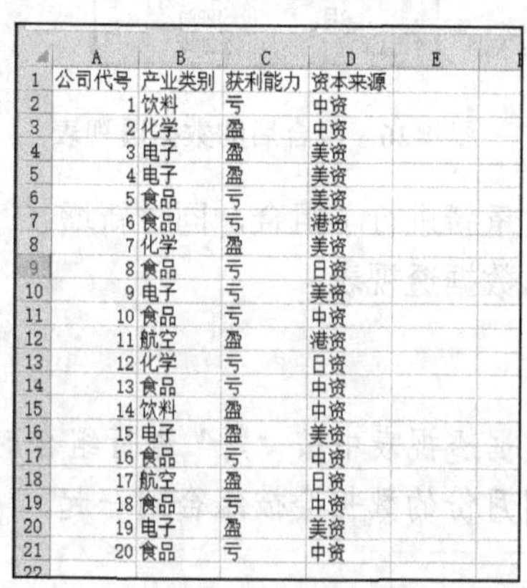

	A	B	C	D	E
1	公司代号	产业类别	获利能力	资本来源	
2	1	饮料	亏	中资	
3	2	化学	盈	中资	
4	3	电子	盈	美资	
5	4	电子	盈	美资	
6	5	食品	亏	美资	
7	6	食品	亏	港资	
8	7	化学	盈	美资	
9	8	食品	亏	日资	
10	9	电子	亏	美资	
11	10	食品	亏	中资	
12	11	航空	盈	港资	
13	12	化学	亏	日资	
14	13	食品	亏	中资	
15	14	饮料	盈	中资	
16	15	电子	盈	美资	
17	16	食品	亏	中资	
18	17	航空	盈	日资	
19	18	食品	亏	中资	
20	19	电子	盈	美资	
21	20	食品	亏	中资	

图 4-27　品质数据整理原数据

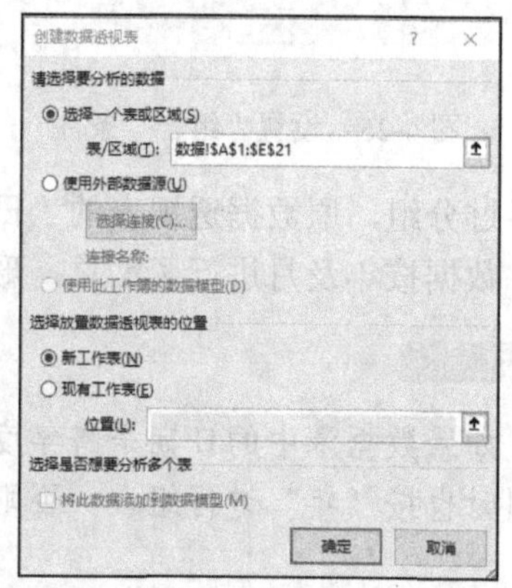

图 4-28　“创建数据透视表”对话框

Step3：在“创建数据透视表”对话框中指定数据透视表的置放位置，单击“确定”按钮进入数据透视表的布局窗口。此时，在窗口左侧显示数据透视表的结构，包括行区

域、列区域、值区域和筛选器四个组成部分。在窗口右侧的“数据透视表字段”窗格中，列出了所要分析的字段，单击“选择要添加到报表的字段”右侧的下拉按钮，在弹出的下拉列表中选择“字段节和区域节并排”选项，即可展开列表框内的所有字段，如图 4-29 所示。若要关闭数据透视字段窗格，则单击“数据透视表字段”窗格中的关闭按钮即可。

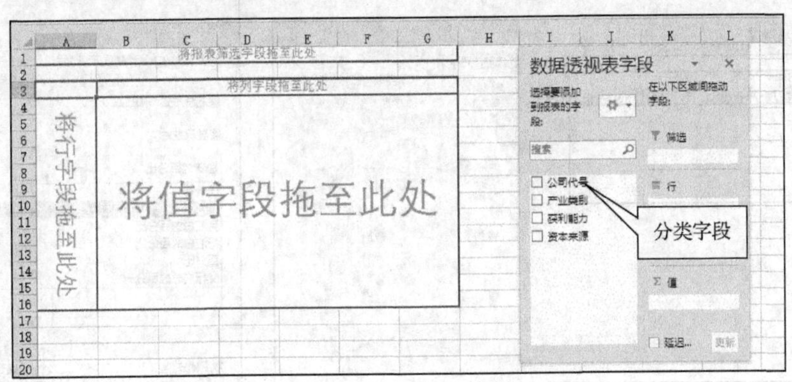

图 4-29　数据透视图表布局窗口

Step4：在数据透视图表布局窗口中的“选择要添加到报表的字段”框中选择“产业类别”字段，分别拖至行区域和值区域，形成图 4-30 所示的频数分布表。按同样的方法可得到“获利能力”和“资本来源”的频数统计结果。

	A	B	C	D
1				
2				
3	计数项:产业类别			
4	产业类别	汇总		
5	电子	5		
6	航空	2		
7	化学	3		
8	食品	8		
9	饮料	2		
10	总计	20		

图 4-30　按“产业类别”分组的频数分布

4.2.2　相对频数统计

【例 4-8】在例 4-7 中，要求在频数分布表中出现相对频数（即频率）。

Step1：打开示例文件 data4-8，选定做好的数据透视表，右击，在弹出的快捷菜单中选择“显示字段列表”命令，或在“数据透视表工具”的“分析”选项卡中，单击“字段列表”按钮，调出“数据透视表字段”窗格。

Step2：再一次将“产业类别”字段拖至“值”区域，此时在“值”区域已有两个“计数项：产业类别”，如图 4-31 所示。

Step3：双击或右击“计数项：产业类别 2”，在弹出的快捷菜单中选择“值字段设置”命令，弹出“值字段设置”对话框。在此对话框中，将原字段“计数项：产业类别”

改为“企业数”，将“计数项：产业类别 2”改为“总计的百分比”，然后选择“值显示方式”选项卡，并单击右侧的下拉按钮，在弹出的下拉列表中选择“总计的百分比”选项，如图 4-32 所示。

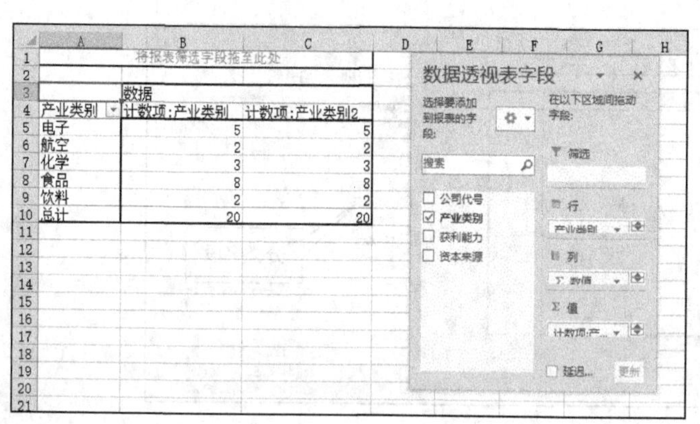

图 4-31　相对频数分布设置

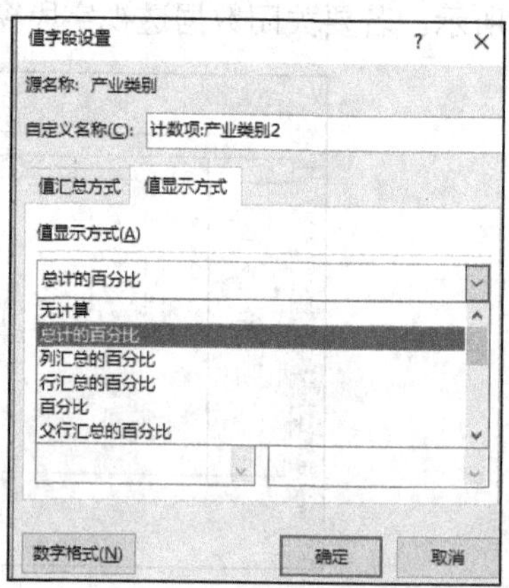

图 4-32　值显示方式设置

Step4：设置完毕单击“确定”按钮，输出图 4-33 所示的结果。

Step5：修改频数分布表。

① 选定频数分布表，在“开始”选项卡的“剪切板”组中选择“复制”命令（或按 Ctrl+C 组合键）。

② 打开一个新工作表，依次选择“粘贴”→“选择性粘贴”选项，弹出图 4-34 所示的“选择性粘贴”对话框。

	A	B	C	D
1				
2				
3		数据		
4	产业类别	企业数	总计百分比	
5	电子	5	25.00%	
6	航空	2	10.00%	
7	化学	3	15.00%	
8	食品	8	40.00%	
9	饮料	2	10.00%	
10	总计	20	100.00%	
11				

图 4-33　品质数据整理结果

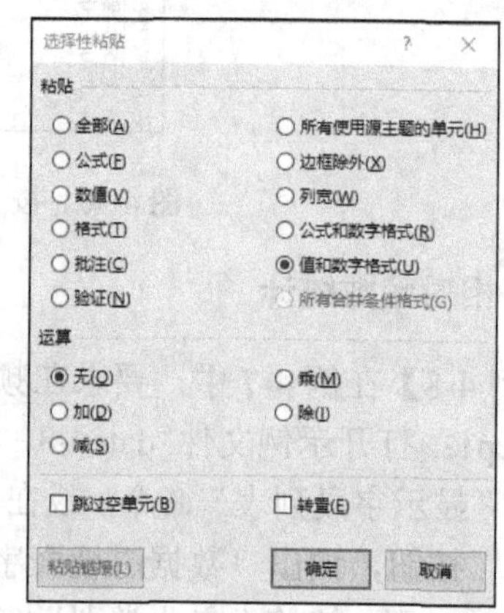

图 4-34　“选择性粘贴”对话框

③ 在“选择性粘贴”对话框中的“粘贴”区域，选中“值和数字格式”单选按钮，单击“确定”按钮后，可利用“表格工具”中“设计”选项卡的“边框”工具对频数分布表做任意修改，最终结果如表 4-4 所示。

表 4-4　按产业类别分类的频数分布表

产业类别	频数（企业数）	频率/%
电子	5	25
航空	2	10
化学	3	15
食品	8	40
饮料	2	10
总计	20	100

Step6：绘制频数分布图。若已创建了数据透视表，则将光标置于数据透视表内任意单元格，单击“插入”按钮，在图表区域选柱形图，并在弹出的“柱形图”类型中选一种图形，如簇状柱形图，即可插入所需的数据透视图。选择“百分比”系列，在弹出的“设置数据系列格式”对话框中选择“次坐标轴”选项，并将图形更改为折线。若需对图形做其他方面的修改，可在需要修改的部分右击打开相应的对话框进行修正，结果如图 4-35 所示。

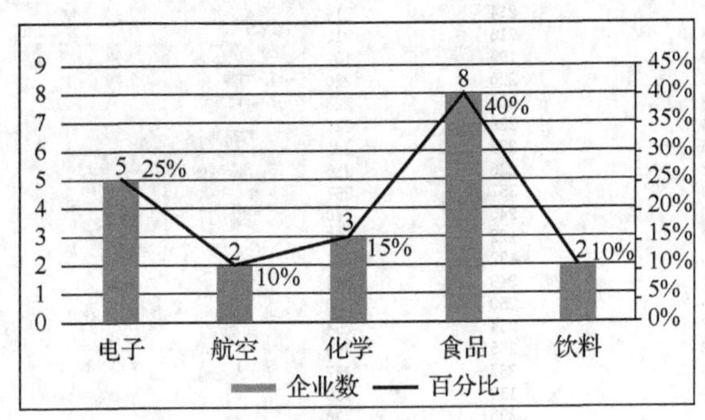

图 4-35　品质数据频数分布数据透视图

4.3　Excel 数值型数据整理

数值型数据整理，主要采用分组处理的方法，即根据统计研究的需要，将数据按照某种特征或标准划分成不同的组别，并统计各组的频数和频率。具体的分组方式分为单变量值分组和组距式分组两种，其中单变量值分组的 Excel 处理过程，与品质数据整理完全相同。因此，下面主要介绍利用 Excel 进行组距式分组的方法和操作步骤。

利用 Excel 对数值型数据做组距式分组可以通过三种方式完成，一是使用 FREQUENCY 函数，二是利用直方图工具，三是利用“数据透视图表”工具。在这三种方式中，“数据透视图表”工具最为方便灵活，下面主要对其进行介绍。

利用“数据透视图表”工具做组距式分组，主要是利用该工具的组合功能。在分组之前首先需要对数据进行排序，以了解数据的变动范围，为确定分组组距做好准备。下面通过实例介绍其操作过程。

4.3.1 等组距式分组

【例 4-9】某班组 50 名工人的日加工零件数资料如图 4-36 的 A 列所示，利用 Excel“数据透视图表”工具对其进行组距式分组。

具体的操作步骤如下。

Step1：打开示例文件 data4-9，将光标置于数据文件的任意单元格，依次单击“插入”→“数据透视表”按钮，直至数据透视表布局窗口。在“选择要添加到报表的字段”区域中选择“零件数”字段，分别拖至“行”区域和“值”区域，并两次拖入“值”区域。结果如图 4-36 所示。

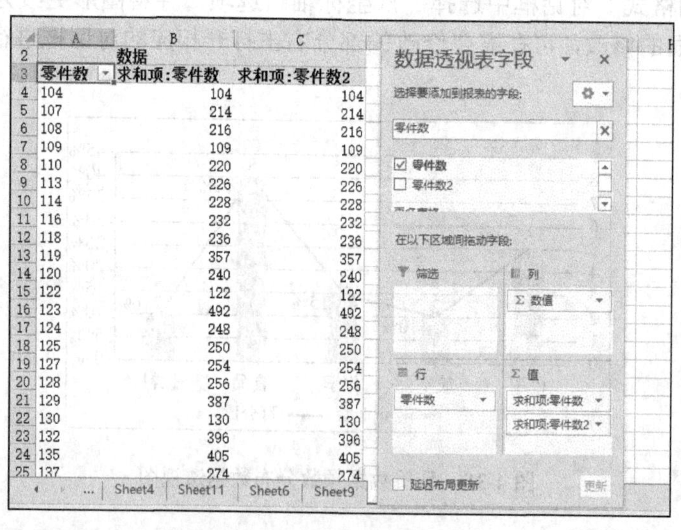

图 4-36 数值型数据分组

Step2：双击数据透视表中的“求和项：零件数”字段，弹出“值字段设置”对话框，将“值汇总方式”选项卡中的计算类型“求和”改为“计数”，如图 4-37 所示。默认情况下，数值型数据自动求和。

Step3：双击数据透视表中的“求和项：零件数 2”字段，将值汇总方式也改为“计数”类型，并进一步在此对话框中选择“值显示方式”选项卡，并单击右侧的下拉箭头，在弹出的下拉列表中选择“总计的百分比”选项，即可得到如图 4-38 所示的结果。

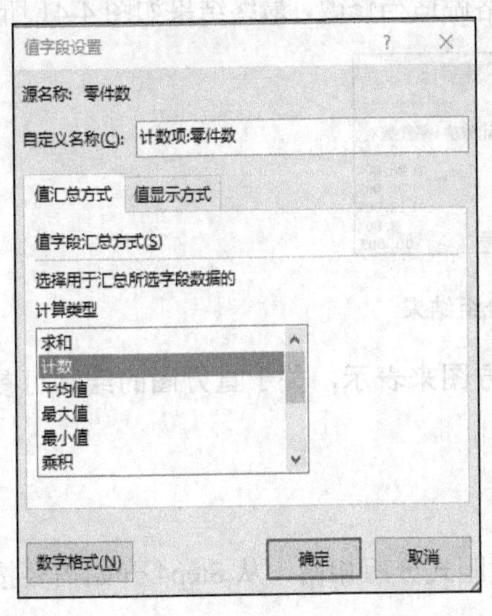

图 4-37　改“求和”为“计数”

	A	B	C
1			
2		数据	
3	零件数	计数项:零件数	计数项:零件数2
4	104	1	2.00%
5	107	2	4.00%
6	108	2	4.00%
7	109	1	2.00%
8	110	2	4.00%
9	113	2	4.00%
10	114	2	4.00%
11	116	2	4.00%
12	118	2	4.00%
13	119	3	6.00%
14	120	2	4.00%
15	122	1	2.00%
16	123	4	8.00%
17	124	2	4.00%
18	125	2	4.00%
19	127	2	4.00%
20	128	2	4.00%
21	129	3	6.00%
22	130	1	2.00%
23	132	3	6.00%
24	135	3	6.00%
25	137	2	4.00%
26	140	2	4.00%
27	148	2	4.00%
28	总计	50	100.00%

图 4-38　单变量值频数统计表

Step4：进行组距式分组。将光标置于“零件数”变量所在列的任一单元格（如 A6），右击，在弹出的快捷菜单中选择“组合”命令（图 4-39），弹出“组合”对话框，设置分组的起始值、终止值和步长。为了使分组结果整齐，起始值可以小于实际最小值，如本例数据的最小值为 104，可设置为 100；终止值可以大于实际最大值，如本例数据的最大值为 148，可设置为 150；步长（组距）根据数据大小尽量取 5 或 10 的倍数，如 5、10、15、20 等，本例为 10，具体设置如图 4-40 所示。

图 4-39　选择“组合”命令

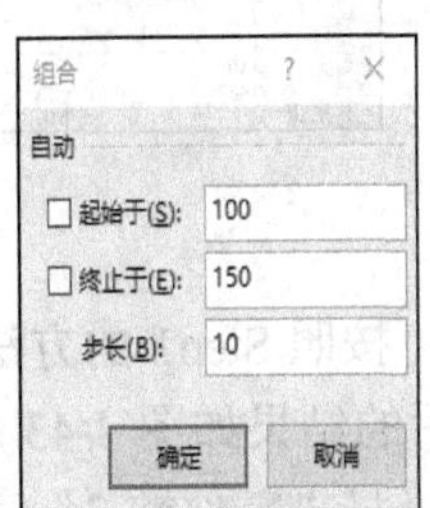

图 4-40　组距式分组起始值设置

Step5：单击“确定”按钮，并对表格和单元格做适当修改，最终结果如图 4-41 所示。

	A	B	C
1			
2		数据	
3	零件数	计数项:零件数	计数项:零件数2
4	100-109	6	12.00%
5	110-119	13	26.00%
6	120-129	18	36.00%
7	130-139	9	18.00%
8	140-150	4	8.00%
9	总计	50	100.00%

图 4-41　组距式分组结果

此外，数值型数据频数分布还可以通过直方图来表示，关于直方图的绘制可参考 SPSS 图形部分。

4.3.2　不等组距式分组

要对数据做不等组距式分组，前三步和等组距式分组相同，从 Step4 开始需要按手动方式进行。

【例 4-10】对图 4-38 中的初步整理结果进一步做不等组距式分组，按 110 以下、110～120、120～140、140 以上分成四个区间统计频数和频率。

Step1：打开示例文件 data4-10，选定“零件数”字段中小于 110 的记录，即 A4:A7 单元格区域，然后右击，在弹出的快捷菜单中选择“组合”命令。组合后，数据透视表会新增一个“零件数 2”数据系列及组合标志“数据组 1”，如图 4-42 右表第一列所示。

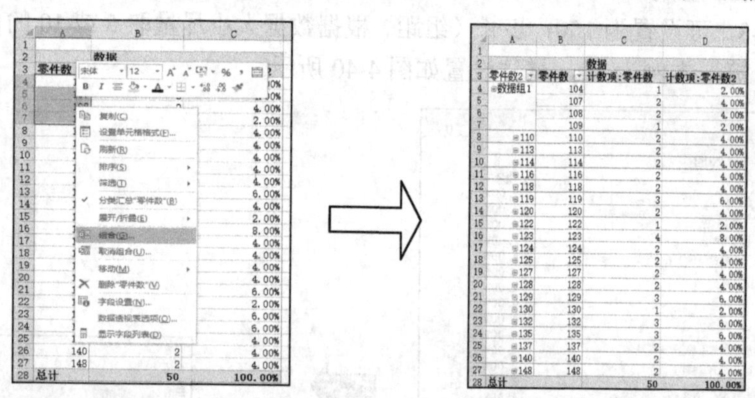

	A	B	C	D
1				
2			数据	
3	零件数2	零件数	计数项:零件数	计数项:零件数2
4	数据组1	104	1	2.00%
5		107	2	4.00%
6		108	2	4.00%
7		109	1	2.00%
8	110	110	2	4.00%
9	113	113	2	4.00%
10	114	114	2	4.00%
11	116	116	2	4.00%
12	118	118	2	4.00%
13	119	119	3	6.00%
14	120	120	2	4.00%
15	122	122	1	2.00%
16	123	123	4	8.00%
17	124	124	2	4.00%
18	125	125	2	4.00%
19	127	127	2	4.00%
20	128	128	2	4.00%
21	129	129	3	6.00%
22	130	130	1	2.00%
23	132	132	3	6.00%
24	135	135	3	6.00%
25	137	137	2	4.00%
26	140	140	2	4.00%
27	148	148	2	4.00%
28	总计		50	100.00%

图 4-42　组合小于 110 的数据项

Step2：按照 Step1 的方法，分别将 110～120、120～140、140 以上三个区间进行组合，组合后的结果如图 4-43 所示。

Step3：将“零件数 2”字段名称改为“区间”，将“数据组 1”至“数据组 4”合并标志分别更改为“110 以下”“110-120”“120-140”“140 以上”，如图 4-44 第一列所示。

Step4：折叠合并项。单击每个“合并项”前面的“收缩”按钮⊟，将每一组的个别数据折叠起来，最终结果如图 4-45 所示。

零件数2	零件数	计数项:零件数	计数项:零件数2
数据组1	104	1	2.00%
	107	2	4.00%
	108	2	4.00%
	109	1	2.00%
数据组2	110	2	4.00%
	113	2	4.00%
	114	2	4.00%
	116	2	4.00%
	118	2	4.00%
	119	3	6.00%
数据组3	120	2	4.00%
	122	1	2.00%
	123	4	8.00%
	124	2	4.00%
	125	2	4.00%
	127	2	4.00%
	128	2	4.00%
	129	3	6.00%
	130	1	2.00%
	132	3	6.00%
	135	3	6.00%
	137	2	4.00%
数据组4	140	2	4.00%
	148	2	4.00%
总计		50	100.00%

图 4-43　组合后的结果

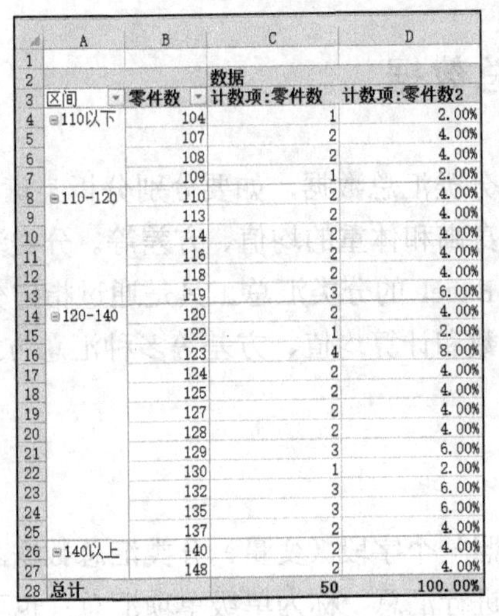

区间	零件数	计数项:零件数	计数项:零件数2
110以下	104	1	2.00%
	107	2	4.00%
	108	2	4.00%
	109	1	2.00%
110-120	110	2	4.00%
	113	2	4.00%
	114	2	4.00%
	116	2	4.00%
	118	2	4.00%
	119	3	6.00%
120-140	120	2	4.00%
	122	1	2.00%
	123	4	8.00%
	124	2	4.00%
	125	2	4.00%
	127	2	4.00%
	128	2	4.00%
	129	3	6.00%
	130	1	2.00%
	132	3	6.00%
	135	3	6.00%
	137	2	4.00%
140以上	140	2	4.00%
	148	2	4.00%
总计		50	100.00%

图 4-44　修改合并标志

区间	零件数	计数项:零件数	计数项:零件数2
110以下		6	12.00%
110-120		13	26.00%
120-140		27	54.00%
140以上		4	8.00%
总计		50	100.00%

图 4-45　不等组距式分组的最终结果

习　题

1．什么是数据预处理？利用 Excel 可完成哪些数据预处理工作？

2．品质数据与日期型数据的组合方法是否一致？如果不一致，试说明其区别。

3．品质数据整理与数值型数据整理有什么异同点？

4．对你所在班级学生的性别与高考成绩进行统计，并对搜集到的数据按不同的类型特征进行整理，以反映学生的性别构成和高考成绩的分布情况。

第 5 章　Excel 数据汇总

数据汇总是数据处理的重要环节。从广义来看，数据汇总包括数据求和、计数和计算平均值、方差等计算工作，这也正是 Excel 的数据汇总之意。从狭义来看，数据汇总通常是指对数据进行各种形式的加总，即求总量的过程，从这个意义上讲，数据汇总的过程就是计算总量指标的过程，其结果不仅可以反映研究现象的总规模或总水平，也可以为其他统计指标的计算奠定基础。Excel 用于数据汇总的工具主要有分类汇总、合并计算和数据透视图表工具等，本章将分别介绍。本章内容为必修内容，建议讲授 1 学时，实践训练 1 学时。

5.1　利用“分类汇总”工具汇总数据

在实际数据分析中，往往需要按照某一变量分类汇总数据，如要分别分析某班男、女生的身高和体重情况，就需要按性别分类计算身高和体重的均值、方差等。分类汇总数据可以借助 Excel 的“分类汇总”工具完成。Excel 的分类汇总工具是通过指定分类字段以不同的方式快速汇总数据的工具，包括计数和计算均值、方差等多种汇总方式，可进行单级分类汇总和多级分类汇总。

5.1.1　单级分类汇总

单级分类汇总也称为简单分类汇总，是指按照一个字段（变量）分类汇总数据。单级分类汇总既可以对一个数据项（数值型变量）进行汇总，称为单级单项汇总；也可以对多个数据项（数值型变量）进行汇总，称为单级多项汇总。下面通过实例介绍单级分类汇总的操作过程。

【例 5-1】某电器制造企业的灯管销售情况资料如图 5-1 所示，利用“分类汇总”工具对不同型号灯管的销售额、销售量进行汇总统计。

Step1：打开示例文件 data5-1，选中单元格区域 A1:E11。选择“数据”选项卡，单击“排序和筛选”组中的“排序”按钮，按分类字段“产品型号”对数据进行排序。

Step2：将光标置于数据区域的任一单元格，选择“数据”选项卡，单击“分级显示”组中的“分类汇总”按钮，弹出图 5-2 所示的“分类汇总”对话框。

	A	B	C	D	E
1	销售日	产品型号	销售量	单价	销售额
2	2019/3/6	白炽灯	80	8	640
3	2019/3/7	白炽灯	78	8	624
4	2019/3/8	白炽灯	75	8	600
5	2019/3/9	荧光灯	79	10	790
6	2019/3/10	荧光灯	72	10	720
7	2019/3/11	荧光灯	100	10	1000
8	2019/3/12	日光灯	80	15	1200
9	2019/3/13	日光灯	85	15	1275
10	2019/3/14	日光灯	95	15	1425
11	2019/3/15	日光灯	97	15	1455

图 5-1 原始数据

分类汇总 ? ×
分类字段(A):
产品型号
汇总方式(U):
平均值
选定汇总项(D):
☐ 销售日
☐ 产品型号
☑ 销售量
☐ 单价
☑ 销售额
☑ 替换当前分类汇总(C)
☐ 每组数据分页(P)
☑ 汇总结果显示在数据下方(S)
全部删除(R) 确定 取消

图 5-2 “分类汇总”对话框

该对话框的具体设置如下。

- ✧ 在“分类字段”下拉列表中选择“产品型号”作为分类变量。分类字段（变量）通常为类别变量（品质变量）。
- ✧ 在“汇总方式”下拉列表中选择用于分析的汇总函数，本例选择“平均值”。
- ✧ 在“选定汇总项”列表框中选择分析变量，可多选，汇总变量只能为数值型变量，本例选择“销售量”和“销售额”。

Step3：单击“确定”按钮，得到分类汇总统计结果，还可以对计算结果的小数位数进行调整，最终结果如图 5-3 所示。

	A	B	C	D	E
1	销售日	产品型号	销售量	单价	销售额
2	2019/3/6	白炽灯	80	8	640
3	2019/3/7	白炽灯	78	8	624
4	2019/3/8	白炽灯	75	8	600
5		**白炽灯 平均值**	78		621
6	2019/3/9	荧光灯	79	10	790
7	2019/3/10	荧光灯	72	10	720
8	2019/3/11	荧光灯	100	10	1000
9		**荧光灯 平均值**	84		837
10	2019/3/12	日光灯	80	15	1200
11	2019/3/13	日光灯	85	15	1275
12	2019/3/14	日光灯	95	15	1425
13	2019/3/15	日光灯	97	15	1455
14		**日光灯 平均值**	89		1339
15		**总计平均值**	84		973

图 5-3 单级分类汇总结果

由图 5-3 可以看出，荧光灯的销售量比白炽灯的销售量好，日光灯又比荧光灯的销售情况好。

5.1.2 多级分类汇总

多级分类汇总也称为多重分类汇总，是在单级分类汇总的基础上再按其他分类字段分类汇总数据，也可以看作对数据列表中的数据项进行两种以上方式的汇总。多级分类汇总与单级分类汇总的操作过程基本一致，只是后续的分类汇总必须在前一级分类汇总的基础上进行。

【例 5-2】对图 5-4 所示的数据按城市和产品型号进行两级分类汇总。

	A	B	C	D	E
1	城市	产品型号	销售量	单价	销售额
2	甲城市	白炽灯	80	8	640
3	甲城市	白炽灯	78	8	624
4	甲城市	日光灯	100	15	1500
5	乙城市	日光灯	80	15	1200
6	乙城市	日光灯	85	15	1275
7	乙城市	白炽灯	75	8	600
8	乙城市	白炽灯	79	8	632
9	丙城市	白炽灯	72	8	576
10	丙城市	日光灯	95	15	1425
11	丙城市	日光灯	97	15	1455

图 5-4 两级分类汇总原始数据

Step1：打开示例文件 data5-2，选择待分析的数据区域 A1:E11，按“城市”和“产品型号”字段对数据进行两级排序，如图 5-5 所示。

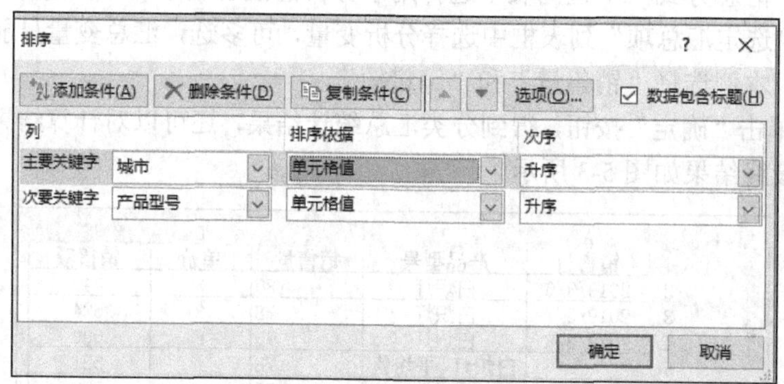

图 5-5 两级排序设置

Step2：选择“数据”选项卡，单击“分级显示”组中的“分类汇总”按钮，弹出“分类汇总”对话框。在“分类字段”下拉列表中选择“城市”选项，在“汇总方式”下拉列表中选择“平均值”选项，在“选定汇总项”列表框中选择“销售量”和“销售额”。单击“确定”按钮，完成按城市进行的分类汇总。

Step3：将光标置于数据区域任一单元格，再次进入“分类汇总”对话框。在“分类字段”下拉列表中选择“产品型号”选项，汇总方式和选定汇总项保持不变，取消选中“替换当前分类汇总”复选框，如图 5-6 所示。

Step4：单击“确定”按钮，完成对销售数据的两级分类汇总，结果如图 5-7 所示。

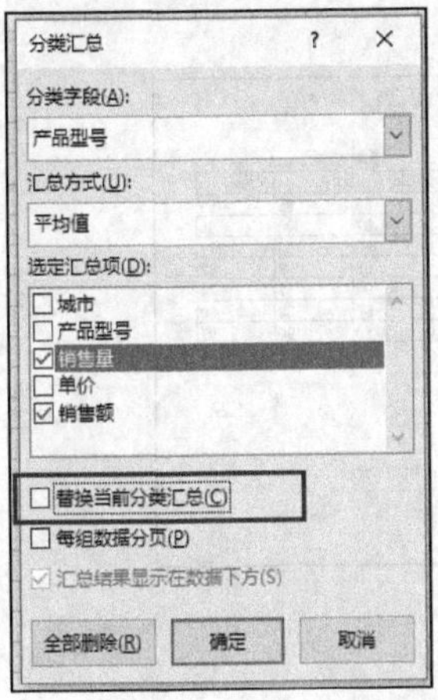

分类汇总
分类字段(A):
产品型号
汇总方式(U):
平均值
选定汇总项(D):
☐城市
☐产品型号
☑销售量
☐单价
☑销售额
☐替换当前分类汇总(C)
☐每组数据分页(P)
☑汇总结果显示在数据下方(S)
全部删除(R)　确定　取消

图 5-6　两级分类汇总的设置

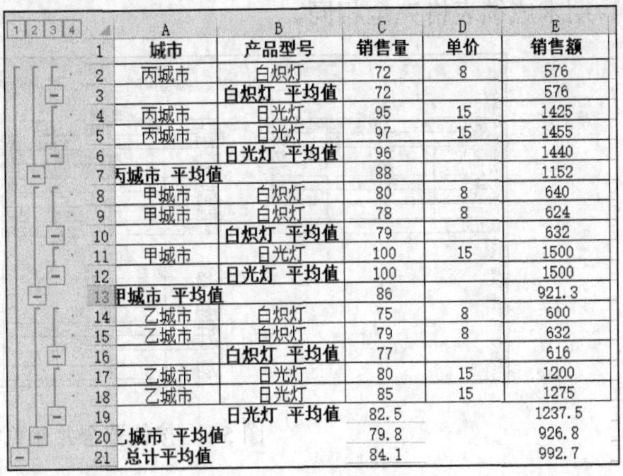

	A	B	C	D	E
1	城市	产品型号	销售量	单价	销售额
2	丙城市	白炽灯	72	8	576
3		白炽灯 平均值	72		576
4	丙城市	日光灯	95	15	1425
5	丙城市	日光灯	97	15	1455
6		日光灯 平均值	96		1440
7	丙城市 平均值		88		1152
8	甲城市	白炽灯	80	8	640
9	甲城市	白炽灯	78	8	624
10		白炽灯 平均值	79		632
11	甲城市	日光灯	100	15	1500
12		日光灯 平均值	100		1500
13	甲城市 平均值		86		921.3
14	乙城市	白炽灯	75	8	600
15	乙城市	白炽灯	79	8	632
16		白炽灯 平均值	77		616
17	乙城市	日光灯	80	15	1200
18	乙城市	日光灯	85	15	1275
19		日光灯 平均值	82.5		1237.5
20	乙城市 平均值		79.8		926.8
21	总计平均值		84.1		992.7

图 5-7　按“城市”和“产品型号”进行两级分类汇总的结果

在应用了分类汇总的功能后，Excel 会对分类字段以组的方式创建一个级别，用户可以使用系统提供的分级显示按钮来分级显示汇总后的数据信息，以便更清晰便捷地查看需要的数据。例如，选择分类汇总表中的单元格 A5，然后选择“数据”选项卡，单击“分级显示”组中的“取消明细数据”按钮，即可将该组的明细数据隐藏起来，并且此分析显示按钮的“-”会变成“+”。单击“分级显示”组中的“显示明细组数据”按钮，隐藏的数据又会显示出来，并且此分级显示按钮的“+”号会变成“-”号。

此外，如果将分类汇总的每一组数据单独显示在一页中，只需在“分类汇总”对话框中选中“每组数据分页”复选框，即可对每一组数据信息分页打印。

5.2　利用“合并计算”工具汇总数据

合并计算与分类汇总相似，都属于常用的统计量计算工具，所不同的是分类汇总是在同一数据表中对数据进行不同方式的汇总，合并计算则是对不同表格、不同工作表或不同工作簿之间的数据进行汇总计算，既可以同表汇总，也可以跨表汇总。Excel 的“合并计算”功能，具体有两种合并方式：一种是按位置合并计算，另一种是按类别合并计算。

5.2.1　按位置合并

按位置合并是将数据源表格相同位置上的数据进行简单合并计算，这种合并计算多用于数据源表格结构完全一致的情况。如果数据源表格结构不同，行列标题内容不一致，就会出现计算错误。

【例 5-3】图 5-8 中为 7 名学生的数学、物理、化学三门功课的平时、期中和期末的考试成绩，利用合并计算工具计算各门功课的总评成绩。

Step1：打开示例文件 data5-3，设置图 5-8 所示的总评成绩表格，结构与平时、期中、期末成绩表格完全相同。

运用合并计算功能计算下列每个学生的各门课程的平均成绩

平时成绩

姓名	数学	物理	化学
张明	75	91	89
李飞	78	68	87
刘阳	57	73	78
李平	83	84	85
赵海	81	87	68
白杰	76	87	84
扬阳	89	92	81

期中成绩

姓名	数学	物理	化学
张明	75	91	89
李飞	78	68	87
刘阳	57	73	78
李平	83	84	85
赵海	81	87	68
白杰	76	87	84
扬阳	89	92	81

期末成绩

姓名	数学	物理	化学
张明	89	85	69
李飞	87	96	86
刘阳	63	93	77
李平	95	92	82
赵海	94	87	71
白杰	87	68	80
扬阳	83	90	97

总评成绩

姓名	数学	物理	化学
张明			
李飞			
刘阳			
李平			
赵海			
白杰			
扬阳			

图 5-8　按位置合并计算实例

Step2：选中 G15 单元格，作为合并计算后结果的存放起始位置，然后选择“数据”选项卡，单击“数据工具”组中的“合并计算”按钮，弹出图 5-9 所示的“合并计算”对话框。

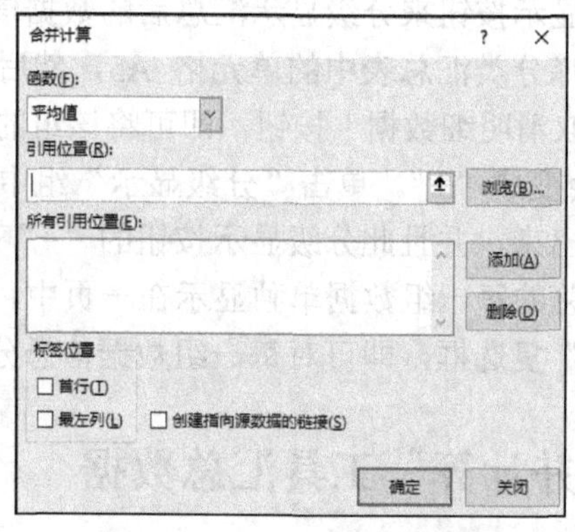

图 5-9　“合并计算”对话框

Step3：在“函数”下拉列表中选择计算方式。合并计算的计算方式默认为求和，但也可以选择计数、平均值等其他方式。本例计算总评成绩，所以选择“平均值”函数。

合并计算工具中的平均值函数为简单算术平均，如果各科成绩权重不同，则需要利用公式计算加权平均值。

Step4：引用数据。单击“引用位置”编辑框右侧的折叠按钮，选中“平时成绩”中的数据区域 B5:D11 单元格，然后在“合并计算”对话框中，单击“添加”按钮，所引用的单元格区域地址会出现在“所有引用位置”列表框中，如图 5-10 所示。

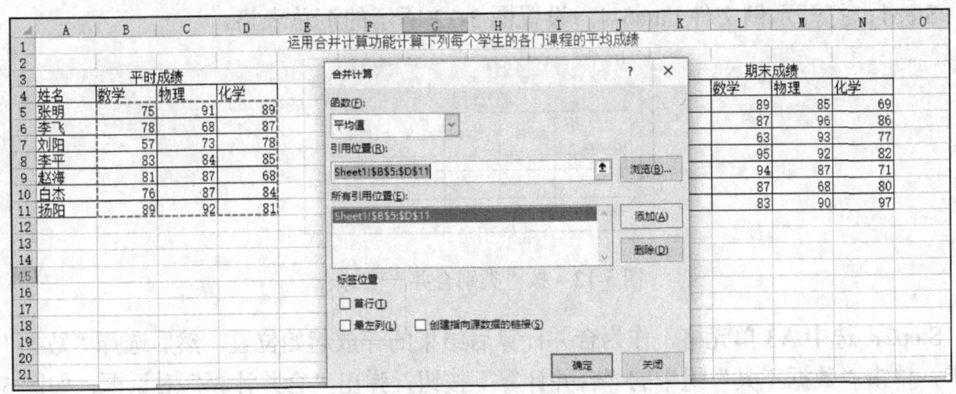

图 5-10　添加"合并计算"引用位置

Step5：使用同样的方法，将"期中成绩"和"期末成绩"数据所在的单元格区域添加到"所有引用位置"列表框中，然后单击"确定"按钮，生成合并后的初始结果，对小数位数进行取舍后的最终"总评成绩"如图 5-11 所示。

平时成绩

姓名	数学	物理	化学
张明	75	91	89
李飞	78	68	87
刘阳	57	73	78
李平	83	84	85
赵海	81	87	68
白杰	76	87	84
扬阳	89	92	81

期中成绩

姓名	数学	物理	化学
张明	75	91	89
李飞	78	68	87
刘阳	57	73	78
李平	83	84	85
赵海	81	87	68
白杰	76	87	84
扬阳	89	92	81

期末成绩

姓名	数学	物理	化学
张明	89	85	69
李飞	87	96	86
刘阳	63	93	77
李平	95	92	82
赵海	94	87	71
白杰	87	68	80
扬阳	83	90	97

总评成绩

姓名	数学	物理	化学
张明	80	89	82
李飞	81	77	87
刘阳	59	80	78
李平	87	87	84
赵海	85	87	69
白杰	80	81	83
扬阳	87	91	86

图 5-11　按"位置合并"结果

5.2.2　按类别合并

按类别合并计算是将不同行或列的数据，根据标题进行分类合并，相同标题的合并成一条记录，不同标题的则形成多条记录，最后形成的结果表中包含了数据源表中所有的行标题或列标题。按类别（项目）合并计算，由于合并的表格结构不完全一致，所以合并的数据源列表必须包含行或列标题，并且在"合并计算"对话框的"标签位置"区域中选中相应的复选框。

【例 5-4】已知某公司设立在南京、上海、杭州和广东的四家分公司 1～4 月的电器销售量数据，各分公司销售的电器种类不完全一样，按类别汇总各分公司的销售量。

Step1：打开示例文件 data5-4，设置图 5-12 所示的汇总表格。

总公司				
月份 / 商品名称	一月	二月	三月	四月

图 5-12　按“类别合并”汇总表

Step2：选中 A3 单元格，作为合并计算后结果的存放起始位置，然后选择“数据”选项卡，单击“数据工具”组中的“合并计算”按钮，弹出“合并计算”对话框，如图 5-13 所示。

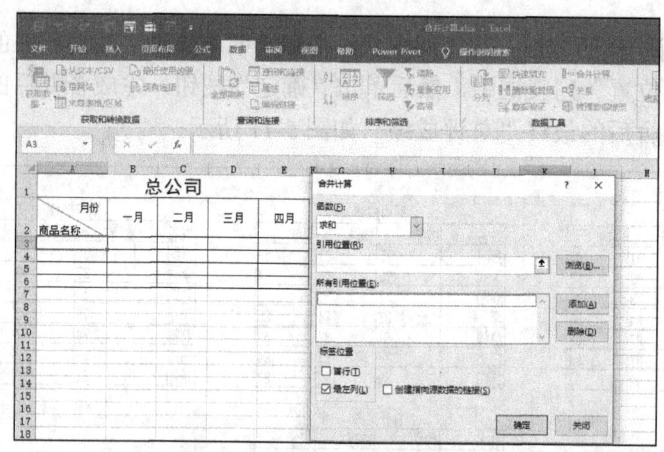

图 5-13　按类别合并

Step3：单击“引用位置”编辑框右侧的折叠按钮，选中“南京”工作表中的 A3:E6 单元格数据区域，然后在“合并计算”对话框中，单击“添加”按钮。用同样的方法依次将上海、杭州、广东分公司的数据添加到“所有引用位置”列表框中。

Step4：设置“标签位置”选项。当需根据列标题进行分类合并计算时，数据源必须包含列标题，则需要选中“首行”复选框；当需根据行标题进行分类合并计算时，数据源必须包含行标题，则需要选中“最左列”复选框；当需同时根据列标题和行标题进行合并计算时，数据源必须包含行标题和列标题，则需要同时选中“首行”和“最左列”复选框。本例要汇总的各数据表的列标题相同，行标题不完全一致，所以需要根据行标题分类汇总，因此需选中“最左列”复选框，以确保所有行标题都能出现在汇总表中，如图 5-14 所示。

Step5：单击“确定”按钮，得到初步汇总结果。合并后，结果表的数据项排列顺序是按第一个数据源表的数据顺序排列的。合并计算不能复制数据源表的格式，如要设置

结果表的格式，可以使用格式刷将数据源表的格式复制到结果表中，格式调整后的最终结果如图 5-15 所示。

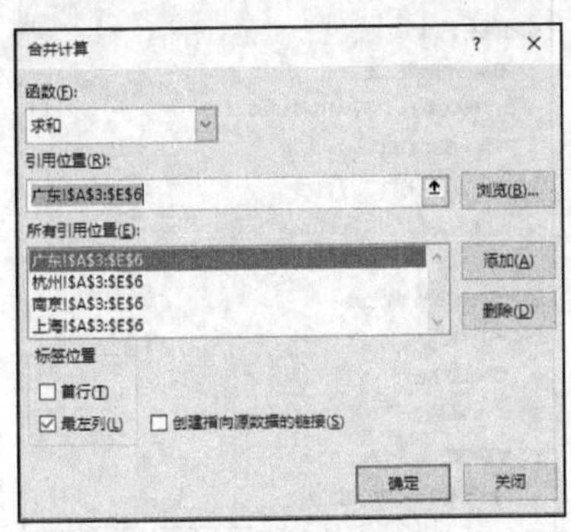

图 5-14　选择“标签位置”

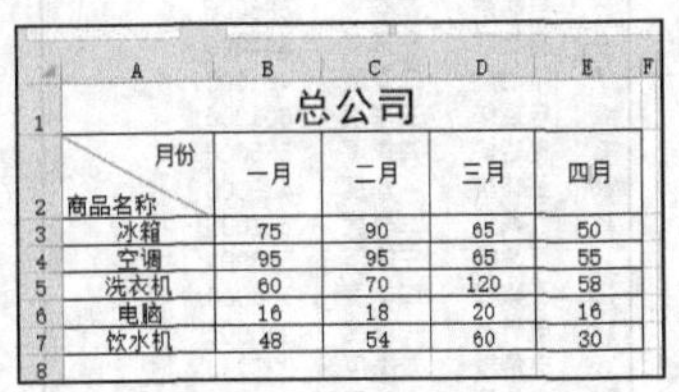

	A	B	C	D	E
1	总公司				
2	月份 / 商品名称	一月	二月	三月	四月
3	冰箱	75	90	65	50
4	空调	95	95	65	55
5	洗衣机	60	70	120	58
6	电脑	16	18	20	16
7	饮水机	48	54	60	30
8					

图 5-15　按“类别合并”结果

以上两种情况在操作步骤上基本一致，只是数据区域的选择上略有差异。按位置合并计算，计算时可以只选择数据所在区域；按类别合并计算，由于不同表中的标签分类不同，所以计算时必须同时选择分类标签和全部数据项。

5.3　利用“数据透视图表”工具汇总数据

数据透视图表的主要功能就是对数据进行多种方式的汇总，它有机地结合了分类汇总和合并计算的优点，可方便地调整数据汇总的方式，以多种方式灵活地展示数据的特征，仅靠鼠标移动字段位置，即可变换出各种不同的汇总结果。它可以将各个独立表格中的数据信息汇总到一起，这些表格可以分布在同一个 Excel 工作表中，也可以分布在不同工作表、不同工作簿中，甚至是外部数据源中。

5.3.1　同一工作表数据汇总

利用“数据透视图表”工具在一个工作表中汇总数据非常简单方便。

【例 5-5】假设有图 5-16 所示的一张数据清单，要求以这张数据清单作为数据源通过创建数据透视表汇总各季度不同商品的销售额。

Step1：打开示例文件 data5-5，单击图 5-16 所示的数据列表区域中的任意一个单元格（如 A5），在“插入”选项卡的“图表”组中单击“数据透视表”按钮，弹出“创建数据透视表”对话框。

Step2：在“创建数据透视表”对话框中的“请选择要分析的数据”区域选择准备创建数据透视表的数据区域，如果 Step1 已经选择了数据，这里可以保持不变。在“选择放置数据透视表的位置”区域中选中“新工作表”单选按钮。如果希望数据透视图表显示在数据源工作表中，则选中“现有工作表”单选按钮，并指定数据透视表放置的起始单元格（如 E8），如图 5-17 所示。

	A	B	C	D
1	商品名称	季度	销售额	
2	电磁炉	一季度	970000	
3	电磁炉	二季度	770000	
4	电磁炉	三季度	878000	
5	电磁炉	四季度	886000	
6	电磁炉	一季度	447000	
7	电磁炉	二季度	451000	
8	电磁炉	三季度	601000	
9	电磁炉	四季度	555000	
10	豆浆机	一季度	439000	
11	豆浆机	二季度	511000	
12	豆浆机	三季度	556000	
13	豆浆机	四季度	556000	
14	电烤箱	一季度	240000	
15	电烤箱	二季度	235000	
16	电烤箱	三季度	258000	
17	电烤箱	四季度	260000	

图 5-16　企业销售统计表

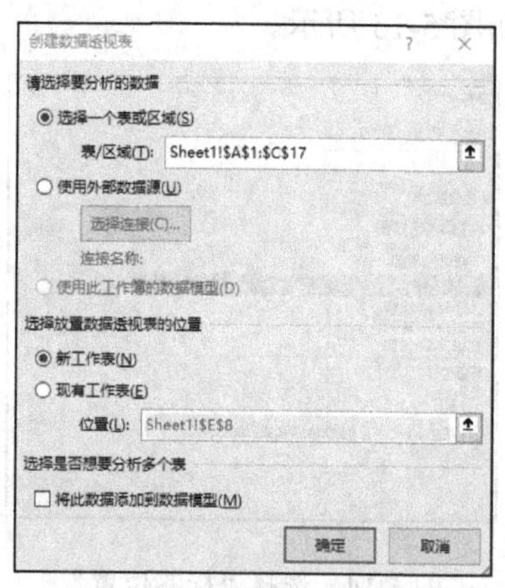

图 5-17　“创建数据透视表”对话框

Step3：单击“确定”按钮，弹出数据透视表布局窗口，在“数据透视表字段”任务窗格的“选择要添加到报表的字段”区域，选择准备设置为“列”和“行”的字段。例如，将“季度”字段拖至“行”区域以确定行标题，将“商品名称”字段拖至“列”区域以确定列标题，结果如图 5-18 所示。

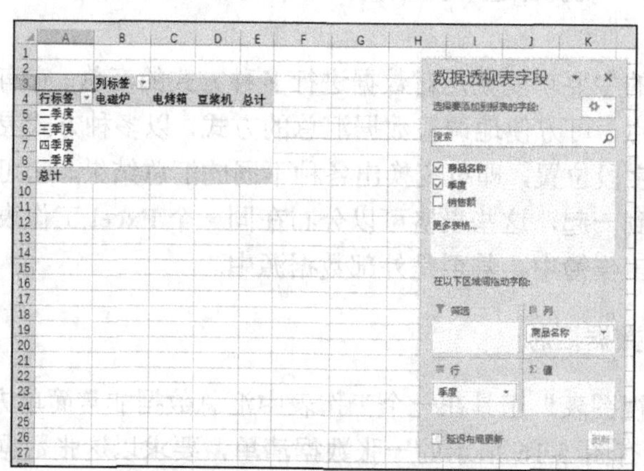

图 5-18　设置“列”和“行”字段

Step4：在该任务窗格的“选择要添加到报表的字段”区域选择准备汇总的字段，如将“销售额”字段拖至“值”区域，完成数据透视表的创建和相应数据的汇总，如图 5-19 所示。根据题目要求，也可以将“季度”字段拖至“筛选”区域，将“商品名称”字段拖至“行”区域，得到如图 5-20 所示的结果。当字段位于报表筛选字段时，字段中的所有项都成为数据透视表的筛选条件。单击筛选字段“季度”右侧的下拉按钮，在弹出的下拉列表中会显示该字段的所有项目，选择其中一项或多项（必须先选中“选择多项”

复选框）并单击“确定”按钮，数据透视表会根据所选项目筛选显示数据。

图 5-19　两字段交叉汇总销售额

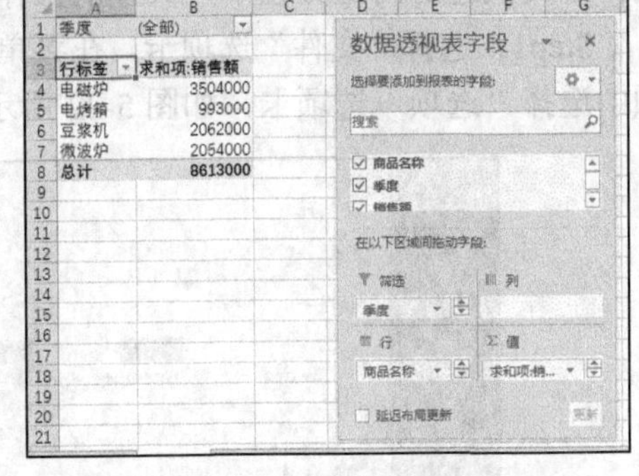

图 5-20　以设置筛选条件汇总销售额

Step5：对初始数据透视表进行修饰。

① 重命名字段。在数据透视表中双击“行标签”所在的单元格，输入“季度”；双击“列标签”所在的单元格，输入“商品名称”。

② 调整字段显示顺序。在 Excel 中，数据透视表有着与普通数据列表十分相似的排序功能和完全相同的排序规则，对数据项既可以自动排序，也可以手动排序。一般情况下，首先选择自动排序，当无法通过自动排序得到满意的结果时，可以选择自定义或手动排序，具体情况需要根据数据项的多少和复杂程度而定。本例对四个季度采用手动排序，即在图 5-19 中，选中“季度”字段下“一季度”数据项的任意单元格（如 A8），将鼠标指针停靠在其边框线上，待出现带箭头的十字时单击鼠标左键不放，将其拖动至“二季度”数据项的上边框上，松开鼠标即可将一季度的数据项移至第一行。最终结果如图 5-21 所示。

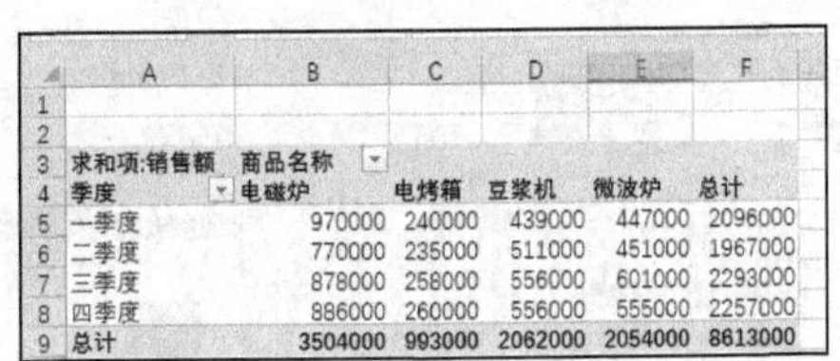

求和项:销售额	商品名称				
季度	电磁炉	电烤箱	豆浆机	微波炉	总计
一季度	970000	240000	439000	447000	2096000
二季度	770000	235000	511000	451000	1967000
三季度	878000	258000	556000	601000	2293000
四季度	886000	260000	556000	555000	2257000
总计	3504000	993000	2062000	2054000	8613000

图 5-21　按季度汇总不同商品的销售额

5.3.2　不同工作表数据汇总

当数据源是单张数据列表时，用户可以简单地通过插入“数据透视图表”的方式进行汇总分析。如果数据源是多张数据列表，并且这些数据列表存在于不同的工作表中，甚至存在于不同的工作簿中，就需要使用数据透视表的“数据透视表和数据透视图向导”功能来实现数据汇总，但前提是每一张表的结构完全相同。

由于 Excel 2019 中并没有在选项卡和自定义快速访问工具栏中直接列出数据透视表

的“数据透视表和数据透视图向导”功能，因此，在数据汇总之前，首先需要将它添加到自定义快速访问工具栏中，具体的操作步骤如下。

Step1：选择“文件”选项卡，在菜单中选择“更多”命令，并在展开的下一级菜单项中选择“选项”选项卡，如图 5-22 所示。

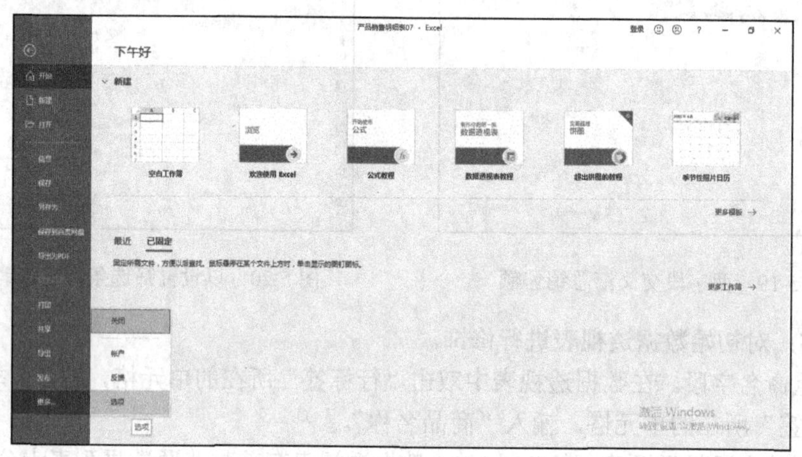

图 5-22　进入“Excel 选项”对话框

Step2：在弹出的“Excel 选项”对话框中，选择“快速访问工具栏”选项卡，在“从下列位置选择命令”下拉列表中选择“不在功能区中的命令”选项，在下面的列表框中选择“数据透视表和数据透视图向导”选项，单击“添加”按钮，将“数据透视表和数据透视图向导”添加到“自定义快速访问工具栏”列表框中，如图 5-23 所示。

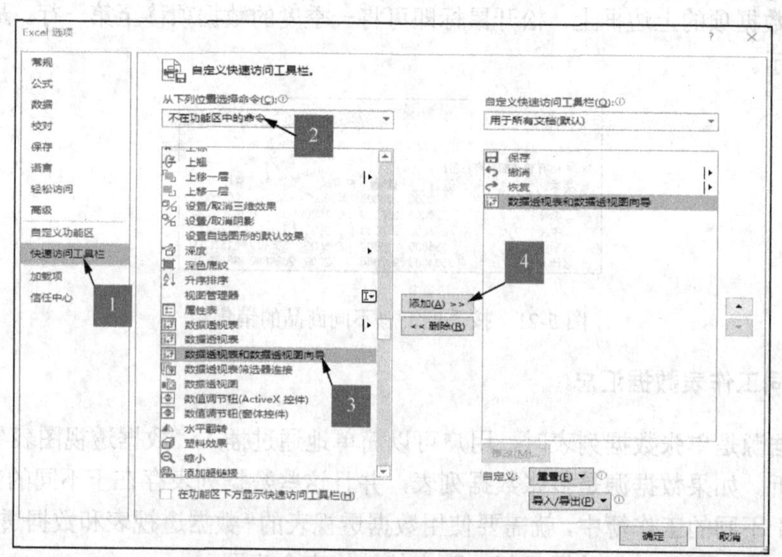

图 5-23　添加“数据透视表和数据透视图向导”快捷工具

Step3：单击“确定”按钮，返回工作表，即可看到“数据透视表和数据透视图向导”已经被添加到自定义快速访问工具栏中，如图 5-24 所示。

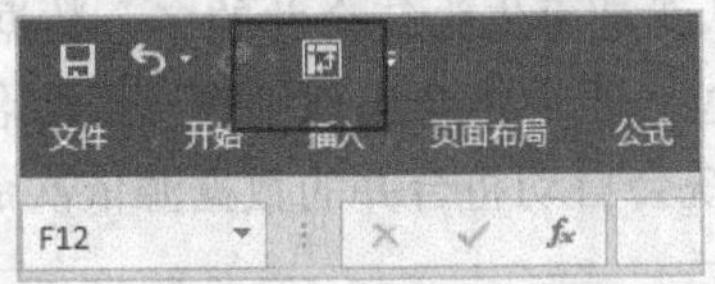

图 5-24　“数据透视表和数据透视图向导”已被添加的效果

数据透视表的“数据透视表和数据透视图向导”也可以通过依次按下 Alt、D、P 键打开，但每次使用完后会自动关闭，再使用的时候需要再次按上述组合键打开，并且有时会因为组合键没按好，而出现打不开的情况。

将“数据透视表和数据透视图向导”添加到快速访问工具栏后，就可以进行多表数据汇总了。

【例 5-6】已知某企业各种商品 12 个月的销售情况数据，利用数据透视表的多重合并计算功能汇总各种商品的全年销售额。

Step1：打开示例文件 data5-6，新建一个工作表，并将其重命名为“多重数据透视表”，单击快速访问工具栏中的“数据透视表和数据透视图向导”按钮，弹出“数据透视表和数据透视图向导--步骤 1（共 3 步）”对话框，选中“多重合并计算数据区域”单选按钮，单击“下一步”按钮，如图 5-25 所示。

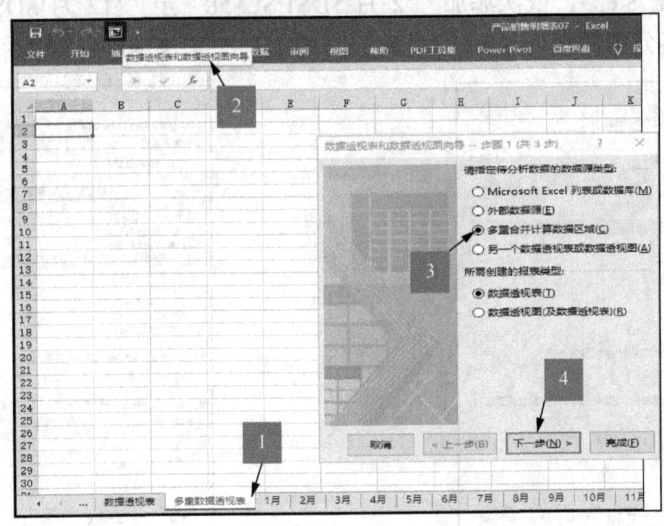

图 5-25　选中“多重合并计算数据区域”单选按钮

Step2：在弹出的“数据透视表和数据透视图向导--步骤 2a（共 3 步）”对话框中，在“请指定所需的页字段数目”区域中选中“自定义页字段”单选按钮，如图 5-26 所示。所谓“自定义页字段”，就是事先为待合并的多个数据源命名。在创建好的数据透视表中，报表筛选字段的下拉列表中将会出现用户已经命名的选项。如果选中“创建单页字段”单选按钮，那么系统会自动将合并的数据源依次命名为“项 1,项 2,…”。

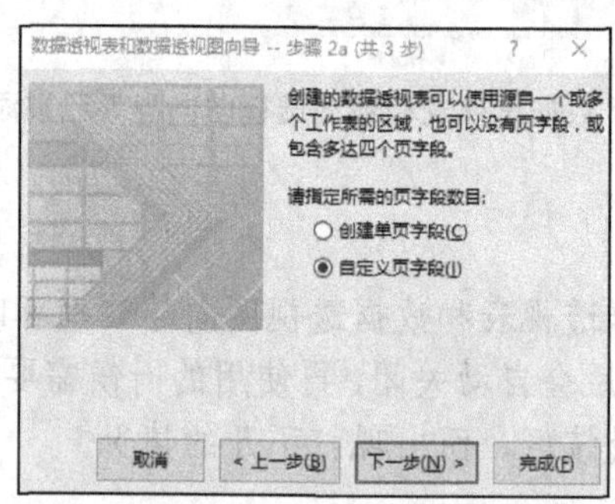

图 5-26　指定所需的页字段数目

Step3：单击“下一步”按钮，弹出“数据透视表和数据透视图向导--第 2b 步，共 3 步”对话框，将光标定位在“选定区域”文本框中，单击“折叠”按钮，单击到工作表标签“1 月”，选定“1 月”工作表单元格区域 D1:L58，再次单击“折叠”按钮，在“选定区域”文本框中出现待合并的数据区域“‘1 月’$D$1:$L$58”，然后单击“添加”按钮，同时在“请先指定要建立在数据透视表中的页字段数目”区域中选中“1”单选按钮，在“字段 1”文本框中输入“1 月”，完成第一个待合并区域的添加，如图 5-27 所示。

Step4：重复 Step3，依次添加“‘2 月’$D$1:$L$58”至“‘12 月’$D$1:$L$58”的数据区域，并将其分别命名为“2 月”“3 月”…“12 月”，如图 5-28 所示。

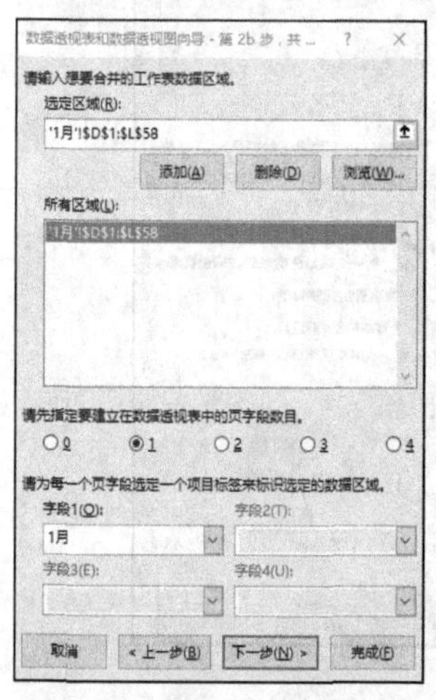

图 5-27　选定一个数据区域

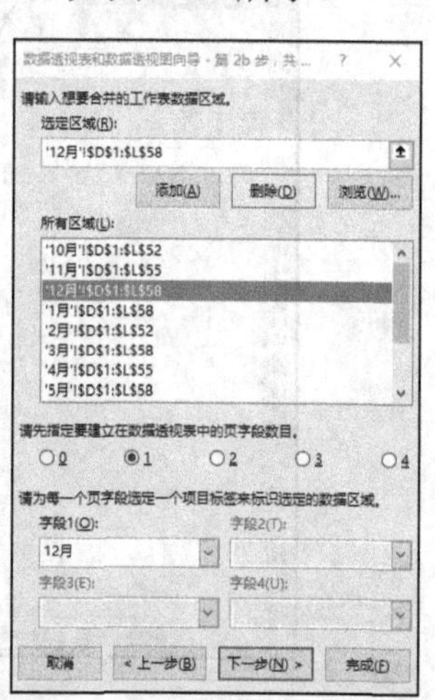

图 5-28　选择所有待合并的数据区域

Step5：单击“下一步”按钮，弹出“数据透视表和数据透视图向导--步骤 3（共 3 步）”对话框，在“数据透视表显示位置”区域中选中“现有工作表”单选按钮，并在文本框中输入“多重数据透视表!$A$1”，如图 5-29 所示。

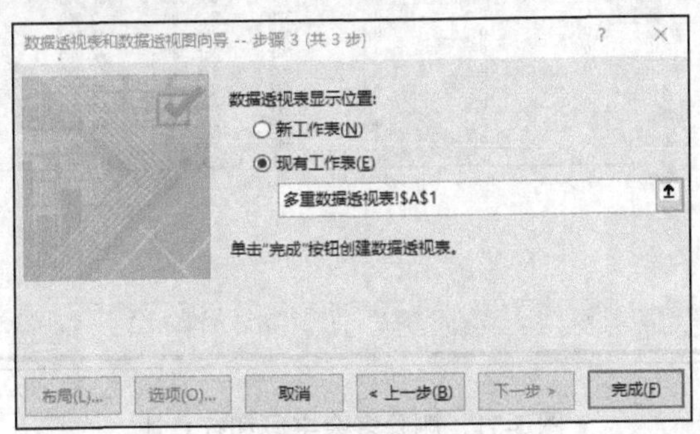

图 5-29　选择数据透视表的显示位置

Step6：单击“完成”按钮返回工作表，即可看到创建好的数据透视表，并弹出“数据透视表字段”任务窗格，在此窗格中单击“值”区域下的“计数项：值”右侧的下拉按钮，在弹出的下拉列表中选择“值字段设置”选项，在弹出的对话框中将“计数项：值”字段的汇总方式更改为“求和”，如图 5-30 所示。

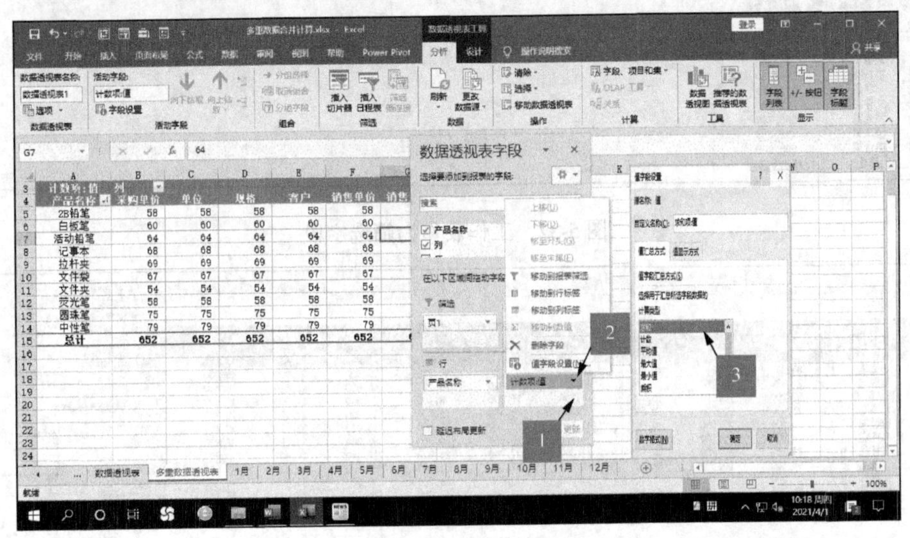

图 5-30　设置汇总方式

Step7：删除多余字段和行总计。在数据透视图表的“列”标签处单击，打开列字段设置下拉菜单，取消选中“全选”复选框，仅选中“销售金额”字段，选定“总计”列右击，在弹出的快捷菜单中选择“删除总计”命令，操作过程如图 5-31 所示。

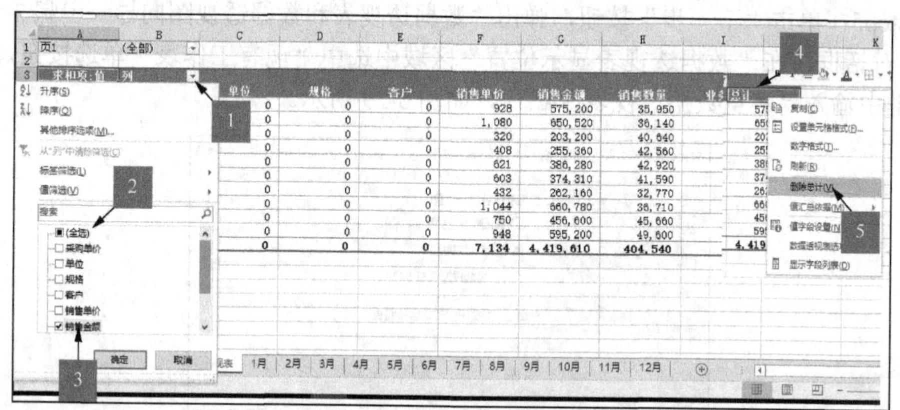

图 5-31　删除多余字段和行总计

Step8：显示不同的汇总结果。上述操作的最终结果如图 5-32 所示，反映了不同商品全年 12 个月的销售总量，单击“页”字段右侧的下拉按钮可有选择地显示不同月份的销售总额。如果拖动筛选字段至“列”区域，则会产生图 5-33 所示的结果。

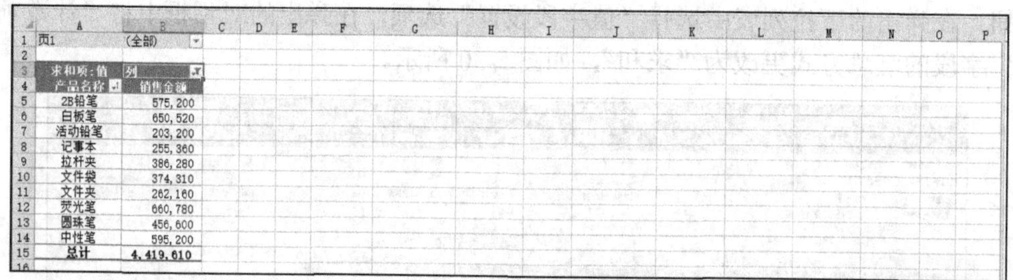

图 5-32　工作表作为筛选字段

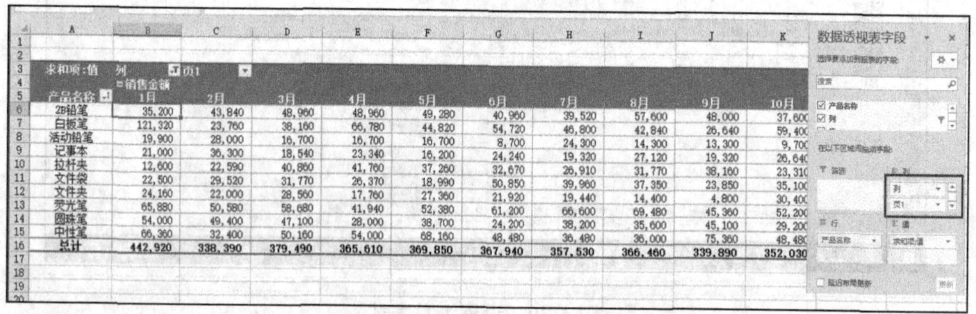

图 5-33　工作表作为列字段

5.3.3　不同工作簿数据汇总

利用“数据透视图表”对不同工作簿之间的数据进行汇总与不同工作表之间的汇总

操作基本一致，不同的是在汇总之前，需要把所有需要汇总的工作簿都打开，以方便操作。这里举一个实例说明不同工作簿之间数据汇总的基本过程。

【例 5-7】某化妆品销售公司销售兰蔻和雅诗兰黛两个品牌的化妆品，销售资料分别保存在名为“销售跟踪表-兰蔻.xlsx”和“销售跟踪表-雅诗兰黛.xlsx”的两个工作簿的 4 张工作表中。要求对 4 张工作表的数据进行汇总，创建反映“品牌”和“商品”的数据透视表。

Step1：打开示例文件 data5-7，新建一个工作簿存放汇总结果，并命名为“销售汇总表.xlsx”，然后定位到 Sheet1 工作表的 A1 单元格，单击快速访问工具栏中的“数据透视表和数据透视图向导”按钮或依次按下 Alt、D、P 键，弹出“数据透视表和数据透视图向导--步骤 1（共 3 步）”对话框，选中“多重合并计算数据区域”单选按钮，单击“下一步”按钮，如图 5-34 所示。

Step2：在弹出的“数据透视表和数据透视图向导--步骤 2a（共 3 步）”对话框中，选中“自定义页字段”单选按钮，单击“下一步”按钮，弹出“数据透视表和数据透视图向导--第 2b 步，共 3 步”对话框，如图 5-35 所示。

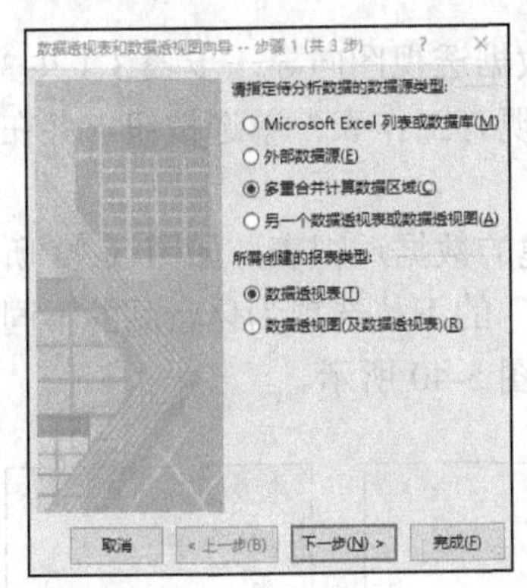

图 5-34　选中“多重合并计算数据区域”单选按钮

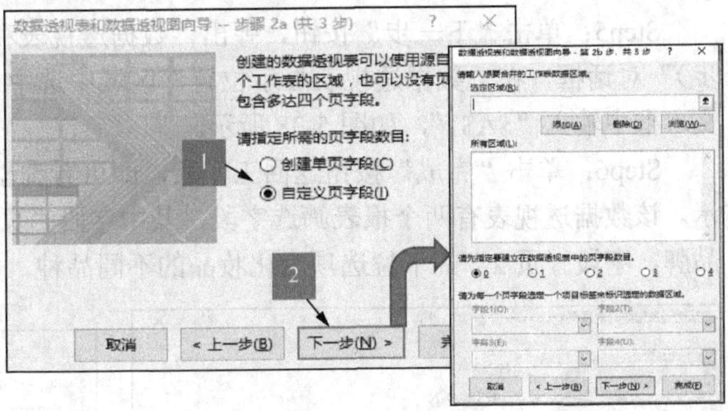

图 5-35　指定合并计算数据区域

Step3：单击“下一步”按钮，将光标定位在“选定区域”文本框中，单击“折叠”按钮，切换到工作簿“销售跟踪表-兰蔻.xlsx”中，选定[眼霜]工作表的$A$1:$B$18 单元格区域，再次单击“折叠”按钮，“选定区域”文本框中出现待合并的数据区域。然后单击“添加”按钮，同时在“请先指定要建立在数据透视表中的页字段数目”区域中选中“2”单选按钮，在“字段 1”文本框中输入“兰蔻”，在“字段 2”文本框中输入“眼霜”，完成第一个待合并区域的添加，结果如图 5-36 所示。

Step4：按照相同的方法，依次添加待合并的数据区域。选定工作簿“销售跟踪表-兰蔻.xlsx”的“眼霜”和“销售跟踪表-雅诗兰黛.xlsx”中的“眼霜”和“颈霜”，将其添加到“所有区域”列表框中，并依次在“字段 1”和“字段 2”文本框中输入品牌和品种名称，如图 5-37 所示。

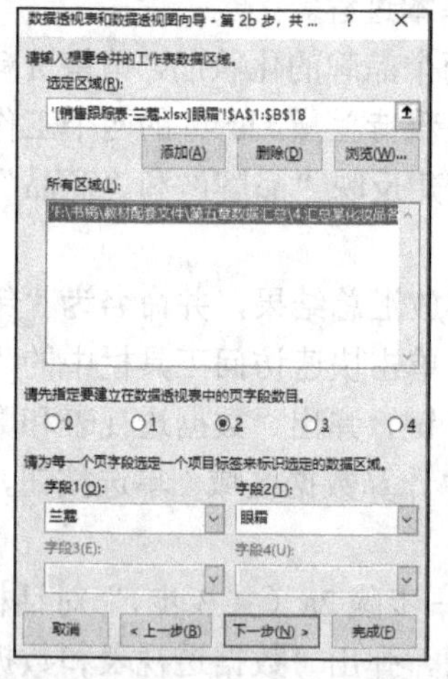

图 5-36　添加第一个数据区域

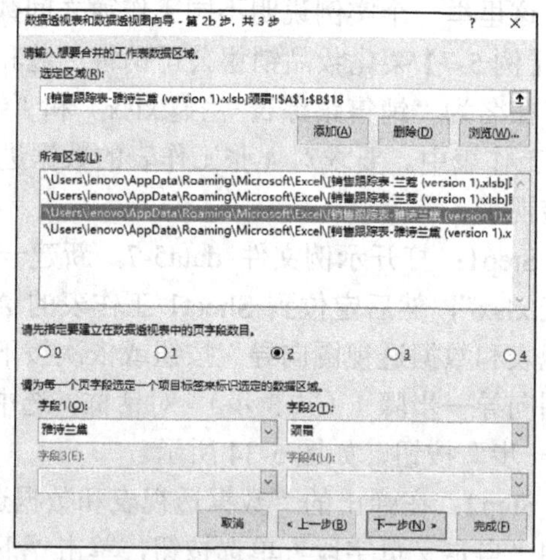

图 5-37　全部数据添加结果

Step5：单击“下一步”按钮，弹出“数据透视表和数据透视图向导--步骤 3（共 3 步）”对话框，在“数据透视表显示位置”区域中选中“现有工作表”单选按钮，并在文本框中输入“$A$1”，如图 5-38 所示。

Step6：单击“完成”按钮返回工作表，即可看到创建的数据透视表，如图 5-39 所示。该数据透视表有两个报表筛选字段，其中字段“页 1”的下拉选项为化妆品的不同品牌，字段“页 2”的下拉选项为化妆品的不同品种，如图 5-40 所示。

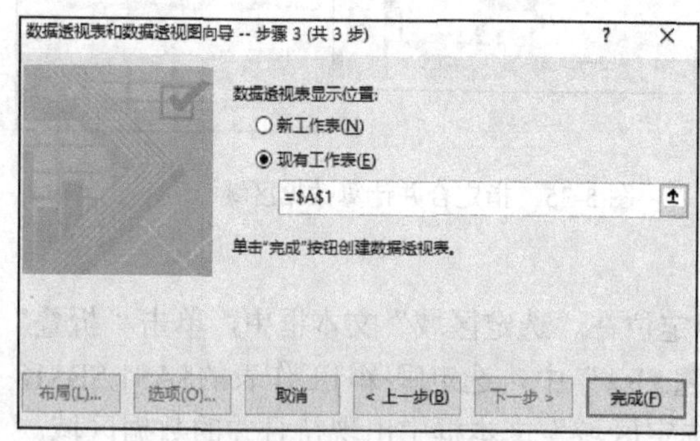

图 5-38　确定数据透视表的显示位置

图 5-39　创建的数据透视表

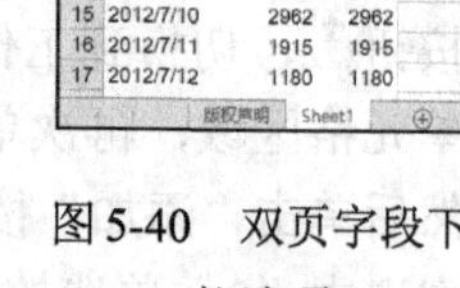

图 5-40　双页字段下拉选项

习　题

1．简述“分类汇总”、“合并计算”和“数据透视图表”三种数据汇总方式的特点。

2．比较利用“分类汇总”、“合并计算”和“数据透视图表”进行数据汇总的差异。

3．利用“分类汇总”工具进行数据汇总应该注意什么？

4．简述利用“数据透视图表”工具进行同一工作表、不同工作表及不同工作簿数据汇总的差异。

5．利用“数据透视图表”工具汇总表 5-1 中不同类型客户的意向购买量、实际购买量，并计算平均转化率。

表 5-1　客户服务管理表

客户名称	客户代码	客户性质	意向购买量	实际购买量	转化率/%
张伟	YC2012001	新客户	399	273	68
罗玉林	YC2012002	VIP 客户	546	234	43
宋科	YC2012003	老客户	700	282	40
张婷	YC2012004	新客户	357	288	81
王晓涵	YC2012005	老客户	385	183	48
赵子俊	YC2012006	新客户	644	213	33
宋丹	YC2012007	VIP 客户	455	285	63
张嘉轩	YC2012008	老客户	385	183	48
李琼	YC2012009	老客户	504	400	79
陈锐	YC2012010	新客户	588	237	40
邓超	YC2012018	老客户	665	198	30
李全友	YC2012019	老客户	700	282	40
宋万	YC2012020	新客户	469	282	60
刘红芳	YC2012021	VIP 客户	378	210	56
王翔	YC2012022	老客户	665	204	31
张丽丽	YC2012023	VIP 客户	511	195	38
孙洪伟	YC2012024	老客户	588	204	35
张晓伟	YC2012025	新客户	371	267	72

第 6 章　Excel 数据分析

Excel 提供了非常实用的数据分析工具，利用这些分析工具，可以解决许多数据分析问题，如描述统计量的计算、总体数据特征的推断、数据相互关系分析、变量求解和决策分析等。本章分为三节，主要介绍 Excel 在基础统计分析中的应用，要求学生掌握使用 Excel 进行基础统计分析的基本方法和操作技巧，并能对每种分析的输出结果做出准确的解读和合理的解释。本章内容为必修内容，建议讲授 3 学时，实践训练 3 学时。

6.1　利用数据透视图表工具分析数据

6.1.1　结构分析

结构分析是在统计分组的基础上，计算各组成部分所占的比重，进而分析总体现象的内部结构特征、总体的性质以及总体内部结构变化规律的分析方法。

结构分析法的作用可以总结为以下三点：

✧　通过结构分析可以认识总体构成的特征；

✧　结构分析可以揭示总体中各个组成部分的变动趋势；

✧　结构分析可以揭示现象之间的依存关系。

企业管理中的结构性分析包括市场占有率分析、产品结构分析、资本结构分析、成本构成分析和员工结构分析等。虽然分析内容不同，但是 Excel 的操作过程基本一致，所以这里仅以产品销售量和销售额分析为例来说明如何利用数据透视图表工具进行结构分析。

【例 6-1】某销售公司在不同地区销售的各种商品的销售额数据如图 6-1 所示，利用数据透视表工具对销售额进行各种构成分析。

	A	B	C	D	E	F
1	销售地区	销售人员	品名	数量	单价 ¥	销售金额 ¥
2	北京	苏珊	按摩椅	13	800	10400
3	北京	苏珊	显示器	98	1500	147000
4	北京	苏珊	显示器	49	1500	73500
5	北京	苏珊	显示器	76	1500	114000
6	北京	苏珊	显示器	33	1500	49500
7	北京	苏珊	液晶电视	53	5000	265000
8	北京	苏珊	液晶电视	47	5000	235000
9	北京	苏珊	液晶电视	1	5000	5000
10	北京	白露	液晶电视	43	5000	215000
11	北京	白露	液晶电视	34	5000	170000
12	北京	白露	微波炉	27	500	13500
13	北京	白露	微波炉	69	500	34500
14	北京	白露	微波炉	24	500	12000
15	北京	白露	按摩椅	28	800	22400
16	北京	白露	按摩椅	45	800	36000
17	北京	赵琦	按摩椅	20	800	16000

图 6-1　原始数据

（1）各地区销售总额构成分析

Step1：打开示例文件 data6-1，创建图 6-2 所示的销售额汇总数据透视表。

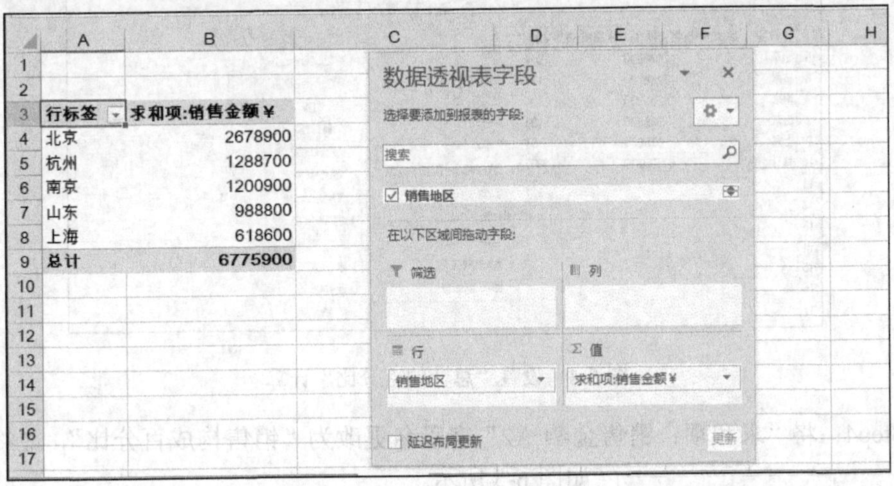

图 6-2　各地区销售额汇总数据透视表

Step2：单击数据透视表的任一单元格打开“数据透视表字段”窗格，将“销售金额”字段再次拖进“∑值”区域，同时，数据透视表内也增加了一个“求和项：销售金额 ¥2”字段，如图 6-3 所示。

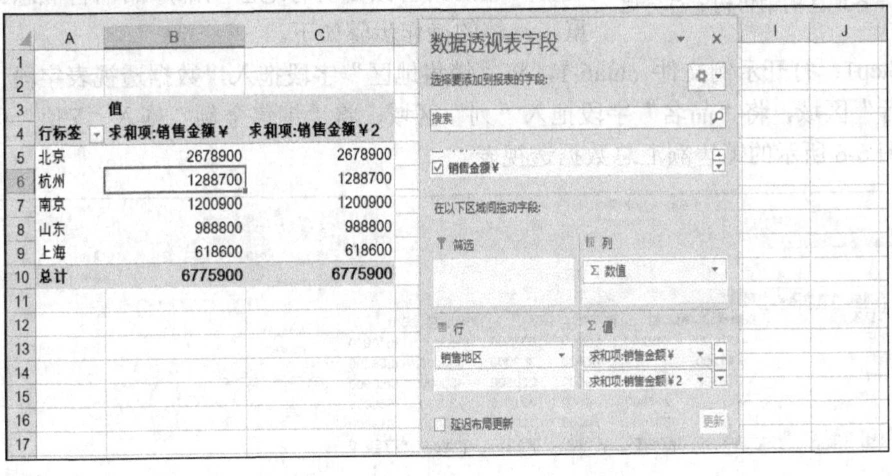

图 6-3　向数据透视表中添加字段

Step3：在数据透视表“求和项：销售金额 ¥2”字段上右击，在弹出的快捷菜单中，依次选择“值显示方式”→“总计的百分比”命令，如图 6-4 所示。利用“总计的百分比”值显示方式，可以得到每一个数据点占全部数据总计的比重。

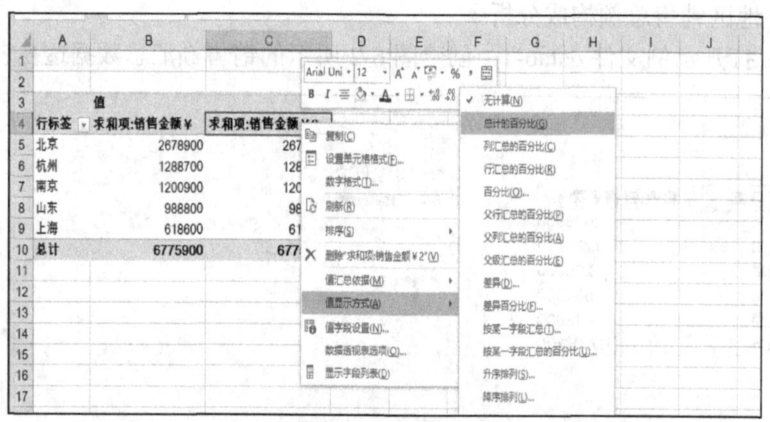

行标签	求和项:销售金额¥	求和项:销售金额¥2
北京	2678900	267…
杭州	1288700	128…
南京	1200900	120…
山东	988800	98…
上海	618600	61…
总计	6775900	677…

图 6-4 设置“总计的百分比”计算

Step4：将“求和项：销售金额 ¥2”字段名更改为“销售构成百分比”，最终结果如图 6-5 所示。

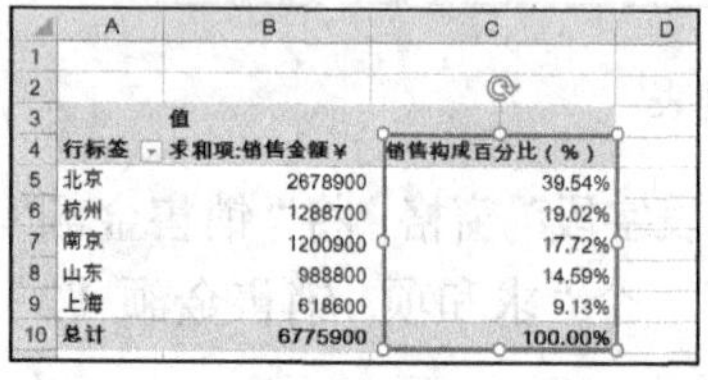

行标签	求和项:销售金额¥	销售构成百分比（%）
北京	2678900	39.54%
杭州	1288700	19.02%
南京	1200900	17.72%
山东	988800	14.59%
上海	618600	9.13%
总计	6775900	100.00%

图 6-5 各地区的销售构成百分比

（2）地区、产品交叉分组销售额构成分析

地区、产品交叉分组设置的目的在于从多个角度分析销售额的构成情况，如每个地区不同产品的销售额构成或每种产品在各个地区的销售额构成，以及每个地区每种产品的销售额占所有地区全部产品销售额总计的比重，具体的操作步骤如下。

Step1：打开示例文件 data6-1，将“销售地区”字段拖入“数据透视表字段”窗格的“行”区域，将“品名”字段拖入“列”区域，将“销售金额”拖入“∑值”区域，创建图 6-6 所示的销售额汇总数据透视表。

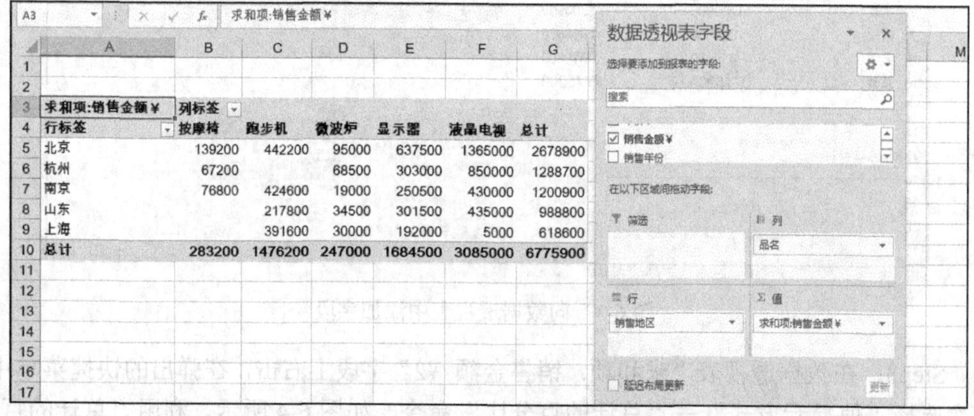

求和项:销售金额¥	列标签					
行标签	按摩椅	跑步机	微波炉	显示器	液晶电视	总计
北京	139200	442200	95000	637500	1365000	2678900
杭州	67200		68500	303000	850000	1288700
南京	76800	424600	19000	250500	430000	1200900
山东		217800	34500	301500	435000	988800
上海		391600	30000	192000	5000	618600
总计	283200	1476200	247000	1684500	3085000	6775900

图 6-6 地区、产品交叉分组销售额汇总数据透视表

Step2：在数据透视表的任一单元格右击，在弹出的快捷菜单中，依次选择“值显示方式”→“行汇总的百分比”命令，得到各地区不同商品销售额占同行销售额总计的百分比，反映了各地区不同商品的销售额构成，如图 6-7 所示。利用“行汇总的百分比”值显示方式，可以得到每一个数据点占同行数据总计的比重。

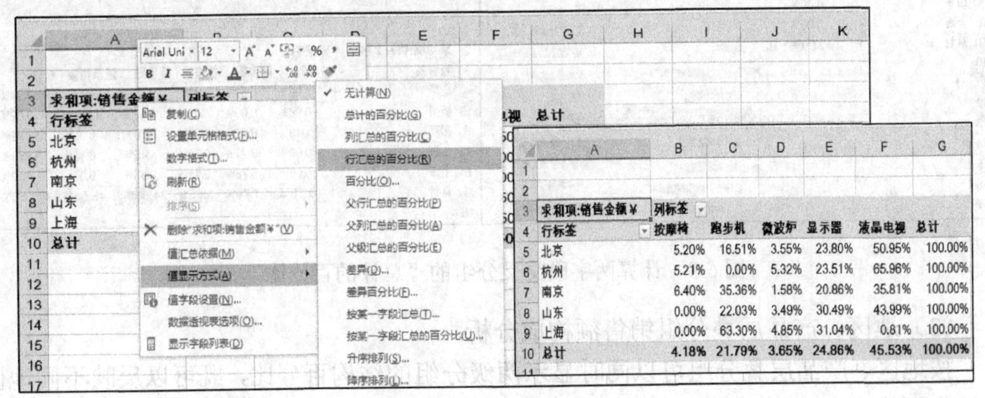

图 6-7　计算“行汇总的百分比”

Step3：在 Step2 的基础上，将“行汇总的百分比”更改为“列汇总的百分比”，以计算每种商品在不同地区的销售额构成。利用“列汇总的百分比”值显示方式，可以得到每一个数据点占同列数据总计的比重，如图 6-8 所示。

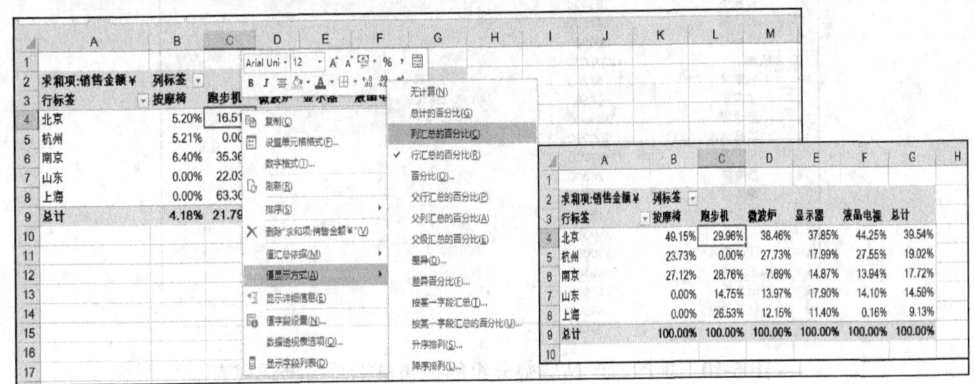

图 6-8　计算“列汇总的百分比”

Step4：在 Step3 的基础上，将“列汇总的百分比”更改为“总计的百分比”，以计算每种商品在每个地区的销售额占所有地区全部产品销售额总计的构成，如图 6-9 所示。利用“总计的百分比”值显示方式，可以得到每一个数据点占全部数据总计的比重，当数据透视表的数据项只有一列时，“总计的百分比”和“列汇总的百分比”值显示方式的计算结果相同。

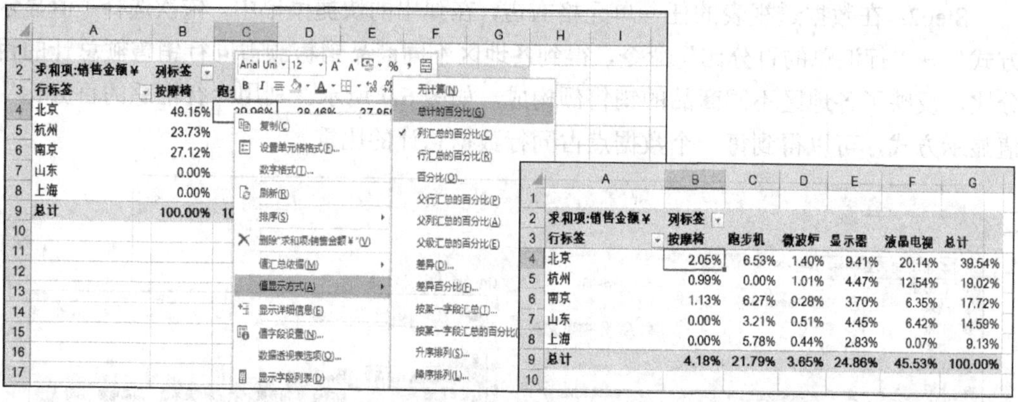
求和项:销售金额¥
列标签
行标签
按摩椅
北京 49.15%
杭州 23.73%
南京 27.12%
山东 0.00%
上海 0.00%
总计 100.00%
复制(C)
设置单元格格式(F)...
数字格式(T)...
刷新(R)
排序(S)
删除"求和项:销售金额¥"(V)
值汇总依据(M)
值显示方式(A)
显示详细信息(E)
值字段设置(N)...
数据透视表选项(O)...
显示字段列表(D)
无计算(N)
总计的百分比(G)
列汇总的百分比(C)
行汇总的百分比(R)
百分比(O)...
父行汇总的百分比(P)
父列汇总的百分比(A)
父级汇总的百分比(E)
差异(D)...
差异百分比(F)...
按某一字段汇总(T)...
升序排列(S)...
降序排列(L)...
求和项:销售金额¥ 列标签
行标签 按摩椅 跑步机 微波炉 显示器 液晶电视 总计
北京 2.05% 6.53% 1.40% 9.41% 20.14% 39.54%
杭州 0.99% 0.00% 1.01% 4.47% 12.54% 19.02%
南京 1.13% 6.27% 0.28% 3.70% 6.35% 17.72%
山东 0.00% 3.21% 0.51% 4.45% 6.42% 14.59%
上海 0.00% 5.78% 0.44% 2.83% 0.07% 9.13%
总计 4.18% 21.79% 3.65% 24.86% 45.53% 100.00%

图 6-9　计算两字段交叉分组的“总计的百分比”

（3）地区、产品层叠分组销售额构成分析

按地区、产品层叠分组可以同时显示两级分组的结构百分比，既可以反映不同地区的销售额构成，还可以反映各地区内部的产品销售构成，具体的操作步骤如下。

Step1：打开示例文件 data6-1，创建图 6-10 所示的销售额汇总数据透视表。

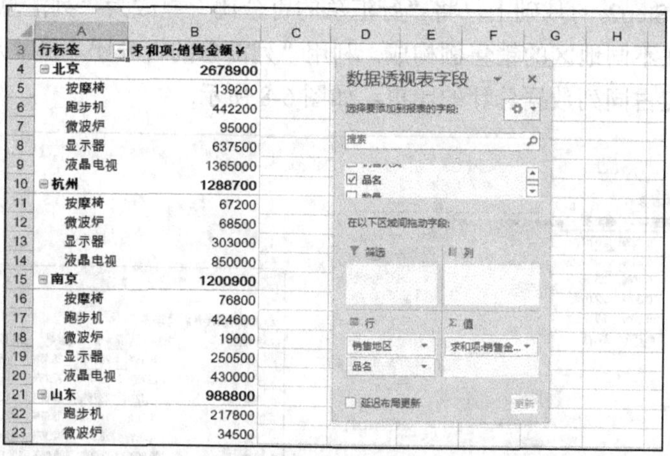
行标签 求和项:销售金额¥
北京 2678900
按摩椅 139200
跑步机 442200
微波炉 95000
显示器 637500
液晶电视 1365000
杭州 1288700
按摩椅 67200
微波炉 68500
显示器 303000
液晶电视 850000
南京 1200900
按摩椅 76800
跑步机 424600
微波炉 19000
显示器 250500
液晶电视 430000
山东 988800
跑步机 217800
微波炉 34500
数据透视表字段
选择要添加到报表的字段:
搜索
品名
在以下区域间拖动字段:
筛选
列
行
Σ 值
销售地区
品名
求和项:销售金...
延迟布局更新
更新

图 6-10　地区、产品层叠分组的销售额汇总数据透视表

Step2：选中数据透视表的任一单元格，打开“数据透视表字段”窗格，将“销售金额”字段再次拖进“∑值”区域，此时，在数据透视表内又增加了一个“求和项：销售金额¥2”字段，如图 6-11 所示。

Step3：在数据透视表“求和项：销售金额 ¥2”字段上右击，在弹出的快捷菜单中，依次选择“值显示方式”→“父级汇总的百分比”命令，弹出“值显示方式”对话框，如图 6-12 所示。利用“父级汇总的百分比”值显示方式，可以得到每一个数据点占该列和行父级项总和的百分比。

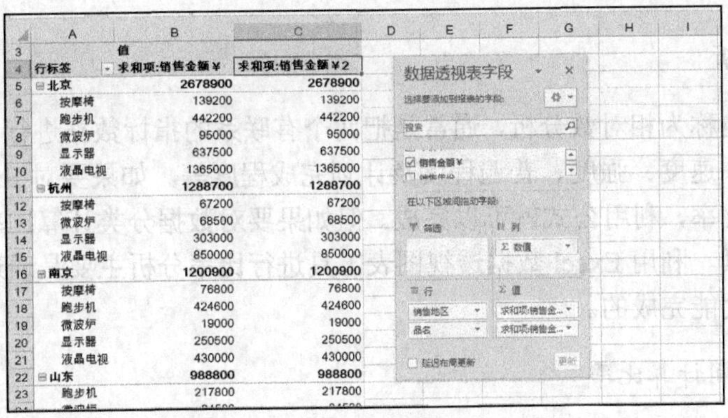

图 6-11　向数据透视表添加字段

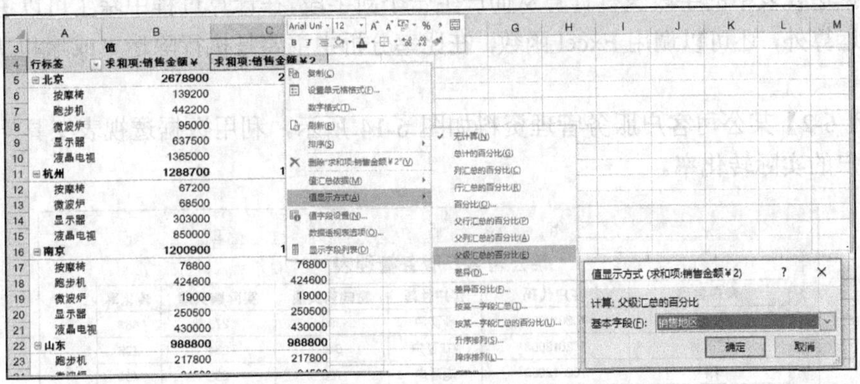

图 6-12　调出“值显示方式”对话框

Step4：单击“值显示方式”对话框中的“基本字段”下拉按钮，在弹出的下拉列表中选择“销售地区”字段，最后单击“确定”按钮关闭对话框，完成设置，如图 6-13 所示。

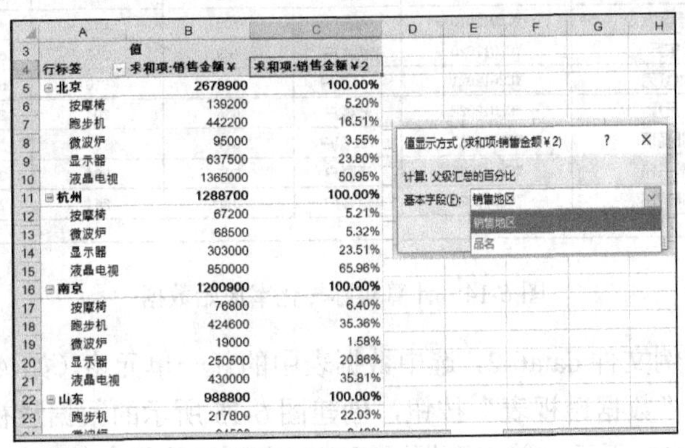

行标签	求和项:销售金额￥	求和项:销售金额￥2
北京	2678900	100.00%
按摩椅	139200	5.20%
跑步机	442200	16.51%
微波炉	95000	3.55%
显示器	637500	23.80%
液晶电视	1365000	50.95%
杭州	1288700	100.00%
按摩椅	67200	5.21%
微波炉	68500	5.32%
显示器	303000	23.51%
液晶电视	850000	65.96%
南京	1200900	100.00%
按摩椅	76800	6.40%
跑步机	424600	35.36%
微波炉	19000	1.58%
显示器	250500	20.86%
液晶电视	430000	35.81%
山东	988800	100.00%
跑步机	217800	22.03%

图 6-13　地区、产品层叠分组销售额构成百分比

6.1.2 比率分析

比率分析也称为相对数分析，通常是把两个有联系的指标数据进行比较，以反映现象发展的程度、速度、强度、普遍程度及计划完成程度等。如果要对 Excel 数据表中的单个数据计算比率，利用公式就可以完成。但如果要对数据分类计算比率就需要借助数据透视图表工具。利用 Excel 数据透视图表工具进行比率分析主要是通过添加计算字段和添加计算项功能完成的。

1. 字段之间计算比率

在数据表的字段（变量）之间计算比率需要利用“计算字段”工具。计算字段是通过对数据透视表中的字段执行计算从而产生一个新字段。在计算过程中除了可以进行加减乘除等运算外，还可以调用 Excel 函数。在比率分析中主要是执行除运算或除和减的混合运算。

【例 6-2】某公司客户服务管理资料如图 6-14 所示，利用数据透视表工具计算不同类型客户的实际转化率。

	A	B	C	D	E	F	G
1	某公司客户服务管理表						
2	客户名称	客户代码	客户性质	意向购买量	实际购买量	转化率	
3	张伟杰	YC2012001	新客户	399	273	68%	
4	罗玉林	YC2012002	VIP客户	546	234	43%	
5	宋科	YC2012003	老客户	700	282	40%	
6	张婷	YC2012004	新客户	357	288	81%	
7	王晓涵	YC2012005	老客户	385	183	48%	
8	赵子俊	YC2012006	新客户	644	213	33%	
9	宋丹	YC2012007	VIP客户	455	285	63%	
10	张嘉轩	YC2012008	老客户	385	183	48%	
11	李琼	YC2012009	老客户	504	400	79%	
12	陈锐	YC2012010	新客户	588	237	40%	
13	邓超	YC2012018	老客户	665	198	30%	
14	李全友	YC2012019	老客户	700	282	40%	
15	宋万	YC2012020	新客户	469	282	60%	
16	刘红芳	YC2012021	VIP客户	378	210	56%	
17	王翔	YC2012022	老客户	665	204	31%	
18	张丽丽	YC2012023	VIP客户	511	195	38%	
19	孙洪伟	YC2012024	老客户	588	204	35%	
20	张晓伟	YC2012025	新客户	371	267	72%	
21							

图 6-14 计算实际转化率原始数据

Step1：打开示例文件 data6-2，选中数据表中的任一单元格（如 A5），依次单击“插入”→“图表”→“数据透视表”按钮，创建图 6-15 所示的数据透视表。

Step2：如图 6-16 所示，单击数据透视表列字段下的任意单元格（如 C6），在弹出的“数据透视表工具”区域选择“分析”选项卡，然后依次选择“字段、项目和集”→

“计算字段”命令，弹出“插入计算字段”对话框。

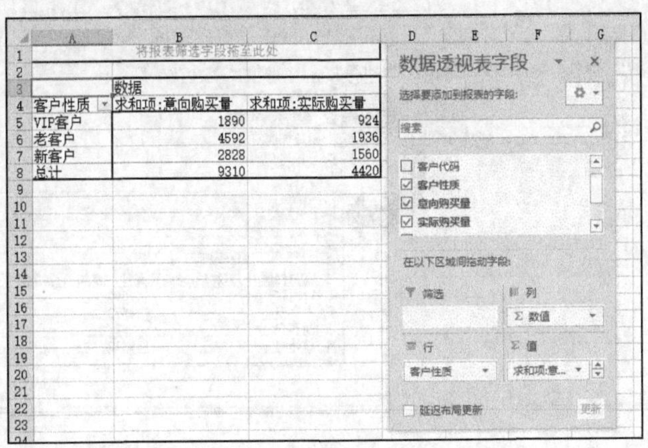

图 6-15　创建“计算字段”数据透视表

Step3：在“插入计算字段”对话框的“名称”文本框中输入“实际转化率”，然后将光标定位到“公式”文本框中，并清除原有的数据“=0”，接着，双击“字段”列表中的“实际购买量”，并输入除号“/”，再双击“意向购买量”字段，得到计算实际转化率的计算公式，最后单击“添加”按钮添加计算得到的新字段，如图 6-16 所示。

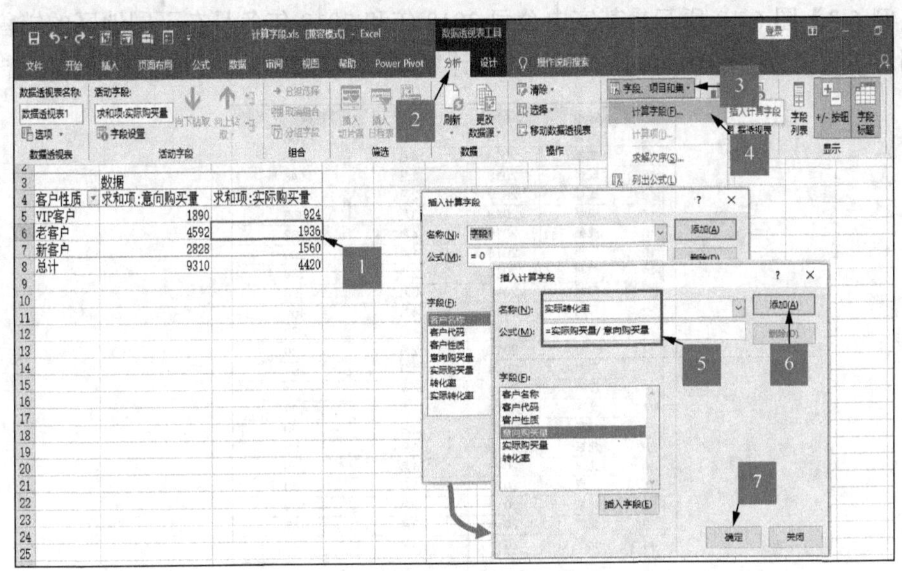

图 6-16　添加“计算字段”

Step4：单击“确定”按钮关闭对话框。此时，数据透视表中就新增了一个“实际转化率”字段。选中数据透视表中的实际转化率数据所在的单元格区域 D5:D8，在弹出的快捷菜单中选择“%”命令，并将小数点增至两位，最终结果如图 6-17 所示。

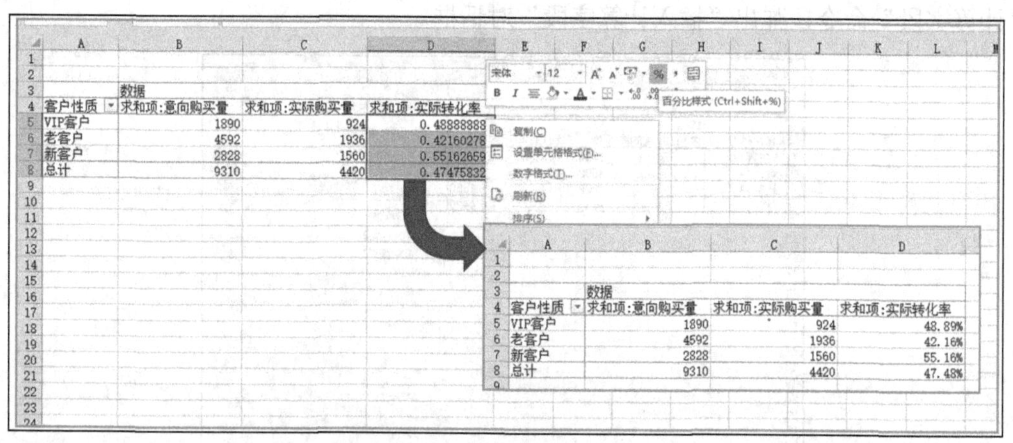

图 6-17 添加“实际转化率”字段

2. 数据项之间计算比率

在字段数据项目（变量值）之间计算比率需要用到“计算项”工具。计算项是在某一字段内各项数据之间执行计算产生的一个新数据项。计算项与计算字段一样也可以进行加减乘除运算和使用 Excel 函数。

【例 6-3】图 6-18 所示是某家电公司 2018 年和 2019 年各月在不同地区的销售额资料，利用在数据透视表中添加计算项的方法计算2019年与2018年相比各月同比的增长率。

2	城市	年份	月份	销售额（万元）
13	成都	2018	3月	586
14	成都	2018	4月	456
15	成都	2019	1月	648
16	成都	2019	2月	613
17	成都	2019	3月	659
18	成都	2019	4月	732
19	广州	2018	1月	200
20	广州	2018	2月	236
21	广州	2018	3月	278
22	广州	2018	4月	450
23	广州	2019	1月	270
24	广州	2019	2月	220
25	广州	2019	3月	251
26	广州	2019	4月	271
27	北京	2018	1月	100
28	北京	2018	2月	150
29	北京	2018	3月	195
30	北京	2018	4月	250
31	北京	2019	1月	140
32	北京	2019	2月	109
33	北京	2019	3月	185
34	北京	2019	4月	247

图 6-18 计算“同比增长率”原始数据

Step1：打开示例文件 data6-3，选中数据表中的任一单元格（如 A5），依次单击“插入”→“数据透视表”按钮，创建图 6-19 所示的数据透视表。

	A	B	C	D	E
3	求和项:销售额（万元）		年份		
4	城市	月份	2018	2019	总计
5	⊟北京	1月	100	140	240
6		2月	150	109	259
7		3月	195	185	380
8		4月	250	247	497
9	北京 汇总		695	681	1376
10	⊟成都	1月	500	648	1148
11		2月	516	613	1129
12		3月	586	659	1245
13		4月	456	732	1188
14	成都 汇总		2058	2652	4710
15	⊟广州	1月	200	270	470
16		2月	236	220	456
17		3月	278	251	529
18		4月	450	271	721
19	广州 汇总		1164	1012	2176
20	⊟西安	1月	800	897	1697
21		2月	1097	859	1956
22		3月	1072	868	1940
23		4月	1332	845	2177
24	西安 汇总		4301	3469	7770
25	总计		8218	7814	16032

图 6-19　创建初始数据透视表

Step2：如图 6-20 所示，选中数据透视表中需要计算项的字段名，如年份，在弹出的“数据透视表工具”区域选择“分析”选项卡，然后依次选择“字段、项目和集”→“计算项”命令，弹出“插入计算字段”对话框。本例中计算 2019 年与 2018 年相比各月销售额的同比增长率，是对“年份”字段的两个项目执行计算，所以选中“年份”字段。

Step3：在“在‘年份’中插入计算字段”对话框的“名称”文本框中输入“同比增长率”，然后将光标定位到“公式”文本框中，清除原有的数据“=0”，按输入字段的方式输入公式“=（'2019'−'2018'）/'2018'”，得到计算同比增长率的计算公式，最后单击“添加”按钮添加计算得到新的计算项目“同比增长率”，如图 6-20 所示。

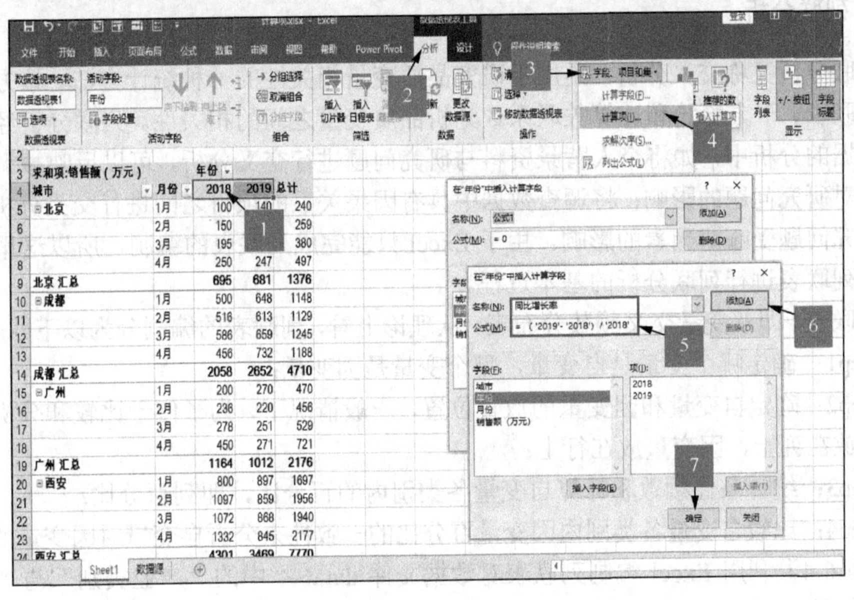

图 6-20　添加计算项目

Step4：单击“确定”按钮关闭对话框。此时，数据透视表中就新增了一个“同比增长率”项目。按上述方法将新增项“同比增长率”数值更改为百分比形式，并保留两位小数。然后选中“总计”列，右击，在弹出的快捷菜单中选择“删除总计”命令，最终结果如图 6-21 所示。

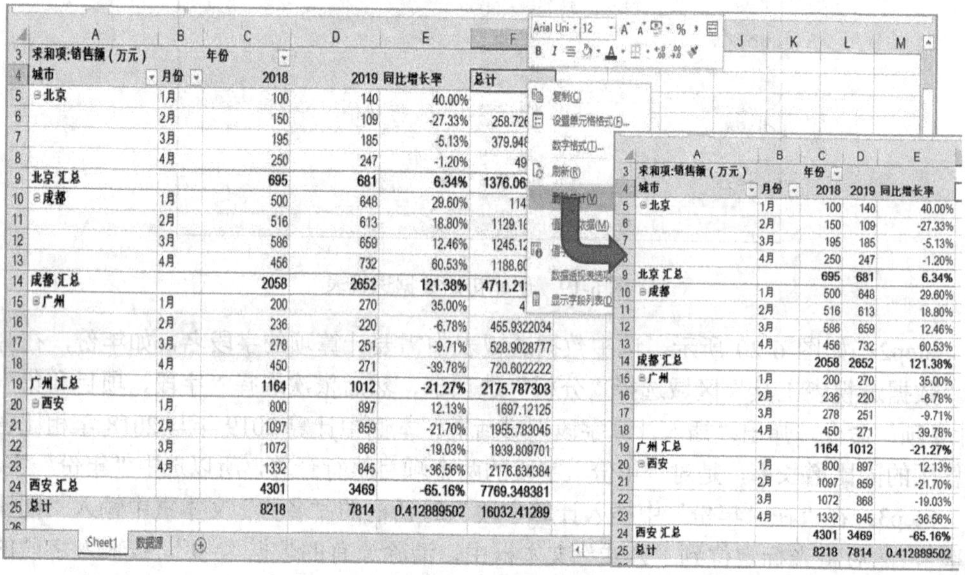

图 6-21　添加“同比增长率”计算项目

6.1.3　列联分析

列联分析又称交叉分析，是用于研究品质变量相关性的一种统计方法。该方法通过编制列联表、卡方检验和计算关联系数分析品质变量之间的相关性。列联分析经常用于调查数据的分析中，如将个人背景资料与研究问题进行交叉分析，可以反映被调查者个人特征对研究问题的影响；将调查数据中具有因果关系的项目之间进行交叉分析，可以反映研究问题受哪些因素的影响。由于 Excel 只能完成列联表的编制，所以这里主要介绍利用列联表进行列联分析的基本过程。

列联表，即双变量交叉频数分布表，从理论上看，列联表的编制分为以下四个步骤。

Step1：确定哪个变量是自变量，哪个变量是因变量；

Step2：确定自变量和因变量的放置位置，一般情况下，为了便于比较和分析，自变量一般放在列上，因变量放在行上；

Step3：统计条件频数和计算自变量各类别内的百分比，即列百分比；

Step4：比较自变量各类别内因变量百分比的一致性来分析自变量对因变量的影响。

【例 6-4】利用 Excel 编制列联表对数据文件 data6-4 中的“产业类别”与“获利能力”之间的相互关系进行分析。

Step1：打开示例文件 data6-4，并将光标置于数据文件的任意单元格，如图 6-22 所示。该数据文件包括产业类别、资本来源和获利能力三个品质变量，其中前两个变量均与获利能力有关。

公司代号	产业类别	获利能力	资本来源
1	饮料	亏	中资
2	化学	盈	中资
3	电子	盈	美资
4	电子	盈	美资
5	食品	亏	美资
6	食品	亏	港资
7	化学	盈	美资
8	食品	亏	日资
9	电子	亏	美资
10	食品	亏	中资
11	航空	盈	港资
12	化学	亏	日资
13	食品	亏	中资
14	饮料	盈	中资
15	电子	盈	美资
16	食品	亏	中资
17	航空	盈	日资
18	食品	亏	中资
19	电子	盈	美资
20	食品	亏	中资

图 6-22　列联分析原始数据

Step2：依次单击“插入”→“图表”→“数据透视表”按钮，直至弹出图 6-23 所示的“数据透视表字段”窗格。

Step3：在“数据透视表字段”窗格中，将“获利能力”字段拖至“行”区域，将“产业类别”字段拖至“列”及“Σ值”区域，如图 6-23 所示。在用数据透视图表工具做单因素频数分布表时，数据透视表的设置只指定了行，没有指定列，而要编制两因素的交叉列联频数分布表，则必须同时指定数据透视表的行与列。

计数项:产业类别	产业类别					
获利能力	电子	航空	化学	食品	饮料	总计
亏	1		1	8	1	11
盈	4	2	2		1	9
总计	5	2	3	8	2	20

图 6-23　两因素交叉列联表设置

Step4：右击数据透视表的任意单元格，在弹出的快捷菜单中，依次选择“值显示方式”→“列汇总的百分比”命令。在编制交叉列联表时，通常按原因变量计数，原因变量一般在列上，所以计算“列汇总的百分比”的最终结果如图 6-24 所示。

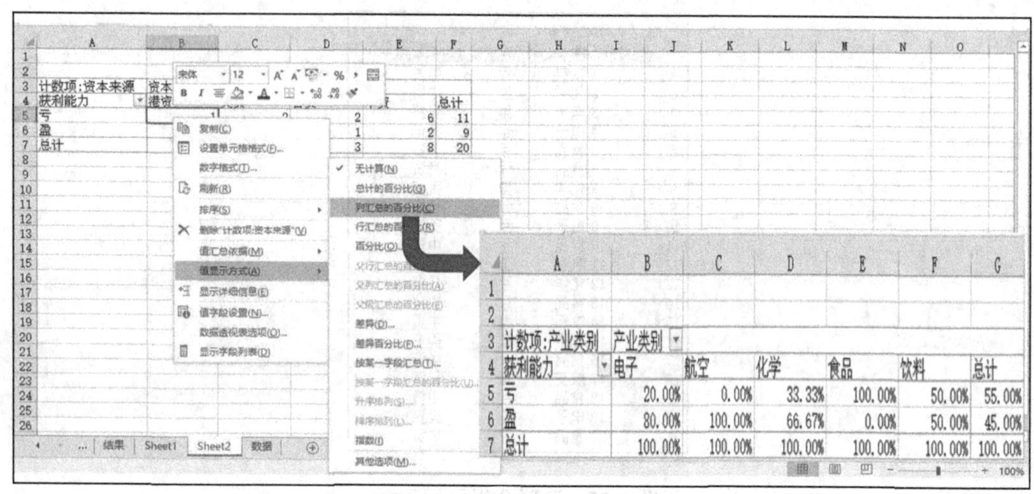

图 6-24 设置“列汇总的百分比”

Step5：对原始表进行修饰。复制数据透视表到另一新的工作表，在复制过程中，注意选择“选择性粘贴”选项，并在弹出的“选择性粘贴”对话框中，选中“值和数字格式”单选按钮，对复制后的透视表做修改，最终得到的双变量交叉频数分布表如表 6-1 所示。

表 6-1 获利能力与产业类别交叉列联表

获利能力	产业类别					
	电子	航空	化学	食品	饮料	总计
亏	20.00%	0.00%	33.33%	100.00%	50.00%	55.00%
盈	80.00%	100.00%	66.67%	0.00%	50.00%	45.00%
总计	100.00%	100.00%	100.00%	100.00%	100.00%	100.00%

由表 6-1 可以看出，不同产业的盈亏比例结构明显不同，其中，航空公司 100%盈利，食品公司 100%亏损。因此，产业类别与企业获利能力之间有明显的关系，即企业经营的产业不同直接影响其获利能力。

6.2 利用分析工具库分析数据

分析工具库是 Excel 加载宏文件中的主要组件之一，是用于提供分析功能的加载项。该工具为用户提供了一些高级统计函数和非常实用的数据分析方法，这些分析方法在统计分析、经济计量模型构建等方面有很强的实用价值。

6.2.1　加载分析工具库

Excel 的分析工具库以加载项的形式实现，因此在使用分析工具库之前，需要手动加载此加载项，具体的操作步骤如下。

Step1：进入 Excel 2019，右击“文件”菜单，在弹出的快捷菜单中选择“自定义功能区”命令，弹出图 6-25 所示的“Excel 选项”对话框。在此对话框中选择左侧列表中的“加载项”选项卡，在“加载项”列表框中选择“分析工具库”选项，并单击“确定”按钮进入下一步。

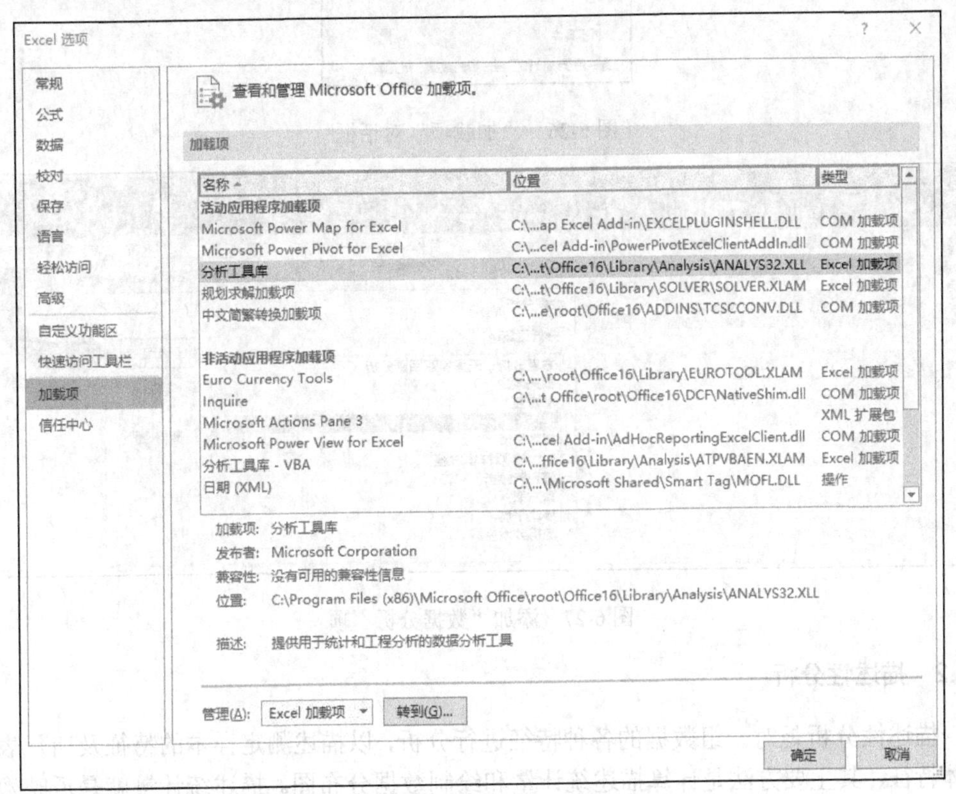

图 6-25　选择“分析工具库”Excel 加载项

Step2：在弹出的图 6-26 所示的“加载项”对话框中，选中“分析工具库”复选框，然后单击“确定”按钮关闭对话框。

Step3：设置完成后，在“数据”选项卡的右侧会出现“数据分析”按钮，说明“分析工具”已加载成功。单击该按钮，会弹出“数据分析”对话框，在“分析工具”列表框中选择需要启用的分析工具，单击“确定”按钮，Excel 将显示针对所选工具的设置对话框，如图 6-27 所示。

图 6-26 “加载项”对话框

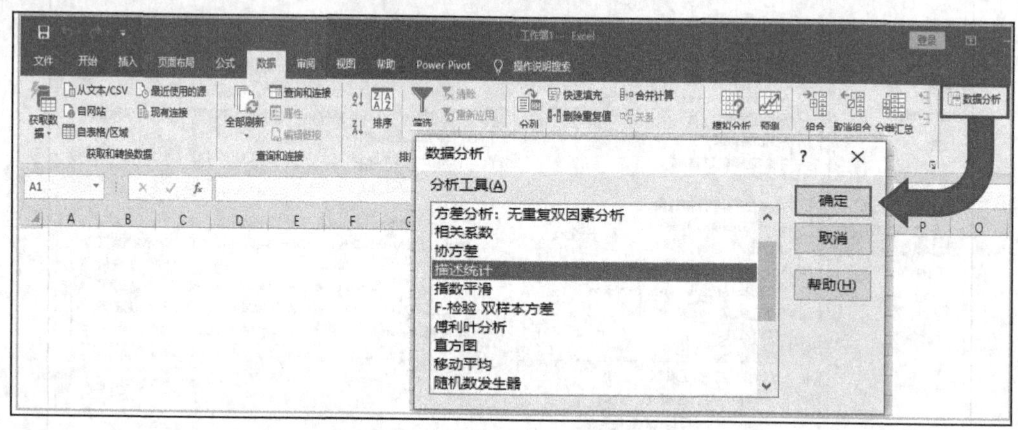

图 6-27 添加“数据分析”项

6.2.2 描述性分析

描述性分析是对一组数据的各种特征进行分析，以描述测定样本的特征及所代表的总体特征，其主要方法是计算描述统计量和绘制数据分布图。描述统计量就是反映数据分布特征的统计指标，主要包括均值、众数、中位数、标准差、方差、偏态系数和峰度系数等。其中均值、众数、中位数用于反映数据分布的集中趋势或一般水平；标准差、方差用于反映数据分布的离中趋势或差异程度；偏态系数、峰度系数用于反映数据分布的偏斜或陡峭程度。反映数据分布的图有直方图、箱线（盒）图和茎叶图，这些图形将在 SPSS 中介绍，这里主要介绍利用 Excel 计算描述统计量的操作过程。

【例 6-5】某超市两种商品一年的销售额资料如图 6-28 所示（单位：万元），利用 Excel 数据分析工具计算该组数据的描述统计量。

Step1：打开示例文件 data6-5，依次单击“数据”→“数据分析”按钮，弹出图 6-29 所示的“数据分析”对话框。

	A	B	C
1	月份	A商品	B商品
2	1月	63	68
3	2月	68	73
4	3月	56	61
5	4月	54	59
6	5月	98	103
7	6月	65	73
8	7月	85	93
9	8月	45	53
10	9月	28	36
11	10月	70	78
12	11月	68	76
13	12月	63	71
14			

图 6-28 计算描述统计量数据

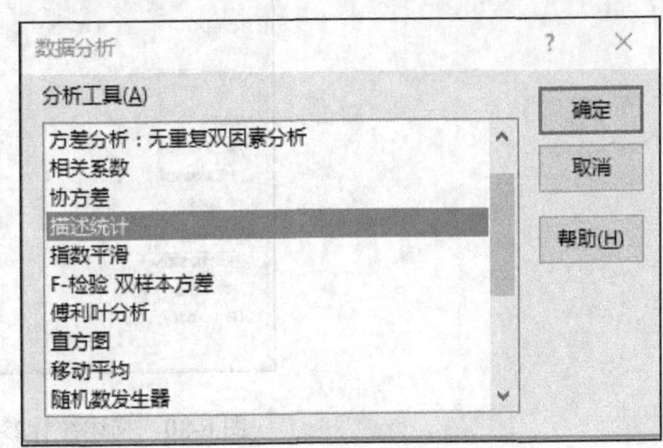

图 6-29 “数据分析”对话框

Step2：在“数据分析”对话框中的“分析工具”列表中选择“描述统计”选项，单击“确定”按钮，弹出图 6-30 所示的“描述统计”对话框。

Step3：在“描述统计”对话框中设置相关参数。

- ✧ 单击“输入区域”编辑框右侧的按钮，选中要分析数据所在的单元格区域 B1: C13。
- ✧ 选中“分组方式”右侧的“逐列”单选按钮。此设置为默认设置，如果需要按行分析数据，则需要选中“逐行”单选按钮。
- ✧ 选中“标志位于第一行”复选框，指定变量（字段）名在第一行，Excel 将从所选区域的第二行取数进行分析。如果分析区域选择了变量名，又没有选中“标志位于第一行”复选框，那么 Excel 将会提醒你“输入区域中包含非数值型数据”。
- ✧ 单击“输出选项”区域中“输出区域”编辑框右侧的按钮，选择 D4 为文本框中输出单元格。如果将计算结果放在新的工作表或工作簿中，则需选中“新工作表组”或“新工作簿”单选按钮。
- ✧ 选中“汇总统计”和“平均数置信度”复选框，并设置“平均数置信度”，默认情况下为 95%，用户可以根据需要调整。设置结果如图 6-30 所示。

Step4：单击“确定”按钮，计算的描述统计量如图 6-31 所示。

图 6-31 中的统计指标，按从上到下的顺序依次为均值（$\bar{X}$）、标准误差（$s/\sqrt{n}$）、中位数（Me）、众数（Mo）、样本标准差（s）、样本方差（s^2）、峰度（KURT）、偏度（SKEW）、极差（Max-Min）、最小值（Min）、最大值（Max）、样本总和（Sum）、样本个数（n）。

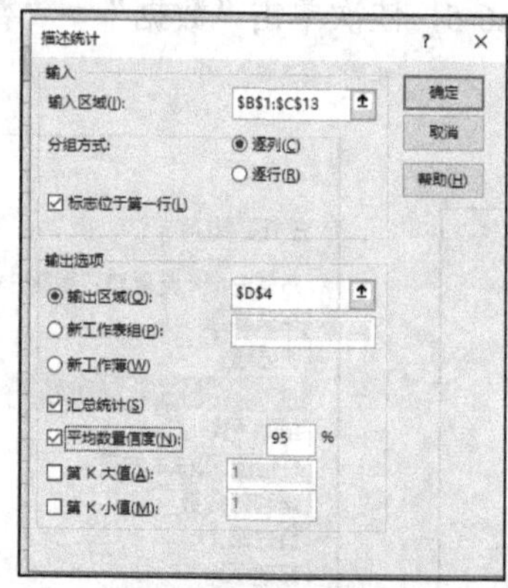

图 6-30　描述统计参数设置

	A	B	C	D	E	F	G	H	I	J
1	月份	A商品	B商品							
2	1月	63	68							
3	2月	68	73							
4	3月	56	61		A商品		B商品			
5	4月	54	59							
6	5月	98	103		平均	63.5833	平均	70.3333		
7	6月	65	73		标准误差	5.13965	标准误差	5.06523		
8	7月	85	93		中位数	64	中位数	72		
9	8月	45	53		众数	63	众数	73		
10	9月	28	36		标准差	17.8043	标准差	17.5465		
11	10月	70	78		方差	316.992	方差	307.879		
12	11月	68	76		峰度	1.22017	峰度	0.80615		
13	12月	63	71		偏度	-0.034	偏度	-0.0159		
14					区域	70	区域	67		
15					最小值	28	最小值	36		
16					最大值	98	最大值	103		
17					求和	763	求和	844		
18					观测数	12	观测数	12		
19					置信度(95.0%)	11.3123	置信度(95.0%)	11.1485		
20										

图 6-31　描述统计量计算结果

从统计结果可以看出，A 商品月销售额的平均值约为 63.58 万元，最低销售额为 28 万元，最高销售额为 98 万元；峰度系数约为 1.22，说明该产品的销售额数据分布与正态分布相比较为陡峭，为尖峰分布；偏度系数虽为负值，但接近于零，说明其数据分布偏斜程度与正态分布比较接近。综合各项描述统计结果，该商品各月份的销售额在春、冬季节较少，夏、秋季节相对较多。

B 商品月销售额的平均值约为 70.33 万元，最低销售额为 36 万元，最高销售额为 103 万元；峰度系数约为 0.81，说明该产品的销售额数据分布与正态分布相比较为陡峭，但比 A 商品分布要平坦；偏度系数接近于零，说明其数据分布偏斜程度与正态分布比较接近。综合各项描述统计结果，B 商品的数据分布特征与 A 商品相似，但整体水平比 A 商品要高。

6.2.3　相关与回归分析

相关关系是变量之间存在的一种不严格的数量依存关系，即自变量取某一值时，因变量有多个可能的值与之对应。但整体来看，随着自变量的变化，因变量表现出某种规律性的变动。对于相关关系的研究需要采用相关分析与回归分析的方法，其中相关分析是回归分析的基础。

1. 相关分析

相关分析通常有两种方法，一是绘制散点图，二是计算相关系数或相关指数。

（1）用 Excel 绘制散点图（相关图）

散点图是描述相关变量之间相关关系的一种直观工具，Excel 2019 提供了五种不同形式的散点图，分别是散点图、带平滑线和数据标记的散点图、带平滑线的散点图、带直线和数据标记的散点图和带直线的散点图，分别对应着按钮、、、和，用户只需要单击相应的按钮，便可以根据需要绘制不同类型的散点图。下面通过实例介绍利用 Excel 绘制散点图的基本过程。

【例 6-6】通过调查获得了某管理局 12 个企业 2019 年的广告费（单位：万元）和销售额（单位：万元）资料，利用 Excel 绘制广告费与销售额之间的变动关系散点图。

Step1：打开示例文件 data6-6，即图 6-32 所示的 Excel 数据表。

	A	B	C	D
1	企业序号	广告费(万元)	销售额(万元)	
2	1	250	2600	
3	2	300	2950	
4	3	200	1850	
5	4	180	1650	
6	5	150	1500	
7	6	200	2400	
8	7	240	2800	
9	8	300	2960	
10	9	190	2400	
11	10	150	1600	
12	11	120	1500	
13	12	220	2350	
14				

图 6-32 原始数据

Step2：选中要进行相关分析的数据区域 B2:C13，然后依次单击“插入”→“图表”→“散点图”按钮，如图 6-33 所示。

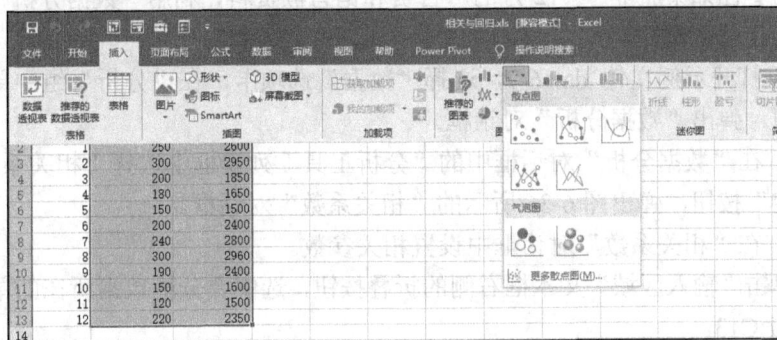

图 6-33 插入散点图

Step3：在 Excel 提供的五种散点图类型中选择“散点图”，工作表中就会自动显示图 6-34 所示的初始散点图。

Step4：为散点图添加标题、图例和坐标轴名称。在初始图形中单击“图表标题”文本框，可以输入图表的标题。本例输入的图表标题为“某管理区所属企业广告费与销售额关系图”。

Step5：选中图表，在“图表工具”的“设计”选项卡中单击“添加图表元素”按钮，在弹出的下拉列表中依次选择“坐标轴标题”→“主要横坐标轴”选项，在横坐标轴下出现“坐标轴标题”文本框，在此输入“广告费（万元）”作为横坐标轴的名称。再以类似的方法输入纵坐标轴名称“销售额（万元）”，最终效果如图 6-35 所示。

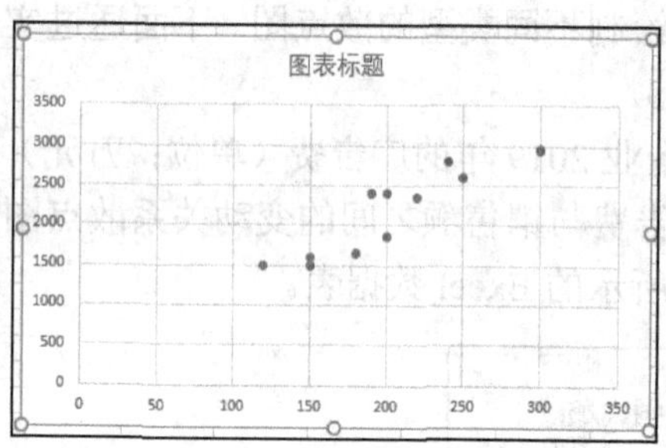

图 6-34　初始散点图

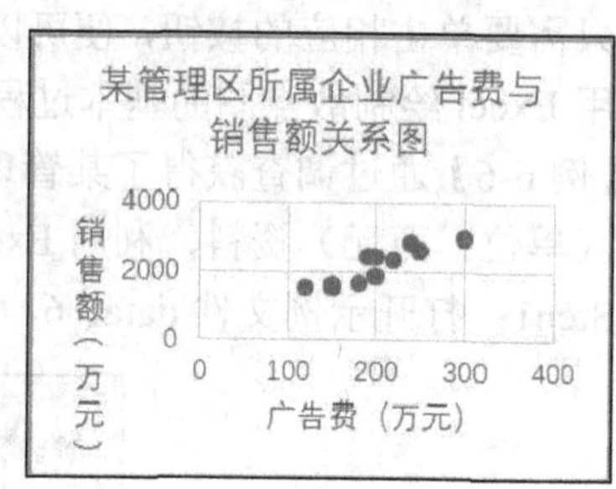

图 6-35　最终散点图

通过散点图可以看出，销售额随着广告费的增长而增长，两者之间存在明显的线性正向相关关系。

（2）计算相关系数

利用散点图只能大致判断相关的程度，要准确地确定相关的程度还需要计算相关系数。利用 Excel 计算相关系数，既可用“数据分析”工具完成，也可调用 CORREL 函数完成。其中，用“数据分析”工具简单快捷，故这里只介绍利用“数据分析”工具计算相关系数的操作过程。

【例 6-7】已知某企业 1～12 月的广告费和销售额资料，利用“数据分析”工具计算两者之间的相关系数。

Step1：打开示例文件 data6-7，选择“数据”选项卡，在“分析”组中单击“数据分析”按钮，弹出“数据分析”对话框。

Step2：在“数据分析”对话框中的“分析工具”列表框中选择“相关系数”选项，单击“确定”按钮，弹出图 6-36 所示的“相关系数”对话框。

Step3：在“相关系数”对话框中设置相关参数。

- ✧ 单击“输入区域”文本框右侧的折叠按钮，选中要分析数据所在的单元格区域 B1:C13。
- ✧ 由于“输入区域”中的数据区域第一行包含标志项，即变量名，所以选中“标志位于第一行”复选框。

✧ 输出选项包含“输出区域”、“新工作表组”和“新工作簿”三个单选按钮。本例选中“输出区域”单选按钮并在其后的活动区域中输入 E1:G3，设置结果如图 6-36 所示。

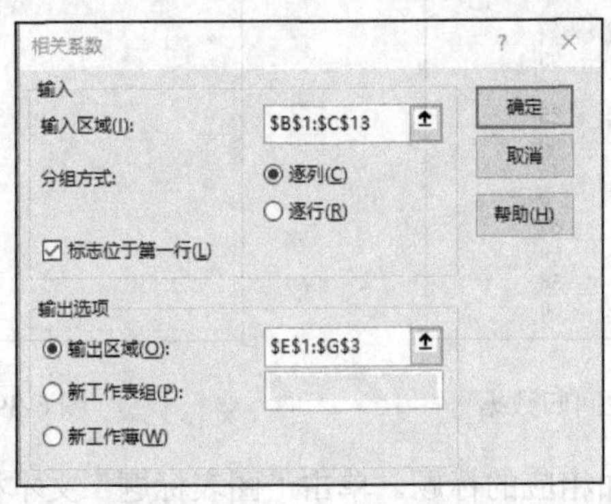

图 6-36　“相关系数”对话框

Step4：单击“确定”按钮，得到图 6-37 所示的相关系数计算结果。

E	F	G
	广告费（万元）	销售额（万元）
广告费（万元）	1	
销售额（万元）	0.922518177	1

图 6-37　广告费与销售额的相关系数矩阵

使用“数据分析”工具不仅可以计算两个变量之间的相关系数，而且可以计算多个变量之间的两两相关系数，具体操作过程与计算两个变量之间相关系数的方法相同，这里不再重复。

2. 回归分析

当变量之间存在显著相关时，即可进行回归分析。回归分析是通过建立回归方程来说明具有相关关系的变量之间一般的数量变动关系，即自变量发生一个单位的变动时，因变量平均会发生多大的变化。用 Excel 建立回归方程有三种工具，即函数、图形和数据分析工具。其中利用函数建立回归方程的方法在第 3 章函数部分已有介绍，这里主要介绍利用图形和数据分析工具建立回归方程的基本过程。

（1）通过图形添加趋势线建立回归方程

在绘图中加入趋势线确定回归方程，是回归分析最简便的方法。并且可选的回归方程种类也较多，包括直线、多项式曲线、指数曲线、对数曲线等。

【例 6-8】调查得到某商品不同价格的销售量资料，利用在散点图中添加趋势线的方法建立回归方程。

Step1：打开示例文件 data6-8，如图 6-38 所示。

Step2：绘制散点图。选中分析数据所在的单元格区域 A1:B11，依次单击“插入”→“图表”→“散点图”按钮，在下拉列表中选择“散点图”，得到图 6-39 所示的结果。

	A	B	C
1	价格（元）	销售量（个）	
2	12	95	
3	14	90	
4	16	85	
5	18	80	
6	19	76	
7	20	70	
8	21	65	
9	26	60	
10	29	56	
11	32	50	

图 6-38　一元线性回归数据

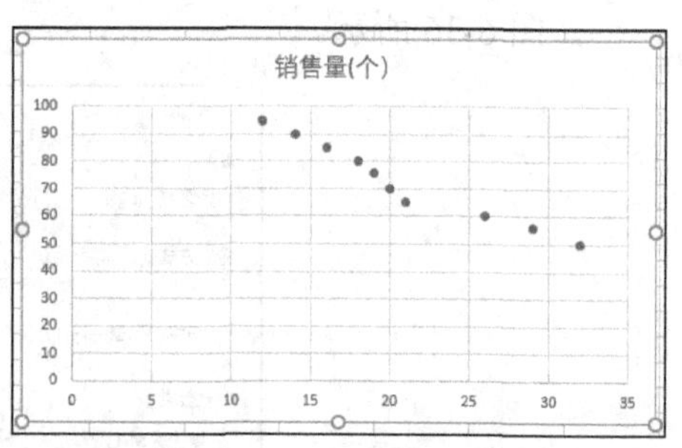

图 6-39　绘制散点图

Step3：为散点图添加相应的标题。单击“图表标题”文本框，修改图表标题。本例输入的图表标题为“销售量与价格关系图”。

Step4：添加趋势线。选中图表中的“数据点”，右击，在弹出的快捷菜单中选择“添加趋势线”命令，打开“设置趋势线格式”任务窗格。在此任务窗格的“趋势线选项”区域根据数据分布选中“线性”单选按钮，然后将对话框右侧的滚动条向下拖动，并选中“显示公式”和“显示 R 平方值”复选框，如图 6-40 所示。

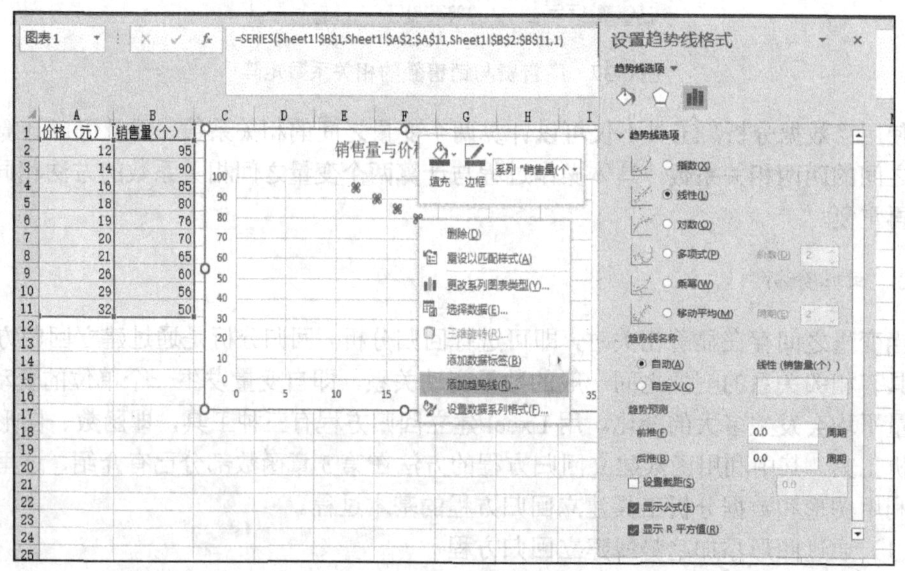

图 6-40　添加趋势线和显示回归方程

Step5：单击“设置趋势线格式”任务窗格上方的“任务窗格选项”按钮，选择“关闭”选项，或直接按 Enter 键关闭窗口，得到图 6-41 所示的回归结果。

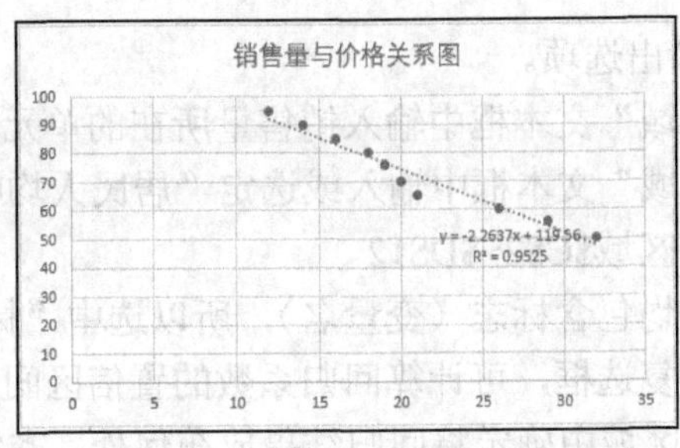

图 6-41　“添加趋势线”回归结果

图 6-41 中的回归方程为 Y=−2.2637X+119.56，即销售量=−2.2637×价格+119.56。回归系数为−2.2637，表明价格每增加 1 元，销售量平均减少 2.2637 个。可决系数 R^2 为 0.9525，表明回归线与实际数据拟合程度好，回归方程的解释能力强。

注意:

以上线性回归方程的建立过程完全适用于建立曲线回归方程，只是在添加趋势线时，应选择相应的曲线趋势类型，若要进行指数回归分析，则只需在“设置趋势线格式”任务窗格中的回归分析类型中选择“指数”方程即可。

（2）使用“数据分析”工具建立回归方程

利用添加趋势线和回归函数进行回归分析只能建立一元回归方程，但无法得到回归系数的检验值，而且其他很多统计数字也未提供。如果使用数据分析工具中的“回归”项进行计算，则可获得更多回归数据，如相关系数、判定系数、F 统计量、t 统计量等。

【例 6-9】已知某城市 A 商品的销售量及相关资料，利用“数据分析”工具建立二元线性回归方程进行回归分析。

Step1：打开示例文件 data6-9，即图 6-42 所示的 Excel 数据文件。

Step2：依次单击“数据”→“数据分析”→“回归”按钮，弹出图 6-43 所示的“回归”对话框。

	A	B	C	D
1	某城市有关A商品需求的统计数据			
2	年次	销售量y(百件)	居民人均收入x_1(百元)	单价x_2(元)
3	1	1000	500	20
4	2	1000	700	30
5	3	1500	800	20
6	4	1300	900	50
7	5	1400	900	40
8	6	2000	1000	30
9	7	1800	1000	40
10	8	2400	1200	30
11	9	1900	1300	50
12	10	2300	1500	40

图 6-42　多元线性回归数据

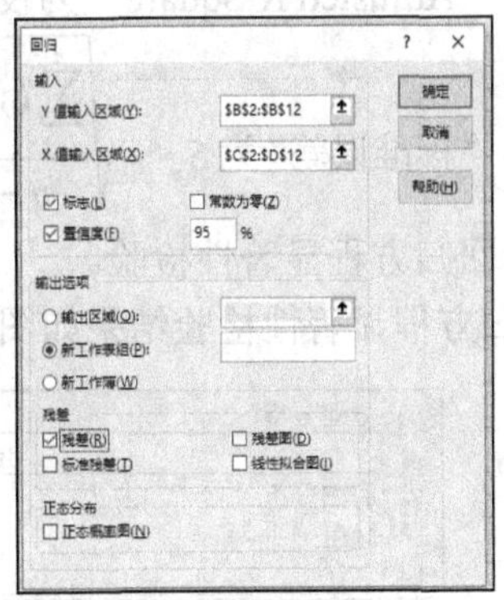

图 6-43　“回归”对话框

Step3：设置输入和输出选项。

✧ 在“Y 值输入区域”文本框中输入销售量所在的单元格区域$B$2: $B$12。

✧ 在“X 值输入区域”文本框中输入或选定“居民人均收入”字段和“单价”字段所在的单元格区域$C$2: $D$12。

✧ 由于上述两区域均包含标志（变量名），所以选中“标志”复选框。

✧ 选中“置信度”复选框，可计算回归系数的置信区间（本例设置为 95.45%）。

✧ 在“输出选项”区域中确定将回归结果放在何处，本例选中“新工作表组”单选按钮。

✧ 如果要分析残差，可选中“残差”或“标准残差”复选框（本例选前者）。

✧ 如果要绘图，可选中“残差图”或“线性拟合图”复选框（本例选后者）。

Step4：单击“确定”按钮，得到回归结果。因其内容较多，将其拆分为几个部分进行说明。

① 模型拟合度分析。

模型拟合度统计量结果如图 6-44 所示。

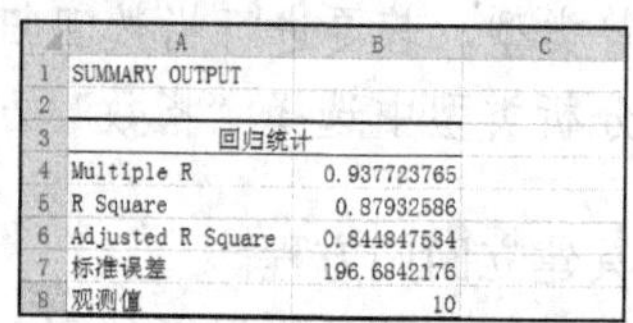

	A	B	C
1	SUMMARY OUTPUT		
2			
3	回归统计		
4	Multiple R	0.937723765	
5	R Square	0.87932586	
6	Adjusted R Square	0.844847534	
7	标准误差	196.6842176	
8	观测值	10	

图 6-44　模型拟合度统计量结果

在此部分中：

✧ “Multiple R”为相关系数，其中两变量相关为单相关系数，多变量相关为复相关系数，本例为复相关系数。

✧ “R Square”为可决系数或判定系数，用于衡量模型测算值与因变量观测值的拟合度。

✧ “Adjusted R Square”为校正的可决系数，主要用于多元回归拟合优度的判别。

✧ “标准误差”为$S_y=\sqrt{\dfrac{\sum_{i=1}^{n}(y_i-\hat{y})^2}{n-k-1}}$，其值越小，回归方程的代表性越强，否则相反。

② 回归方程显著性检验。

回归方程显著性检验结果如图 6-45 所示。

10	方差分析					
11		df	SS	MS	F	Significance F
12	回归分析	2	1973207.23	986603.6	25.50373	0.00061045
13	残差	7	270792.7702	38684.68		
14	总计	9	2244000			

图 6-45　回归方程显著性检验结果

此部分依次给出了因变量方差分析的自由度（df）、离差平方和（SS）、均方误差（MS）、回归方程显著性检验统计量（F）及其显著性概率（significance F）。通过 F 统计量，可检验总体回归方程中因变量 Y 与自变量 X（在多元回归中则为全部的自变量）之间是否存在显著的相关关系。判断相关关系是否显著，只需看实际显著性水平（significance）是否小于所指定的显著性水平 α 值，如本例的实际显著性水平为 $0.00061045 < \alpha = 0.05$，所以应放弃自变量对因变量无显著影响的假设，即自变量与因变量之间存在显著的相关关系。

③ 回归系数显著性检验。

回归系统显著性检验结果如图 6-46 所示。

16		Coefficients	标准误差	t Stat	P-value	Lower 95%	Upper 95%	下限 95.45%	上限 95.45%
17	Intercept	458.7508948	251.9979516	1.820455	0.111494	-137.129573	1054.631	-153.304	1070.806
18	居民人均收入x1(百元)	1.868468146	0.269609979	6.930263	0.000225	1.23094185	2.505994	1.213637	2.523299
19	单价x2(元)	-17.99570508	7.329463298	-2.45526	0.043769	-35.32713175	-0.66428	-35.79757	-0.19384

图 6-46　回归系数显著性检验结果

此部分包括了回归方程中参数的估计值及其区间、标准误差、t 检验统计量、P-value（t 检验显著性水平，即 P 值）等内容，主要目的是用 t 检验判断总体回归系数与常数项是否为 0（为 0 则说明自变量或常数项与因变量无线性相关关系）。与 F 检验相同，判断相关关系是否显著，只需看实际显著性水平是否小于所指定的显著性水平 α 值。如本例的常数项(截距)约为 458.7508，其 t 检验统计量约为 1.8204，实际显著性水平(P-value)为 $0.111494 > \alpha = 0.05$，所以接受原假设，即回归方程的常数项应为 0，所以预测时可将其省略。本例的两个自变量的实际显著性水平值均小于 0.05，所以拒绝原假设，即两个自变量对因变量均有显著影响。其他输出部分从略。

6.2.4　方差分析

方差分析（analysis of variance，ANOVA）是研究分类型自变量对数值型因变量是否有显著影响的一种统计方法。它是通过检验各总体的均值是否相等来判断分类型自变量对数值型因变量是否有显著影响的。

根据分析中分类型自变量的多少，方差分析可分为单因素方差分析和多因素方差分析。在 Excel 2019 中，用户可通过“数据分析”工具方便、快捷地完成各类方差分析任务。

1. 单因素方差分析

【例 6-10】为了对几个行业的服务质量进行评价，消费者协会在零售业、旅游业、航空公司、家电制造业四个行业中分别抽取了不同的企业作为样本。其中，零售业抽取了 7 家，旅游业抽取了 6 家，航空公司抽取了 5 家，家电制造业抽取了 5 家，并统计出最近一年中消费者对这 23 家企业的投诉次数，如图 6-47 所示。假定每个行业中所抽取的企业在服务对象、服务内容、企业规模等方面基本上是相同的，依据该样本数据分析行业对投诉次数有无显著影响（$\alpha = 0.05$）。

	A	B	C	D	E
1	消费者对四个行业的投诉次数				
2	观察值	行业			
3		零售业	旅游业	航空公司	家电制造业
4	1	57	68	31	44
5	2	66	39	49	51
6	3	49	29	21	65
7	4	40	45	34	77
8	5	34	56	40	58
9	6	53	51		
10	7	44			

图 6-47　单因素方差分析数据

Step1：提出假设。

H_0：零售业、旅游业、航空公司、家电制造业四个行业投诉次数的平均数相等，行业对投诉次数无显著影响；

H_1：零售业、旅游业、航空公司、家电制造业四个行业投诉次数的平均数不相等，行业对投诉次数有显著影响。

Step2：打开示例文件 data6-10，依次单击“数据”→“数据分析”按钮，弹出“数据分析”对话框。

Step3：在“数据分析”对话框的“分析工具”列表中选择“方差分析：单因素方差分析”选项，单击“确定”按钮，弹出图 6-48 所示的“方差分析：单因素方差分析”对话框。

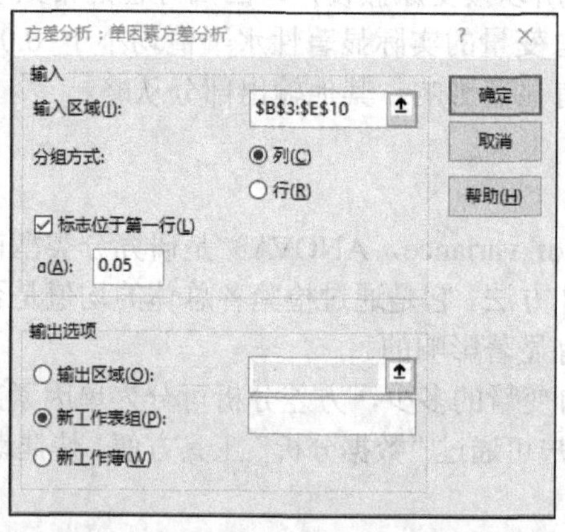

图 6-48　单因素方差分析对话框

Step4：选定输入、输出选项。在“方差分析：单因素方差分析”对话框的“输入区域”文本框中输入分析数据所在的单元格区域$B$3:$E$10，选中“标志位于第一行”复选框，并在“α (A)”文本框中输入显著性水平 0.05；在“输出选项”区域中选中“新工作表组”单选按钮。

Step5：单击“确定”按钮完成操作，结果如图 6-49 所示。

	A	B	C	D	E	F	G
1	方差分析：单因素方差分析						
2							
3	SUMMARY						
4	组	观测数	求和	平均	方差		
5	零售业	7	343	49	116.6666667		
6	旅游业	6	288	48	184.8		
7	航空公司	5	175	35	108.5		
8	家电制造业	5	295	59	162.5		
9							
10							
11	方差分析						
12	差异源	SS	df	MS	F	P-value	F crit
13	组间	1456.608696	3	485.5362319	3.40664269	0.038765	3.12735
14	组内	2708	19	142.5263158			
15							
16	总计	4164.608696	22				

图 6-49 单因素方差分析结果

从图 6-49 可以看出，检验统计量 F 值约为 3.406643，大于 F 临界值（3.12735），同时实际显著性水平 P 值为 0.038765，小于指定的显著性水平 0.05，所示应该拒绝原假设，即可以判定行业对投诉次数有显著影响。

2. 双因素方差分析

在双因素方差分析中由于有两个影响因素，所以要分两种不同的情况。两个影响因素相互独立的双因素方差分析称为无重复的双因素方差分析；两个影响因素相互影响的双因素方差分析称为有重复的双因素方差分析。下面通过实例分别介绍两种情况下使用 Excel 进行双因素方差分析的基本过程。

（1）无重复的双因素方差分析

【例 6-11】有四种不同品牌的彩电，在五个不同地区销售。现从每个地区随机抽取一个规模相同的超级市场，得到不同品牌彩电的销售量（单位：台）资料如图 6-50 所示。依据该资料检验彩电品牌及销售地区对彩电的销售量是否有显著影响（α=0.05）。

	A	B	C	D	E	F	G
1		不同品牌的彩电在各地区的销售量资料					
2			地区				
3			地区1	地区2	地区3	地区4	地区5
4	品牌	品牌1	365	350	343	340	323
5		品牌2	345	368	363	330	333
6		品牌3	358	323	353	343	308
7		品牌4	288	280	298	260	298

图 6-50 无重复的双因素方差分析数据

具体的操作步骤如下。

Step1：提出假设。

① 行因素假设。

H_0：不同品牌彩电销售量的平均数相等，即品牌对销售量没有影响；

H_1：不同品牌彩电销售量的平均数不全相等，即品牌对销售量有显著影响。

② 列因素假设。

H_0：不同地区彩电销售量的平均数相等，即地区对销售量没有影响；

H_1：不同地区彩电销售量的平均数不全相等，即地区对销售量有显著影响。

Step2：打开示例文件 data6-11，依次单击“数据”→“数据分析”按钮，弹出“数据分析”对话框。

Step3：在“数据分析”对话框的“分析工具”列表框中选择“方差分析：无重复双因素分析”选项，单击“确定”按钮，弹出图 6-51 所示的对话框。

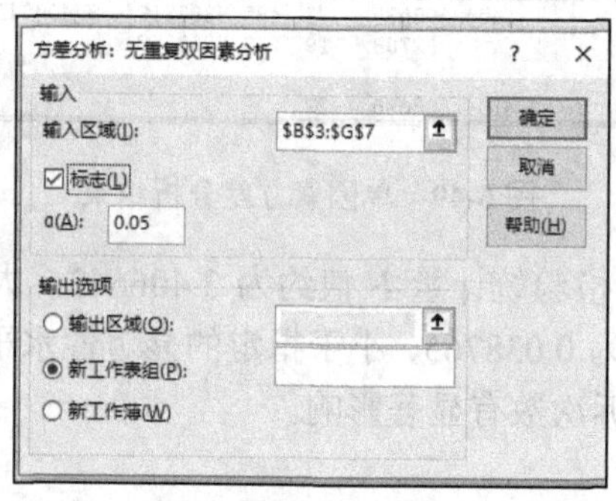

图 6-51　无重复双因素方差分析对话框

Step4：确定输入、输出选项。在“方差分析：无重复双因素分析”对话框的“输入区域”文本框中输入分析数据所在的单元格区域$B$3:$G$7，并选中“标志”复选框；在“α (A)”文本框中输入显著性水平 0.05，“输出选项”区域采用系统默认设置。

Step5：单击“确定”按钮完成操作，结果如图 6-52 所示。

	A	B	C	D	E	F	G	H	I
1	方差分析：无重复双因素分析								
2									
3	SUMMARY	观测数	求和	平均	方差				
4	品牌1	5	1721	344.2	233.7				
5	品牌2	5	1739	347.8	295.7				
6	品牌3	5	1685	337	442.5				
7	品牌4	5	1424	284.8	249.2				
8									
9	地区1	4	1356	339	1224.667				
10	地区2	4	1321	330.25	1464.25				
11	地区3	4	1357	339.25	822.9167				
12	地区4	4	1273	318.25	1538.917				
13	地区5	4	1262	315.5	241.6667				
14									
15									
16	方差分析								
17	差异源	SS	df	MS	F	P-value	F crit		
18	行	13004.55	3	4334.85	18.10777	9.46E-05	3.490295		
19	列	2011.7	4	502.925	2.100846	0.143665	3.259167		
20	误差	2872.7	12	239.3917					
21									
22	总计	17888.95	19						
23									

图 6-52　无重复双因素方差分析结果

从图 6-52 可以看出，行因素检验的 F 值为 18.10777，明显大于 F 临界值(3.490295)，同时 P 值为 9.46×10^{-5}，小于显著性水平 0.05，所以应该拒绝行因素原假设，即说明品牌对彩电销售量有显著影响。列因素检验的 F 值为 2.100846，小于 F 临界值（3.259167)，同时 P 值为 0.143665，大于显著性水平 0.05，所以应该接受列因素原假设，即说明地区对彩电的销售量没有显著影响。

（2）可重复的双因素方差分析

【例 6-12】某城市道路交通管理部门为研究不同路段和不同时段对行车时间的影响，让一名交通警察驾车分别在两个路段的高峰期与非高峰期进行试验。试验得到的行车时间（单位：分钟）数据如图 6-53 所示。依据该组资料分析路段、时段，以及路段和时段的交互作用对行车时间的影响（α=0.05)。

	A	B	C	D
1	不同时段和不同路段的行车时间			
2		路段1	路段2	
3		26	19	
4		24	20	
5	时段1（高峰期）	27	23	
6		25	22	
7		25	21	
8		20	18	
9		17	17	
10	时段2（非高峰期）	22	13	
11		21	16	
12		17	12	

图 6-53　可重复的双因素方差分析数据

Step1：提出假设。

① 行因素假设。

H_0：不同时段行车时间的平均数相等，即时段对行车时间没有影响；

H_1：不同时段行车时间的平均数不全相等，即时段对行车时间有显著影响。

② 列因素假设。

H_0：不同路段行车时间的平均数相等，即路段对行车时间没有影响。

H_1：不同路段行车时间的平均数不全相等，即路段对行车时间有显著影响。

③ 交互作用假设。

H_0：时段和路段的交互作用对行车时间没有影响；

H_1：时段和路段的交互作用对行车时间有显著影响。

Step2：打开示例文件 data6-12，依次单击“数据”→“数据分析”按钮，弹出“数据分析”对话框。

Step3：在“数据分析”对话框的“分析工具”列表框中选择“方差分析：可重复双因素分析”选项，单击“确定”按钮，弹出图 6-54 所示的对话框。

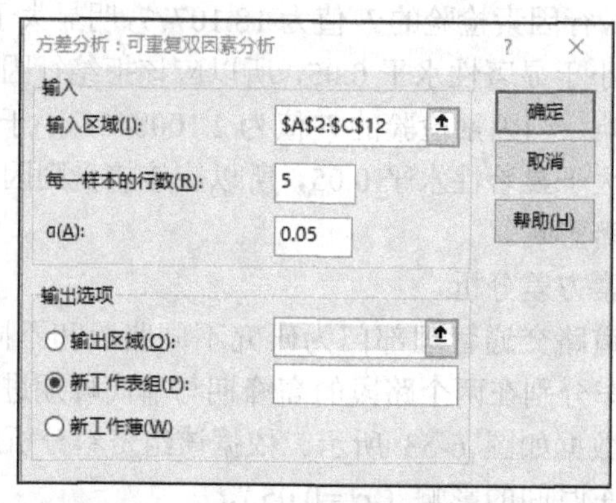

图 6-54　可重复双因素方差分析对话框

Step4：确定输入、输出选项。在“方差分析：可重复双因素分析”对话框的“输入区域”文本框中输入分析数据所在的单元格区域$A$2:$C$12；在“每一样本的行数”文本框中输入样本资料的行数“5”，该数据为各因素每一水平搭配使用次数。在“α (A)”文本框中输入显著性水平 0.05；“输出选项”区域采用系统默认设置。

Step5：单击“确定”按钮，结果如图 6-55 所示。

	A	B	C	D	E	F	G
1	方差分析：可重复双因素分析						
2							
3	SUMMARY	路段1	路段2	总计			
4	时段1（高峰期）						
5	观测数	5	5	10			
6	求和	127	105	232			
7	平均	25.4	21	23.2			
8	方差	1.3	2.5	7.066666667			
9							
10	时段2（非高峰期）						
11	观测数	5	5	10			
12	求和	97	76	173			
13	平均	19.4	15.2	17.3			
14	方差	5.3	6.7	10.23333333			
15							
16	总计						
17	观测数	10	10				
18	求和	224	181				
19	平均	22.4	18.1				
20	方差	12.93333333	13.43333333				
21							
22							
23	方差分析						
24	差异源	SS	df	MS	F	P-value	F crit
25	样本	174.05	1	174.05	44.06329114	5.70232E-06	4.493998478
26	列	92.45	1	92.45	23.40506329	0.00018175	4.493998478
27	交互	0.05	1	0.05	0.012658228	0.911819478	4.493998478
28	内部	63.2	16	3.95			
29							
30	总计	329.75	19				

图 6-55　可重复双因素方差分析结果

从图 6-55 中可以看出，行因素检验的 F 值约为 44.06329，明显大于 F 临界值，同时 P 值约为 5.7×10^{-6}，小于显著性水平 0.05，所以应该拒绝行因素原假设，即说明时段对行车时间有显著的影响。列因素检验的 F 值约为 23.4051，明显大于 F 临界值，同时 P 值约为 0.000182，小于显著性水平 0.05，所以应该拒绝列因素原假设，即说明路段对行车时间也有显著的影响。交互作用因素检验的 F 值约为 0.012658，明显小于 F 临界值，同时 P 值约为 0.9118，大于显著性水平 0.05，所以不应该拒绝两个因素交互作用的原假设，即说明时段和路段的交互作用对行车时间无显著的影响。

6.2.5　时间序列分析

时间序列分析也称为动态分析。在动态分析中，无论是动态指标的计算，还是长期趋势的测定，都可以利用 Excel 快速完成。由于利用 Excel 计算动态指标的方法相对简单，所以这里从略，下面主要介绍 Excel 在测定长期趋势中的应用。

1. 通过移动平均法测定长期趋势

【例 6-13】因研究需要搜集到西安市 1997～2020 年的 GDP 总量（单位：亿元）数据，利用 Excel 按 5 项移动平均的方法测定该时间数列的长期趋势，并计算其预测误差。

Step1：打开示例文件 data6-13，依次单击“数据”→“数据分析”→“移动平均”按钮，弹出图 6-56 所示的“移动平均”对话框。

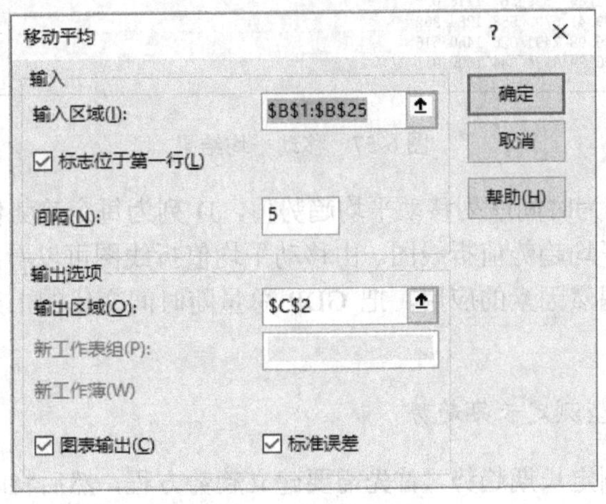

图 6-56　“移动平均”对话框

Step2：设置移动平均的输入、输出选项。

- ✧ 在“移动平均”对话框的“输入区域”文本框中输入分析数据所在的单元格区域$B$1:$B$25，也可以单击文本框右侧的折叠按钮，选定数据区域。
- ✧ 选中“标志位于第一行”复选框。

✧ “间隔”是指简单移动平均法中的平均步长，也即移动平均的项数，间隔可接受系统默认值 3，可输入用户希望的数值，本例采用 5 项进行移动平均。

✧ “输出区域”可以自由选定，可在其后的文本框中直接输入，也可单击右侧的折叠按钮选定区域，本例选定“C2”。

✧ 选中“图表输出”复选框，以输出预测图表。

✧ 选中“标准误差”复选框，以输出预测误差。

Step3：单击“确定”按钮，结果如图 6-57 所示。

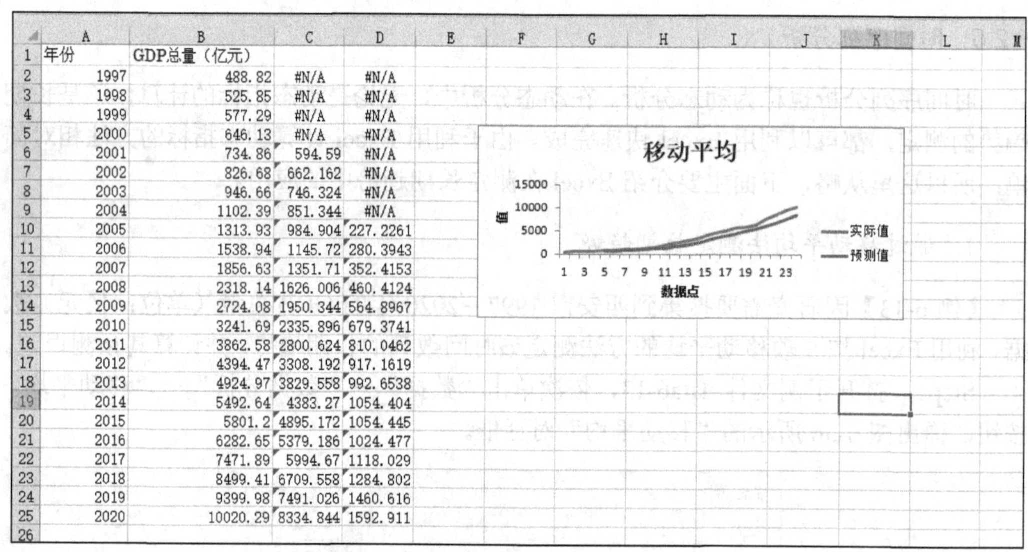

	A	B	C	D
1	年份	GDP总量（亿元）		
2	1997	488.82	#N/A	#N/A
3	1998	525.85	#N/A	#N/A
4	1999	577.29	#N/A	#N/A
5	2000	646.13	#N/A	#N/A
6	2001	734.86	594.59	#N/A
7	2002	826.68	662.162	#N/A
8	2003	946.66	746.324	#N/A
9	2004	1102.39	851.344	#N/A
10	2005	1313.93	984.904	227.2261
11	2006	1538.94	1145.72	280.3943
12	2007	1856.63	1351.71	352.4153
13	2008	2318.14	1626.006	460.4124
14	2009	2724.08	1950.344	564.8967
15	2010	3241.69	2335.896	679.3741
16	2011	3862.58	2800.624	810.0462
17	2012	4394.47	3308.192	917.1619
18	2013	4924.97	3829.558	992.6538
19	2014	5492.64	4383.27	1054.404
20	2015	5801.2	4895.172	1054.445
21	2016	6282.65	5379.186	1024.477
22	2017	7471.89	5994.67	1118.029
23	2018	8499.41	6709.558	1284.802
24	2019	9399.98	7491.026	1460.616
25	2020	10020.29	8334.844	1592.911
26				

图 6-57　移动平均结果

图 6-57 的 C 列为时间序列移动平均趋势值，D 列为每个趋势值的预测误差，图表为原始数据和移动平均趋势值折线图。由移动平均值折线图可以看出，移动平均后的数据更平滑，消除了偶然因素的应用，把 GDP 总量随时间变化的上升趋势明显地反映了出来。

2. 利用数学模型测定长期趋势

利用数学模型测定长期趋势，首先需要建立趋势方程，然后将时间序列的时间项数代入方程，便可得到趋势值。利用 Excel 建立趋势方程，既可以通过“图形添加趋势线”的方法，也可以使用“数据分析”工具完成，但比较好的方法是前者，因为时间序列分析中只涉及一个时间自变量。另外，通过“图形添加趋势线”的方法建立趋势方程时可以同时建立多个趋势方程，再通过拟合优度的比较寻找最精确的预测模型。

【例 6-14】已知某客运公司 2009～2019 年的旅客发送量资料，利用“图形添加趋势线”的方法建立趋势模型，并进行预测。

Step1：打开示例文件 data6-14，如图 6-58 所示。

	A	B
1	某客运公司2009-2019年的旅客发送量资料	
2	年份	旅客发送量(万人)
3	2009	581
4	2010	626
5	2011	665
6	2012	650
7	2013	716
8	2014	803
9	2015	892
10	2016	888
11	2017	900
12	2018	957
13	2019	1023

图 6-58 建立趋势方程原始数据

Step2：选中要建立趋势方程的数据所在的单元格区域 A2:B13，然后依次单击“插入”→“图表”→“折线图”按钮，如图 6-59 所示。

图 6-59 插入“折线图”

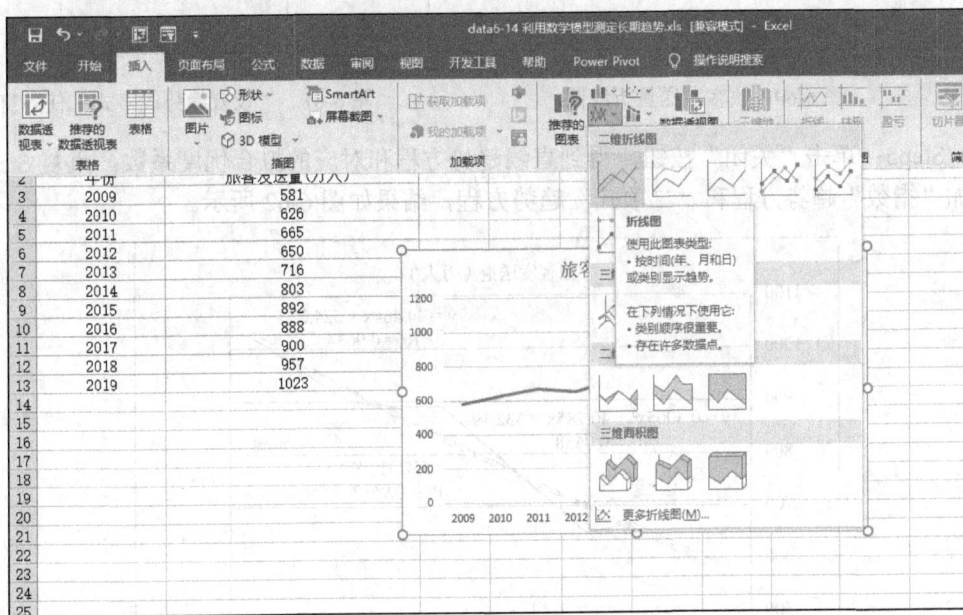

Step3：在 Excel 2019 提供的折线图类型中选择“二维折线图”中的第一个图表类型“折线图”，生成如图 6-60 所示的旅客发送量（万人）折线图。

Step4：选中“折线”右击，在弹出的快捷菜单中选择“添加趋势线”命令，打开“设置趋势线格式”任务窗格。在任务窗格的“趋势线选项”中选中“线性”单选按钮，并选中“显示公式”和“显示 R 平方值”复选框，如图 6-61 所示。

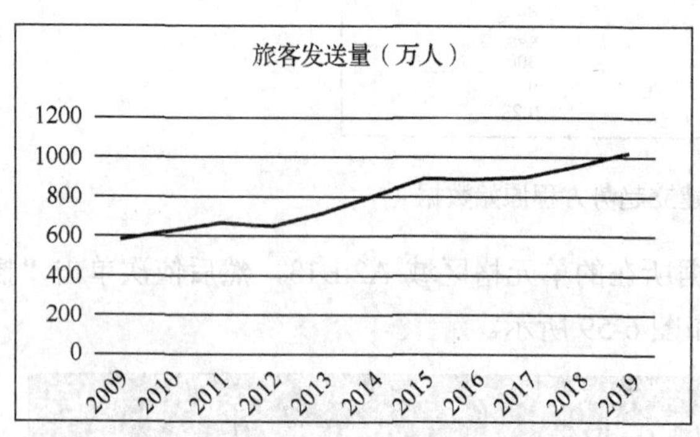

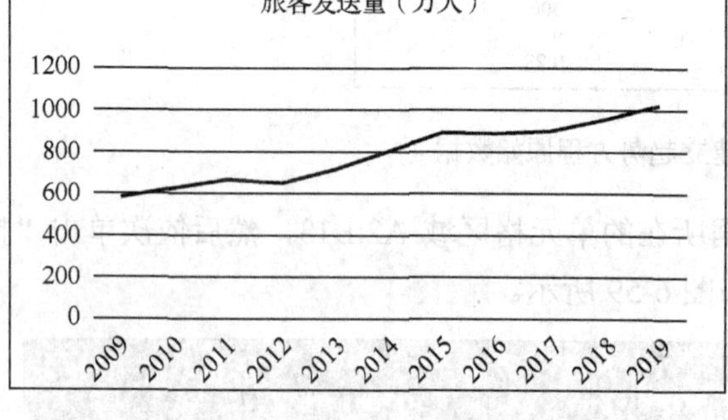

图 6-60　旅客发送量折线图

图 6-61　“设置趋势线格式”任务窗格

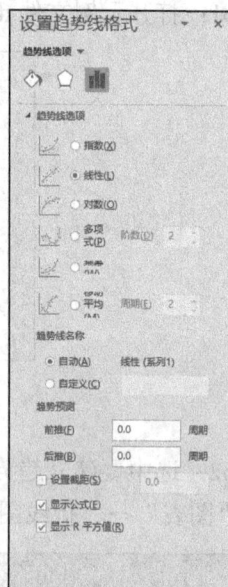

Step5：单击“关闭”按钮，得到直线趋势方程和对应的拟合优度系数。重复 Step4 添加“指数”趋势方程和“二项式”趋势方程，结果如图 6-62 所示。

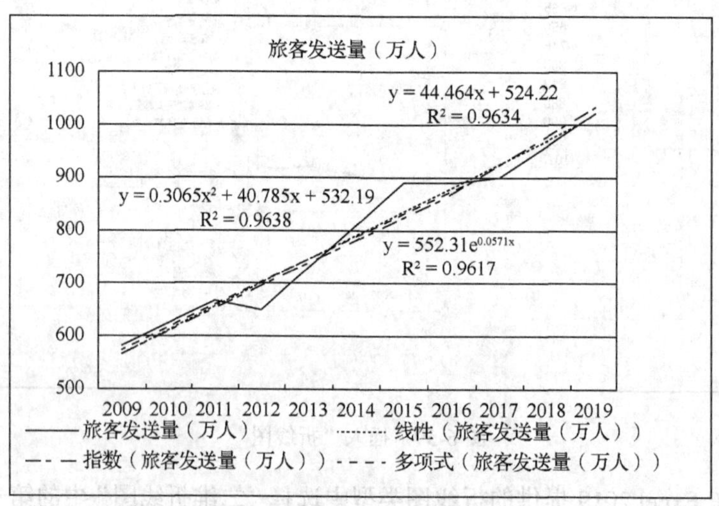

图 6-62　生成趋势方程

Step6：比较三个趋势方程的拟合系数，二次曲线趋势方程拟合优度最高，为 0.9638，因此选择二次曲线趋势模型作为趋势测定模型，然后将时间项数 1,2,3,⋯,14 代入趋势方程，就得到图 6-63 所示的趋势值和预测值。

	A	B	C	D	E	F
1	某客运公司2009-2019年的旅客发送量资料					
2	时间顺序	年份	旅客发送量(万人)	趋势值		
3	1	2009	581	573.28	趋势值	
4	2	2010	626	614.99		
5	3	2011	665	657.30		
6	4	2012	650	700.23		
7	5	2013	716	743.78		
8	6	2014	803	787.93		
9	7	2015	892	832.70		
10	8	2016	888	878.09		
11	9	2017	900	924.08		
12	10	2018	957	970.69		
13	11	2019	1023	1017.91		
14	12			1065.75	预测值	
15	13			1114.19		
16	14			1163.25		
17						
18						

图 6-63　趋势值和预测结果

3. 利用预测工作表进行趋势预测

Excel 2019 中新增的“预测工作表”工具，能够从历史数据中分析出事物发展的未来趋势，并以图表的形式展现出来，为用户直观地观察事物的发展方向或发展趋势提供了方便。进行预测时需要在工作表中输入相互对应的两个数据系列，一个系列是时间条目，可以是日期、月份、季度和年份等时间单位；另一个系列是对应于时间条目的历史数据，并且要求时间系列中各数据点之间的间隔保持相对恒定，提供的历史数据记录越多，预测结果的准确性也会越高。

【例 6-15】已知某公司 2019 年 1 月～2020 年 6 月 18 个月的商品销售量数据如图 6-64 所示，利用 Excel“预测工作表”工具建立趋势预测模型预测未来 3 个月的商品销售量。

	A	B	C	D
1	时间	销售量		
2	2019年1月	293		
3	2019年2月	283		
4	2019年3月	322		
5	2019年4月	355		
6	2019年5月	246		
7	2019年6月	379		
8	2019年7月	381		
9	2019年8月	431		
10	2019年9月	424		
11	2019年10月	433		
12	2019年11月	470		
13	2019年12月	481		
14	2020年1月	549		
15	2020年2月	544		
16	2020年3月	601		
17	2020年4月	587		
18	2020年5月	644		
19	2020年6月	660		
20	2020年7月			
21	2020年8月			
22	2020年9月			
23				

图 6-64　历史销售记录

具体的操作步骤如下。

Step1：打开示例文件 data6-15，单击数据区域中的任意单元格，如 A3，依次单击

“数据”→“预测”→“预测工作表”按钮，弹出“创建预测工作表”对话框。使用“预测工作表”功能时，日期或时间系列的数据不能使用文本型内容。

Step2：单击右上角的图表类型按钮，选择创建折线图或柱形图。单击“预测结束”右侧的日期控件按钮，选择预测结束日期，或者在文本框中输入日期，如图 6-65 所示。

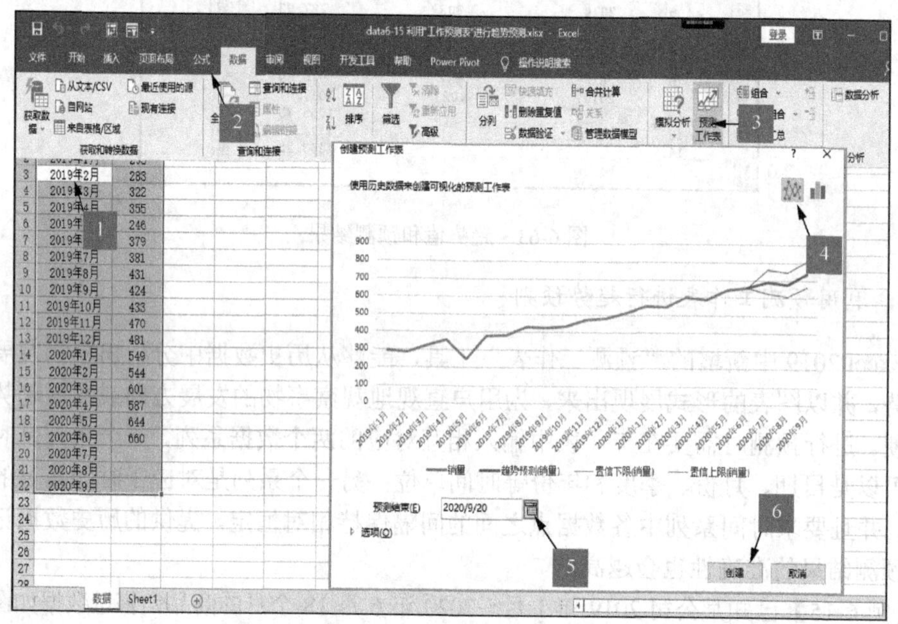

图 6-65　创建预测工作表

Step3：单击“创建”按钮，即可插入一个新工作表，新工作表中包含历史值和预测值，以及表示预测结果的图表，如图 6-66 所示。

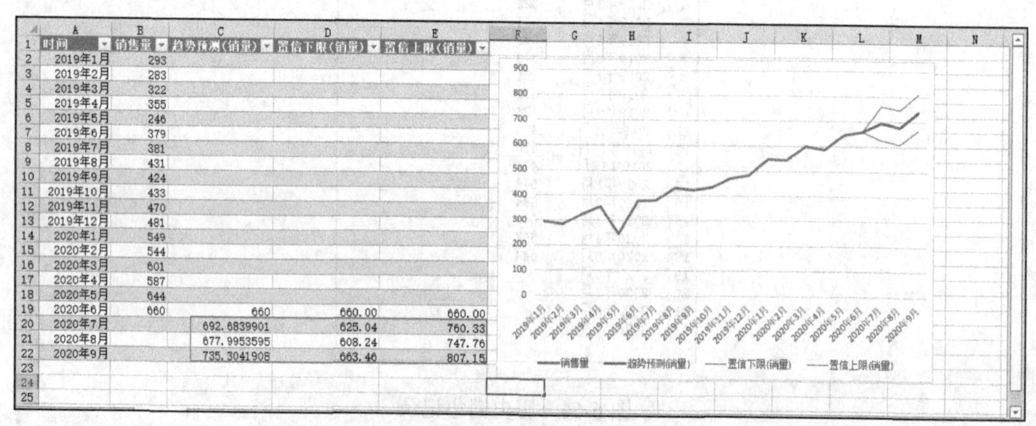

时间	销售量	趋势预测(销量)	置信下限(销量)	置信上限(销量)
2019年1月	293			
2019年2月	283			
2019年3月	322			
2019年4月	355			
2019年5月	246			
2019年6月	379			
2019年7月	381			
2019年8月	431			
2019年9月	424			
2019年10月	433			
2019年11月	470			
2019年12月	481			
2020年1月	549			
2020年2月	544			
2020年3月	601			
2020年4月	587			
2020年5月	644			
2020年6月	660	660	660.00	660.00
2020年7月		692.6839901	625.04	760.33
2020年8月		677.9953595	608.24	747.76
2020年9月		735.3041908	663.46	807.15

图 6-66　预测结果

Step4：如果在“创建预测工作表”对话框中单击“选项”扩展按钮，还可以根据需要设置预测的高级选项，如图 6-67 所示。

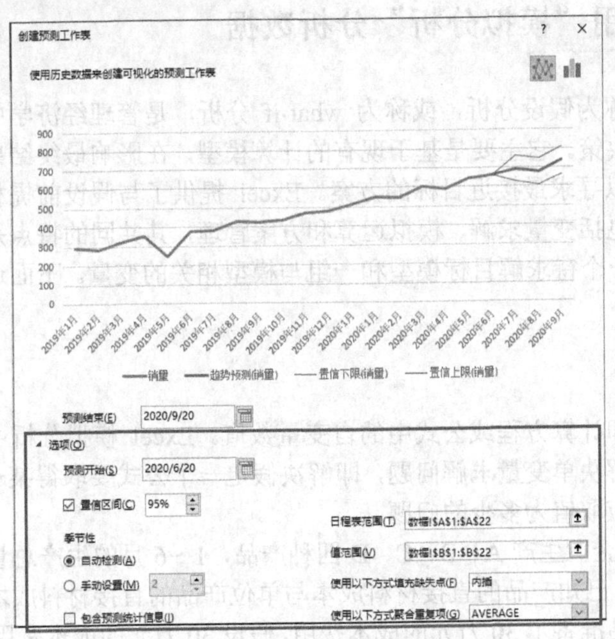

图 6-67　创建工作表选项

工作表中各选项的作用如表 6-2 所示。

表 6-2　工作表中各选项的作用

预测选项	描述
预测开始	设置预测的开始日期
置信区间	设置预测置信水平，默认情况下为 95%
季节性	设置周期性季节模式的长度或数据点的数量，默认使用自动检测
日程表范围	存放日期或时间数据的单元格区域
值范围	存放历史数据记录的单元格区域
使用以下方式填充缺失点	Excel 默认使用插值处理缺失点，只要缺少的点不到 30%，都将使用相邻点的权重平均值补足缺少的点，在下拉列表中选择“零”选项，可将缺少的点设为零
使用以下方式聚合重复项	如果数据中包含时间相同的多个值，Excel 将计算这些重复值的平均值，用户可以根据需要从列表中选择其他计算方法
包含预测统计信息	选中此复选框时，能够将有关预测的其他统计信息包含在新工作表中，Excel 将添加一个使用 FORECAST.ETS.STAT 函数生成的统计信息表，且包括度量，如平滑系数和错误度量值等

实际预测中往往会有多个因素同时影响最终的预测结果，如材料价格变动、季节性变动、筹资利率的影响等，而使用预测工作表功能仅考虑了时间因素的影响，所以在使用时应结合其他预测方法得到的结果对事物的未来发展趋势做出合理的预判。

6.3 利用"模拟分析"分析数据

模拟分析又称为假设分析，或称为 what-if 分析，是管理经济学中的一项重要分析手段，通常用于决策。它主要是基于现有的计算模型，在影响最终结果的诸多因素中进行测算与分析，以寻求最接近目标的方案。Excel 提供了与假设前提相关的三种简单的数据分析方法，包括变量求解、模拟运算和方案管理，其共同的特点是问题的求解都由两部分构成，即一个待求解目标模型和一组与模型相关的变量。下面通过实例介绍三种方法的实际应用。

6.3.1 变量求解

变量求解，即计算方程或公式中的自变量数值。Excel 模拟分析中的单变量求解功能可以很方便地解决单变量求解问题，即解决假定一个公式要取得某一结果值，其中变量的引用单元格应取值为多少的问题。

【例 6-16】某企业生产 A、B、C、D 四种产品，1～6 月的生产总量和单位直接材料如图 6-68 所示。已知产品的直接材料成本与单位产品的直接材料成本和生产量有关，现企业为生产产品准备了 30 万元的成本费用，假设 30 万元的成本费用都用来生产 A 产品，求最多可生产多少个 A 产品。

	A	B	C	D	E	F	G	H	I
1	产品名称	产量						单位原材料直接成本	
2		1月	2月	3月	4月	5月	6月		
3	产品A	1690	1860	1710	1660	1570	1840	120	
4	产品B	1640	1560	1820	1500	2080	1880	150	
5	产品C	1700	1480	1760	1660	1800	1520	100	
6	产品D	1760	1620	1720	1500	1950	1700	70	
7									

图 6-68 某企业 1～6 月的产品产量及单位成本

Step1：建立公式。打开示例文件 data6-16，在单元格 E8 中输入 6 月产品 A 的产量"1840"，在单元格 E9 中输入产品 A 的单位产品直接材料成本"120"，选中单元格 E10，输入公式"=E8*E9"，然后按 Enter 键，即可在单元格 E10 中得到产品 A 的直接材料成本，如图 6-69 所示。

	A	B	C	D	E	F	G	H	I
1	产品名称	产量						单位原材料直接成本	
2		1月	2月	3月	4月	5月	6月		
3	产品A	1690	1860	1710	1660	1570	1840	120	
4	产品B	1640	1560	1820	1500	2080	1880	150	
5	产品C	1700	1480	1760	1660	1800	1520	100	
6	产品D	1760	1620	1720	1500	1950	1700	70	
7									
8		预计生产量			1840				
9		单位产品直接材料成本（元）			120				
10		直接材料成本（元）			220800				
11									

图 6-69 建立单变量求解公式

Step2：选中单元格 E10，选择"数据"选项卡，在"预测"组中单击"模拟分析"

按钮，从弹出的下拉列表中选择“单变量求解”选项，如图 6-70 所示。

图 6-70 选定“单变量求解”工具

Step3：在弹出的“单变量求解”对话框中，当前选中的单元格 E10 显示在“目标单元格”文本框中，在“目标值”文本框中输入企业准备的成本费用“300000”元，在“可变单元格”文本框中选中“$E$8”，即预计生产量所在的单元格，如图 6-71 所示。单击“确定”按钮，弹出“单变量求解状态”对话框，显示出求解结果，如图 6-72 所示。

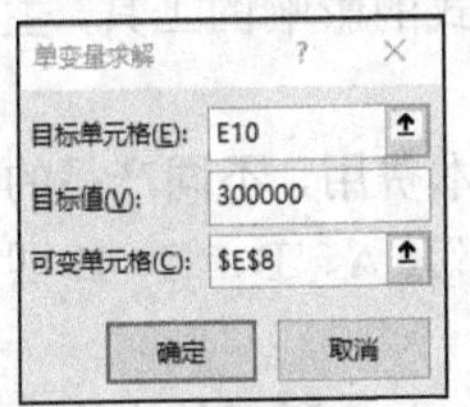

图 6-71 “单变量求解”对话框

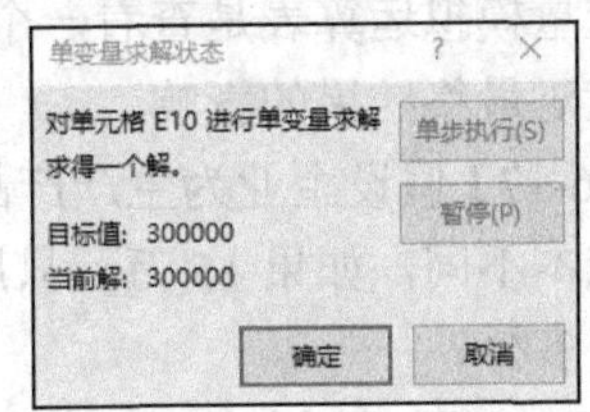

图 6-72 “单变量求解状态”对话框

Step4：在“单变量求解状态”对话框中，单击“确定”按钮，将求解结果保存在工作表中，如图 6-73 所示。可以看到，在产品 A 的单位产品直接材料成本不变的情况下，30 万元的成本费用最多能生产 2500 个产品 A。将公式中的“单位产品直接材料成本（元）”的数值，更换为 B 或 D 或 E 产品的单位成本，便可以计算出 30 万元全部用于生产其他各产品的数量。

产品名称	产量						单位原材料直接成本
	1月	2月	3月	4月	5月	6月	
产品A	1690	1860	1710	1660	1570	1840	120
产品B	1640	1560	1820	1500	2080	1880	150
产品C	1700	1480	1760	1660	1800	1520	100
产品D	1760	1620	1720	1500	1950	1700	70

预计生产量	2500
单位产品直接材料成本（元）	120
直接材料成本（元）	300000

图 6-73 单变量求解结果

6.3.2 模拟运算

在企业管理中，无论是产销预算、成本管理，还是决策分析都会涉及多因素的影响分析，因此经常需要通过模拟运算测定各关键影响因素的变化对行动方案带来的影响，以便做出合理的决策。Excel 模拟分析中的“模拟运算表”便是一个快捷而方便的模拟运算工具。

模拟运算表实际上是一个运算工具，它可以用列表的形式显示计算模型中某些参数的变化对计算结果的影响。模拟运算表可以同时求解一个运算过程中所有可能的变化值，并将不同的计算结果显示在相应的单元格区域中，在这个区域中生成的值所需要的若干个相同公式被简化成一个公式，从而简化了公式的输入。

下面以某企业的产销预算为例说明模拟运算表的创建过程。根据模拟运算行列变量的个数，模拟运算表可以分为单变量模拟运算表和双变量模拟运算表。

1. 单变量模拟运算表

单变量模拟运算表是查看一个变量对一个或多个公式的影响的工具，主要用于分析一个变量对最终结果的影响。

【例 6-17】假设企业为生产产品准备了 15 万元的成本费用，不同产品的单位产品直接材料成本不同，如果 15 万元只用于生产一种产品，那么 A、B、C、D 四种产品分别可以生产多少？

Step1：打开示例文件 data6-17，建立图 6-74 中 B12:E16 所示的表格。选中单元格 E13，输入公式“=INT(150000/E9)”，即利用 E8:E10 区域建立的公式计算 15 万元只生产 A 产品的预计生产量，并对计算结果利用 INT 函数取整数，然后按 Enter 键即可看到结果。

E13 =INT(150000/E9)

	A	B	C	D	E	F
7						
8		预计生产量			1250	
9		单位产品直接材料成本（元）			120	
10		直接材料成本（元）			150000	
11						
12		单位产品直接材料成本（元）			预计生产量	
13		产品A		120	1250	
14		产品B		150		
15		产品C		100		
16		产品D		70		

图 6-74 设置“单变量模拟运算表”

Step2：选中单元格区域 D13:E16，选择“数据”选项卡，在“预测”组中单击“模拟分析”按钮，从弹出的下拉列表中选择“模拟运算表”选项，如图 6-75 所示。

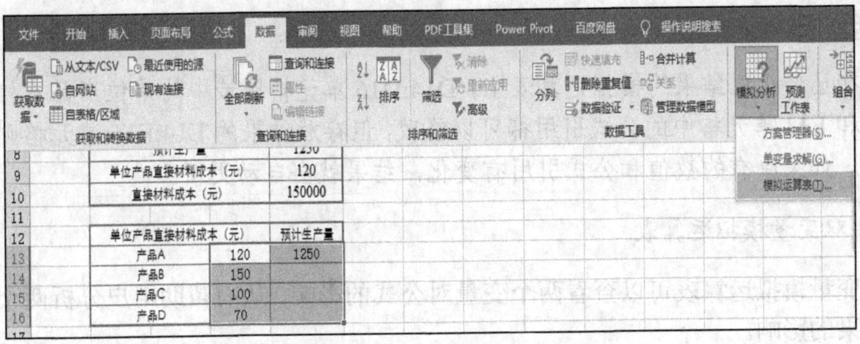

图 6-75　选定“模拟运算表”工具

Step3：在弹出的“模拟运算表”对话框中，把光标置于“输入引用列的单元格”文本框内，然后选中单元格“E9”，即输入“单位产品直接材料成本”所在的单元格区域，则“输入引用列的单元格”文本框中将自动输入“$E$9”，如图 6-76 所示。

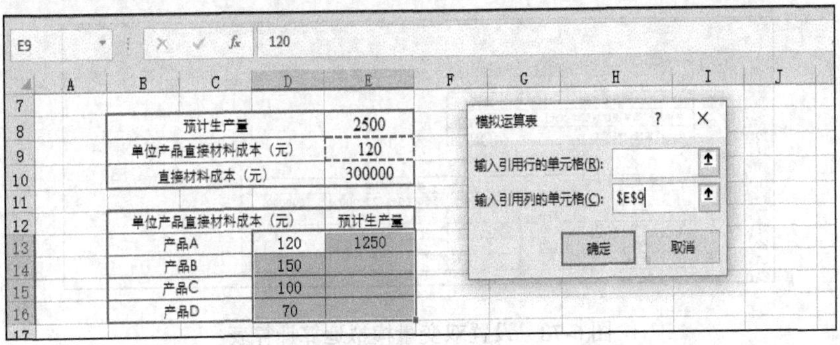

图 6-76　选定“模拟运算表”的引用单元格

Step4：单击“确定”按钮，创建完成的试算表格如图 6-77 所示。选中 E14:E16 单元格区域任一单元格，编辑栏中均显示公式为“{=TABLE(,E9)}。利用此表，可以看到单个变量的“单位产品直接材料成本”对计算结果“预计生产量”的影响。

预计生产量		2500
单位产品直接材料成本（元）		120
直接材料成本（元）		300000

单位产品直接材料成本（元）		预计生产量
产品A	120	1250
产品B	150	1000
产品C	100	1500
产品D	70	2142

图 6-77　单变量模拟运算结果

注意：

在已经生成结果的模拟运算表中，D14:D16 单元格区域中的单位产品直接材料成本和 E13 单元格中的公式引用都可以修改，但存放结果的 E14:E16 单元格则不能修改。如果原有的数值和公式引用有变化，结果就会自动更新。

2. 双变量模拟运算表

双变量模拟运算表可以查看两个变量对公式的影响，从而帮助用户分析两个因素对最终结果的影响。

【例 6-18】设企业为生产产品准备了 100 万元的直接材料成本费用，分成 10 万元、15 万元、25 万元和 50 万元四部分用于生产，不同产品的单位产品直接材料成本不同，计算单位成本和生产费用同时变化下的各产品预计生产量。

Step1：打开示例文件 data6-18，建立如图 6-78 所示的 B18:H23 单元格区域所示的计算表，然后选中单元格“D19”，输入公式“=INT(E10/E9)”，按 Enter 键。

D19 =INT(E10/E9)

	A	B	C	D	E	F	G	H
8		预计生产量			2500			
9		单位产品直接材料成本（元）			120			
10		直接材料成本（元）			300000			
18		单位产品直接材料成本（元）			直接材料成本（元）			
19				2500	100000	150000	250000	500000
20		产品A		120				
21		产品B		150				
22		产品C		100				
23		产品D		70				

图 6-78 设置双变量模拟运算计算表

Step2：选中单元格 D19:H23 单元格区域，弹出“模拟运算表”对话框，在“输入引用行的单元格”文本框中输入“$E$10”，即输入“直接材料成本”所在单元格。在“输入引用列的单元格”文本框中输入“$E$9”，即输入“单位产品直接材料成本”所在单元格，如图 6-79 所示。

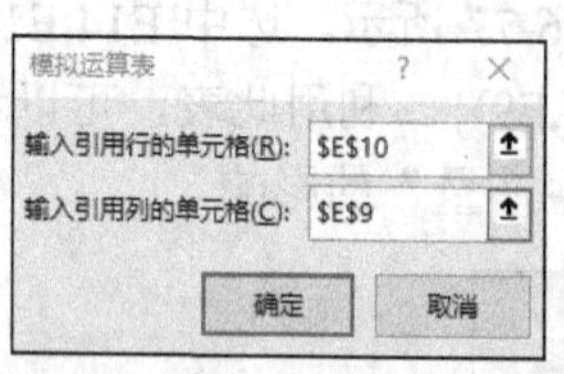

图 6-79 双变量模拟运算单元格引用

Step3：单击“确定”按钮，生成图 6-80 所示的试算表。利用此表，可以看到“单位产品直接材料成本”和“直接材料成本”两个变量对计算结果“预计生产量”的影响。

单位产品直接材料成本（元）		直接材料成本（元）			
	2500	100000	150000	250000	500000
产品A	120	833	1250	2083	4166
产品B	150	666	1000	1666	3333
产品C	100	1000	1500	2500	5000
产品D	70	1428	2142	3571	7142

图 6-80 双变量模拟运算结果

6.3.3　方案管理

方案管理可理解为对方案的比较、分析与选择。在方案的分析比较中，如需分析一到两个关键因素的变化对方案结果的影响，使用模拟运算表尚且可以，但是如果要同时考虑更多的因素进行分析，就需要使用方案管理器。另外，用户在进行分析时，往往需要对比某些特定的组合，在这种情况下，使用 Excel 的方案管理器可以生成分析报告，更有利于方案的比较与选择。

方案管理器作为一个方案管理工具，它可以帮助用户在工作表中建立方案，生成方案分析报告，同时还可以对存放在不同工作簿或工作表中的方案进行合并分析。下面通过实例介绍其操作过程。

【例 6-19】图 6-81 所示是某外贸公司用于 A 产品交易情况的试算表格。此表格的上半部分是交易中的各相关指标的数值，下半部分则是根据这些数值用公式计算出来的交易量与交易额。影响交易额和交易量的关键因素是 CIF 单价、每次交易数量和美元汇率。根据试算目标，可以为这些因素设置为多种不同的值组合，如理想状态、保守状态和最差状态。其中，理想状态的 CIF 单价为 14.15 美元，每次交易数量为 200 美元，美元汇率为 6.85；保守状态的 CIF 单价为 13.05 美元，每次交易数量为 180 美元，美元汇率为 6.75；最差状态的 CIF 单价为 12.00 美元，每次交易数量为 150 美元，美元汇率为 6.65。

	A	B	C
1	A产品交易情况试算表		
2			
3	CIF单价	$12.00	
4	每次交易数量	150	
5	每月交易次数	3	
6	美元汇率	6.65	
7			
8	月交易数量	450	
9	年交易数量	5400	
10	月交易额（人民币）	¥35,910.00	
11	年交易额（人民币）	¥430,920.00	
12			

图 6-81　分析数据

假设要对比试算三个方案下的交易情况，则可以在工作表中定义三个方案与之对应，每个方案都为这些因素设定不同的数值，具体的操作步骤如下。

Step1：打开示例文件 data6-19，选中 A3:B11 单元格区域，单击“公式”选项卡的“定义的名称”组中的“根据所选内容创建”按钮，在弹出的“根据所选内容创建名称”对话框中选中“最左列”复选框，单击“确定”按钮，为表格中现有的因素或结果单元格批量定义名称，如图 6-82 所示。本步骤不是必要的，但是它可以在后续创建方案过程中简化操作，也可以让生成的方案摘要更具有可读性。

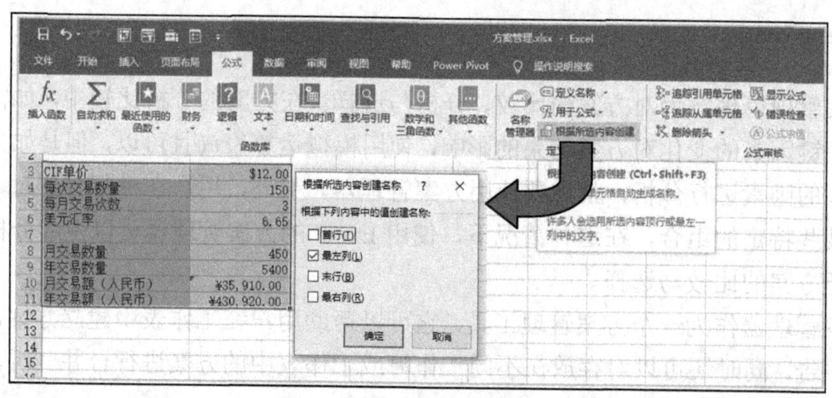

图 6-82 单元格批量定义名称

Step2：依次选择“数据”→“预测”→“模拟分析”→“方案管理器”选项，弹出“方案管理器”对话框。如果之前没有在本工作表中定义过方案，那么该对话框中将显示未定义方案。Excel 的方案是基于工作表的假设，在 Sheet1 中定义的方案，在其他工作表中打开“方案管理器”是看不到的。若要增加方案，需单击“添加”按钮，如图 6-83 所示。

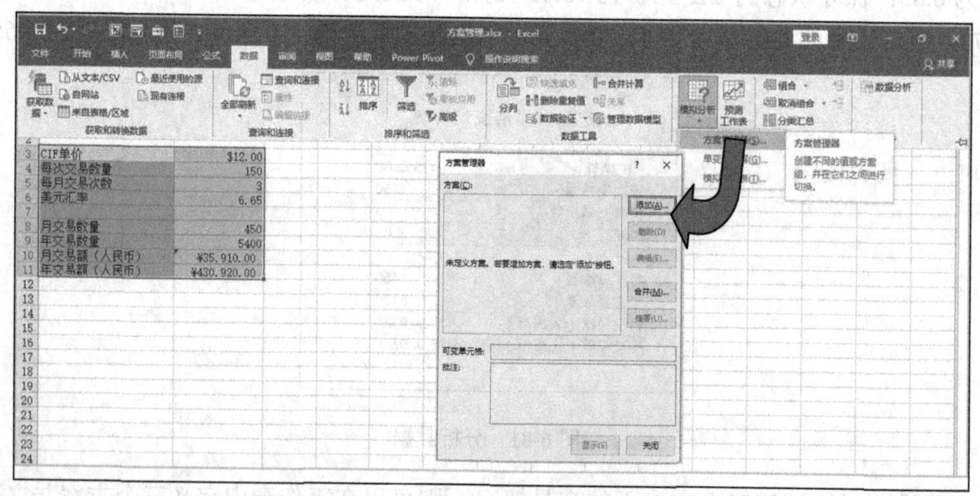

图 6-83 选择“方案管理器”工具

Step3：单击“添加”按钮，弹出“添加方案”对话框，用户可以在此对话框中定义方案的各个要素，主要包括以下四个部分。

- ✧ 方案名：当前方案的名称。
- ✧ 可变单元格：也就是方案中变量所在的单元格。每个方案允许用户最多指定 32 个变量，这些变量都必须是当前工作表中的单元格引用。被引用的单元格可以

是连续的，也可以是不连续的，多个不连续的单元格引用之间用半角逗号隔开。

✧ 备注：用户可在此添加方案的说明。在默认情况下，Excel 会将方案的创建者名字和创建日期，以及修改者的名字和修改日期保存在此处。

✧ 保护：当工作簿被保护且“保护工作簿”对话框中的“结构”选项被选中时，此处的设置才会生效，“防止更改”选项可以防止方案被修改，“隐藏”选项可以使本方案不出现在方案管理器中。

Step4：定义理想状态下的方案。在“编辑方案”对话框中依次输入方案名称和可变单元格地址，保持“防止更改”复选框的默认选中状态，单击“确定”按钮后，弹出“方案变量值”对话框，要求用户输入指定变量在本方案中的具体数值。因为在 Step1 中定义了名称，所以在“方案变量值”对话框中每个变量都会显示相应的名称，否则仅会显示单元格地址，依次输入完毕后单击“确定”按钮，如图 6-84 所示。

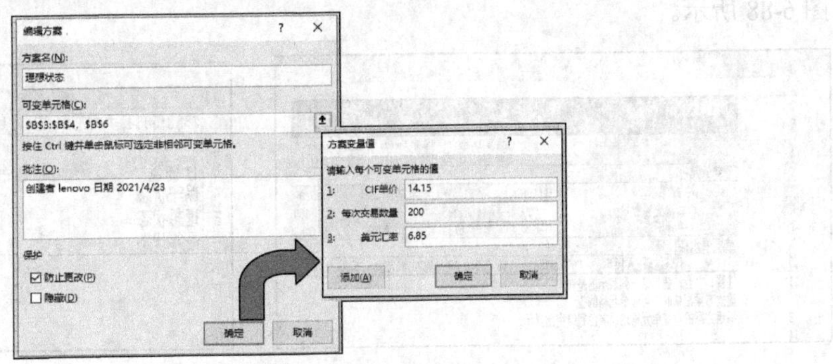

图 6-84　添加理想状态方案

Step5：重复 Step3 和 Step4，依次添加保守状态和最差状态两个方案，“方案管理器”中会显示已创建方案的列表。选中一个方案，单击“显示”按钮或直接双击某个方案，Excel 将用该方案中设定的变量值替换工作表中相应单元格原有的值，以显示根据此方案的定义所生成的结果，如图 6-85 所示。

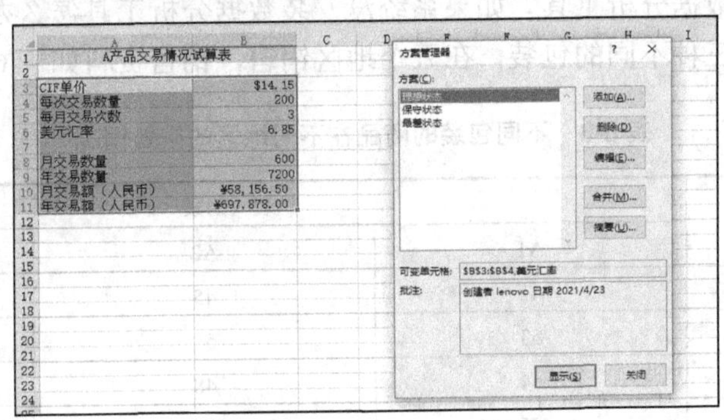

图 6-85　显示“理想状态”方案

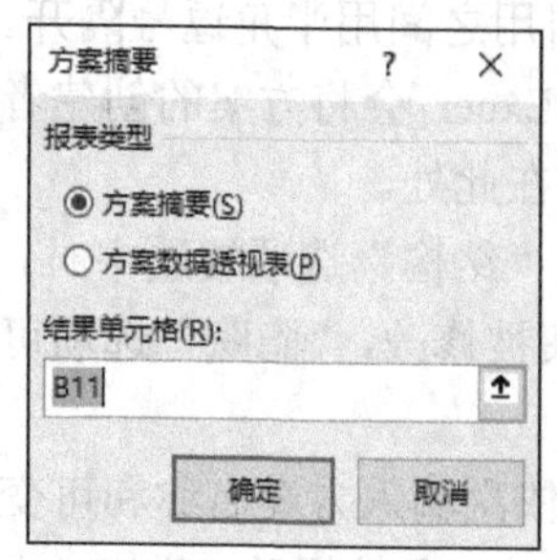

图 6-86 “方案摘要”对话框

Step6：生成方案报告。在“方案管理器”对话框中单击“摘要”按钮，将弹出“方案摘要”对话框，如图 6-86 所示。

在此对话框中可以选择生成两种类型的摘要报告。“方案摘要”是以大纲形式展示报告，而“方案数据透视表”是数据透视表形式的报告。

“结果单元格”是指方案中的计算结果，也就是用户希望进行对比分析的最终指标。在默认情况下，Excel 会根据计算模型为用户主动推荐一个目标，本例中 Excel 推荐的结果单元格为 B11，即年交易额。用户可以按自己的需要改变“结果单元格”中的引用。

Step7：单击“确定”按钮，将在新的工作表中生成相应类型的报告，如图 6-87 和图 6-88 所示。

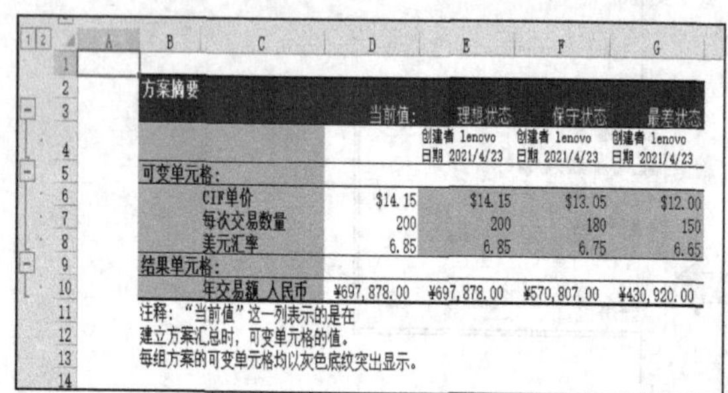

方案摘要		当前值:	理想状态	保守状态	最差状态
			创建者 lenovo 日期 2021/4/23	创建者 lenovo 日期 2021/4/23	创建者 lenovo 日期 2021/4/23
可变单元格:					
	CIF单价	$14.15	$14.15	$13.05	$12.00
	每次交易数量	200	200	180	150
	美元汇率	6.85	6.85	6.75	6.65
结果单元格:					
	年交易额_人民币	¥697,878.00	¥697,878.00	¥570,807.00	¥430,920.00

注释：“当前值”这一列表示的是在
建立方案汇总时，可变单元格的值。
每组方案的可变单元格均以灰色底纹突出显示。

图 6-87 方案摘要报告

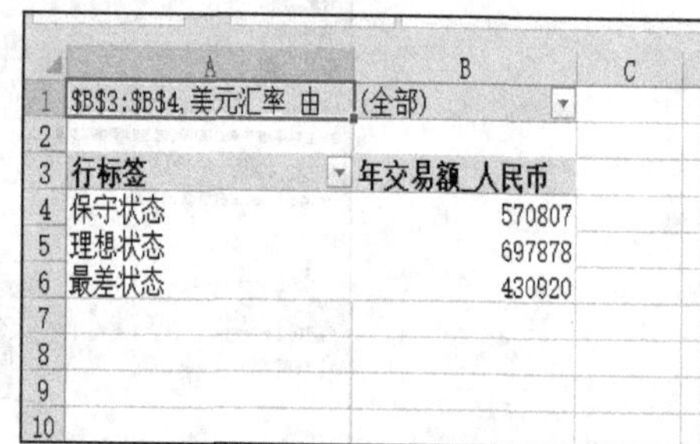

$B$3:$B$4,美元汇率 由	(全部)
行标签	年交易额_人民币
保守状态	570807
理想状态	697878
最差状态	430920

图 6-88 方案数据透视表报告

习　题

1．数据透视图表、分析工具和模拟运算各有什么分析功能？试比较说明。

2．如何加载数据分析工具？如果系统没安装数据分析工具怎么办？

3．某商品有三种不同的包装，在五个地区销售，销售资料如表 6-3 所示。

表 6-3　不同包装的商品在不同地区的销售情况

地区（因素 B）	包装（因素 A）		
	A1	A2	A3
B1	41	45	34
B2	53	51	44
B3	54	48	46
B4	55	43	45
B5	43	39	51

试以α=0.05 的显著性水平检验该商品不同的包装和在不同的地区销售数量之间是否有显著差异。

4．从某班 40 名学生中随机抽取 14 名学生统计的性别、年龄及身高资料如表 6-4 所示。

表 6-4　14 名学生的性别、年龄及身高资料

序号	性别	年龄	身高/cm
1	女	12	145.00
2	女	12	127.00
3	女	13	147.00
4	女	13	149.00
5	女	13	137.00
6	男	13	159.00
7	男	13	142.00
8	女	14	152.00
9	男	14	154.00
10	女	15	157.00
11	男	15	159.00
12	男	16	162.00
13	男	17	152.00
14	男	16	162.00

（1）计算年龄、身高的描述性统计量；

（2）根据该样本资料对该班学生的年龄和身高的平均值进行区间估计（置信水平 95%）；

（3）对年龄与身高进行相关分析与回归分析。

5．某企业 2013～2021 年的产品销售额资料如表 6-5 所示。

表 6-5　某企业 2013～2021 年的产品销售额资料

年份	2013	2014	2015	2016	2017	2018	2019	2020	2021
销售额/万元	80	83	87	89	95	101	107	115	125

（1）利用几何平均函数计算各年销售额的平均发展速度；

（2）用三年移动平均法计算趋势值；

（3）用最小平方法配合线性趋势方程，计算 2023 年的趋势值。

第 7 章　Excel 数据分析图形绘制

统计图形是用点的位置、线段的升降、直条的长短或面积的大小等描绘数据资料和分析结果的一种方式，其特点是简明、生动、形象、易懂。不同的图形有着不同的数据要求和适用范围，可以反映不同的问题。利用 Excel 绘制统计图形方便快捷，且大多数图形的绘制简单直接，用户只需按基本程序顺序操作便可得到需要的图形。本章内容分为三节，主要介绍 Excel 中一些较为常用又制作特殊的图形的绘制方法，要求学生通过学习特殊图形的制作过程，熟练掌握使用 Excel 绘制统计图形的基本方法和操作技巧，并能理解图形所表达的数据特征与含义。本章内容为必修内容，建议讲授 3 学时，实践训练 2 学时。

7.1　Excel 图形绘制基础

7.1.1　创建图形的基本步骤

Excel 具有完整的图表功能，它不仅可以生成条形图、折线图、饼图等标准图表，还可以生成较为复杂的三维立体图表。Excel 提供了面积图、柱形图、条形图、折线图、饼图、圆环图、气泡图、雷达图、股价图、曲面图、散点图、锥形图、瀑布图等多种图表类型，每种图表类型又设有几种不同的子类型。Excel 2019 中新增了地图图表和漏斗图。不同图形由于其形态不同在制作上也有一定的差异，但总体来看，任何一种图形的制作基本都要完成以下操作。

Step1：按要求建立数据文件。不同的图形对数据的设置有特殊的要求。例如，绘制散点图时，自变量 X 在前，因变量 Y 在后；绘制比较条形图时，一个数据系列设为正值，另一个系列必须设为负值，以确保两个条形分布到坐标轴原点的两边。

Step2：选定数据区域，选择“插入”选项卡。

Step3：根据绘图目的在“插入”选项卡的“图表”组中选择合适的图表类型。

Step4：对生成的初始图形进行编辑与修饰。图形编辑的基本方法是先选定需要修改的区域（图表项目），然后按右键打开相应的格式设置对话框对所选区域的格式进行重新设置或必要的调整。

7.1.2　图形的编辑和修饰

图形的编辑与修饰需要使用“图表工具”选项卡。当选定创建好的统计图时，会在 Excel 功能区出现图 7-1 所示的“图表工具”选项卡。

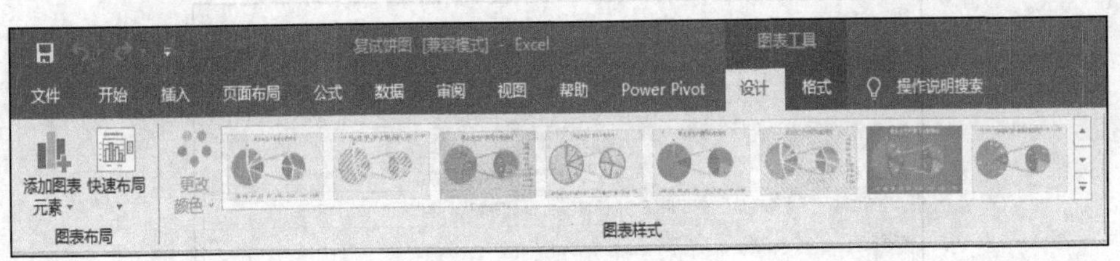

图 7-1　“图表工具”选项卡

Excel 的“图表工具”分为“设计”和“格式”两个选项卡，各自的功能如下。

“设计”选项卡用于对整体图形进行修改。其中，“类型”组用于更改统计图的图表类型；“数据”组用于更改统计图的数据来源；“图表布局”组用于调整图表的布局和设置图表中某些元素的显示，是编辑与修饰统计图形最重要的选项之一，包括“快速布局”和“添加图表元素”两个按钮；“图表样式”组用于改变统计图的整体颜色；“位置”组用于移动整个统计图从当前工作表到其他工作表中。

“格式”选项卡用于对图表的其他格式进行调整。“大小”组可以通过设置具体数值更改图表的大小；“形状样式”组可以对图形的边框、填充、阴影等进行设置。若要更改图表中某一项的格式，只需要选择该项，然后在格式中设置即可；若要改变图表的背景，那么就可以选定整个图表区，然后在“形状填充”下拉列表中选择相应的填充颜色即可。

7.1.3　图形中数据系列的操作

在图形制作过程中，经常需要对数据系列进行修改、删除、添加、使用次坐标、处理缺失值等操作。对数据系列的操作方法是先激活图表，然后单击需要操作的数据系列，并且要注意，选择的是整个系列，而不只是单个数据点。下面对数据分析中常见的几种数据系列操作进行介绍。此部分操作数据可参考示例文件 data7。

1. 数据系列的增删

在数据系列的增删操作中，数据系列的删除相对简单，只需在选中数据系列后按 Delete 键，即可从图表中将其移除。这里主要介绍如何在 Excel 图表中增添数据系列。

方法 1：激活图表，依次单击“设计”→“选择数据”按钮，弹出图 7-2 所示的“选择数据源”对话框。在此对话框中，单击“添加”按钮，在随后出现的“编辑数据系列”对话框中输入要添加的“系列名称”和“系列值”所在区域，也可以单击“系列名称”和“系列值”文本框右侧的按钮进行选择。添加完毕后单击“确定”按钮，新系列就会出现在图形中。

方法 2：选定要被添加的数据系列单元格区域并复制到剪切板上，然后激活图表，右击，在弹出的快捷菜单中选择“粘贴”命令。

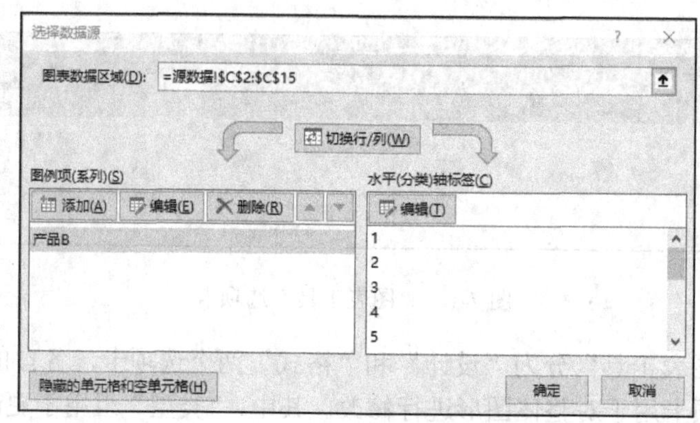

图 7-2 “选择数据源”对话框

2. 缺失数据的处理

处理缺失数据不能在“数据系列格式”对话框中进行操作，需要采用其他方法，具体步骤如下。

Step1：选中图表，单击“图表工具”→“设计”→“选择数据”按钮，弹出图 7-2 所示的“选择数据源”对话框。

Step2：单击“选择数据源”对话框左下方的“隐藏的单元格或空单元格”按钮，弹出“隐藏和空单元格设置”对话框，在此对话框中关于空单元格有三种显示方式，即空距、零值、用直线连接数据点，如图 7-3 所示。

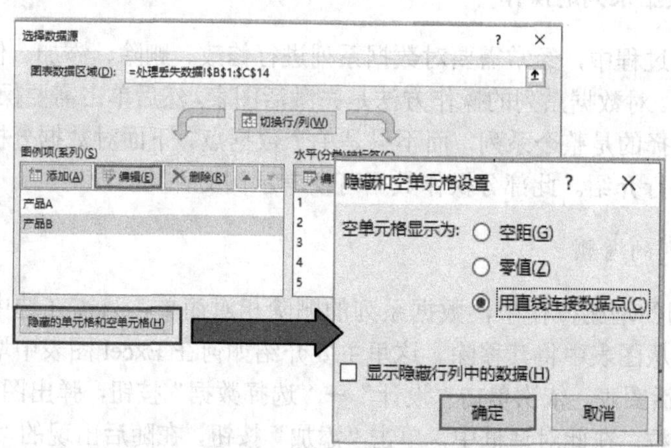

图 7-3 “隐藏和空单元格设置”对话框

下面分别说明三种情况下的图形效果。

图 7-4 所示为丢失了一个数据的折线图，其中的产品 B 缺少一个数据，折线图出现了不连续的现象，这是因为在默认情况下，Excel 对缺失数据的处理方式为“不绘制（空距）”。

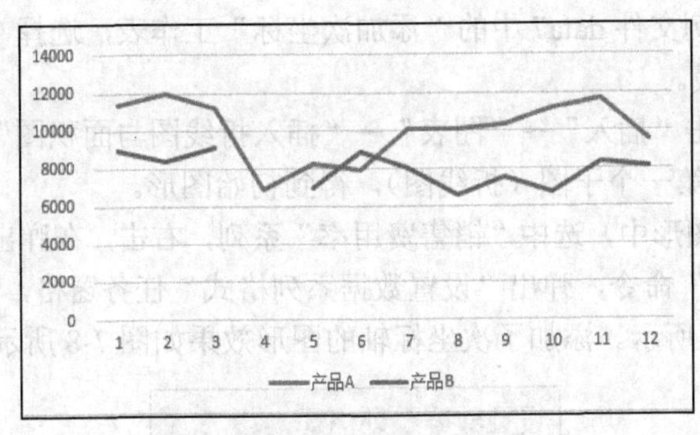

图 7-4　缺失数据显示为“空距”

若选择以“零值”代表，则效果如图 7-5 所示。

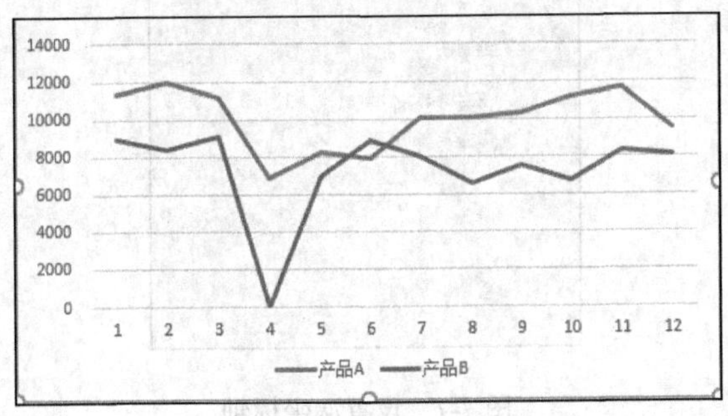

图 7-5　缺失数据显示为“零值”

如果选择“用直线连接数据点”方式，则绘制的折线图效果如图 7-6 所示。此功能只对折线图、面积图和散点图有效。

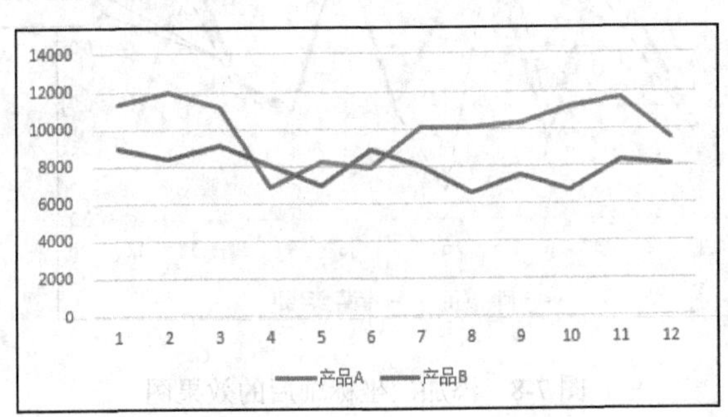

图 7-6　“用直线连接数据点”方式处理缺失值

3. 使用次坐标

当需要把数值差异较大的两个数据系列绘制在一张图中时，就需要使用次坐标。添加次坐标的方法也很简单，具体操作步骤如下。

Step1：打开示例文件 data7 中的“添加次坐标”工作表，选择“销售费用”和“销售费用率”两个字段。

Step2：依次单击“插入”→“图表”→“插入折线图与面积图”按钮，选择其中的“二维折线图”下的第一个子图（折线图），得到初始图形。

Step3：在初始图形中，选中“销售费用率”系列，右击，在弹出的快捷菜单中选择“设置数据系列格式”命令，弹出“设置数据系列格式”任务窗格，并选中“次坐标轴”单选按钮，如图 7-7 所示。添加了次坐标轴的图形效果如图 7-8 所示。

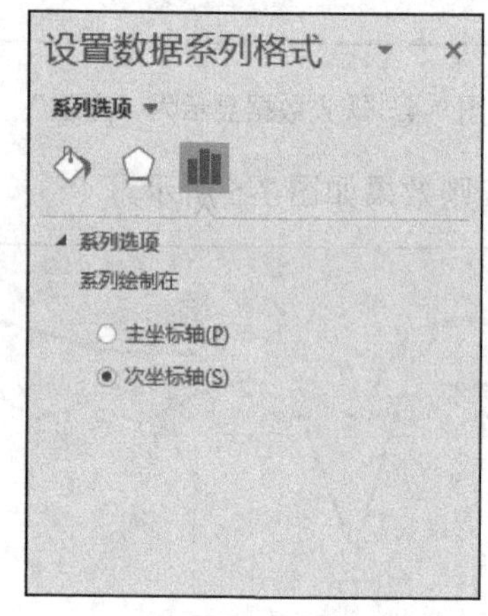

图 7-7　设置次坐标轴

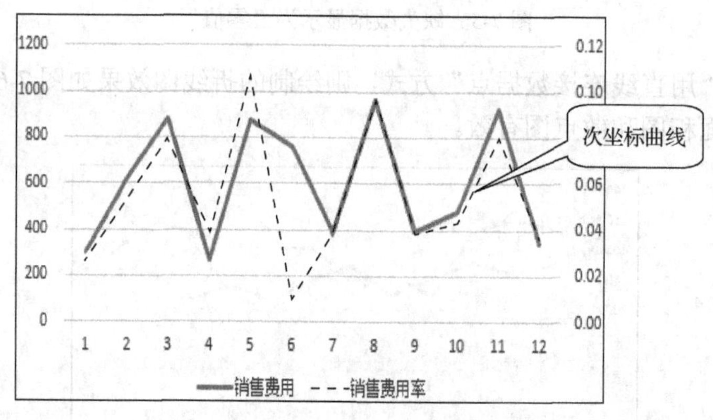

图 7-8　添加次坐标轴后的效果图

7.2　基础图形绘制

选择要创建图表的数据单元格区域之后，在“插入”选项卡的“图表”组中单击右下角的“扩展”按钮，弹出“插入图表”对话框。切换到“所有图表”选项卡，可以看

到为了满足用户对各种图表的需求，Excel 2019 提供了 17 种图表类型，每种图表类型还包含一种和多种子类型，如图 7-9 所示。由于篇幅有限，这里主要介绍数据分析中常用图形的绘制方法。

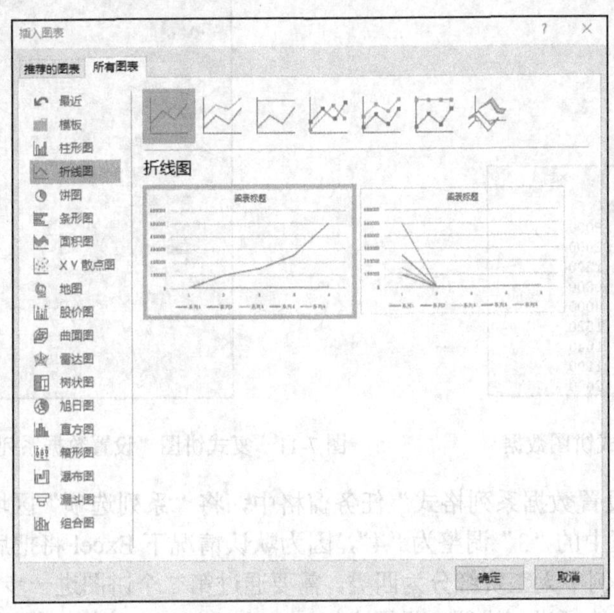

图 7-9 “插入图表”对话框

7.2.1 饼图

饼图以圆心角不同的扇形显示某一数据系列中每一项数值与总和的比例关系，在需要突出某个重要项目或进行构成分析时十分有用。对于少量数据点的情况最为有效，通常饼图应使用不超过 5 个或 6 个数据点（或饼扇区），具有过多数据点的饼图很难清楚地说明问题。

Excel 饼图包括简单饼图、三维饼图、子母饼图、复式条饼图、圆环图五种，其中简单饼图、三维饼图、圆环图操作简单，所里这里主要介绍复式饼图的绘制过程。

复式饼图包括子母饼图和复式条饼图，是从主饼图中提取部分数值，将其组合到旁边的另一个饼图（或堆积条形图）中。复式饼图主要用于多个数据点的数据值小于饼图的 5%，或者需要对总体中的某一类数据进行细分的情况。

【例 7-1】某公司 5 月份商品流通过程中的各项费用如图 7-10 所示，根据该组数据绘制复式饼图反映该公司流通费用的支出构成。

Step1：打开示例文件 data7-1，选中单元格区域 A1:B10，选择“插入”选项卡，在“图表”组中依次选择“饼图”→“二维饼图”→“子母饼图”选项，得到初始图形。

Step2：选定图形中第二分区（子饼图），右击，在弹出的快捷菜单中选择“设置数据系列格式”命令，弹出图 7-11 所示的任务窗格。

	A	B	C
1	项目	金额	
2	运输	8000	
3	存储	32000	
4	保管	1200	
5	利息	6800	
6	其他	4000	
7	人工费A	1520	
8	人工费B	1640	
9	人工费C	1100	
10	人工费D	2600	

图 7-10　复式饼图数据

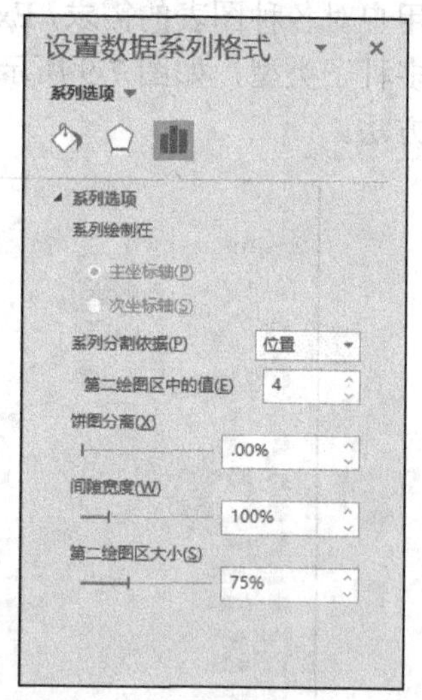

图 7-11　复式饼图“设置数据系列格式”任务窗格

Step3：在“设置数据系列格式”任务窗格中，将“系列选项”区域中的“第二绘图区中的值”文本框中的“3”调整为“4”，因为默认情况下 Excel 将把后三个数据点移动到附属图表中。本例中人工费细分为四类，需要通过第二个饼图进一步表现。此外，根据需要还可以对其他选项进行设置。设置完毕，单击“关闭”按钮，得到初始复式条饼图。

Step4：选定图形，右击，在弹出的快捷菜单中选择“添加数据标签”命令，并通过“设置数据标签格式”任务窗格将数据标签值改为“百分比”。

Step5：修改图表标题为“某企业生产费用分配情况”，最终图形如图 7-12 所示。按照同样的步骤和操作可以绘制复式条饼图。

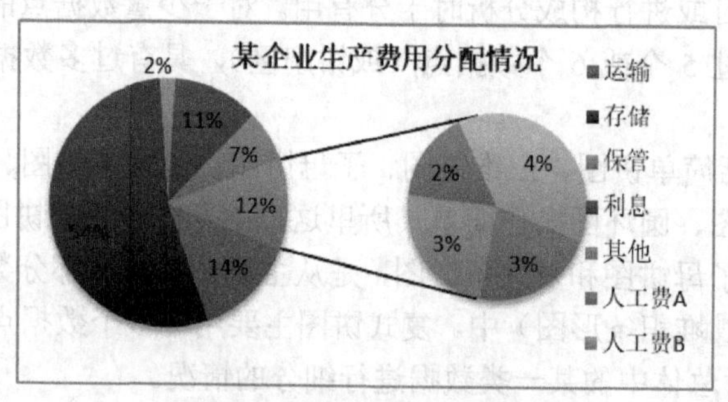

图 7-12　复式条饼图

7.2.2　柱形图

柱形图用于显示不同项目之间的对比，也可反映一段时间内数据的变化，柱形图有六种不同类型的图形：簇状柱形图、堆积柱形图、百分比堆积柱形图、三维簇状柱形图、三维堆积柱形图和三维百分比堆积柱形图。其中，三维柱形图的显示效果与二维效果一样，只是显示的柱状不同，分别有柱形、圆柱状、圆锥形和棱锥形，各种类型的柱形图含义如下。

- ✧ 簇状柱形图：用于比较类别间的值，水平方向表示类别，垂直方向表示各分类的值。
- ✧ 堆积柱形图：可以显示各个项目与整体之间的关系，用于比较各类别的值在总和中的分布情况。
- ✧ 百分比堆积柱形图：以百分比形式比较各类别的值在总和中的分布情况，垂直轴的刻度显示为百分比而非数值。

下面通过实例说明各种柱形图的绘制过程。

【例 7-2】某公司 1～4 月各种商品的销售量资料如图 7-13 所示，绘制不同类型的柱形图比较各种商品的销售量。

	A	B	C	D	E
1	商品名称	一月	二月	三月	四月
2	冰箱	50	50	30	20
3	空调	60	45	25	25
4	洗衣机	30	30	60	22
5	电脑	16	18	20	16
6	饮水机	16	18	20	10
7					

图 7-13　柱形图数据

（1）绘制簇状柱形图

打开示例文件 data7-2，选中单元格区域 A1:E6，选择“插入”选项卡，在“图表”组中依次选择“柱形图”→“二维柱形图”→“簇状柱形图”选项，得到图 7-14 所示的图形。从图表中可以直接比较出各种商品在不同月份的销售情况，此外，还可以看出各种商品的销售量在各个月份的变动趋势。

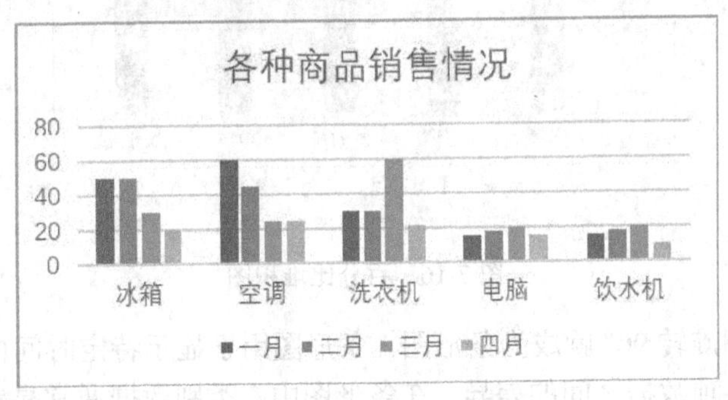

图 7-14　簇状柱形图

（2）绘制堆积柱形图

打开示例文件 data7-2，选中单元格区域 A1:E6，选择“插入”选项卡，在“图表”组中依次选择“柱形图”→“二维柱形图”→“堆积柱形图”选项，得到图 7-15 所示的图形。从图形可以清楚地看出各种商品不同月份的销售量与总销售量之间的比例关系，同时可以比较各种商品四个月的总销售量。

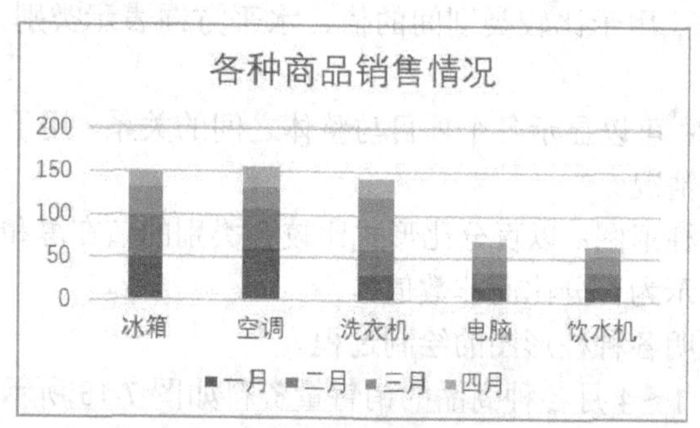

图 7-15　堆积柱形图

（3）绘制百分比柱形图

打开示例文件 data7-2，选中单元格区域 A1:E6，选择“插入”选项卡，在“图表”组中选择“柱形图”→“二维柱形图”→“百分比柱形图”选项，得到如图 7-16 所示的图形。从图形可以看出各种商品不同月份的销售量占总体的百分比。需要注意的是，这里的纵坐标轴显示的是百分比值，即图形是按销售量百分比绘制的，但数据标签是销售量数据，两者结合既可以看出各部分所占百分比，也可以了解实际销售量。

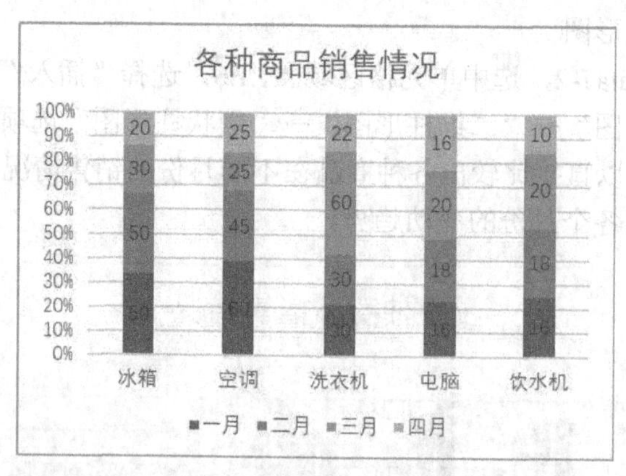

图 7-16　百分比堆积图

此外，柱形图旋转 90° 就成为条形图。条形图用于显示特定时间内各项数据的变化情况，或者比较各项数据之间的差异。在条形图中，类别数据通常显示在垂直轴上，数值显示在水平轴上，以突出数值的比较。使用条形图的一个明显优点在于用户可以更方便地阅读分类标签。特别是当分类标签很长时，在柱形图中清楚地显示它们是很困难的，所以如果有冗长的分类标签，就可以选择使用条形图，如图 7-17 所示。

条形图的子图类型与柱形图基本一致，各种子图表类型的用法与用途也基本相同，

所以关于条形图的绘制方法从略。

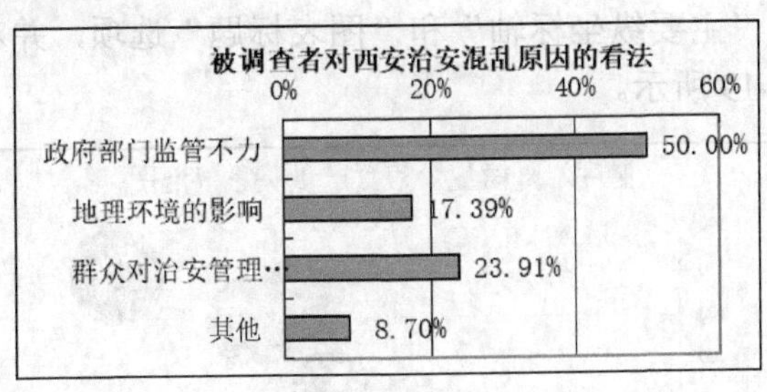

图 7-17 条形图

7.2.3 气泡图

气泡图是 XY 散点图的拓展，其相当于在 XY 散点图的基础上增加了第三个变量。Excel 中的散点图可以显示两组数据之间的关系，而气泡图则可以显示三组数据之间的关系。气泡图包括两种子图表类型，即普通气泡图和三维气泡图。下面通过实例介绍气泡图的绘制方法。

【例 7-3】图 7-18 所示是 7 个地区的温度、降雨量和粮食产量数据，根据该组数据绘制气泡图表现温度、湿度及粮食产量三者之间的关系。

	A	B	C	D
1	地区序号	温度（X轴）	降雨量（Y轴）	粮食产量（气泡大小）
2	地区1	6	25	2250
3	地区2	8	40	3450
4	地区3	10	58	4500
5	地区4	13	68	5750
6	地区5	14	110	5800
7	地区6	16	98	7500
8	地区7	21	120	8250

图 7-18 气泡图数据

Step1：打开示例文件 data7-3，选中数值所在的单元格区域 B2:D8。

注意：

与制作其他图表（如柱形图）不同，制作柱形图时，需先选择数据区域中的所有单元格再插入图表。但在制作气泡图时，如果选择了标题所在的第一行，就会在气泡图中出现一些需要删除的内容。

Step2：选择“插入”选项卡，在“图表”组中依次选择“插入散点图或气泡图”→“三维气泡图”（气泡图的第二个子图）选项，得到初始气泡图。

Step3：右击某个数据系列点（气泡），选择“设置数据系列格式”，在弹出的任务窗格中选择“填充”选项，选中“依数据点着色”复选框，为每个数据点设置不同的颜色。

Step4：添加图表和坐标轴标题。选定图表，在功能区中选择“图表工具”中的“设计”选项卡，单击“添加图表元素”按钮，在展开的工具列表中选择“坐标轴标题”中的“主要横坐标轴”、“主要纵坐标轴”和“图表标题”选项，并对文字进行编辑和修改。最终结果如图 7-19 所示。

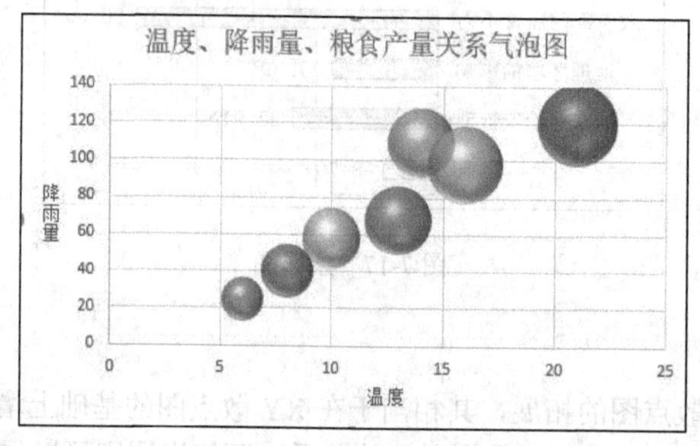

图 7-19　最终气泡图

图 7-19 中各地区粮食产量的变化用气泡大小表示，由此可以看出，温度、降雨量与粮食产量密切相关，温度越高，降雨量越大，粮食产量越高。

7.2.4　雷达图

雷达图是数据分析中应用较多且制作简单的一种多指标综合评价统计图，主要用于研究多个样本（总体）之间的相似程度，在显示或对比各变量的数值总和时也十分有用。在经济管理活动中，利用雷达图可以比较不同国家、不同地区之间的经济实力和发展程度，也可以比较不同地区或不同单位工作业绩的差别等。

Excel 2019 中提供了三种雷达图，即普通雷达图、数据点雷达图和填充雷达图。下面以数据点雷达图为例介绍雷达图的绘制过程。

【例 7-4】某地区 2019 年城乡居民各项消费支出数据如图 7-20 所示，根据该组数据绘制雷达图，比较该地区城乡居民消费支出水平的差异。

	A	B	C
1	项目	城镇居民	农村居民
2	食品	1942.59	1115.28
3	家庭设备用品及服务	778.91	334.41
4	医疗保健	574.89	310.41
5	交通运输	437.68	287.45
6	娱乐教育文化服务	490.9	278.92
7	居住	706.38	373.18
8	杂项商品与服务	616.64	458.23
9	其他	443.65	259.27
10	合计	5991.64	3417.15

图 7-20　雷达图数据

Step1：打开示例文件 data7-4，选中 A1:C9 单元格区域，注意不要选中合计项。

Step2：选择“插入”选项卡，在“图表”组中依次选择“推荐的图表”→“所有图表”→“雷达图”→“带数据标记的雷达图”选项，如图 7-21 所示，单击“确定”按钮后得到初始雷达图。

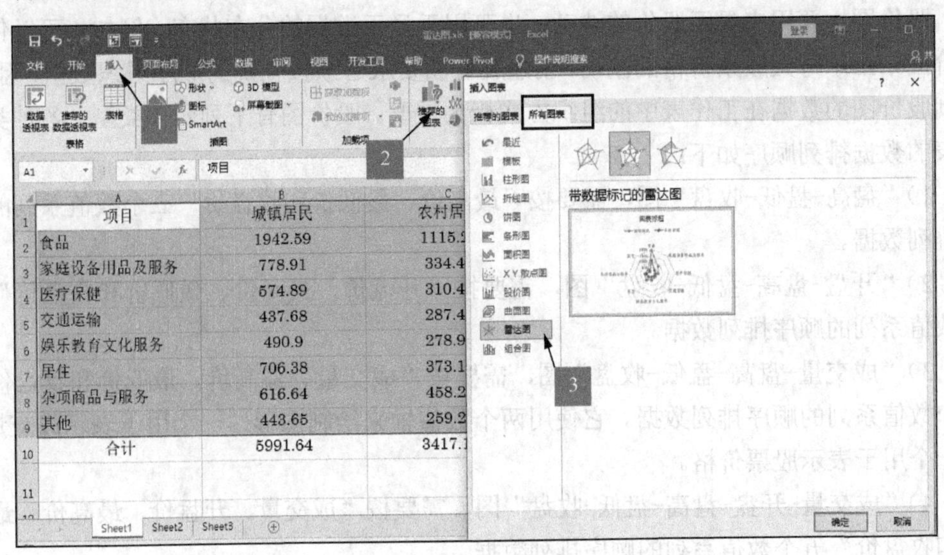

图 7-21　插入雷达图

Step3：编辑与修饰图形。选中图形，在 Excel 功能区出现“图表工具”，通过其中的“设计”选项卡调整图形中各元素的布局，删除图形中不必要的元素；通过“格式”选项卡对图形的坐标轴、数据标签、图例等进行编辑和修改，最终图形如图 7-22 所示。

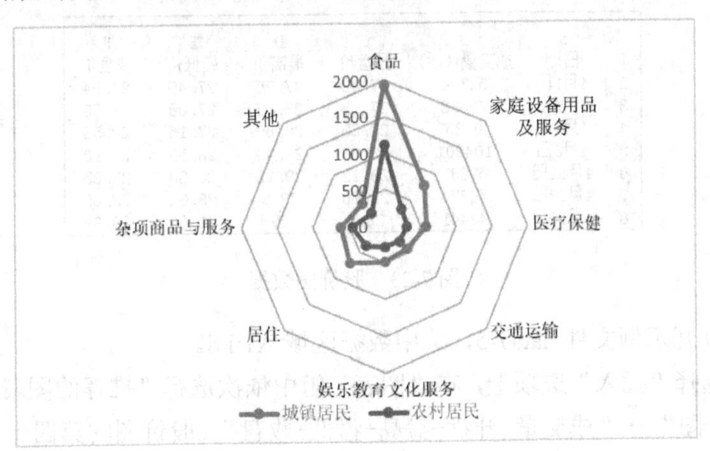

图 7-22　最终雷达图

由图 7-22 可以看出，该地区 2019 年农村居民消费支出结构与城乡居民类似，都是以食品支出为主。但总体上，农村居民的消费支出水平低于城镇居民。

7.2.5 股价图

股价图主要用来显示股价的波动，也可用于显示数据的分布状态。例如，可以使用股价图来显示每天股票价格的波动。创建股价图要求必须按正确的顺序组织数据，因此，绘制股价图的数据在工作表中的组织方式极为重要。股价图有下列四种类型，各种类型图表的数据排列顺序如下：

1）“盘高-盘低-收盘”图，需要按“最高价、最低价和收盘价”三个数值系列的顺序排列数据。

2）“开盘-盘高-盘低-收盘”图，需要按“开盘价、最高价、最低价和收盘价”四个数值系列的顺序排列数据。

3）“成交量-盘高-盘低-收盘”图，需要按“成交量、最高价、最低价和收盘价”四个数值系列的顺序排列数据。它使用两个数值轴来绘制图形：一个用于表示成交量，另一个用于表示股票价格。

4）“成交量-开盘-盘高-盘低-收盘”图，需要按“成交量、开盘价、最高价、最低价和收盘价”五个数值系列的顺序排列数据。

下面通过实例介绍利用 Excel 绘制股价图的操作过程。

【例 7-5】某股票 4 月 1 日至 4 月 13 日的成交量及价格数据如图 7-23 所示。数据按“成交量、开盘价、最高价、最低价和收盘价”的次序排列，各类数据占一列。根据该组数据绘制“成交量-开盘-盘高-盘低-收盘”股价图。

	A	B	C	D	E	F
1	日期	成交量（手）	开盘价	最高价	最低价	收盘价
2	4月1日	52704	27.49	27.95	27.45	27.94
3	4月6日	70633	27.93	27.93	27.08	27.35
4	4月7日	104263	27.35	28.69	27.16	28.53
5	4月8日	104901	28.83	29.49	28.53	29.16
6	4月11日	69387	29.12	29.15	28.33	28.35
7	4月12日	44274	28.36	28.9	28.32	28.65
8	4月13日	43441	28.5	29	28.02	28.99

图 7-23　股价图数据

Step1：打开示例文件 data7-5，选中数据区域 A1:F8。

Step2：选择“插入”选项卡，在“图表”组中依次选择“推荐的图表”→“所有图表”→“股价图”→“成交量-开盘-盘高-盘低-收盘”（股价图的第四个子图）选项，得到图 7-24 所示的初始股价图。

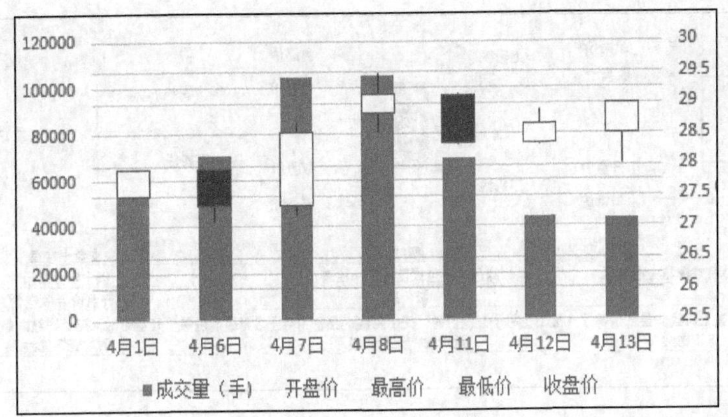

图 7-24　初始股价图

Step3：美化图形。一是调整主坐标轴的最大刻度值为 300000，以降低柱形高度；二是将次坐标的刻度值改为整数，最终结果如图 7-25 所示。

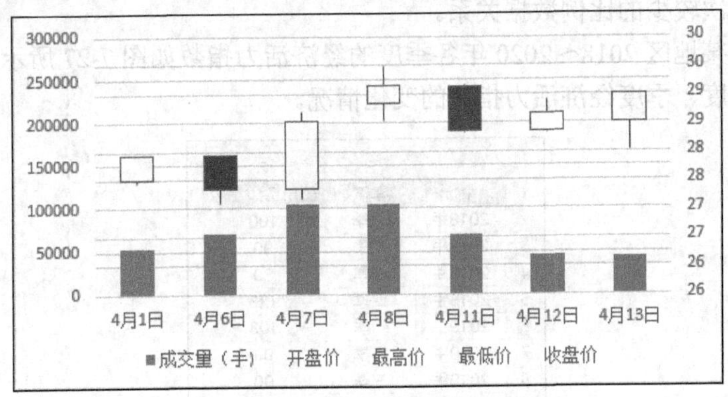

图 7-25　最终股价图

关于股价图中的 K 线：K 线有日 K 线、周 K 线、月 K 线，还有 60 分钟 K 线、30 分钟 K 线等几种。一般看日 K 线，一个日 K 线图内包括了一天的股票价格信息（开盘价、收盘价、最高价、最低价）。对日 K 线来说，一根 K 线代表一天，由影线和实体组成。中间空心（红色）或实心（绿色）的部分为实体，实体上下部分的线称为影线。影线在实体上方的部分称为上影线，在实体下方的部分称为下影线。K 线又分阴线（绿色）和阳线（红色）。阴线表示当天股价下跌，则实体顶端为开盘价，实体底端为收盘价；阳线表示当天股价上涨，则实体底端为开盘价，顶端为收盘价。无论是阴线还是阳线，上影线的最顶端都表示当日最高价，而下影线的最底端都表示当日最低价。K 线的实体越长，代表当日股价涨跌幅度越大（图 7-26）。一般来说，上影线越长，股价的支撑越强，越有上涨的可能；下影线越长，股价的阻力越大，越有下跌的可能。

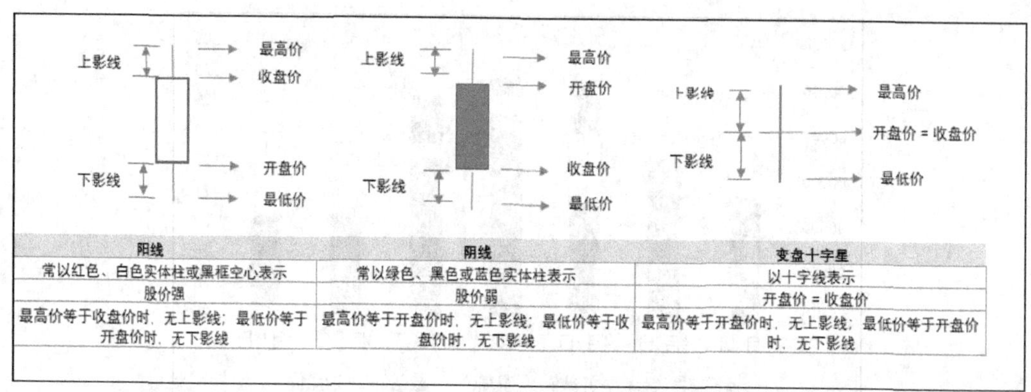

图 7-26　股价图中 K 线的含义

7.2.6　树状图

树状图用来比较层次结构不同级别的值，但它是以矩形显示层次结构中的比例，特别适合展示层次较少的比例数据关系。

【例 7-6】某地区 2018～2020 年各季度的经济活力指数如图 7-27 所示，绘制树状图反映该地区年度、季度经济活力指数的变化情况。

	A	B	C
1	年份	季度	经济活力指数
2	2018年	一季	100
3	2018年	二季	90
4	2018年	三季	89
5	2018年	四季	123
6	2019年	一季	103
7	2019年	二季	93
8	2019年	三季	90
9	2019年	四季	120
10	2020年	一季	109
11	2020年	二季	96
12	2020年	三季	94
13	2020年	四季	128

图 7-27　树状图数据

Step1：打开示例文件 data7-6，选中 A1:C13 单元格区域，在“插入”选项卡中依次选择“插入层次结构图表”→“树状图”选项，即可在工作表中插入树状图，如图 7-28 所示。

Step2：双击图表区域，在弹出的“设置图表区格式”任务窗格中选择“图表选项”中的“填充与线条”选项卡，选中“边框”下的“无线条”单选按钮，将图表区设置为无边框。选中图表区，鼠标指针停在图表区各个控制点上，当鼠标指针形状变化后拖动控制点，调整图表大小，如图 7-29 所示。

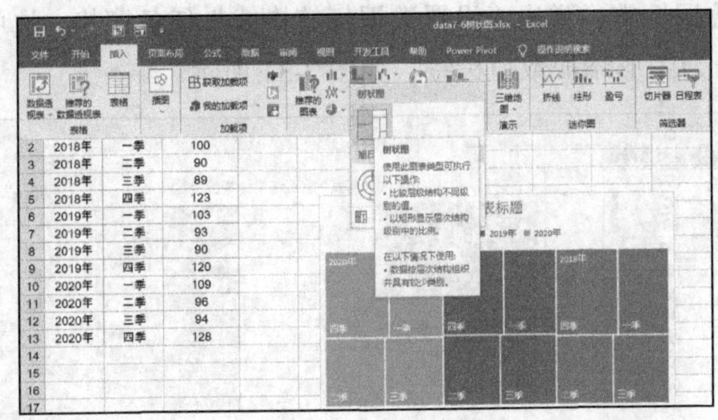

图 7-28　插入树状图

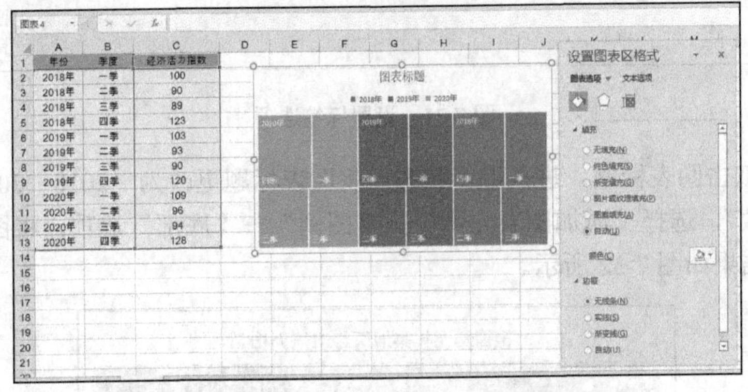

图 7-29　设置绘图区域无边框

Step3：双击“树状图”数据系列，弹出“设置数据系列格式”任务窗格，单击图表数据点，如 2020 年，弹出“设置数据点格式”任务窗格，切换到“填充与线条”选项卡，选择“填充”→“纯色填充”→“颜色”选项，将颜色设置为蓝色，按同样的方法将数据点 2019 年和 2018 年分别设置为黄色和橙色，如图 7-30 所示。

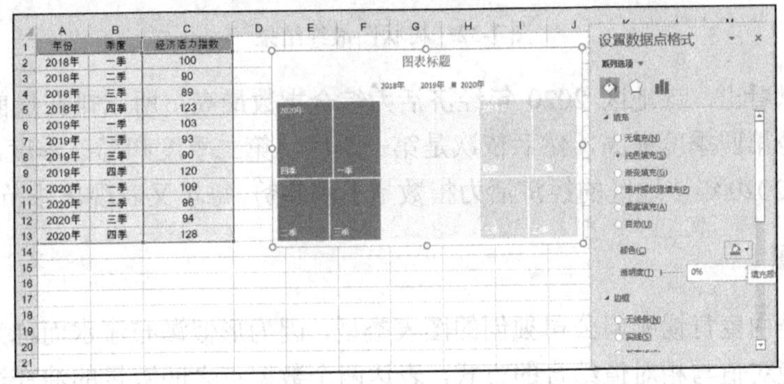

图 7-30　设置数据点的颜色

Step4：双击数据标签，弹出“设置数据标签格式”任务窗格，选中“标签选项”中的“值”复选框，为图形添加数值标签，如图 7-31 所示。

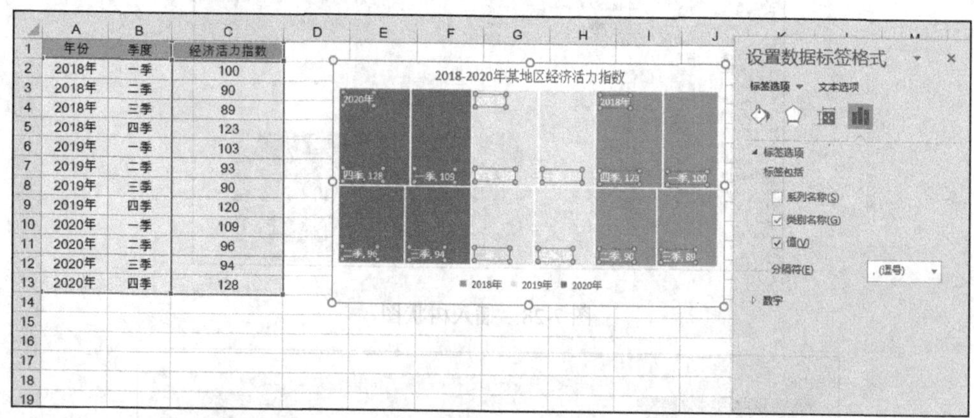

年份	季度	经济活力指数
2018年	一季	100
2018年	二季	90
2018年	三季	89
2018年	四季	123
2019年	一季	103
2019年	二季	93
2019年	三季	90
2019年	四季	120
2020年	一季	109
2020年	二季	96
2020年	三季	94
2020年	四季	128

图 7-31　设置标签选项

Step5：双击图表标题，进入编辑状态，将图表标题更改为“2018—2020 年某地区经济活力指数”，选择“添加图表元素”→“图例”→“底部”选项，将图例置于图形下方，最终结果如图 7-32 所示。

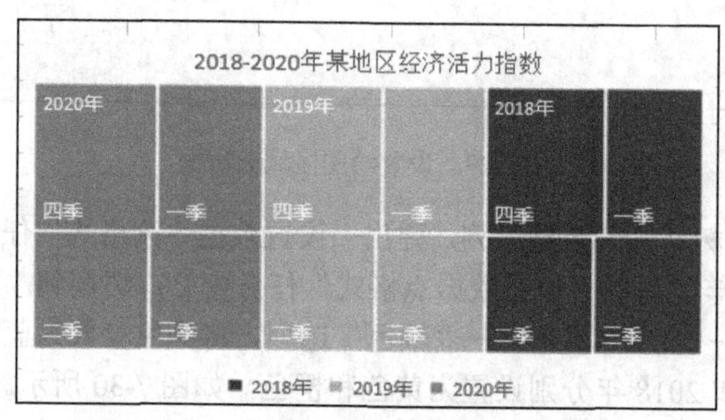

图 7-32　树状图最终结果

由图可以看出，该地区 2020 年经济活力综合指数最高，所以排在最前面。就每一年来看，都是第四季度最高，然后依次是第一季度、第二季度和第三季度。总体来看，从 2018 年到 2020 年该地区的经济活力指数呈上涨趋势，每年又表现出季节变动的规律。

7.2.7　瀑布图

瀑布图是由麦肯锡顾问公司独创的图表类型，因为形似瀑布流水而称为瀑布图。这种图表采用绝对值与相对值结合的方式，表达两个数据点之间数量的演变过程（即有数据流入或流出），流入表示为正数，流出表示为负数。Excel 2019 中引入了瀑布图，使用

内置的瀑布图表类型，不需要用户构建数据，直接选择数据插入瀑布图即可。在此之前绘制瀑布图，需要在设置辅助数据系列的基础上绘制堆积柱形图，并通过各种图形修饰与编辑才能完成。

【例 7-7】某企业一月份的主要财务指标数据如图 7-33 所示，绘制瀑布图反映指标之间的变化关系。

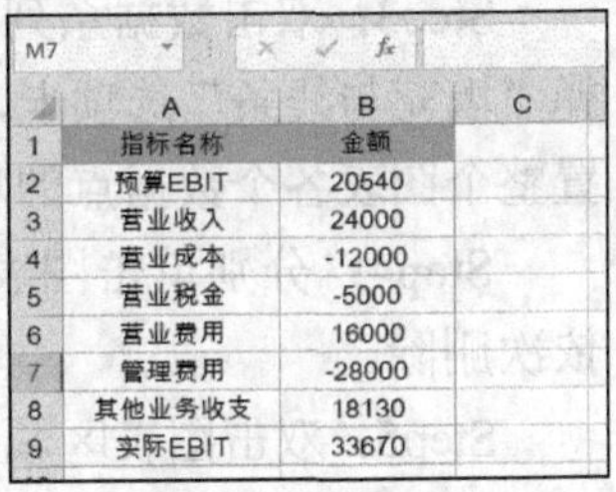

	A	B	C
1	指标名称	金额	
2	预算EBIT	20540	
3	营业收入	24000	
4	营业成本	-12000	
5	营业税金	-5000	
6	营业费用	16000	
7	管理费用	-28000	
8	其他业务收支	18130	
9	实际EBIT	33670	

图 7-33　瀑布图数据

Step1：打开示例文件 data7-7，选中 A1:B9 单元格区域，在“插入”选项卡中依次选择“插入瀑布图、漏斗图、股价图”→“瀑布图”选项，如图 7-34 所示。

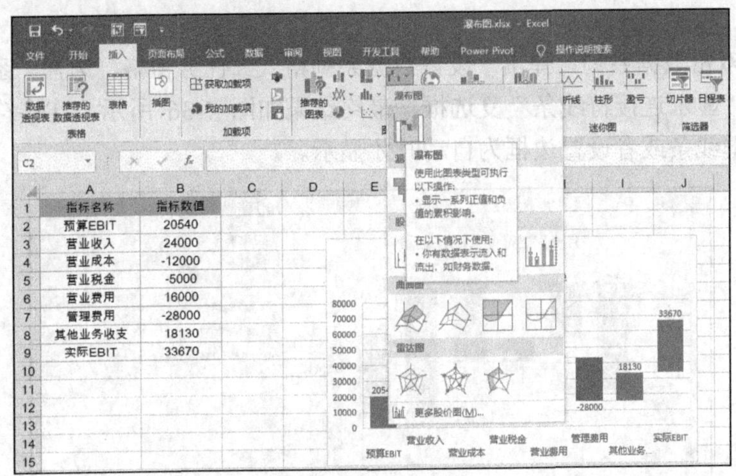

图 7-34　插入瀑布图

Step2：单击“瀑布图”数据系列，右击“实际 EBIT”数据点，在弹出的快捷菜单中选择“设置为汇总”命令，使用同样的方式设置“预算 EBIT”数据点，如图 7-35 所示。

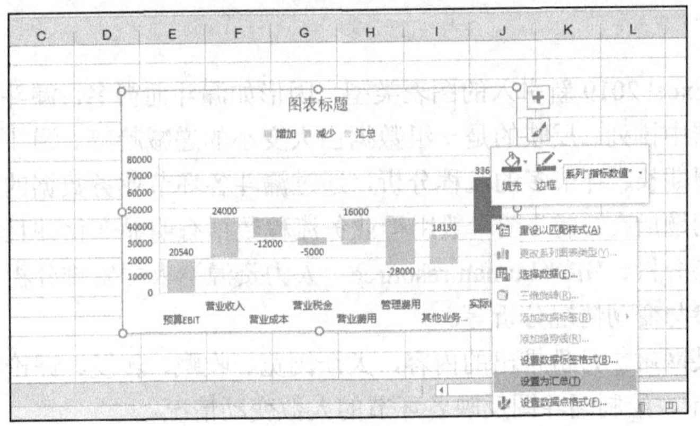

图 7-35　设置数据点为汇总

Step3：双击数据系列，弹出“设置数据系列格式”任务窗格，单击图表数据点，选择“填充与线条”选项卡，依次选择“填充”→“纯色填充”→“颜色”选项，依次设置整个图表各个数据点的填充颜色。

Step4：分别单击图表“网格线”、“刻度坐标轴”和“图例”按钮，按 Delete 键依次删除。

Step5：双击图表区域，选择“设置图表区格式”任务窗格中的“填充与线条”选项卡，选中“边框”下的“无线条”单选按钮，将图表区设置为无边框。选中图表区，鼠标指针停在图表区各个控制点上，当鼠标指针形状变化后拖动控制点，调整图表大小。

Step6：双击图表标题，进入编辑状态，更改图表标题文字为“一月份主要财务指标增减情况”。

Step7：双击数据系列，弹出“设置数据系列格式”任务窗格，选择“系列选项”选项卡，选中“显示连接符线条”复选框，最终结果如图 7-36 所示。连接符线条只有在柱形设置边框线条或者设置边框为自动时才显示。

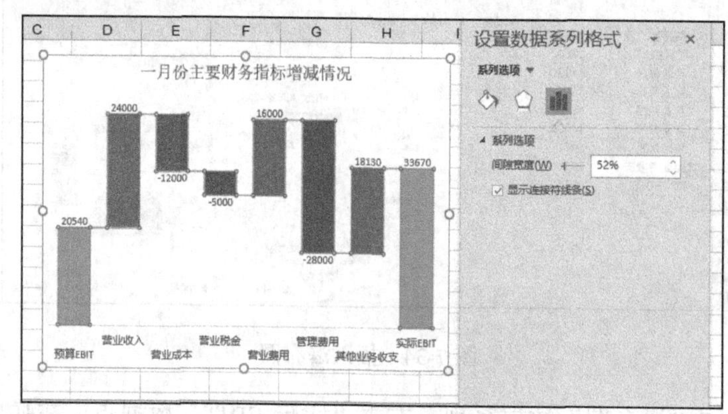

图 7-36　显示连接符线条

7.2.8　漏斗图

漏斗图是 Excel 2019 新引入的图表类型，因形如漏斗而得名。漏斗图从上到下，数据条由大到小居中排列，反映的是一组数据由大变小的递减趋势。漏斗图适用于业务流程比较规范、周期长、环节多的流程分析，通过漏斗各环节业务数据的比较，能够直观地发现和说明问题所在。漏斗图一般用于业务流程数据有明显变化并且有对比分析意义的场景，如销售分析、HR（human resource，人力资源）人力安排分析、各类活动或比赛各阶段人员参与变动情况分析等。

【例 7-8】某网站二月份推出的内容，大众浏览、收藏、转发、评论和关注的相关数据如图 7-37 所示，绘制漏斗图反映各环节的人数变动情况。

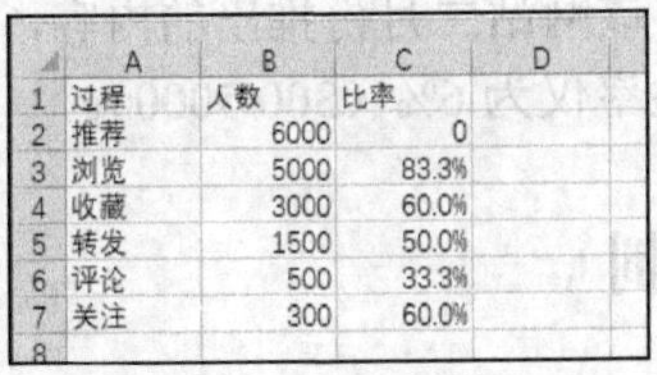

	A	B	C	D
1	过程	人数	比率	
2	推荐	6000	0	
3	浏览	5000	83.3%	
4	收藏	3000	60.0%	
5	转发	1500	50.0%	
6	评论	500	33.3%	
7	关注	300	60.0%	
8				

图 7-37　漏斗图数据

Step1：打开示例文件 data7-8，选择 A1:B7 单元格区域，在“插入”选项卡中依次选择“插入瀑布图、漏斗图、股价图”→“漏斗图”选项，如图 7-38 所示。

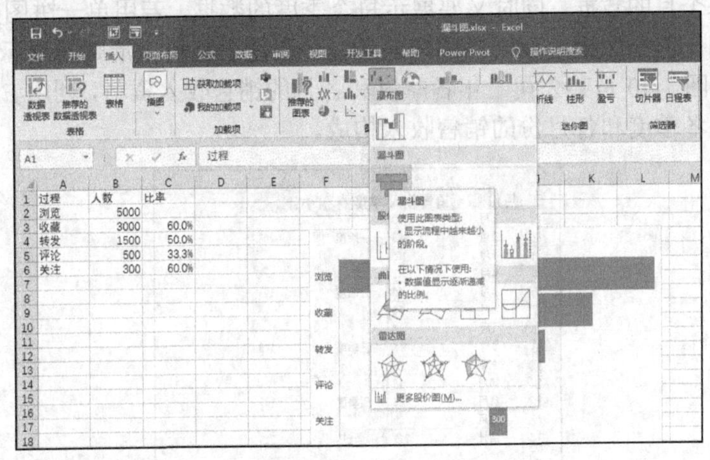

图 7-38　插入漏斗图

Step2：双击漏斗图数据系列，弹出“设置数据系列格式”任务窗格，选择“系列选项”选项卡，设置“间隙宽度”为 20%，并将图表标题更改为“二月份网站内容大众关注情况”。其他格式设置可以参考瀑布图的设置方法，最终结果如图 7-39 所示。

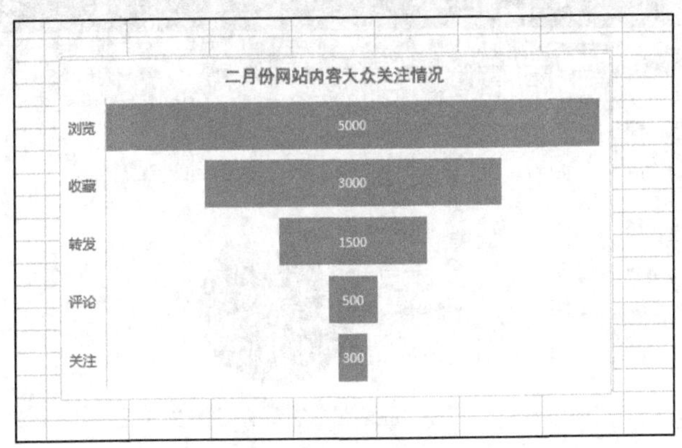

图 7-39　完成的漏斗图

通过观察图表可以看出，该网站二月份推出的内容，从浏览到最后的关注，各阶段的人数在不断下降，整体关注率仅为 6%（300/5000）。

7.3 高级图形绘制

7.3.1 双层圆饼图

复式饼图可以表达某一饼块的下属子集组成，但是如果对每一块饼，都要显示其下属子集的组成，就需要根据实际数据绘制多层饼图，其中最常见的是两层饼图。例如，要展示全年每个月的数据，同时又要展示每个季度的数据，若用单一饼图则需要制作两个不同的饼图，但是如果用双层饼图来显示，一张图表就可以清晰地展示需要的数据。

【例 7-9】图 7-40 是某公司一年各季度和各月的销售收入资料，利用 Excel 绘制双层饼图，以反映各季度和各月份的销售收入构成。

	A	B	C	D	E
1	月份	销售收入	季度	小计	
2	1月	60			
3	2月	73	一季度	208	
4	3月	75			
5	4月	43			
6	5月	80	二季度	193	
7	6月	70			
8	7月	32			
9	8月	58	三季度	119	
10	9月	29			
11	10月	45			
12	11月	68	四季度	193	
13	12月	80			
14	合计	713	合计	713	
15					

图 7-40　双层饼图原始数据

Step1：打开示例文件 data7-9，选中 A1:B13 单元格区域，依次单击“插入”→“饼图”按钮，创建月份销售收入饼图，如图 7-41 所示。

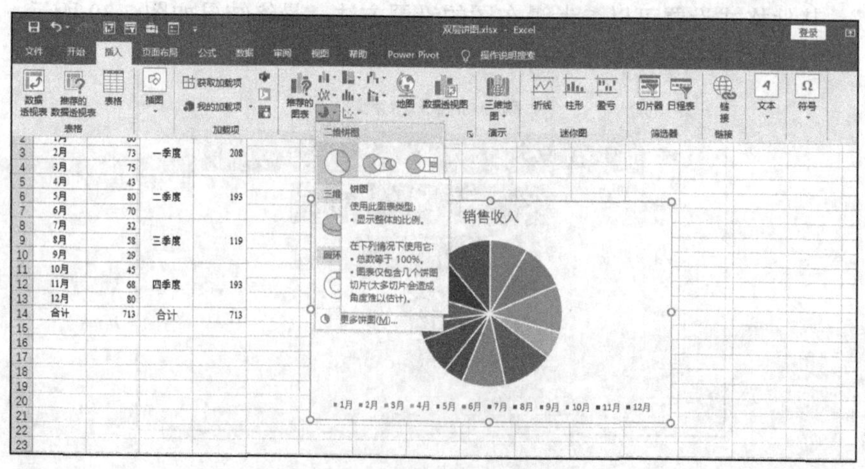

图 7-41　创建月份销售收入饼图

Step2：选中刚创建的饼图，选择“图表工具”的“设计”选项卡，在“数据”组中单击“选择数据”按钮，或右击，在弹出的快捷菜单中选择“选择数据”命令，弹出“选择数据源”对话框。单击“添加”按钮，按图 7-42 所示添加“小计”数据系列，单击“确定”按钮退出“编辑数据系列”对话框（仍停留在“选择数据源”对话框）。

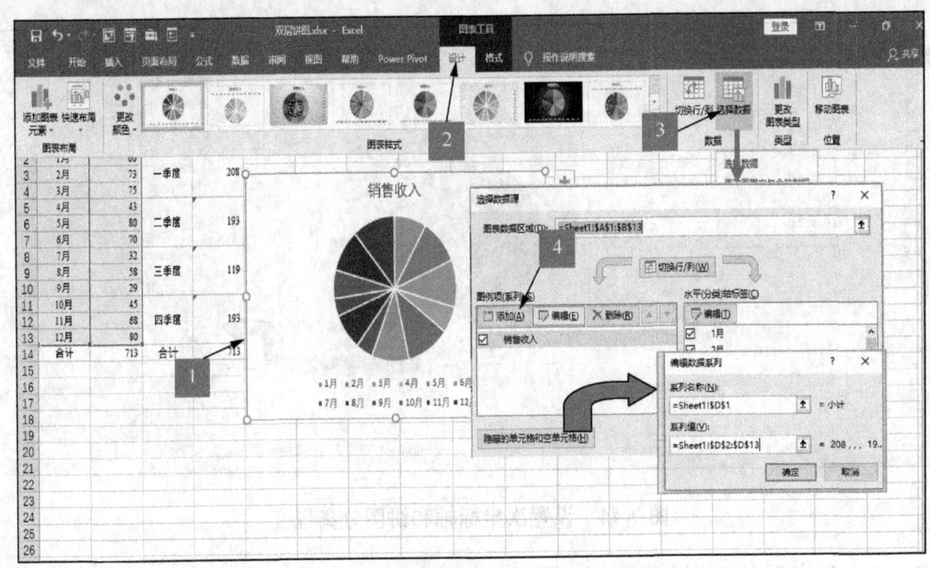

图 7-42　添加“小计”数据系列

Step3：选中图例项（系列）列表框中的“小计”数据系列，上移至“销售收入”之前，单击“水平（分类）轴标签”下的“编辑”按钮，在“轴标签区域”选中 C2:C13 单元格区域，单击“确定”按钮退出“轴标签”对话框，如图 7-43 所示。

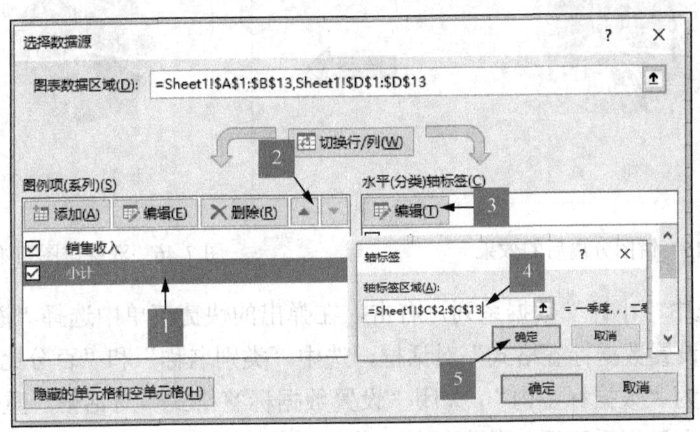

图 7-43　编辑“小计”系列轴标签

Step4：单击“确定”按钮退出“选择数据源”对话框，此时图表还是单层饼图的样子。选定已完成的图表，右击，在弹出的快捷菜单中选择“设置数据系列格式”命令，在弹出的“设置数据系列格式”任务窗格中，选择系列绘制在“次坐标轴”，同时将“饼图分离”程度设置为50%，如图7-44所示。

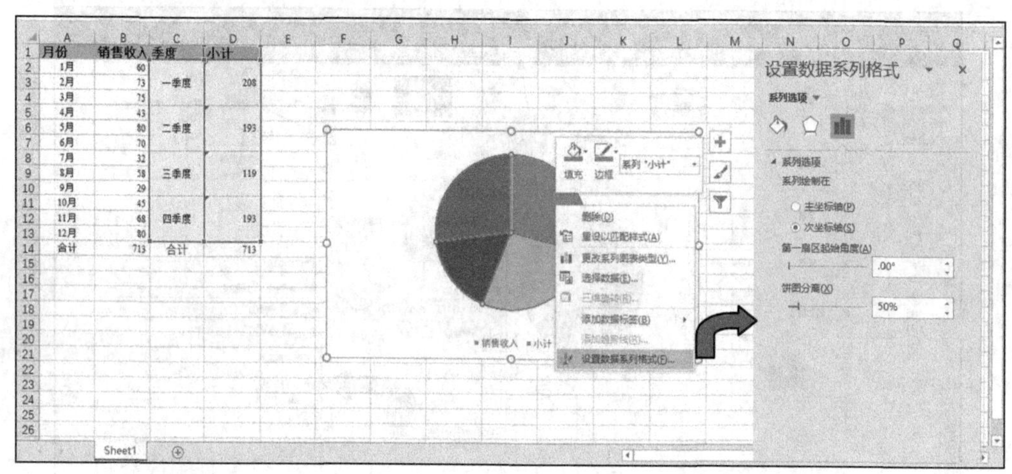

图7-44　设置次坐标轴和饼图分离程度

Step5：分离后的效果如图7-45所示。双击选中“小计”数据系列的其中一个扇区，将其拖至饼图的中间对齐。用同样的方法将其他三个扇区都拖到饼图中间对齐。需要注意，一定要一块一块拖动，结果如图7-46所示。

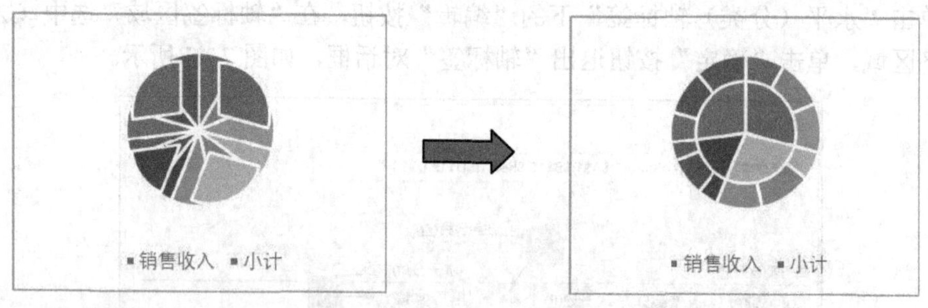

图7-45　饼图分离后的效果

图7-46　双层饼图初始效果

Step6：选中“小计”数据系列，右击，在弹出的快捷菜单中选择“添加数据标签”命令，弹出“设置数据标签格式”对话框，选中“类别名称”和“百分比”复选框，将标签位置设置为“数据标签内”，关闭“设置数据标签格式”对话框。重复以上步骤，给“销售收入”数据系列添加数据标签，将标签位置设置为“数据标签外”，最终结果如图7-47所示。

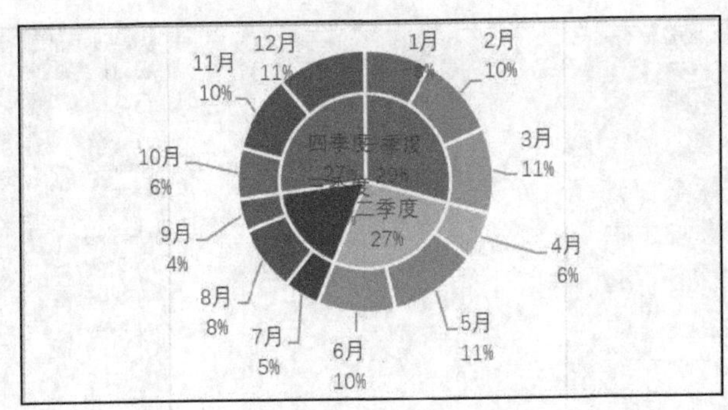

图 7-47　双层饼图最终效果

7.3.2　比较条形图

比较条形图用于比较两个总体或样本之间的差异，如比较城乡不同年龄段人口的生活满意度时，就可以选择比较条形图。

【例 7-10】通过调查得到某地区城市和农村不同年龄段居民的生活满意度资料，绘制比较条形图分析城市和农村居民满意度的差异。

Step1：打开示例文件 data7-10，注意，农村居民的数值以负值输入，以确保两个数据系列分布在原点（或纵轴）的两侧，如图 7-48 所示。

Step2：选中 A2:C9 单元格数据区域，选择“插入”选项卡，在“图表”组中依次选择“条形图”→“二维条形图”→“簇状条形图”选项，得到图 7-48 所示的初始图形。

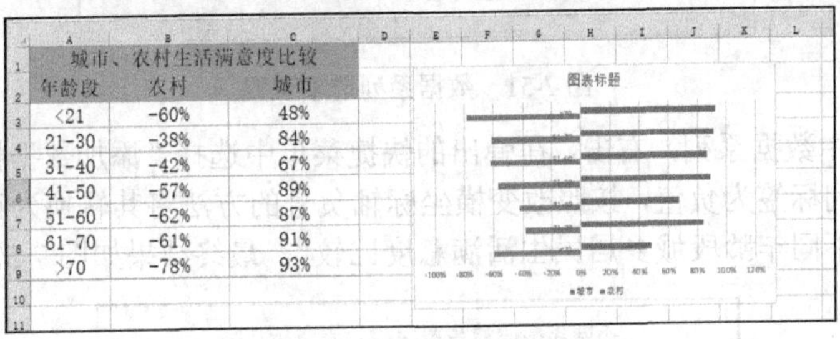

城市、农村生活满意度比较		
年龄段	农村	城市
<21	-60%	48%
21-30	-38%	84%
31-40	-42%	67%
41-50	-57%	89%
51-60	-62%	87%
61-70	-61%	91%
>70	-78%	93%

图 7-48　比较条形图数据设置

Step3：选中横坐标轴，右击，在弹出的快捷菜单中选择“设置坐标轴格式”命令，弹出图 7-49 所示的任务窗格。单击“数字”标签，在其中的“类别”下拉列表中选择“自定义”选项，设置水平轴的数字格式为“0%;0%;0%”，以消除数据中的负号。

Step4：选中纵坐标轴，右击，在弹出的快捷菜单中选择“设置坐标轴格式”命令，弹出图 7-50 所示的任务窗格，设置坐标轴“标签位置”为“低”，使得纵坐标轴标签置于图表左侧，其他采取默认选项。

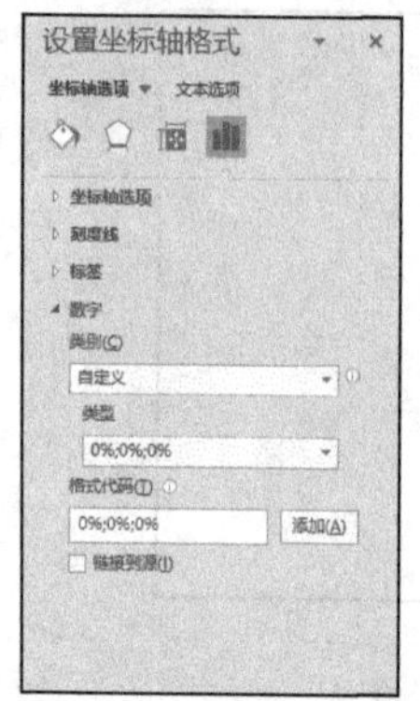

图 7-49　设置水平轴数字格式

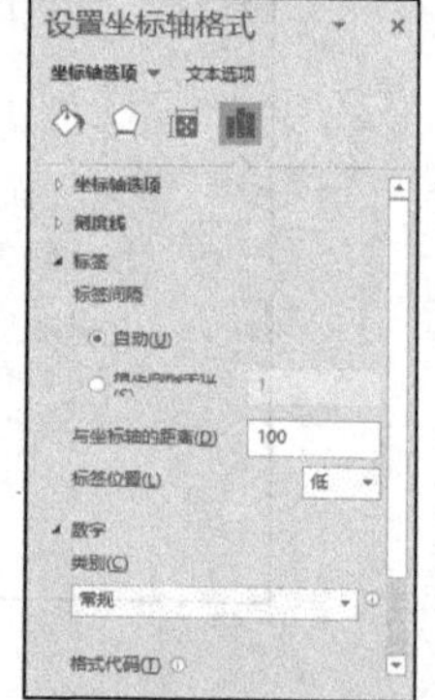

图 7-50　设置纵坐标轴标签位置

Step5：双击数据系列（条形），弹出“设置数据系列格式”任务窗格，在“系列选项”区域设置“系列重叠”为“100%”，“间隙宽度”为“5%”，如图 7-51 所示。

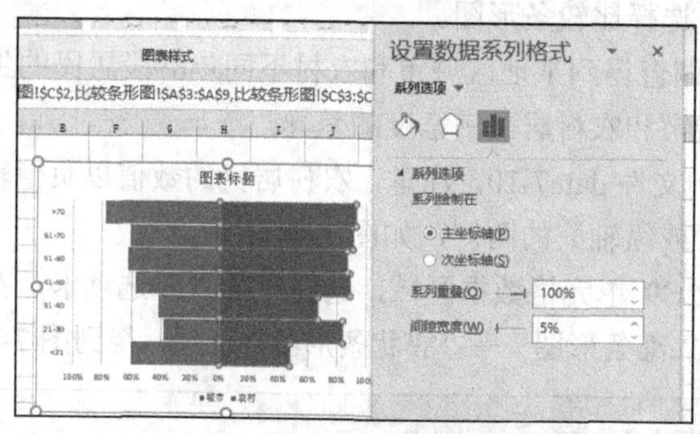

图 7-51　数据系列选项设置

Step6：选中数据系列，右击，在弹出的快捷菜单中选择“添加数据标签”命令，其中左侧数据系列标签为负值，按照改变横坐标轴负号的方法将其转换为正值，并将图表标题更改为“不同年龄段城乡居民生活满意度比较”，最终结果如图 7-52 所示。

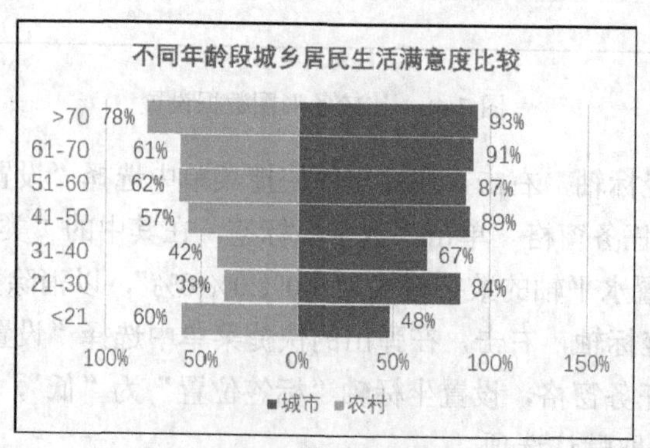

图 7-52　不同年龄段城乡居民生活满意度比较条形图

由图 7-52 可以看出，除小于 21 岁的被调查者外，其余年龄段的农村居民生活满意度均低于城市居民。

7.3.3　多图组合图

组合图是不同图表类型组成的复合图形，绘制组合图至少需要两个数据系列。

【例 7-11】图 7-53 所示是根据某企业 2020 年 12 个月的销售额和销售费用率数据绘制成的组合图，包括柱形图、折线图和散点图三个数据系列，具体绘制过程如下。

Step1：打开示例文件 data7-11，添加“最大最小”数据系列，在 D2 单元格中输入公式：“=IF(OR(B2=MAX($B$2:$B$13),B2=MIN($B$2:$B$13)),B2,#N/A)，并将公式复制到 D3～D13 单元格，结果如图 7-54 的 D 列所示。

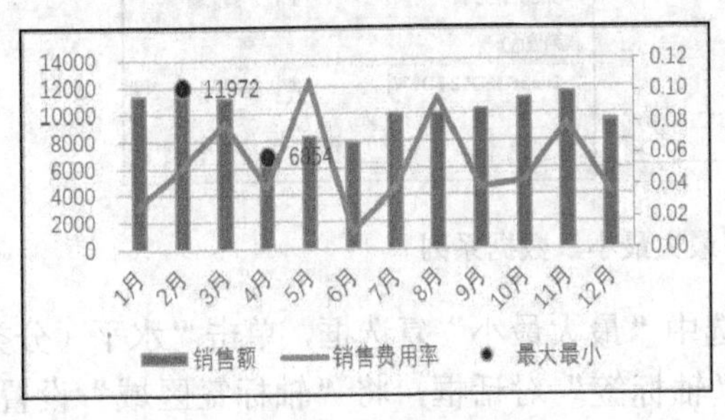

图 7-53　组合图

	A	B	C	D
1	月份	销售额	销售费用率	最大最小
2	1月	11295	0.03	#N/A
3	2月	11972	0.05	11972
4	3月	11133	0.08	#N/A
5	4月	6854	0.04	6854
6	5月	8225	0.11	#N/A
7	6月	7924	0.01	#N/A
8	7月	10023	0.04	#N/A
9	8月	10024	0.10	#N/A
10	9月	10293	0.04	#N/A
11	10月	11162	0.04	#N/A
12	11月	11628	0.08	#N/A
13	12月	9531	0.04	#N/A
14				

图 7-54　设置最大最小值系列

Step2：选中 A1:C13 单元格区域，选择“插入”选项卡，在“图表”组中依次选择“推荐的图表”→“所有图表”→“组合图”→“簇状柱形图-次坐标轴上的折线图”（组合图的第二个子图）选项，单击“确定”按钮，生成图 7-55 所示的初始图表。

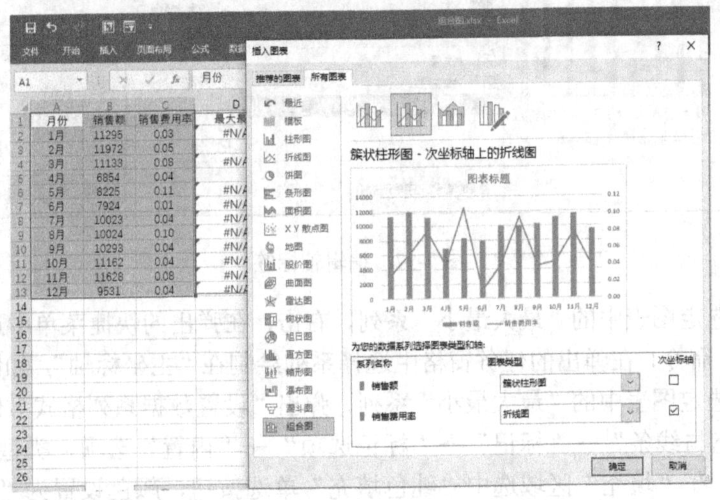

图 7-55　选择“簇状柱形图-次坐标轴上的折线图”组合图

Step3：选定图表，右击，在弹出的快捷菜单中选择“选择数据”命令，弹出“选择数据源”对话框，在“图例项（系列）”区域单击“添加”按钮，弹出“编辑数据系列”对话框，设置要添加的系列名称和系列值，如图 7-56 所示。单击“确定”按钮后，在“图例项（系列）”区域就出现“最大最小”数据系列，图表中也添加了此数据系列。

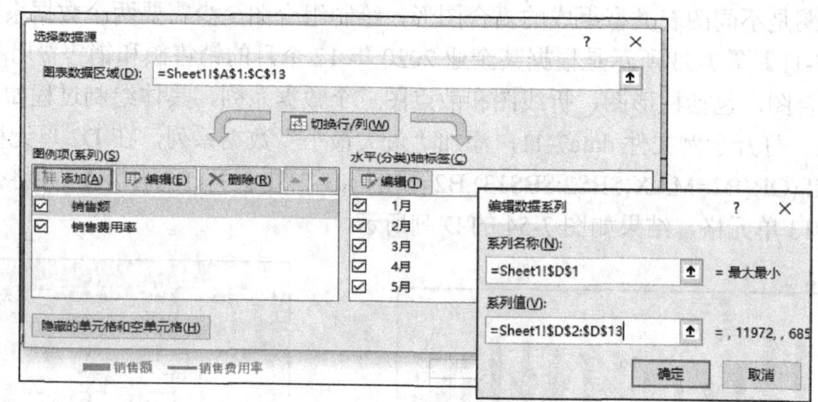

图 7-56　添加“最大最小”数据系列

Step4：在“图例项（系列）”区域中选中“最大最小”复选框，单击“水平（分类）轴标签”区域中的“编辑”按钮，弹出“轴标签”对话框，将“轴标签区域”设置为“Sheet1$A$2:$A$13”，如图 7-57 所示。

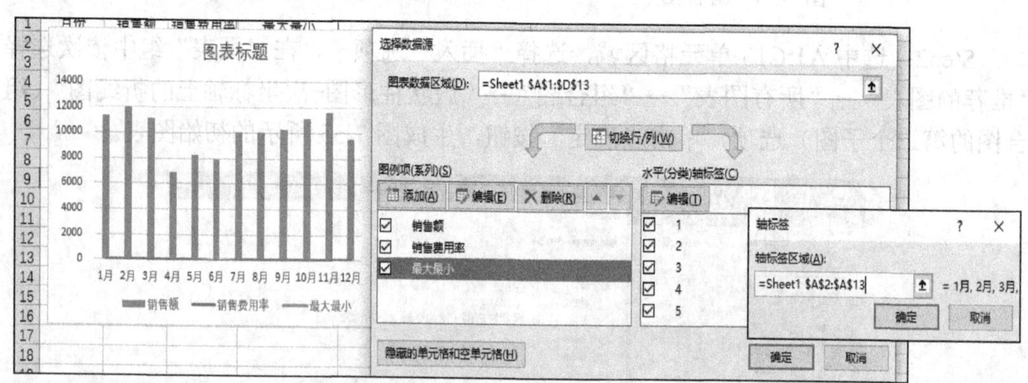

图 7-57　编辑轴标签

Step5：选定图表中的“最大最小”系列，右击，在弹出的快捷菜单中选择“设置数据系列格式”命令，在弹出的任务窗格中选择系列绘制在“主坐标轴”，如图 7-58 所示。

Step6：选定图表中的“最大最小”系列，弹出“设置数据系列格式”任务窗格，依次选择“填充与线条”→“标记”→“标记选项”→“内置”选项，类型选“圆形”，大小选“7”。在“填充”区域选中“纯色填充”单选按钮，颜色设置为“红色”，以上设置如图 7-59 所示。

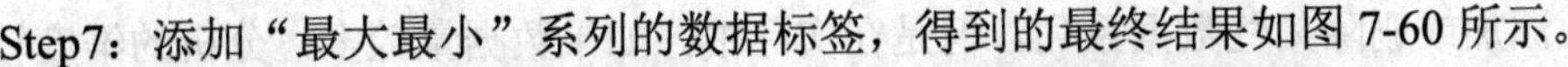
Step7：添加“最大最小”系列的数据标签，得到的最终结果如图 7-60 所示。

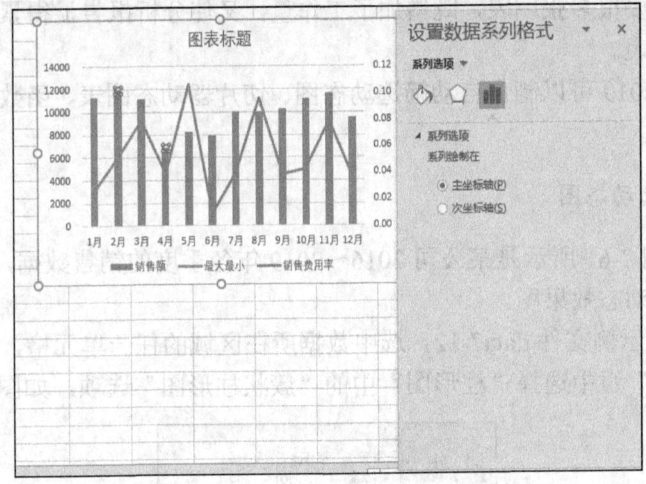

图 7-58　设置“最大最小”系列使用主坐标轴

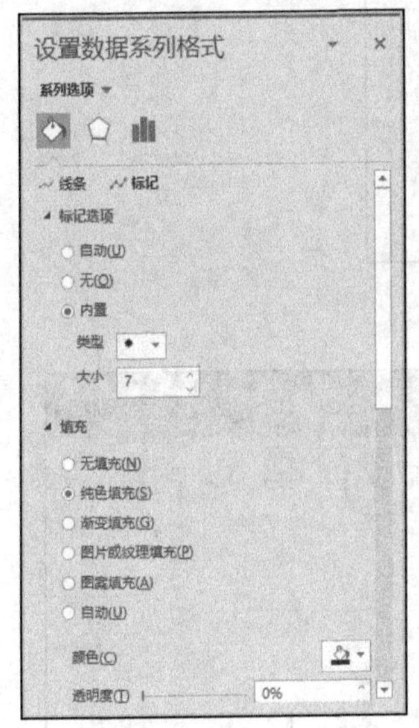

图 7-59　设置“最大最小”系列标记与填充

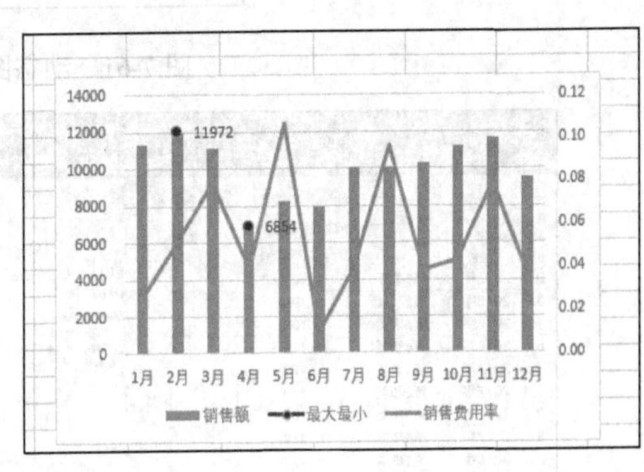

图 7-60　最终图形

7.3.4　创建动态图

动态图表也称为交互式图表，可以随着用户点击或选择的变化而变化，与普通的静态图表相比，它可以提供更丰富、更灵活的数据系列组合。我们日常工作中用到的图表，都是根据表格数据绘制的，表格一旦确定，图表的数据系列组合也就随之确定了，最多是手工添加或删除某些数据系列。但是在实际中，如果数据量较多，分析的维度较多，要一一展示就需要很多张图表，既增加了工作量，又使分析报告显得累赘，这时我们就可以使用动态图表。

利用 Excel 2019 可以制作自动筛选动态图、切片器动态图表、函数动态图等，下面将逐一进行介绍。

1. 自动筛选动态图

【例 7-12】图 7-61 所示是某公司 2016～2019 年各季度的销售数据，利用 Excel 的自动筛选功能制作动态效果图。

Step1：打开示例文件 data7-12，选中数据所在区域的任一单元格，选择“插入”选项卡，在“图表”组中选择“柱形图”中的“簇状柱形图”选项，如图 7-62 所示。

	A	B	C	D
1	年份	季度	销售额（万元）	
2	2016年	第1季度	101	
3	2016年	第2季度	195	
4	2016年	第3季度	105	
5	2016年	第4季度	145	
6	2017年	第1季度	172	
7	2017年	第2季度	110	
8	2017年	第3季度	162	
9	2017年	第4季度	212	
10	2018年	第1季度	122	
11	2018年	第2季度	104	
12	2018年	第3季度	120	
13	2018年	第4季度	106	
14	2019年	第1季度	210	
15	2019年	第2季度	194	
16	2019年	第3季度	112	
17	2019年	第4季度	158	
18				

图 7-61　动态图原始数据

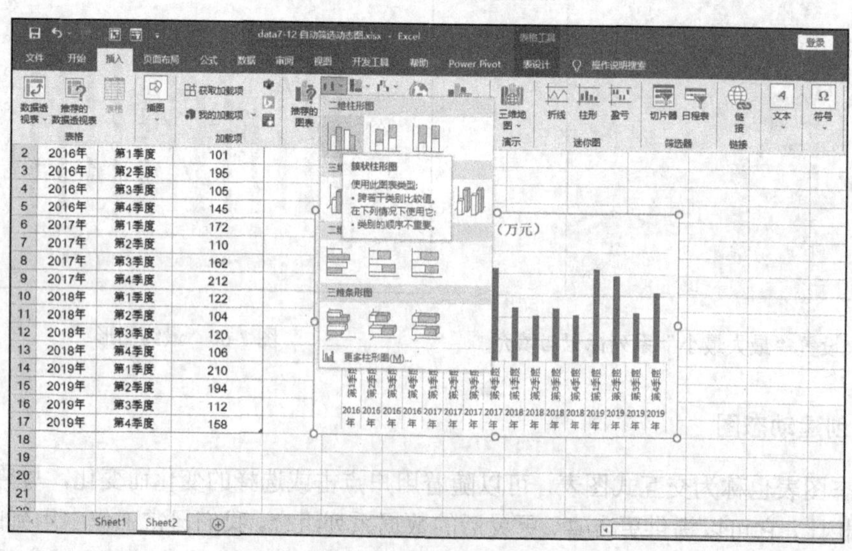

图 7-62　插入柱形图

Step2：选中 A1:C1 单元格区域，在“数据”选项卡中单击“筛选”按钮，添加筛选功能，如图 7-63 所示。

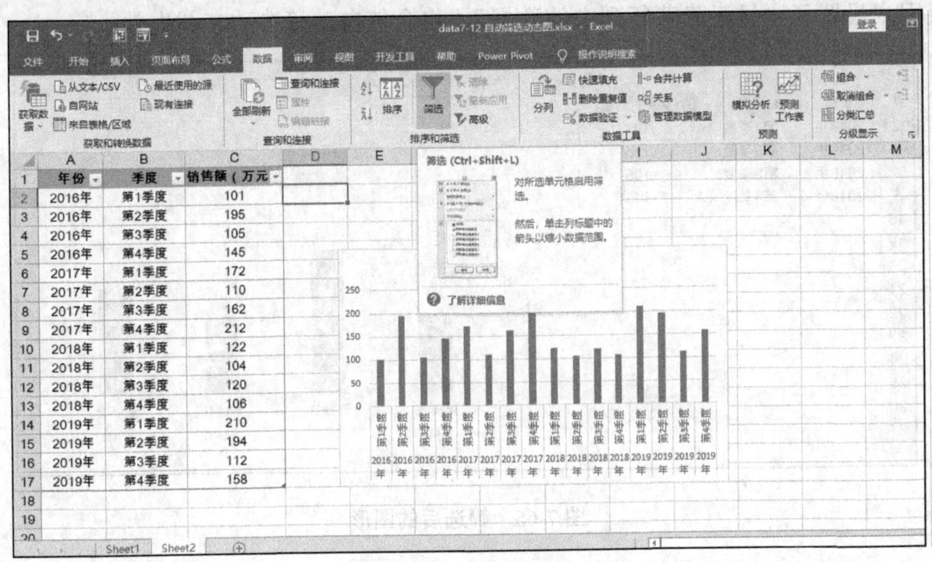

图 7-63　添加自动筛选

Step3：双击图表区域，弹出“设置图表区格式”任务窗格，选择“图表选项”选项卡，在“大小”选项卡下依次选择“属性”→“不随单元格改变位置和大小”选项，如图 7-64 所示。因筛选时部分数据行会被隐藏，当图表“属性”为“随单元格改变位置和大小”时，若隐藏数据行，则图表也会跟着隐藏一部分，从而使图表整体变小，甚至会完全隐藏。

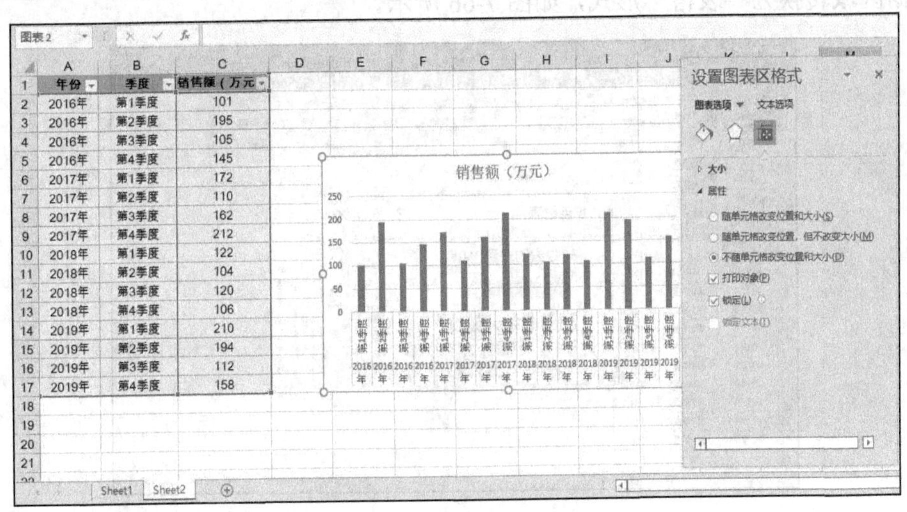

图 7-64　设置图表属性

Step4：单击数据表“年份”字段名右下角的筛选按钮，选中要显示的年份，如 2016 年，最后单击“确定”按钮，即可得到筛选后的数据源与图表，如图 7-65 所示。注意，如果用户设置了“显示隐藏行列中的数据”，将会使自动筛选动态图失效。

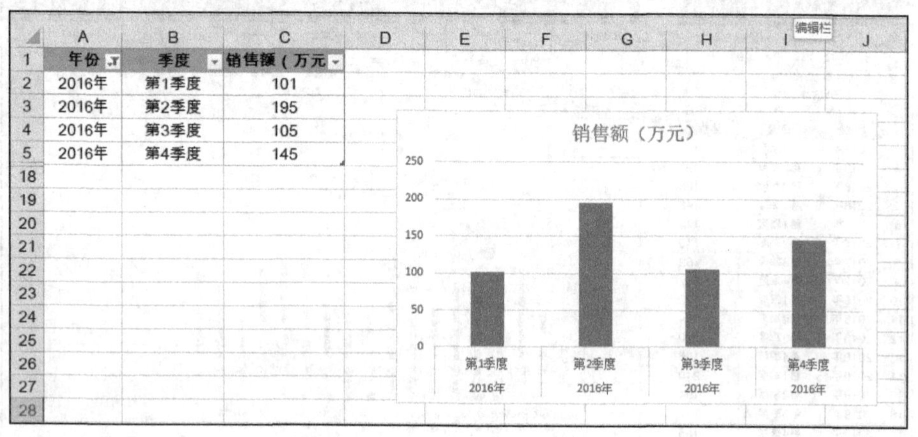

图 7-65　筛选后的图形

2. 切片器动态图表

Excel 除了可以使用自动筛选功能筛选数据外，还可以使用切片器进行筛选，切片器比自动筛选更直观、更智能。

下面仍使用例 7-12 中的数据，说明利用 Excel 切片器创建动态图的基本操作。

Step1：打开示例文件 data7-12，单击 A1 单元格，在“插入”选项卡中单击“表格”按钮，弹出“创建表”对话框，选中“表包含标题”复选框，最后单击“确定”按钮，将数据区域转换为“表格”形式，如图 7-66 所示。

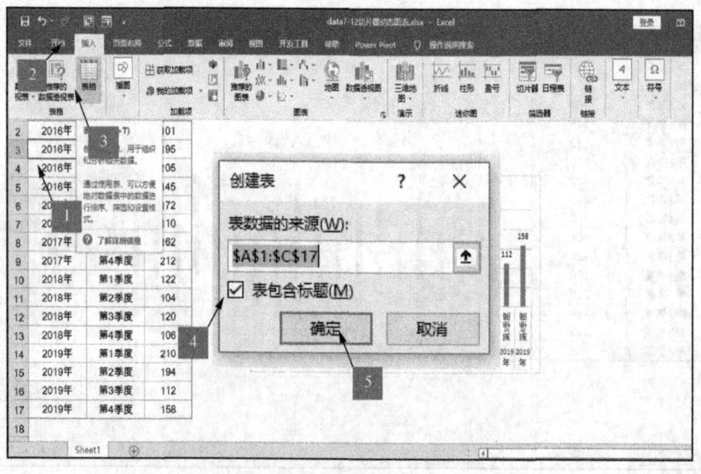

图 7-66　插入表格

Step2：选中数据表的任一单元格，在“图表工具”的“设计”选项卡中单击“插入切片器”按钮，弹出“插入切片器”对话框，在此对话框中选中需要进行筛选的字段“年份”和“季度”，单击“确定”按钮关闭对话框，如图 7-67 所示。

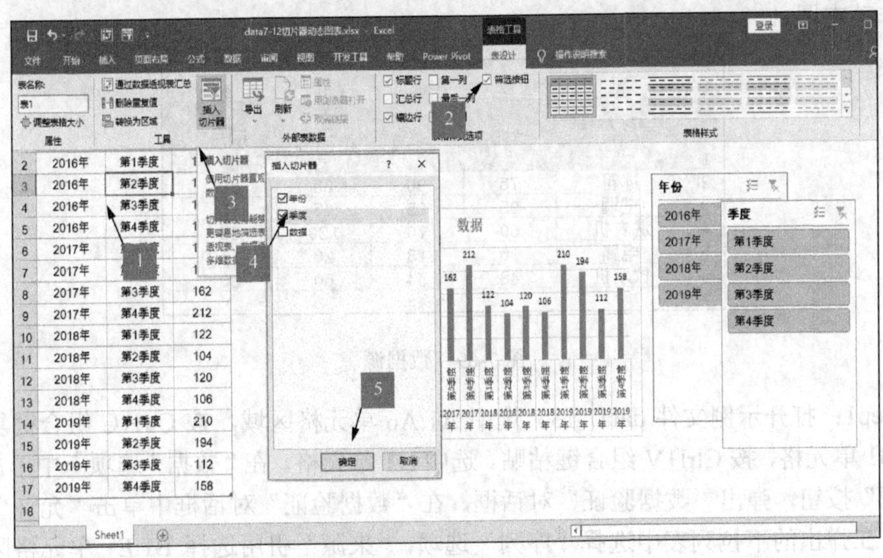

图 7-67　插入切片器

Step3：用户只需要在切片器中选中分类项，即可完成数据与图表的筛选。如果需要多选分类项，可以先单击切片器右上角左侧的“多选”按钮，然后依次选择分类项；如果想释放选项筛选，可以单击切片器右上角右侧的“清除筛选器”按钮，如图 7-68 所示。

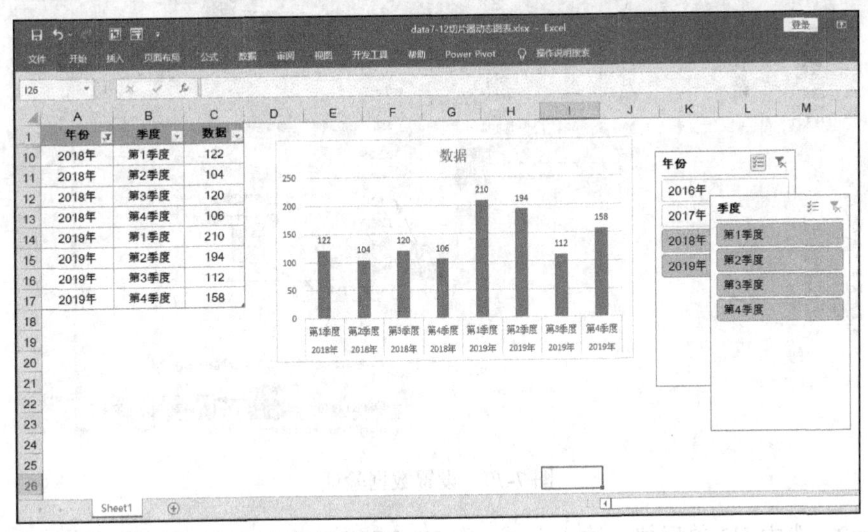

图 7-68　切片器筛选

3. 函数动态图

【例 7-13】某公司四个月的商品销售数据如图 7-69 所示，利用 Excel 数据验证与函数制作动态图。

	A	B	C	D	E	F
1	商品名称	一月	二月	三月	四月	
2	冰箱	75	90	65	50	
3	空调	95	95	65	55	
4	洗衣机	60	70	120	58	
5	电脑	16	18	20	16	
6	饮水机	48	54	60	30	
7						

图 7-69 数据源

Step1：打开示例文件 data7-13，选中 A1:A6 单元格区域，按 Ctrl+C 组合键复制，选中 G1 单元格，按 Ctrl+V 组合键粘贴。选中 H1 单元格，在“数据”选项卡中单击“数据验证”按钮，弹出“数据验证”对话框，在“数据验证”对话框中单击“允许”下拉按钮，在弹出的下拉列表中选择“序列”选项，“来源”引用选择 B1:E1 单元格区域，最后单击“确定”按钮关闭对话框，如图 7-70 所示。

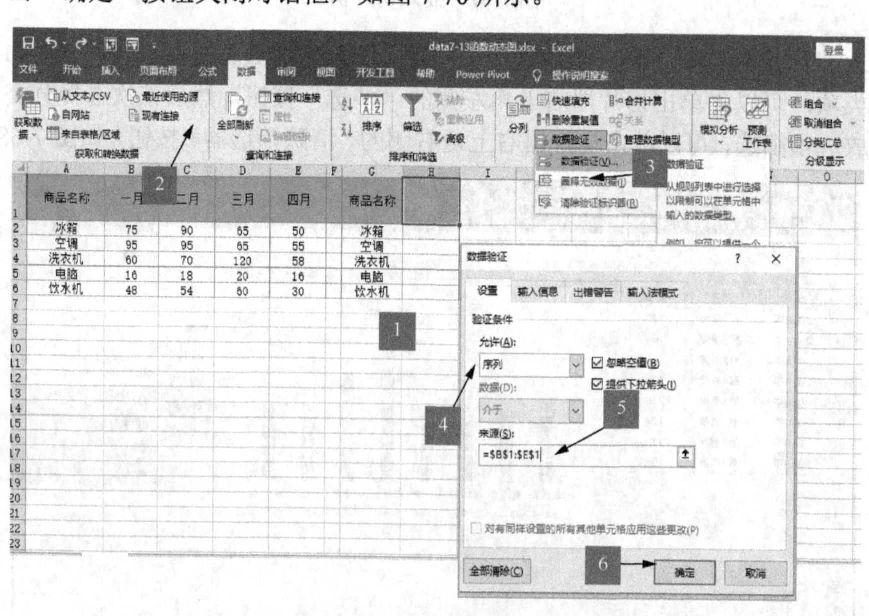

图 7-70 设置数据验证

Step2：选中 H2 单元格，输入公式：“=HLOOKUP(H$1, B$1:E$6,ROW(A2))”，并将公式向下复制到 H6 单元格，如图 7-71 所示。

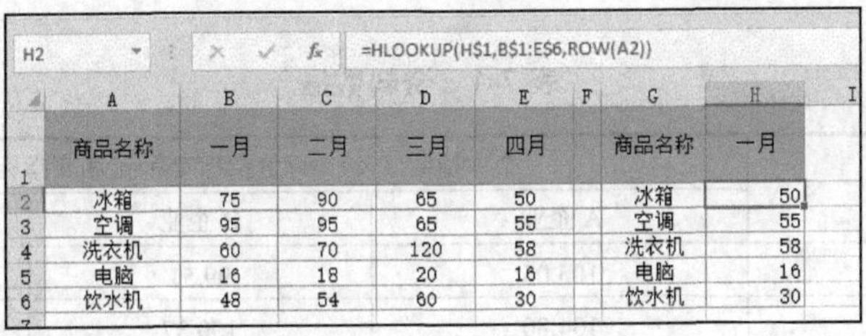

H2　=HLOOKUP(H$1,B$1:E$6,ROW(A2))

	A	B	C	D	E	F	G	H
1	商品名称	一月	二月	三月	四月		商品名称	一月
2	冰箱	75	90	65	50		冰箱	50
3	空调	95	95	65	55		空调	55
4	洗衣机	60	70	120	58		洗衣机	58
5	电脑	16	18	20	16		电脑	16
6	饮水机	48	54	60	30		饮水机	30

图 7-71　数据构建

Step3：选中 G1:H6 单元格区域，在“插入”选项卡中依次选择“插入柱形图或条形图”→“簇状柱形图”选项，在工作表中生成一个柱形图。

Step4：单击 H1 单元格右侧的下拉按钮，在弹出的下拉列表中根据需要选择月份，随着月份的变化，H2:H6 单元格区域中的数据和图表也会随之变化，如图 7-72 所示。

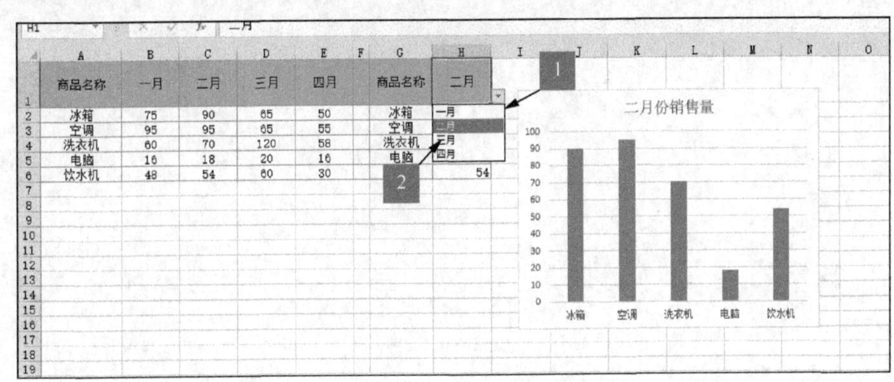

图 7-72　函数动态图

习　　题

1．绘制统计图时，什么情况下需要添加次坐标？利用 Excel 添加图形次坐标时如何操作？

2．复式饼图的应用条件是什么？

3．利用 Excel 绘制比较条形图时在数据设置上有什么要求？

4．气泡图与散点图有什么异同点？

5．瀑布图有什么特点？主要用于什么情况？

6．双层饼图在什么情况下应用？绘制双层饼图应特别注意什么？

7．在 Excel 中绘制动态图有几种方式？

8．根据表 7-1 所示的资料绘制雷达图并分析比较各企业的经济效益。

表 7-1　资料数据

经济效益指标	个体指数（%）=评价指标实际值/相应指标标准值		
	A 企业	B 企业	C 企业
产品销售率	105.05	99.51	102.07
资金利税率	104.80	100.37	101.85
成本利润率	87.80	101.07	111.77
增加值率	89.76	93.10	103.45
劳动生产率	110.43	103.95	116.04
资金周转率	116.56	98.36	109.29

第3篇

SPSS 数据处理与分析

本篇主要介绍 SPSS 数据整理与分析功能的操作与应用，包括数据管理、数据整理、数据分析、图表制作等内容。通过本篇的学习与操作，学生应掌握利用 SPSS 进行数据整理与分析的基本步骤、常用方法和操作技巧等。

第 8 章　SPSS 26.0 使用基础

SPSS 以其“易学、易用、界面友好”等特点备受广大数据分析人员的青睐，而大量成熟的统计分析方法、完善的数据定义操作管理、开放的数据接口及灵活的统计表和统计图形，更是 SPSS 长盛不衰的重要原因。本章内容分为两节，主要介绍 SPSS 的发展现状、基本特征及使用基础。通过本章的学习，学生应了解 SPSS 软件的发展简史，熟悉常用界面，熟练掌握 SPSS 数据文件的建立与编辑等内容。本章内容为必修内容，建议讲授 1 学时。

8.1　SPSS 26.0 概述

8.1.1　SPSS 的发展与现状

SPSS 是世界上最早的统计分析软件，其英文原名为 Statistical Package for Social Sciences，译为社会科学统计软件包。SPSS 由美国斯坦福大学的三位研究生于 20 世纪 60 年代末开发成功，同时成立了 SPSS 公司，并于 1975 年在芝加哥组建了 SPSS 总部。随着应用领域的扩展，2002 年 SPSS 英文全称更改为 Statistical Product and Service Solutions，译为统计产品与服务解决方案。迄今，SPSS 软件已有几十余年的成长历史，被应用于通信、医疗、银行、证券、保险、制造、商业、市场研究、科研教育等多个领域和行业，已成为世界上应用最广泛的专业统计软件。

SPSS 是世界上最早采用图形菜单驱动界面的统计软件，它最突出的特点就是操作界面极为友好，输出结果美观漂亮。它使用 Windows 的窗口方式展示各种管理和分析数据方法的功能，用对话框展示各种功能选择项。用户只要掌握一定的 Windows 操作技能，粗通统计分析原理，就可以使用该软件为特定的数据分析工作服务。SPSS 采用类似 Excel 表格的方式输入与管理数据，数据接口较为通用，能方便地从其他数据库中读入数据。另外，SPSS 软件包括常用的、较为成熟的统计分析过程，完全可以满足非统计专业人士的工作需要。SPSS 软件的输出结果也十分美观，存储时则是专用的 SPO 格式，可以转存为 HTML 格式和文本格式。对于熟悉老版本编程运行方式的用户，SPSS 还特别设计了语法生成窗口，用户只需在菜单中选好各个选项，然后单击“粘贴”按钮就可以自动生成标准的 SPSS 程序，极大地方便了中、高级用户。

“SPSS for Windows”是一个组合式软件包，它集数据整理、分析功能于一身。用户可以根据实际需要选择功能模块，以降低对系统硬盘容量的要求。SPSS 的基本功能包括数据管理、统计分析、图表制作、输出管理等。SPSS 统计分析过程包括描述性统计、均值比较、一般线性模型、相关分析、回归分析、对数线性模型、聚类分析、数据简化、生存分析、时间序列分析、多重响应等几大类，每类中又包括若干个统计过程，如回归分析中又分为线性回归分析、曲线估计、Logistic 回归、Probit 回归、加权估计、两阶段最小二乘法、非线性回归等多个统计过程，而且每个过程中又允许用户选择不同的方法及参数。SPSS 有专门的绘图系统，可以根据数据绘制各种图形。

2009 年，SPSS 公司宣布重新包装旗下的 SPSS 产品线，定位为预测统计分析软件（predictive analytics software，PASW），包括四部分：统计分析（PASW statistics）、数据挖掘（PASW modeler）、数据收集（data collection family）和企业应用服务（PASW collaboration and deployment services）。PASW 18.0 在数据管理、统计分析和可编程性方面增加了许多新的特性，如增加了自抽样技术（自助抽样）、引进了直复式营销（direct marketing）等。除此之外，PASW 18.0 还提供了新的图形选项及 PDF 格式输出功能，这些都是用户强烈要求的新特性。2009 年 7 月 28 日，IBM 以 12 亿美元现金收购了 SPSS 公司，后续的 SPSS 软件更名为“IBM SPSS Statistics+版本号”。本书将介绍 IBM SPSS Statistics 26.0 的操作与应用。

8.1.2 IBM SPSS Statistics 26.0 的运行环境、功能与特点

（1）SPSS 26.0 的运行环境

目前，IBM SPSS Statistics 能够兼容 Windows、Linux 操作系统，同时也有服务器版本，其中 IBM SPSS Statistics for Windows 能够支持微软公司的 Windows XP、Windows Vista、Windows 7、Windows10 版本的操作系统。考虑到国内使用 Windows 操作系统的用户占绝大多数，本书将介绍 IBM SPSS Statistics 26.0 在 Windows 操作系统中的安装与启动。SPSS 对计算机硬件的要求比较低，只要 CPU 的主频率在 1GHz 及以上、内存在 1GB 及以上、最小硬盘空间在 800MB、显示器分辨率在 800 像素×600 像素及以上就可以。

（2）IBM SPSS Statistics 26.0 的新增功能

1）分位数回归。对一组预测变量（自变量）和目标变量（因变量）的特定百分位数（即分位数，通常是中位数）之间的关系建模。

2）ROC（receiver operating characteristic curve，接受者操作特性曲线）分析。ROC 分析支持有关单一 AUC（area under curve，ROC 曲线下与坐标轴围成的面积）、精确率召回率（precision recall，PR）曲线的推论，并提供选项以供比较从独立组或成对主体生成的两个 ROC 曲线。

3）贝叶斯统计。单因子重复测量 ANOVA。这个新过程按每个独立的时间点或条件测量来自相同主体的一个因子，并允许这些主体在多个级别内交叉。

- ✧ “单样本二项”增强功能。此功能提供用于对二项分布执行贝叶斯单样本推论的选项。在该过程中，二项随机变量可视为固定数量的独立 Bernoulli（伯努利）试验的总和。
- ✧ “单样本泊松”增强功能。此功能提供用于对泊松分布执行贝叶斯单样本推论的

选项。在得出对泊松分布的贝叶斯统计推论时，将使用伽马分布族中的共轭先验。

4）可靠性分析。此过程提供 Fleiss（弗莱斯）多评分者 Kappa（卡帕）统计选项，通过这些统计评估评分者间的一致性，确定各种评分者之间的可靠性。

除此之外，IBM SPSS Statistics 26.0 在结果输出和图形显示方面也有所改进和完善等。

8.1.3 IBM SPSS Statistics 26.0 的主要界面及设置

1. SPSS 26.0 的安装和启动

作为 Windows 操作系统下的应用软件产品，IBM SPSS Statistics 26.0 安装的基本方法和步骤与其他常用软件基本相同。

Step1：到 IBM 官方网站或其他软件网站下载 SPSS 26.0，官方网站下载网址是 https://www.ibm.com/analytics/spss-trials#spss-trials#spss-trials。官方网站下载需要进行用户注册。

Step2：双击下载的软件包，根据自己的需要填写和选择必要的参数。

- ✧ 选择接受软件使用协议；
- ✧ 选择是否安装“IBM SPSS Statistics-Essentials for Python”；
- ✧ 选择安装目录，即指定将 SPSS 软件安装到计算机的哪个目录下；
- ✧ 输入软件的合法序列号，在购买 SPSS 软件时厂商会提供序列号。

安装完毕后，用户应注意查看是否有安装成功的提示信息出现，进而判断是否已经将 SPSS 26.0 成功地安装在计算机上。安装成功后就可以启动运行 IBM SPSS Statistics 26.0 软件了。

SPSS 26.0 的启动方法与一般常用软件的启动方法完全相同，只需按以下顺序操作即可：“开始”→“程序”→“IBM SPSS Statistics”→“IBM SPSS Statistics 26.0”。在打开 SPSS 26.0 时，首先会弹出图 8-1 所示的对话框。

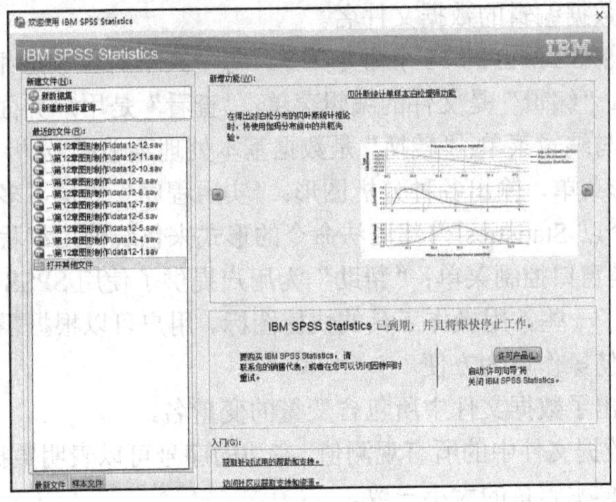

图 8-1　SPSS 26.0 启动对话框

在启动对话框中，用户可以打开现有的 SPSS 数据文件，也可以打开其他类型的数据文件。如果准备直接输入数据，可以选择关闭此窗口，也可选择“新建文件”中的“新数据集”选项进入数据编辑窗口。

2. IBM SPSS Statistics 26.0 的基本操作环境

SPSS 26.0 的操作环境是由多个窗口组成的，每个窗口有各自的特点和功能。如果要快速入门，只需要熟悉两个基本窗口，即数据编辑窗口和结果输出窗口。

（1）数据编辑窗口

启动 SPSS 26.0 后，取消图 8-1 所示的对话框，便可进入图 8-2 所示的数据编辑窗口。

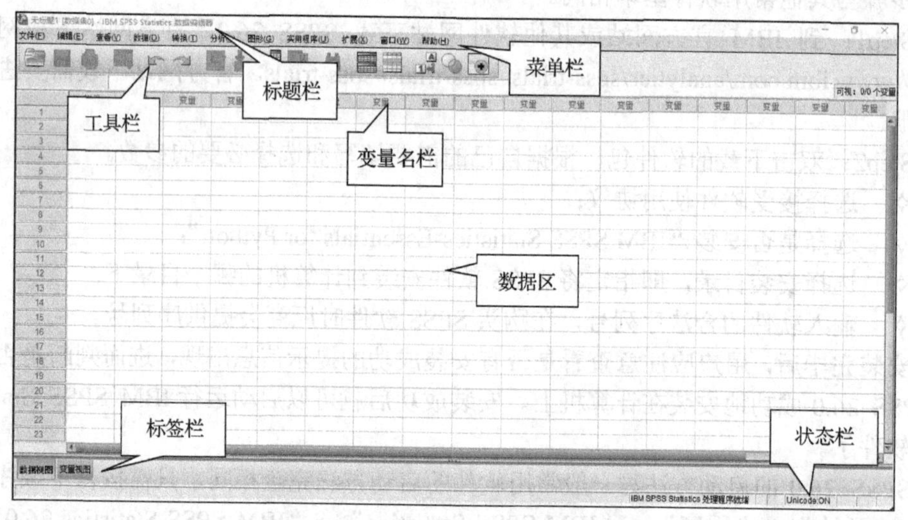

图 8-2　SPSS 26.0 数据编辑窗口

标题栏：显示数据编辑的数据文件名。

菜单栏：包括 SPSS 26.0 的 11 个命令菜单，每个菜单对应一组相应的功能。“文件”是文件的操作菜单；“编辑”是文件的编辑菜单；“查看”是用户界面设置菜单；“数据”是数据文件的建立与编辑菜单；“转换”是数据基本处理菜单；“分析”是统计分析菜单；“图形”是统计图形菜单，输出各种分析图形；“实用程序”提供了多个统计分析实用程序；“扩展”是一个以 Statistics 内部语法命令的形式来包装使用编程插件开发出来的功能模块；“窗口”是窗口控制菜单；“帮助”为用户提供了使用 SPSS 的帮助。

工具栏：列出了一些常用操作工具的快捷图标。用户可以根据需要增减操作工具栏中的快捷图标，以使操作更为方便。

变量名栏：列出了数据文件中所包含变量的变量名。

数据区：显示数据文件中的所有观测值。左边的序号可以表明数据文件中的观测量。观测的个数通常与样本容量的大小一致。

标签栏：有两个标签，即“数据视图”和“变量视图”，也称数据浏览和变量浏览。“数据视图”对应的表格用于数据的输入、查看和修改，“变量视图”则用于定义变量属性。

状态栏：用于说明显示 SPSS 当前的运行状态。SPSS 被打开时，状态栏将会显示提示信息。

（2）结果输出窗口

结果输出窗口是 SPSS 的另一个主要界面，该界面的主要功能是显示和管理 SPSS 的统计分析结果。结果输出界面主要由四个部分组成：菜单栏、工具栏、输出索引区和结果输出区，如图 8-3 所示。

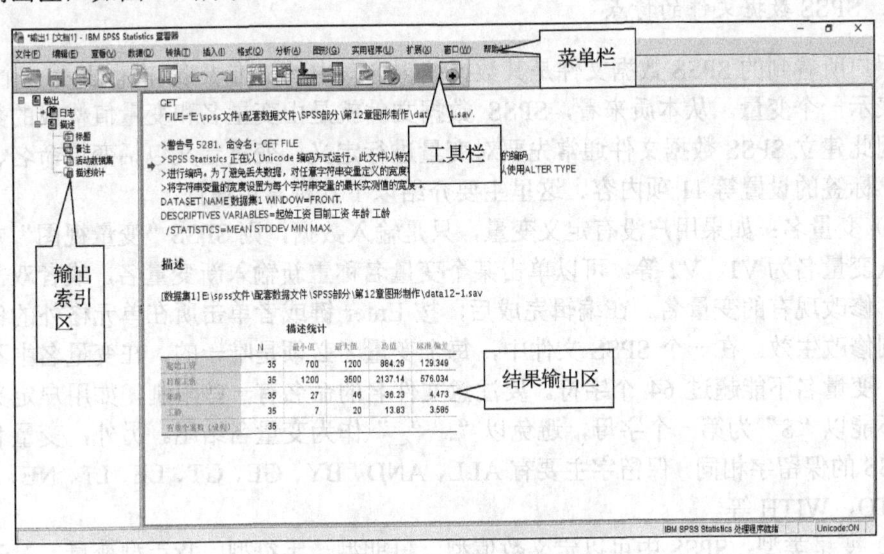

图 8-3　SPSS 26.0 的结果观察窗口

输出索引区：用于显示已有分析结果的标题和内容索引，以简洁的方式反映和提示输出结果区的各项输出内容，以便于用户查找和操作。索引输出以一个索引树根结构显示，当需要查找输出结果时，只要单击索引树上相应的图表名称，该图表就会显示在右边的结果输出区。

结果输出区：该区域显示的是研究者所要得到的具体图表，与输出索引区的结果是一一对应的。结果输出区的图表是可编辑的。如果要选取某一图表进行编辑，可双击该图表，当图表四周出现黑色边框时，即可对图表进行编辑。

3. IBM SPSS Statistics 26.0 的退出

退出 SPSS 26.0，只需要在菜单栏中依次选择“文件”→“退出”命令即可。应特别注意的是，在退出 SPSS 之前，计算机一般会向用户提出以下两个问题。

1）是否将数据编辑窗口中的数据存到磁盘上，文件扩展名为.sav；

2）是否将结果输出窗口中的分析结果（输出阅读器的内容）存到磁盘上，文件扩展名为.spo（或.rtf）。

这时，用户应根据实际情况，指定将 SPSS 数据文件或结果文件存放到磁盘上，并输入文件名。

8.2 SPSS 数据文件的建立与编辑

8.2.1 SPSS 数据文件的建立

1. SPSS 数据文件的特点

用户所看到的 SPSS 数据文件是其数据编辑窗口中的二维表格，横行表示一个观测，纵列表示一个变量。从本质来看，SPSS 数据文件就是由变量名和变量值构成的数据集合，因此建立 SPSS 数据文件通常先要对变量进行定义。变量定义包括变量命名、变量类型、标签的设置等 11 项内容、这里主要介绍以下几种常用属性。

1）变量名：如果用户没有定义变量，只是输入数据，则 SPSS “变量视图”中给出的默认变量名为 V1、V2 等。可以单击某个变量名称重新输入新变量名，或者双击变量名称，修改现有的变量名。在编辑完成后，按 Enter 键或者单击所在单元格外的任何地方，则修改生效。在一个 SPSS 文件中，每个变量名必须是唯一的，在变量名中不能有空格，变量名不能超过 64 个字符。要注意文件名的命名有一些限制，如用户定义的变量名不能以“$”为第一个字母，避免以“.”“_”作为变量名结尾。另外，变量名不能与 SPSS 的保留字相同，保留字主要有 ALL、AND、BY、GE、GT、LE、LT、NE、NOT、OR、TO、WITH 等。

2）变量类型：SPSS 中可以定义数值型、日期型、字符型、货币型变量。对于数值型变量，可以定义其宽度和小数位数，如果不定义，则默认宽度为 8，小数位数为 2。另外，数值型数据每三位可以加逗号或者点号，还可以用科学记数法来表示。日期型数据的表示也有多种，默认的是“dd-mmm-yyyy”的格式，即两位数字表示的日期，三位英语字母表示的月，四位数字表示的年。除这些之外，还有其他一些表示方法，如用字符串类型的变量可以直接设置其长度。

3）变量度量水平：在 SPSS 中，可以定义定性变量或定量变量。定性变量可以分为名义变量和有序变量。名义变量是一种分类的变量，变量取值之间没有内在的大小可比。有序变量不但将数据分成不同的类别，而且不同的类别之间有一定的大小顺序或等级。定量变量在 SPSS 中称为标度变量（scale），也称为刻度变量，表示的是数值型变量。

2. SPSS 数据文件的建立方法

【例 8-1】表 8-1 所示是 8 名企业职工情况的模拟数据，根据该资料建立 SPSS 数据文件。

表 8-1　企业职工情况的模拟资料

职工序号	性别	婚姻状况	年龄	基本工资/元
1	男	1	30	2100
2	女	1	28	2250
3	女	1	35	2900
4	女	1	40	3005
5	男	1	44	3100
6	女	2	21	1980
7	男	1	50	3600
8	女	2	19	1900

Step1：定义变量。在数据编辑窗口的下方单击“变量视图”按钮，进入图 8-4 所示的变量视图窗口，在此窗口分别对每个变量进行定义。变量定义的项目虽然很多，但通常需要设置的主要有四项，即变量名、变量类型、变量标签、值标签。当变量名为中文形式时，变量标签也可以省略。

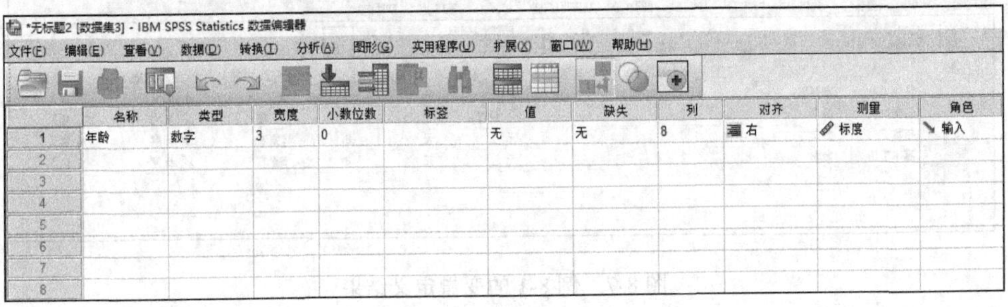

图 8-4　SPSS 变量视图窗口

首先在变量视图窗口的“名称”区域输入需要定义的变量名，如“年龄”。由于年龄本身是中文名，所以不需要加标签。再单击“类型”区域右侧的省略号按钮，弹出图 8-5 所示的“变量类型”对话框。“年龄”是一个整数，因此选择它的宽度为 3，小数位数为 0，其余项采用系统默认设置。按同样的方法依次定义其他变量，如“婚姻状况”也是整数型；“性别”是字符型变量；“基本工资”是一个数值型数据，可将它的宽度设为 8，小数位数设为 2。

SPSS 允许给每个变量值加上一个标签。变量值标签可以将一个变量值显示为一个字符串，这样看起来更直观一些。例如，在“婚姻状况”中，用“1”表示已婚，用“2”表示未婚。选择“婚姻状况”变量的“值”列，会出现图 8-6 所示的“值标签”对话框。在其中的“值”和“标签”文本框中分别输入“1”和“已婚”，并单击“添加”按钮。然后按同样的操作为“2”添加“未婚”标签。设置完毕，单击“确定”按钮退出。

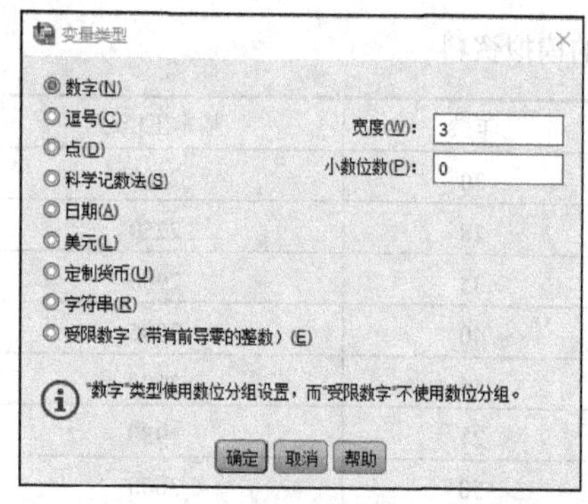

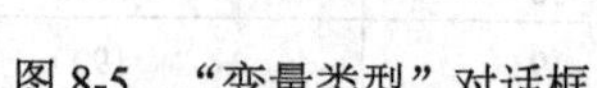
图 8-5 “变量类型”对话框

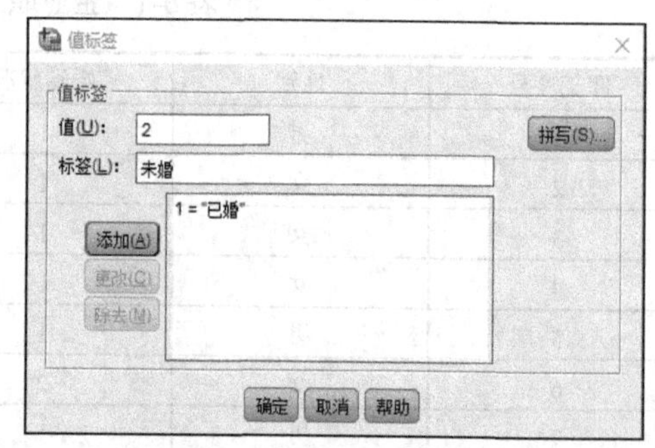

图 8-6 “值标签”对话框

如果想在数据文件中显示“值标签”，则需要在“数据视图”窗口的工具栏中单击“值标签”按钮。此时数据中的“1”和“2”就会显示为“已婚”和“未婚”。一般情况下，字符型变量经常需要进行“值标签”定义。本例变量定义结果如图 8-7 所示。

*data8-1.sav [数据集2] - IBM SPSS Statistics 数据编辑器

文件(F) 编辑(E) 查看(V) 数据(D) 转换(T) 分析(A) 图形(G) 实用程序(U) 扩展(X) 窗口(W) 帮助(H)

	名称	类型	宽度	小数位数	标签	值	缺失	列	对齐	测量	角色
1	性别	字符串	3	0		无	无	8	左	名义	输入
2	婚姻状况	数字	8	0		{1, 已婚}...	无	8	右	名义	输入
3	年龄	数字	3	0		无	无	8	右	标度	输入
4	基本工资	数字	8	2		无	无	8	右	标度	输入
5											
6											
7											

图 8-7 例 8-1 的变量定义结果

Step2：输入数据。变量定义完成后，单击数据编辑窗口中的“数据视图”按钮，进入数据编辑状态，并在此输入每个变量的所有观测值。

Step3：在“文件”菜单中，选择“保存”命令，将设置好的数据文件命名为 data8-1 进行保存。该数据文件如图 8-8 所示，其中“婚姻状况”变量显示的是值标签。

*data8-1.sav [数据集2] - IBM SPSS Statistics 数据编辑器

文件(F) 编辑(E) 查看(V) 数据(D) 转换(T) 分析(A) 图形(G) 实用程序(U) 扩展(X)

	性别	婚姻状况	年龄	基本工资	变量	变量
1	男	已婚	30	2100.00		
2	女	已婚	28	2250.00		
3	女	已婚	35	2900.00		
4	女	已婚	40	3005.00		
5	男	已婚	44	3100.00		
6	女	未婚	21	1980.00		
7	男	已婚	50	3600.00		
8	女	未婚	19	1900.00		
9						

图 8-8 例 8-1 的资料建立的 SPSS 数据文件

8.2.2　SPSS 数据文件的编辑

SPSS 数据文件的编辑，实际上是针对二维数据表进行的，主要内容包括数据信息查询，变量和个案的添加和删除，数据的剪切、复制和粘贴等。其中的每一项任务都可以通过多种方式来完成。

1. 查看文件和变量信息

在 SPSS 中查看变量信息有三种方式：在“文件”菜单中查看、在变量视图中查看和在工具栏中查看。这里只介绍如何通过“文件”菜单查看数据文件和变量信息。

在数据编辑窗口，依次选择“文件”→“显示数据文件信息”→“工作文件”命令，系统自动将当前文件的相关信息输出到 SPSS 结果输出窗口。若按以上操作对数据文件 data8-1.sav 中的变量信息进行查询，则可得到表 8-2 所示的结果。

表 8-2　data8-1.sav 数据文件变量信息

变量	位置	标签	度量水平	角色	列宽	对齐方式	打印格式	书写格式
性别	1	<none>	标称	输入	8	左	A3	A3
婚姻状况	2	<none>	刻度	输入	8	右	F8	F8
年龄	3	<none>	刻度	输入	8	右	F3	F3
基本工资	4	<none>	刻度	输入	8	右	F8.2	F8.2

如果要查看外部数据文件，则可在数据编辑窗口中依次选择“文件”→“显示数据文件信息”→“外部文件”命令，系统弹出图 8-9 所示的“显示外部数据集信息”对话框，在此对话框中选择“accidents.sav”（SPSS 安装时自带的样本数据）并打开，其结果如表 8-3 和表 8-4 所示。

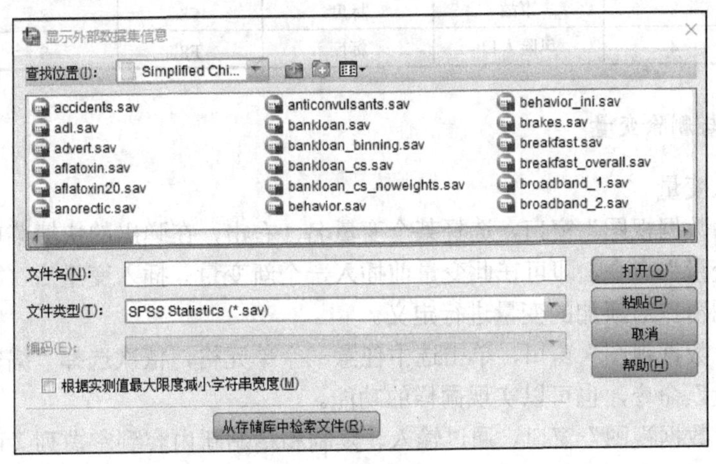

图 8-9　“显示外部数据集信息”对话框

表 8-3　数据文件 accidents.sav 的文件信息

源		D:\Samples\Simplified Chinses\accidents.sav
类型		SPSS Statistics 数据文件
创建日期		06-MAY-2008 09:25:04
标签		无
字符编码		UTF-8
文件内容	数据类型	个案
	文档的行数	无
	变量集	无
	Forecasting 日期信息	无
	多重响应定义	无
	Data Entry for Windows 信息	无
	TextSmart 信息	无
	Modeler 信息	无
数据信息	个案数	6
	已定义的变量元素数	4
	指定变量数	4
	权重变量	无
	已压缩	是

表 8-4　accidents.sav 数据文件中的变量信息

名称	位置	标签	测量尺度	格式	列宽	对齐方式
年龄分段	1	年龄分段	有序	F4	8	右
性别	2	性别	名义	F4	8	右
事故	3	事故	标度	F8	8	右
人口	4	风险人口	标度	F8	8	右

2. 插入与删除变量

（1）插入变量

✧ 在“数据视图”窗口，选择某个变量名，右击，在弹出的快捷菜单中选择“插入变量”命令，即可在此变量前插入一个新变量。插入变量后，需要进入变量视图窗口对新加的变量进行定义。

✧ 在“数据视图”窗口，单击选中任意一个单元格，依次选择“编辑”→“插入变量”命令，也可以实现同样的功能。

✧ 在“数据视图”窗口，通过输入、复制和粘贴新内容到空白列（可以是单个或多个单元格，也可以是整个变量列），也可以在新输入内容的列上自动插入新的变量。

- ✧在“变量视图”窗口，同样可以通过上述三种方法插入新的变量，只不过这时操作的对象为变量行。

（2）删除变量

- 在“数据视图”窗口，选择某个变量名，右击，在弹出的快捷菜单中选择“清除”命令，即可删除此变量。
- 在“数据视图”窗口，单击选中某个整列变量后，依次选择“编辑”→“清除”命令，即可删除此变量。
- 在“变量视图”窗口删除变量，操作与上述类似，只是操作的对象变成了变量行。

3. 插入与删除个案

（1）插入个案（观测量）

插入个案的操作均在数据编辑窗口的“数据视图”状态下进行，观测量的排列次序可以用排序功能完成，故插入位置可以不必计较。

- 在“数据视图”窗口，把光标移动至某个观测记录行号上，单击选中整行记录，此时整行记录呈黑白反显，再在选中行上右击，在弹出的快捷菜单中选择“插入个案”命令，即可在此记录行的上面插入一个新的个案（观测量），所有行号自动重编。
- 在“数据视图”窗口中单击选中任一个单元格，依次选择“编辑”→“插入个案”命令，也可以完成插入个案的功能。另外，通过输入、复制和粘贴新的内容到空白行（可以是单个或多个单元格，也可以是整行记录的粘贴），也可以自动在新输入内容的行上插入新的个案。

（2）删除个案（观测量）

在“数据视图”窗口，选择某行个案，右击，在弹出的快捷菜单中选择“清除”命令，可以删除所选个案。

在“数据视图”窗口，单击选中某个案，依次选择“编辑”→“清除”命令，也可以删除此个案。

4. 数据的剪切、复制和粘贴

如图 8-10 所示，首先选中需要操作的数据区域，被选中单元格的颜色呈黑白反显，然后在选中区域上右击，弹出的快捷菜单中有剪切、复制、与变量名称一起复制、与变量标签一起复制、清除、描述统计、网格字体等命令。选择任何一项即可执行相应的操作，也可以通过选择“编辑”菜单的子菜单完成数据的剪切、复制和粘贴。

另外，通过组合键 Ctrl+X、Ctrl+C、Ctrl+V、Ctrl+Z 分别可以执行剪切、复制、粘贴和撤销操作。

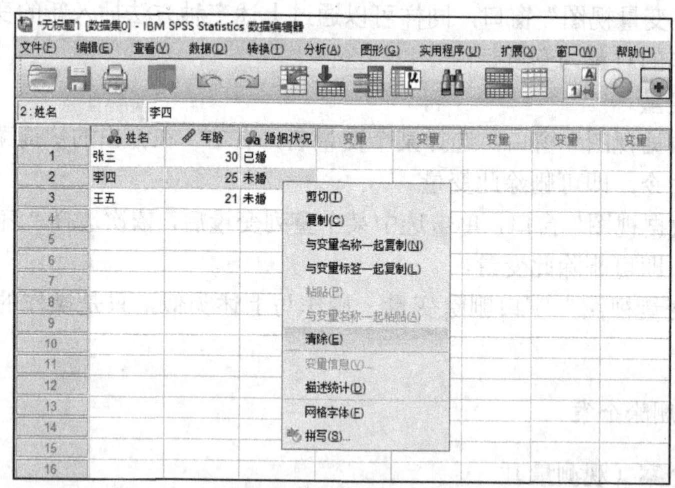

图 8-10　数据编辑

5. 撤销操作

编辑数据或变量属性时，撤销和重复操作可以通过选择“编辑”→“撤销”命令及“编辑”→“重新”命令来实现；选择数据编辑窗口工具栏的向前、向后箭头也可以实现撤销和重复操作。

习　题

1. SPSS 的主要优势在哪里？
2. SPSS 可以打开哪些格式的数据文件？
3. 在 SPSS 中如何插入和删除变量？
4. 建立 SPSS 数据文件需要几个步骤？
5. 在建立 SPSS 数据文件时，为什么要定义值标签？

第 9 章　SPSS 数据整理

SPSS 提供了完整的数据整理功能，包括数据的预处理、品质数据整理、数值型数据整理、调查数据整理等。本章内容分为四节，主要介绍 SPSS 的数据预处理与数据整理功能，要求学生了解利用 SPSS 对数据进行排序、筛选、拆分、结构重组等预处理功能的使用方法，掌握利用 SPSS 中的“转换”和“分析”菜单完成数据整理的基本方法和操作技巧。本章内容为必修内容，建议讲授 2 学时，实践训练 1 学时。

9.1　SPSS 数据预处理

SPSS 26.0 的数据预处理功能主要由“数据”菜单和“转换”菜单提供，主要包括数据文件的处理和变量的处理两项内容，下面分别加以介绍。

9.1.1　数据文件的处理

SPSS 提供的数据文件处理功能主要包括数据文件的合并，数据文件中变量的选择、排序、加权处理、转置，以及数据文件的拆分，结构重组等内容。下面通过实例介绍这些功能的操作过程。

【例 9-1】数据文件 data9-1.sav、data9-2.sav 是某企业 35 个职工的两组调查数据。data9-1.sav 包括起始工资、工龄、年龄和目前工资四个变量，data9-2.sav 包括工作态度、工作业绩、公司效益、学历和职务五个变量。对以上两个文件进行以下处理。

（1）合并 data9-1.sav、data9-2.sav 两个数据文件

由于数据文件 data9-1.sav 与 data9-2.sav 各自所包含的观测数一致，而变量有所不同，所以两个文件需要横向合并，即将两个观测一致、变量不同的数据文件合并为一个完整的数据文件。具体的操作步骤如下。

Step1：在数据编辑窗口中打开 data9-1.sav。依次选择“数据”→“合并文件”→“添加变量”选项，系统会弹出图 9-1 所示的“变量添加至 data9-1.sav[数据集 1]”对话框。在此对话框中单击“浏览”按钮，选择需要进行合并的数据文件 data9-2.sav。

Step2：单击“打开”→“继续”按钮，弹出图 9-2 所示的对话框，在此对话框中，对要合并的“变量”和“合并方法”进行设置。

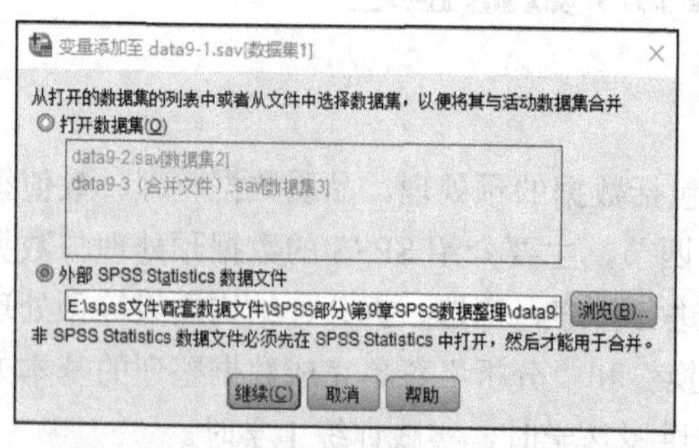

图 9-1　数据合并选择文件对话框

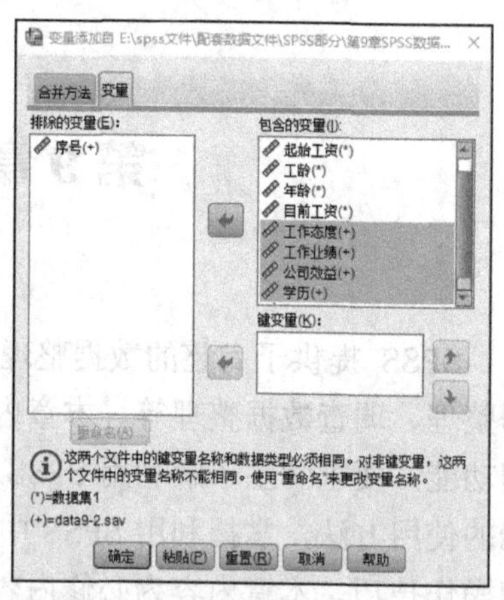

图 9-2　横向合并数据文件对话框

SPSS 默认这些变量均以原有变量名进入合并后的新数据文件中。图 9-2 中“包含的变量”列表框中阴影部分所示的各个变量是数据集 data9-2.sav 中的变量，其余变量为数据集 data9-1.sav 中的原有变量。变量“序号”是两个数据集的共有变量，所以 data9-2 中的“序号”变量显示在“排除的变量”区域中。在实际中，用户可以根据需要在对话框中任意删除或加入变量。合并方法通常采用默认选项。

Step3：单击“确定”按钮，数据编辑窗口会自动显示合并后的数据集。用户可根据实际需要加以保存，如起名为 data9-3.sav 加以保存。数据集 data9-3.sav 中包含了合并后的 10 个变量，如图 9-3 所示。

data9-3（合并文件）.sav [数据集2] - IBM SPSS Statistics 数据编辑器

文件(F)　编辑(E)　查看(V)　数据(D)　转换(T)　分析(A)　图形(G)　实用程序(U)　扩展(X)　窗口(W)　帮助(H)

	名称	类型	宽度	小数位数	标签	值	缺失	列	对齐	测量	角色
1	序号	数字	8	0		无	无	8	右	标度	输入
2	起始工资	数字	8	0		无	无	8	右	标度	输入
3	工龄	数字	8	0		无	无	8	右	标度	输入
4	年龄	数字	8	0		无	无	8	右	标度	输入
5	目前工资	数字	8	0		无	无	8	右	标度	输入
6	工作态度	数字	8	0		无	无	8	右	标度	输入
7	工作业绩	数字	8	0		无	无	8	右	标度	输入
8	公司效益	数字	8	0		无	无	8	右	标度	输入
9	学历	数字	8	0		{1, 低学历}...	无	8	右	标度	输入
10	职务	数字	8	0		{0, 没职务}...	无	8	右	标度	输入

图 9-3　数据文件 data9-3.sav 中的变量

（2）按年龄对所有职工进行排序

Step1：打开示例文件 data9-3.sav，依次选择“数据”→“个案排序”选项，弹出图 9-4 所示的“个案排序”对话框。

Step2：将排序变量“年龄”从左面的列表框移入“排序依据”框中，并在“排列顺序”区域中选择按该变量的“升序”排列。

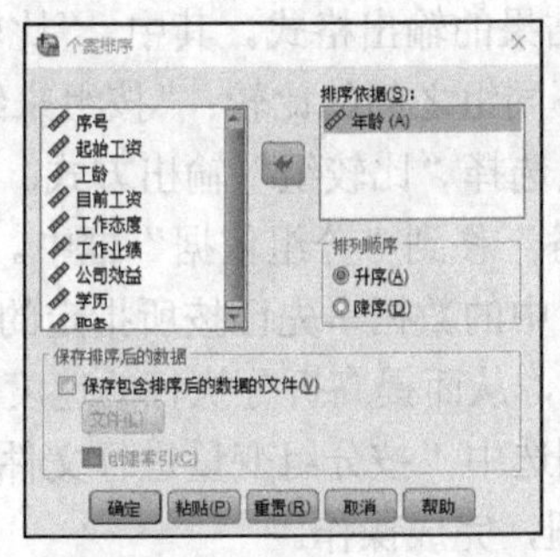

图 9-4　“个案排序”对话框

Step3：如果是多重排序，还要依次指定第二、第三排序变量及相应的排序规则，否则本步可略去。

Step4：单击“确定”按钮，完成操作。数据浏览窗口中的数据自动按要求进行排列并显示出来，结果参见数据文件 data9-4.sav。

说明：

观测量排序是整行数据排序，而不是只对某列变量排序。

- ✧ 多重排序中指定排序变量的次序是很关键的。排序时先指定的变量优于后指定的变量。多重排序可以在按某个变量值升序（或降序）排序的同时再按其他变量值降序（或升序）排序。
- ✧ 数据排序以后，原有数据的排列次序必将被打乱，因此在时间序列的数据中，如果数据没有表示时间（如年份、月份、季度等），则应按照变量数据的原始顺序进行排列，以免发生混乱。

（3）按是否有职务把调查数据拆分成两个部分

Step1：打开示例文件 data9-3.sav，依次选择“数据”→“拆分文件”选项，弹出图 9-5 所示的“拆分文件”对话框。

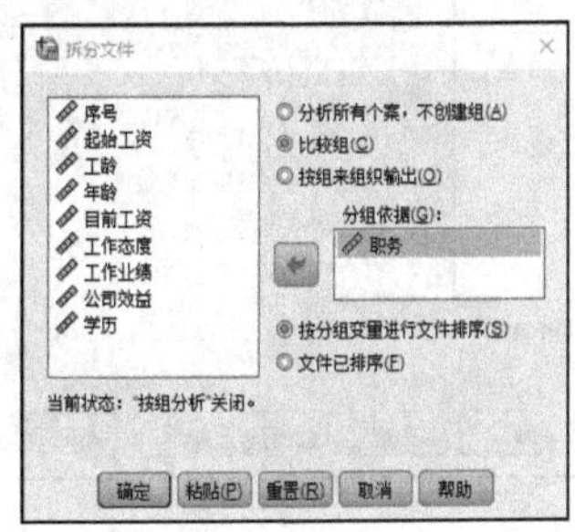

图 9-5　“拆分文件”对话框

Step2：选择拆分后统计结果的输出格式。其中，“比较组”表示将分组统计结果输出在同一张表格中，以便于不同组之间的比较；“按组来组织输出”表示将分组统计结果输出在不同的表格中。这里选择“比较组”输出方式。

Step3：将拆分变量“职务”移到“分组依据”框中。

Step4：如果数据编辑窗口中的数据事先已按所指定的拆分变量进行了排序，则可以选中“文件已排序”单选按钮，从而提高拆分执行的速度；否则，选中“按分组变量进行文件排序”单选按钮。本例选中“按分组变量进行文件排序”单选按钮。

Step5：单击“确定”按钮，完成操作。

说明：

✧ 数据拆分将对后面的分析一直起作用，即无论进行哪种统计分析，都将按拆分变量的不同组分别进行分析计算。如果希望对所有数据进行整体分析，则需要重新执行数据拆分，并在图 9-5 所示的对话框中选中“分析所有个案，不创建组”单选按钮。

✧ 对数据可以进行多重拆分，类似于数据的多重排序。多重拆分的次序取决于选择拆分变量的前后次序。

（4）选择出高学历的职工

Step1：打开示例文件 data9-3.sav，选择“数据”→“选择个案”选项，弹出图 9-6 所示的“选择个案”对话框。

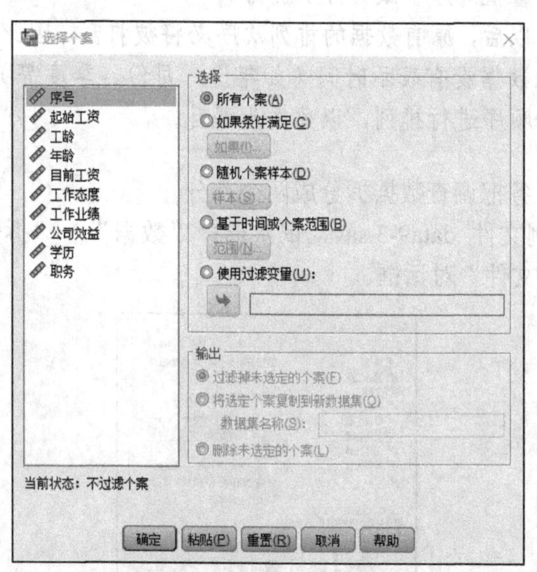

图 9-6 “选择个案”对话框

Step2：根据分析需要选择数据选取方式。数据选取方式有五种，具体见图 9-6 中的

“选择”区域。本例选择“如果条件满足”方式，并单击“如果”按钮，弹出图 9-7 所示的对话框。

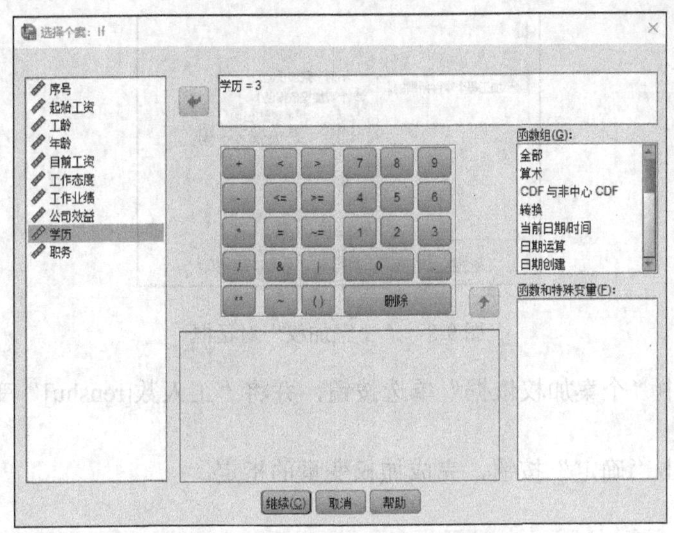

图 9-7　设定选择条件对话框

Step3：利用对话框中提供的简单计算器给出算术表达式：学历=3。具体操作过程：首先将“学历”变量移入计算表达式框中；然后选择“等号”，并输入“高学历”的代码 3；最后单击“继续”按钮，回到主对话框。

Step4：在主对话框的“输出”区域中，指定对未选中个案的处理方式。在实际操作中，为了分析方便且能够保留所有信息，建议选中“将选定个案复制到新数据集”单选按钮，并在选中此单选按钮后为新数据集命名。

Step5：单击“确定”按钮，结果将自动出现在数据浏览窗口，结果参见数据文件 data9-5.sav。

说明：

- ✧ 按上述操作步骤完成数据选取后，以后的 SPSS 分析操作仅针对那些被选中的个案，直到用户再次改变数据的选取为止。
- ✧ 采用指定条件选取和随机抽样方法进行数据选取后，SPSS 将在数据编辑窗口自动生成一个名为 filter_$的新变量，取值为 1 或 0，1 表示样本个案被选中，0 表示未被选中。该变量是 SPSS 产生的中间变量，删除它就自动取消了样本抽样。

【例 9-2】某企业为测定生产时间定额，对同一天各工人加工某零件所需的工时进行登记整理，形成数据文件 data9-6.sav。对该资料进行加权处理，为进一步计算平均数做好准备。

Step1：打开示例文件 data9-6.sav，选择“数据”→“个案加权”选项，弹出图 9-8 所示的“个案加权”对话框。

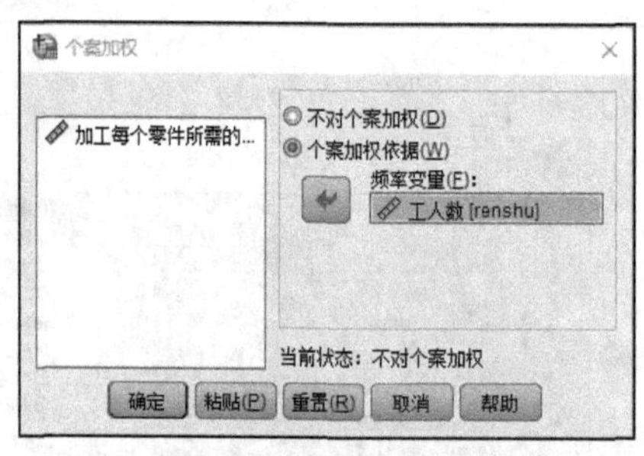

图 9-8　“个案加权”对话框

Step2：选中“个案加权依据”单选按钮，并将“工人数[renshu]”变量移到“频率变量”框中。

Step3：单击“确定”按钮，完成加权变量的指定。

注意：

一旦指定了加权变量，以后的分析处理中加权就一直是有效的，直到取消加权为止。取消加权应在“个案加权”对话框中选中“不对个案加权”单选按钮。

【例 9-3】某销售公司汇总了五个子公司在不同地方的销售业绩，并且业绩是按季度统计的，涉及的数据内容包括子公司的编号（no）、季度（quarter）、销售地点（area）、子公司到销售地点的距离（d）和销售额（sale）。这些数据按图 9-9 所示的横向结构（四个季度的销售额分开设置为四个变量）组织，将该数据文件重组为纵向结构（四个季度的销售额综合为一个变量 sale）。

*data9-7（文件重组）.sav [数据集6] - IBM SPSS Statistics 数据编辑器

文件(F)　编辑(E)　查看(V)　数据(D)　转换(T)　分析(A)　图形(G)　实用程序(U)　扩展(X)　窗口(W)　帮助(H)

	no	area	d	quarter_1	quarter_2	quarter_3	quarter_4
1	1	甲	1.70	80.00	90.00	87.00	76.00
2	2	丙	1.70	45.00	67.00	46.00	87.00
3	3	丁	1.90	78.00	76.00	88.00	89.00
4	4	乙	1.80	78.00	87.00	79.00	76.00
5	5	戊	1.70	98.00	99.00	95.00	94.00

图 9-9　横向结构数据

Step1：打开示例文件 data9-7.sav，依次选择“数据”→“重构”选项，弹出图 9-10 所示的对话框。

Step2：选择数据重排格式。在“重构数据向导”主对话框中有三种选择：第一，“将

选定变量重构为个案”，表示将多个变量重组为一个复合变量，即横向结构转换到纵向结构；第二，“将选定个案重构为变量”，表示将相关的观测值转换为多个变量，即纵向结构转换到横向结构；第三，“转置所有数据”，表示将所有变量行列转置。根据题意这里应选择第一个选项。

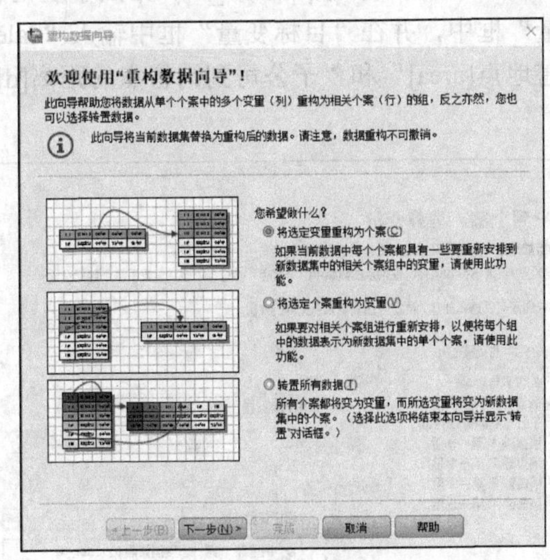

图 9-10　“重构数据向导”主对话框

Step3：单击“下一步”按钮，出现图 9-11 所示的重构数据第 2 步对话框。在该对话框中选择第一个选项，表示仅建立一个新变量。在需要建立多个复合变量时，选择第二个选项。

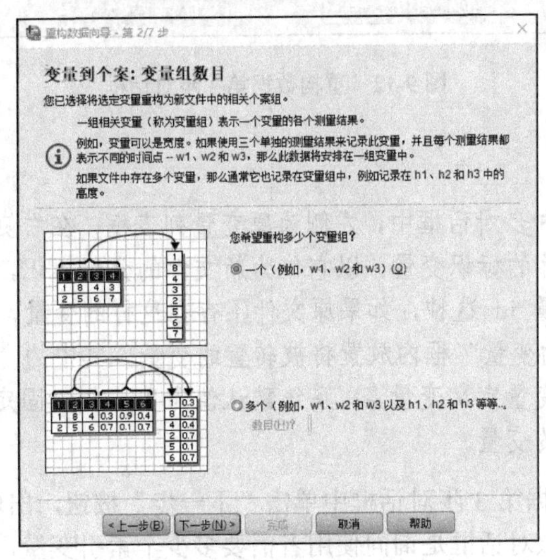

图 9-11　重构数据第 2 步对话框

Step4：在重构数据第 2 步对话框中单击“下一步”按钮，出现图 9-12 所示的重构数据第 3 步对话框。在“个案组标识”下拉列表中选择“使用选定变量”选项，再在下面的“变量”框中选择变量“公司编号[no]“，接着将第一季度销售额[quarter_1]、第二季度销售额[quarter_2]、第三季度销售额[quarter_3]、第四季度销售额[quarter_4]四个变量移入“要转置的变量”框中，并在“目标变量”框中输入“sale”作为重组后的复合变量名，同时把“销售地点[area]”和“子公司到销售点的距离[d]”移入“固定变量”框中。

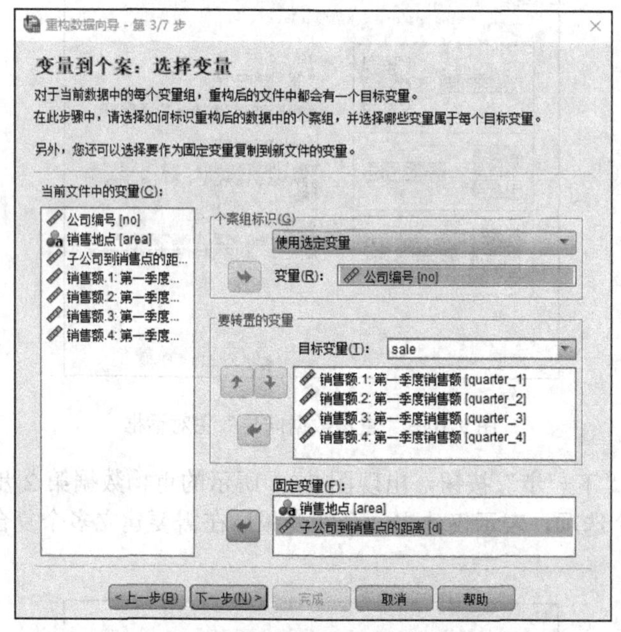

图 9-12　重构数据第 3 步对话框

在重构数据第 3 步对话框中，左侧为原变量列表框，在右侧上面的“个案组标识”框内选择新文件的标识变量，以它作为新文件的分组标识，一般选择观测值不同的变量，类似变量 id 这种，如果原文件不存在这样的变量，可以用系统默认的 id 变量；“要转置的变量”框内放置将被转置的变量，其中的“目标变量”框用于为新文件中的重组变量定义变量名，系统默认值为 Transl;“固定变量”框内放置未重组并进入新文件的变量。

Step5：在重构数据第 3 步对话框中单击“下一步”按钮，出现图 9-13 所示的重构数据第 4 步对话框。该对话框是询问使用者需要多少个索引变量，索引变量就是用来区分初始变量组里的各个变量的输出变量。本例选择“一个”索引变量。

Step6：在重构数据第 4 步对话框中单击“下一步”按钮，进入图 9-14 所示的重构数据第 5 步对话框，对索引变量的类型和名称进行设置。本例的索引变量名称和标签分别为“quarter”和“季度”。

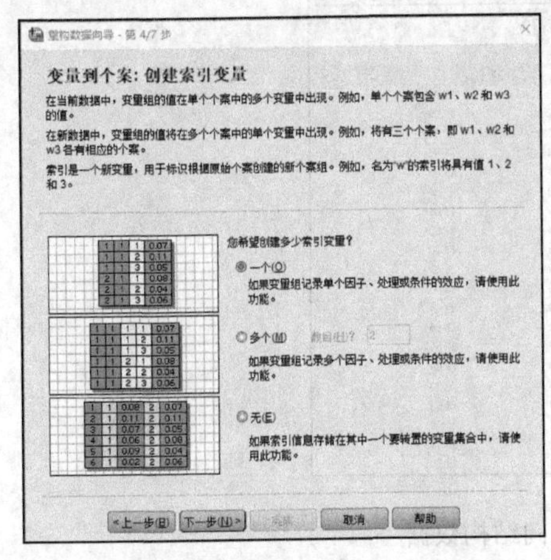

图 9-13　重构数据第 4 步对话框

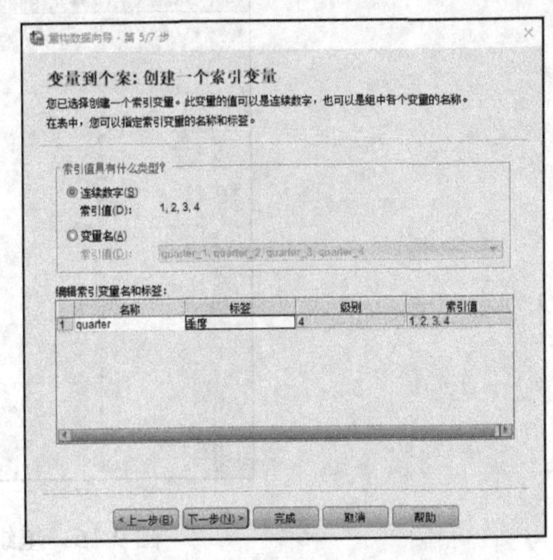

图 9-14　重构数据第 5 步对话框

Step7：在重构数据第 5 步对话框中单击“下一步”按钮，进入重构数据第 6 步对话框，如图 9-15 所示。上面第一个单选栏是询问如何处理未被选择的变量，第一个选项是删除，第二个选项是保留；中间的单选栏是询问是否覆盖原文件，第一个选项是重建一个新文件，第二个选项是丢弃原文件；最下面的“个案计数变量”栏是询问是否建立一个给新观测量计数的变量，若选中“计算由当前数据中的个案创建的新个案的数目”复选框，则需在下面填上新变量的名字和标签。

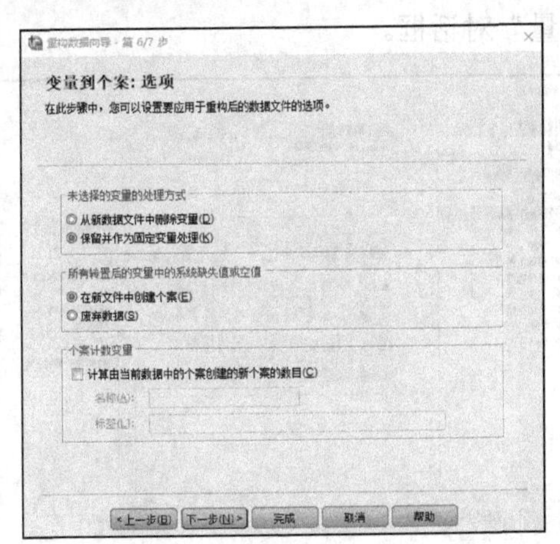

图 9-15　重构数据第 6 步对话框

Step8：在重构数据第 6 步对话框中选中“保留并作为固定变量处理”以及“在新文

件中创建个案”两个单选按钮，单击“下一步”按钮，然后在随后弹出的对话框中单击“完成”按钮，重组后的文件如图 9-16 所示。

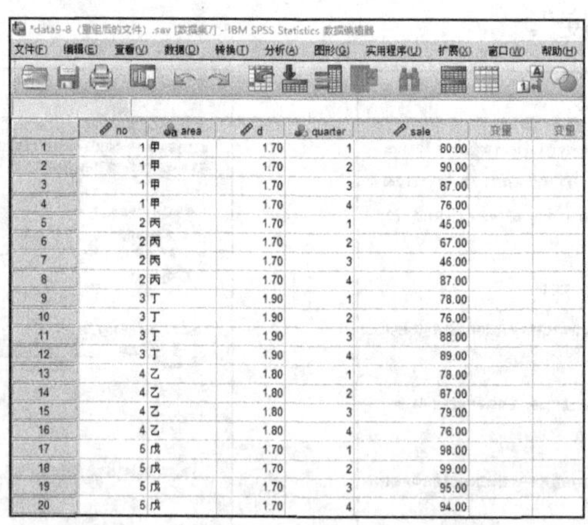

	no	area	d	quarter	sale	变量	变量
1	1	甲	1.70	1	80.00		
2	1	甲	1.70	2	90.00		
3	1	甲	1.70	3	87.00		
4	1	甲	1.70	4	76.00		
5	2	丙	1.70	1	45.00		
6	2	丙	1.70	2	67.00		
7	2	丙	1.70	3	46.00		
8	2	丙	1.70	4	87.00		
9	3	丁	1.90	1	78.00		
10	3	丁	1.90	2	76.00		
11	3	丁	1.90	3	88.00		
12	3	丁	1.90	4	89.00		
13	4	乙	1.80	1	78.00		
14	4	乙	1.80	2	87.00		
15	4	乙	1.80	3	79.00		
16	4	乙	1.80	4	76.00		
17	5	戊	1.70	1	98.00		
18	5	戊	1.70	2	99.00		
19	5	戊	1.70	3	95.00		
20	5	戊	1.70	4	94.00		

图 9-16　重组后的纵向结构数据

9.1.2　变量处理

变量处理主要包括变量计算、变量值重新编码及建立变量集合等。SPSS 变量处理主要是通过“转换”“实用程序”等菜单来完成。下面通过实例介绍其操作过程。

【例 9-4】数据文件 data9-3.sav 是根据 data9-1.sav 和 data9-2.sav 合并而成的数据文件，数据格式如图 9-3 所示，对该数据集中的数据进行以下变量处理。

1）计算没有职务员工的目前工资与起始工资的比值。

Step1：打开示例文件 data9-3.sav，依次选择“转换”→“计算变量”选项，弹出图 9-17 所示的“计算变量”对话框。

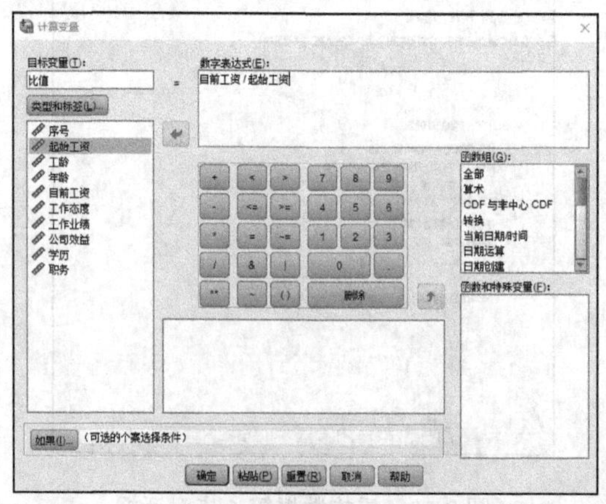

图 9-17　“计算变量”对话框

Step2：在“数字表达式”框中给出 SPSS 算术表达式“目前工资/起始工资”。可以手工输入，也可以单击对话框按钮完成算术表达式的输入。

Step3：在“目标变量”框中输入存放计算结果的变量名“比值”。该变量可以是一个新变量，也可以是已经存在的变量。新变量的变量类型默认为数值型，用户可以单击“类型与标签”按钮，修改变量类型和对新变量添加标签。

Step4：单击“如果”按钮，出现图 9-18 所示的对话框。选中“在个案满足条件时包括”单选按钮，然后输入条件表达式：“职务=0”。单击“继续”按钮，回到主对话框，单击“确定”按钮，计算结果将自动出现在数据编辑窗口，参见数据文件 data9-9.sav。

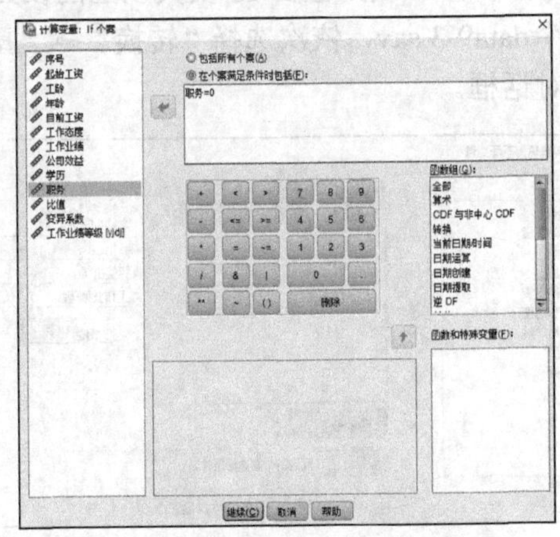

图 9-18　条件表达式输入对话框

2）使用 SPSS 函数计算起始工资、目前工资的变异系数。

Step1：打开示例文件 data9-3.sav，依次选择“转换”→“计算变量”选项，弹出图 9-19 所示的对话框。

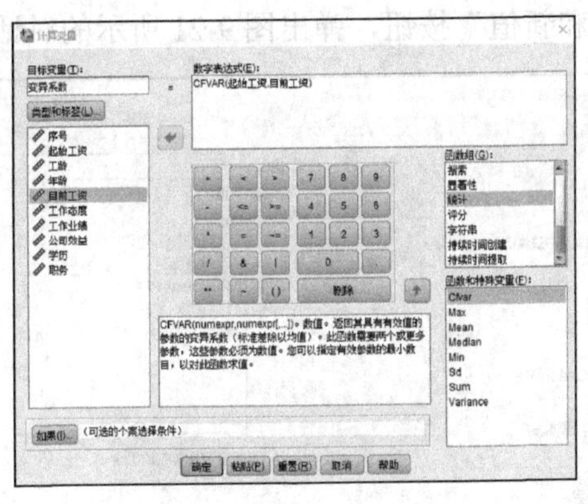

图 9-19　计算变异系数对话框

Step2：在“目标变量”框中输入存放计算结果的变量名“变异系数”。

Step3：在“函数组”列表框中选择“统计”选项，并在随后出现的“函数和特殊变量”框中选择“Cfvar”进入“数字表达式”框，最后选入“目前工资”和“起始工资”两个变量，设置结果如图 9-19 所示。

Step4：单击“确定”按钮，结果将自动出现在数据编辑窗口，参见数据文件 data9-9.sav。

3）使用“重新编码为不同变量”过程，将变量“工作业绩”进行重新编码。新变量命名为“工作业绩等级”。工作业绩分值在 10 及其以下的设为 3 等；工作业绩分值在 11～14 范围内的设为 2 等；工作业绩分值在 15 及其以上的设为 1 等。

Step1：打开示例文件 data9-3.sav，依次选择“转换”→“重新编码为不同变量”选项，弹出图 9-20 所示的对话框。

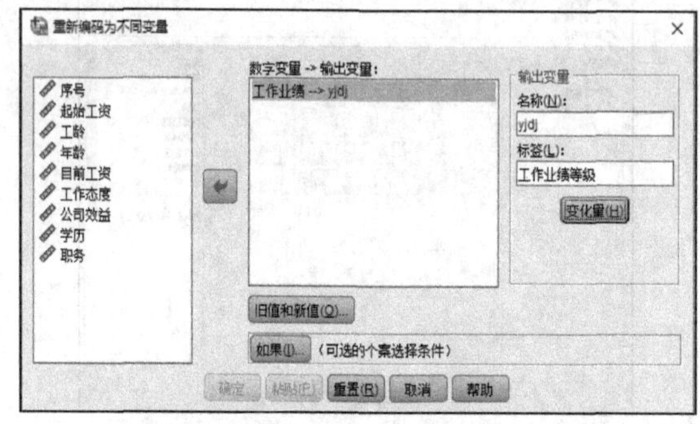

图 9-20 “重新编码为不同变量”对话框

Step2：选中“工作业绩”变量移入“数字变量→输出变量”框中。

Step3：在“输出变量”区域的“名称”框中输入“yjdj”，“标签”框中输入“工作业绩等级”，并单击“变化量”按钮。

Step4：单击“旧值和新值”按钮，弹出图 9-21 所示的对话框。

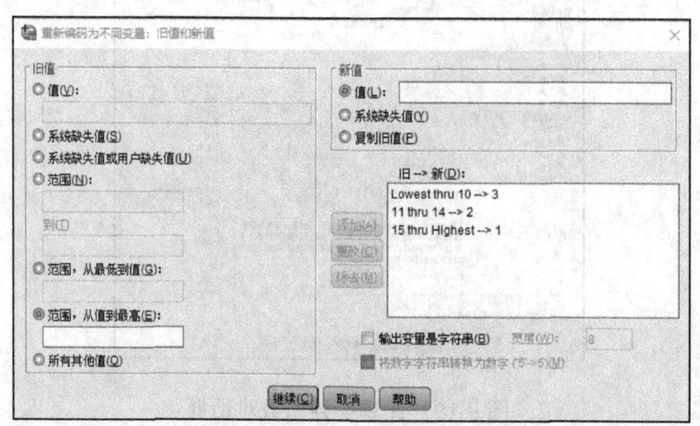

图 9-21 “重新编码为不同变量：旧值和新值”对话框

Step5：按要求转化旧值和新值。例如，要将工作业绩 10 及以下的所有业绩得分全部转化为工作业绩 3 等，需要在“重新编码为不同变量：旧值和新值”对话框中依次完成以下操作：

- ✧ 在“旧值”区域中选中“范围，从最低到值”单选按钮，并在其下方的活动框中填入“10”，表示从最小值到 10。
- ✧ 在“新值”区域中的“值”框中填入“3”，单击“添加”按钮，在“旧→新”框中会出现“Lowest thru10→3”，表示凡工作业绩得分小于等于 10 的统一记为 3 等。其他以此类推，转化结果如图 9-21 所示。

Step6：单击“继续”→“确定”按钮，新变量将出现在数据文件的最后一列，参见数据文件 data9-9.sav。

4）将起始工资、工龄、年龄和目前工资四个变量设定为一个变量集，并使其生效。

Step1：选择“实用程序”→“定义变量集”选项，弹出图 9-22 所示的对话框。

Step2：在“集合名称”框中输入变量集的名称“set1”。

Step3：选择起始工资、工龄、年龄、目前工资四个变量，单击 按钮，将它们移到“集合中的变量”框中，表示用户变量集将包含这四个变量。

Step4：单击“添加集合”按钮，将定义的用户变量集加到 SPSS 变量集中。“更改集合”按钮可对已定义的用户变量集进行修改。“除去集合”按钮可从 SPSS 变量集中删去某个用户变量集。

Step5：单击“关闭”按钮，退出“定义变量集”对话框。选择“实用程序”→“使用变量集”选项，弹出图 9-23 所示的对话框。

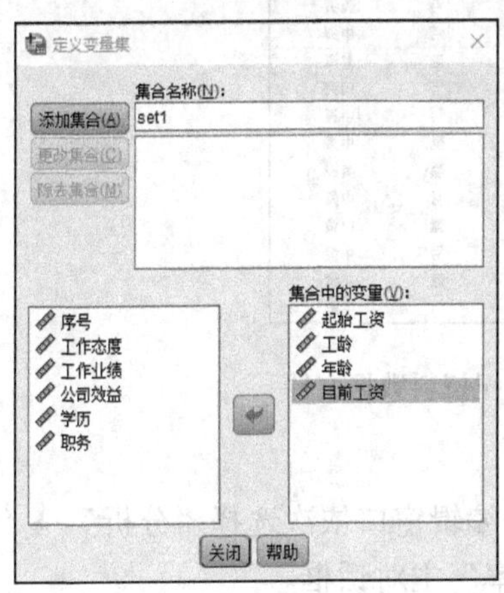

图 9-22 “定义变量集”对话框

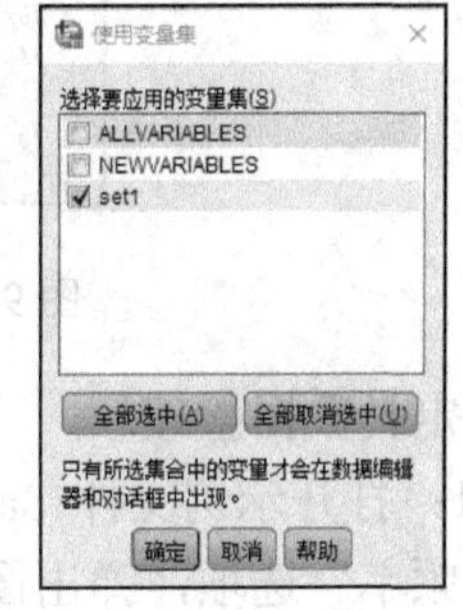

图 9-23 “使用变量集”对话框

Step6：在“选择要应用的变量集”框中选中“set1”复选框；单击“确定”按钮，即可打开新建立的变量集合，并进行相应的分析。

如果要将新变量集保存成永久性文件，则需要执行“文件”菜单中的“另存为”命令。

9.2 SPSS 品质数据整理

利用 SPSS 进行品质数据整理只需要利用“分析”菜单中的“频率”过程。SPSS 的“频率”分析过程专门用于编制频数分布表，它不仅可以产生详细的频数统计结果，还可以按要求计算百分位数和基本描述性统计量，并绘制频率分析结果的条形图、饼图和直方图等。下面通过实例说明利用 SPSS“频率”分析过程进行品质数据整理的操作步骤。

【例 9-5】通过调查得知 20 家公司的基本情况资料，根据该资料所建立的 SPSS 数据文件如图 9-24 所示。利用 SPSS 的“频率”分析过程对该组资料进行整理，包括数据分类、编制频数分布表和绘制频数分布图。

*data9-10（品质数据整理）.sav [数据集1] - IBM SPSS Statistics 数据编辑器

文件(F) 编辑(E) 查看(V) 数据(D) 转换(T) 分析(A) 图形(G) 实用程序(U)

	公司代号	公司规模	产业类别	获利能力	资本来源
1	1	小型	饮料	亏	中资
2	2	中型	化学	盈	中资
3	3	大型	电子	盈	美资
4	4	大型	电子	盈	美资
5	5	中型	食品	亏	美资
6	6	中型	食品	亏	港资
7	7	大型	化学	盈	美资
8	8	中型	食品	亏	日资
9	9	中型	电子	亏	美资
10	10	小型	食品	亏	中资
11	11	大型	航空	盈	港资
12	12	大型	化学	亏	日资
13	13	小型	食品	亏	中资
14	14	中型	饮料	盈	中资
15	15	大型	电子	盈	美资
16	16	中型	食品	亏	中资
17	17	大型	航空	盈	日资
18	18	中型	食品	亏	中资
19	19	大型	电子	盈	美资
20	20	中型	食品	亏	中资

图 9-24　20 家公司基本情况资料数据文件

（1）定类数据整理

Step1：打开示例文件 data9-10.sav，在数据编辑窗口依次选择“分析”→“描述统计”→“频率”选项，弹出图 9-25 所示的“频率”主对话框。

Step2：选择变量“产业类别”、“获利能力”和“资本来源”三个定类变量进入“频率”对话框的“变量”框内，并选中下方的“显示频率表”复选框。

Step3：在“频率”主对话框中，单击“图表”按钮，弹出图 9-26 所示的“频率：图表”对话框。在“图表类型”区域中，选中“条形图”单选按钮，在“图表值”区域中，选中“频率”单选按钮。

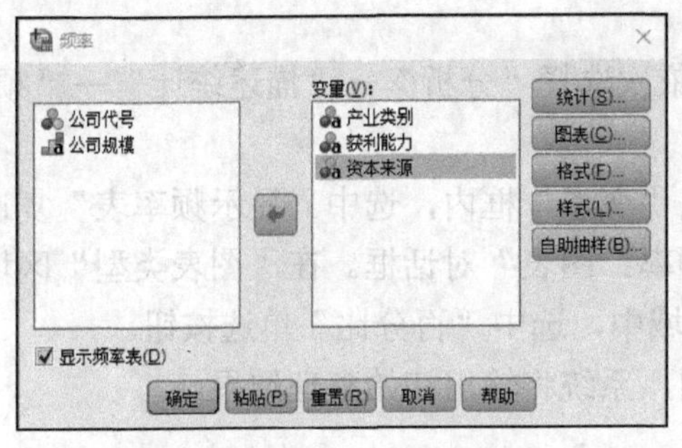

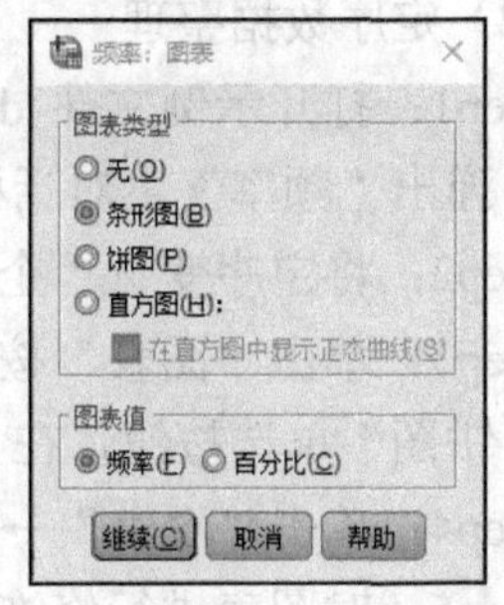

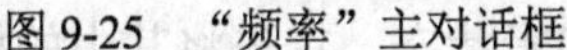
图 9-25　“频率”主对话框　　　　图 9-26　“频率：图表”对话框

Step4：单击“继续”→“确定”按钮，系统将分别输出三个所选变量的初始整理结果。

Step5：对图表进行修饰。选择“产业类别”的输出结果进行修饰。双击频数分布表，进入表格编辑状态，删除频数分布表中的累计频数一列（定类数据计算累计频数没有意义）。双击频数分布图，进入图形编辑状态，选中数据条，右击，在弹出的快捷菜单中选择“添加数据标签”命令，并将标签位置设置为上部，最终结果如表 9-1 和图 9-27 所示。有关条形图修饰的详细操作将在 12.2 节中介绍。

表 9-1　20 家公司的产业类别频数分布表

产业类别		频率	百分比	有效百分比
有效	电子	5	25.0	25.0
	航空	2	10.0	10.0
	化学	3	15.0	15.0
	食品	8	40.0	40.0
	饮料	2	10.0	10.0
	总计	20	100.0	100.0

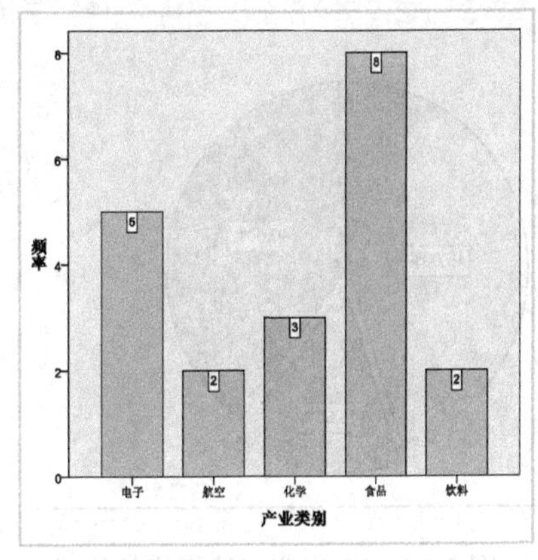

图 9-27　20 家公司产业类别频数分布条形图

（2）定序数据整理

Step1：打开示例文件 data9-10.sav，依次选择“分析”→“描述统计”→“频率”选项，弹出“频率”主对话框。

Step2：将定序变量“企业规模”移入“变量”框内，选中“显示频率表”复选框。

Step3：单击“图表”按钮，弹出“频率：图表”对话框。在“图表类型”区域中，选中“饼图”单选按钮，在“图表值”区域中，选中“百分比”单选按钮。

Step4：单击“继续”→“确定”按钮，系统将输出初始整理结果。

Step5：对图表进行修饰。

表格修饰：双击初始频数分布表，使其处于编辑状态。首先将其中的标题改为“20家公司按规模分组频数分布表”，然后选定第一列企业规模中的“小型”并向下拖动，使其处于“中型”之下，并相应修改累计百分比的数值。编辑完成后，在表外单击退出编辑状态，最终结果如表 9-2 所示。

表 9-2　20 家公司按规模分组频数分布表

规模		频率	百分比	有效百分比	累积百分比
有效	大型	8	40.0	40.0	40.0
	中型	9	45.0	45.0	85.0
	小型	3	15.0	15.0	100.0
	总计	20	100.0	100.0	

图形修饰：双击初始饼图，进入图形编辑状态，给饼图加上数据标签，并使其最小饼块分离，结果如图 9-28 所示。有关饼图修饰的详细操作将在 12.3 节中介绍。

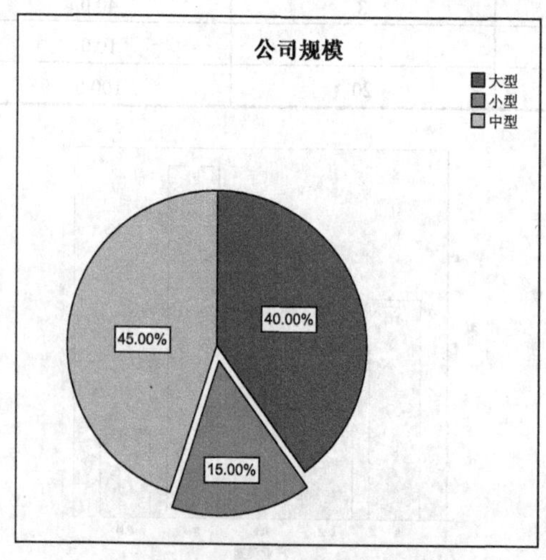

图 9-28　20 家公司按规模的构成

9.3 SPSS 数值型数据整理

数值型数据整理就是对数值型数据进行分组处理的过程。对数值型数据进行分组包括单项式分组和组距式分组两种形式，其中单项式分组直接通过“频率”过程就可以完成，具体步骤与品质数据分组相同，这里主要介绍利用 SPSS 进行组距式分组的方法和步骤。

利用 SPSS 做组距式分组，首先需要对数据做离散化处理，即将原始数据按要求划分成不同的区段。然后，根据离散化后的数据再做频数统计。SPSS 对数据离散化处理有两种方式：一是使用“重新编码”过程完成；二是使用“可视分箱”过程完成。下面将对两种方式的组距式分组过程分别进行介绍。

【例 9-6】某高校统计学院做了一项关于某市居民住房情况的调查，调查获得了 2993 个住户的 14 项住房情况资料（见数据文件 data9-11.sav）。利用 SPSS 对其中的家庭年收入（X9）进行组距式分组。

（1）使用“重新编码”过程进行组距式分组

在 SPSS 重新编码过程中，对分组结果有两种存放策略，一种是分组变量值覆盖原变量，即重新编码为相同变量；另一种是将分组结果存到一个新变量中，即重新编码为不同变量。两种方式的操作虽略有差异，但第二种方式因其不丢失原有数据而更受青睐。因此，这里选择第二种方式对家庭收入进行组距式分组，其操作步骤如下。

Step1：打开数据集 data9-11.sav，依次选择“转换”→“重新编码为不同变量”选项，进入“重新编码为不同变量”主对话框。

Step2：将分组变量“家庭收入[x9]”移到“数字变量→输出变量”框中。在“输出变量”区域的“名称”框中输入存放分组结果的变量名“家庭收入分组”，并单击“变化量”按钮确认，设置结果如图 9-29 所示。

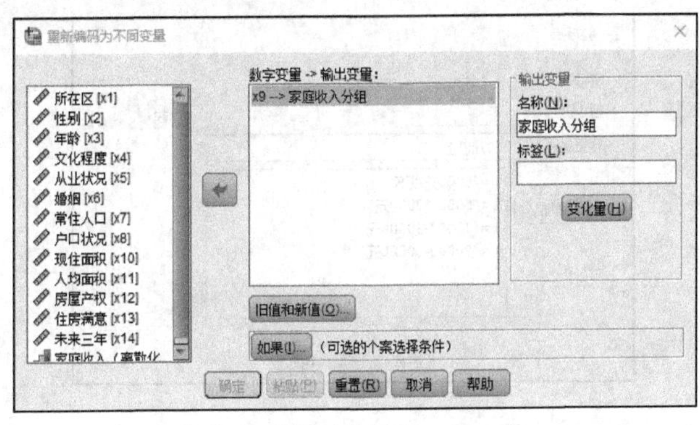

图 9-29 “重新编码为不同变量”主对话框

Step3：单击“旧值和新值”按钮，弹出“重新编码为不同变量：旧值和新值”对话框。在此对话框的“旧值”区域中指定分组区间的下限和上限，并在“新值”区域中给出该区间对应的分组值（也可以指定该区间的数据在分组后为系统缺失值）。最后单击“添加”按钮，将转化结果显示到“旧→新”框中。单击“更改”和“除去”按钮，来修改和删除分组区间。本例设置结果如图 9-30 所示。

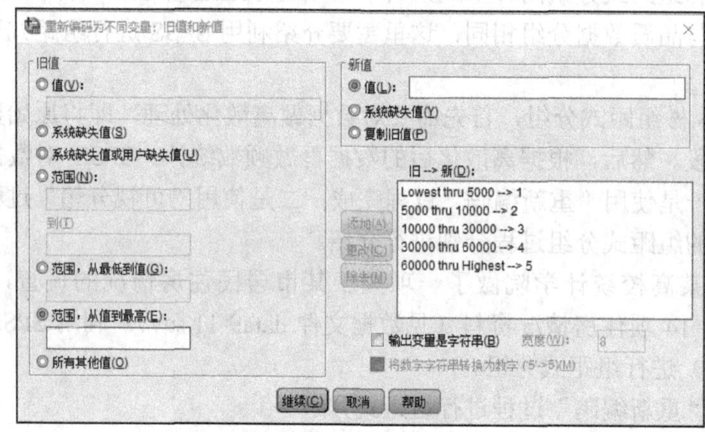

图 9-30　分组区间设置结果

Step4：如果仅对符合一定条件的个案分组，则单击“重新编码为不同变量”主对话框中的“如果”按钮，弹出 SPSS 条件表达式设置对话框。否则，本步骤可略去。

至此，SPSS 将自动进行组距式分组，并在数据编辑窗口中创建一个存放分组结果的新变量。如果想得到组距式频数分布表，则需要继续完成以下操作。

Step5：为重新编码后的新变量定义值标签。进入变量视图窗口，单击“家庭收入分组”变量的值定义单元格中的省略号，弹出“值标签”对话框。在此对话框中给每个变量值加上容易识别的标签，定义结果如图 9-31 所示。

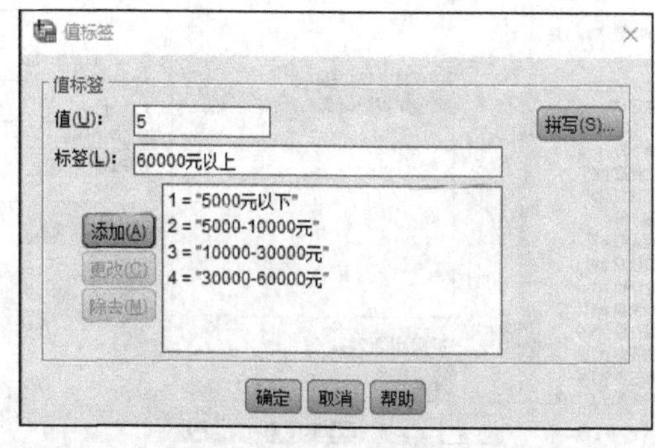

图 9-31　变量值标签定义结果

Step6：编制家庭收入组距式分组频数分布表。回到数据视图窗口，对“家庭收入分组”变量执行“分析”→“描述统计”→“频率”等操作，即可得到家庭收入组距式分组频数分布表，如表 9-3 所示。

表 9-3　家庭收入组距式分组频数分布表

家庭收入		频率	百分比	有效百分比	累积百分比
有效	5000 元以下	230	7.7	7.7	7.7
	5000～10000 元	873	29.2	29.2	36.9
	10000～30000 元	1635	54.6	54.6	91.5
	30000～60000 元	223	7.5	7.5	98.9
	60000 元以上	32	1.1	1.1	100.0
	总计	2993	100.0	100.0	—

（2）使用“可视分箱”过程进行组距式分组

在 SPSS 可视分箱过程中，对数据分割点的确定有两种方法：一是直接输入分割点，这种方法比较灵活，既适用于等距式分组，也适用于异组距分组，但是这种方法的操作相对麻烦；二是自动生成分割点，这种方法操作简便，但结果往往不能满足需要，主要用于等组距分组。当数据变动比较均匀时可选用该方法。这里选择直接输入分割点的数据离散化过程，对“家庭收入”变量进行组距式分组，其操作步骤如下。

Step1：打开示例文件 data9-11.sav，选择“转换”→“可视分箱”选项，弹出图 9-32 所示的“可视分箱”变量选择对话框。

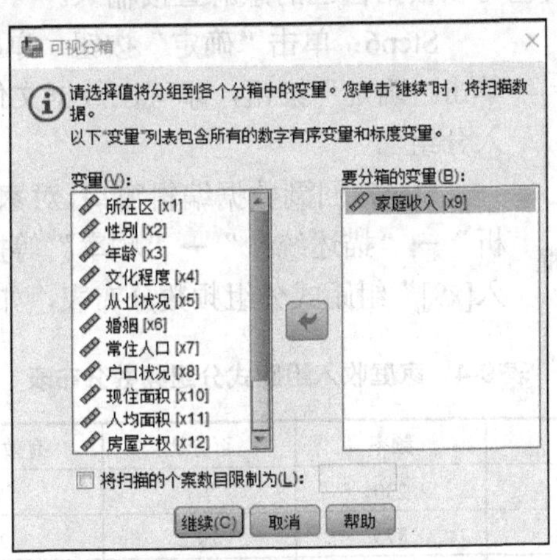

图 9-32　“可视分箱”变量选择对话框

Step2：将“家庭收入[x9]”变量移入“要分箱的变量”框中。单击“继续”按钮，进入图 9-33 所示的“可视分箱”分割点设置对话框。

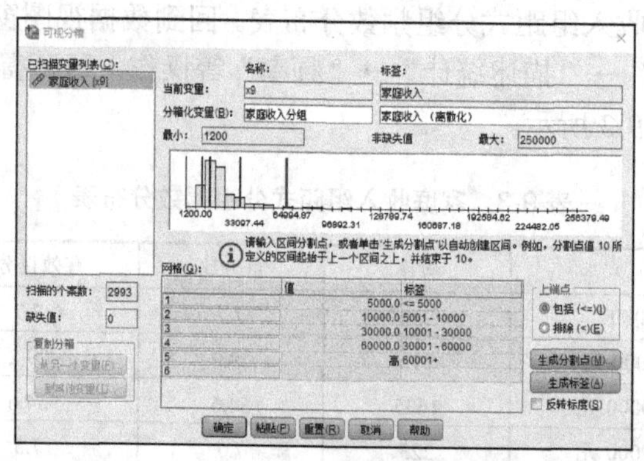

图 9-33 “可视分箱”分割点设置对话框

Step3：给分组后的变量命名。在分割点设置对话框的“分箱化变量”框中，分别输入“家庭收入分组”和“家庭收入（离散化）”作为离散化变量的名称和标签。

Step4：设置分割点。在分割点设置对话框的“网络”区域的“值”列输入所有分割点的数值。例如，第一个分割点值为 5000，并且在“上端点”区域中选中“包括（<=）”单选按钮，表示小于等于 5000 的全部数据分到第一组；第二个分割点为 10000，表示 5001～10000 范围内的数据分到第二组，其他以此类推。如果要自动生产分割点，则直接单击对话框右下方的“生成分割点”按钮，进入自动生成分割点对话框。

Step5：生成分组标签。在分割点设置对话框中单击“生成标签”按钮，系统将自动生成各组标签值。标签值也可以根据自己的意愿直接输入。

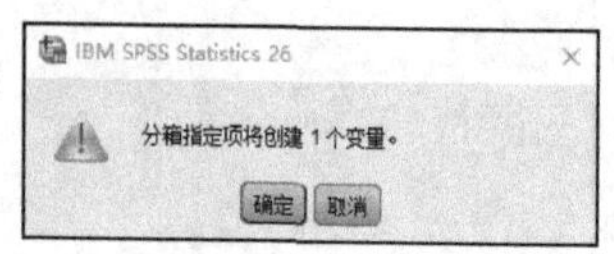

图 9-34 封装规范提示对话框

Step6：单击“确定”按钮，弹出图 9-34 所示的对话框。单击“确定”按钮，即可在数据文件中生成新变量“家庭收入分组”。

Step7：回到数据编辑窗口，对家庭收入分段变量执行“分析”→“描述统计”→“频率”等操作，即可得到“家庭收入[x9]”组距式分组频数分布表，如表 9-4 所示。

表 9-4 家庭收入组距式分组频数分布表

家庭收入		频率	百分比	有效百分比	累积百分比
有效	5000 元及以下	230	7.7	7.7	7.7
	5001～10000 元	873	29.2	29.2	36.9
	10001～30000 元	1635	54.6	54.6	91.5
	30001～60000 元	223	7.5	7.5	98.9
	60001 元及以上	32	1.1	1.1	100.0
	总计	2993	100.0	100.0	—

（3）绘制频数分布直方图

Step1：打开示例文件 data9-11.sav，依次选择“图形”→“旧对话框”→“直方图”选项，弹出如图 9-35 所示的“直方图”对话框。在此对话框中选择变量“家庭收入[x9]”进入“变量”框中。

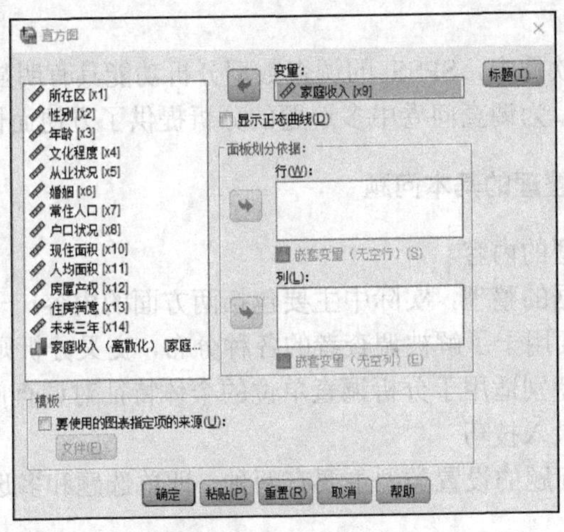

图 9-35　“直方图”对话框

Step2：单击“确定”按钮，系统将输出初始结果。

Step3：根据需要对图形进行修饰。双击图形区域使其处于编辑状态，单击直方图，在随后弹出的“属性”对话框中对图形大小、矩形的宽度等进行调整，最终结果如图 9-36 所示。有关直方图修饰的详细操作过程将在 12.4 节中介绍。

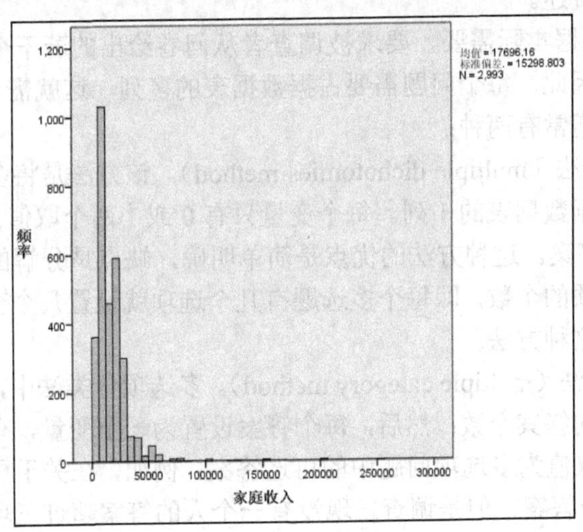

图 9-36　家庭收入直方图

从图 9-36 中可以看出，被调查居民的家庭收入基本在 50000 元以下，其中家庭收入在 10000～20000 元范围内的家庭最多，接近 1200 多户，约占被调查家庭的 40%。

9.4 SPSS 问卷调查数据整理

在所有数据分析软件中，SPSS 的调查数据分析功能具有明显的优势，该软件所设置的多选题处理模块，为调查问卷中多选题的分析提供了方便而快捷的工具。

9.4.1 问卷调查数据整理的基本问题

（1）问卷数据整理的内容

对于问卷调查数据的整理，实际中主要包括两方面的内容：一是频数统计，二是交叉分析。频数统计主要用于了解被调查者的各种分布，交叉分析则用于研究相关调查项目之间的依存关系，特别适用于分析调查单位的个体特征对调查问题的影响。

（2）问卷数据的录入技巧

在问卷调查中，问题的设置类型主要有两种，即单选题和多选题，其中单选题占绝大部分。

1）单选题的录入简单容易，每个问题占据数据表的一列，直接根据被调查者的选择，录入选项序号或每个选项的内容即可。例如，性别调查中有两个选项：1 男、2 女。数据录入时可输入 1、2，分别代表男、女，也可以直接输入男、女。一般情况下，当调查项目的答案选项很多，或者每个答案的字数很多时，通常采用“先录入选项序号，录入结束后，再给每个序号加上值标签”的办法录入数据。关于值标签的添加方法前面已有介绍，这里不再赘述。

2）多选题是根据实际需要，要求被调查者从问卷给出的若干个答案中选择两个或两个以上的答案，因此，每个问题需要占据数据表的多列，这就需要对问题进行分解。多选题的分解方法通常有两种：

① 多选项二分法（multiple dichotomies method）。该方法是将多选题中的每个答案设为 1 个变量，占据数据表的 1 列。每个变量只有 0 或 1 两个取值，1 表示选择了该答案，0 表示未选该答案。这种方法的优点是简单明确，缺点是分解的变量数太多，设置的变量个数等于选项的个数，即每个多选题有几个选项就设置几个变量。在选项较少的情况下，一般采用这种方法。

② 多选项分类法（multiple category method）。多选项分类法中，首先要估计多选项问题最多可能出现的答案个数；然后，每个答案设置为一个变量，有几个可能答案就设置几个变量。变量取值为多选项问题中的可选答案。例如，在关于居民储蓄目的的调查中，共设置了 11 个答案，但是调查发现没有一个人的答案超过三项，也就是说人们最多选择了三个答案。因此，该问题只需要设置三个变量，可分别命名为目的一、目的二、目的三。录入时只需直接根据每个人的回答录入所选答案的编号即可。当选项较多，且

能准确估计最多可能出现的答案个数时，通常采用此法。

（3）问卷数据处理需要使用的 SPSS 过程

在问卷数据处理中，需要用到的 SPSS 分析过程主要有“频率”、“交叉表”和“多重响应”。“频率”分析过程前面已有介绍，这里主要介绍“交叉表”和“多重响应”分析过程。

1）交叉表。该分析过程根据两个相关变量生成交叉分组频数分布表，同时可以输出相应的频数分布图和检验统计量，在问卷数据处理中应用十分广泛，主要用于测定调查项目之间的相关性。

2）多重响应。“多重响应”分析过程是 SPSS 专门为多选题数据分析而设计的，用于生成多选题频率分布表和交叉分析表。该分析过程由以下三个子项组成。

① 定义变量集：用于将分解后的若干个多选项变量定义为变量集，在这定义之后，其他两个分析过程才可以正常使用。

② 频率：用于为多选题变量集生成频数统计表和图形。在多选题频数统计表中有两个汇总指标：一是响应百分比，表示选择该项人数占总人次的比例；二是个案百分比，表示选择该项的人数占被调查人数（个案）的比例。两个比值均能说明被调查者的选择趋向。

③ 交叉表：该分析过程与普通交叉表的区别就在于它加入了对多选题变量集的支持，不仅可以对普通变量和多选题变量集进行交叉分析，还可以对两个多选题变量集合做交叉分析。

9.4.2　问卷调查数据整理的操作步骤

【例 9-7】数据文件 data9-12.sav 是 282 名城乡居民银行储蓄情况的抽样调查资料，涉及个人职业、年龄、户口、存款目的、收入状况等 15 个变量（见教材配套数据文件）。利用 SPSS 对该调查数据进行整理和分析。

（1）单选题频数统计

Step1：打开示例文件 data9-12.sav，依次选择“分析”→“描述统计”→“频率”选项，进入“频率”主对话框，如图 9-37 所示。

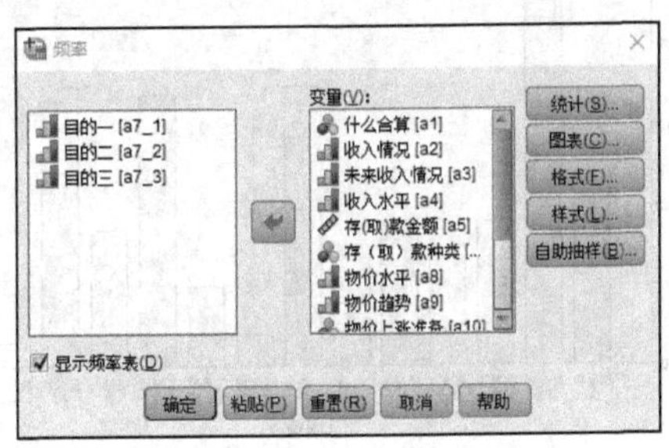

图 9-37　“频率”主对话框

Step2：在打开的对话框中，将需要分析的单选题全部选入“变量”框中，并选中“显示频率表”复选框。

Step3：在“频率”主对话框中，单击“图表”按钮，进入“频率：图表”对话框。首先，在“图表类型”栏中选择需要输出的图形。如果不需要绘制图形，则选中“无”单选按钮；当数据点较多，且主要用于比较各组的频数多少时选中“条形图”单选按钮；当数据点较少，且主要用于表现某种构成时，选中“饼图”单选按钮。直方图一般用于数值型调查项目的分析，如果要在绘制直方图的同时添加正态分布曲线，则选中“在直方图上显示正态曲线”复选框。其次，在“图表值”栏中选择条形图中纵坐标（或饼图中扇形面积）的表示内容。选择完毕，单击“继续”按钮，回到主对话框。

Step4：单击“确定”按钮，所选变量的频数统计表和图形将全部出现在结果输出窗口，表 9-5、表 9-6 和图 9-38、图 9-39 是其中的部分结果。

表 9-5　被调查者按户口的频数分布

户口		频率	百分比	有效百分比	累积百分比
有效	城镇户口	200	70.9	70.9	70.9
	农村户口	82	29.1	29.1	100.0
	总计	282	100.0	100.0	

表 9-6　被调查者按收入的频数分布

收入		频率	百分比	有效百分比	累积百分比
有效	3000 元以下	50	17.7	17.7	17.7
	3000～8000 元	164	58.2	58.2	75.9
	8000～15000 元	50	17.7	17.7	93.6
	15000 元以上	18	6.4	6.4	100.0
	总计	282	100.0	100.0	

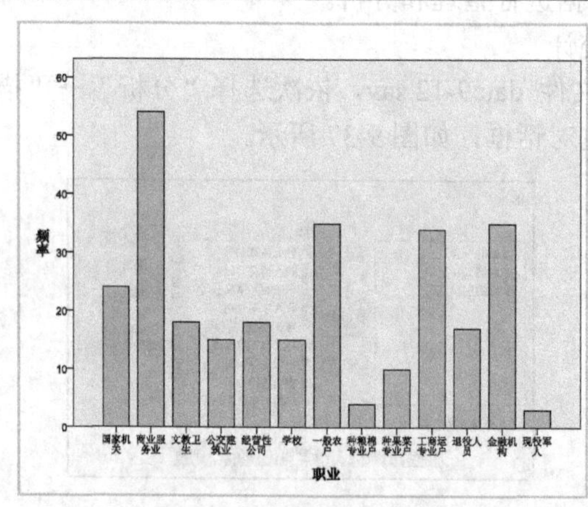

图 9-38　被调查者职业分布

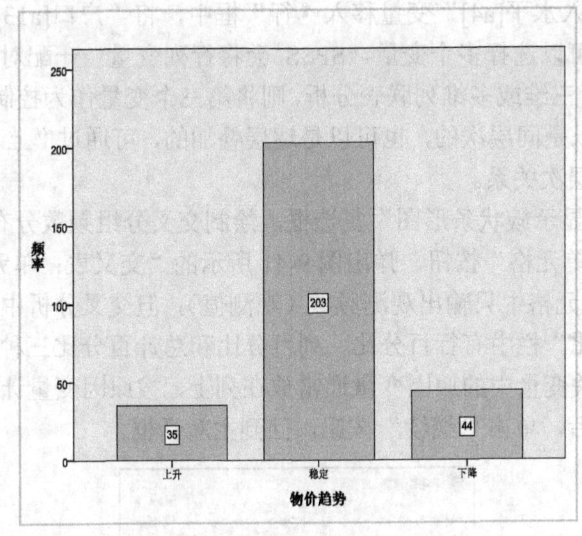

图 9-39 被调查者对物价趋势的判断

（2）单选题交叉分析

在调查数据分析中，不仅要分析每个调查项目的被调查者分布状况，还要对调查项目之间的相互影响关系进行分析。例如，对居民储蓄问题的分析，通过频数分析能够了解储户的基本情况以及他们对所调查问题的总体看法。如果要了解不同特征的储户群（如城镇储户和农村储户、不同职业的储户等）对调查问题的不同态度，并分析储户特征和调查问题之间是否存在一定的关联性，就需要对调查项目进行交叉分析。这里以户口和收入之间的关系分析为例说明单选题交叉分析的基本步骤。

Step1：打开示例文件 data9-12.sav，依次选择“分析”→“描述统计”→“交叉表”选项，弹出图 9-40 所示的“交叉表”主对话框。

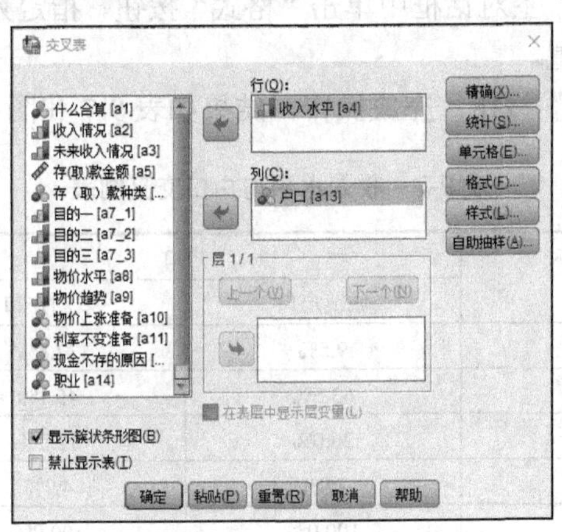

图 9-40 “交叉表”主对话框

Step2：将“收入水平[a4]”变量移入“行”框中，将“户口[a13]”变量移入“列”框中。行列框中也可以选择多个变量，SPSS 会将行列变量一一配对后产生多张二维列联表。如果需要进行三维或多维列联表分析，则将第三个变量作为控制变量选到“层 1/1”框中。控制变量可以是同层次的，也可以是逐层叠加的，可通过“上一个”和“下一个”按钮控制变量间的层次关系。

Step3：选中“显示簇状条形图”复选框，绘制交叉分组频数分布条形图。

Step4：单击“单元格”按钮，弹出图 9-41 所示的“交叉表：单元格显示”对话框。SPSS 默认列联表单元格中只输出观测频数（观测值），但交叉分析中最关键的是要输出百分比。在“百分比”栏中有行百分比、列百分比和总计百分比三种。实际中通常选择列百分比，因为相关变量中的原因变量通常放在列上，按原因变量计算百分比有利于问题的比较分析。最后，单击“继续”按钮，回到主对话框。

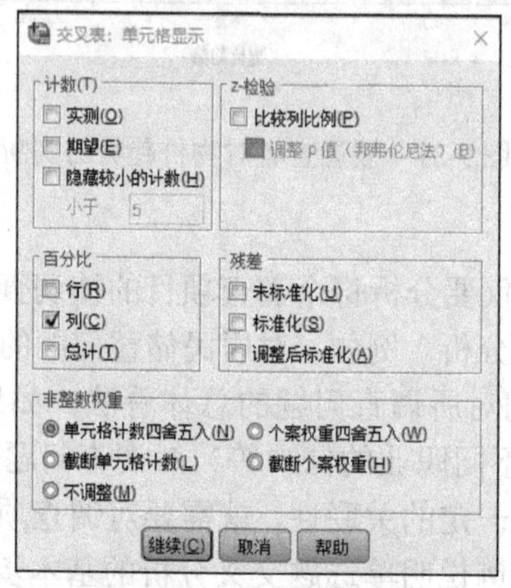

图 9-41 “交叉表：单元格显示”对话框

Step5：在“交叉表”主对话框中单击“格式”按钮，指定列联表单元格的输出排列顺序，通常采用默认设置。

Step6：单击“确定”按钮，完成操作，结果如表 9-7 和图 9-42 所示。

表 9-7 收入水平与户口交叉制表

收入水平	户口		合计
	城镇户口	农村户口	
3000 元以下	9.5%	37.8%	17.7%
3000～8000 元	63.5%	45.1%	58.2%
8000～15000 元	26.0%	12.2%	17.7%
15000 元以上	7.0%	4.9%	6.4%
总计	100.0%	100.0%	100.0%

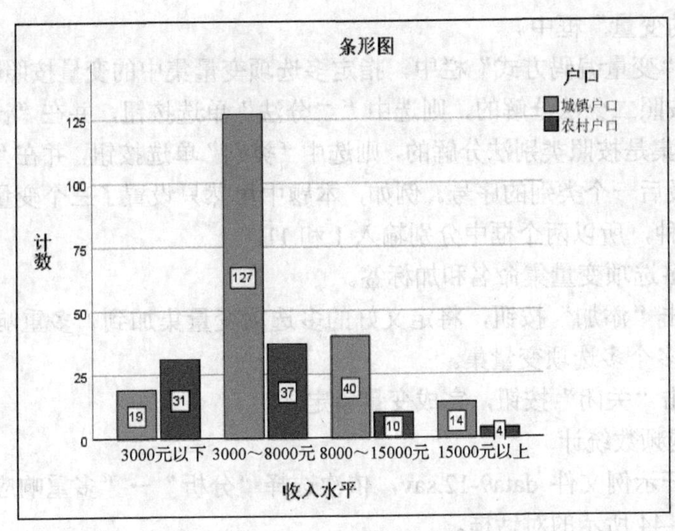

图 9-42　户口与收入水平交叉复式条形图

由以上图表可以看出，城乡居民在不同收入水平上的人数分布存在明显差异，即城镇居民高收入的人数比例较大，农村居民低收入的人数比例较大，这主要是因为户口影响职业，而职业又进一步影响了收入。

（3）定义多项选择变量集

Step1：打开示例文件 data9-12.sav，依次选择“分析”→“多重响应”→“定义变量集”选项，弹出图 9-43 所示的对话框。

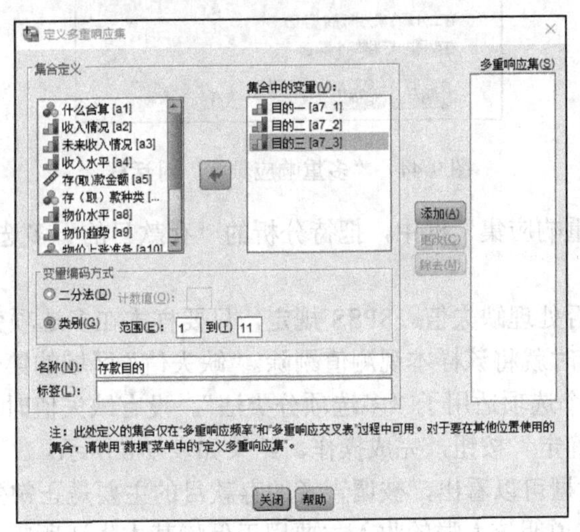

图 9-43　“定义多重响应集”对话框

Step2：从变量列表中将“目的一[a7_1]”“目的二[a7_2]”“目的三[a7_3]”三个变量

移入“集合中的变量”框中。

Step3：在“变量编码方式”栏中，指定多选项变量集中的变量按照哪种方法分解。如果变量集是按照二分法分解的，则选中“二分法”单选按钮，并在“计数值”框中输入 1；如果变量集是按照类别法分解的，则选中“类别”单选按钮，并在“范围”和“到”框中输入 1 到最后一个类别的序号。例如，本题中虽然只设置了三个变量，但调查中的存款目的有 11 种，所以两个框中分别输入 1 和 11。

Step4：为多选项变量集命名和加标签。

Step5：单击“添加”按钮，将定义好的多选项变量集加到“多重响应集”框中。SPSS 可以定义多个多选项变量集。

Step6：单击“关闭”按钮，完成变量集定义。

（4）多选题频数统计

Step1：打开示例文件 data9-12.sav，依次选择“分析”→“多重响应”→“频率”选项，弹出图 9-44 所示的对话框。

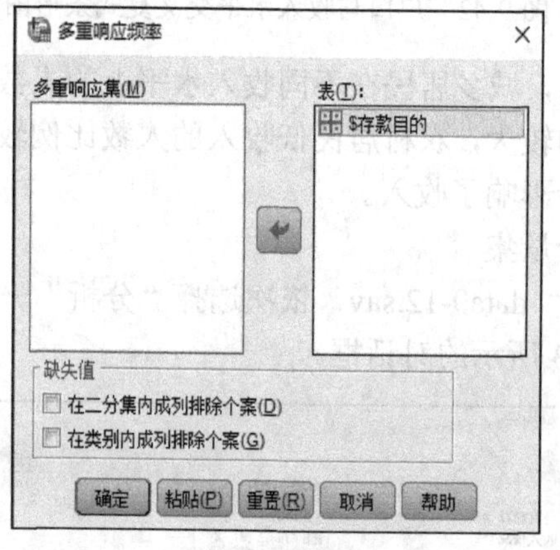

图 9-44 “多重响应频率”对话框

Step2：从“多重响应集”框中，把待分析的“存款目的”多选项变量集选到“表”框中。

Step3：指定是否处理缺失值。SPSS 规定，只要样本在多选项变量集中的某一个变量上取缺失值，分析时就将该样本观测值剔除。“缺失值”区域的第一个选项适用于“多选项二分法”；第二个选项适用于“多选项分类法”。没有缺失值时，不需要选择此项。

Step4：单击“确定”按钮，完成操作，结果如表 9-8 所示。

由表 9-8 中的数据可以看出，被调查者的存款目的主要是正常生活零用、买房或建房和防意外事故，这说明该人群的收入主要用于保障基本生活所需，生活水平处于较低层次。

表 9-8　存款目的频率分布表

存款目的*	响应		个案百分比
	个案数	百分比	
买高档消费品	65	7.7%	23.0%
结婚用	51	6.0%	18.1%
正常生活零用	179	21.2%	63.5%
做生意	52	6.2%	18.4%
购买农业生产资料	16	1.9%	5.7%
买证券及单位集资	34	4.0%	12.1%
买房或建房	88	10.4%	31.2%
支付孩子教育费	76	9.0%	27.0%
养老金	55	6.5%	19.5%
防意外事故	107	12.7%	37.9%
得利息	120	14.2%	42.6%
总计	843	100.0%	298.9%

* 组。

（5）多选项交叉分析

Step1：打开示例文件 data9-12.sav，依次选择“分析”→“多重响应”→“交叉表”选项，弹出如图 9-45 所示的主对话框。

Step2：从“多重响应集”框中，将“存款目的”变量集移入“行”框中，从变量列表中，将户口变量“a13”移入“列”框中。

Step3：选定列变量“a13”，单击“定义范围”按钮，在弹出的“多重响应交叉表：定义范围”对话框中输入列变量的取值范围，如图 9-46 所示。单击“继续”按钮，回到主对话框。

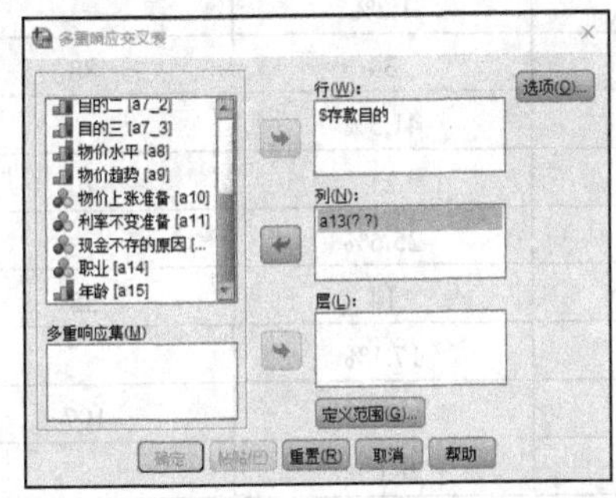

图 9-45　“多重响应交叉表”主对话框

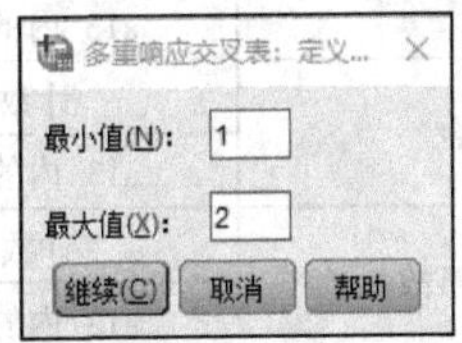

图 9-46　“多重响应交叉表：定义范围”对话框

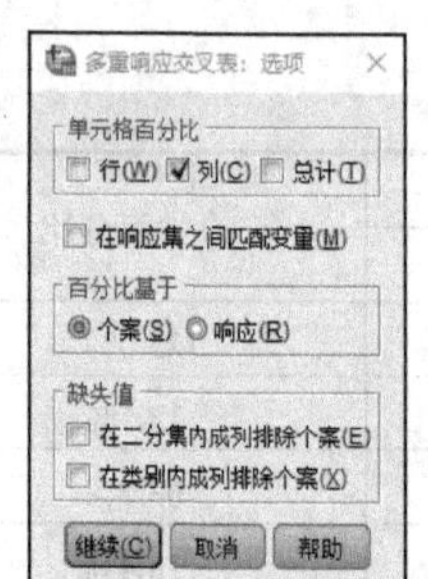

图 9-47 “多重响应交叉表：选项”对话框

Step4：单击“选项”按钮，弹出图 9-47 所示的对话框。此对话框的“单元格百分比”区域用于指定输出的百分比，这里选择“列”百分比。“在响应集之间匹配变量”选项表示如果列联表的行变量均为多选项变量集时，第一个变量集的第一个变量与第二个变量集的第一个变量做交叉分组，第一个变量集的第二个变量与第二个变量集的第二个变量做交叉分组，以此类推。“百分比基于”区域用于指定如何计算百分比，这里选择“个案”百分比。

Step5：单击“继续”→“确定”按钮，完成操作，结果如表 9-9 所示。

表 9-9　存款目的与户口交叉制表

存款目的*		户口		总计
		城镇户口	农村户口	
买高档消费品	计数	49	16	65
	a13 内的 %	24.5%	19.5%	
结婚用	计数	36	15	51
	a13 内的 %	18.0%	18.3%	
正常生活零用	计数	125	54	179
	a13 内的 %	62.5%	65.9%	
做生意	计数	30	22	52
	a13 内的 %	15.0%	26.8%	
购买农业生产资料	计数	2	14	16
	a13 内的 %	1.0%	17.1%	
买证券及单位集资	计数	33	1	34
	a13 内的 %	16.5%	1.2%	
买房或建房	计数	54	34	88
	a13 内的 %	27.0%	41.5%	
支付孩子教育费	计数	55	21	76
	a13 内的 %	27.5%	25.6%	
养老金	计数	41	14	55
	a13 内的 %	20.5%	17.1%	
防意外事故	计数	84	23	107
	a13 内的 %	42.0%	28.0%	
得利息	计数	89	31	120
	a13 内的 %	44.5%	37.8%	
总计	计数	200	82	282

注：百分比和总计基于响应者。

* 组。

由表 9-9 中的数据可以看出，被调查的城乡居民的存款目的基本一致，都是以基本生活保障为主要目的，但也有细微的差异。城镇居民存款用来购买高档消费品的比例稍高，农村居民存款用来买房或建房的比例较高，这说明城镇居民的生活水平和消费层次略高于农村居民。

习　题

1．定类数据整理与定序数据整理有什么异同点？

2．对例 9.3 重组后的纵向结构文件再次进行重组，将其转化为原来的横向结构。

3．问卷调查中的多项选择题在数据录入上有哪些方法和技巧？

4．某家电企业为了解用户对其售后服务的用户满意度，随机抽取了由 100 个家庭构成的一个样本。用户满意度的等级：A.很满意；B.比较满意；C.一般；D.不满意；E.很不满意。调查结果如下：

B，E，C，C，A，D，C，B，A，E，
D，A，C，B，C，D，E，C，E，E，
A，D，B，C，C，A，E，D，C，B，
B，A，C，D，E，A，B，D，D，C，
C，B，C，E，D，B，C，C，B，C，
D，A，C，B，C，D，E，C，E，B，
B，E，C，C，A，D，C，B，A，E，
B，A，C，D，E，A，B，D，D，C，
A，D，B，C，C，A，E，D，C，B，
C，B，C，E，D，B，B，C，B，C.

（1）指出上述结果的数据类型；

（2）用 SPSS 制作一张频数分布表；

（3）绘制合适的频数分布图，反映售后服务满意度评价等级的分布。

5．某百货商店连续 40 天的商品销售额数据如下（单位：万元）：

41，25，29，47，38，34，30，38，43，40，
46，36，45，37，37，36，45，43，33，44，
35，28，46，34，30，37，44，26，38，44，
42，36，37，37，49，39，42，32，36，35.

将上述数据进行适当的分组，编制频数分布表，并绘制直方图。

第 10 章　SPSS 基础统计分析

SPSS 基础统计分析功能是其开发较早，也较为成熟的分析功能，这些功能可以完成几乎所有的日常统计分析工作，如描述性分析、总体参数的估计、相关分析、假设检验等，本章将逐一加以介绍。本章内容分为 6 节，主要介绍常用的基础统计分析方法在 SPSS 中的应用，要求学生掌握使用 SPSS 进行基础统计分析的基本方法和操作技巧，并能对每种分析的输出结果做出准确的解读和合理的解释。本章内容为必修内容，建议讲授 3 学时，实践训练 3 学时。

10.1　描述性分析

描述性分析是通过计算描述统计量和绘制数据分图来说明现象数量分布特征的统计分析方法。SPSS 软件的“频率”“描述”“探索”“均值”分析过程，以及“报告”菜单均可以完成描述统计量的计算，其中“描述”分析过程使用最为方便。因此，本节主要介绍使用 SPSS 的“描述”分析过程计算描述统计量的基本方法和操作技巧。

【例 10-1】数据文件 data10-1.sav 是通过抽样调查得到的某市 50 户居民家庭月收入和家庭金融资产（各种储蓄、有价证券、手存现金）的数据资料，其数据格式如图 10-1 所示。利用 SPSS“描述”分析过程计算该数据文件中月收入和金融资产的描述统计量。

	名称	类型	宽度	小数	标签	值	缺失	列
1	户编号	数值(N)	11	0	户编号	无	无	11
2	月收入	数值(N)	11	0	月收入（元）	无	无	11
3	金融资产	数值(N)	11	0	金融资产（...	无	无	11
4	月收入分组	数值(N)	5	0	月收入分组	{1, 3000元...	无	12

图 10-1　data10-1.sav 数据格式

（1）整体计算描述统计量

Step1：打开数据集 data10-1.sav，依次选择“分析”→“描述统计”→“描述”选项，弹出图 10-2 所示的“描述”主对话框。在此对话框中选择“月收入”和“金融资产”变量进入“变量”框中。

Step2：单击“选项”按钮，弹出图 10-3 所示的“描述：选项”对话框。在此对话框中选择“平均值”“标准差”“范围”“峰度”“偏度”等统计量。

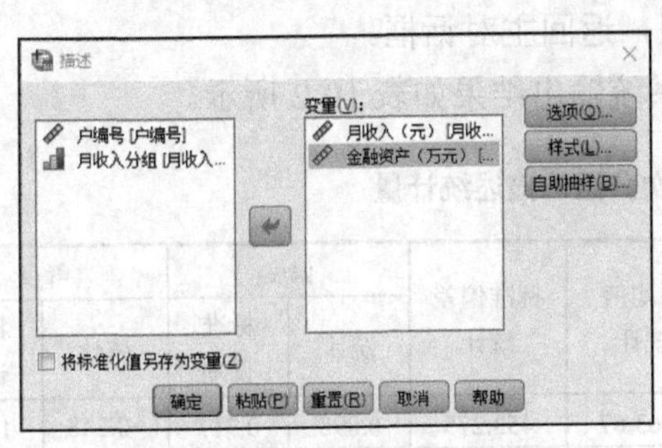
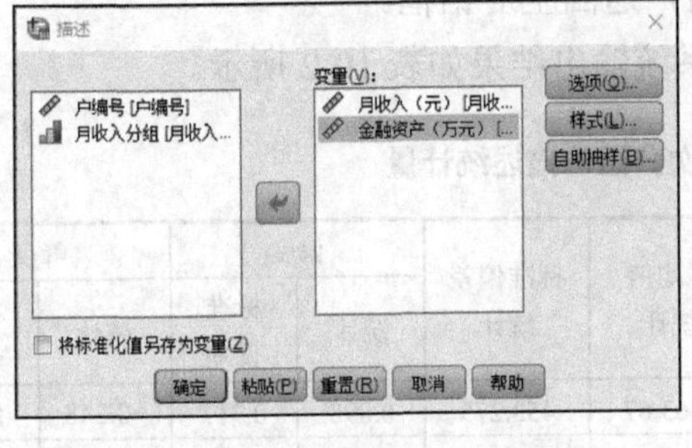

图 10-2　“描述”主对话框

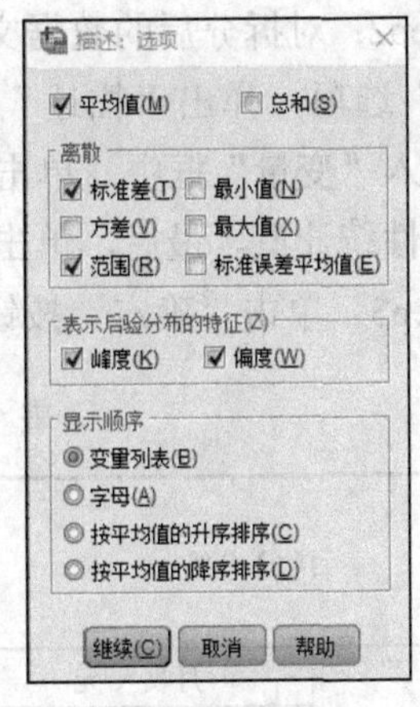

图 10-3　“描述：选项”对话框

Step3：单击“继续”→“确定”按钮，系统的输出结果如表 10-1 所示。

表 10-1　描述统计量

统计项目	个案数	范围	平均值	标准偏差	偏度		峰度	
	统计	统计	统计	统计	统计	标准误差	统计	标准误差
月收入/元	50	10086	5454.48	2709.341	0.496	0.337	−0.356	0.662
金融资产/万元	50	32	11.03	8.722	1.174	0.337	0.448	0.662
有效个案数（成列）	50							

（2）分组计算描述统计量

Step1：拆分数据文件。在数据编辑窗口依次选择“数据”→“拆分文件”选项，弹出图 10-4 所示的“拆分文件”对话框。在此对话框中选择“比较组”选项，并选择“月收入分组”变量进入“分组依据”框中。单击“确定”按钮，系统自动按收入层次将数据文件拆分为三组。

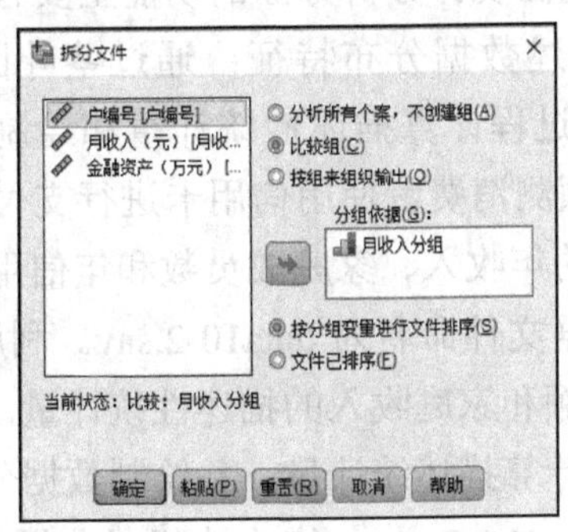

图 10-4　“拆分文件”对话框

Step2：对拆分后的数据文件计算描述统计量。依次选择“分析”→“描述统计”→“描述”选项，弹出“描述”主对话框，并在该对话框中将“月收入”和“金融资产”变量选入“变量”框中。单击“选项”按钮，在“描述：选项”对话框中选定需要输出的描述性统计量。最后，单击“继续”按钮，返回主对话框。

Step3：单击“确定”按钮完成操作，系统输出结果如表 10-2 所示。

表 10-2　按收入层次分组的描述统计量

月收入分组		个案数	平均值	标准偏差	偏度		峰度	
		统计	统计	统计	统计	标准误差	统计	标准误差
3000 元以下	月收入/元	9	1863.67	453.275	0.898	0.717	−0.348	1.400
	金融资产/万元	9	2.64	0.562	−0.887	0.717	−0.454	1.400
	有效个案数（成列）	9						
3000～6000 元	月收入/元	23	4547.61	849.633	0.148	0.481	−1.022	0.935
	金融资产/万元	23	6.79	2.037	0.373	0.481	−1.087	0.935
	有效个案数（成列）	23						
6000 元以上	月收入/元）	18	8408.67	1716.869	0.627	0.536	-0.333	1.038
	金融资产/万元	18	20.63	7.386	0.360	0.536	-0.791	1.038
	有效个案数（成列）	18						

10.2　探索性分析

SPSS“探索”分析过程是对变量进行深入和详尽统计分析的重要工具，它在计算一般描述性统计指标的基础上，增加了关于数据其他特征的文字与图形描述，如箱图、茎叶图等，分析结果更加细致全面，有助于用户深入理解和分析数据的分布特征。

“探索”分析过程在描述性统计分析方面的功能主要有三项：计算不同分组个案的描述性统计量；通过箱图描述数据分布特征；通过茎叶图描述频数分布。下面通过实例介绍利用“探索”分析过程计算描述性统计量和绘制箱图和茎叶图的操作过程。

【例 10-2】某厂商为了预测消费者使用信用卡进行支付的数额，委托市场调查公司对随机抽取的 50 名消费者的年收入、家庭成员数和年信用卡支付数额进行了调查，根据调查结果建立的 SPSS 数据文件命名为 data10-2.sav。利用 SPSS“探索”分析过程计算被调查者的信用卡支付数额和家庭收入的描述性统计量，并绘制箱图和茎叶图。

（1）对信用卡支付数额计算描述统计量，并绘制数据分布图

Step1：打开示例文件 data10-2.sav，依次选择“分析”→“描述统计”→“探索”选项，弹出图 10-5 所示的“探索”主对话框。将“信用卡支付数额[x1]”选入“因变量

列表”框中，在“显示”区域中选中“两者”单选按钮。

Step2：单击“统计”按钮，在“探索：统计”对话框中选中“描述”复选框。单击“继续”按钮，返回主对话框。

Step3：单击“图”按钮，打开图 10-6 所示的“探索：图”对话框，在“箱图”区域选中“因变量并置”单选按钮，在“描述图”区域中选中“茎叶图”复选框。单击“继续”按钮，返回主对话框。

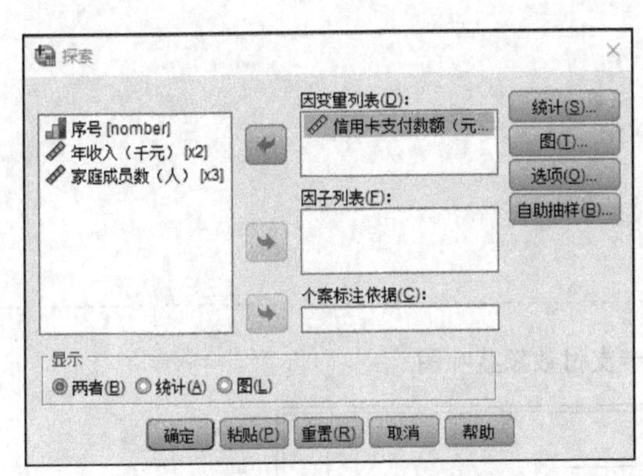

图 10-5　“探索”主对话框

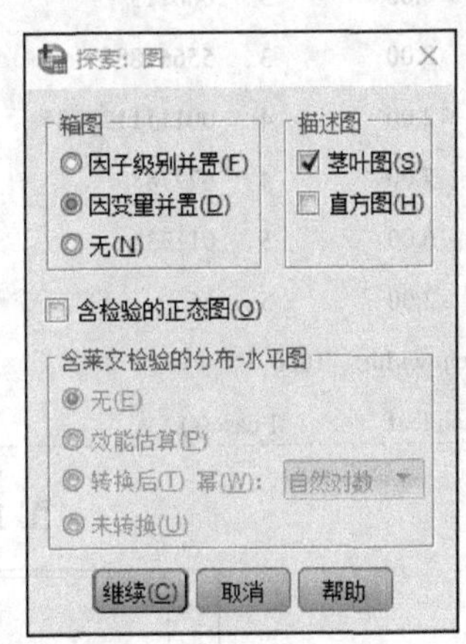

图 10-6　“探索：图”对话框

Step4：单击“确定”按钮，系统的输出结果如表 10-3 和图 10-7、图 10-8 所示。

表 10-3　基本描述性统计量

信用卡支付数额/元		统计	标准误差
平均值		3963.56	132.124
平均值的 95%置信区间	下限	3698.05	
	上限	4229.07	
5%剪除后平均值		3970.92	
中位数		4090.00	
方差		872832.945	
标准偏差		934.255	
最小值		1864	
最大值		5678	
范围		3814	
四分位距		1638	
偏度		−0.131	0.337
峰度		−0.742	0.662

```
信用卡支付数额（元） Stem-and-Leaf Plot
 Frequency    Stem &  Leaf

     1.00        1 .  8
     2.00        2 .  44
     6.00        2 .  557999
     6.00        3 .  000113
     8.00        3 .  55667888
    12.00        4 .  001111122224
     7.00        4 .  6777889
     6.00        5 .  011333
     2.00        5 .  56
 Stem width:   1000
 Each leaf:        1 case(s)
```

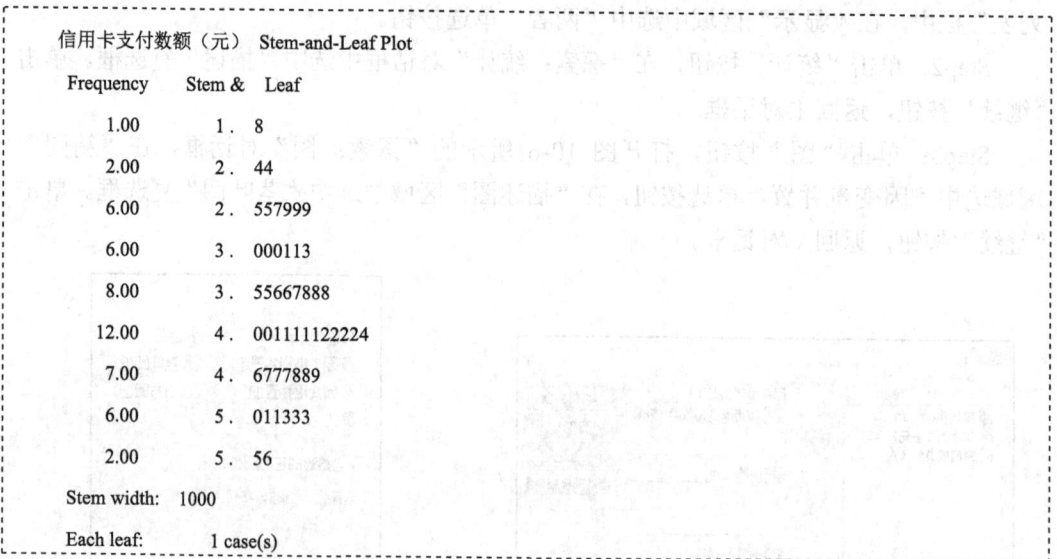

图 10-7　信用卡支付数额茎叶图

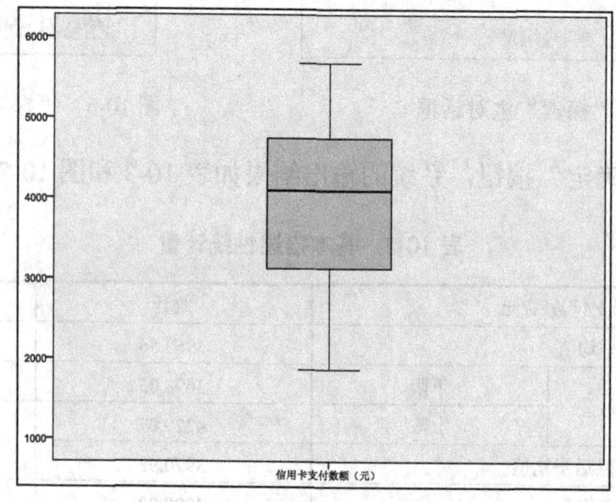

图 10-8　信用卡支付数额箱图

图 10-7 中的茎叶图由三部分构成，即频数（frequency）、茎（stem）和叶（leaf）。茎表示各行数据的整数部分，叶是小数部分。Stem width 表示茎宽，每行的茎和叶组成的数字乘以茎宽，就得到实际数据的近似值，该行频数为几就说明有几个数据靠近该近似值。例如，图 10-7 中的茎宽为 1000，则第一行数据的近似值为 1.8×1000=1800，且只有 1 个数据；再如，第六行共有 12 个数据，其中靠近 4000 的有 2 个，靠近 4100 的有 5 个，靠近 4200 的有 4 个，靠近 4400 的有 1 个。Each leaf 表示叶上每个数据代表的个案数，多数情况下，一个数据只代表一个个案，当数据很多时，为了节省空间，一个数据会代表几个个案，本例中叶上每个数据只代表 1 个个案数。例如，图 10-7 的第二行叶

上有 2 个数据，一个数据代表 1 个个案，所以该行频数为 2。

图 10-8 是根据所有被调查者的信用卡支付数额绘制的箱图，属于单批箱图。从图形可以看出，被调查者的信用卡支付数额接近对称分布，下端须线稍长，但未出现异常值。

（2）按家庭人口数分组计算家庭收入描述统计量，并绘制多批箱图

Step1：打开示例文件 data10-2.sav，依次选择“分析”→“描述统计”→“探索”选项，进入“探索”主对话框。将“信用卡支付数额[x1]”选入“因变量列表”框中，“家庭成员数[x3]”选入“因子列表”框中，设置结果如图 10-9 所示。

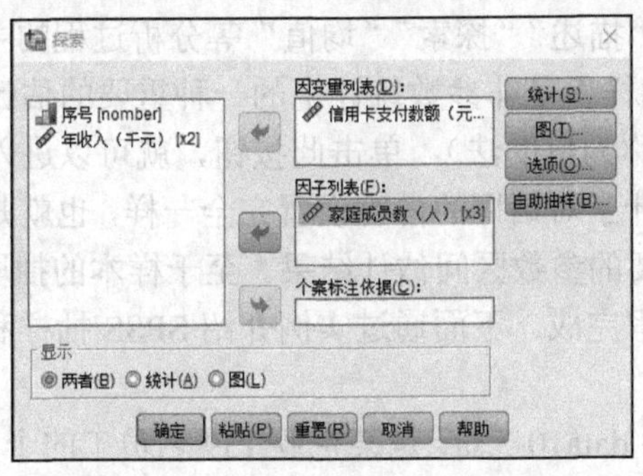

图 10-9　“探索”分析分组因子设置

Step2：单击“统计”按钮，在弹出的“探索：统计”对话框中选中“描述”复选框。单击“继续”按钮，返回主对话框。

Step3：单击“图”按钮，在弹出的“探索：图”对话框的“箱图”区域选中“因子级别并置”单选按钮。单击“继续”按钮，返回主对话框。

Step4：单击“确定”按钮，系统的输出结果如图 10-10 所示。统计量输出结果表格太大，在此略去。

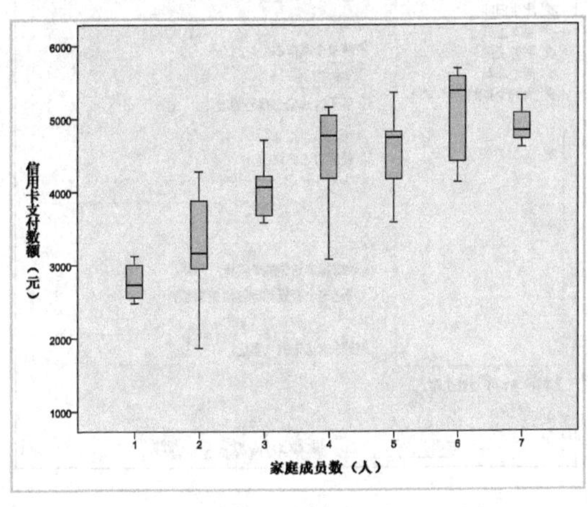

图 10-10　按家庭成员数分组的家庭收入箱图

图 10-10 是按家庭成员数分组的家庭收入数据绘制的箱图，属于多批箱图，主要用于比较不同人口家庭的收入分布状况。从图形可以看出，家庭成员为 6 人的家庭收入分布最合理，整体水平高，且没有极端值。

10.3 抽样估计

SPSS 中没有专门的参数估计过程，它将参数估计的功能融入不同的分析过程中。SPSS 26.0 中的"频率""描述""探索""均值"等分析过程的主对话框中都设置了"自助抽样"按钮（"自助抽样"是非参数统计中的一种重要的估计统计量方差进而进行区间估计的统计方法，也称为自助法），单击此按钮，就可以进入参数估计的子对话框，而且各分析过程参数估计子对话框的内容设置完全一样，也就是说选择以上任何一个分析过程，都可以得到需要的参数区间估计结果。至于样本的抽取则需要借用"数据"菜单中的"选择个案"过程完成。下面通过实例介绍 SPSS 抽样和参数估计的方法与操作技巧。

【例 10-3】数据文件 data10-3.sav 是某企业 139 名员工的个人信息资料，包括性别、年龄、职务、基本工资等 12 个变量。运用 SPSS 软件从其中随机抽取 10%的员工作为样本，并利用该样本资料对全部员工的基本工资进行估计。

（1）抽取样本

Step1：打开示例文件 data10-3.sav，依次选择"数据"→"选择个案"选项，弹出图 10-11 所示的对话框。

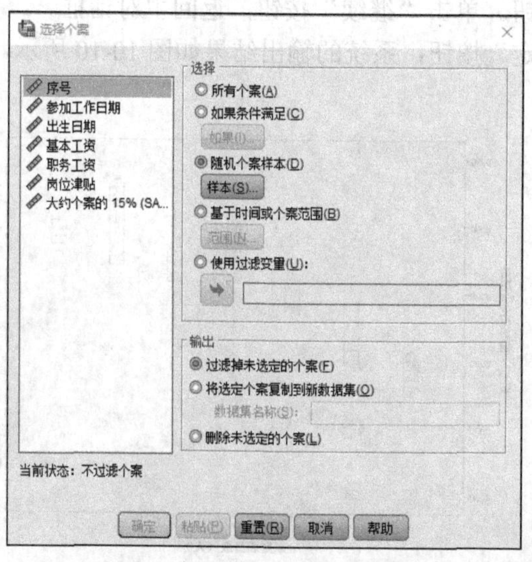

图 10-11 "选择个案"主对话框

Step2：在图 10-11 所示对话框中的“选择”区域中，选中“随机个案样本”单选按钮，并单击“样本”按钮，进入图 10-12 所示的对话框。

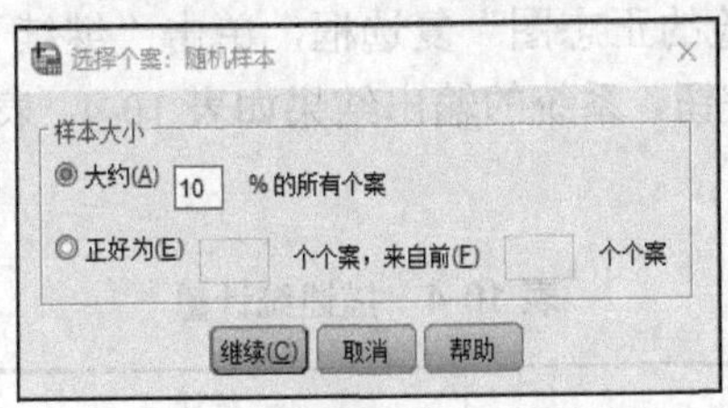

图 10-12　样本容量设置对话框

Step3：在“样本大小”区域中，选中“大约”单选按钮，并在其后的文本框内输入数字 10，单击“继续”按钮，返回主对话框。

Step4：在“选择个案”主对话框的“输出”区域中指定对未选中个案的处理方式。其中，“过滤掉未选定的个案”表示在未被选中的个案号码上加一个“ / ”标记；“将选定个案复制到新数据集”表示将选定的个案新建一个样本数据集，并在其后的文本框内输入样本数据集的名称；“删除未选定的个案”表示将未被选中的个案从数据编辑窗口中删除，通常选择第二种方式。

Step5：单击“确定”按钮，系统生成的样本数据集见数据文件 data10-4.sav。

说明：

- 按上述操作步骤完成数据选取后，以后的 SPSS 分析操作仅针对那些被选中的个案，直到用户再次改变数据的选择为止。
- 采用指定条件选取和随机抽样方法进行数据选取后，SPSS 将在数据编辑窗口中自动生成一个名为 filter_$的新变量，取值为 1 或 0。1 表示本个案被选中，0 表示本个案未被选中。该变量是 SPSS 产生的中间变量，如果删除它则自动取消样本抽样。

（2）点估计

一般来说，通过抽样并计算样本均值和样本比例就可以得到总体均值和比例的点估计值。但当数据存在异常值时，以上估计就会出现较大的偏差，这时就需要运用 SPSS 中的“探索”分析过程对总体参数做出特殊的估计。在探索分析中，“探索：统计”对话框内的“M-估计量”选项，可计算并生成总体中心趋势的 M 稳健估计量。具体的操作步骤如下。

Step1：打开示例文件 data10-4.sav，依次选择“分析”→“描述统计”→“探索”选项，弹出“探索”主对话框。将“基本工资”选入“因变量列表”框中，并在“显示”区域中选中“两者”单选按钮。

Step2：单击“统计”按钮，在“探索统计”对话框中选中“描述性”和“M-估计量”复选框，单击“继续”按钮，返回主对话框。

Step3：单击“图”按钮，在弹出的“探索：图”对话框的“箱图”区域中选中“无”单选按钮，并选中“含检验的正态图”复选框，单击“继续”按钮，返回主对话框。

Step4：单击“确定”按钮，系统的输出结果如表 10-4、表 10-5 和图 10-13、图 10-14 所示。

表 10-4　描述统计量

基本工资		统计	标准误差
平均值		7547.6190	161.48405
平均值的 95%置信区间	下限	7210.7692	
	上限	7884.4689	
5%剪除后平均值		7526.4550	
中位数		7000.0000	
方差		547619.048	
标准偏差		740.01287	
最小值		6500.00	
最大值		9000.00	
范围		2500.00	
四分位距		1000.00	
偏度		0.332	0.501
峰度		−1.169	0.972

表 10-5　M-估计量

估计量	休伯 M-估计量 [a]	图基双权 [b]	汉佩尔 M-估计量 [c]	安德鲁波 [d]
基本工资	7483.3579	7474.0451	7507.1491	7474.3230

a．加权常量为 1.339；

b．加权常量为 4.685；

c．加权常量为 1.700、3.400 和 8.500；

d．加权常量为 1.340*pi。

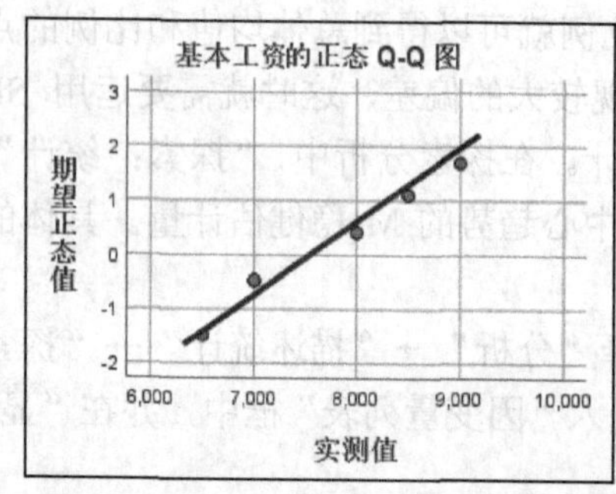

图 10-13　基本工资的正态 Q-Q 概率图

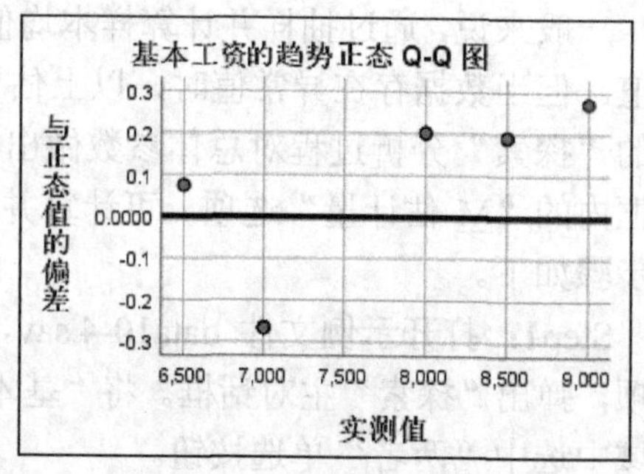

图 10-14　基本工资的趋势正态 Q-Q 概率图

由以上结果可以看出，均值和“M-估计值”相差较远，说明存在异常值，同时由图 10-13 和图 10-14 可以看出，实际数据点与理论直线有一定的偏离，且分布不对称，说明该数据呈非正态分布，应从休伯 M-估计量、图基双权和安德鲁波中选择合适的估计量。通常情况下，当数据呈非正态分布时，中位数（中值）对整个数据的代表性要强于均值。因此，选择以上三个估计量中最接近中位数的图基双权估计量作为总体数据集中趋势的估计值较好。

（3）区间估计

如果只对总体均值进行估计，选用“探索”分析过程“统计”子菜单中的“描述性”选项即可，但要对均值、方差、标准差等多个总体参数同时进行估计就必须利用“自主抽样”选项完成。“自助抽样”是一种重要的估计统计量方差进而进行区间估计的统计方法，特别适用于那些难以用常规方法导出的参数的区间估计、假设检验等问题。在 SPSS 中，“频率”“描述”“探索”“平均值”等分析过程均设有“自助抽样”选项，其操作方法完全一致，这里主要介绍利用“描述”和“平均值”分析过程中的“自助抽样”选项对总体参数进行区间估计的操作步骤。

1）“描述”分析过程的区间估计。

Step1：打开示例文件 data10-4.sav，依次选择“分析”→“描述统计”→“描述”选项，弹出如图 10-15 所示的对话框。

Step2：将“基本工资”移入“变量”框，单击“选项”按钮，打开“描述：选项”对话框，在此对话框中选中“平均值”、“标准差”和“方差”复选框，单击“继续”按钮，返回主对话框。

Step3：单击“自助抽样”按钮，弹出图 10-16 所示的“自助抽样”对话框。选中“执行自助抽样”复选框，并将 95.45 输入“置信区间”区域的“级别（%）”文本框中；在“抽样”区域中选中“简单”单选按钮；单击“继续”按钮，返回主对话框。

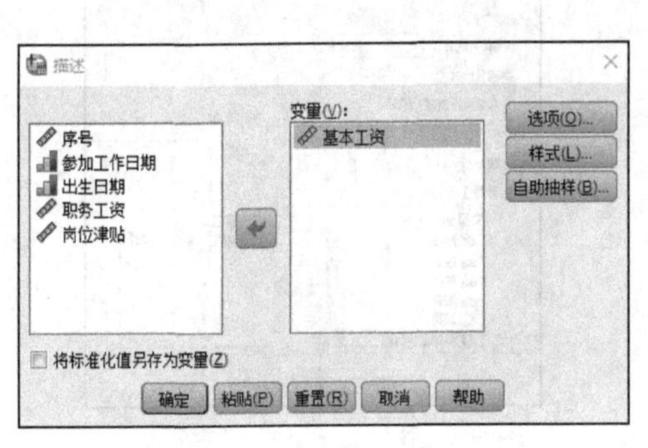

图 10-15　“描述”主对话框

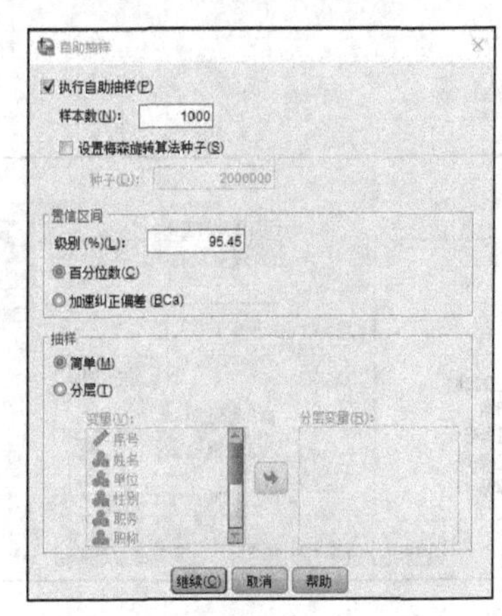

图 10-16　“自助抽样”对话框

Step4：单击“确定”按钮，系统输出的结果如表 10-6 所示。

表 10-6 “描述”分析过程区间估计报告

统计项目		统计	自助抽样*			
			偏差	标准误差	95.5% 置信区间	
					下限	上限
基本工资	个案数	21	0	0	21	21
	最小值	6500.00				
	最大值	9000.00				
	平均值	7547.6190	-4.0714	162.5833	7238.0952	7880.9524
	标准偏差	740.01287	-22.61937	75.30791	555.27771	866.48670
有效个案数（成列）	个案数	21	0	0	21	21

* 除非另行说明，否则自助抽样结果基于 1000 个自助抽样样本。

2）“平均值”分析过程的区间估计。

Step1：打开示例文件 data10-4.sav，依次选择“分析”→“比较均值”→“平均值”选项，弹出图 10-17 所示的对话框。将“基本工资”移入“因变量列表”框中，将“性别”移入“自变量列表”框中。

Step2：单击“选项”按钮，弹出“平均值：选项”对话框。从“统计”区域中将“均值、方差和标准差”移入“单元格统计”框中；单击“继续”按钮，返回主对话框。

Step3：单击“自助抽样”按钮，弹出“自助抽样”对话框，选中“执行自助抽样”复选框，并将 95.45 输入“置信区间”区域的“级别（%）”文本框中；在“抽样”区域中选定“分层”随机抽样选项，并将“性别”变量移入右边的“分层变量”框，如图 10-18 所示。单击“继续”按钮，返回主对话框。

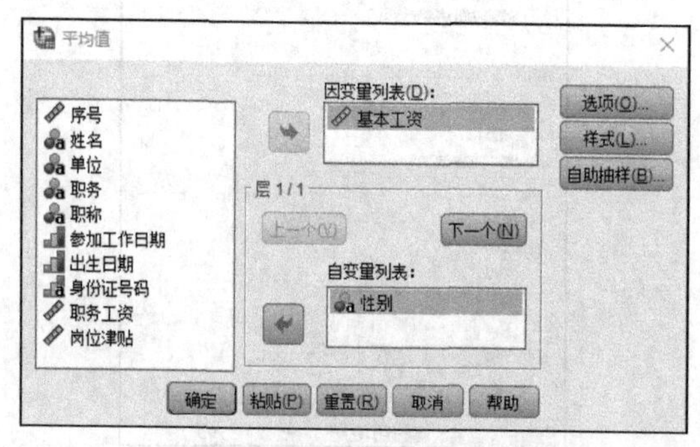

图 10-17 “平均值”主对话框

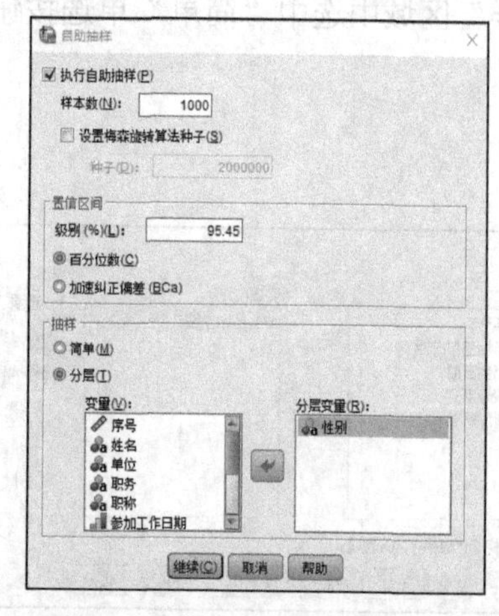

图 10-18 均值“自助抽样”对话框

Step4：单击“确定”按钮，系统的输出结果如表 10-7 所示。

表 10-7 “平均值”分析过程区间估计报告

基本工资

性别		统计	自助抽样*			
			偏差	标准误差	95.5% 置信区间	
					下限	上限
男	平均值	7666.6667	8.0667	175.9334	7333.3333	8000.0000
	方差	488095.238	−32438.095	112685.135	257142.857	695238.095
	标准偏差	698.63813	−28.91011	84.43129	507.09255	833.80939
女	平均值	7250.0000	−9.3333	318.8095	6666.6667	7916.6667
	方差	675000.000	−124550.000	256791.724	66666.667	1041666.667
	标准偏差	821.58384	−108.70810	205.67083	258.19889	1020.62073
总计	平均值	7547.6190	3.0952	155.9806	7238.0952	7880.9524
	方差	547619.048	−22540.476	106650.013	332142.857	751599.885
	标准偏差	740.01287	−19.17767	74.03152	576.31836	866.94691

* 除非另行说明，否则自助抽样结果基于 1000 个分层自助抽样样本。

由表 10-7 可以看出，“平均值”分析过程不仅给出了整体的参数估计结果，还给出了按某一变量分组的各组参数估计值，这为组与组之间的比较提供了方便，这也正是“平均值”分析过程的优势所在。

10.4 假设检验

假设检验是在小概率原理的基础上，以样本统计量的值来推断总体参数的一种参数估计方法。假设检验有两种情况：一是当总体分布已知时，根据样本数据对总体分布的统计参数进行推断，称作参数假设检验，简称参数检验；二是当总体分布未知时，根据样本数据对总体分布形式或特征进行推断，称作非参数假设检验。本节主要介绍参数假设检验的 SPSS 应用，具体包括单样本 t 检验、两个独立样本 t 检验和两个配对样本 t 检验。三类检验均是利用 SPSS“分析”菜单中的“比较均值”分析过程完成，下面通过实例介绍其操作步骤。

1. 单样本 t 检验

【例 10-4】在正常生产情况下，某厂生产的一种无缝钢管的内径服从均值为 54mm、标准差为 0.9mm 的正态分布。从某日生产的钢管中随机抽取 10 根，测得其内径分别为（单位：mm）53.8、54.0、55.1、54.2、52.1、54.2、55.0、55.8、55.4、55.5。

利用 SPSS 检验在 0.05 的显著性水平下，该厂当日的钢管直径是否符合要求。

Step1：打开 SPSS 数据编辑窗口，输入数据，本例数据输入格式如图 10-19 所示。

Step2：依次选择“分析”→“比较均值”→“单样本T检验”选项，弹出图10-20所示的对话框。

图 10-19　例 10-4 的数据录入格式

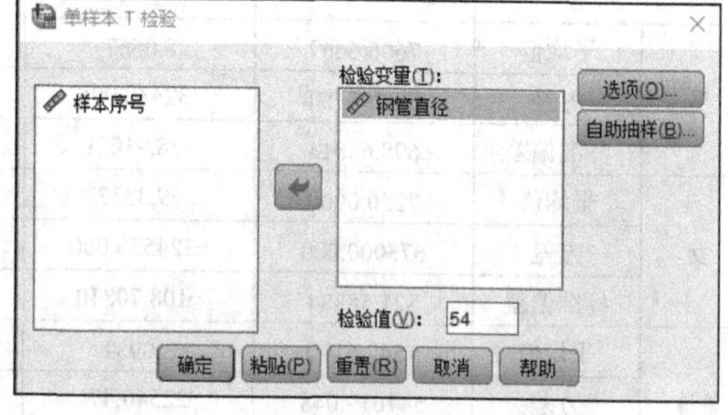

图 10-20　“单样本 T 检验”主对话框

Step3：将“钢管直径”变量移入“检验变量”框中，并在“检验值”文本框内输入“54”。

Step4：单击“确定”按钮，系统的输出结果如表 10-8 和表 10-9 所示。

表 10-8　单个样本统计量

统计项目	个案数	平均值	标准偏差	标准误差平均值
钢管直径	10	54.5100	1.09489	0.34623

表 10-9　单个样本 *t* 检验

统计项目	检验值 = 54					
	t	自由度	显著性（双尾）	平均值差值	差值的 95%置信区间	
					下限	上限
钢管直径	1.473	9	0.175	0.51000	-0.2732	1.2932

注：显著性，对应的值就是 *P* 值。

由表 10-8 可知，样本钢管直径的平均值为 54.51mm，标准偏差为 1.09489 mm，标准误差平均值为 0.34632。表 10-9 中第 2 列是检验 *t* 统计量值；第 3 列是 *t* 统计量自由度；第 4 列是 *t* 统计量的双侧检验概率 *P* 值；第 5 列是样本平均值与检验值之差，即 *t* 统计量的分子部分，除以表 10-8 中的标准误差平均值（0.34632）后得到 *t* 统计量值（1.473）；第 6 列和第 7 列是总体均值与原假设值之差的 95%置信区间(−0.2732,1.2932)，由此计算出的总体均值 95%置信区间为(53.7268,55.2932)。

根据检验规则，概率 $P = 0.175 > 0.05$。因此，不拒绝原假设，即认为抽样当日的钢管直径均值与总体均值 54 没有显著差异，生产处于正常状态。95%的置信区间说明有

95%的把握认为抽样当日钢管直径在 53.7268～55.2932mm 范围内，54mm 包含在置信区间内，也证实了上述推断。

2. 两个独立样本 t 检验

【例 10-5】为估计两种方法组装产品所需时间的差异，分别对两种不同的组装方法各随机安排 12 名工人，每名工人组装一件产品所需的时间如表 10-10 所示。假设两种方法组装产品所需时间均服从正态分布，且相互独立。利用 SPSS 检验在显著性水平为 0.05 的情况下，两种组装方法所需生产时间的均值是否相等。

表 10-10　两种方法组装产品所需的时间　　单位：min

方法一	方法二	方法一	方法二
28.3	27.6	36.0	31.7
30.1	22.2	37.2	26.0
29.0	31.0	38.5	32.0
37.6	33.8	34.4	31.2
32.1	20.0	28.0	33.4
28.8	30.2	30.0	26.5

Step1：打开 SPSS 数据编辑窗口，输入数据，本例资料输入格式如图 10-21 所示。

Step2：依次选择“分析”→“比较均值”→“独立样本 T 检验”选项，弹出图 10-22 所示的对话框。

data10-6 双样本t检验.sav [数据集1] - IBM SPSS Sta

文件(F)　编辑(E)　查看(V)　数据(D)　转换(T)

	方法	时间	变量
1	方法一	28.3	
2	方法一	30.1	
3	方法一	29.0	
4	方法一	37.6	
5	方法一	32.1	
6	方法一	28.8	
7	方法一	36.0	
8	方法一	37.2	
9	方法一	38.5	
10	方法一	34.4	
11	方法一	28.0	
12	方法一	30.0	
13	方法二	31.7	
14	方法二	26.0	

图 10-21　例 10-5 的数据输入格式

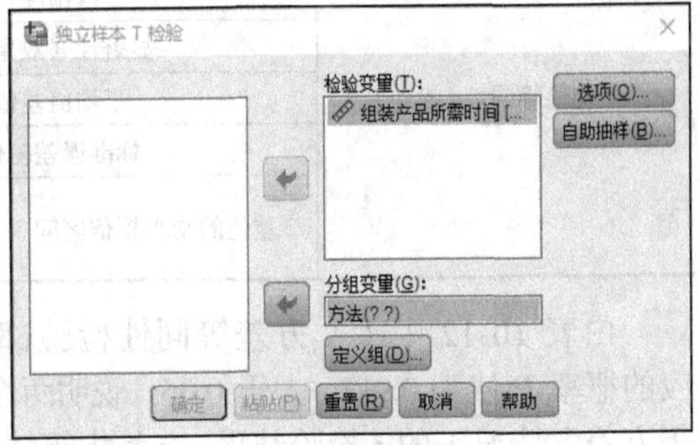

图 10-22　“独立样本 T 检验”主对话框

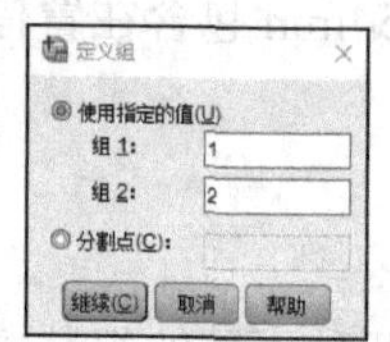

图 10-23 “定义组”对话框

Step3：将“组装产品所需时间”变量移入“检验变量”框中，将“方法”变量移入“分组变量”框中。单击“定义组”按钮，弹出图 10-23 所示的对话框。在此对话框中定义对比组，其方法有以下两种。

✧ 使用指定值：输入对应于不同组的变量值，如本例中，1 代表方法一，2 代表方法二。

✧ 分割点：输入一个数字，表示大于等于该值的作为一组，小于该值的对应于另一组。

以上两个选项定义方式不同，但作用相同，任选其一进行设置。设置完毕，单击“继续”按钮，返回主对话框。

Step4：单击“确定”按钮，系统的输出结果如表 10-11 和表 10-12 所示。

表 10-11 组统计量

统计量	组装方法	个案数	平均值	标准偏差	标准误差平均值
组装产品所需时间	方法一	12	32.500	3.9995	1.1546
	方法二	12	28.800	4.3998	1.2701

表 10-11 是产品组装方法一和方法二的基本描述统计量。由此可以看出，方法一和方法二的样本平均值有一定差距。

表 10-12 两个独立样本 *t* 检验

t 检验			组装产品所需时间	
			假定等方差	不假定等方差
莱文方差等同性检验	*F*		0.011	
	显著性		0.917	
平均值等同性 *t* 检验	*t*		2.156	2.156
	自由度		22	21.803
	显著性（双尾）		0.042	0.042
	平均值差值		3.7000	3.7000
	标准误差差值		1.7165	1.7165
	差值的 95%置信区间	下限	0.1403	0.1384
		上限	7.2597	7.2616

由表 10-12 中莱文方差等同性检验部分可知，该检验的 F 统计量值为 0.011，对应的概率 P 值为 0.917，大于 0.05，说明两个总体的方差无显著差异，因此应分析“假定等方差”情况下的 t 检验结果。方差相等情况下的 t 统计量值为 2.156，对应的双侧概率 P 值为 0.042。由于概率 P 值小于 0.05，因此，应拒绝原假设，即认为两个总体的均值有显著差异，即利用方法一和方法二组装产品所花费的时间平均值有显著差异。表 10-12

中的第 6 行和第 7 行分别为 t 统计量的分子和分母；第 8 行和第 9 行为两总体均值之差的 95%置信区间的下限和上限。由于该置信区间跨度很大，所以也从另一个角度证实了上述推断。

3. 配对样本 t 检验

【例 10-6】某饮料公司开发研制出一新产品，为比较消费者对新老产品口感的满意程度，该公司随机抽取一组消费者（8 人），每个消费者先品尝一种饮料，然后品尝另一种饮料，而后每个消费者对两种饮料分别进行评分（0～10 分），评分结果如表 10-13 所示。利用 SPSS 检验在显著性水平为 0.05 时，消费者对两种饮料的评分是否具有显著性差异。

表 10-13　两种饮料平均等级的样本数据

消费者编号		1	2	3	4	5	6	7	8
评价等级/分	旧饮料	5	4	7	3	5	8	5	6
	新饮料	6	6	7	4	3	9	7	6

Step1：打开 SPSS 数据编辑窗口，输入数据，本例数据输入格式如图 10-24 所示。

Step2：依次选择“分析”→“比较均值”→“配对样本 T 检验”选项，弹出图 10-25 所示的对话框。

data10-7 配对样本t检验.sav [数据集1] - IBM SPSS Statistics 数据编辑

文件(F)　编辑(E)　查看(V)　数据(D)　转换(T)　分析(A)　图形(G)

	消费者编号	旧饮料	新饮料	变量
1	1	5	6	
2	2	4	6	
3	3	7	7	
4	4	3	4	
5	5	5	3	
6	6	8	9	
7	7	5	7	
8	8	6	6	

图 10-24　例 10-6 的数据输入格式

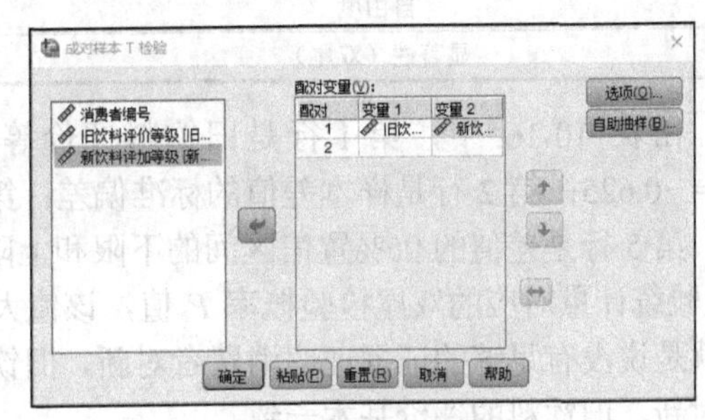

图 10-25　“配对样本 T 检验”对话框

Step3：在该对话框中，左边框中显示数据文件中的所有变量，右边框中显示配对的变量。在左边框中同时选中变量“旧饮料评价等级”和“新饮料评价等级”，然后单击指向右边的箭头，在右边的“配对变量”框中将显示该对变量。该过程可以同时检验多对变量是否存在显著性差异。

Step4：单击“确定”按钮，系统的输出结果如表 10-14～表 10-16 所示。

表 10-14　成对样本统计量

样本		平均值	个案数	标准偏差	标准误差平均值
配对 1	旧饮料评价等级	5.38	8	1.598	0.565
	新饮料评价等级	6.00	8	1.852	0.655

表 10-14 表明，消费者对新旧饮料评价等级的样本平均值差异不大。新饮料评价等级稍高于旧饮料。

表 10-15　成对样本相关系数

样本		个案数	相关系数	显著性
配对 1	旧饮料评价等级&新饮料评价等级	8	0.724	0.042

在表 10-15 中，第 3 列是新旧饮料评价等级的相关系数，两者相关程度为 0.724，有较强的相关性；第 4 列是相关系数检验的概率 P 值，该值小于 0.05，它表明，在显著性水平$\alpha=0.05$时，消费者对两种饮料的评价等级显著线性相关。

表 10-16　配对样本 t 检验

t 检验			配对 1
			旧饮料评价等级-新饮料评价等级
配对差值	平均值		-0.625
	标准偏差		1.302
	标准误差平均值		0.460
	差值的 95%置信区间	下限	-1.714
		上限	0.464
t			-1.357
自由度			7
显著性（双尾）			0.217

在表 10-16 中，第 1 行是旧饮料评价等级与新饮料评价等级之差的平均值，即 $\overline{d}=-0.625$；第 2 行是样本差值的标准偏差；第 3 行是样本差值的标准误差平均值；第 4 行、第 5 行是差值的 95%置信区间的下限和上限；第 6 行是 t 检验统计量值；第 8 行是与 t 检验统计量对应的双尾检验概率 P 值，该值大于显著性水平 0.05，所以不拒绝原假设，也就是说没有足够的证据证明消费者对新、旧饮料的评价有显著性差异，即可以认为消费者对新、旧饮料的评价基本一致。

10.5　列联分析

列联分析是用于研究品质变量之间相互关系的主要方法。当数值型变量经过了离散化处理，列联分析也可用来测定品质变量与数值型变量之间的依存关系。

列联分析是通过编制列联表和计算关联系数来分析变量之间的相互关系的。其中，列联表只能对变量之间的相关性做大致的判断，对品质变量之间相关性的准确把握则需要进行卡方检验或计算关联系数。在 SPSS 中列联分析是通过“交叉表”分析过程完成的，下面通过实例介绍列联分析的 SPSS 操作过程。

【例 10-7】data10-8.sav 是从数据文件 dada9-12.sav 中随机抽出的 100 条记录建立的 SPSS 数据文件，包括 15 个变量，其中多个变量之间存在一定的相互依存关系。利用 SPSS

“交叉表”分析过程，编制年龄[a15]和收入水平[a4]的交叉频数分布表，并进行卡方检验和计算关联系数。

Step1：打开示例文件 data10-8. sav，依次选择“分析”→“描述统计”→“交叉表”选项，弹出“交叉表”主对话框。

Step2：将变量“收入水平[a4]”和“年龄[a15]”分别移入“行”和“列”框中。一般情况下，为了便于比较和分析，在编制列联表时，自变量放在列上，因变量放在行上，如图 10-26 所示。

Step3：单击“单元格”按钮，弹出“交叉表：单元格显示”对话框。在“计数”区域中选中“实测”复选框；在“百分比”区域中选中“列”复选框。在编制列联表时，通常按原因变量计算百分比，如图 10-27 所示。单击“继续”按钮，返回主对话框。

Step4：单击“统计”按钮，弹出图 10-28 所示的“交叉表：统计”对话框。在此对话框中，同时选中“卡方”、“列联系数”和“Phi 和克莱姆 V”复选框。单击“继续”按钮，返回主对话框。

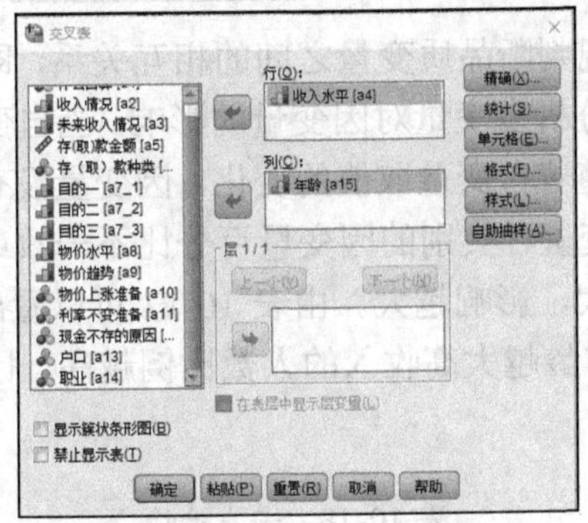

图 10-26　“交叉表”主对话框

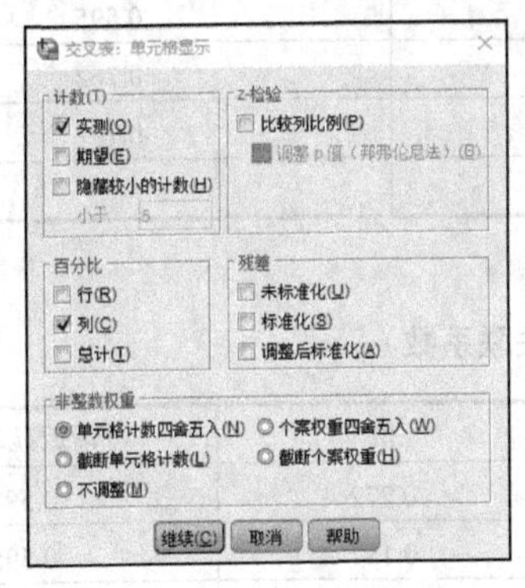

图 10-27　“交叉表：单元格显示”对话框

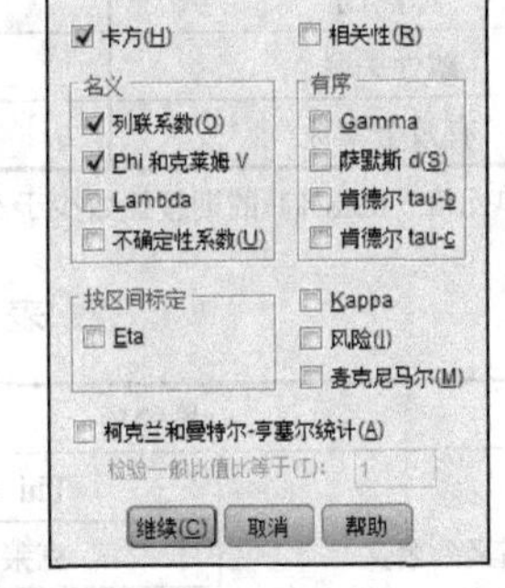

图 10-28　“交叉表：统计”对话框

Step5：单击“确定”按钮，系统的输出结果如表 10-17～表 10-19 所示。

表 10-17　收入水平与年龄交叉制表

收入水平		年龄				合计
		20 岁以下	20～35 岁	35～50 岁	50 岁以上	
3000 元以下	计数	1	7	6	2	16
	年龄中的百分数	100.0%	12.5%	22.2%	12.5%	16.0%
3000～8000 元	计数	0	38	15	11	64
	年龄中的百分数	0%	67.8%	55.6%	68.7%	64.0%
8000～15000 元	计数	0	9	5	2	16
	年龄中的百分数	0%	16.1%	18.5%	12.5%	16.0%
15000 元以上	计数	0	2	1	1	4
	年龄中的百分数	0%	3.6%	3.7%	6.3%	4.0%
总计	计数	1	56	27	16	100
	年龄中的百分数	100.0%	100.0%	100.0%	100.0%	100.0%

通过列联表，可以直观判断品质变量之间的相互关系，即通过比较自变量各类别内因变量百分比的一致性来分析自变量对因变量的影响。当自变量各类别的因变量百分比基本一致或接近时，说明随着自变量取值的变化，因变量没有发生变化，自变量对因变量没有影响。相反，当自变量各类别的因变量百分比不一致或有差异时，说明自变量对因变量有影响，且差异越大，影响越大。由表 10-17 可以看出， 20 岁以下的被调查者收入均在 3000 元以下，年龄越大高收入的人数比例越高。因此，年龄对收入有一定的影响。

表 10-18　卡方检验

检验项	值	自由度	渐进显著性（双尾）
皮尔逊卡方	7.406*	9	0.595
似然比	5.781	9	0.762
线性关联	0.066	1	0.797
有效个案数	100		

* 11 单元格（68.8%）的期望计数少于 5。最小期望计数为 0.04。

表 10-19　对称测量（关联系数）

检验项		值	渐近显著性
名义到名义	Phi（φ）相关系数	0.272	0.595
	克莱姆 V 相关系数	0.157	0.595
	列联系数	0.263	0.595
有效个案数		100	

表 10-18 中第 1 行的卡方检验统计量的 P 值等于 0.595，大于 0.05，因此在 95%的置信水平下，应接受行变量（收入水平）与列变量（年龄）相互独立的假设，说明年龄与收入之间没有关系。另外，根据列联分析卡方分布期望值准则，如果频数分布表中有 20%的单元期望频数小于 5，就不能进行卡方检验，所以该分析结果不可用。从表 10-19 中给出的三个关联系数来看，虽然数值不为零，但显著性概率均大于 0.05，说明在 95%的置信水平下应接受总体关联系数为 0 的假设，即年龄与收入水平之间总体无显著相关性。

10.6 相关分析

相关分析是研究数值型变量相互关系的主要方法，主要用于测定相关关系变量之间相互关系的密切程度。利用 SPSS 进行相关分析需要借用 SPSS“图形”菜单中的“散点图”和“分析”菜单中的“相关”分析过程。下面通过实例对各自的操作方法与步骤进行介绍。

1. 数值型变量相关分析

【例 10-8】某商品 2010～2019 年的销售量及相关因素的统计数据所建立的 SPSS 数据文件命名为 data10-9.sav。根据该资料利用 SPSS 绘制散点图、计算单相关系数和偏相关系数。

（1）绘制散点图

Step1：打开示例文件 data10-9.sav，依次选择“图形”→“旧对话框”→“散点图/点图”选项，弹出图 10-29 所示的“散点图/点图”对话框。该对话框中共列出了五种散点图类型，实际中可根据数据的特征和需要灵活选取，各种图形的应用条件见第 12 章的散点图部分。

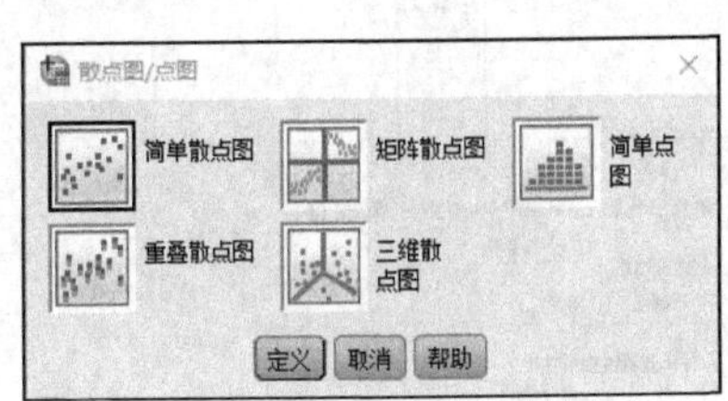

图 10-29　“散点图/点图”对话框

Step2：在以上对话框中选择“矩阵散点图”图表类型，单击“定义”按钮，弹出图 10-30 所示的“散点图矩阵”对话框，从左边的变量框中，将变量 y、x1、x2 全部移入“矩阵变量”框中。注意，“矩阵散点图”通常在变量个数大于等于 3 时选用。

Step3：单击“确定”按钮，完成操作。系统的输出结果如图 10-31 所示。

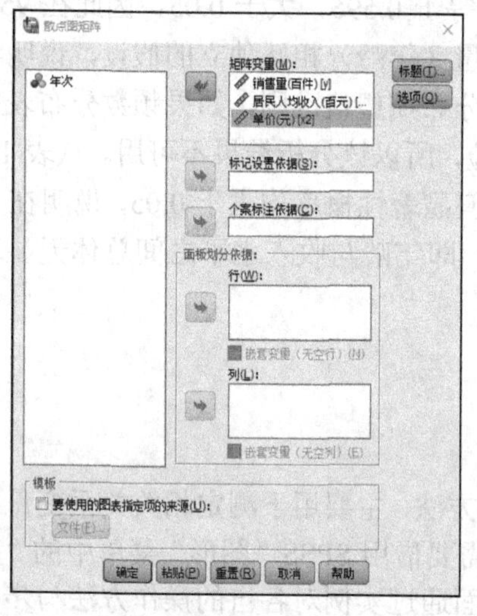

图 10-30 “散点图矩阵”对话框

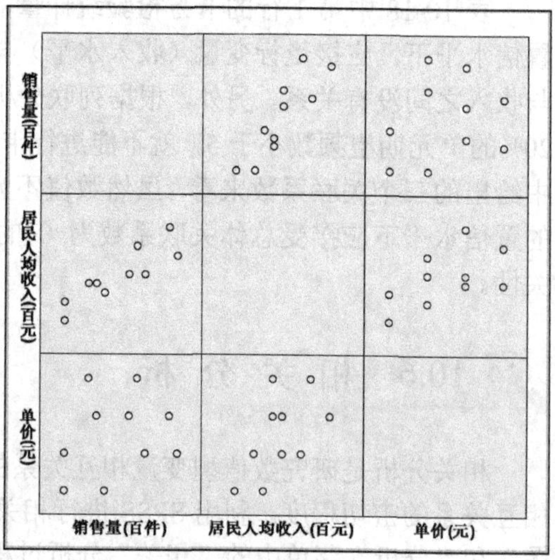

图 10-31 散点图矩阵

由图 10-31 可以看出，居民人均收入与商品销售量关系密切，随着人均收入的增加，该商品的销售量呈明显的直线上升趋势，单价对销售量影响不大。此外，居民人均收入与商品单价也有一定的相关关系。

（2）计算简单相关系数

Step1：打开示例文件 data10-9.sav，依次选择“分析”→“相关”→“双变量”选项，弹出图 10-32 所示的对话框。

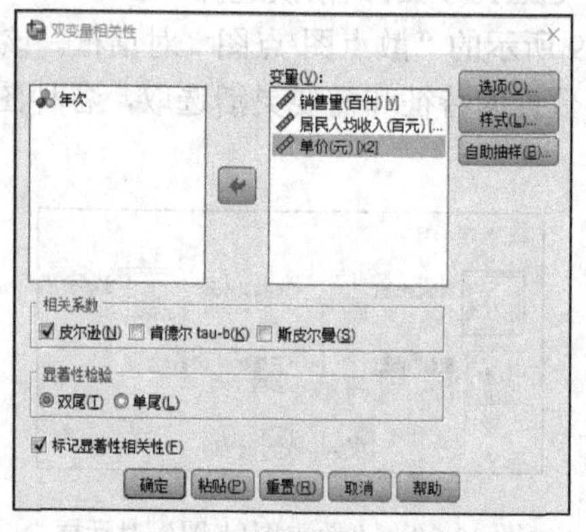

图 10-32 “双变量相关性”对话框

Step2：从左上方的变量框中，将变量 y、x1、x2 全部移入“变量”框中。在“相关系数”区域中选中“皮尔逊”复选框；在“显著性检验”区域中选中“双尾”单选按钮，并选中最下方的“标记显著性相关性”复选框。

Step3：单击“确定”按钮，完成操作。系统的输出结果如表 10-20 所示。

表 10-20　简单相关系数矩阵

控制变量		销售量/百件	居民人均收入/百元	单价/元
销售量/百件	皮尔逊相关性	1	0.881**	0.227
	显著性（双尾）		0.001	0.529
	个案数	10	10	10
居民人均收入/百元	皮尔逊相关性	0.881**	1	0.561
	显著性（双尾）	0.001		0.092
	个案数	10	10	10
单价/元	皮尔逊相关性	0.227	0.561	1
	显著性（双尾）	0.529	0.092	
	个案数	10	10	10

注：没有数据表示每个变量自身相关系数为 1，不需要显著性检验。

** 在 0.01 的显著性水平（双尾）下，相关性显著。

表 10-20 的每个单元中的第 1 行为皮尔逊相关系数，第 2 行为总体相关系数的显著性检验概率 *P*，若该值大于 0.05，则不应拒绝原假设，即认为变量之间不存在显著线性相关关系；若该值小于 0.05，则应拒绝原假设，即认为变量之间存在显著线性相关关系。因此，本例中居民人均收入和商品销售量之间显著线性相关关系。相关系数 0.881 右上方的双星号表示居民收入和商品销售量在 0.01 显著性水平下显著相关。单价与销售量的相关系数仅为 0.227，且显著性水平概率 *P* 为 0.529，大于显著性水平 0.05，所以应接受单价与销售量相关检验的原假设，即单价与销售量不存在显著线性相关关系。同理，单价与居民人均收入之间的相关性也不显著。以上结论与散点图判断的结果基本一致。

（3）计算偏相关系数

Step1：打开示例文件 data10-9.sav，依次选择“分析”→“相关”→“偏相关”选项，弹出图 10-33 所示的“偏相关性”对话框。

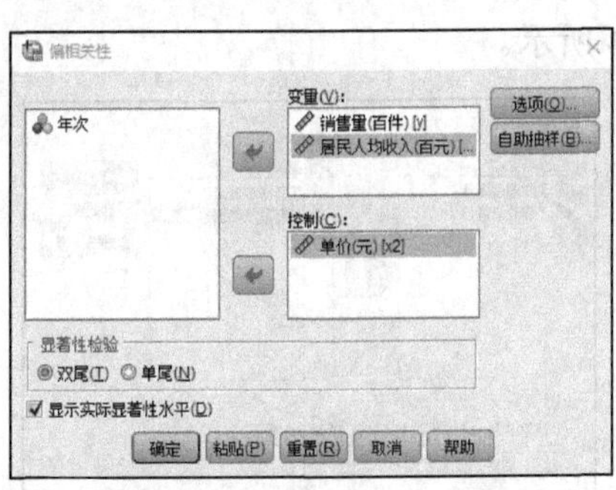

图 10-33　“偏相关性”对话框

Step2：从左上方的变量框中，将变量 y 和 x1 移入“变量”框中，将 x2 移入“控制”框中。在“显著性检验”区域中选中“双尾”单选按钮；选中“显示实际显著性水平”复选框。

Step3：单击“确定”按钮，完成操作。系统的输出结果如表 10-21 所示。

表 10-21　偏相关系数矩阵

<table>
<tr><th colspan="3">控制变量</th><th>销售量/百件</th><th>居民人均收入/百元</th></tr>
<tr><td rowspan="6">单价/元</td><td rowspan="3">销售量/百件</td><td>相关性</td><td>1.000</td><td>0.934</td></tr>
<tr><td>显著性（双尾）</td><td></td><td>0.000</td></tr>
<tr><td>自由度</td><td>0</td><td>7</td></tr>
<tr><td rowspan="3">居民人均收入/百元</td><td>相关性</td><td>0.934</td><td>1.000</td></tr>
<tr><td>显著性（双尾）</td><td>0.000</td><td></td></tr>
<tr><td>自由度</td><td>7</td><td>0</td></tr>
</table>

由表 10-21 中的偏相关系数可以看出，在控制单价因素对销售量影响的情况下，居民人均收入与销售量之间的相关系数提高到了 0.934。

2. 等级变量相关分析

【例 10-9】某研究人员从某企业随机抽取 10 名职工组成随机样本，根据 10 名职工的工作态度和工作业绩得分及相应的等级资料所建立的 SPSS 数据文件命名为 data10-10.sav，利用 SPSS 的相关分析功能计算该 10 名职工的工作态度和工作业绩等级之间的 Spearman（斯皮尔曼）和 Kendall（肯德尔）s tau-b 相关系数，并以此为依据对该企业职工的工作态度和工作业绩是否显著相关进行检验。

Step1：打开示例文件 data10-10.sav，依次选择“分析”→“相关”→“双变量”选项，弹出“双变量相关性”对话框。

Step2：从左上方的待分析变量框中，将变量“工作态度等级”“工作业绩等级”移入“变量”框中。在“相关系数”区域中，选中“肯德尔 tau-b”和“斯皮尔曼”复选框；在“显著性检验”区域中，选中“双尾”单选按钮；选中“标记显著性相关性”复选框。设置结果如图 10-34 所示。

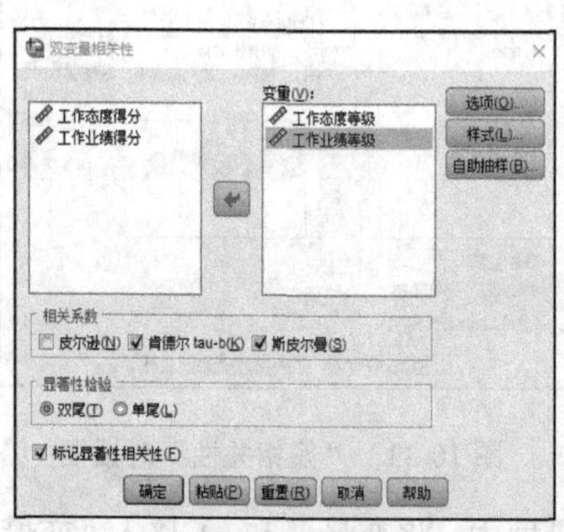

图 10-34　等级相关系数设置结果

Step3：单击“确定”按钮，完成操作。系统的输出结果如表 10-22 所示。

表 10-22　等级相关系数矩阵

变量			工作态度等级	工作业绩等级
肯德尔 tau-b	工作态度等级	相关系数	1.000	0.830**
		显著性（双尾）		0.001
		个案数	10	10
	工作业绩等级	相关系数	0.830**	1.000
		显著性（双尾）	0.001	
		个案数	10	10
斯皮尔曼 rho	工作态度等级	相关系数	1.000	0.903**
		显著性（双尾）		0.000
		个案数	10	10
	工作业绩等级	相关系数	0.903**	1.000
		显著性（双尾）	0.000	
		个案数	10	10

** 在 0.01 的显著性水平（双尾）下，相关性显著。

由表 10-22 可以看出，工作态度等级和工作业绩等级的斯皮尔曼相关系数和肯德尔 tau_b 等级相关系数分别为 0.903 和 0.830，两个相关系数的双侧检验显著性概率 P 值均小于 0.05，并且两个相关系数右上方均出现双星号，说明在 0.01 显著性水平下，该企业职工的工作态度和工作业绩之间存在显著高度相关关系。

习　题

1．SPSS 探索分析过程的主要功能有哪些？其特色功能是什么？

2．列联分析与相关分析都属于变量相关系数分析的方法，两者有什么异同点？

3．什么是配对样本？利用 SPSS 进行配对样本 t 检验的操作步骤是什么？

4．从某行业管理局所属企业中随机抽取 30 家企业，调查得到各企业 2019 年的产品销售收入资料如下（单位：万元）：

152，124，129，116，100，103，92，95，127，104，
105，119，114，115，87，103，118，142，135，125，
117，108，105，110，107，137，120，136，117，108.

（1）计算该组数据的描述性统计量，并绘制箱图和茎叶图；

（2）根据该样本数据估计该管理局所有企业 2019 年销售收入平均值所在的区间范围（$\alpha = 0.05$）。

5．某企业某种产品产量和单位成本资料如表 10-23 所示。

表 10-23　某企业某种产品产量和单位成本资料

月份	1	2	3	4	5	6
产量/千件	2	3	4	3	4	5
单位成本/元	73	72	71	73	69	68

对该企业产量与单位成本进行相关性分析。

第 11 章　SPSS 高级统计分析

SPSS 的高级统计分析功能主要是围绕多元统计分析方法而开发的数据分析工具，其内容丰富，功能强大。但鉴于篇幅限制，本章主要对实际工作中比较常用的一些统计方法的 SPSS 操作技巧进行介绍。本章内容分为四节，包括回归分析、方差分析、聚类分析、因子分析。通过对本章的学习，学生可以加深对多元统计分析方法的理解，掌握使用 SPSS 软件进行多元统计分析的基本方法和操作技巧。本章 11.1 节回归分析为必修内容，建议讲授 2 学时，实践训练 2 学时；其他内容为选修内容。

11.1　回 归 分 析

利用 SPSS 进行回归分析需要借用 SPSS“分析”菜单中的“回归”分析过程，下面通过实例介绍其操作方法与步骤。

1. 线性回归

【例 11-1】一家房地产评估公司要对某城市的房地产销售价格（Y）与地产估价（X1）、房产估价（X2）和使用面积（X3）建立回归模型，以便对销售价格做出合理预测。为此，收集了 20 栋住宅的房地产评估数据，据此所建立的 SPSS 数据文件命名为 data11-1.sav。利用 SPSS 的线性回归分析功能建立房地产销售价格的线性回归预测模型。

Step1：打开示例文件 data11-1.sav，依次选择“分析”→“回归”→“线性”选项，弹出“线性回归”主对话框。从左边的待分析变量框中，将变量“销售价格[Y]”移入“因变量”框中，将变量“地产估价[X1]”“房产估价[X2]”“使用面积[X3]”全部移入“自变量”框中，设置结果如图 11-1 所示。

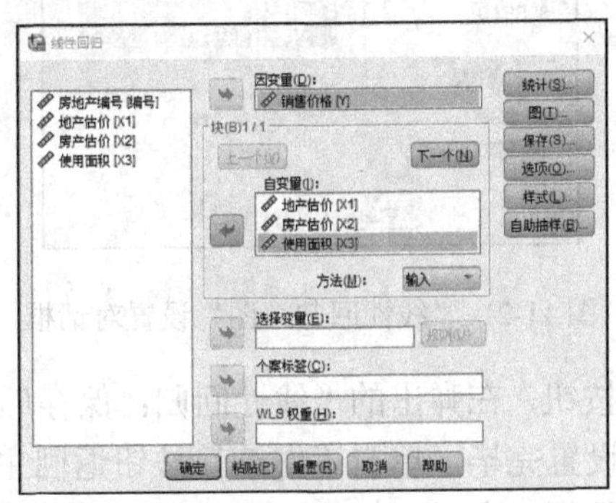

图 11-1　“线性回归”主对话框的设置结果

关于回归建模中自变量进入方法的设定：图 11-1 中“自变量”框下方的“方法”选项，用于指定建模时的变量进入方法，其后的下拉列表有以下几个选项。

- ✧ 输入法：“自变量”框中所有的自变量全部进入回归模型，是默认方式。
- ✧ 步进法：是前进法和后退法的结合。根据“选项”对话框中所设定的参数，先选择对因变量贡献最大且符合判断条件的自变量进入回归方程，再将模型中不符合设定条件的变量剔除。当没有变量被引入或删除时，便得到最终回归方程。
- ✧ 除去法：建立回归方程时，根据设定的条件直接剔除部分自变量。
- ✧ 后退法：先建立饱和模型，然后根据“选项”对话框中所设定的参数，每次剔除一个不符合进入模型条件的变量。
- ✧ 前进法：模型从没有自变量开始，根据“选项”对话框中所设定的参数，每次将一个最符合条件的变量引入模型，直至所有符合条件的变量都进入模型为止，第一个引入回归模型的自变量应该是与因变量最为相关的。

以上各种方法各有优点，其中输入法的设置最为简单，但当自变量个数较多时，采用输入法输出的回归系数估计表会很庞大。实际中，可根据自己的爱好，灵活选用变量进入方法。

Step2：单击“统计”按钮，在弹出的“线性回归：统计”对话框中，依次选中“估计值”“置信区间”“协方差矩阵”“模型拟合”“德宾-沃森”“共线性诊断”复选框。单击“继续”按钮，返回主对话框。

Step3：单击“图”按钮，在弹出的“线性回归：图”对话框中，从左侧的变量列表中，将变量“*ZRESID”移入 Y 框，将变量“*ZPRED”移入 X 框，如图 11-2 所示；选中“标准化残差图”区域中的“直方图”和“正态概率图”复选框。单击“继续”按钮，返回主对话框。

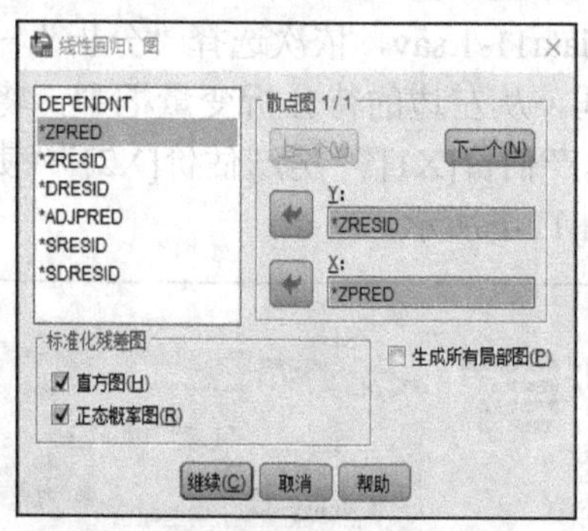

图 11-2 “线性回归：图”设置对话框

Step4：单击“保存”按钮，在弹出的“线性回归：保存”对话框中设置关于因变量预测值和预测区间选项。设置完毕，单击“继续”按钮返回主对话框。

Step5：单击“选项”按钮，在弹出的“线性回归：选项”对话框中设置逐步回归的参数和缺失值的处理方式。设置完毕，单击“继续”按钮返回主对话框。

Step6：单击“确定”按钮，完成操作。系统输出的主要结果如表 11-1～表 11-3 和图 11-3、图 11-4 所示。

表 11-1　模型汇总*

模型	R	R^2	调整后 R^2	标准估计的误差	德宾-沃森检验值
1	0.947**	0.897	0.878	791.682	1.243

注：德宾-沃森，即 Durbin-Watson，简称为 DW。

* 因变量：销售价格。

** 预测变量：（常量）、使用面积、地产估价、房产估价。

表 11-1 是模型摘要信息，主要给出了关于模型的拟合情况和序列相关 DW 检验值。从表中可以看出，模型的调整 R^2 为 0.878，说明模型拟合度良好；0<DW<2，表明相邻两点的残差项正相关。

表 11-2　方差分析表（ANOVA）*

模型		平方和	自由度	均方	F	显著性
1	回归	8.780×10^7	3	2.927×10^7	46.697	0.000**
	残差	1.003×10^7	16	626760.909		
	总计	9.783×10^7	19			

* 预测变量：（常量）、使用面积、地产估价、房产估价。

** 因变量：销售价格。

表 11-2 是方差分析表。方差分析表最需要关注的是 F 检验统计量，它是回归方程显著性检验的重要依据。本例中 F 检验统计量为 46.697，相对应的显著性概率值 P 为 0.000（最后一列），小于要求的 0.05 显著性水平，因此，应拒绝回归方程显著性 F 检验的原假设，即认为所有自变量综合起来对因变量有显著影响。

表 11-3　系数*

模型		非标准化系数		标准系数	t	显著性	共线性统计量	
		B	标准误差	Beta			容差	VIF
1	（常量）	148.700	574.421		0.259	0.799		
	地产估价	0.815	0.512	0.193	1.591	0.131	0.434	2.303
	房产估价	0.821	0.211	0.556	3.888	0.001	0.313	3.197
	使用面积	0.135	0.066	0.277	2.050	0.057	0.351	2.852

注：B 表示回归填信息；VIF 表示方差膨胀因子，全称为 variance inflation factor。

* 因变量：销售价格。

表 11-3 的第 2～6 列是回归系数的相关内容，包括非标准和标准回归系数及其相应的 t 检验统计量和 t 检验显著性概率。从各回归系数的 t 检验显著性概率值（第 6 列）

可以看出，除房产估价的回归系数 t 检验显著性概率小于 0.05 外，其他回归系数的 t 检验显著性概率均大于 0.05。因此，根据 t 检验的判断规则，可以断定在 0.05 显著性水平下只有房产估价一个因素对房地产的销售价格有显著的影响。

表 11-3 的第 7 和第 8 列为共线性诊断统计量，回归模型共线性检验是多元回归分析必不可少的内容。本例资料的三个自变量的方差膨胀因子均小于 5，所以三个自变量之间没有明显的多重共线性。

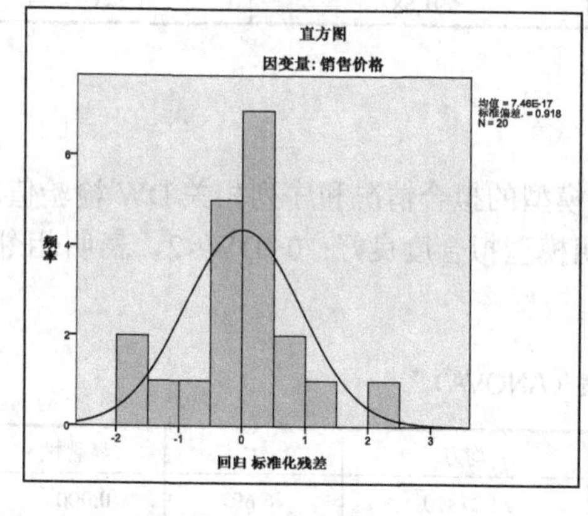

图 11-3　回归残差直方图

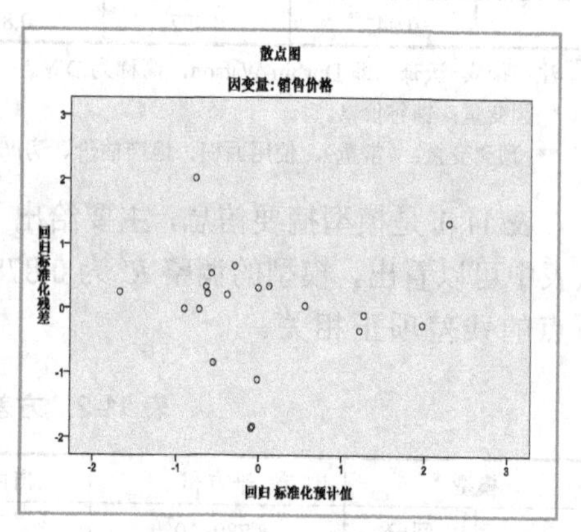

图 11-4　回归残差散点图

图 11-3 是回归残差直方图，从图形特征看，模型残差不符合正态分布。图 11-4 是残差散点图。残差散点图既可以用来判断回归模型中残差的独立性和齐性，也可用来判断残差是否符合正态性。由于残差标准值中大于 0 的值占到了绝大多数，所以本例残差不符合正态性检验，这与直方图的判断结果一致。另外，残差标准值的观测点没有明显的变动周期和趋势，但存在分布一边倒的特征（大于零的值较多），所以根据该散点图难以判断独立性假设是否成立。从残差分布的随机性看，残差标准值基本上随机地散布在横轴周围，这说明残差基本符合齐性要求。

2. 曲线回归

【例 11-2】数据文件 data11-2.sav 是某商店 2010～2019 年的商品流通费用率和商品零售额资料，其数据格式如图 11-5 所示。利用 SPSS 的曲线回归功能建立商品零售额与流通费用率之间的曲线回归模型，并在 0.05 的显著性水平下对模型进行检验。

	名称	类型	宽度	小数	标签	值	缺失	列	对齐
1	年份	数值(N)	8	0		无	无	8	右
2	Y	数值(N)	8	2	商品流通费用率（...	无	无	8	右
3	X	数值(N)	8	2	商品销售额（万元...	无	无	8	右

图 11-5　data11-2 数据格式

Step1：打开示例文件 data11-2.sav，依次选择“分析”→“回归”→“曲线估算”选项，弹出图 11-6 所示的“曲线估算”主对话框。将“商品流通费用率”移入“因变量”框中，将“商品销售额”移入“独立”区域的“变量”框中。

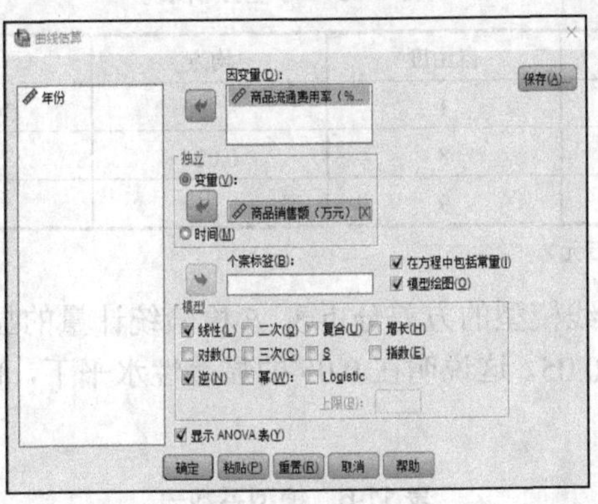

图 11-6　“曲线估算”主对话框

Step2：在“模型”区域中，选中“线性”“逆”复选框。逆模型即为双曲线模型。

Step3：选中“在方程中包括常量”和“模型绘图”复选框。

Step4：选中“显示 ANOVA 表”复选框，表示输出各个曲线拟合模型检验的方差分析表和各回归系数显著性检验结果。

Step5：单击“保存”按钮，弹出图 11-7 所示的对话框。在此对话框中选择需要保存的统计量：“预测值”、“残差”和“预测区间”。单击“继续”按钮，返回主对话框。

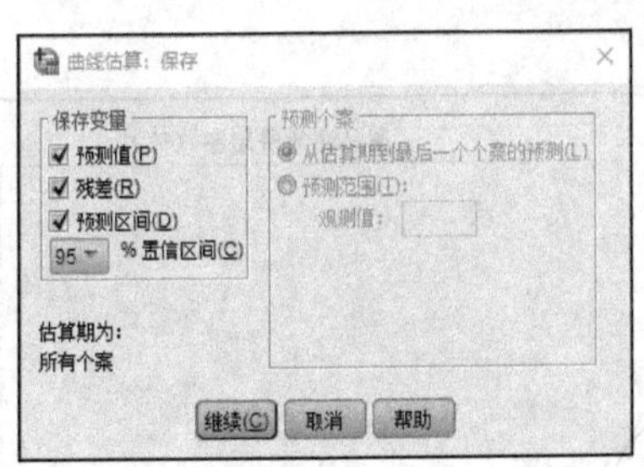

图 11-7　“曲线估算：保存”对话框

Step6：单击“确定”按钮，完成操作。系统输出所选模型的全部结果，其中双曲线（逆模型）的拟合优度最高，其结果如表 11-4～表 11-6 和图 11-8 所示。

表 11-4　模型摘要

R	R^2	调整后 R^2	估计值的标准误差
0.989	0.978	0.975	0.154

注：自变量为商品销售额（万元）。

表 11-4 是所建双曲线模型的拟合优度统计量。调整后 R^2 即校正的可决系数值为 0.975，说明模型的拟合效果很好，图 11-8 所示的拟合图也可以证明这一点。

表 11-5 方差分析表

统计项目	平方和	自由度	均方	F	显著性
回归	8.290	1	8.290	349.020	0.000
残差	0.190	8	0.024		
总计	8.480	9			

注：自变量为商品销售额（万元）。

表 11-5 是所建双曲线模型的方差分析表。F 检验统计量的显著性概率 P 值为 0.000，小于给定的显著性水平 0.05，这说明在 0.05 的显著性水平下，商品销售额对商品流通费用率有显著影响。

表 11-6 模型系数表

模型	未标准化系数		标准化系数	t	显著性
	B	标准误差	Beta		
1 / 商品销售额/（万元）	42.761	2.289	0.989	18.682	0.000
（常数）	2.568	0.144		17.830	0.000

表 11-6 是双曲线模型的回归系数。从各系数的 t 检验显著性 P 值来看，在 0.05 的显著性水平下，各系数都显著不为零。因此，模型方程为

$$Y = 2.568 + 42.761 \times \frac{1}{X}$$

所建模型可用于分析和预测。

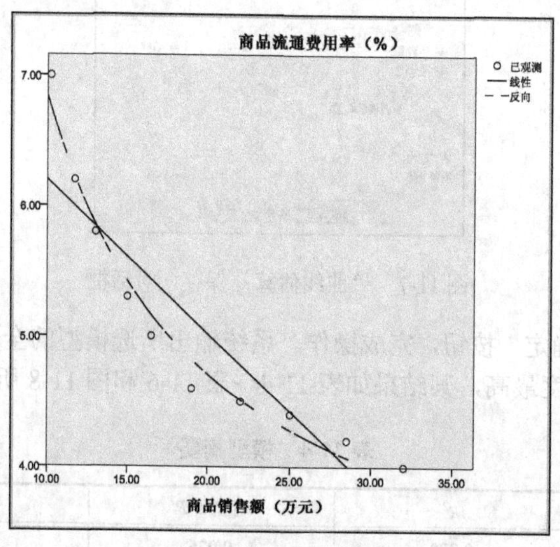

图 11-8 模型拟合图

11.2 方 差 分 析

用 SPSS 进行方差分析需要利用 SPSS“分析”菜单中的“比较均值”和“一般线性模型”分析过程，其中，“比较均值”分析过程用于单因素方差分析，“一般线性模型”用于多因素方差分析。下面通过实例介绍各自的操作过程。

1. 单因素方差分析

【例 11-3】根据例 6-10 的资料建立的 SPSS 数据文件命名为 data11-3.sav，利用 SPSS 的“比较平均值”分析过程对该资料进行单因素方差分析（$\alpha = 0.05$）。

Step1：打开 SPSS 数据文件 data11-3.sav。在利用 SPSS 进行单因素方差分析时，要求定义两个变量存放方差分析中的观测变量和分类自变量。本例的数据录入格式如图 11-9 所示。

data11-3(单因素方差分析) .sav [数据集3] - IBM SPSS Statistics 数

文件(F)　编辑(E)　查看(V)　数据(D)　转换(T)　分析(A)　图形(G)

	行业	投诉次数	变量	变量
1	零售业	57		
2	零售业	66		
3	零售业	49		
4	零售业	40		
5	零售业	34		
6	零售业	53		
7	零售业	44		
8	旅游业	68		
9	旅游业	39		
10	旅游业	29		
11	旅游业	45		
12	旅游业	56		
13	旅游业	51		
14	航空公司	31		
15	航空公司	49		
16	航空公司	21		
17	航空公司	34		
18	航空公司	40		
19	家电制造业	44		
20	家电制造业	51		

图 11-9　单因素方差分析的数据录入格式

Step2：在数据编辑窗口，依次选择“分析”→“比较平均值”→“单因素 ANOVA”选项，进入图 11-10 所示的对话框。

Step3：将观测变量“投诉次数”移入“因变量列表”框中，将分类变量“行业”移入“因子”框中。

Step4：单击“选项”按钮，弹出图 11-11 所示的“单因素 ANOVA 检验：选项”对话框。此对话框用来对方差分析的前提条件进行检验，其中最重要的检验内容就是方差齐性检验。因此，在此对话框中选中“方差齐性检验”复选框，然后单击“继续”按钮，返回主对话框。

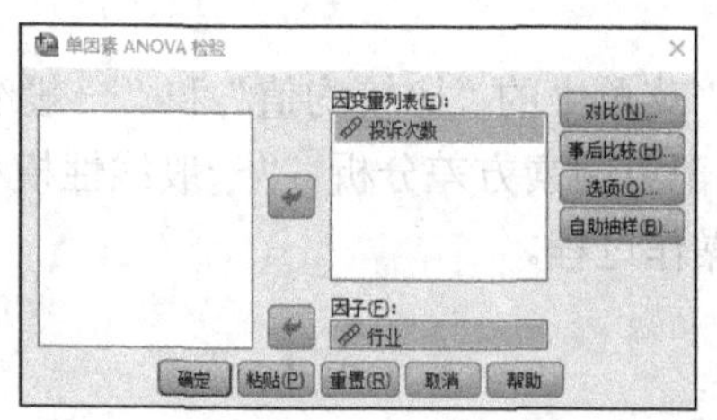

图 11-10 “单因素 ANOVA 检验”主对话框

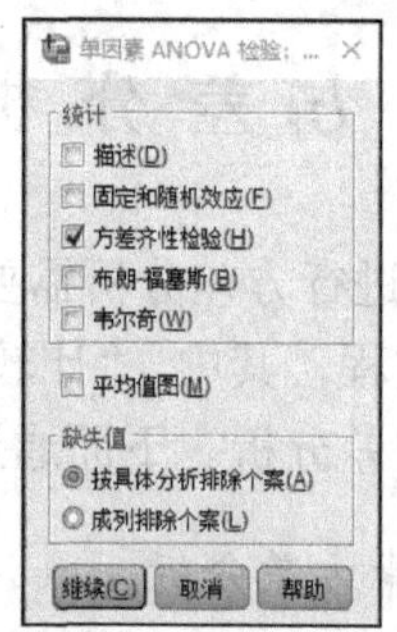

图 11-11 “单因素 ANOVA 检验：选项”对话框

Step5：单击“确定”按钮，完成操作。系统的输出结果如表 11-7 和表 11-8 所示。

表 11-7 方差齐性检验

因变量		莱文统计	自由度 1	自由度 2	显著性
投诉次数	基于平均值	0.195	3	19	0.898
	基于中位数	0.197	3	19	0.897
	基于中位数并具有调整后自由度	0.197	3	18.370	0.897
	基于剪除后平均值	0.192	3	19	0.900

表 11-7 所示的方差齐性检验中，莱文统计量的值为 0.195，P 值为 $0.898 > 0.05$，所以不能拒绝原假设。SPSS 单因素方差分析中，方差齐性检验的原假设是各水平下的观测变量总体方差无显著性差异。所以可判定在 0.05 的显著性水平下各行业的投诉次数满足方差齐性的要求。

表 11-8 投诉次数 ANOVA

变量	平方和	自由度	均方	F	显著性
组间	1456.609	3	485.536	3.407	0.039
组内	2708.000	19	142.526		
总数	4164.609	22			

表 11-8 所示单因素方差分析表中，F 值为 3.407，对应的 P 值为 $0.039 < 0.05$，所以应拒绝原假设。因此，可以认为在 0.05 的显著性水平下，不同行业的消费者投诉次数有显著差异，即行业对投诉次数有显著影响。

以上分析的结果只能说明行业对投诉次数是否有影响，但不能给出各行业投诉次数两两之间的差异情况。因此，要进一步确定到底哪些行业之间存在差异，就需要进行多重比较检验。具体的操作步骤如下。

Step1：在“单因素 ANOVA 检验”主对话框中单击“事后比较”按钮，弹出图 11-12 所示的对话框。

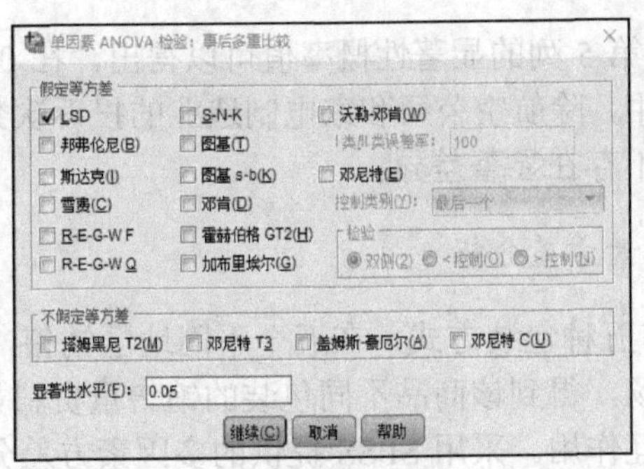

图 11-12　“单因素 ANOVA 检验：事后多重比较”对话框

注：LSD 的全称为 least significant difference，最小显著性差异法。

Step2：选择多重检验统计量。在图 11-12 所示的对话框中，有“假定等方差”和“不假定等方差”两栏，当方差齐性检验为接受原假设时，在“假定等方差”栏中选择多重比较检验统计量；否则，在“不假定等方差”栏中选择多重比较检验统计量。本例中各行业投诉次数的方差齐性检验结果是方差具有齐性。因此，在“假定等方差”栏中选择检验敏感度最高的“LSD”统计量选项，并在下面的“显著性水平”文本框中输入 0.05。单击“继续”按钮，返回主对话框。

Step3：单击“确定”按钮，系统的输出结果如表 11-9 所示。

表 11-9　投诉次数 LSD 多重比较

行业（I）	行业（J）	平均值差值（I–J）	标准误差	显著性	95%置信区间	
					下限	上限
零售业	旅游业	1.000	6.642	0.882	−12.90	14.90
	航空公司	14.000	6.990	0.060	−0.63	28.63
	家电制造业	−10.000	6.990	0.169	−24.63	4.63
旅游业	零售业	−1.000	6.642	0.882	−14.90	12.90
	航空公司	13.000	7.229	0.088	−2.13	28.13
	家电制造业	−11.000	7.229	0.145	−26.13	4.13
航空公司	零售业	−14.000	6.990	0.060	−28.63	0.63
	旅游业	−13.000	7.229	0.088	−28.13	2.13
	家电制造业	−26.000*	7.551	0.005	−39.80	−8.20
家电制造业	零售业	10.000	6.990	0.169	−4.63	24.63
	旅游业	11.000	7.229	0.145	−4.13	26.13
	航空公司	26.000*	7.551	0.005	8.20	39.80

* 平均值差值的显著性水平为 0.05。

在方差分析中，多重检验的原假设：不同水平下观测变量的均值间不存在显著差异。当检验概率 P 大于给定的显著性水平时，不拒绝这一假设；当检验概率 P 小于给定的显著性水平时，拒绝该假设，即认为不同水平下观测变量的均值间存在显著差异。根据这一准则，结合表 11-9 中第 5 列的显著性概率值可以得出，在 0.05 的显著性水平下，本资料所涉及的所有行业中，除航空公司和家电制造业的投诉次数存在显著差异外，其他行业之间的投诉次数均不存在显著差异。

2. 无交互作用两因素方差分析

【例 11-4】某商品有五种包装方式，在五个不同地区销售，先从每个地区随机抽取一个规模相同的超级市场，得到该商品不同包装的销售量资料如表 11-10 所示，其中包装方式与销售地区无交互作用。采用 SPSS 提供的多因素方差分析工具，检验包装方式及销售地区对该商品的销售量是否有显著影响（$\alpha = 0.05$）。

表 11-10　某种商品不同地区不同包装方式的销售量资料　　单位：件

行变量		列变量				
		包装方式				
		方式 1	方式 2	方式 3	方式 4	方式 5
销售地区	甲地区	20	12	20	10	14
	乙地区	22	10	20	12	6
	丙地区	24	14	18	18	10
	丁地区	16	4	8	6	18
	戊地区	26	22	20	20	10

Step1：打开 SPSS 数据编辑窗口，输入数据。在利用 SPSS 进行双因素分析时，要求定义三个变量存放观测变量和分类自变量，同时在数据录入时，还应注意各变量数值之间的对应关系。本例的数据输入格式如图 11-13 所示。

Step2：依次选择“分析”→“一般线性模型”→“单变量”选项，进入图 11-14 所示的主对话框。将观测变量“销售量”移入“因变量”框中，将分类变量“地区”“包装方式”移入“固定因子”框中。

*data11-4（无交互作用两因素方差分析）.sav [数据集5] - IBM SPSS Statistics 数据

	地区	包装方式	销售量	变量	变量
1	甲地区	方法1	20		
2	乙地区	方法1	22		
3	丙地区	方法1	24		
4	丁地区	方法1	16		
5	戊地区	方法1	26		
6	甲地区	方法2	12		
7	乙地区	方法2	10		
8	丙地区	方法2	14		
9	丁地区	方法2	4		
10	戊地区	方法2	22		
11	甲地区	方法3	20		
12	乙地区	方法3	20		
13	丙地区	方法3	18		
14	丁地区	方法3	8		
15	戊地区	方法3	16		
16	甲地区	方法4	10		
17	乙地区	方法4	12		
18	丙地区	方法4	18		
19	丁地区	方法4	6		
20	戊地区	方法5	20		

图 11-13　例 11-4 的数据输入格式

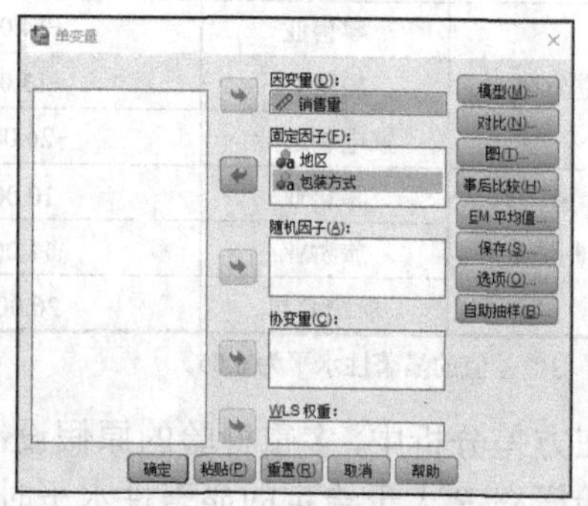

图 11-14　多因素方差分析“单变量”主对话框

Step3：在主对话框中，单击“模型”按钮，弹出图 11-15 所示的对话框。在此对话框的“指定模型”区域中选中“构建项”单选按钮，并在“因子与协变量”框中选择“地区”和“包装方式”变量移入“模型”框中。其他采用系统默认选项，单击“继续”按钮，返回主对话框。

Step4：在主对话框中，单击“选项”按钮，弹出图 11-16 所示的多因素分析“单变量：选项”对话框。在此对话框中的“显示”区域中，选中“齐性检验”复选框，并在“显著性水平”的文本框内输入 0.05。单击“继续”按钮，返回主对话框。

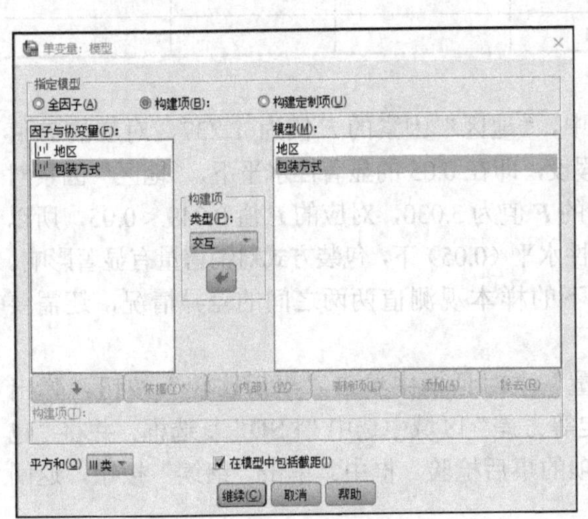

图 11-15 “单变量：模型”对话框

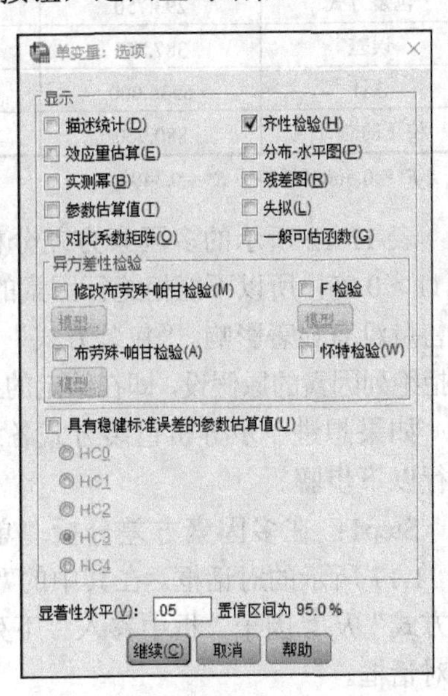

图 11-16 多因素方差分析“单变量：选项”对话框

Step5：单击“确定”按钮，完成操作。系统的输出结果如表 11-11 和表 11-12 所示。

表 11-11 误差方差等同性的英文检验*

因变量：销售量

F	自由度 1	自由度 2	显著性
0.500	19	5	0.875

注：检验“各个组中的因变量的误差方差相等”这一假设。

* 设计：截距+地区+包装方式。

表 11-11 所示方差齐性检验中，F 统计量的值为 0.500，P 值为 0.875 > 0.05，所以不拒绝原假设，即可判定在 0.05 的显著性水平下，检验数据满足方差齐性的要求。

表 11-12　主体间效应的检验

因变量：销售量

源	Ⅲ型平方和	自由度	均方	F	显著性
校正模型	493.110*	8	61.639	2.543	0.053
截距	3921.508	1	3921.508	161.774	0.000
地区	216.950	4	54.238	2.237	0.111
包装方式	293.750	4	73.438	3.030	0.049
误差	387.850	16	24.241		
总计	6536.000	25			
校正的总计	880.960	24			

* $R^2 = 0.560$（调整后 $R^2 = 0.340$）。

表 11-12 所示的多因素方差分析表中，“地区”因素的 F 值为 2.237，对应的 P 值 $0.111 > 0.05$，所以不能拒绝行因素的原假设，即在 0.05 的显著性水平下，“地区”因素对销售量没有显著影响。“包装方式”因素的 F 值为 3.030，对应的 P 值 $0.049 < 0.05$，所以应拒绝列因素的原假设，即在给定的显著性水平（0.05）下，包装方式对销售量有显著影响。

如果想进一步分析包装方式各水平下的样本观测值两两之间的差异情况，还需要进行以下步骤。

Step1：在多因素方差分析“单变量”主对话框中单击“事后比较”按钮，弹出图 11-17 所示的对话框。在其中的“假定等方差”区域中选中“LSD”复选框，并将“包装方式”从“因子”框中移入“下列各项的事后检验”框中。单击“继续”按钮，返回主对话框。

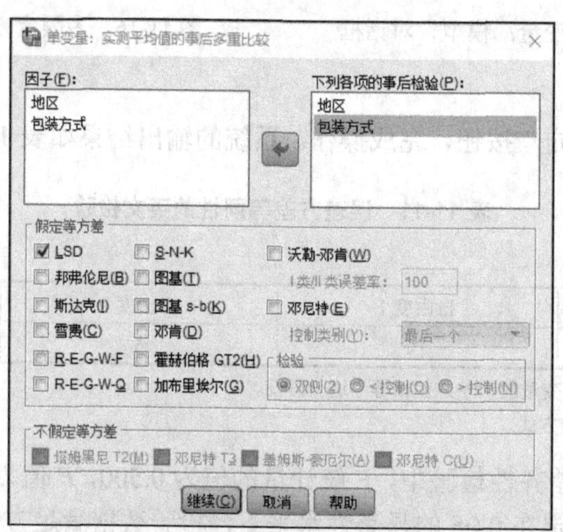

图 11-17　多因素方差分析“单变量：实测平均值的事后多重比较”对话框

Step2：单击“确定”按钮，系统的输出结果如表 11-13 所示。

表 11-13　不同包装方式销售量比较

因变量：销售量 LSD

包装方式（I）	包装方式（J）	平均值差值（I-J）	标准误差	显著性	95% 置信区间	
					下限	上限
方式 1	方式 2	9.00*	2.843	0.006	2.97	15.03
	方式 3	5.00	2.843	0.098	−1.03	11.03
	方式 4	7.53*	2.981	0.022	1.21	13.85
	方式 5	5.33	4.020	0.203	−3.19	13.86
方式 2	方式 1	−9.00*	2.843	0.006	−15.03	−2.97
	方式 3	−4.00	2.843	0.179	−10.03	2.03
	方式 4	−1.47	2.981	0.629	−7.79	4.85
	方式 5	−3.67	4.020	0.375	−12.19	4.86
方式 3	方式 1	−5.00	2.843	0.098	−11.03	1.03
	方式 2	4.00	2.843	0.179	−2.03	10.03
	方式 4	2.53	2.981	0.408	−3.79	8.85
	方式 5	0.33	4.020	0.935	−8.19	8.86
方式 4	方式 1	−7.53*	2.981	0.022	−13.85	−1.21
	方式 2	1.47	2.981	0.629	−4.85	7.79
	方式 3	−2.53	2.981	0.408	−8.85	3.79
	方式 5	−2.20	4.119	0.601	−10.93	6.53
方式 5	方式 1	−5.33	4.020	0.203	−13.86	3.19
	方式 2	3.67	4.020	0.375	−4.86	12.19
	方式 3	−0.33	4.020	0.935	−8.86	8.19
	方式 4	2.20	4.119	0.601	−6.53	10.93

注：基于实测平均值。

误差项为均方（误差）= 24.241。

* 平均值差值的显著性水平为 0.05。

由表 11-13 中第 4 列的显著性概率值可以看出，在 0.05 的显著性水平下，包装方式 1 与包装方式 2 和包装方式 4 之间的销售量有显著差异，其他包装方式之间的销售量则无显著差异。

3. 有交互作用的两因素方差分析

【例 11-5】根据例 6-12 的资料建立的 SPSS 数据文件命名为 data11-5.sav，利用 SPSS 对该资料做有交互作用的多因素方差分析（$\alpha = 0.05$）。

Step1：打开 SPSS 数据文件 data11-5.sav，本例数据的输入格式如图 11-18 所示。

Step2：依次选择“分析”→“一般线性模型”→“单变量”选项，进入多因素方差分析“单变量”主对话框。将观测变量“行车时间”移入“因变量”框中，将分类变量“时段”和“路段”移入“固定因子”框中，如图 11-19 所示。

Step3：在主对话框中，单击“模型”按钮，进入多因素方差分析“单变量：模型”对话框。在该对话框的“指定模型”区域中，选中“全因子”单选按钮。此项为系统默认选项，适用于有交互作用的多因素方差分析。单击“继续”按钮，返回主对话框，如图 11-20 所示。

*data11-5（有交互作用的两因素方差分析）.sav [数据集6] - IBM SPSS Statistics 数

文件(F) 编辑(E) 查看(V) 数据(D) 转换(T) 分析(A) 图形(G) 实用程序(U)

	时段	路段	行车时间	变量	变量
1	高峰期	路段1	26.00		
2	高峰期	路段1	24.00		
3	高峰期	路段1	27.00		
4	高峰期	路段1	25.00		
5	高峰期	路段1	25.00		
6	高峰期	路段2	19.00		
7	高峰期	路段2	20.00		
8	高峰期	路段2	23.00		
9	高峰期	路段2	22.00		
10	高峰期	路段2	21.00		
11	非高峰期	路段1	20.00		
12	非高峰期	路段1	17.00		
13	非高峰期	路段1	22.00		
14	非高峰期	路段1	21.00		
15	非高峰期	路段1	17.00		
16	非高峰期	路段2	18.00		
17	非高峰期	路段2	17.00		
18	非高峰期	路段2	13.00		
19	非高峰期	路段2	16.00		
20	非高峰期	路段2	12.00		

图 11-18　多因素方差分析的数据输入格式

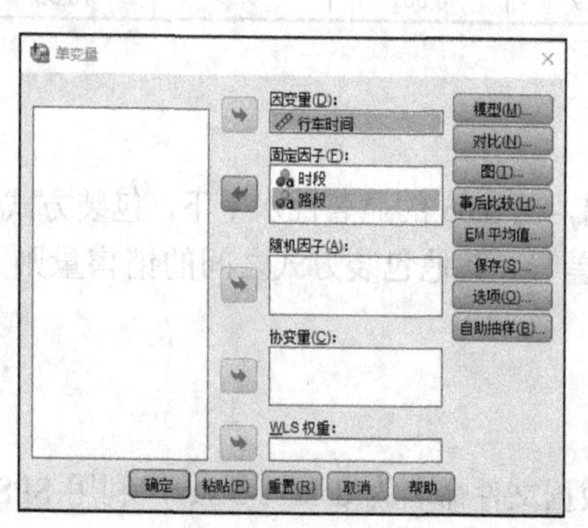

图 11-19　多因素方差分析“单变量”主对话框

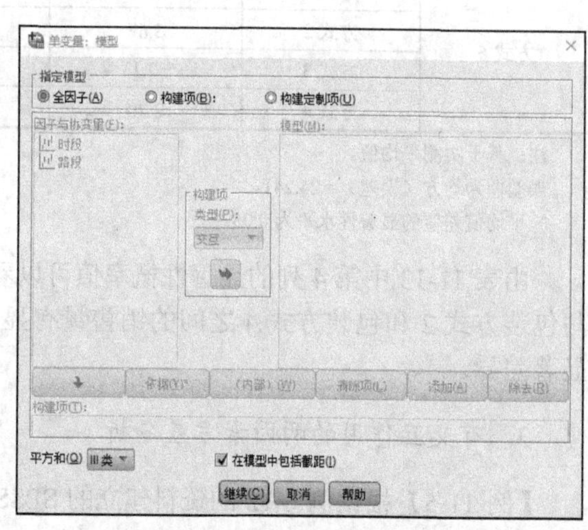

图 11-20　选择“全因子”模型

Step4：单击“选项”按钮，进入多因素方差分析“单变量：选项”对话框。在该对话框的“显示”区域中，选中“齐性检验”复选框，并在“显著性水平”文本框内输入 0.05。单击“继续”按钮，返回主对话框，如图 11-21 所示。

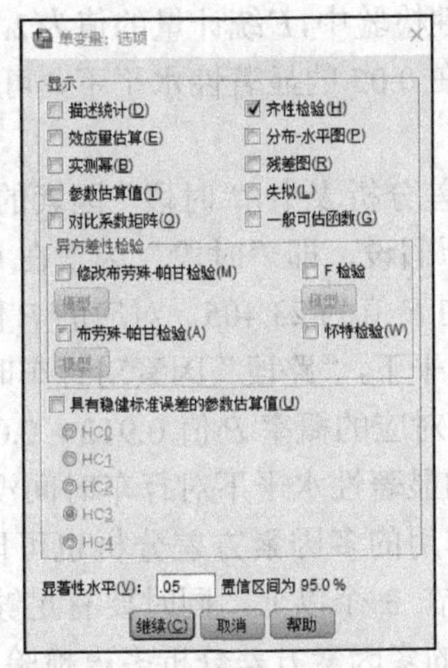

图 11-21　“单变量：选项”对话框

Step5：单击“确定”按钮，完成操作。系统的输出结果如表 11-14 和表 11-15 所示。

表 11-14　误差方差的莱文等同性检验*

因变量		莱文统计	自由度 1	自由度 2	显著性
行车时间	基于平均值	2.778	3	16	0.075
	基于中位数	1.083	3	16	0.384
	基于中位数并具有调整后自由度	1.083	3	12.395	0.392
	基于剪除后平均值	2.755	3	16	0.077

注：检验“各个组中的因变量误差方差相等”这一原假设。

* 因变量：行车时间；设计：截距+时段+路段+时段与路段。

表 11-15　主体间效应的检验

因变量：行车时间

源	III型平方和	自由度	均方	F	显著性
修正模型	266.550*	3	88.850	22.494	0.000
截距	8201.250	1	8201.250	2076.266	0.000
时段	174.050	1	174.050	44.063	0.000
路段	92.450	1	92.450	23.405	0.000
时段与路段	0.050	1	0.050	0.013	0.912
误差	63.200	16	3.950		
总计	8531.000	20			
修正的总计	329.750	19			

* $R^2 = 0.808$（调整后 $R^2 = 0.772$）。

在表 11-14 所示的方差齐性检验中，F 统计量的值为 2.778，相应的概率 P 值为 0.075 > 0.05，所以不拒绝原假设，即在 0.05 的显著性水平下，可判定各因素变量不同水平观测量数据满足方差齐性的要求。

表 11-15 所示的多因素方差分析表中，"时段"因素的 F 值为 44.063，对应的概率 P 值 0.000 < 0.05，所以应拒绝原假设，即"时段"因素在 0.05 的显著性水平下对行车时间有显著影响。"路段"因素的 F 值为 23.405，对应的 P 值 0.000 < 0.05，所以也应拒绝原假设，即在 0.05 的显著性水平下，"路段"因素对行车时间也有显著影响。"时段与路段"交互因素的 F 值为 0.013，对应的概率 P 值 0.912 > 0.05，所以应接受原假设，即"时段与路段"交互因素在 0.05 的显著性水平下对行车时间没有显著影响。

需要指出的是，有交互作用的多因素方差分析也可以作进一步的多重比较检验分析，但要求各因素的水平个数在 3 个以上，同时要有足够的样本容量，否则，SPSS 不会输出检验结果。有交互作用的多因素方差分析多重检验的操作步骤与无交互作用的多重检验完全相同，这里从略。

11.3 聚 类 分 析

11.3.1 聚类分析概述

（1）聚类分析的基本思想

聚类分析是根据事物本身的特性定量研究分类问题的一种多元统计分析方法，其基本思想是同一类中的个体有较大的相似性，不同类的个体差异较大，它是根据一批样品的多个观测指标，找出能够度量样品（或变量）之间相似度的统计量，并以此为依据，采用一定的方法将所有的样品（或变量）分别聚合到不同的类中。

（2）聚类分析的种类

根据分类对象的不同，聚类分析可以分为样品（case）聚类和变量（variable）聚类两种。样品聚类又称为 Q 型聚类，是对样品进行的分类处理；变量聚类又称为 R 型聚类，是对变量进行的分类处理。

根据聚类方法不同，聚类分析可以分为系统聚类法（hierarchical clustering）和非系统聚类法（non-hierarchical clustering）两种。SPSS 为这两种方法各提供了一个过程，即 K-means cluster 过程及 hierarchical cluster 过程。

K-means cluster 过程主要用于非系统聚类，该方法也称为快速聚类法或逐步聚类法，其原理如下：首先，按照预定分类的数量和一定的原则，选择某种样品作为初始凝聚点；然后，按就近原则将其余样品向凝聚点聚集，得到一个初始分类方案，并计算出各个初始分类的中心位置（均值）；最后，使用计算出的中心位置重新进行聚类，如此反复循环，直到凝聚点位置基本不变为止。

Hierarchical cluster 过程主要用于系统聚类，该方法又称为层次聚类分析法，其原理

如下：先将所有 n 个样品（或变量）看成不同的类，然后将性质最相近的两类合并成一类，再从 $n-1$ 类中找到最接近的两类加以合并，依此类推，直至所有的样品（或变量）被合并成一类。

由于系统聚类法既可以对样品进行聚类，也可以对变量进行聚类；变量可以是连续性变量，也可以是分类变量；可供选择的距离测量方法和结果表示方法也非常丰富，所以在实际中被广泛使用。本章也将主要介绍系统聚类法的具体应用。

（3）聚类分析的基本步骤

Step1：选择分析变量。

Step2：数据标准化，以便消除变量间量纲不同或数量级单位不同所带来的问题。

Step3：选择距离或相似系数的计算公式，计算所有样品（变量）两两之间的距离或相似系数，生成距离矩阵或相似矩阵。

Step4：选择聚类方法，将距离最近的两个样品（或变量）合并成一类。

Step5：如果类的个数大于 1，继续 Step3 和 Step4，直至所有样品归为一类。

Step6：输出聚类结果和系统聚类图。

Step7：按照一定的分类标准或分类原则，得出最终的分类结果。

（4）聚类分析的 SPSS 实现

在 SPSS 中进行聚类分析是由“分析”菜单中的“分类”功能实现的。“分类”功能由两步聚类、K-均值聚类、系统聚类、树、判别、最近邻元素六个分析过程组成，其中系统聚类最为常用。“系统聚类分析”的主对话框如图 11-22 所示。

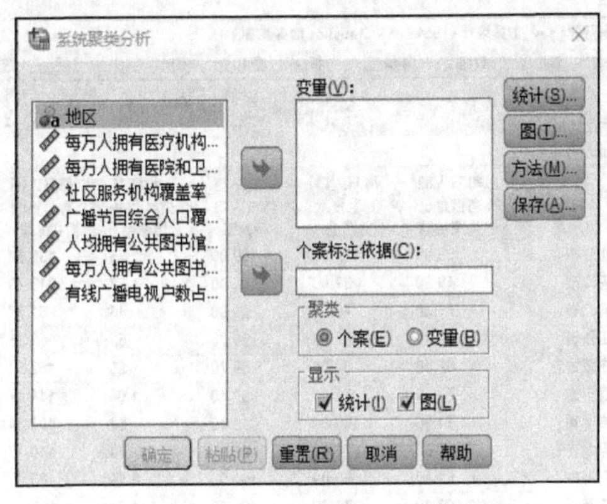

图 11-22　“系统聚类分析”主对话框

✧ “变量”框：用于选入进行聚类分析的变量。对于样品聚类，至少要有一个数值型变量；对于变量聚类，至少要有三个数值型变量。

✧ “个案标注依据”框：标识变量。该框只在样品聚类时可用，系统默认用样品的编号作为标识变量。

- ✧ “聚类”区域：用于选择聚类分析的类型。聚类分析有样品聚类和变量聚类两种，系统默认为样品（个案）聚类。
- ✧ “显示”区域：用于选择希望输出的结果。选项有统计量和统计图，系统默认为两者都输出。
- ✧ “统计”按钮：选择输出描述统计量的按钮，展开相应的子对话框可以选择输出距离矩阵或相似性矩阵等聚类结果。
- ✧ “图”按钮：选择输出统计图的按钮，展开相应的子对话框可以选择输出分类结果的树状图或冰柱图。
- ✧ “方法”按钮：选择聚类方法的按钮，展开相应的子对话框可以选择类间距离和样本距离的不同测量方法。
- ✧ “保存”按钮：设定保存层次聚类分析结果的按钮，展开相应的子对话框可以将 SPSS 层次聚类分析的最终结果以新变量的形式保存到 SPSS 数据编辑窗口中。

11.3.2 样品（Q 型）聚类在 SPSS 中的实际操作

【例 11-6】数据文件 data11-6.sav 是 2020 年我国 31 个省、自治区、直辖市（不含港、澳、台）的文化卫生服务水平统计指标数据，包括每万人拥有医疗机构床位数（张）、每万人口卫生技术人员数等六个变量。采用 SPSS 软件的聚类分析法对上述 31 个省、市、自治区的指标数据进行样品聚类，具体的操作步骤如下。

Step1：在数据编辑窗口中打开 data11-6.sav，如图 11-23 所示。

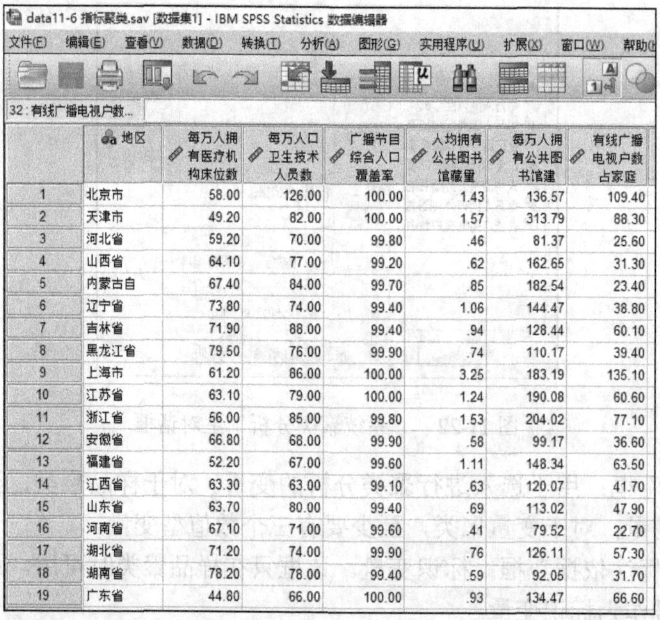

data11-6 指标聚类.sav [数据集1] - IBM SPSS Statistics 数据编辑器

文件(F) 编辑(E) 查看(V) 数据(D) 转换(T) 分析(A) 图形(G) 实用程序(U) 扩展(X) 窗口(W) 帮助(H)

32：有线广播电视户数...

	地区	每万人拥有医疗机构床位数	每万人口卫生技术人员数	广播节目综合人口覆盖率	人均拥有公共图书馆藏量	每万人拥有公共图书馆建	有线广播电视户数占家庭
1	北京市	58.00	126.00	100.00	1.43	136.57	109.40
2	天津市	49.20	82.00	100.00	1.57	313.79	88.30
3	河北省	59.20	70.00	99.80	.46	81.37	25.60
4	山西省	64.10	77.00	99.20	.62	162.65	31.30
5	内蒙古自	67.40	84.00	99.70	.85	182.54	23.40
6	辽宁省	73.80	74.00	99.40	1.06	144.47	38.80
7	吉林省	71.90	88.00	99.40	.94	128.44	60.10
8	黑龙江省	79.50	76.00	99.90	.74	110.17	39.40
9	上海市	61.20	86.00	100.00	3.25	183.19	135.10
10	江苏省	63.10	79.00	100.00	1.24	190.08	60.60
11	浙江省	56.00	85.00	99.80	1.53	204.02	77.10
12	安徽省	66.80	68.00	99.90	.58	99.17	36.60
13	福建省	52.20	67.00	99.60	1.11	148.34	63.50
14	江西省	63.30	63.00	99.10	.63	120.07	41.70
15	山东省	63.70	80.00	99.40	.69	113.02	47.90
16	河南省	67.10	71.00	99.60	.41	79.52	22.70
17	湖北省	71.20	74.00	99.90	.76	126.11	57.30
18	湖南省	78.20	78.00	99.40	.59	92.05	31.70
19	广东省	44.80	66.00	100.00	.93	134.47	66.60

图 11-23 我国 31 个省、自治区、直辖市（不含港、澳、台）文化卫生服务水平指标数据导入图

Step2：选择“分析”→“分类”→“系统聚类”选项，弹出“系统聚类分析”主对话框，在“聚类”区域中选中“个案”单选按钮，即选择进行样品（Q 型）聚类；然后将“每万人拥有医疗机构床位数”“每万人口卫生技术人员数”“广播节目综合人口覆盖率”“人均拥有公共图书馆藏量”“每万人拥有公共图书馆建筑面积”“有线广播电视户数占家庭户数比重”六个指标变量移入“变量”框中，使其作为分析变量；最后将区分样品的标签变量“地区”移入“个案标注依据”框中，结果如图 11-24 所示。

Step3：单击“统计”按钮，弹出图 11-25 所示的对话框，选择输出“近似值矩阵”，以便研究变量之间的相关性。在“聚类成员”区域中指定输出层次聚类分析的所属类成员的情况。SPSS 会在数据编辑窗口产生多个可能的聚类结果，每个类成员在聚类过程中都会不断变化，所以聚类时必须首先确定聚类的类数。

- ✧ 无：表示不显示类成员构成，系统默认为该选项。
- ✧ 单个解：表示只显示一个指定聚类数目的聚类成员构成。例如，在方框中输入 2，则表示显示分为 2 类时，各个类的成员构成。
- ✧ 解的范围：表示只显示一个指定聚类数目范围的类成员构成。例如，本例在“最小聚类数”文本框中输入 2，在“最大聚类数”文本框中输入 5，则表示显示所有样品被分为 2 类、3 类、4 类、5 类时各个类的成员构成。

设置完毕，单击“继续”按钮，返回“系统聚类分析”主对话框。

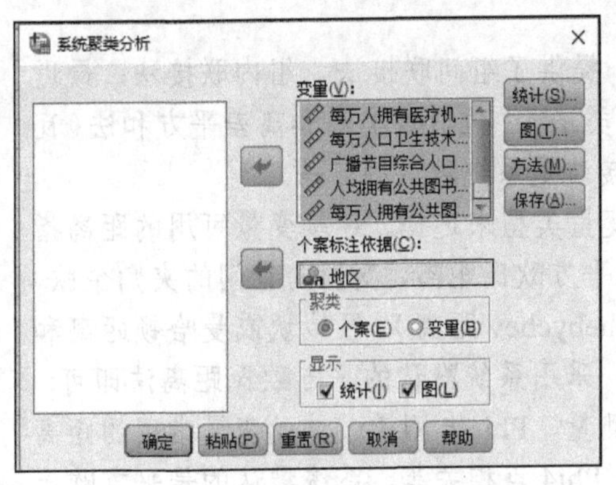

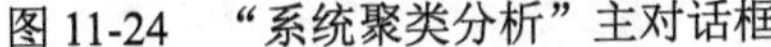

图 11-24 “系统聚类分析”主对话框

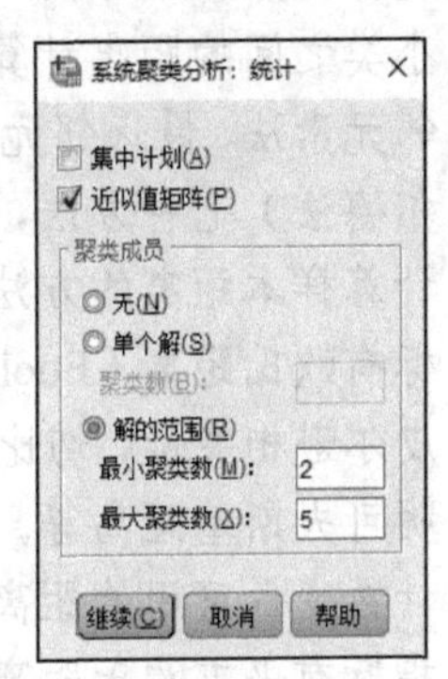

图 11-25 “系统聚类分析：统计”对话框

Step4：单击“图”按钮，弹出图 11-26 所示的对话框，选择“谱系图”以显示输出分类结果；在“冰柱图”区域中，选择“全部聚类”选项来显示全部聚类步骤的冰柱图。单击“继续”按钮，回到主对话框。

Step5：单击“方法”按钮，弹出图 11-27 所示的对话框，在“聚类方法”下拉列表中选择“组间联接”选项；在“测量”区域中的“区间”下拉列表中选择“平方欧式距离”选项；在“转换值”区域中的“标准化”下拉列表中选择“Z 得分”选项，由于是

Q 型聚类，进一步选中下方的“按变量”单选按钮。单击“继续”按钮，回到主对话框。

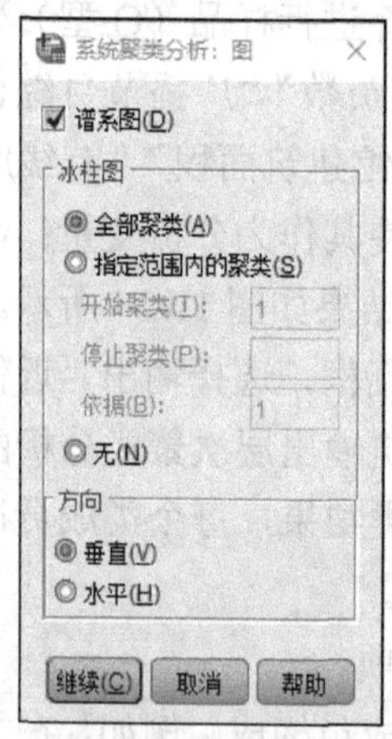

图 11-26 “系统聚类分析：图”对话框

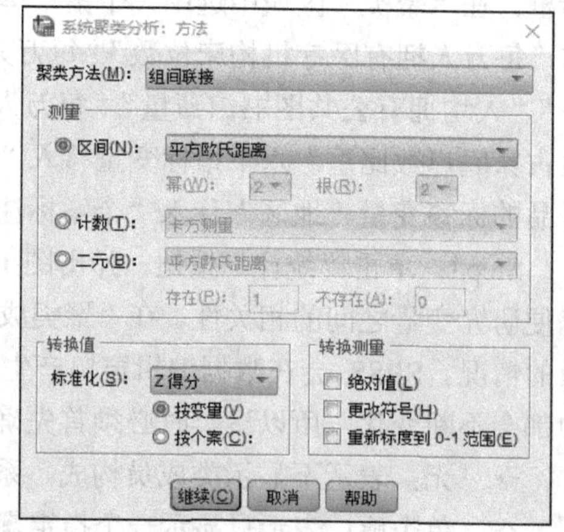

图 11-27 “系统聚类分析：方法”对话框

说明：

- ✧ 在聚类分析的方法选择对话框中指定了距离的计算方法，其中，“聚类方法”列表框中指定的是小类之间的距离计算方法，“测量”列表框中则是选择计算样本距离的方法。
- ✧ 小类之间的距离计算方法，SPSS 提供了组间联接法、组内联接法、最近邻元素法、最远邻元素法、质心聚类法、中位数聚类法和离差平方和法（瓦尔德法）七种方法，其中组间联接法是系统默认的方法。
- ✧ 计算样本距离的方法，需要根据变量类型来选择。连续变量可用的距离指标有欧氏距离（Euclidean 距离）、平方欧氏距离、变量向量间的夹角余弦、皮尔逊相关性、切比雪夫距离（Chebychev 距离）、区域块或曼哈顿距离和明可夫斯基距离等。一般情况下，采用系统默认的平方欧氏距离法即可；计数变量可用的距离指标有卡方测量、Phi 方测量；二元变量常用的距离指标有平方欧氏距离、简单匹配、Phi4 点相关等，系统默认的是平方欧氏距离法。
- ✧ SPSS 中还提供了标准正态变换（Z 得分法）、全距从-1 到 1、全距从 0 到 1、最大值为 1、均值为 1 和标准差为 1 等数值标准化的方法。SPSS 默认不进行标准化处理，如果数据需要标准化，一般采用 Z 得分法。

Step6：其他采用系统默设置，单击“确定”按钮提交系统执行。主要结果如图 11-28 和图 11-29 所示。

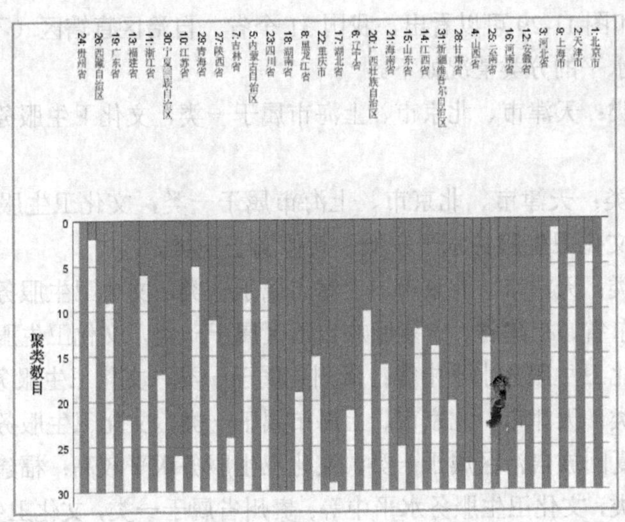

图 11-28　全国 31 个省、自治区、直辖市（不含港、澳、台）按照文化卫生服务水平聚类的冰柱图

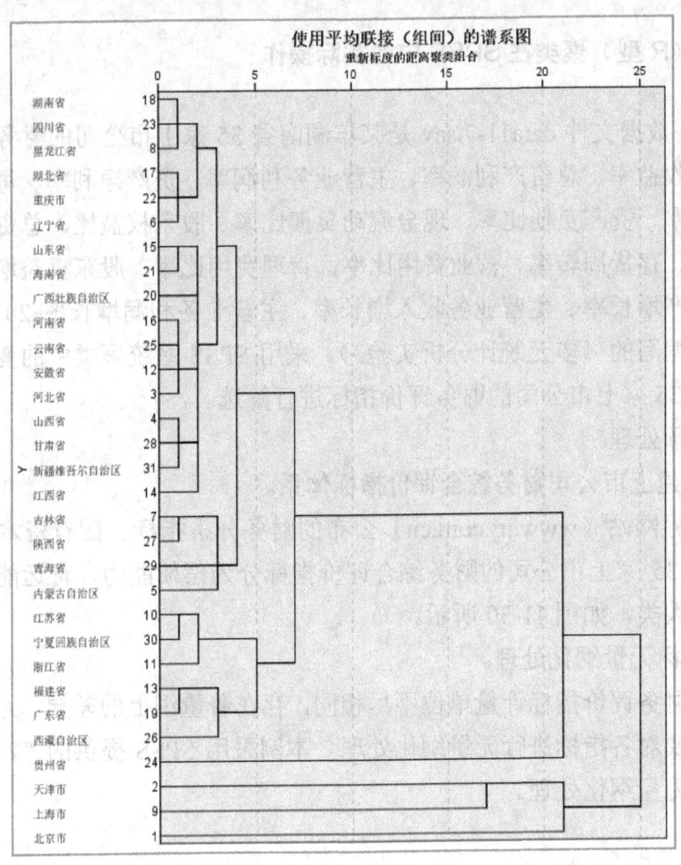

图 11-29　全国 31 个省、自治区、直辖市（不含港、澳、台）按照文化卫生服务水平聚类的树状图

由图 11-28 和图 11-29 可以看出，我国 31 个省、自治区直辖区（不含港、澳、台）的文化卫生服务水平的分类情况如下。

如果分成两类：天津市、北京市、上海市属于一类，文化卫生服务水平较高；其他属于一类。

如果分成三类：天津市、北京市、上海市属于一类，文化卫生服务水平较高；贵州省属于一类，文化卫生服务水平较低；其他属于一类。

如果分成四类：天津市、北京市、上海市属于一类，文化卫生服务水平最高；江苏省、浙江省、广东省、福建省、宁夏回族自治区属于一类，文化卫生服务水平较高；其他属于一类，文化卫生服务水平中等；贵州省属于一类，文化卫生服务水平最低。

如果分成五类：天津市、北京市、上海市属于一类，文化卫生服务水平最高；江苏省、浙江省、宁夏回族自治区属于一类，文化卫生服务水平较高；福建省、广东省、西藏自治区属于一类，文化卫生服务水平中等；贵州省属于一类，文化卫生服务水平较低；其他属于一类。

11.3.3 变量（R 型）聚类在 SPSS 中的实际操作

【例 11-7】数据文件 data11-7.sav 是某年湖南省 35 家上市公司的财务评价指标。具体包括净资产收益率、总资产利润率、主营业务利润率、资产净利率、每股收益、流动比率、速动比率、资产负债比率、现金流动负债比率、股东权益比、总资产周转率、应收账款周转率、存货周转率、营业费用比率、管理费用比率、股东权益增长率、净利润增长率、总资产增长率、主营业务收入增长率、主营业务利润增长率 20 个变量（资料来源于张立军编写的《多元统计分析实验》）。采用 SPSS 系统聚类中的变量（R 型）聚类方法对上述 35 家上市公司的财务评价指标进行筛选。

（1）数据预处理

Step1：构建上市公司财务综合评价指标体系。

根据金融界网站（www.jrj.com.cn）公布的财务分析指标、国有资本金绩效评价指标，将湖南省 35 家上市公司的财务综合评价指标分为偿债能力、营运能力、盈利能力和成长能力四大类，如图 11-30 所示。

Step2：指标无量纲化处理。

由于各项财务评价指标计量单位不尽相同，存在着量纲上的差异，无法进行综合汇总，所以首先要对各指标进行无量纲化处理。本例采用 SPSS 提供的“Z 得分”方法对相关指标进行无量纲化处理。

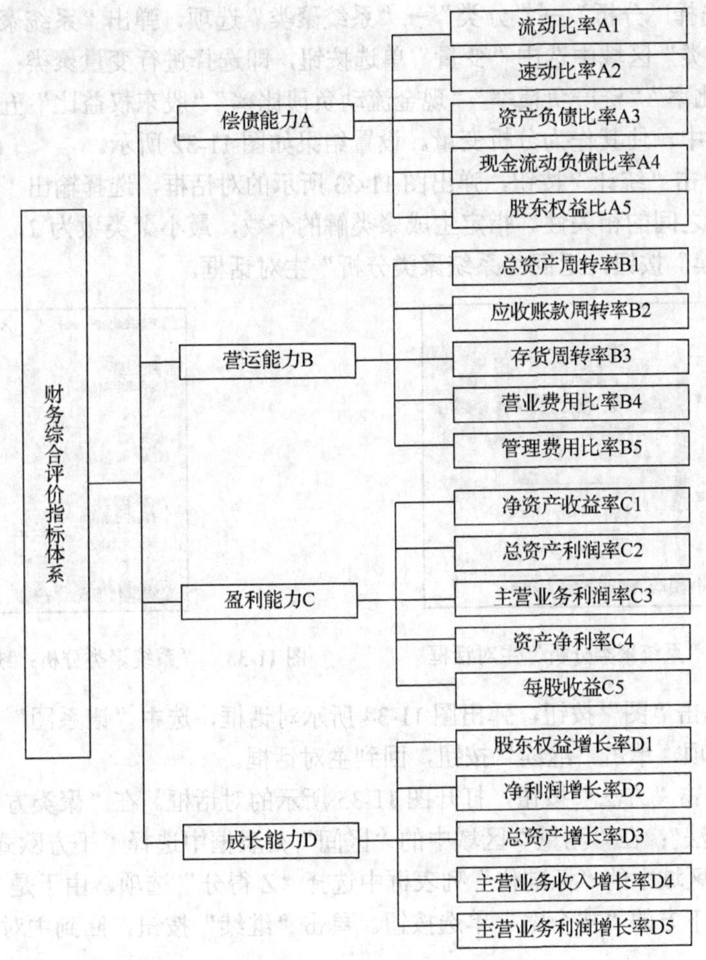

图 11-30　上市公司财务综合评价指标体系

（2）指标聚类及其筛选

Step1：打开示例文件 data11-7.sav，如图 11-31 所示。

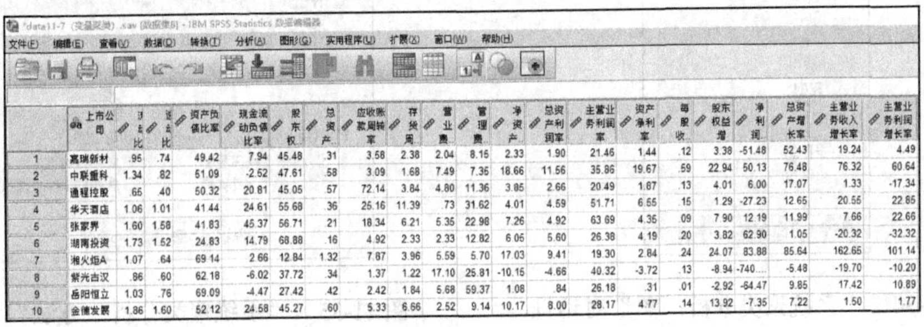

*data11-7（变量聚类）.sav [数据集8] - IBM SPSS Statistics 数据编辑器

文件(F)　编辑(E)　查看(V)　数据(D)　转换(T)　分析(A)　图形(G)　实用程序(U)　扩展(X)　窗口(W)　帮助(H)

	上市公司	流动比	速动比	资产负债比率	现金流动负债比率	股东权	总资产	应收账款周转率	存货周	营业费	管理费	净资产	总资产利润率	主营业务利润率	资产净利率	每股收	股东权益增	净利润	总资产增长率	主营业务收入增长率	主营业务利润增长率
1	嘉瑞新材	.95	.74	49.42	7.94	45.48	.31	3.58	2.38	2.04	8.15	2.33	1.90	21.46	1.44	.12	3.38	-51.48	52.43	19.24	4.49
2	中联重科	1.34	.82	51.09	-2.52	47.61	.58	3.09	1.68	7.49	7.35	18.66	11.56	35.86	19.67	.59	22.94	50.13	76.48	76.32	60.64
3	通程控股	.65	.40	50.32	20.81	45.05	.57	72.14	3.84	4.80	11.36	3.85	2.66	20.49	1.87	.13	4.01	6.00	17.07	1.33	-17.34
4	华天酒店	1.06	1.01	41.44	24.61	55.68	.36	25.16	11.39	.73	31.62	4.01	4.59	51.71	6.55	.15	1.29	-27.23	12.65	20.55	22.85
5	张家界	1.60	1.58	41.83	45.37	56.71	.21	18.34	6.21	5.35	22.98	7.26	4.92	63.69	4.35	.09	7.90	12.19	11.99	7.66	22.66
6	湖南投资	1.73	1.52	24.83	14.79	68.88	.16	4.92	2.33	2.33	12.82	6.05	5.60	26.38	4.19	.20	3.82	62.90	1.05	-20.32	-32.32
7	湘火炬A	1.07	.64	69.14	2.66	12.84	1.32	7.87	3.96	5.59	5.70	17.03	9.41	19.30	2.84	.24	24.07	83.88	85.64	162.65	101.14
8	紫光古汉	.86	.60	62.18	-6.02	37.72	.34	1.37	1.22	17.10	25.81	-10.15	-4.66	40.32	-3.72	.13	-8.94	-740....	-5.48	-19.70	-10.20
9	岳阳恒立	1.03	.76	69.09	-4.47	27.42	.42	2.42	1.84	5.68	59.37	1.08	.84	26.18	.31	.01	-2.92	-64.47	9.85	17.42	10.89
10	金德发展	1.86	1.60	52.12	24.58	45.27	.60	5.33	6.66	2.52	9.14	10.17	8.00	28.17	4.77	.14	13.92	-7.35	7.22	1.50	1.77

图 11-31　指标筛选数据

Step2：选择“分析”→“分类”→“系统聚类”选项，弹出“系统聚类分析”主对话框，在“聚类”区域中选中“变量”单选按钮，即选择进行变量聚类；然后将“流动比率”“速动比率”“资产负债率”“现金流动负债比率”“股东权益比”五个指标变量移入“变量”框中，使其作为分析变量。设置结果如图 11-32 所示。

Step3：单击“统计”按钮，弹出图 11-33 所示的对话框，选择输出“近似值矩阵”，以便研究变量之间的相关性。指定生成聚类解的个数，最小聚类数为 2，最大聚类数为 5，单击“继续”按钮，返回“系统聚类分析”主对话框。

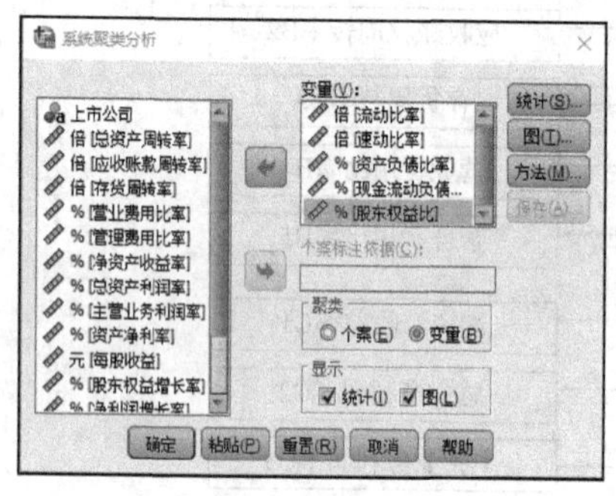

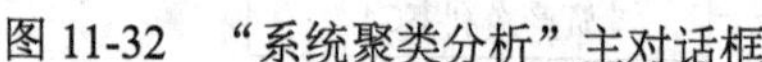
图 11-32 “系统聚类分析”主对话框

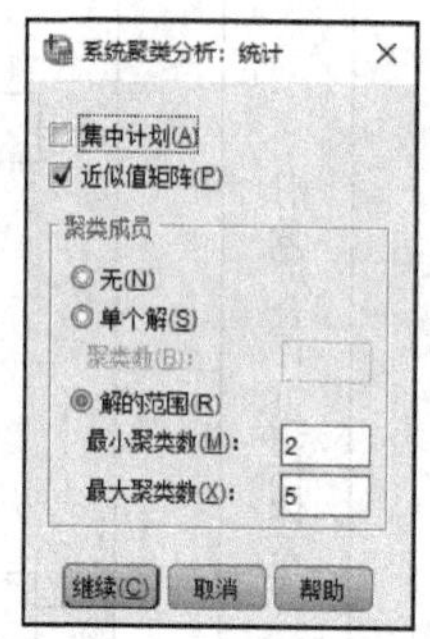

图 11-33 “系统聚类分析：统计”对话框

Step4：单击“图”按钮，弹出图 11-34 所示对话框，选中“谱系图”复选框，其他采用系统默认项，单击“继续”按钮，回到主对话框。

Step5：单击“方法”按钮，打开图 11-35 所示的对话框。在“聚类方法”列表框中选择“瓦尔德法”；在“测量”区域中的“区间”列表框中选择“平方欧式距离”选项；在“转换值”区域中的“标准化”列表框中选择“Z 得分”选项，由于是 R 型聚类，所以进一步选中下方的“按个案”单选按钮。单击“继续”按钮，回到主对话框。

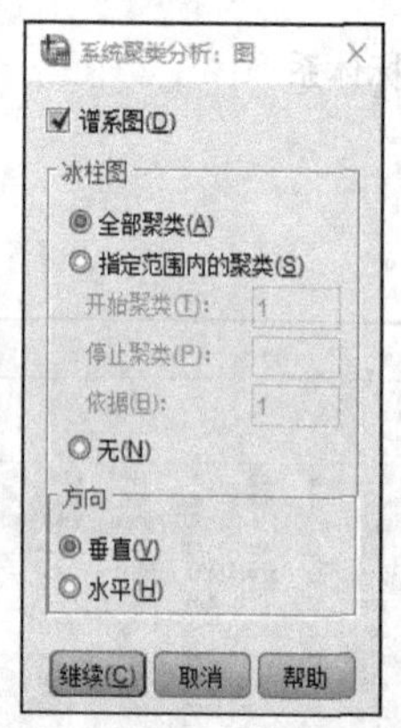

图 11-34 “系统聚类分析：图”对话框

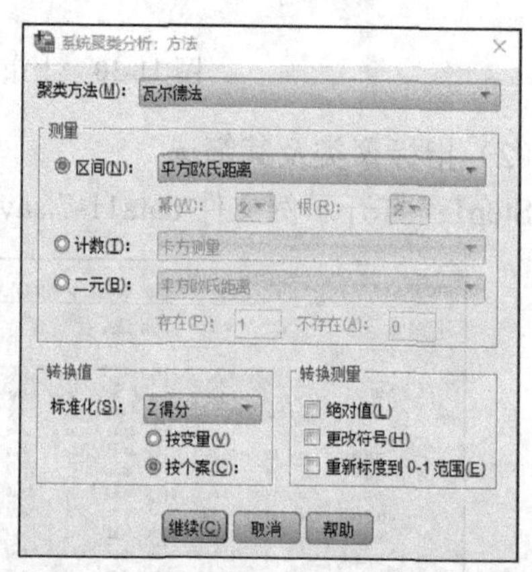

图 11-35 “系统聚类分析：方法”对话框

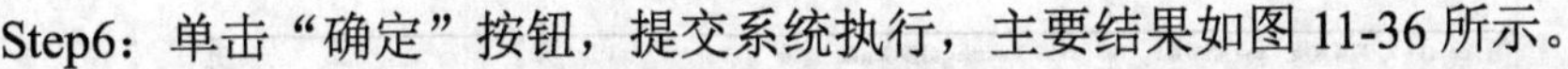
Step6：单击“确定”按钮，提交系统执行，主要结果如图 11-36 所示。

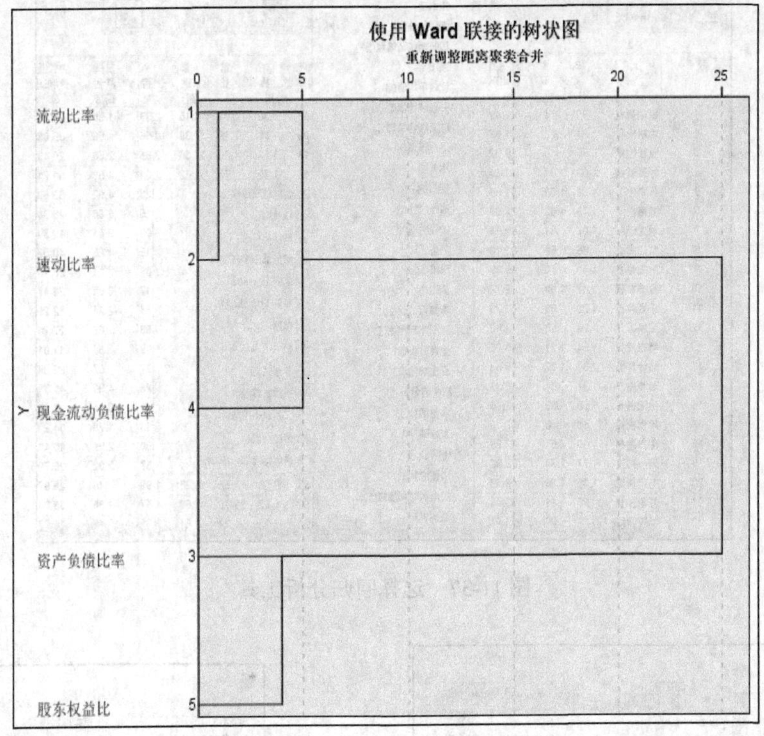

图 11-36　偿债能力指标聚类结果

根据图 11-36 中的聚类分析结果，我们可以将偿债能力的五个指标分为两类，流动比率 A1、速动比率 A2 和现金流动负债比率 A4 为一类，资产负债比率 A3 和股东权益比 A5 为一类。

按照指标筛选方案，求出流动比率 A1 对其他四个指标的复相关系数 R_{A1}，SPSS 实现的具体步骤如下。

Step1：打开示例文件 data11-7.sav，选择“分析”→“回归”→“线性”选项，其过程如图 11-37 所示。

Step2：在弹出的“线性回归”主对话框中，将“流动比率”添加到“因变量”框中，将“速动比率”“资产负债率”“现金流动负债比率”“股东权益比”添加到“自变量”框中，如图 11-38 所示。

Step3：单击“统计”按钮，弹出“线性回归：统计”对话框，如图 11-39 所示，选择输出描述性统计量。

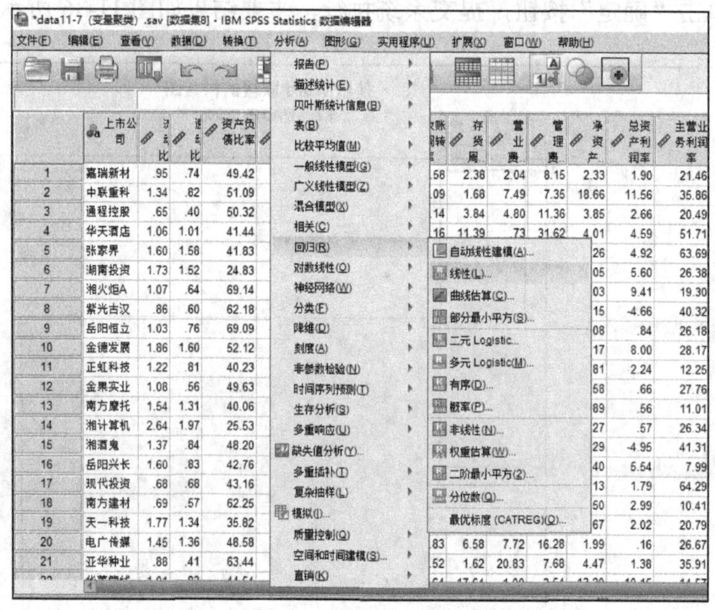

图 11-37　选择回归分析工具

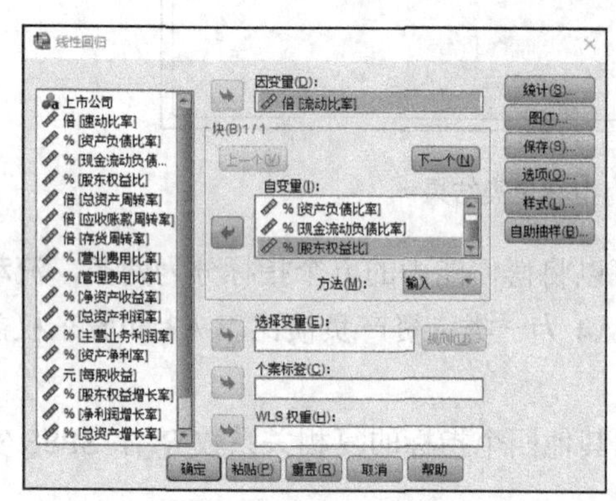

图 11-38　“线性回归”主对话框

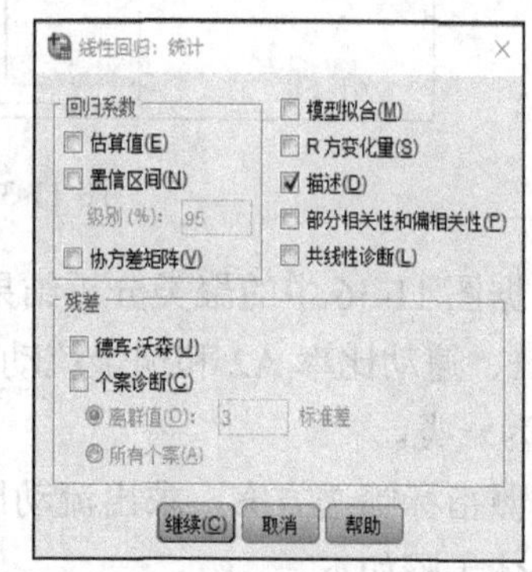

图 11-39　“线性回归：统计”对话框

Step4：单击“继续”按钮，回到主对话框。单击“确定”按钮提交系统执行。在输出窗口中的显示结果如表 11-16 所示。

表 11-16　模型摘要

模型	R	R^2	调整后 R^2	标准估计的误差
1	0.971*	0.943	0.936	0.22738

* 预测变量：(常量)，%，%，倍，%。

从表 11-16 输出的结果看，流动比率 A1 与其他四个指标的复相关系数 R_{A1} 为 0.971。

利用同样的方法可以求得速动比率 A2、现金流动负债比率 A4 对其他四个指标的复相关系数分别为

$$R_{A2} = 0.968,\ R_{A4} = 0.687$$

其中，流动比率 A1 与其他四个指标的复相关系数 R_{A1} 最大，流动比率 A1 入选。

按照指标筛选方案，分别求出资产负债比率 A3 和股东权益比 A5 对其他四个指标的复相关系数：

$$R_{A3} = 0.976,\ R_{A5} = 0.972$$

其中，资产负债率 A3 与其他四个指标的复相关系数 R_{A3} 较大，资产负债率 A3 入选。

在偿债能力指标中，通过筛选，将流动比率 A1、资产负债率 A3 两个指标作为偿债能力的代表性指标。

同理，在营运能力指标中，通过筛选，将总资产周转率 B1、管理费用比率 B5 两个指标作为营运能力的代表性指标。在盈利能力指标中，通过筛选，将总资产利润率 C2、主营业务利润率 C3 两个指标作为盈利能力的代表性指标。在成长能力指标中，通过筛选，将净利润增长率 D2、主营业务收入增长率 D4 两个指标作为成长能力的代表性指标，如表 11-17 所示。

表 11-17　上市公司财务综合评价指标体系

指标类型	指标名称	代码	计量单位	指标性质
偿债能力	流动比率	X1	倍	适度指标
	资产负债比率	X2	%	适度指标
营运能力	总资产周转率	X3	倍	正指标
	管理费用比率	X4	倍	逆指标
盈利能力	总资产利润率	X5	%	正指标
	主营业务利润率	X6	%	正指标
成长能力	净利润增长率	X7	%	正指标
	主营业务收入增长率	X8	%	正指标

11.4 因子分析

11.4.1 因子分析概述

（1）因子分析的基本思想

因子分析（factor analysis）是一种降维、简化数据的技术。它通过研究众多变量之间的依赖关系，探求观测数据中的基本结构，根据相关性大小把变量分组，使同组内的变量相关性较大，不同组的变量相关性较小，寻找出少数几个不可观测的“抽象”的变

量来表示其基本的数据结构。这几个抽象的变量就称作“因子”，能反映原来众多变量的主要信息。

因子分析法与主成分分析法有着相同的思想、相同的评价方式和相同的数学基础，是主成分分析法的推广和发展。与主成分分析法相比，因子分析法可以使用旋转技术帮助解释因子，在解释方面更加有优势，因此，当需要寻找潜在因子，并对这些因子进行解释的时候，更加倾向于使用因子分析法，而如果想把现有的变量变成少数几个新的变量来进入后续的分析，则可以使用主成分分析法。

实际工作中，将用主成分分析法求解因子载荷矩阵的因子分析称为主成分因子分析法，SPSS 软件中默认的就是这种方法。

（2）因子分析的主要功能

1）解决多重共线性问题。由原有变量重组出来的因子之间线性关系较弱，因子参与数据建模能够有效解决变量多重共线性而无法建立回归模型的问题。

2）简化数据。通过因子分析把一组变量化为少数几个因子后，用因子得分代替原来的变量进行其他统计分析，大大减少了分析过程中的计算工作量。

3）对事物进行评价。利用因子得分构建综合评价函数可直接对样本进行分类和综合评价。

（3）因子分析的基本步骤

Step1：对原始变量进行标准化处理，并求出所有变量的相关矩阵和相关检验统计量，从矩阵和统计量确认分析数据是否适合因子分析。

Step2：确定描述数据所需要的因子计算方法和数量。

Step3：因子旋转，使之含义更加明确。

Step4：计算每个个体的因子得分。

Step5：根据因子得分，进行综合评价或其他分析。

（4）因子分析的 SPSS 实现

在 SPSS 中进行因子分析是由“分析”菜单中的“降维”功能实现的。“降维”功能由因子分析、对应分析、最优尺度三个分析过程组成，其中因子分析最为常用。“因子分析”主对话框如图 11-40 所示。

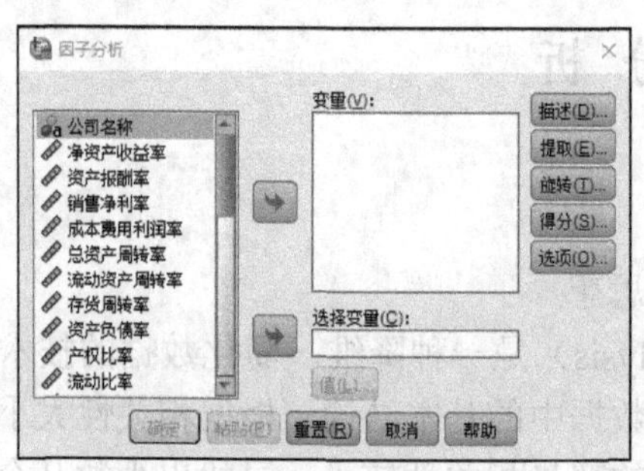

图 11-40 “因子分析”主对话框

✧ “变量”框：变量框用于选入进行分析的变量。

✧ “选择变量”框：该框用于选择变量值的范围，即选择一个筛选变量，选入后要使用下方的“值”按钮填入一个数值，数据集中该变量值等于此数值的记录才被纳入分析。

✧ “描述”按钮：选择描述统计量的按钮，展开相应的子对话框可以选择单变量的描述统计量和初始分析结果。

✧ “提取”按钮：因子提取按钮，展开相应的子对话框可以选择不同的因子提取方法和控制提取结果的判断。

✧ “旋转”按钮：旋转方法选择按钮，展开相应的子对话框可以选择因子旋转的方法。

✧ “得分”按钮：因子得分按钮，展开相应的子对话框可以要求计算因子得分，选择显示或作为新变量保存。

✧ “选项”按钮：选择项按钮，展开相应的子对话框可以进一步选择各种输出项。

11.4.2　因子分析在 SPSS 中的实际操作

【例 11-8】 数据文件 data11-8.sav 是某年我国信息技术业上市公司的财务综合评价指标，为避免异常数据对研究的影响，从样本中剔除了曾经或正处于 ST（special treatment，特别处理）状态的公司，共有 113 家上市公司。财务综合评价指标包括净资产收益率、资产报酬率、销售净利率、成本费用利润率、总资产周转率、流动资产周转率、存货周转率、资产负债率、产权比率、流动比率、速动比率、营业收入增长率、固定资产增长率 13 个变量（数据来源于国泰安数据库）。采用 SPSS 软件的主成分因子分析法对上述 113 家信息技术业上市公司的财务状况进行综合评价。

（1）数据预处理

Step1：打开示例文件 data11-8.sav，如图 11-41 所示。

*data11-8 (因子分析) .sav [数据集9] - IBM SPSS Statistics 数据编辑器

文件(F)　编辑(E)　查看(V)　数据(D)　转换(T)　分析(A)　图形(G)　实用程序(U)　扩展(X)　窗口(W)　帮助(H)

	公司名称	净资产收益率	资产报酬率	销售净利率	成本费用利润率	总资产周转率	流动资产周转率	存货周转率	资产负债率	产权比率	流动比率	速动比率	营业收入增长率
1	长城开发	.071228	.051405	.019838	.023625	2.469526	4.143134	29.999760	.271815	.373277	2.364110	2.068524	.195744
2	中兴通讯	.146097	.060131	.044725	.058532	.881921	1.226673	4.356484	.737368	2.807612	1.352812	1.125904	.151512
3	长城电脑	.202453	.031016	.028550	.032582	.826117	1.910666	3.501842	.700102	2.334465	1.200930	.878267	15.440189
4	特发信息	.058900	.033430	.046553	.051468	.709496	1.086058	3.324790	.401516	.670887	2.119558	1.531255	.118961
5	闽福发A	.063243	.078362	.240698	.355312	.226167	.591123	2.543170	.300991	.430596	1.448439	1.259677	.570291
6	金马集团	-.025038	.009321	-.147308	-.066045	.227587	.419829	2.200859	.706222	2.403929	.702609	.603101	2.721798
7	领先科技	.002186	.005880	.013128	.033197	.126822	.204653	4.310658	.238353	.312944	2.694668	2.578094	-.107591
8	东方电子	.016078	.019102	.040131	.043335	.545096	.934175	5.187911	.184173	.225751	3.227664	2.830212	.442145
9	长城信息	.202599	.157446	.199098	.255529	.630963	1.107294	6.505692	.290794	.410027	3.402532	2.961806	2.265254
10	数源科技	.038052	.018475	.026048	.049180	.476025	.485883	.695058	.709259	2.439487	1.226687	.426799	3.777084
11	紫光股份	.039900	.043374	.008524	.014176	2.068240	3.568322	11.688125	.569005	1.267602	1.200453	.854700	.170046
12	南天信息	.068558	.053967	.049619	.056183	.865596	1.195576	3.955058	.428743	.750527	1.661510	1.240097	.797815
13	浪潮信息	.003853	.002714	.003870	.003964	.902170	1.552332	4.624155	.144589	.169029	3.556602	2.285598	.253545
14	新大陆	.100854	.085650	.087270	.112989	.805259	1.130394	2.076607	.359485	.561243	2.095624	1.313777	.154284

图 11-41　上市公司财务综合评价实验数据导入图

Step2：对评价指标进行标准化处理，以保证分析数据的可比性。选择“分析”→“描述统计”→“描述”选项，弹出“描述”对话框。将“净资产收益率”“资产报酬率”“销售净利率”“成本费用利润率”等 13 个变量全部移入“变量”框中，选中“将标准化值另存为变量”复选框，单击“确定”按钮，完成标准化处理，具体操作如图 11-42 所示。

（2）对上市公司的财务状况进行因子分析

Step1：选择“分析”→“降维”→“因子”选项，弹出“因子分析”主对话框，将“Zscore（净资产收益率）”“Zscore（资产报酬率）”“Zscore（销售净利率）”“Zscore（成本费用利润率）”等 13 个指标标准化变量全部移入“变量”框中，如图 11-43 所示。

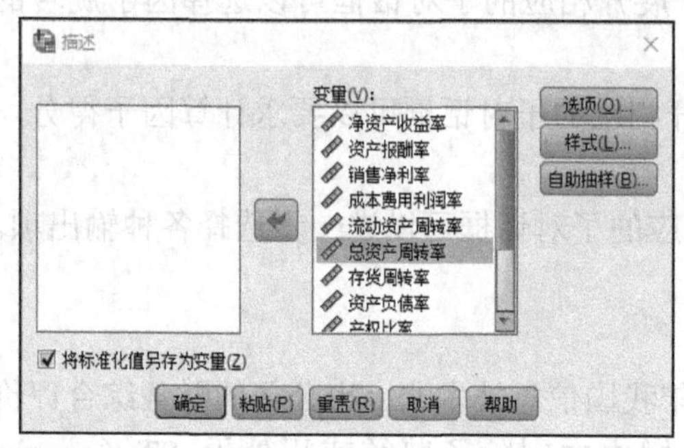

图 11-42 “描述”对话框

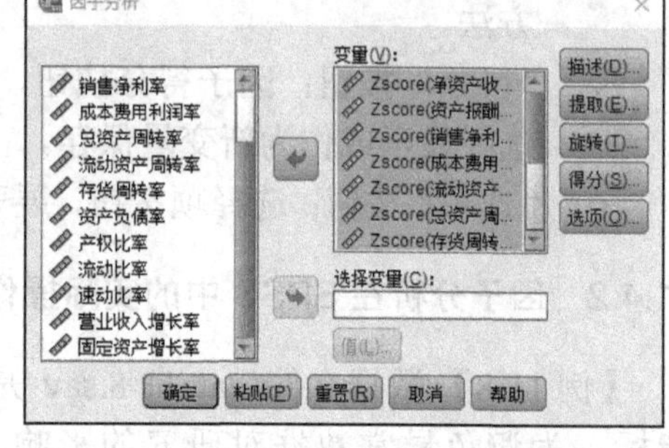

图 11-43 “因子分析”主对话框

Step2：单击“描述”按钮，弹出“因子分析：描述”对话框。选择输出“初始解”、原始变量的相关系数矩阵和“KMO 和巴特利特球形度检验”结果，具体操作如图 11-44 所示。单击“继续”按钮，返回主对话框。

说明：

- ✧ KMO（Kaiser-Meyer-Olkin）检验：该检验统计量用于描述变量间的偏相关性，它比较的是各变量间的简单相关和偏相关的大小，取值范围为 0～1。如果各变量间存在内在联系，则由于计算偏相关时控制其他因素就会同时控制潜在变量，导致偏相关系数远远小于简单相关系数，此时 KMO 统计量最接近 1，做因子分析的效果好。一般认为当 KMO 大于 0.9 时效果最佳，0.7 以上时效果尚可，0.6 时效果很差，0.5 以下时不适宜做因子分析。
- ✧ 巴特利特（Bartlett）球形检验：检验的是相关阵是否是单位阵，即各变量是否各自独立。如果结论为不拒绝该假设，就说明这些变量可能各自独立提供一些信息，它们之间没什么联系。

Step3：单击“提取”按钮，弹出“因子分析：提取”对话框。在“显示”区域中选中“碎石图”复选框，其余都选择系统默认选项，具体操作如图 11-45 所示。单击“继续”按钮，返回“因子分析：提取”主对话框。

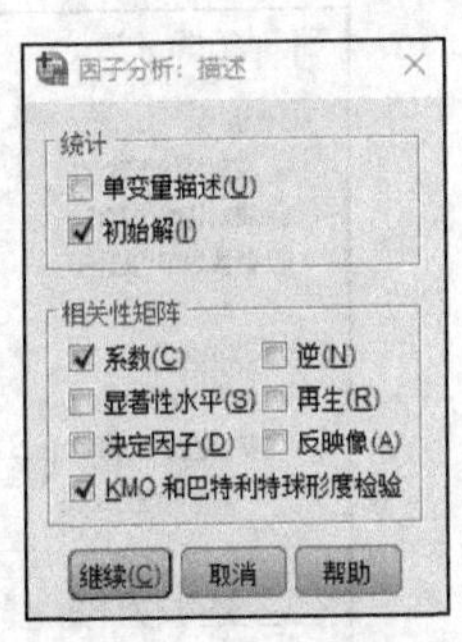

图 11-44 “因子分析：描述”对话框

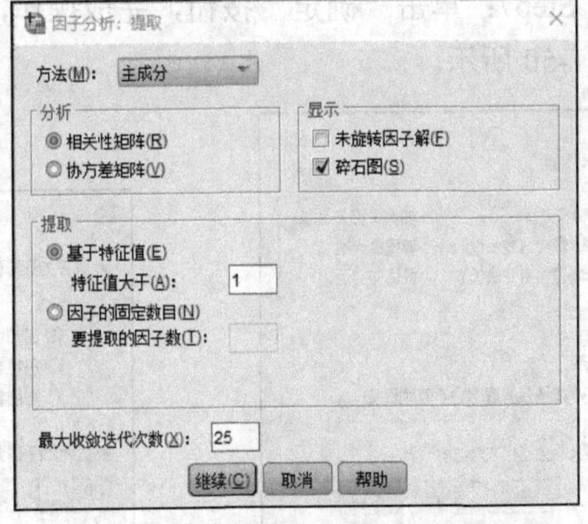

图 11-45 “因子分析：提取”对话框

Step4：单击“旋转”按钮，弹出“因子分析：旋转”对话框，选择“最大方差法”正交旋转并且输出“旋转后的解”及“载荷图”，具体操作如图 11-46 所示。单击“继续”按钮，返回主对话框。

说明：

- ✧ 旋转方法选择项，即选择在提取因子时是否采用旋转，以及具体的旋转方法。旋转不会影响公因子提取过程和结果，只会影响各个变量对各因子的贡献度。之所以有时需要旋转，是因为按照默认的分解方式，各因子难以找出所代表的实际意义，此时通过适当的旋转，改变信息量在不同因子上的分布，就可能为所有因子找出合理的解释。
- ✧ SPSS 提供的旋转方法共有五种，即最大方差法、直接斜交方法、四次幂极大法、等量最大法和最优斜交法。其中的最大方差法，即方差最大化正交旋转最为常用，该方法一般都能简化对因子的解释。此方法是从简化因子负载矩阵的每一列出发，使与每个因子有关的载荷平方的方差最大。当只有少数几个变量在某个因子上有较高的载荷时，对因子的解释是最简单的，当与某个因子有关的载荷平方的方差最大时，因子具有最大的可解释性。

Step5：单击“得分”按钮，弹出“因子分析：因子得分”对话框，选中“保存为变量”和“显示因子得分系数矩阵”复选框，具体操作如图 11-47 所示。单击“继续”按钮，返回主对话框。

Step6：单击“选项”按钮，弹出“因子分析：选项”对话框，选择“成列排除个案”缺失值，并且“按大小排序”显示系数，具体操作如图 11-48 所示。单击“继续”按钮，返回主对话框

Step7：单击“确定”按钮，完成操作，主要结果如表 11-18～表 11-24 和图 11-49、图 11-50 所示。

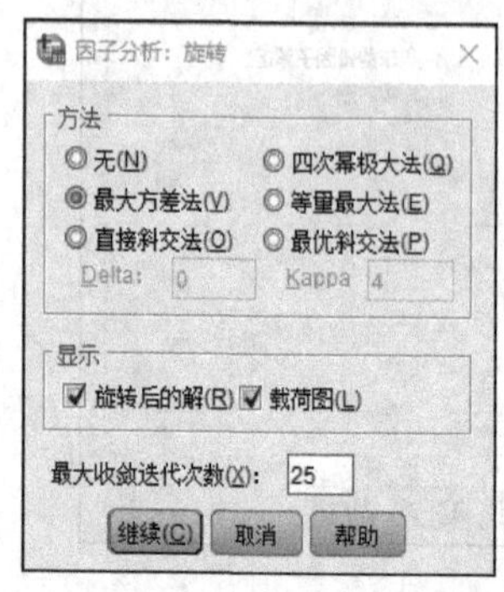

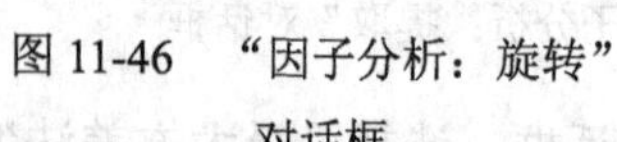
图 11-46 “因子分析：旋转”对话框

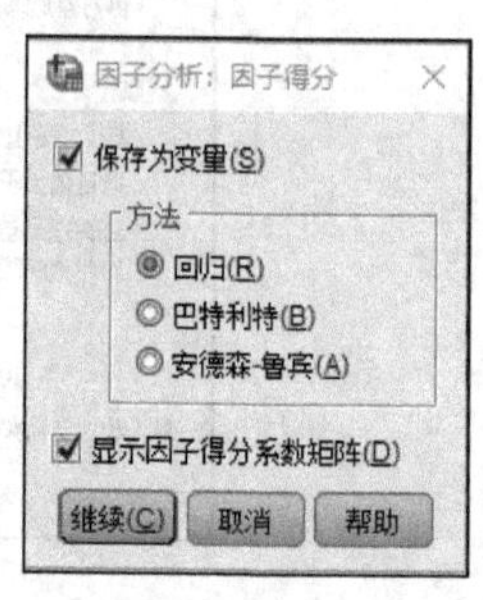

图 11-47 “因子分析：因子得分”对话框

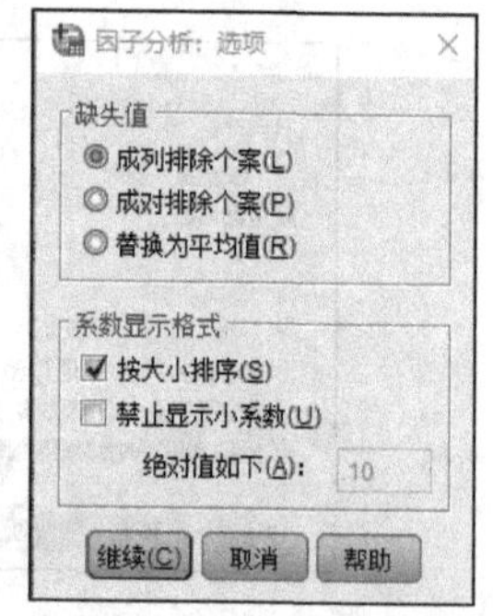

图 11-48 “因子分析：选项”对话框

表 11-18 KMO 和巴特利特球形度检验

KMO 取样适切性量数		0.628
巴特利特球形度检验	近似卡方	1328.401
	自由度	78
	显著性	0.000

从表 11-18 可以看出，巴特利特球度检验的显著性值为 0.000，小于 0.05，故在 95% 的置信水平下拒绝原假设（相关阵为单位阵），即各变量之间并非独立，取值相关，此结果与相关系数矩阵所提供的信息一致（相关系数矩阵略）。同时，KMO 值为 0.628，大于 0.6，说明该数据适合做因子分析，但效果不好。

表 11-19 公因子方差

变量	初始	提取
Zscore（净资产收益率）	1.000	0.868
Zscore（资产报酬率）	1.000	0.915
Zscore（销售净利率）	1.000	0.943
Zscore（成本费用利润率）	1.000	0.928
Zscore（总资产周转率）	1.000	0.845
Zscore（流动资产周转率）	1.000	0.881
Zscore（存货周转率）	1.000	0.827
Zscore（资产负债率）	1.000	0.938
Zscore（产权比率）	1.000	0.963
Zscore（流动比率）	1.000	0.959

续表

变量	初始	提取
Zscore（速动比率）	1.000	0.967
Zscore（营业收入增长率）	1.000	0.823
Zscore（固定资产增长率）	1.000	0.700

注：提取方法为主成分分析法。

从表 11-19 可以看出，除固定资产增长率之外，资产报酬率、销售净利率、成本费用利润率、资产负债率、产权比率、流动比率、速动比率七个变量的公因子方差均大于 0.9，净资产收益率、总资产周转率、流动资产周转率、存货周转率、营业收入增长率五个变量的公因子方差均大于 0.8，能够很好地被所提因子解释。

表 11-20　解释的总方差

成分	初始特征值			提取载荷平方和			旋转载荷平方和		
	总计	方差贡献率/%	累积/%	合计	方差贡献率/%	累积/%	合计	方差贡献率/%	累积/%
1	4.038	31.060	31.060	4.038	31.060	31.060	2.738	21.063	21.063
2	3.010	23.150	54.210	3.010	23.150	54.210	2.705	20.810	41.873
3	1.713	13.177	67.387	1.713	13.177	67.387	2.183	16.795	58.668
4	1.551	11.933	79.319	1.551	11.933	79.319	2.096	16.121	74.789
5	1.244	9.570	88.889	1.244	9.570	88.889	1.833	14.100	88.889
6	0.525	4.039	92.929						
7	0.341	2.623	95.552						
8	0.255	1.958	97.510						
9	0.156	1.199	98.709						
10	0.099	0.764	99.473						
11	0.039	0.300	99.773						
12	0.029	0.220	99.992						
13	0.001	0.008	100.000						

注：提取方法为主成分分析法。

表 11-20 反映了各因子特征根和累计贡献率的相关信息。特征值是表示因子对原有指标信息量解释大小的指标。表 11-20 中旋转后的第一个因子的特征值为 2.738，方差贡献率为 21.063%；第二个因子的特征值为 2.705，方差贡献率为 20.810%；第三个因子的特征值为 2.183，方差贡献率为 16.795%；第四个因子的特征值为 2.096，方差贡献率为 16.121%；第五个因子的特征值为 1.833，方差贡献率为 14.100%。前五个因子累计贡献率达到了 88.889%，即解释了所有信息的 88.889%，达到了提取因子的满意累计贡献率，且每个特征值均大于 1。

图 11-49 显示，前五个因子的特征值都大于 1，从第六个因子开始特征值比较低，因此可以认为前五个因子可以概括大部分信息。

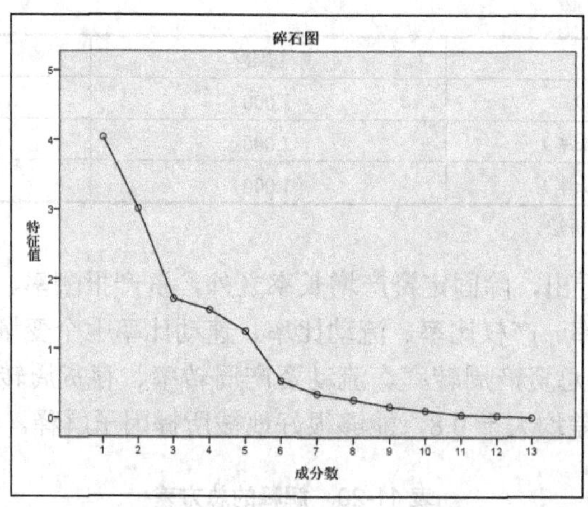

图 11-49　因子分析特征值碎石图

表 11-21　初始成分矩阵*

变量	成分				
	1	2	3	4	5
Zscore（销售净利率）	0.866	0.390	−0.040	0.120	0.157
Zscore（成本费用利润率）	0.834	0.443	0.006	0.058	0.180
Zscore（资产报酬率）	0.657	0.342	−0.067	0.592	−0.111
Zscore（流动比率）	0.640	−0.560	0.412	−0.150	−0.206
Zscore（速动比率）	0.627	−0.584	0.409	−0.142	−0.215
Zscore（资产负债率）	−0.604	0.535	0.416	−0.081	−0.328
Zscore（存货周转率）	0.346	−0.671	0.503	0.047	−0.045
Zscore（产权比率）	−0.456	0.535	0.505	−0.108	−0.450
Zscore（营业收入增长率）	0.218	0.507	0.414	−0.399	0.432
Zscore（固定资产增长率）	0.072	0.442	0.502	−0.180	0.463
Zscore（总资产周转率）	−0.507	−0.261	0.337	0.570	0.284
Zscore（净资产收益率）	0.338	0.510	0.202	0.553	−0.383
Zscore（流动资产周转率）	−0.492	−0.293	0.332	0.545	0.382

注：提取方法为主成分分析法。

* 已提取了五个成分。

表 11-22　旋转成分矩阵*

变量	成分				
	1	2	3	4	5
Zscore（资产报酬率）	0.942	0.029	−0.149	−0.046	−0.038
Zscore（净资产收益率）	0.855	−0.005	0.366	0.019	−0.054
Zscore（销售净利率）	0.746	0.108	−0.332	−0.352	0.375

续表

变量	成分				
	1	2	3	4	5
Zscore（成本费用利润率）	0.710	0.088	−0.281	−0.367	0.450
Zscore（速动比率）	0.071	0.959	−0.150	−0.141	−0.021
Zscore（流动比率）	0.084	0.952	−0.149	−0.154	0.002
Zscore（存货周转率）	−0.040	0.868	−0.131	0.232	−0.025
Zscore（产权比率）	−0.013	−0.137	0.961	0.002	0.144
Zscore（资产负债率）	−0.107	−0.291	0.901	0.097	0.140
Zscore（流动资产周转率）	−0.130	−0.022	−0.001	0.929	−0.008
Zscore（总资产周转率）	−0.092	−0.025	0.078	0.909	−0.065
Zscore（营业收入增长率）	0.048	−0.020	0.105	−0.170	0.883
Zscore（固定资产增长率）	0.070	−0.033	0.154	0.102	0.812

注：提取方法为主成分分析法；旋转法为凯撒正态化最大方差法。

* 旋转在六次迭代后收敛。

表 11-21 所示是初始的成分矩阵，经过正交旋转后，得到表 11-22 所示的旋转成分矩阵。在旋转成分矩阵中，成分 1 中系数绝对值较大的主要有资产报酬率、净资产收益率，它们主要反映上市公司的盈利能力；成分 2 中系数绝对值较大的主要有速动比率、流动比率，它们主要反映上市公司的短期偿债能力；成分 3 中系数绝对值较大的主要有产权比率、资产负债率，它们主要反映上市公司的长期偿债能力；成分 4 中系数绝对值较大的主要有流动资产周转率、总资产周转率，它们主要反映上市公司的资产运营能力；成分 5 中系数绝对值较大的主要有营业收入增长率、固定资产增长率，它们主要反映上市公司的成长能力。可见，经过正交旋转后，各公因子的经济意义更加明确，并且解释结果与实际相符。

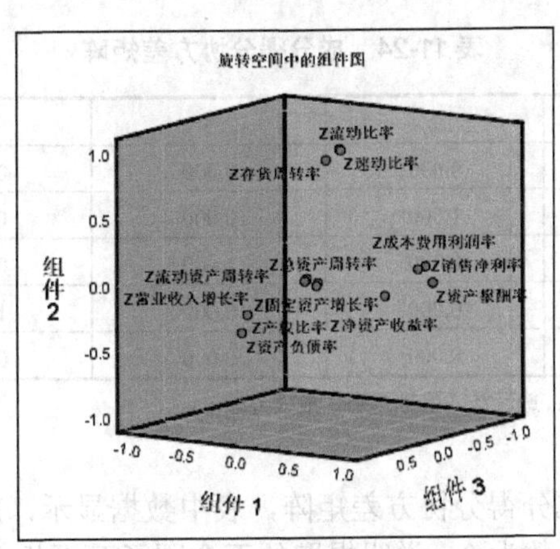

图 11-50　旋转空间中的组件图

图 11-50 所示是旋转后的成分图，可以看出成分 1、成分 2、成分 3 与 13 个原始变量之间的关系。

表 11-23　成分得分系数矩阵

变量	成分				
	1	2	3	4	5
Zscore（净资产收益率）	0.408	0.036	0.257	0.084	−0.175
Zscore（资产报酬率）	0.406	−0.036	−0.016	0.106	−0.130
Zscore（销售净利率）	0.216	−0.027	−0.131	−0.035	0.140
Zscore（成本费用利润率）	0.191	−0.026	−0.115	−0.046	0.185
Zscore（总资产周转率）	0.090	0.009	−0.040	0.487	0.051
Zscore（流动资产周转率）	0.064	−0.001	−0.093	0.506	0.101
Zscore（存货周转率）	−0.014	0.350	0.048	0.139	0.029
Zscore（资产负债率）	0.007	0.027	0.428	−0.027	0.018
Zscore（产权比率）	0.036	0.100	0.500	−0.073	−0.006
Zscore（流动比率）	−0.016	0.378	0.090	−0.057	−0.005
Zscore（速动比率）	−0.017	0.381	0.092	−0.054	−0.016
Zscore（营业收入增长率）	−0.104	0.011	−0.015	−0.014	0.515
Zscore（固定资产增长率）	−0.047	0.014	−0.006	0.131	0.490

注：提取方法为主成分分析法；旋转法为凯撒正态化最大方差法。
构成得分。

表 11-23 输出的是成分得分系数矩阵，可以通过成分得分系数和原始变量的标准化值计算观测量的各成分的得分。

表 11-24　成分得分协方差矩阵

成分	1	2	3	4	5
1	1.000	0.000	0.000	0.000	0.000
2	0.000	1.000	0.000	0.000	0.000
3	0.000	0.000	1.000	0.000	0.000
4	0.000	0.000	0.000	1.000	0.000
5	0.000	0.000	0.000	0.000	1.000

注：提取方法为主成分分析法；旋转法为凯撒正态化最大方差法。
构成得分。

表 11-24 输出的是成分得分协方差矩阵，表中数据显示，旋转后的成分 1～成分 5 这五个因子之间的相关系数为 0，说明提取的五个因子互不相关，是科学合理的。

（3）对上市公司的财务状况进行综合评价

Step1：打开示例文件 data11-8.sav，选择“转换”→“计算变量”选项，弹出“计算变量”主对话框，在“目标变量”框中输入“上市公司财务综合评价得分”，将数据文件中通过上述因子分析步骤产生的五个新变量，即成分 1～成分 5 的成分得分及成分 1～成分 5 的方差贡献率组成表达式，在“数学表达式”框中输入上市公司财务综合评价得分表达式“(21.063*FAC1_1+20.810*FAC2_1+16.795*FAC3_1+16.121*FAC4_1+14.100*FAC5_1)/88.889”，如图 11-51 所示。

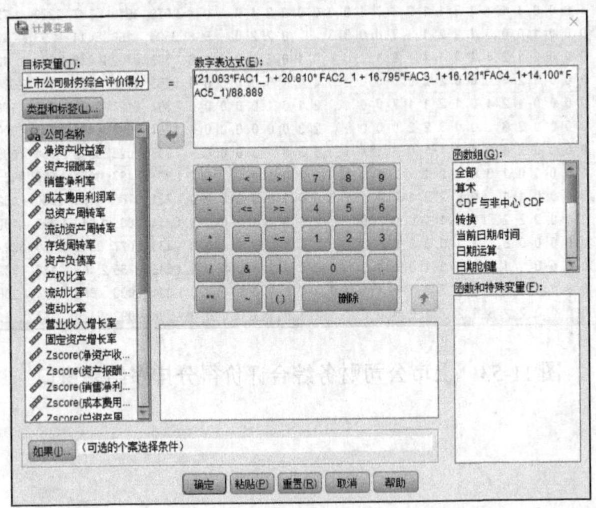

图 11-51　上市公司财务综合评价得分计算对话框

Step2：单击“确定”按钮，输出图 11-52 所示的结果。

文件(F)　编辑(E)　视图(V)　数据(D)　转换(T)　分析(A)　直销(M)　图形(G)　实用程序(U)　窗口(W)　帮助

141 : FAC4_1　　可见：33 变量的

	公司名称	净资	资产	销售	成本	总资	流动	存货	资产	产权	流动	速动	营业	固定	Z净	Z资	Z销	Z成	Z总	Z流	Z存	Z资	Z产	Z流	Z速	Z营	Z固	FAC1_1	FAC2_1	FAC3_1	FAC4_1	FAC5_1	上市公司财务综合评价得分
1	北纬通信	0	0	0	0	0	0	...	0	0	...	...	0	0	0	0	1	0	...	...	4	...	...	7	7	0	0	.0666	8.500	.1718	-.883	-.031	1.87
2	中青宝	0	0	1	1	0	1	...	0	0	7	7	.	1	1	2	3	4	...	...	8	...	...	0	1	.	0	.	.	.	.	.	.
3	世纪鼎利	1	0	0	1	1	2	4	0	0	3	3	.	2	4	5	2	2	1	1	0	0	0	0	0	.	1	.	.	.	.	.	.
4	长城开发	0	0	0	0	2	4	...	0	0	2	2	0	0	0	0	...	...	4	4	1	0	0	0	0	0	0	.0193	.4132	-.953	3.941	.2694	.68
5	宏图高科	0	0	0	1	0	0	0	1	2	2	1	...	7	0	0	3	3	...	...	0	2	2	0	...	9	5	.3594	-.158	.8414	-1.53	7.840	1.17
6	网宿科技	0	0	0	0	0	1	...	0	0	...	...	.	1	0	0	0	0	...	0	1	...	...	4	4	.	0	.	.	.	.	.	.
7	天源迪科	0	0	0	0	1	1	...	0	0	6	6	.	1	1	2	1	1	1	0	2	...	...	0	0	.	0	.	.	.	.	.	.
8	三五互联	0	0	0	0	1	2	.	0	0	2	2	.	0	2	3	1	1	1	2	.	...	...	0	0	.	0	.	.	.	.	.	.
9	华胜天成	0	0	0	0	1	2	4	0	1	2	1	1	7	0	0	...	...	2	1	0	1	0	0	0	0	5	-.357	-.127	.0021	1.742	2.176	.55
10	长城电脑	0	0	0	0	1	2	4	1	2	1	1	...	8	1	...	...	...	0	1	0	2	2	0	0	0	6	-.309	.0792	2.028	1.031	2.612	.93
11	启明信息	0	0	0	0	2	3	...	0	0	3	2	2	0	0	0	...	...	2	3	0	0	0	0	0	0	0	.5704	.1628	-.481	2.337	-.006	.51
12	华力创通	0	0	0	0	1	2	...	0	1	3	3	.	0	2	2	1	1	1	1	0	0	0	0	0	.	0	.	.	.	.	.	.
13	久其软件	0	0	0	1	0	0	3	0	0	...	...	.	0	0	0	2	1	...	...	0	...	...	4	4	.	0	.	.	.	.	.	.
14	神州泰岳	0	0	0	1	0	1	5	0	0	...	...	.	0	0	1	2	2	...	...	0	...	...	3	3	.	0	.	.	.	.	.	.
15	东方财富	0	0	0	1	1	1	...	0	0	6	6	.	0	1	2	2	4	0					0	0		0						

图 11-52　上市公司财务综合评价得分计算结果窗口

Step3：选定“上市公司财务综合评价得分”变量，右击，在弹出的快捷菜单中选择“降序”命令得到图 11-53 所示的结果。由图 11-53 可知，综合得分前五名的上市公司依次为北纬通信、东软集团、宏图高科、长城电脑和长城开发。

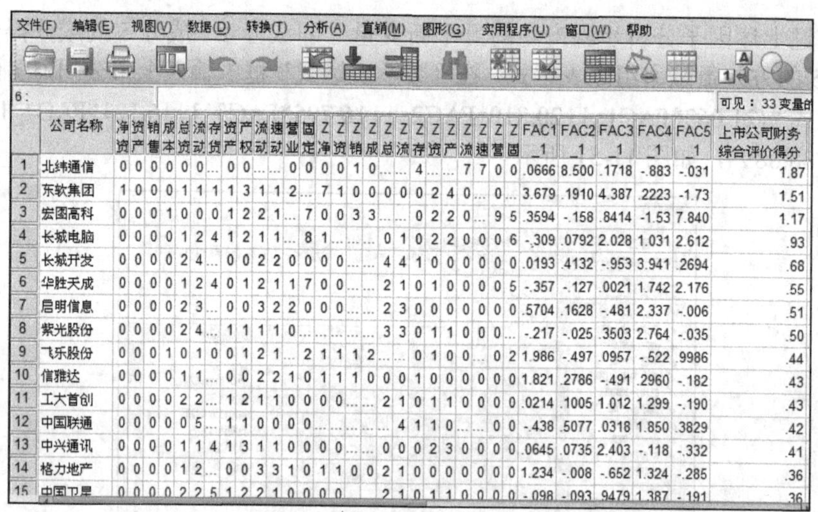

图 11-53 上市公司财务综合评价得分排序结果窗口

习　　题

1．曲线回归分析必须解决的两个重要问题是什么？它与线性回归分析有什么区别？

2．什么是交互作用？无交互作用的多因素方差分析与有交互作用的多因素方差分析的 SPSS 操作过程有什么差异？

3．因子分析的前提条件是什么？它的主要用途有哪些？

4．利用例 11-7 的数据文件，采用系统聚类分析法对湖南省 35 家上市公司进行样本聚类。

5．设某地区的人均月收入与耐用消费品销售额的资料如表 11-25 所示。

表 11-25 某地区的人均月收入与耐用消费品销售额的资料

年份	人均月收入/元	耐用消费品销售额/万元
2016	3400	82
2017	3800	90
2018	4500	100
2019	4700	114
2020	5600	140
2021	6200	144

（1）建立人均月收入的趋势方程，并预测 2023 年的人均月收入；

（2）建立耐用消费品销售额关于人均月收入的回归方程，并预测 2023 年的耐用消费品销售额。

第 12 章　SPSS 数据分析图形绘制

SPSS 不仅图形绘制方式多样，而且图形种类齐全，其图形修饰功能更是强大。本章内容分为 8 节，主要介绍 SPSS 中常用且制作特殊的图形的绘制方法，要求学生通过学习熟练掌握使用 SPSS 绘制统计图形的基本方法和操作技巧，并能理解图形所表达的数据特征与含义。本章内容为必修内容，建议讲授 2 学时，实践训练 2 学时。

12.1　SPSS 图形绘制基础

SPSS 26.0 主要提供了三种绘图方式实现图形绘制：图表构建器、图形画板模板选择器、旧对话框。打开要分析的数据文件，单击“图形”菜单，如图 12-1 所示，我们可以看到下拉菜单中有“图表构建器”、“图形画板模板选择器”和“旧对话框”等选项，下面对其中常用的绘图工具进行简单介绍。

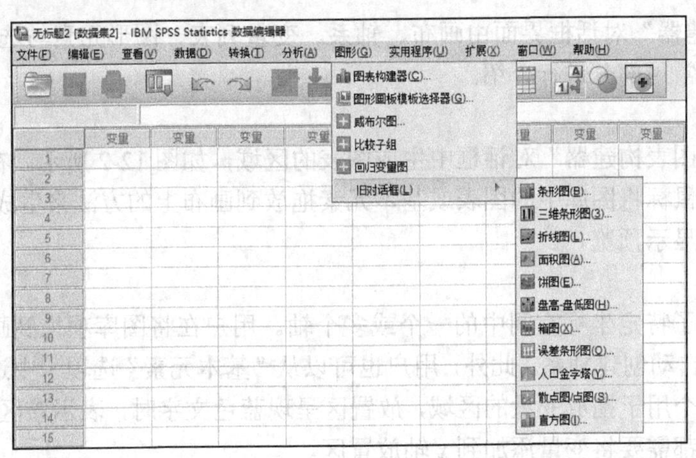

图 12-1　SPSS 26.0 的图形菜单

12.1.1　图表构建器

利用 SPSS 26.0 的图表构建器，用户几乎完全可以通过鼠标拖拉过程完成图形的绘制工作。首先选择图形的类型，然后从类型库中选择要输出的图形描述，这样通过将不同的变量拖入对应的坐标轴，即可随心所欲地绘制各种常用图形。

打开要分析的数据文件后，在菜单选项组中依次选择“图形”→“图表构建器”选项，弹出图 12-2 所示的“图表构建器”对话框。在此对话框中用户就可以根据预定义的图库图表或图表的基本元素部分生成图表。

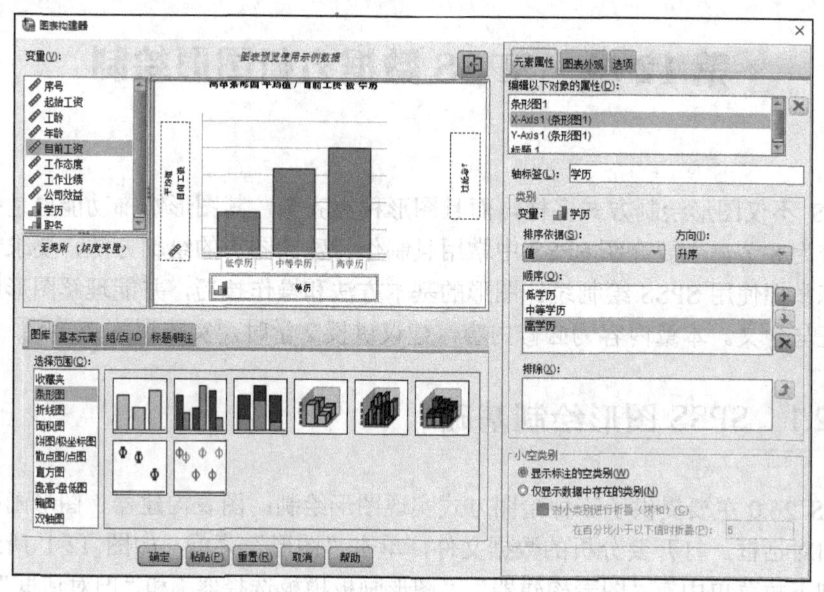

图 12-2 “图表构建器”对话框

“图表构建器”对话框界面由画布、轴系、变量列表、图形元素与选项卡等组成，下面对其中的常用部分进行介绍。

（1）画布

画布是“图表构建器”对话框中生成图表的区域，如图 12-2 所示。在绘图过程中，用户可以通过鼠标将图库中的图表或基本元素拖放到画布上的方法来生成图表。生成图表时，画布会显示预览。

（2）轴系

轴系定义了特定坐标空间中的一个或多个轴。用户在将图库项拖到画布上时，“图表构建器”会自动创建轴系。此外，用户也可以从“基本元素”选项卡中选择一个轴系，每个轴都有一个用于拖放变量的区域，放置区呈现蓝色文字时，表示该区域需要放置变量。每个图表都需要将变量添加到 x 轴放置区。

（3）图形元素

图形元素是图表中表示数据的项，这些项为条、点、线等。

（4）变量列表

该列表显示了“图表构建器”所打开的数据文件中的所有可用变量。如果在此列表中所选的变量为分类变量，则类别列表会显示该变量的已定义类别。同样，也可使用类别列表查看构成多重响应集的变量。用户还可以临时更改变量的测量级别，方法是在“变量”列表中右击该变量的名称，然后选择一个测量级别以适合作图，但这不会改变数据文件中实际的数据类型。

（5）“图库”选项卡

“图表构建器”对话框默认打开“图库”选项卡，如图 12-3 所示。“选择范围”列表框包括图表构建器可以绘制的各种常用图形及收藏夹，单击其中的某一图表类型，右侧即显示该图表类型可用的图库。用户可以单击选中所需图表的图片，然后将其拖到画布上，也可以双击该图片使其反映在画布上。如果画布已显示了一个图形，那么选择新的图表时系统会自动替换图表上的轴系和图形元素。

（6）“基本元素”选项卡

在“图表构建器”对话框中单击“基本元素”选项卡，打开如图 12-4 所示的“基本元素”选项卡界面。

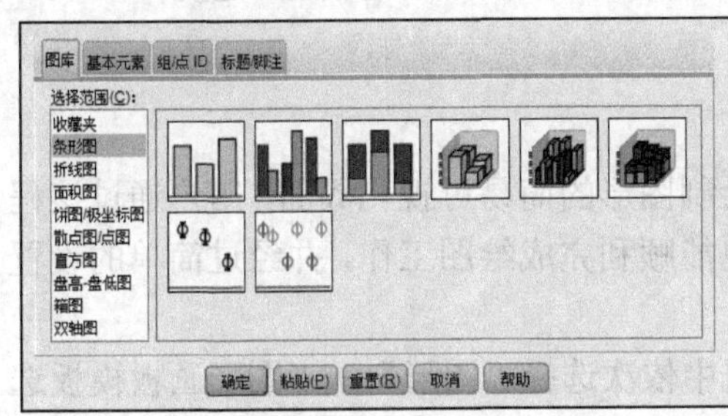

图 12-3　“图库”选项卡

图 12-4　“基本元素”选项卡

基本元素包括轴和图形元素。这些元素之所以为基本元素，是因为缺少它们就无法创建图形。如果用户是第一次使用图表构建器，建议改用图库图表，由于图库图表能够自动设置属性并添加功能，所以可以简化图形的创建过程。“选择轴”框中列出了用户可选的 5 种坐标轴形式，“选择元素”框中则给出了 10 种用户可选的图形元素。

在实际操作过程中，如果画布是空白的，通常先将一个轴系拖到画布上，然后拖动图形元素，添加图形元素类型。值得注意的是，并不是所有图形元素都可以用于特定轴系，轴系只支持相关图形元素。

（7）“组/点 ID”选项卡

在“图表构建器”对话框中选择“组/点 ID”选项卡，弹出图 12-5 所示的“组/点 ID”选项卡界面。

选中“组/点 ID”选项卡界面中的某一复选框，将会在画布中增加相应的一个放置区。同理，也可以通过单击已选择的复选框取消在画布中添加的放置区。

（8）“标题/脚注”选项卡

在“图表构建器”对话框中选择“标题/脚注”选项卡，弹出图 12-6 所示的“标题/脚注”选项卡界面。

用户通过选中“标题/脚注”选项卡界面中的相应复选框，并在“元素属性”对话框中的“内容”文本框中输入相应标题名或脚注名，然后单击“应用”按钮使设置内容生效，便可以为输出的图形添加标题或脚注说明。同理，可以通过取消选择相应复选框移去已经设置的标题或脚注。

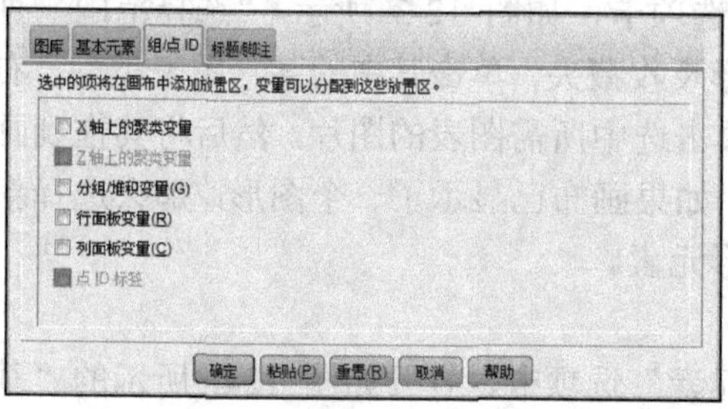

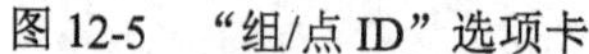
图 12-5 “组/点 ID”选项卡

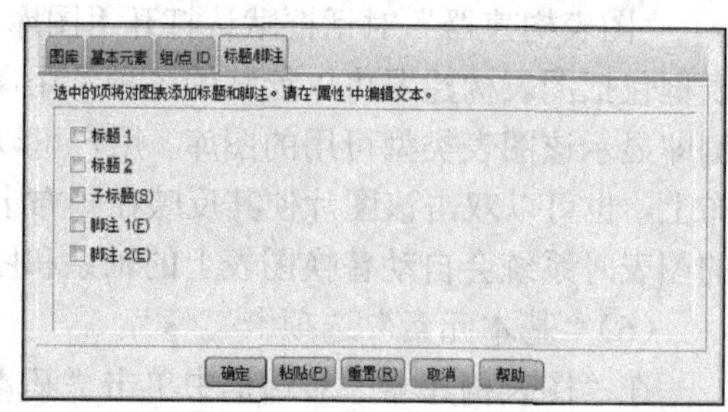

图 12-6 “标题/脚注”选项卡

12.1.2 图形画板模板选择器

图形画板模板选择器为用户提供了一个绘制图形的简易可视化界面，用户通过该程序在不清楚自己所要输出图形类型的基础上也能顺利完成绘图工作，并经过简单的设置便能输出令自己满意的图形。

打开要分析的数据文件后，在菜单选项组中依次选择“图形”→“图形画板模板选择器”选项，弹出图 12-7 所示的“图形画板模板选择器”对话框。

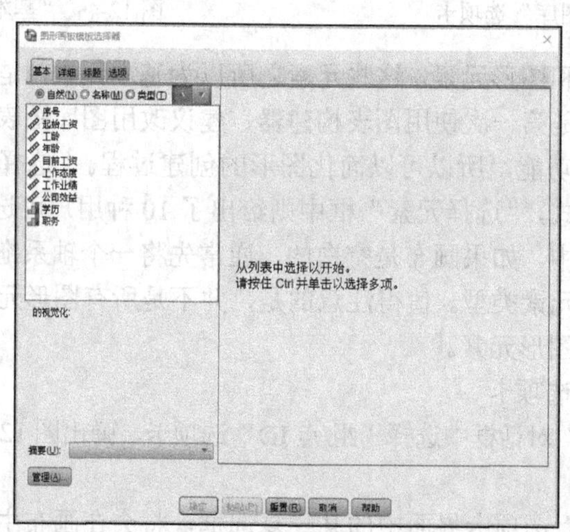

图 12-7 “图形画板模板选择器”对话框

“图形画板模板选择器”对话框包括四个选项卡：基本、详细、标题及选项。由于篇幅所限，下面仅对“基本”选项卡进行介绍。

当用户不确定哪种图形最能表现要分析的数据时，可以使用“基本”选项卡，该选项卡可以帮助用户自动选择适合绘制的图形。“基本”选项卡主要包括以下部分。

（1）变量列表

变量列表将显示所打开示例文件中的所有变量。用户可以通过选中变量列表上方的“自然”、“名称”或“类型”单选按钮对列表中的变量进行排序。选择一个或多个变量后，对话框右侧图形展示区域会显示所选变量可以绘制的图表类型。

（2）摘要下拉列表

对于某些图形，可以选择一个摘要统计量，常用的摘要统计量是对数据进行计数。

（3）管理模板和样式表

单击“基本”选项卡中的“管理”按钮，将弹出图 12-8 所示的对话框。

图 12-8　“管理本地模板、样式表和地图”对话框

“模板”选项卡列出所有本地模板；“样式表”选项卡列出所有本地样式表并显示带有样本数据的示例图形；“地图”选项卡列出所有本地地图模版。

12.1.3　旧对话框

利用旧对话框模式创建图形是 SPSS 直接生成图形的重要手段之一，它主要通过对对话框的设置来完成图形的绘制。与使用“图形画板模板选择器”对话框中的“详细”选项卡类似，使用旧对话框模式创建图形一般要求用户对所要输出的图表类型有一个较为清醒的认识。

通过“图形”菜单的“旧对话框”子菜单可以绘制的图形种类有条形图、三维条形图、图、面积图、饼图、箱图、误差条形图、散点图和直方图等。本章将详细介绍利用旧对话框模式创建常用图形的基本过程。

12.2 条形图

条形图也称为柱形图，它是用直条的长短表现非连续型数据的特征，适用于描绘分类变量（nominal）或有序变量（ordinal）的取值大小、频数分布等。常用的条形图类型有简单条形图、分类条形图和堆积条形图。

1. SPSS 条形图主对话框的结构与功能

在 SPSS 数据编辑窗口选择“图形”→“旧对话框”→“条形图”选项，弹出图 12-9 所示的条形图主对话框。该对话框提供了简单条形图、簇状条形图和堆积条形图。三种不同的条形图图式可采用个案组摘要、单独变量的摘要和单个个案的值三种数据文件结构模式。

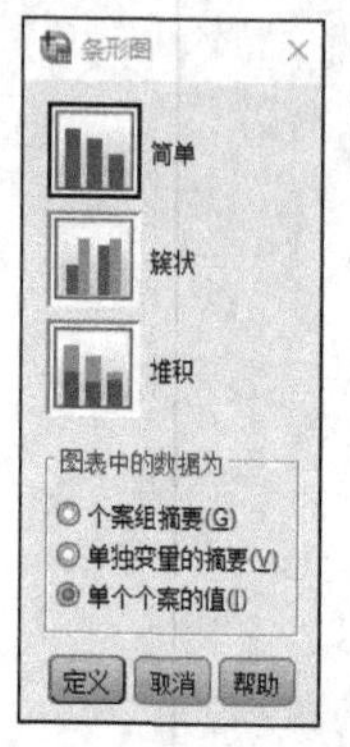

图 12-9 “条形图”主对话框

1）个案组摘要模式，即分组汇总模式。针对这种模式，条形图以某个分类轴变量作为个案分组的标准，反映了以组为单位的个案情况。

2）单独变量的摘要模式，即单个变量汇总模式，简称为变量摘要模式。针对这种模式，条形图用以反映若干变量或同一个变量的各种参数的情况。

3）单个个案的值模式，针对这种模式，条形图用以反映某变量的所有个案的取值情况。

每一种数据结构模式都可以做出三种不同图式的条形图，因此根据数据结构和条形图图式的不同组合，可以生成九种不同类型的条形图。需要说明的是，简单条形图往往在频数分析时，直接利用相关“频率”模块的作图功能来完成，即在利用频率分析过程作频数分布表时就可以同时绘制条形图。因此对于条形图工具，更多的时候是用于作交互条形图，即簇状条形图和堆积条形图。

2. SPSS 绘制条形图的实际操作

【例 12-1】数据文件 data12-1.sav 是一组企业职工情况调查数据，包括起始工资、工龄、年龄、目前工资、工作态度、工作业绩、公司效益、学历、职务 9 个变量，35 条记录。根据该组数据绘制简单条形图和复式条形图。

（1）简单条形图的绘制

1）个案组摘要模式。

Step1：打开示例文件 data12-1.sav，依次选择“图形”→“旧对话框”→“条形图”选项，弹出“条形图”主对话框。

Step2：选择“简单”条形图和“个案组摘要”数据模式。单击“定义”按钮，进入

图 12-10 所示的“定义简单条形图：个案组摘要”对话框。在此对话框的“条形表示”区域中，选中“个案数”单选按钮，将变量“学历”移入“类别轴”框中，其他采用系统默认设置。单击“确定”按钮，系统输出初始图形。

Step3：对图形进行修饰。在结果浏览窗口，双击图形，使其处于编辑状态；选择条形，右击，在出现的快捷菜单中选择“显示数据标签”命令，并在同时打开的“属性”对话框中将“不显示”框中的“百分比”移入“显示”框中，如图 12-11 所示。

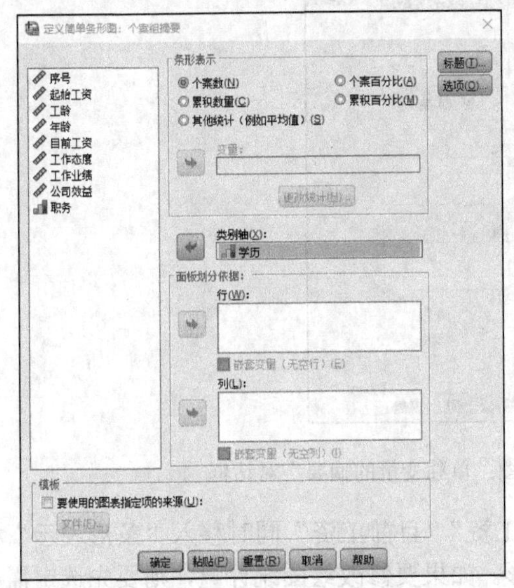

图 12-10　“定义简单条形图：个案组摘要”对话框

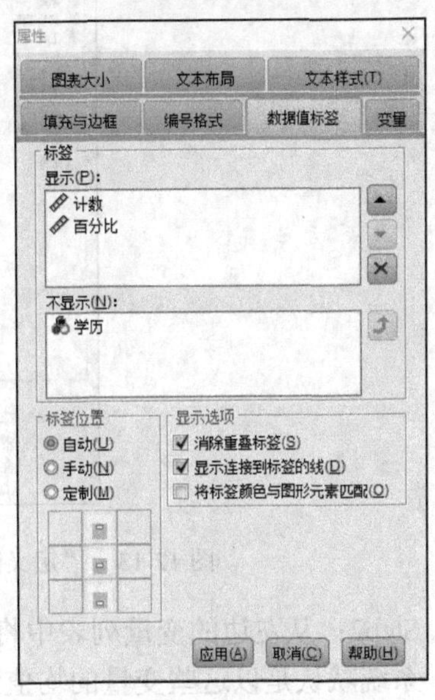

图 12-11　“属性”对话框

Step4：单击“应用”按钮，修饰后的最终图形如图 12-12 所示。

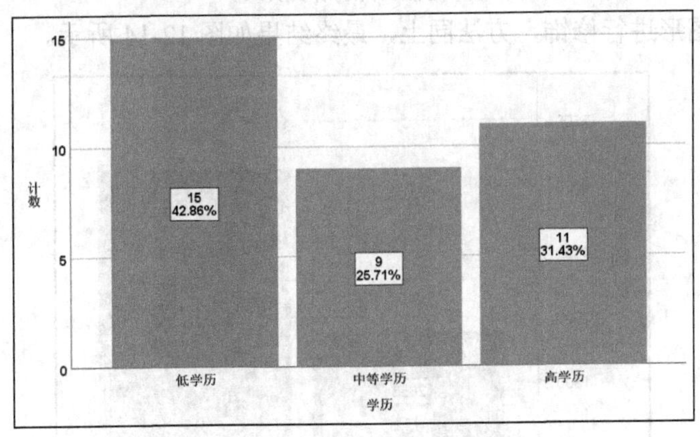

图 12-12　个案组摘要模式简单条形图

2）单独变量的摘要模式。

Step1：打开示例文件 data12-1.sav，在“条形图”主对话框中选择“简单”条形图和“单独变量的摘要”数据模式。单击“定义”按钮，弹出图 12-13 所示的“定义简单条形图：单独变量的摘要”对话框。

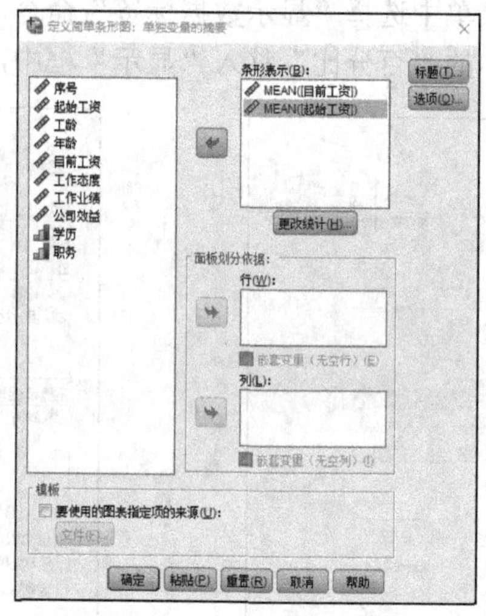

图 12-13 “定义简单条形图：单独变量的摘要”对话框

Step2：从左边的变量列表中将“起始工资”“目前工资”同时移入“条形表示”框中，系统默认是以这些变量的均值绘制图形。如果要修改绘图统计量，则要先选定需要修改统计量的变量，然后单击“更改统计”按钮，在随后打开的对话框中选择需要的统计量即可。

Step3：单击“确定”按钮，系统输出初始图形。

Step4：对图形进行修饰，方法同上，最终结果如图 12-14 所示。

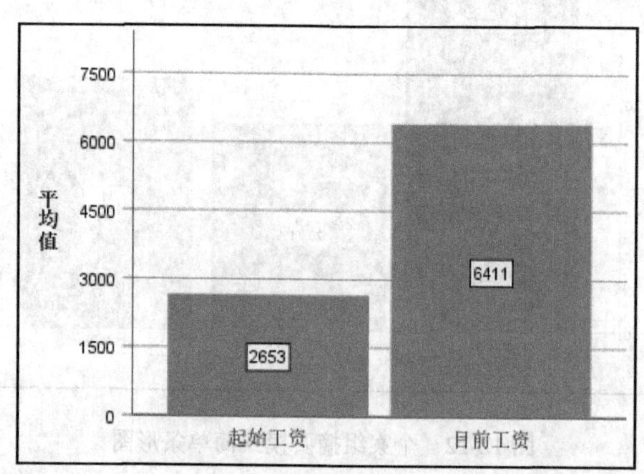

图 12-14 单独变量的摘要模式简单条形图

3）单个个案的值模式。

Step1：打开示例文件 data12-1.sav，在“条形图”主对话框中选择“简单”条形图和“单个个案值”数据模式。单击“定义”按钮，弹出图 12-15 所示的“定义简单条形图：单个个案的值”对话框。

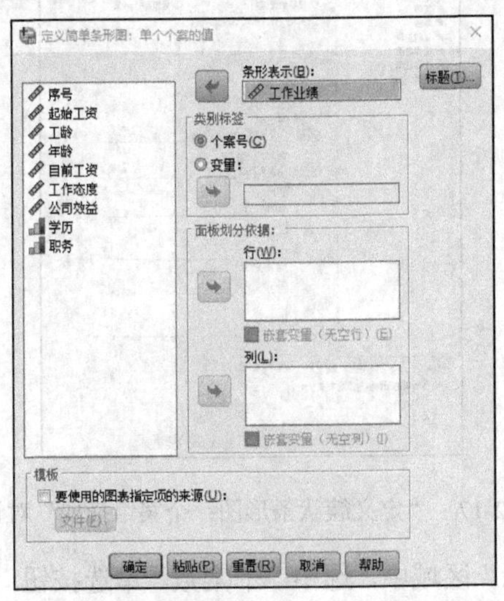

图 12-15　“定义简单条形图：单个个案的值”对话框

Step2：将变量“工作业绩”移入“条形表示”框中，在“类别标签”区域中选中“个案号”单选按钮，其他采用系统默认设置。

Step3：单击“确定”按钮，系统输出结果如图 12-16 所示。

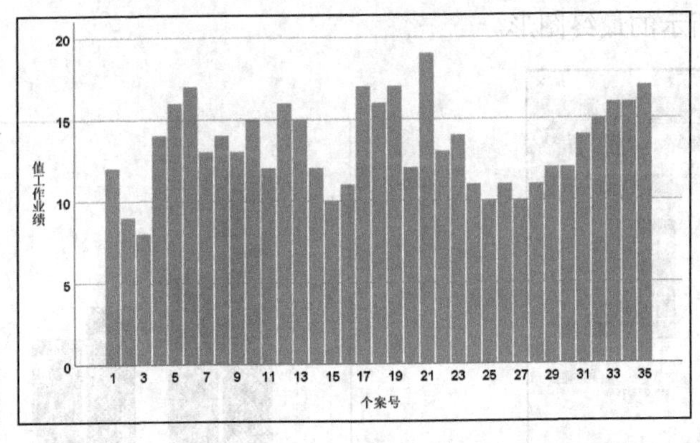

图 12-16　单个个案的值模式简单条形图

（2）簇状条形图的绘制

1）个案组摘要模式。

Step1：打开示例文件 data12-1.sav，进入“条形图”主对话框。

Step2：选择“簇状”条形图和“个案组摘要”数据模式，单击“定义”按钮，弹出图 12-17 所示的“定义簇状条形图：个案组摘要”对话框。

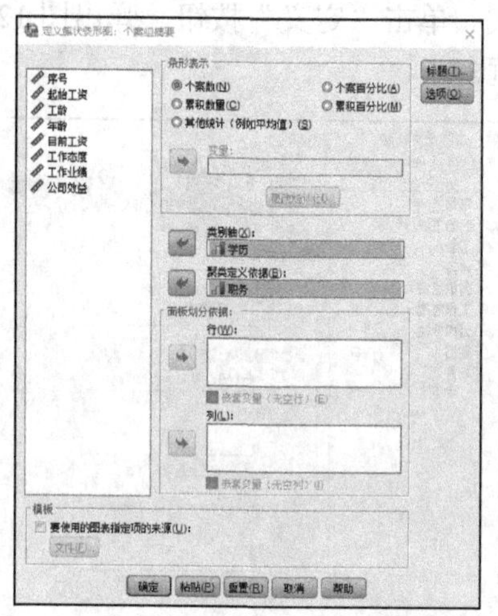

图 12-17 “定义簇状条形图：个案组摘要”对话框

Step3：在“条形表示”区域中，选中“个案数”单选按钮；将变量“学历”移入“类别轴”框中，将变量“职务”移入“聚类定义依据”框中；其他采用系统默认设置。

Step4：单击“确定”按钮，系统输出初始图形。

Step5：进入图形编辑状态，选定条棒，右击，在弹出的快捷菜单中选择“添加数据标签”命令，并在同时打开的属性对话框中选择“填充与边框”选项卡；在“填充与边框”选项卡的“颜色”栏中设置图形颜色和模式，如图 12-18 所示；单击“应用”按钮，得到如图 12-19 所示的最终图形。

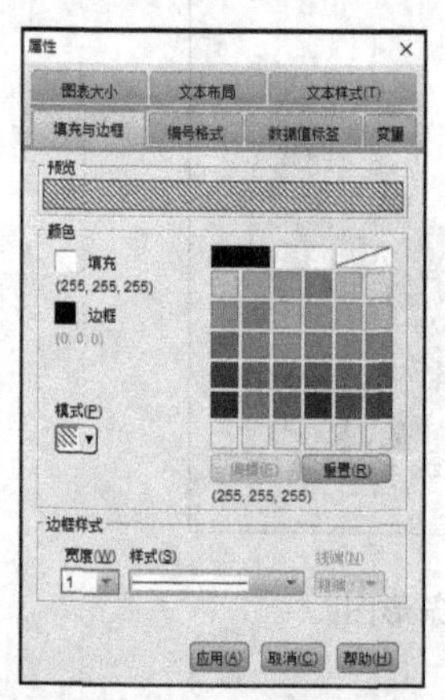

图 12-18 条形图“填充与边框”选项卡

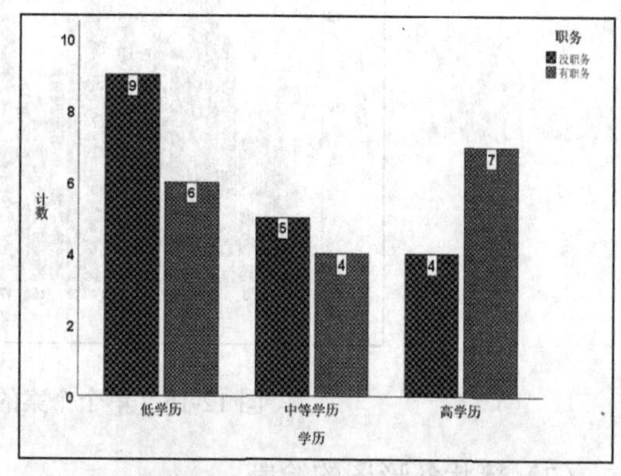

图 12-19 个案组摘要模式簇状条形图

2）单独变量的摘要模式。

Step1：打开示例文件 data12-1.sav，在“条形图”主对话框中选择“簇状”条形图和“单独变量的摘要”数据模式。单击“定义”按钮，弹出图 12-20 所示的“定义簇状条形图：单独变量的摘要”对话框。

Step2：从左边的变量列表中将“起始工资”“目前工资”两个变量移入“条形表示”框中，将变量“职务”移入“类别轴”框中；其他采用系统默认设置。

Step3：单击“确定”按钮，系统输出初始图形。

Step4：进入图形编辑状态，选定条棒，并在同时打开的“属性”对话框中分别选择“填充与边框”“深度和角度”“条形图选项”选项卡，设置图形的输出模式、三维效果、条的宽度以及条与条之间的距离。单击“应用”按钮，修饰后的最终图形如图 12-21 所示。

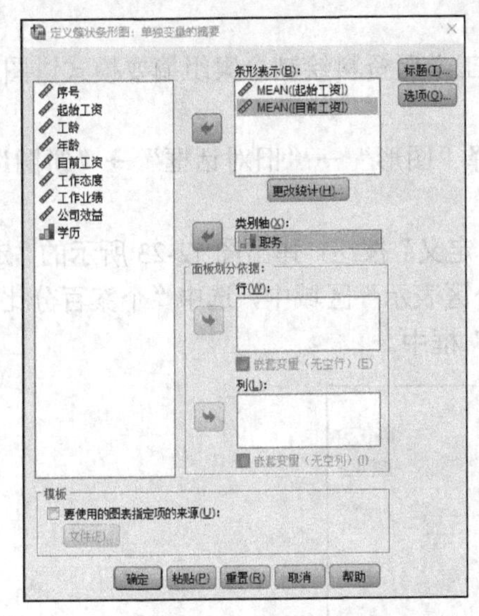

图 12-20　“定义簇状条形图：单独变量的摘要”对话框

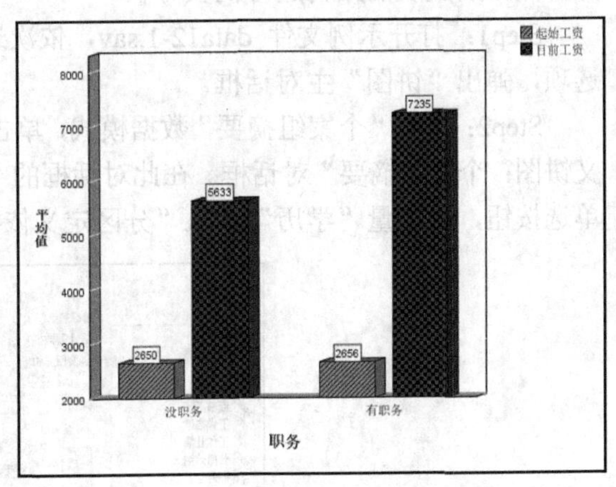

图 12-21　单独变量的摘要模式簇状条形图

以上介绍了五种形式的条形图制作步骤。至于堆积条形图，由于其与簇状条形图的制作界面和操作过程基本相同，故不再对其做进一步介绍。

12.3　饼　　图

饼图也称为圆形图，是用圆形及圆内扇形面积来表示数值大小的图形。饼图主要用于表示总体中各组成部分所占的比例，对于研究结构性问题十分有用，特别适用于反映总体内部各组成部分的构成。饼图只能使用一个数据系列，比较适合数据点较少的情形。

1. SPSS 饼图主对话框的结构与功能

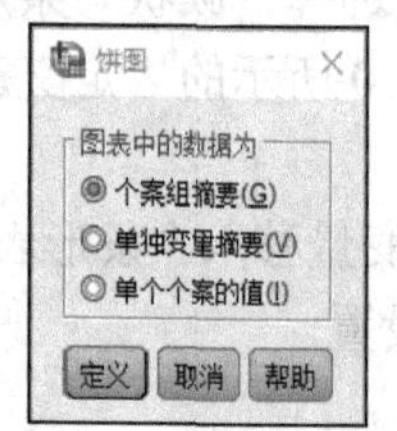

图 12-22 “饼图”主对话框

在数据编辑窗口选择“图形”→“旧对话框”→“饼图”选项，弹出图 12-22 所示的“饼图”主对话框。该对话框提供了绘制饼图的三种数据文件结构模式，即个案组摘要模式、单独变量摘要模式和单个个案的值模式。由于饼图主要适用于表现总体各组成部分的结构，所以在以上三种数据模式中，个案组摘要模式最为常用。三种数据模式的含义与条形图完全相同，这里不再重复。

2. SPSS 绘制饼图的实际操作

【例 12-2】根据数据文件 data12-1.sav 中的职工学历资料绘制个案组摘要模式饼图，并对图形所反映的结构进行简要分析。

Step1：打开示例文件 data12-1.sav，依次选择“图形”→“旧对话框”→“饼图”选项，弹出“饼图”主对话框。

Step2：选择“个案组摘要”数据模式，单击“定义”按钮，弹出图 12-23 所示的“定义饼图：个案组摘要”对话框。在此对话框的“分区表示”区域中，选中“个案百分比”单选按钮，将变量“学历”移入“分区定义依据”框中。

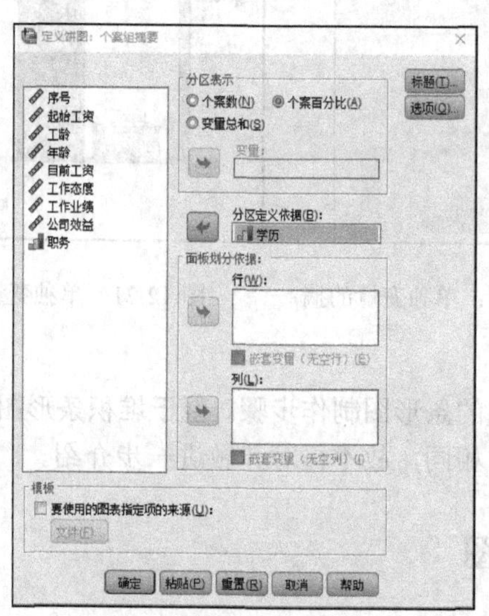

图 12-23 “定义饼图：个案组摘要”对话框

Step3：在图 12-23 所示的对话框中，单击“标题”按钮，进入标题和脚注设置对话框。在该对话框中的标题栏第一行输入“某企业职工学历结构饼图”。单击“继续”按钮，返回主对话框。

Step4：单击“确定”按钮，系统输出的初始图形如图 12-24 所示。

Step5：添加数据标签，并分离低学历饼块。进入图形编辑状态，选择饼图右击，在弹出的快捷菜单中选择“显示数据标签”命令；选定图形中的低学历饼块，右击，在弹出的快捷菜单中选择“分解分区”命令；单击“应用”按钮，修饰后的图形如图 12-25 所示。

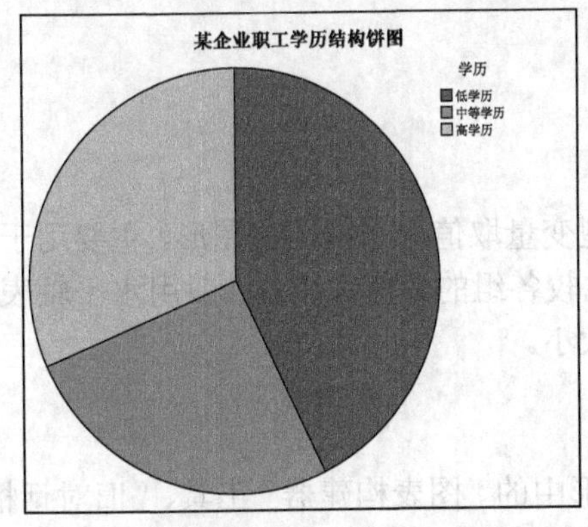

图 12-24 初始饼图

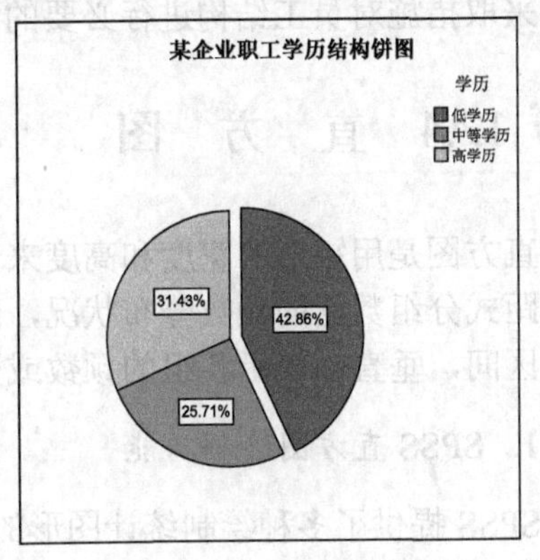

图 12-25 修饰后的饼图

如果要改变图表类型，制作三维效果饼图，则可以进入图形编辑状态，选定所有饼块，右击，打开“属性”对话框完成以下操作。

Step1：在“属性”对话框中单击“深度与角度”选项卡，如图 12-26 所示。在此选项卡中的“效应”区域中，选择“三维”图表类型，并在下面的“深度（%）”文本框中输入 18。单击“应用”按钮使其生效。

Step2：在“属性”对话框中单击“填充与边框”选项卡，在该选项卡的“颜色”区域中设置每个饼块的颜色和显示模式。设置完毕，单击“应用”按钮，最终完成的图形如图 12-27 所示。

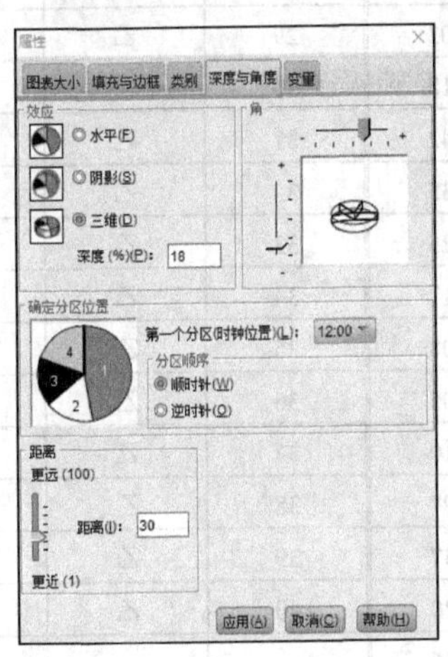

图 12-26 “深度与角度”选项卡

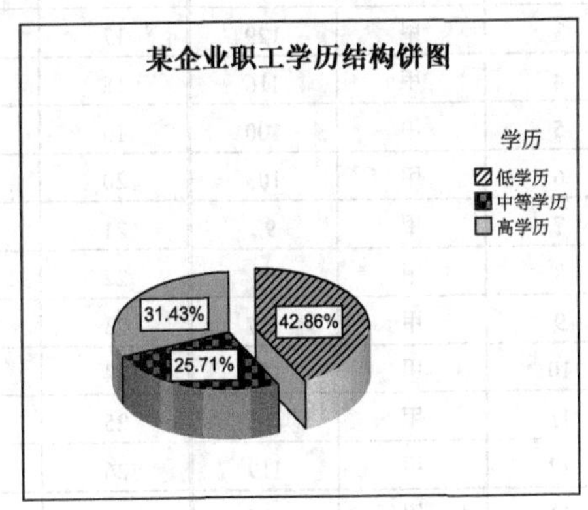

图 12-27 三维效果饼图

由图 12-27 可以看出，本例中的员工整体学历结构特征为，低学历人员所占比例最高，为 42.86%；其次是高学历，所占比例为 31.43%；中等学历人员所占比例最低，仅为 25.71%。实际中应把员工结构与企业对各类人员的实际需要相比较，如果能满足实际需求，则可维持现有的员工结构现状；如果不能满足企业对各类人员的实际需求，就需要采取措施对员工结构进行必要的调整。

12.4 直　方　图

直方图是用矩形的宽度和高度来表示连续型变量取值分布特征的图形，主要用于表现组距式分组数据的频数分布状况，也可用于比较各组的数值大小。一般用水平轴表示各组区间，垂直轴表示各组的频数或数据量的大小。

1. SPSS 直方图绘制功能

SPSS 提供了多种绘制统计图形的工具。图形中的“图表构建器”工具、“旧对话框”工具以及频数分析过程均可以绘制直方图。各种工具绘制直方图的界面虽有所不同，但在图形元素设置上大同小异，其中用“旧对话框”工具绘制直方图最为简单方便，所以本节只介绍通过“旧对话框”工具绘制简单直方图的基本过程。

2. SPSS 绘制直方图的实际操作

【例 12-3】某行业管理局 40 个企业 2019 年的利润额数据如表 12-1 所示，所建立的 SPSS 数据文件命名为 data12-2.sav。利用 SPSS“旧对话框”工具绘制该管理局 40 个企业的利润额直方图，并做简要分析。

表 12-1　某管理局 40 个企业 2019 年的利润额数据　　单位：万元

企业序号	所在地区	利润额	企业序号	所在地区	利润额	企业序号	所在地区	利润额
1	甲	152	15	甲	103	29	乙	108
2	甲	124	16	甲	118	30	乙	97
3	甲	129	17	甲	142	31	乙	88
4	甲	116	18	甲	135	32	乙	123
5	甲	100	19	甲	125	33	乙	115
6	甲	103	20	甲	117	34	乙	119
7	甲	92	21	乙	108	35	乙	138
8	甲	95	22	乙	105	36	乙	146
9	甲	127	23	乙	110	37	乙	113
10	甲	104	24	乙	107	38	乙	126
11	甲	105	25	乙	137	39	乙	114
12	甲	119	26	乙	120	40	乙	136
13	甲	115	27	乙	136			
14	甲	87	28	乙	117			

Step1：打开示例文件 data12-2.sav，依次选择“图形”→“旧对话框”→“直方图”选项，弹出图 12-28 所示的“直方图”设置主对话框。

Step2：将变量“利润额”移入“变量”框中，并选中“显示正态曲线”复选框，单击“确定”按钮，系统输出初始直方图形。

Step3：对初始图形进行修饰。进入图形编辑状态，添加数据标签；弹出直方图“属性”对话框，选中“分箱化”选项卡，如图 12-29 所示。在此选项卡的“X 轴”区域中依次选中“定制”→“区间宽度”单选按钮，并在“区间宽度”文本框中输入合适的区间宽度值（直方图每个矩形的宽度值）。本例合适的区间宽度值为 10。也可以选择“区间数量”进行设置。

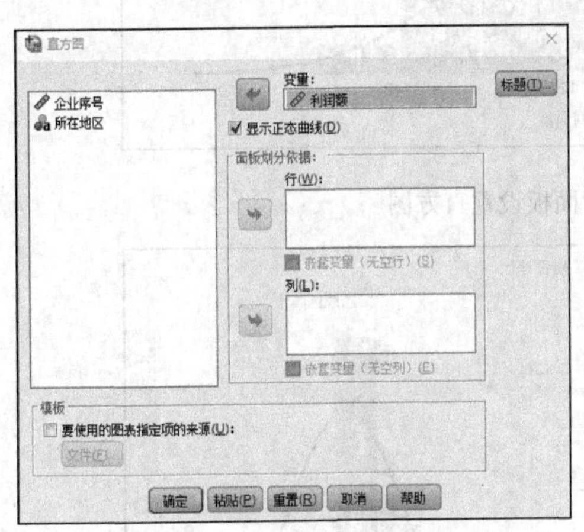

图 12-28　“直方图”设置主对话框

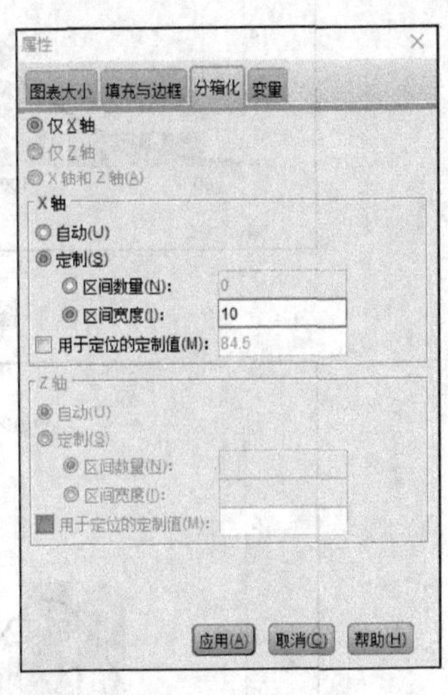

图 12-29　“分箱化”选项卡

Step4：设置完毕，单击“应用”按钮，修饰后的最终图形如图 12-30 所示。

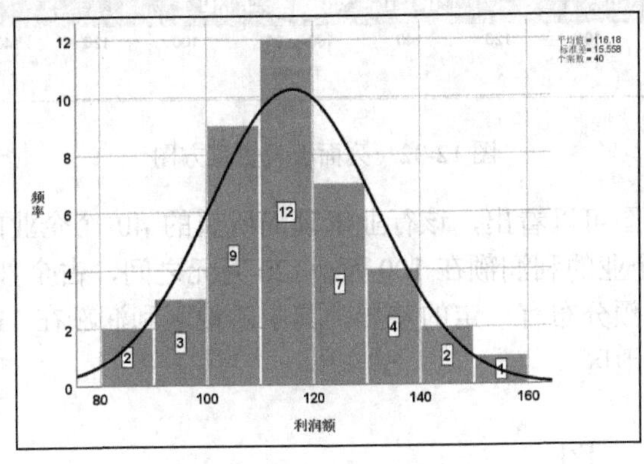

图 12-30　利润额直方图

Step5：如果要绘制分地区的利润额直方图，就需要在“直方图”主对话框中设置面板变量，即把“地区”变量移入“面板划分依据”区域中的“行”框或“列”框中，其他设置不变。修改后的结果如图 12-31 和图 12-32 所示。

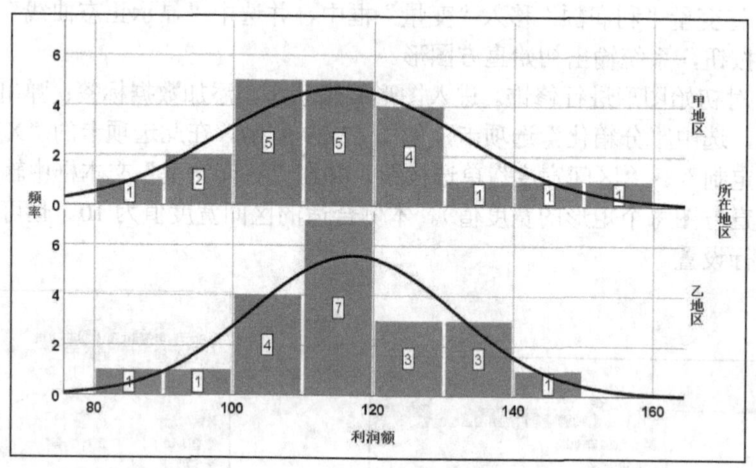

图 12-31　行面板设置直方图

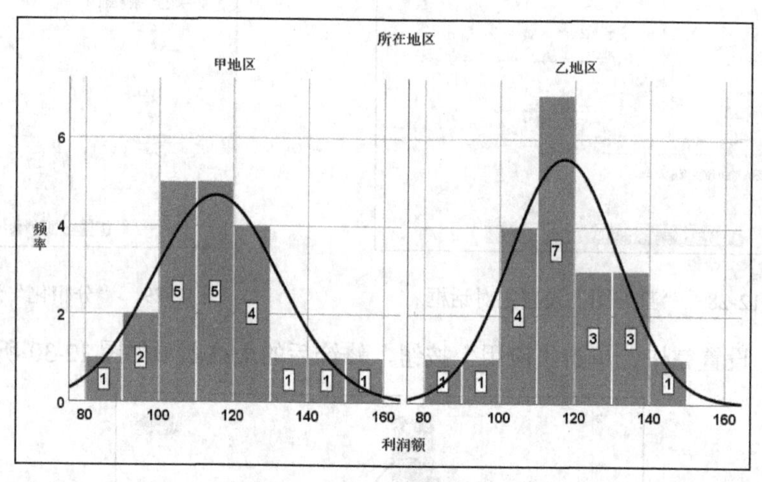

图 12-32　列面板设置直方图

由以上几组直方图可以看出，该行业管理局所属的 40 个企业的利润额整体上接近正态分布，有 21 个企业的利润额在 100 万～120 万元之间，占全部企业总数的 52.5%。从不同地区看，利润额分布有一定的差异，其中乙地区利润额在 110 万～120 万元之间的企业数明显多于甲地区。

12.5　箱　　图

箱图（boxplots）又称箱线图，是由一组数据的五个特征值绘制而成的像箱子一样

的图形，由一个箱子和两条线段组成，用于反映数据的分布特征。箱图在比较两组或者两组以上的观测值分布状况时尤其有用，另外，箱图也可以用于判断离群值（或者极端值）。

根据箱图判断数据分布特征主要是通过与标准正态分布的比较来完成。对于标准正态分布只有 0.7%的值是异常值，中位数位于上下四分位数的中央，箱图的箱子关于中位线对称，且两端须线长度相等。因此，如果数据异常值出现于一侧的概率越大，中位数就越偏离上下四分位数的中心位置，两端须线长度的差值也会越大，数据分布偏态性也越强。若异常值集中在较小值一侧，则分布呈现左偏态；若异常值集中在较大值一侧，则分布呈现右偏态。

箱图美中不足之处在于它不能提供关于数据分布的精确度量，对于批量较大的数据，箱图反映的形状信息更加模糊。因此，实际中在描述数据的分布特征时可以将箱图和其他描述性工具，如均值、标准差、偏度分布函数等结合起来。

1. SPSS 箱图主对话的结构与功能

使用 SPSS 绘制箱图，既可以由“探索”分析过程来完成，也可以由“图形”菜单来完成。根据“探索”分析过程绘制箱图的方法在 10.2 节中已有介绍。

SPSS“图形”菜单中的“箱图”主对话框如图 12-33 所示。在此对话框中，有两种类型的箱图，即简单图和簇状图，其数据组织模式也有两种即个案组摘要模式与单独变量的摘要模式。两者结合起来，所绘制的箱图共有以下四种。

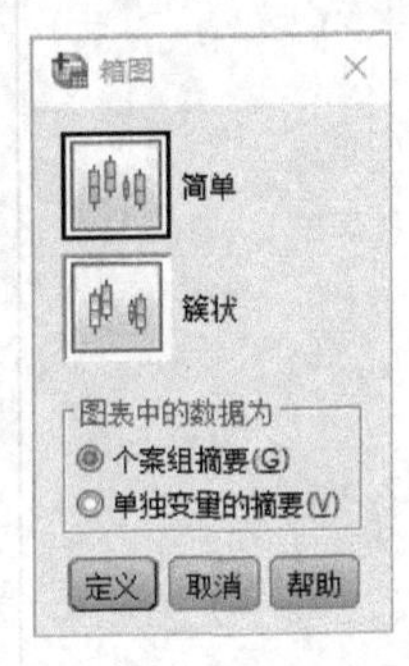

图 12-33　“箱图”主对话框

1）个案组摘要简单箱图：根据某一分类变量的不同取值，分组绘制分析变量的箱图，需要指定一个分类变量作为类别轴变量。

2）单独变量的摘要简单箱图：绘制多个变量的数据分布箱图，需要同时指定多个数值型绘图变量。

3）个案组摘要簇状箱图：根据某一分类变量的不同取值，分组绘制分析变量按某一类别变量分组的比较箱图，需要指定一个数值型绘图变量、一个类别轴变量和一个分群变量。

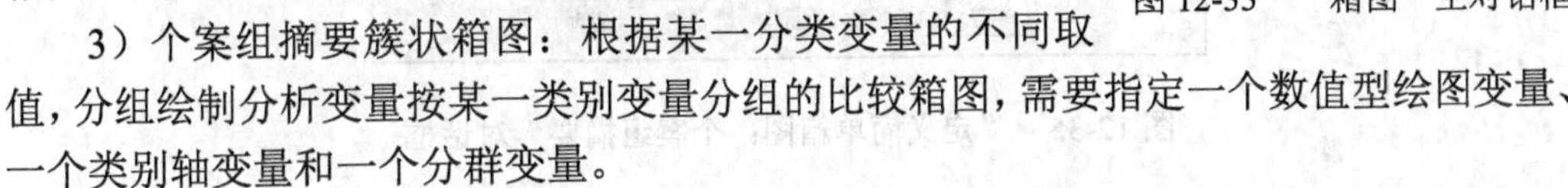

4）单独变量的摘要簇状箱图：根据某一分类变量的不同取值，分组绘制多个变量的比较箱图，需要指定一个分类变量和多个数值型绘图变量。

2. SPSS 绘制箱图的实际操作

【例 12-4】数据文件 data12-3.sav 是我国 1978～2019 年的国内生产总值及第一、二、三产业的增加值资料，数据格式如图 12-34 所示。利用 SPSS 绘制不同形式的箱图以反映我国改革开放以来经济发展数据的分布特征。

	名称	类型	宽度	小数位数	标签	值	缺失	列	对齐	测量	角色
1	年份	字符串	22	0		无	无	13	右	名义	输入
2	国内生产总值（亿元）	数字	11	1		无	无	15	右	标度	输入
3	第一产业增加值（亿...	数字	11	1		无	无	16	右	标度	输入
4	第二产业增加值（亿...	数字	11	1		无	无	15	右	标度	输入
5	第三产业增加值（亿...	数字	11	1		无	无	14	右	标度	输入
6	时段	数字	1	0		{1, 1978-19...	无	8	右	名义	输入
7											

图 12-34　数据文件 data12-3.sav 的数据格式

（1）个案组摘要模式简单箱图

Step1：打开示例文件 data12-3.sav，依次选择“图形”→“旧对话框”→“箱图”选项，弹出“箱图”主对话框。

Step2：选择“简单”图式和“个案组摘要”数据模式，单击“定义”按钮，弹出图 12-35 所示的对话框。

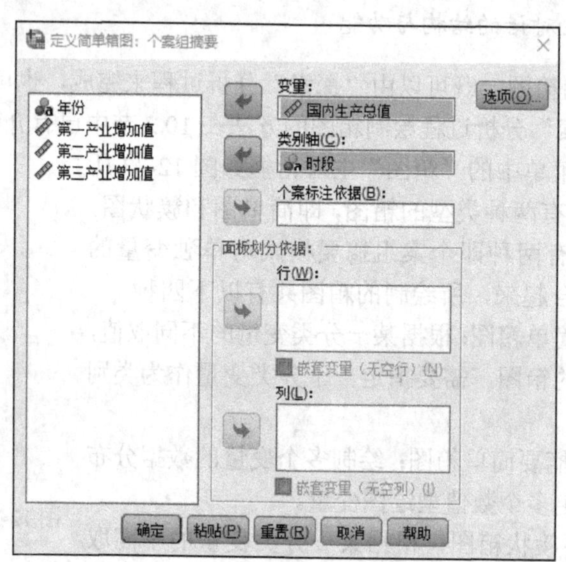

图 12-35　“定义简单箱图：个案组摘要”对话框

Step3：将变量“国内生产总值”移入“变量”框中，将变量“时段”移入“类别轴”框中。“选项”工具采用系统默认设置，单击“确定”按钮，系统输出初始图形。

Step4：进入图形编辑状态，右击，在弹出的快捷菜单中选择“添加标题”命令，在标题文本框内输入“1978～2019 年我国不同时段国内生产总值箱图”。输入完毕，关闭图形编辑器，最终图形如图 12-36 所示。

由图 12-36 可以看出，改革开放以来，我国国内生产总值随时间推移，呈明显增长态势，并且各年增长幅度越来越大，但各时段的数据分布均没有离群点，说明我国经济发展过程中没有出现大起大落的现象，总体上平稳上升。

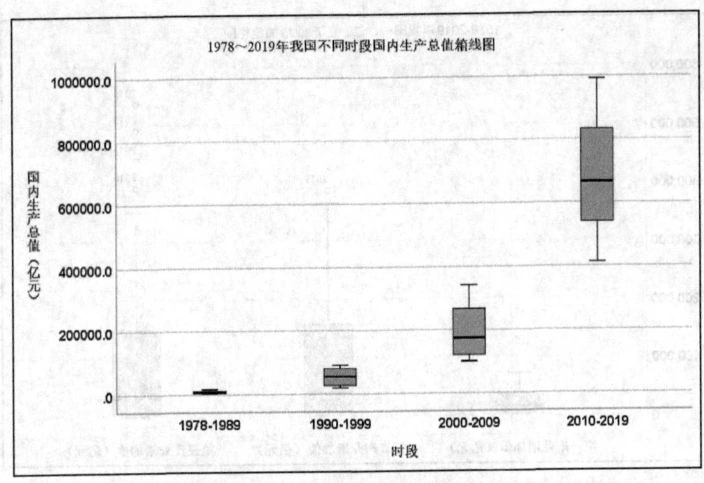

图 12-36　个案组摘要模式简单箱图

（2）单独变量的摘要模式简单箱图

Step1：打开示例文件 data12-3.sav，进入“箱图”主对话框；选择“简单”图式和“单独变量的摘要”数据模式；单击“定义”按钮，弹出图 12-37 所示的对话框。

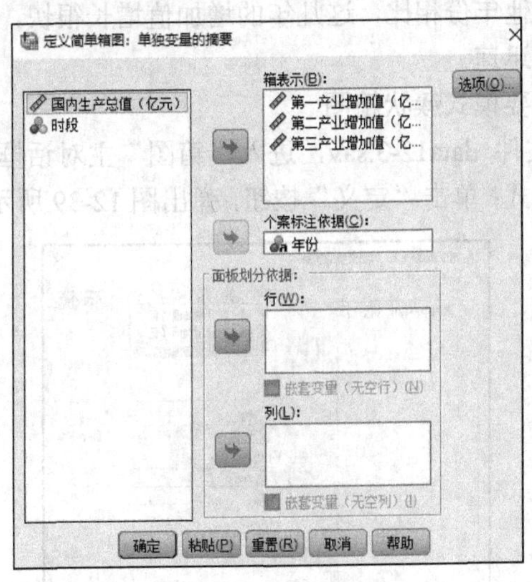

图 12-37　“定义简单箱图：单独变量的摘要”对话框

Step2：将变量“第一产业增加值”“第二产业增加值”“第三产业增加值”移入“箱表示”框中，将“年份”移入“个案标注依据”框中。“选项”工具采用系统默认设置，单击“确定”按钮，系统输出初始结果。

Step3：按上述方法给图形添加标题，最终图形如图 12-38 所示。

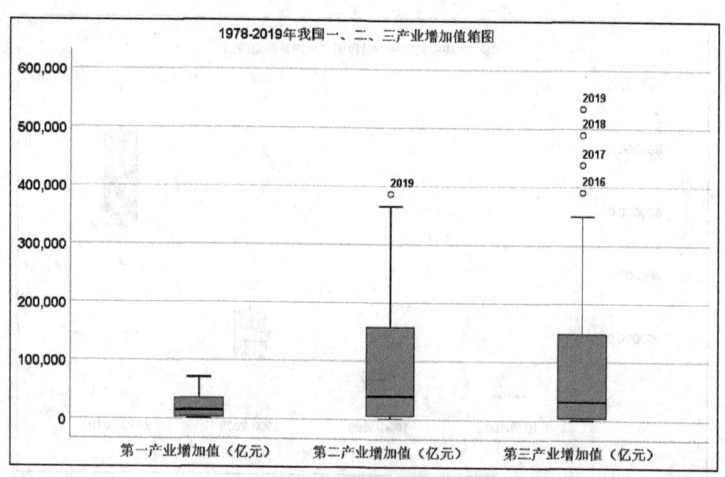

图 12-38　单独变量的摘要模式简单箱图

由图 12-38 可以看出，改革开放以来，我国三大产业增加值的分布特征是，第一产业增加值整体偏低，且各年数据差异不大，说明第一产业发展缓慢；第二、三产业增加值的分布特征相似，且各年数据变化较大，特别是 2016 年以后，各年增加值数据均落在了离群区域，即与其他年份相比，这几年的增加值增长很快，这一特征表明，我国第二、三产业近年来发展迅速。

（3）单独变量的摘要模式簇状箱图

Step1：打开示例文件 data12-3.sav，进入“箱图”主对话框；选择“簇状”和“单独变量的摘要”数据模式；单击“定义”按钮，弹出图 12-39 所示的对话框。

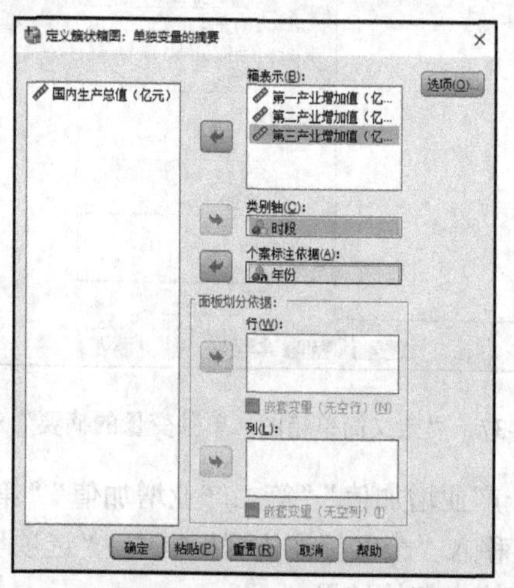

图 12-39　“定义簇状箱图：单独变量的摘要”对话框

Step2：将变量“第一产业增加值”“第二产业增加值”“第三产业增加值”全部移入

“箱表示”框中，作为绘图变量；将“时段”变量移入“类别轴”框中，作为分组绘制图形的依据，将“年份”变量移入“个案标注依据”框中。“选项”工具采用系统默认设置。

Step3：单击“确定”按钮，系统输出的结果如图 12-40 所示。

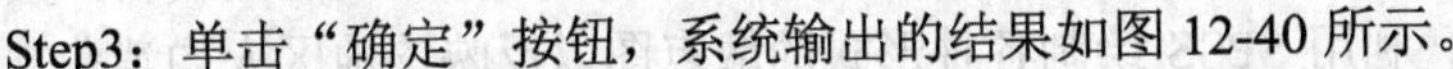

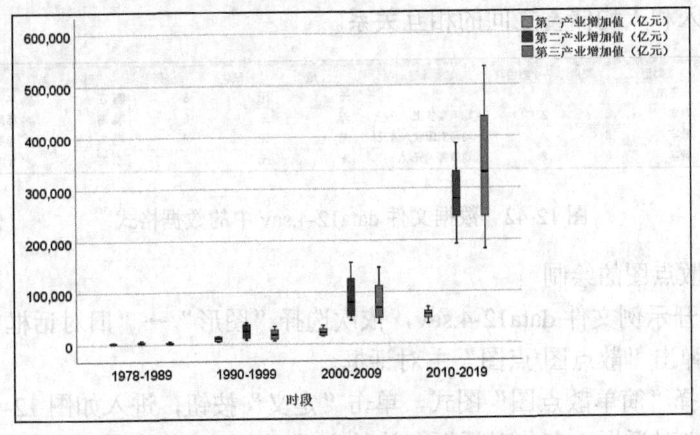

图 12-40　单独变量的摘要模式簇状箱图

图 12-40 所示是我国第一、二、三产业不同时段增加值的分布箱图。从图中可以看出，改革开放以来，随着时间的推移，我国第一、二、三产业的增加值均表现出增加态势，但增长程度明显不同，其中第一产业增长缓慢，第二、三产业增长较快。

12.6　散　点　图

散点图是用来表现两个变量或多个变量之间有无相关关系的统计图，也可用于描述测量数据的原始分布状况。在 SPSS 26.0 中有五种散点图，即简单散点图、矩阵散点图、简单点图、重叠散点图以及三维散点图。各种散点图在制作和应用上均有一定的特点。

1. SPSS 散点图主对话框的结构与功能

在数据编辑窗口选择“图形”→“旧对话框”→“散点图/点图”选项，弹出图 12-41 所示的“散点图/点图”主对话框。

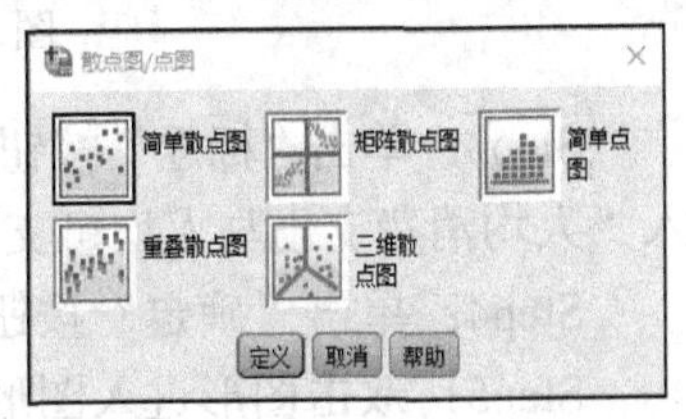

图 12-41　“散点图/点图”主对话框

该对话框提供了五种不同的散点图图式，各种图式对应的散点图依次为简单散点图、矩阵散点图、简单点图，重叠散点图和三维散点图。

根据分析目的选择相应的散点图图式后，单击“定义”按钮，便可进入所选图式的设置对话框。

2. SPSS 绘制散点图的实际操作

【例 12-5】数据 data12-4.sav 是某地区 2008～2019 年的居民生活有关资料，其数据格式如图 12-42 所示。利用 SPSS 绘制各种形式的散点图以反映该地区人均消费支出、人均可支配收入和人均储蓄之间的相互关系。

	名称	类型	宽度	小数位数	标签	值	缺失	列	对齐	测量	角色
1	年份	字符串	9	0		无	无	8	左	名义	输入
2	x1	数字	8	2	人均消费支出（元/人）	无	无	8	右	标度	输入
3	x2	数字	8	2	人均可支配收入（元/...	无	无	8	右	标度	输入
4	x3	数字	8	2	人均储蓄（元/人）	无	无	8	右	标度	输入

图 12-42　数据文件 data12-4.sav 中的数据格式

（1）简单散点图的绘制

Step1：打开示例文件 data12-4.sav，依次选择“图形”→“旧对话框”→“散点图/点图”选项，弹出“散点图/点图”主对话框。

Step2：选择“简单散点图”图式，单击“定义”按钮，进入如图 12-43 所示的“简单散点图”定义对话框。在此对话框左边的变量列表中，将变量“人均消费支出[x1]”移入“Y 轴”框中，将变量“人均可支配收入[x2]”移入“X 轴”框中。

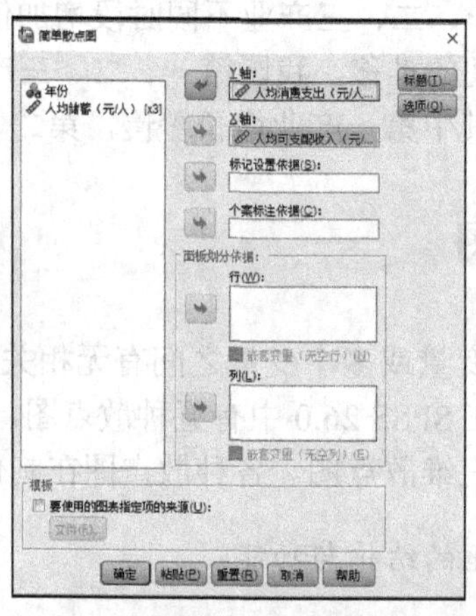

图 12-43　“简单散点图”定义对话框

Step3：单击“标题”按钮，进入标题和脚注设置对话框，在其中的标题栏第一行输入“人均消费支出与人均可支配收入相关图”。单击“继续”按钮，返回主对话框。

Step4：单击“确定”按钮，系统输出初始图形。

Step5：双击图形进入图形编辑状态，选定 *Y* 轴，在同时打开的“属性”对话框中，选择“编号格式”选项卡，如图 12-44 所示，在此选项卡中将坐标轴的小数位设为 0，单击“应用”按钮，使其生效。同理可将 *X* 轴的数字格式进行调整。最终图形如图 12-45 所示。

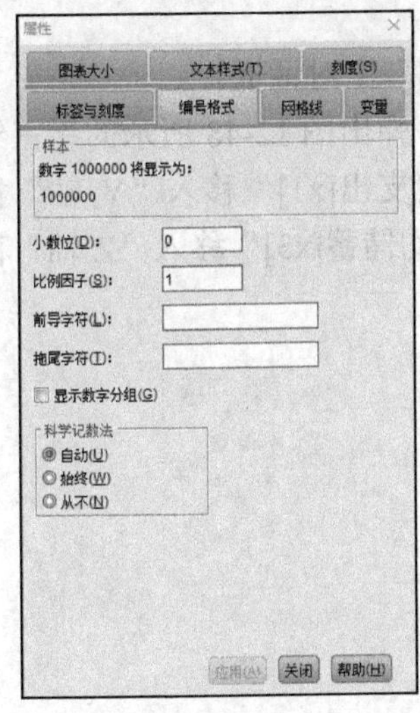

图 12-44　设置坐标轴格式

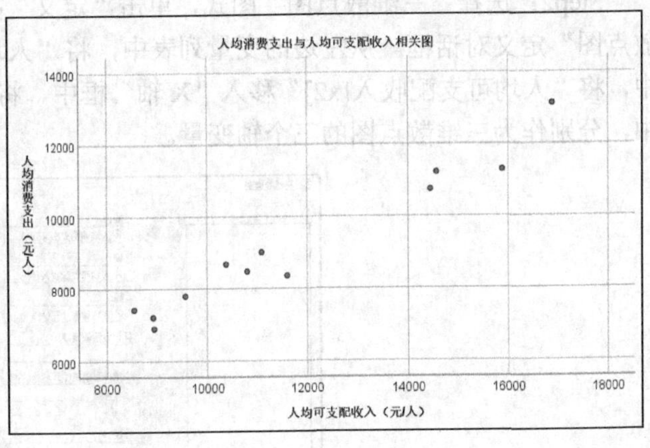

图 12-45　简单散点图

（2）矩阵散点图的绘制

Step1：打开示例文件 data12-4.sav，进入"散点图/点图"主对话框。

Step2：选择"矩阵散点图"图式，单击"定义"按钮，弹出图 12-46 所示的"散点图矩阵"定义对话框。在对话框左边的变量列表中，将变量"人均消费支出[x1]""人均可支配收入[x2]""人均储蓄[x3]"全部移入"矩阵变量"框中。

Step3：单击"确定"按钮，系统输出结果如图 12-47 所示。

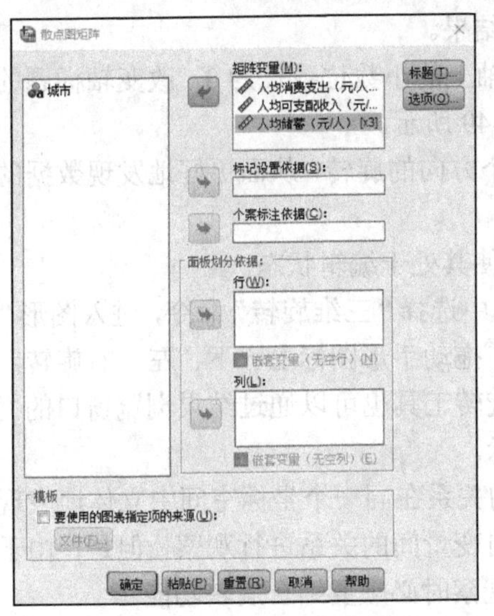

图 12-46　"散点图矩阵"定义对话框

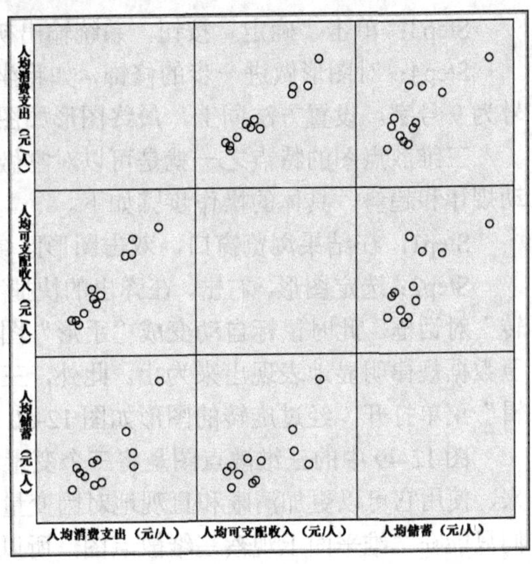

图 12-47　矩阵散点图

（3）三维散点图的绘制

Step1：打开示例文件 data12-4.sav，进入“散点图/点图”主对话框。

Step2：选择“三维散点图”图式，单击“定义”按钮，弹出图 12-48 所示的“三维散点图”定义对话框。从左边的变量列表中，将“人均消费支出[x1]”移入“Y 轴”框中，将“人均可支配收入[x2]”移入“X 轴”框中，将“人均储蓄[x3]”移入“Z 轴”框中，分别作为三维散点图的三个轴变量。

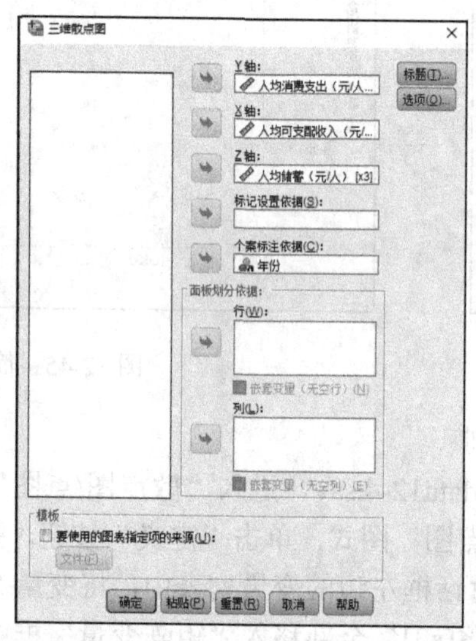

图 12-48　“三维散点图”定义对话框

Step3：单击“确定”按钮，系统输出初始结果。

Step4：对图形做进一步的修饰，如将坐标轴上的小数位数设为 0，改变轴标题的字号为 9 号字。设置方法同上，最终图形如图 12-49 所示。

三维散点图的特点之一就是可以对它做各个方向的旋转，从而更好地发现数据的变动规律和趋势。具体的操作步骤如下。

Step1：在结果浏览窗口，双击图形区域，使其处于编辑状态。

Step2：选定图形，右击，在弹出的快捷菜单中选择“三维旋转”命令，进入图形“旋转”对话框。此时鼠标自动变成“手形”图标，拖动手形图标上、下、左、右旋转，直至数据规律明显地表现出来为止。此外，三维旋转工具也可以通过结果浏览窗口的“编辑”菜单打开。经过旋转的图形如图 12-50 所示。

图 12-49 中的三维散点图是将三个变量间的关系在同一个坐标空间中立体地表现出来，使用它可以更加清晰和直观地对因变量与自变量间的关系进行观察，但是，由于我们只能在二维平面上观察三维散点图，所以在观察时必须要结合旋转功能。

由图 12-50 可知，绝大部分散点集中在空间中的一条直线上，但有一个点偏离了集中趋势，即出现异常值。图中已经使用“显示数据标签”功能标出其年份为 2017 年。

通过 2017 年实际数据的复查，发现该地区 2017 年的人均储蓄相对于其人均可支配收入确实偏低。该地区 2017 年的人均可支配收入为 15882 元/人，位居所有年份中的第二名，但其人均储蓄仅为 23257.46 元/人，在所有年份中位居第六名。

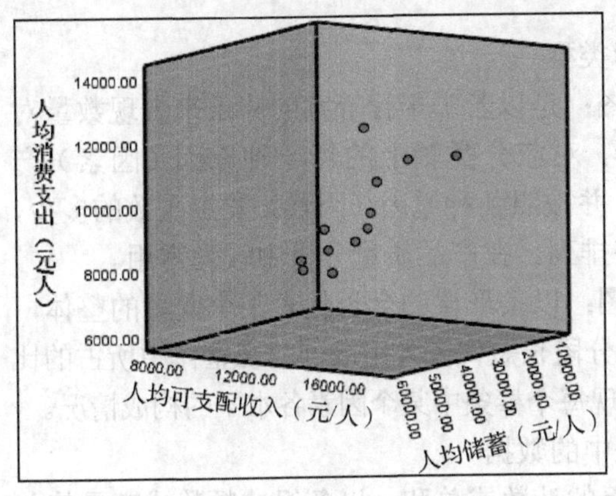

图 12-49　三维散点图

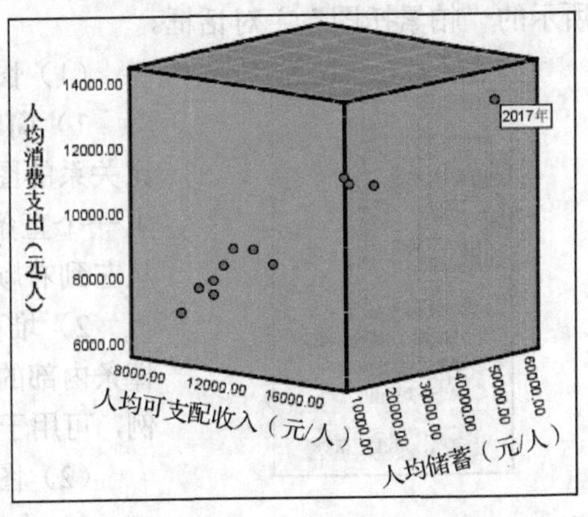

图 12-50　旋转后的三维散点图

12.7 排　列　图

排列图，又称帕累托（Pareto）图，全称为主次因素排列图。排列图主要是通过对产品质量数据进行分类和排序，寻找造成产品质量问题的主要原因或关键因素。图形由原因（因素）条形图和相应的累计百分比折线图组成，如图 12-51 所示。在分析过程中，通常把原因或因素按累计百分比分成三类：对应于累计百分比 0%～80%范围内的原因为 A 类，即主要原因或因素；对应于累计百分比 80%～90%范围内的原因为 B 类，即次要原因或因素；对应于累计百分比 90%～100%范围内的原因为 C 类，即一般原因或因素。

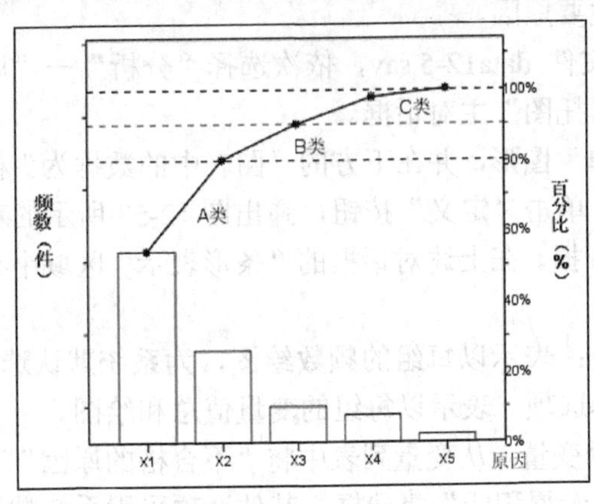

图 12-51　排列图

1. SPSS排列图主对话框的功能与结构

在数据编辑窗口依次选择“分析”→“质量控制”→“帕累托图”选项，弹出图12-52所示的“帕累托图”主对话框。

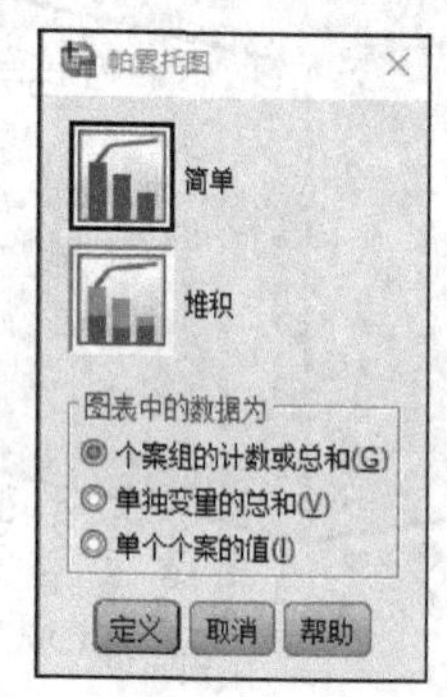

图12-52 “帕累托图”主对话框

（1）图形类型

1）简单图：是以若干平行等宽的棒条来表现数量对比关系的图形，对应分类轴上的每一种原因（因素）产生一个直条，并按照各种原因（因素）发生次数的多少，从左到右顺序排列。在产品质量分析中较为常用。

2）堆积图：以条形棒的全长代表某个变量的整体，棒条内部的各分段长短代表各组成部分在整体中所占的比例，可用于表现每个棒条中某个因素各水平的构成情况。

（2）图表中的数据

1）个案组的计数或总和：以各组的频数或变量值总和为依据绘制图形，需要设置分组（分类）变量。

2）单独变量的总和：以不同变量的汇总为依据绘制图形。对应每个变量生成一个棒条，至少需要两个或两个以上变量才能生成图形。

3）单个个案的值：以个体观察值为依据绘制图形。对应分类轴变量中每一观测值生成一个棒条。

2. SPSS绘制排列图的实际操作

【例12-6】某企业4月份在产品质量检验中发现有质量问题的产品多达486件，该结果引起了厂领导的高度重视，随即安排人力对每件产品的不合格原因进行调查，调查结果形成名为data12-5.sav的SPSS数据文件。根据该数据文件绘制排列图，并分析出现大量不合格产品的主要原因。

Step1：打开示例文件data12-5.sav，依次选择“分析”→“质量控制”→“帕累托图”选项，弹出“帕累托图”主对话框。

Step2：选择“简单”图形，并在下方的“图表中的数据为”框中选中“个案组的计数或总和”单选按钮。单击“定义”按钮，弹出图12-53所示的对话框。

Step3：指定绘图依据。在上述对话框的“条形表示”区域中有两个选项，用于指定绘制图形的数据对象。

1）“计数”单选项：表示以每组的频数绘图，为系统默认选项，本例也选择此项。

2）“变量总和”单选项：表示以每组的变量值总和绘图。

Step4：指定分类轴变量。从变量列表中将“不合格的原因”变量移入“类别轴”框中，并选中下方的“显示累积线”复选框。其他选项采用系统默认设置，单击“确定”按钮，生成初始图形。

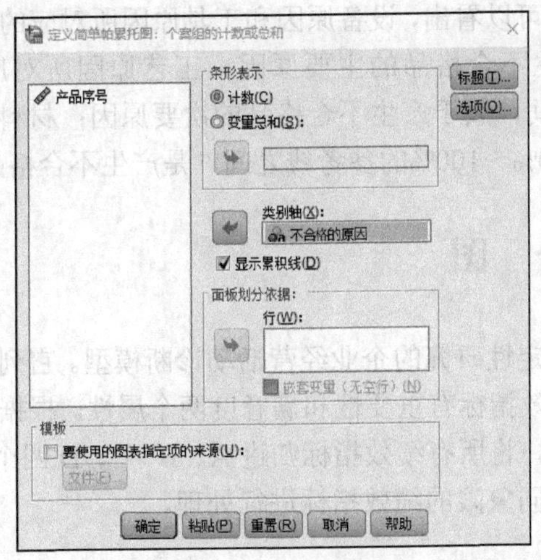

图 12-53　“定义简单帕累托图：个案组的计数或总和”对话框

Step5：图形修饰。在图形输出窗口双击图形，使其处于编辑状态，然后对图形做如下修饰：

1）右击，在弹出的快捷菜单中选择“添加标记”命令；

2）选中网格线，在工具栏中单击“线条和边框颜色”工具右侧的下拉按钮，在下拉列表中选择“白色”选项，使图形不显示网格线。也可以在选中网格线后，右击，在弹出的“属性”对话框中设置网格线颜色。

3）添加累计百分比的 80%、90%、100%三条参考线。具体方法是激活图形后，右击，在弹出的快捷菜单中选择“添加 Y 轴”参考线。选中参考线移动至累计百分比 80%的位置，按同样的方法在 *Y* 轴上添加第二条、第三条参考线，并将他们分别拖动至累计百分比 90%和 100%的位置。最终结果如图 12-54 所示。

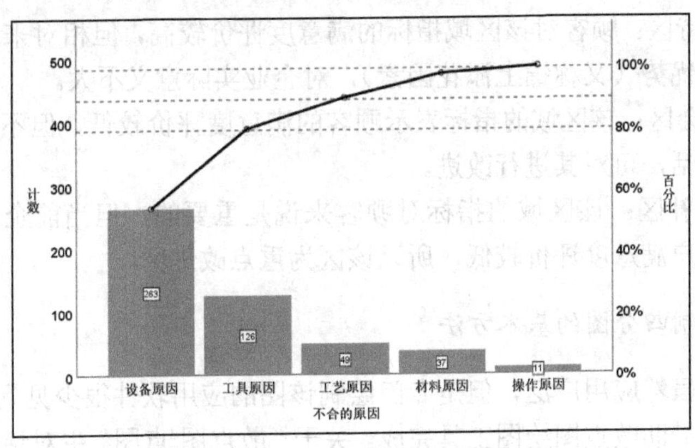

图 12-54　修饰后的排列图

由修饰后的排列图可以看出，设备原因和工具原因所对应的累计百分比线对应 80%参考线以内，属于产生不合格品的主要原因；工艺原因所对应的累计百分比线对应 80%～90%的参考线之间，属于产生不合格品的次要原因；材料原因和操作原因所对应的累计百分比线对应 90%～100%的参考线之间，是产生不合格品的一般原因。

12.8 四 分 图

四分图是一种偏于定性研究的企业经营活动诊断模型。它列出了企业产品或服务的所有绩效指标，每个绩效指标有重要性和满意度两个属性。根据顾客对该绩效指标的重要程度和满意程度打分，将所有绩效指标归进 A、B、C、D 四个象限内，如图 12-55 所示，然后分别对归入不同象限的绩效指标进行处理。

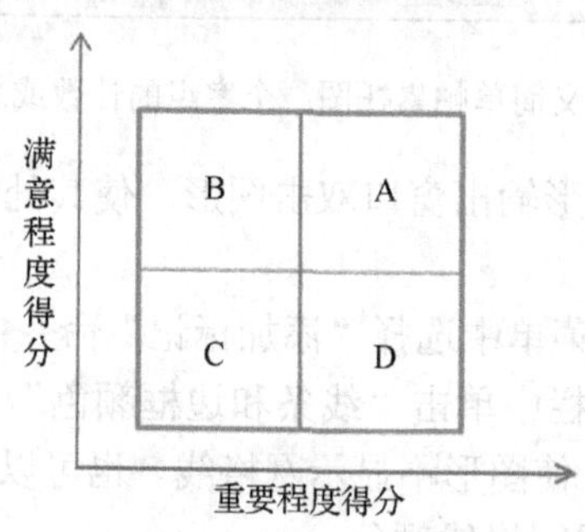

图 12-55 四分图模型

各象限指标的特征如下。

A 区——优势区：该区域的指标对顾客来说，是重要的关键性因素，顾客目前对这些因素的满意度评价也较高，应继续保持。

B 区——维持区：顾客对该区域指标的满意度评价较高，但相对来讲不是最重要的因素，属于次要优势（又称锦上添花因素），对企业实际意义不大。

C 区——机会区：该区域的指标表示顾客的满意度评价较低，但不是最重要的。如果企业有余力的话，可对其进行改进。

D 区——修补区：该区域的指标对顾客来说是重要的，但当前企业在这些方面的表现比较差，客户满意度评价较低，所以该区为重点改进区。

1. SPSS 绘制四分图的基本方法

四分图模型虽然应用广泛，但是专门绘制该图的应用软件很少见到，利用 SPSS 软件绘制四分图可借助散点图绘图工具完成。关于“散点图/点图”主对话框的结构及功能前面已有介绍，这里不再重复。

2. SPSS 绘制四分图的实际操作

【例 12-7】某电信公司为了分析用户对本公司服务的满意程度，通过问卷形式访问了 800 名用户，调查结果经过整理，得到了 14 个服务项目的用户满意度和重要程度得分数据，如表 12-2 所示。根据该数据所建立的 SPSS 数据文件命名为 data12-6.sav。利用 SPSS 绘制四分图，并对该电信公司的经营管理状况进行分析，明确其服务的优劣势。

表 12-2　某电信公司主要服务项目客户满意及指标重要性测评数据

指标项目	服务满意度得分	服务重要程度得分
114 服务电话	3.83	3.72
服务人员服务态度	3.72	4.07
服务人员技术专业性	3.67	3.69
营业厅服务	3.83	3.79
宽带服务	3.56	3.58
手机服务	3.56	3.57
固定电话申请服务	3.49	3.34
10000 客户服务	3.62	3.66
服务计费	3.44	3.72
故障处理	3.37	3.57
开票服务	3.36	3.32
促销活动	3.28	3.21
故障发生	3.56	3.66
投诉处理	3.11	3.71

具体的操作步骤如下。

Step1：数据标准化处理。打开示例文件 data12-6.sav，选择“分析”→“描述统计”→“描述”选项，弹出图 12-56 所示的“描述”主对话框。将“服务满意度得分”和“服务重要程度得分”两个变量移入“变量”框中，选中“将标准化值另存为变量”复选框，单击“确定”按钮，标准化值自动出现在数据编辑窗口。

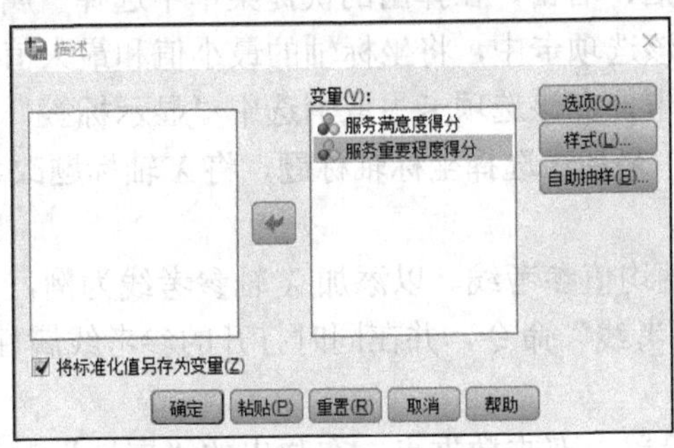

图 12-56　“描述”主对话框

Step2：选择“图形”→“旧对话框”→“散点图/点图”选项，进入“散点图/点图”主对话框。选择“简单散点图”图标，单击“定义”按钮，弹出图 12-57 所示的“简单散点图”定义对话框。

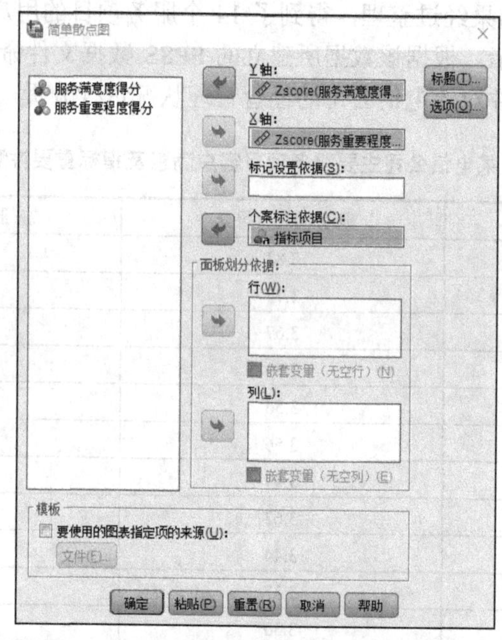

图 12-57 “简单散点图”定义对话框

Step3：指定作图变量。将变量“Zscore（服务满意度得分）”移入“Y 轴”框中，将变量“Zscore（服务重要程度得分）”移入“X 轴”框中，将变量“指标项目”移入“个案标注依据”框中。

Step4：单击“确定”按钮，完成基本操作。

Step5：加工处理图形。双击图形，使其处于编辑状态，完成以下操作：

1）坐标轴处理。选定 X 轴或 Y 轴，在自动打开的坐标轴属性窗口（如果该窗口未自动打开，选定坐标轴后，右击，在弹出的快捷菜单中选择“属性”命令）中，首先选择“刻度”选项卡，在该选项卡中，将坐标轴的最小值和最大值设置为对称；然后，选择“标签与刻度”选项卡，在该选项卡中取消选中“显示标签”和“显示刻度标记”复选框，如图 12-58 所示；最后，选择坐标轴标题，将 X 轴标题改为“重要程度”，Y 轴标题改为“满意程度”。

2）添加 X 轴、Y 轴均值参考线。以添加 X 轴参考线为例，右击，在弹出的快捷菜单中选择“添加 X 轴参考线”命令，并在同时打开的参考线属性对话框中选择参考线，将其位置设置为“0”。

3）图形及其标签设置。双击数据点，在弹出的“属性”对话框中，将图形标记设置为实心菱形图案；选中数据点，右击，在弹出的快捷菜单中选择“显示数据标签”命令，并在弹出的“属性”对话框中，选择“数据值标签”选项卡，并在此选项卡中，按照图 12-59 所示的设置，设定标签位置和相关选项，并单击“应用”按钮。

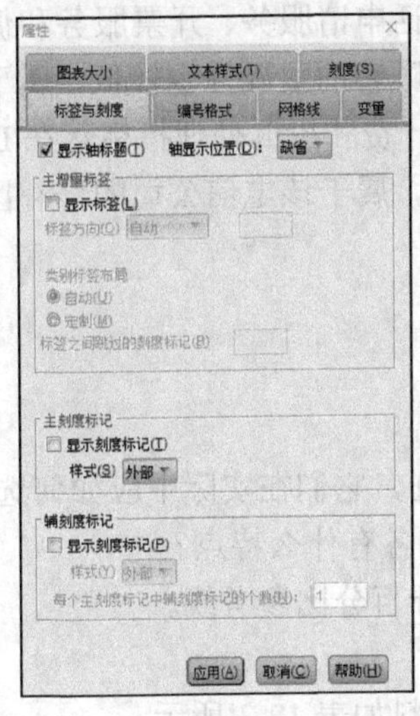

图 12-58　“标签与刻度”选项卡

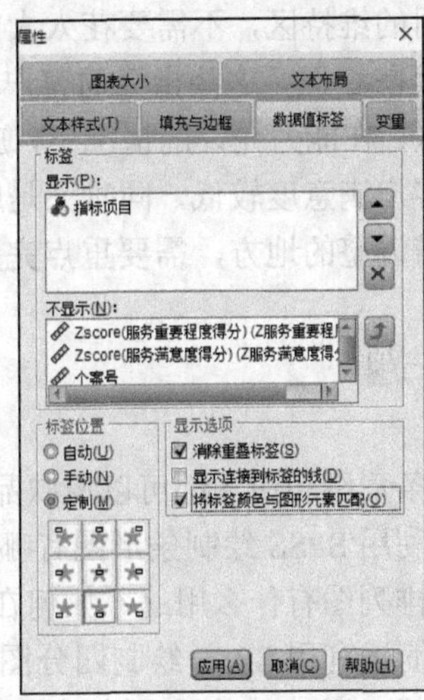

图 12-59　“数据值标签”选项卡

4）网格线和图形边框设置。双击横向或纵向网格线，在弹出的“属性”对话框中将线条颜色设置为“白色”；双击图形区域，在弹出的图形“属性”对话框中将图形边框颜色设置为“黑色”，完成的最终图形如图 12-60 所示。

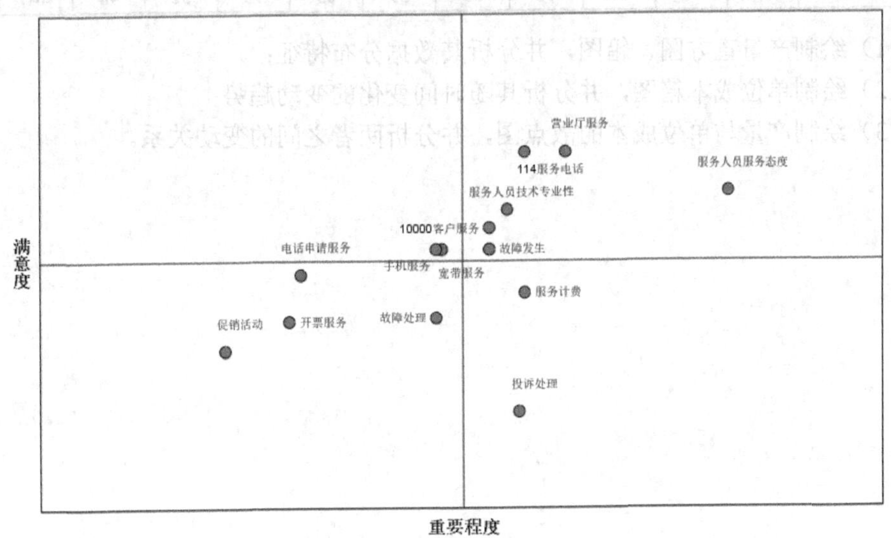

图 12-60　某电信公司服务状况四分图

由输出的四分图可以看出，该电信公司的服务人员服务态度、114 服务电话和营业厅服务等指标落在四分图的 A 区，属于该电信公司的优势服务项目，需要保持和发展；宽带服务、手机服务等指标落在 B 区，这些指标的满意度较高，但对顾客的重要性较低，是该公司的维持区，不需要花太大的精力去改变；电话申请服务、开票服务和促销活动等指标落在 C 区，这些指标的客户满意度较低，但对顾客的重要性也较低，属于该公司的机会区，在能力允许的情况下，应予以改善；服务计费和投诉处理指标落在 D 区，这些指标客户满意度较低，同时又是顾客很在意的指标，属于该电信公司的修补区，是该公司急需调整的地方，需要重点完善和改进。

习　题

1．条形图和饼图都可以反映品质数据的分布特征，它们在实际中应如何选用？

2．利用 SPSS 绘制条形图有哪些数据模式？它们各有什么特点？

3．排列图有什么用途？如何在排列图中添加累计百分比参考线。

4．简述利用 SPSS 绘制四分图的基本步骤。

5．某工厂 2021 年各月的产品产量和单位成本资料如表 12-3 所示。

表 12-3　某工厂 2021 年各月的产品产量和单位成本资料

月份	1	2	3	4	5	6	7	8	9	10	11	12
产量/吨	86	82	84	90	102	91	85	70	100	110	88	80
单位成本/元	62	65	63	60	55	59	63	72	52	48	61	64

（1）绘制产量直方图、箱图，并分析其数据分布特征；

（2）绘制单位成本箱图，并分析其随时间变化的变动趋势；

（3）绘制产量与单位成本的散点图，并分析两者之间的变动关系。

第 4 篇

Power BI 数据处理与分析

在当今大数据时代，各种针对大数据的商业智能解决方案不断涌现，其中，由微软公司推出的 Power BI 以其界面友好、操作简单和低门槛的特点而备受青睐。本篇主要介绍 Power BI 数据处理与分析功能的操作与应用，包括数据获取、数据建模、数据可视化等内容。通过本篇的学习与操作，学生可掌握利用 Power BI 进行数据分析的基本步骤、常用方法和操作技巧，从而培养学生灵活运用智能数据分析工具解决实际问题的能力。

第 13 章　Power BI 使用基础

与学习其他软件相同，学习 Power BI 也需要首先了解它的使用基础。本章内容分为三节，主要介绍 Power BI 的应用场景、界面构成、主要功能、基本概念及数据分析流程。通过本章的学习，要求学生了解 Power BI 的软件组成，熟悉 Power BI 的主要界面，掌握利用 Power BI 进行数据分析的基本流程等内容。本章内容为必修内容，建议讲授 2 学时。

13.1　Power BI 概述

13.1.1　Power BI 的应用场景

Power BI 是微软公司推出的数据分析和可视化工具，它能把复杂的数据转化成简洁的视图并进行发布。Power BI 可为用户连接数百个数据源，创建个性化仪表板，获取针对其业务的全方位独特见解，即使在外也能用手机端 App 随时查看分析结果。实际中，Power BI 经常用于以下几种场景。

1）获取财务关键数据。Power BI 可以帮用户获取外部、本地的各种财务数据，还可以利用拖放可视化工具，完善用户对财务状况的分析。

2）优化企业销售渠道。借助 Power BI，用户可以监控并分析当前的市场状况，从而把营销资源投入到更有效率的渠道上。用户只需通过 Power BI 仪表板内的微软 Dynamics CRM（customer relationship management，客户关系管理）系统或 Salesforce 的官方网站即可实现销售渠道管理。

3）掌握人力资源信息。Power BI 能帮用户收集和监测企业人力资源相关信息，如利用仪表板能帮助用户追踪企业经营行为的合规性、人员编制和其他人力资源信息。

4）提高 IT（internet technology，信息技术）部门的工作效率。通过 Power BI，用户可以创建各类仪表板，从而监测并分析从 Active Directory 到 Zendesk 等各种服务。如果需要企业级别的商业智能解决方案，还能将它与 SSAS（SQL server analysis services）服务包无缝集成。

5）预测未来市场机会。Power BI 能够监测包括 Excel 表、本地数据库和云服务等所有来源的数据，并为用户的产品、商场绩效、申报额分析等发现新的可能。

13.1.2　Power BI 的版本与组成

Power BI 的主要版本有 Power BI Desktop、Power BI Pro、Power BI Premium 等。

（1）Power BI Desktop

通过 Power BI Desktop 可以创建查询、数据连接和报表的集合，并轻松与他人共享，Power BI Desktop 能够连接上百种数据源，轻松完成建模分析，可以创建丰富的可视化报表，并将其共享发布到本地服务器。

（2）Power BI Pro

Power BI Pro 是一种基于云的商业分析服务，可以提供关键业务数据的单一视图，使用户可以实时通过仪表板监视业务运行状况。使用 Power BI Pro 可创建丰富的交互式报表，构建全方位实时查看业务的仪表板，并将报表发布到云服务器上。通过 Power BI Pro 可以共享数据进行协作，审核和管理数据的访问和使用方式，并将内容打包并分发给用户。Power BI Pro 采用了包年形式的定价模式。

（3）Power BI Premium

Power BI Premium 适用于组织或团队，具有更稳定的性能和更大的数据库，可以灵活地提供有价值的见解。为了满足客户在规模和成本上的需求，微软推出 Power BI Premium 作为官方在 Power BI Pro 版本上的补充，该产品根据总容量定价，对同时使用 Power BI 内容的用户数量没有限制，这样 Power BI Premium 就可以实现广泛分发仪表板、报表和其他内容的功能，无须为每个人（无论是组织内部还是组织外部的人员）购买单个许可证。

（4）Power BI Mobile

通过 Power BI Mobile 应用可以连接到本地数据和云端数据，在移动设备上安全访问和查看实时的 Power BI 仪表板和报表并进行交互，从而能够随时随地洞察和管理数据。这些移动设备可以是 iOS 设备（iPad、iPhone、iPod Touch 或 Apple Watch）、Android 手机或平板式计算机或 Windows10 设备。

（5）Power BI Embedded

Power BI Embedded 适用于独立软件开发商和开发人员，使用 Power BI Embedded 创建丰富的可视化报表，可与开源工具、其他分析及解决方案和专用应用程序集成。它能够帮助客户访问所需数据，并更好地做出决策，在 Azure 上使用 Power BI Embedded 时，它提供的 API（application programming interface，应用程序接口）可使集成嵌入分析变得轻松。

（6）Power BI 报表服务器

Power BI 报表服务器是客户在自己的本地环境中部署的解决方案，用来创建发布和管理报表，然后以不同的方式将报表传送给适当的用户，无论用户是在 Web 浏览器，还是在移动设备中或是电子邮箱中都可以查看报表。

从运行载体看，为了使用户通过最有效的方式创建、共享和使用商业见解，微软对 Power BI 提供了不同的使用场景，如 Power BI 在线版、Power BI 移动版、Power BI 桌面版、Excel 组件加载方式。每种使用方式都有其优势，如 Power BI 在线版就支持多人协作。

限于篇幅，本书主要介绍 Power BI Desktop 的相关应用。

13.1.3　Power BI Desktop 的安装与注册

Power BI Desktop 是一款免费的数据分析工具，在微软官方网站可以下载其安装包，具体安装过程如下。

1. Power BI Desktop 的安装要求

在安装 Power BI Desktop 应用程序之前，需要了解一下安装要求。由于 Power BI 版本在不断地更新，所以不同时间下载的软件版本不同，安装要求也不相同。Microsoft Power BI 给出的 2021 年 7 月 30 日出版的 2.95.983.0 版本软件安装要求如下。

- ✧ 操作系统：Windows 8/Windows Server 2012 或更高版本，并且同时支持 32 位（x86）和 64 位（x64）两种操作系统类型。
- ✧ .NET 4.5。
- ✧ 浏览器：Internet Explorer 10 或更高版本。
- ✧ 内存（RAM）：至少为 1GB，建议为 2GB 或以上。
- ✧ 显示：建议分辨率至少为 1440 像素×900 像素或 1600 像素×900 像素。如果分辨率过低，某些控件（如关闭启动屏幕）可能无法显示。
- ✧ Windows 显示设置：如果将文本、应用和其他项的显示大小更改为大于 100%，那么某些必须先关闭或响应才能继续使用 Power BI Desktop 的对话框可能无法显示。遇到此问题，可在 Windows 中依次选择“设置”→“系统”→“显示”选项，将显示设置恢复为 100%。
- ✧ CPU：建议为 1GHz 或更快的 x86 或 x64 位处理器。

2. Power BI Desktop 的安装方式

1）安装方式一：登录微软官方网站下载安装。在浏览器的地址栏中输入网址：https://Powerbi.microsoft.com/zh-cn/downloads，打开图 13-1 所示的页面。

图 13-1　打开下载页面

选择“高级下载选项”命令，然后选择安装语言为简体中文版（也可以直接下载英文版本），并根据计算机本身的操作系统选择 32 位或者 64 位的安装包，如图 13-2 和图 13-3 所示。

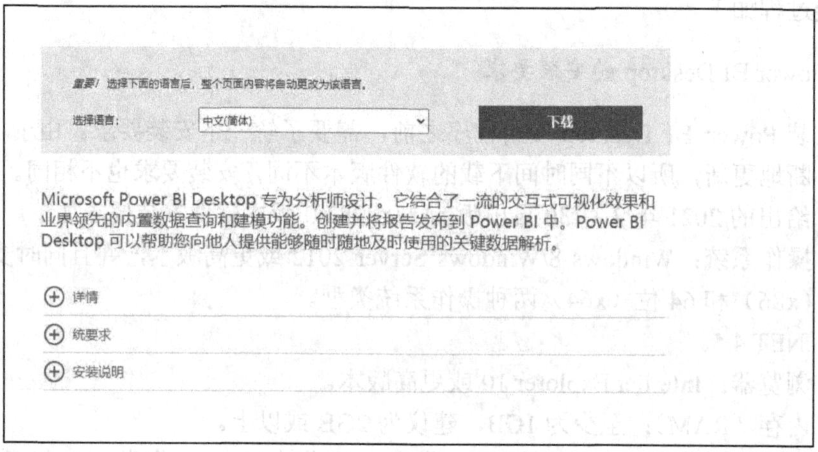

重要！选择下面的语言后，整个页面内容将自动更改为该语言。

选择语言：中文(简体) 下载

Microsoft Power BI Desktop 专为分析师设计。它结合了一流的交互式可视化效果和业界领先的内置数据查询和建模功能。创建并将报告发布到 Power BI 中。Power BI Desktop 可以帮助您向他人提供能够随时随地及时使用的关键数据解析。

详情

统要求

安装说明

图 13-2　选择安装语言

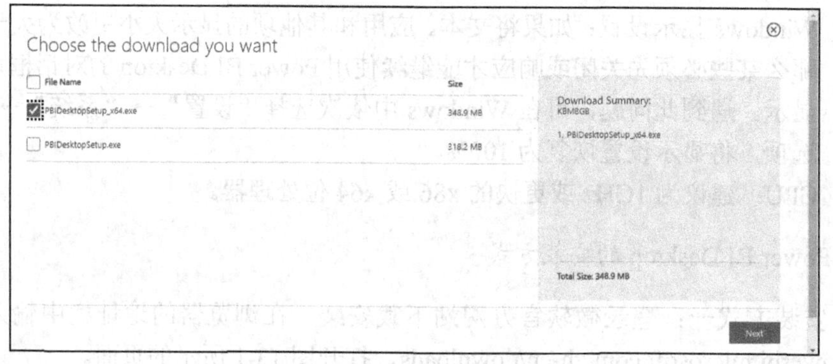

图 13-3　选择安装程序

安装完成，启动后会提示注册登录，若暂时不想注册则直接关掉即可。如果注册，可以在微软官方网站注册。但是因为 Power BI 是针对企业用户的，必须使用企业邮箱或者教育邮箱才能够进行注册，使用 qq、163 等公共邮箱无法完成注册，所以注册之前需要准备一个企业邮箱。注册地址为 https://Powerbi.microsoft.com/zh-cn/.

2）安装方式二：作为 Windows 应用商店的应用安装。

如果是 Win10 系统，还可以直接在 Windows 应用商店中找到 Power BI Desktop 应用程序直接安装。具体操作为在进入 Power BI Desktop 下载页面后，单击“高级下载选项”上方的“下载”按钮进行下载。

从 Windows 应用商店获取 Power BI Desktop 有以下几个优点。

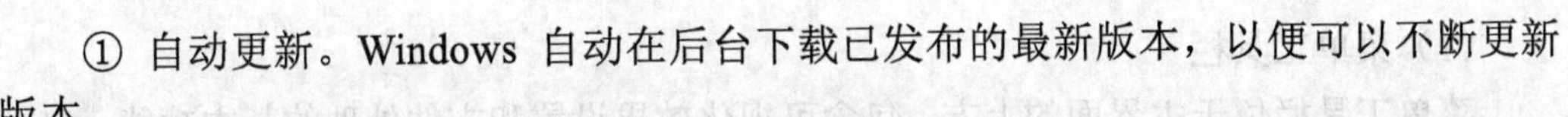

① 自动更新。Windows 自动在后台下载已发布的最新版本，以便可以不断更新版本。

② 较小下载。Windows 应用商店可确保只将每次更新中更改的组件下载到计算机，从而减少每次更新的下载量。

③ 不需要管理员权限。直接下载并安装 MSI（microsoft installer）时必须是管理员，才能成功完成安装。从 Windows 应用商店获取 Power BI Desktop 时则不需要管理员权限。

④ 已启用 IT 推出。可更轻松地部署 Windows 应用商店版本，或向组织中的所有人推出版本，并可通过适用于企业的 Microsoft 应用商店提供 Power BI Desktop。

⑤ 语言检测。Windows 应用商店版本包括所有受支持的语言，并在每次启动计算机时查看所使用的语言。

注意：

不能在同一台计算机上同时安装下载 MSI 版本和 Windows 应用商店版本的 Power BI Desktop，即不支持两个版本的并行安装。

13.1.4　Power BI Desktop 的界面与功能

熟悉 Power BI Desktop 的界面与功能，有助于快速学习和掌握它的应用。因此，在正式学习 Power BI Desktop 的应用之前，我们首先介绍 Power BI Desktop 的界面与功能。

1. Power BI Desktop 主界面及构成

打开 Power BI Desktop，其主界面非常简洁，主要有三个区域，即菜单工具栏、报表编辑器和报表画布，如图 13-4 所示。

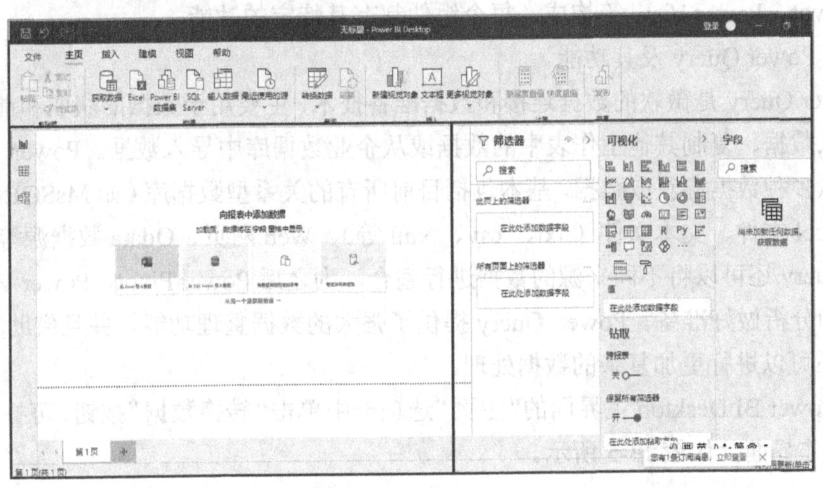

图 13-4　Power BI Desktop 主界面构成

（1）菜单工具栏

菜单工具栏位于主界面的上方，包含可视化效果设置和文件处理的基本功能，包括文件、主页、插入、建模、视图等功能区块。

（2）报表编辑器

报表编辑器位于主界面的右下方，由可视化、筛选器和字段三个窗格组成。可视化模块包含常用的图表样式，单击任意图表样式即可添加，也可添加其他图表样式。字段模块包含当前报表关联数据的所有字段，为可视化效果提供基础数据。筛选器模块通过页面级、钻取、报告级别三种层次的筛选实现对数据的筛选。此外，报表编辑器各个窗格中显示的内容会随着报表画布中选择内容的变化而变化。

（3）报表画布

报表画布位于主界面的左下方，用于显示工作内容的区块。在使用“字段”、“筛选器”和“可视化”窗格创建视觉对象时，在画布中就会生成和显示这些视觉效果或对象。

画布左侧栏中有三种视图模式：报表、数据、模型，选择“报表”模式，则显示可视化结果，在报表视图中可以创建任意数量报表页，可以移动可视化对象，还可以进行复制、粘贴等操作。选择“数据”模式，则显示原始数据表的信息。数据视图有助于帮助用户检查、浏览和了解 Power BI 数据模型中的数据。选择“模型”模式，则显示各个数据表的关系模型，也可以在此新建数据关系。

画布底部的选项卡表示报表中的页，每页可以创建不同的图表。

2. Power BI Desktop 的主要功能

总体来看，Power BI Desktop 是一款智能化的可视化报表制作工具，由 Power Query、Power Pivot、Power View 等构成，每个组件都有其特定的功能。

（1）Power Query 及其功能

Power Query 是微软的数据连接和数据准备技术，主要用于数据的获取和前期处理，可以输入数据、复制其他工作表中的数据或从企业数据库中导入数据。Power Query 目前支持从多种数据源获取数据，基本包括目前所有的关系型数据库（如 MsSQL、MySQL 等）、Excel 文件、文本文件（.txt、.csv、.xml 等）、Web 网页、Odata 数据源等。另外，Power Query 还可以将不同来源的数据进行整合，为之后 Power Pivot、Power View 的数据建模和分析做好准备。Power Query 提供了强大的数据整理功能，并且借助其提供的 *M* 函数还可以进行更加复杂的数据处理。

在 Power BI Desktop 主界面的“主页”选项卡中单击“转换数据”按钮，可打开 Power Query 操作界面，如图 13-5 所示。

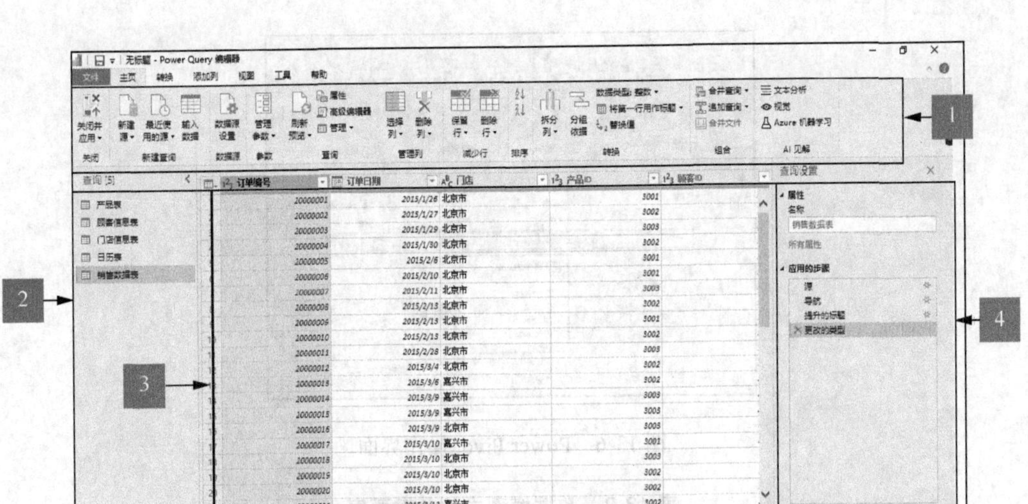

图 13-5　Power Query 操作界面

Power Query 的操作界面由功能区、“查询”窗格、数据编辑区、“查询设置”窗格四个部分构成，各部分的基本功能如表 13-1 所示。

表 13-1　Power Query 的基本功能

序号	名称	功能
1	功能区	以选项卡和组的形式布局功能按钮，用户可快速找到所需功能
2	“查询”窗格	列出了加载到 Power BI Desktop 中的所有查询表的名称，并显示表的总数
3	数据编辑区	显示“查询”窗格中选中的表的数据，在该区域中可以进行更改数据类型替换值、排序、拆分列等操作
4	“查询设置”窗格	显示查询属性和应用步骤，在对窗格中的表或数据进行整理后，每个步骤都将出现在该操作界面的应用步骤列表中，在该列表中可以撤销或查看特定的步骤，通过右击列表中的某个具体步骤，可以对步骤执行重命名、删除、上移、下移等操作

（2）Power Pivot 及功能

Power Pivot 是 Power BI 的核心和灵魂。Power Pivot 通过创建数据关系模型，既可以将不同数据源的数据进行集成并全面处理所有数据，又可以在数据之间建立关系以分析数据，就好像所有数据都来自一个数据源一样。

通过创建数据关系模型，可以为来自多个数据源的数据生成数据透视表，从而扩展了数据透视表的功能限制。在 Power BI Desktop 主界面，单击左侧的“模型”图标可进入 Power Pivot 操作界面，如图 13-6 所示。该界面各部分的名称及功能如表 13-2 所示。

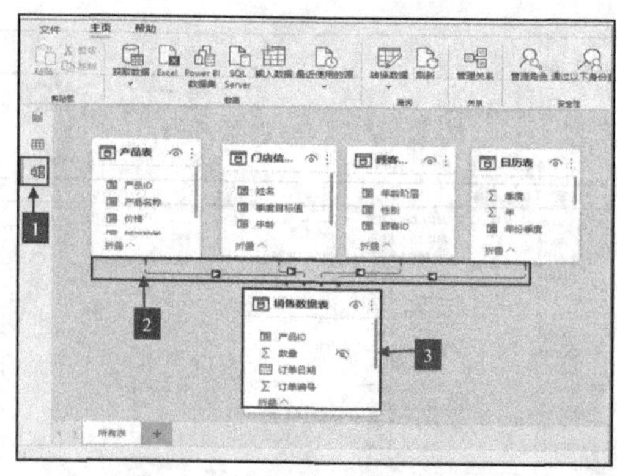

图 13-6 Power Pivot 操作界面

表 13-2 数据模型中的关键要素

序号	名称	功能
1	关系视图图标	单击此图标可进入关系视图
2	关系连线	连接两个表，并展示它们之间的关系，在图 13-6 中有四条关系线
3	数据块	每个表占据一个数据块，在数据块中显示了该表的名称及表中的标题字段，在图 13-6 中有五个数据块

（3）Power View 及功能

Power View 是 Power BI 的可视化工具。在 Power View 中，可以快速创建各种可视化效果，从表格和矩阵到饼图、条形图和气泡图，以及多个图表的集合。Power View 工作表可以连接到一个工作簿中的不同数据模型。在 Power BI Desktop 主界面，单击左侧的“报表”图标可进入 Power View 操作界面。Power View 操作界面与 Power BI Desktop 主界面基本一致，只是在选定可视化对象后，会在最上方的菜单栏显示用于可视化对象编辑的“格式”和“数据/钻取”等选项卡，如图 13-7 所示。

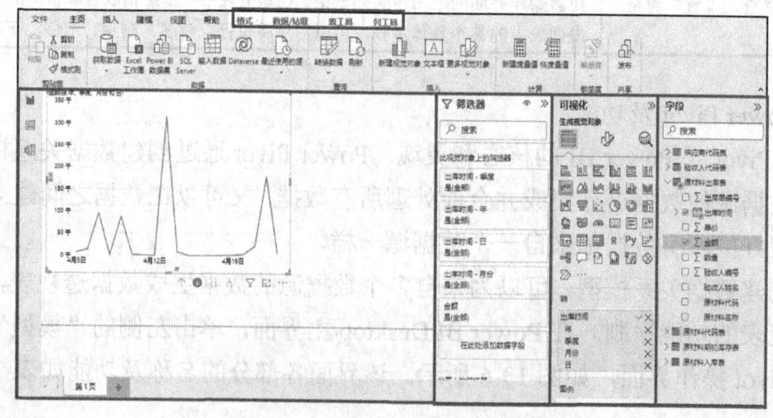

图 13-7 Power View 操作界面

13.2　Power BI 数据分析中的基本概念

利用 Power BI 进行数据分析，首先需要掌握一些基本概念，包括视觉对象、数据集、报表、仪表板、磁贴等，下面分别进行介绍。

13.2.1　视觉对象

视觉对象又称为可视化效果，是数据的可视化表示形式，如图表、图形、彩色地图或其他可以直观呈现数据的工具。Power BI 中有种类丰富的视觉对象，并且随时在更新和增加。视觉对象可以很简单，如一个重要内容的数字，也可以很复杂，如一个展示数据增减变化关系的瀑布图。图 13-8 所示为使用 Power BI 制作的多种视觉对象。

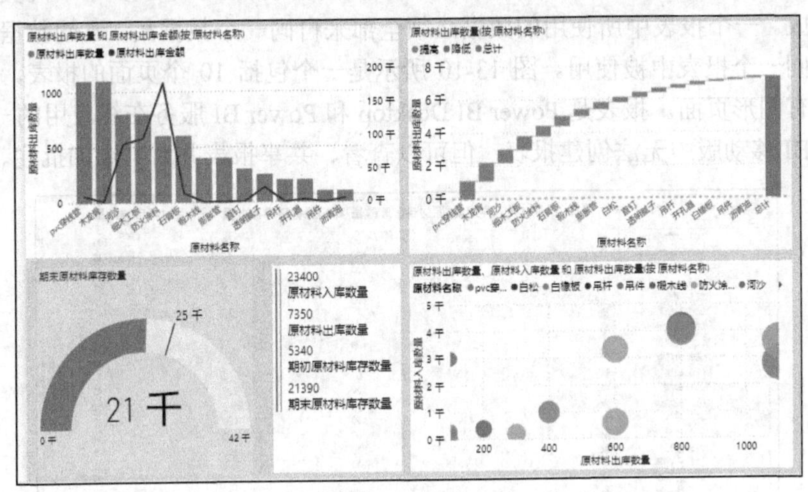

图 13-8　视觉对象

13.2.2　数据集

当一组数据表导入或者连接到 Power BI Desktop 或 Power BI 在线应用后，就会生成一个数据集，它包含了原始数据信息以及基于原始数据进行数据建模的相关内容。有了数据集，就可以创建以不同方式显示该数据内容的视觉对象，并生成所需要的数据报表。

目前有两种方式可以向 Power BI 在线应用中导入或连接数据集。一种是直接通过在线应用上的“获取数据”功能进行创建，另一种是通过在本地的 Power BI 桌面应用将报表发布到在线应用上来生成相应的数据集。向 Power BI Desktop 导入数据主要是通过“获取数据”功能完成，图 13-9 所示为从 Excel 工作簿中导入 Power BI Desktop 中的数据集，其中包括六个数据表。

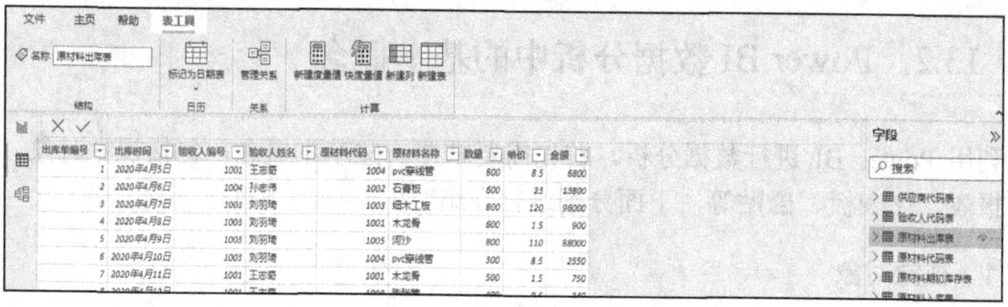

出库单编号	出库时间	验收人编号	验收人姓名	原材料代码	原材料名称	数量	单价	金额
1	2020年4月5日	1001	王志爵	1004	pvc穿线管	800	8.5	6800
2	2020年4月6日	1004	孙志伟	1002	石膏板	600	23	13800
3	2020年4月7日	1003	刘羽琦	1003	细木工板	800	120	96000
4	2020年4月8日	1003	刘羽琦	1001	木龙骨	600	1.5	900
5	2020年4月9日	1003	刘羽琦	1005	河沙	800	110	88000
6	2020年4月10日	1003	刘羽琦	1004	pvc穿线管	300	8.5	2550
7	2020年4月11日	1001	王志爵	1001	木龙骨	500	1.5	750

图 13-9　数据集

13.2.3　报表

Power BI 中的报表指的是一种页面集合。每个页面都由一个或多个不同类型的可视化对象组成。一个报表中所使用的数据必须全部来自同一个数据集，不同数据集中的数据无法在同一个报表中被使用。图 13-10 所示是一个包括 10 个页面的报表，既有表格页面，也有图形页面。报表是 Power BI Desktop 和 Power BI 服务在线应用的一项功能，在 Power BI 移动版中无法创建报表，但可以查看、共享报表并对其添加批注。

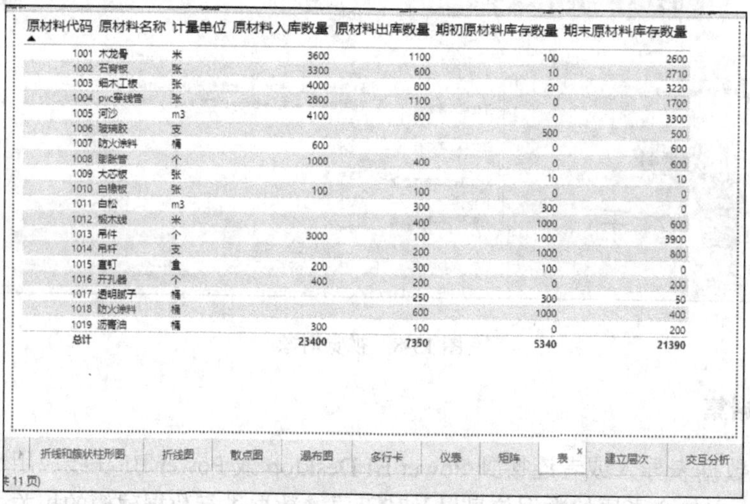

原材料代码	原材料名称	计量单位	原材料入库数量	原材料出库数量	期初原材料库存数量	期末原材料库存数量
1001	木龙骨	米	3600	1100	100	2600
1002	石膏板	张	3300	600	10	2710
1003	细木工板	张	4000	800	20	3220
1004	pvc穿线管	张	2800	1100	0	1700
1005	河沙	m3	4100	800	0	3300
1006	玻璃胶	支			500	500
1007	防火涂料	桶	600		0	600
1008	膨胀管	个	1000	400	0	600
1009	大芯板	张			10	10
1010	白橡板	张	100	100	0	0
1011	白松	m3		300	300	0
1012	椴木线	米		400	1000	600
1013	吊件	个	3000	100	1000	3900
1014	吊杆	支		200	1000	800
1015	直钉	盒	200	300	100	0
1016	开孔器	个	400	200	0	200
1017	透明腻子	桶		250	300	50
1018	防火涂料	桶		600	1000	400
1019	沥青油	桶	300	100	0	200
总计			23400	7350	5340	21390

折线和簇状柱形图　折线图　散点图　瀑布图　多行卡　仪表　矩阵　表　建立层次　交互分析

图 13-10　报表

13.2.4　仪表板

仪表板是 Power BI 在线应用中提供的特有功能页面，可以将用户关心的来自不同报表中的可视化对象集中展示在一个页面上，也就是说，通过仪表板可以满足用户查看来自不同数据集分析结果的需求。此外，仪表板上还可以添加来自 Power BI 报表外的外部的媒体信息，如 Web 内容、图像、视频和文本框。仪表板支持个性化设置，也可以共享给他人使用，并且可以通过添加评论信息来与其他共享人进行交流。

仪表板和报表最显著的区别在于报表展现的是对单一数据集的全面分析，仪表板则可以展示来自不同数据集的可视化对象。仪表板更像是数据信息精选页面，其主要目的在于方便用户快速定位，查找他所关注的某几个数据分析信息。因此，若要共享报表的单个页面或共享视觉对象的集合，就可以创建仪表板。

13.2.5　磁贴

在 Power BI 中，磁贴是在报表或仪表板中显示的包含单个视觉对象的矩形框。在 Power BI 中创建报表或仪表板时，可以按照所期望的信息呈现方式自由地移动或排列磁贴，更改磁贴的大小等。在仪表板上，当用户单击磁贴后，Power BI 会自动跳转到该可视化对象所在报表，供用户查看详细信息。如图 13-11 所示，用黑色线条框标出的就是一个磁贴，其周围环绕着其他 4 个磁贴。

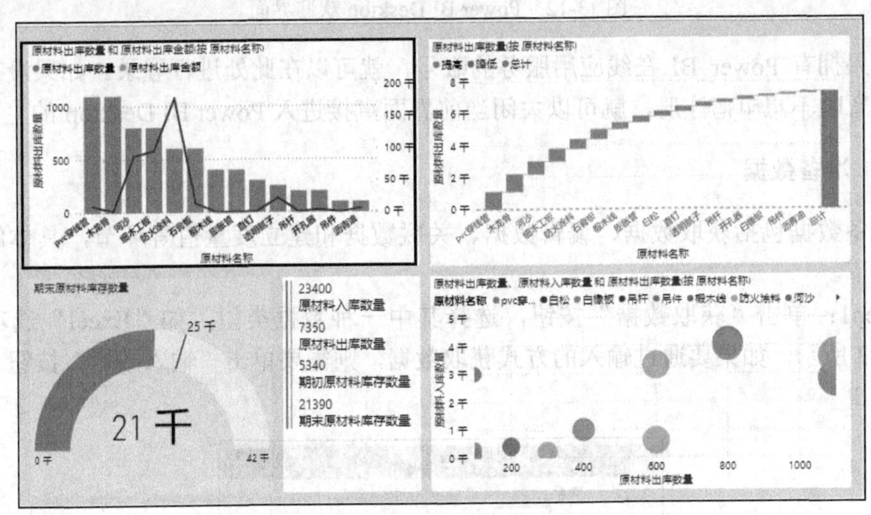

图 13-11　磁贴

13.3　Power BI Desktop 数据分析的一般流程

利用 Power BI Desktop 进行数据分析需要经历启动程序、准备数据、创建报表、保存报表和发布共享几个环节，下面通过实例来说明 Power BI Desktop 数据分析的一般流程。

13.3.1　启动程序

双击快捷方式打开 Power BI Desktop 开发工具，会看到图 13-12 所示的欢迎界面。

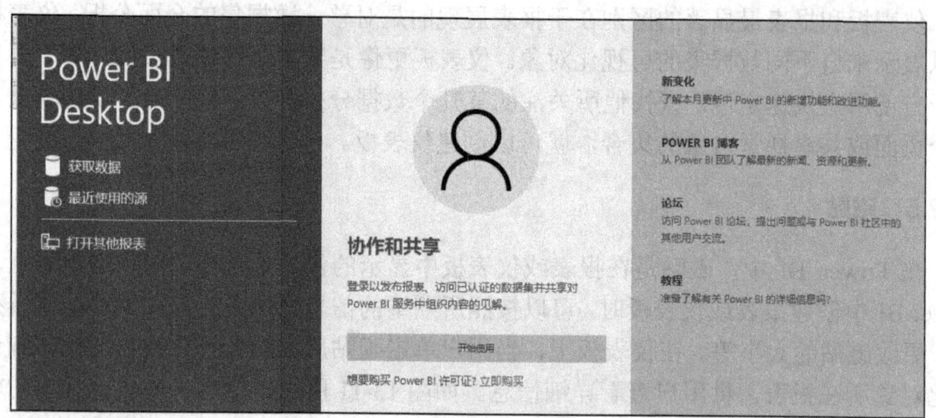

图 13-12　Power BI Desktop 欢迎界面

如果拥有 Power BI 在线应用服务的账号，就可以在此处进行登录。如果没有该账号并且暂时不想申请注册，就可以关闭当前界面直接进入 Power BI Desktop 的主界面。

13.3.2　准备数据

准备数据包括获取数据、编辑数据、关联数据和建立度量值等环节，具体的操作步骤如下。

Step1：单击“获取数据”按钮，选择其中一种数据类型，如“Excel”选项，如图 13-13 所示。如果要通过输入的方式获取数据，则需要单击“输入数据”按钮，并输入数据。

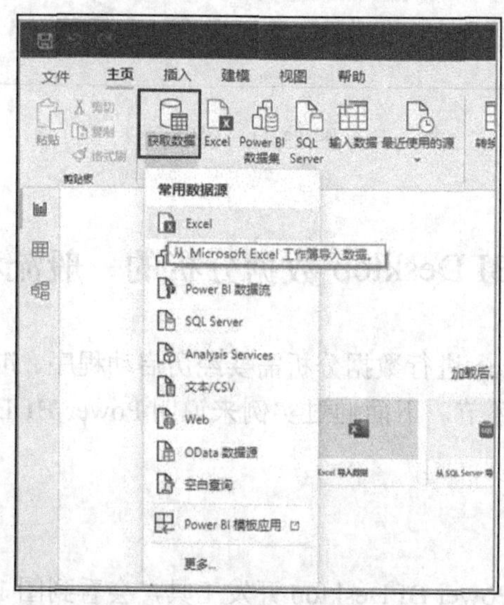

图 13-13　“获取数据”菜单

Step2：选择导入的 Excel 数据源，单击“打开”按钮，如图 13-14 所示。

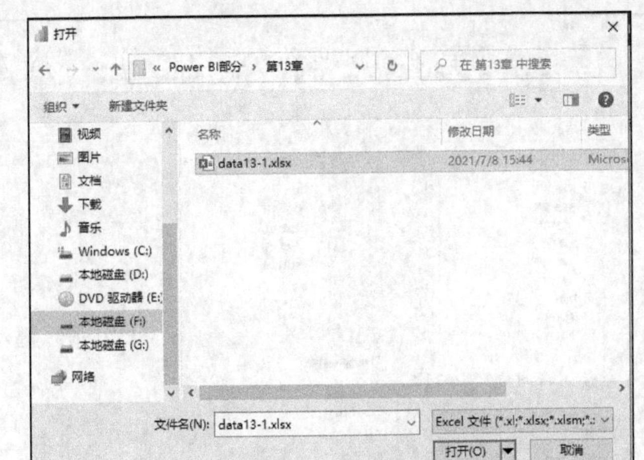

图 13-14　打开文件

Step3：在弹出的“导航器”对话框中，选择需要导入的工作表，此时对话框右侧会显示选中表的相关信息，然后单击“加载”按钮完成数据导入，如图 13-15 所示。加载完毕，工作表中的字段会显示在 Power BI Desktop 的“字段”区域中。

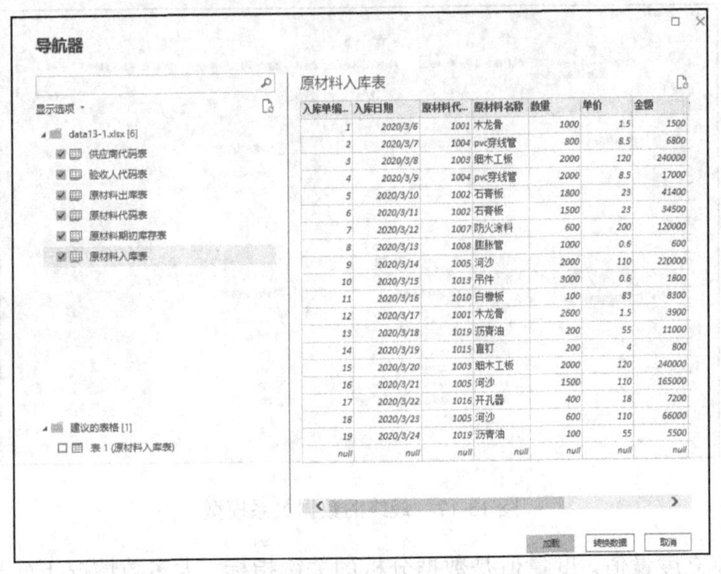

入库单编...	入库日期	原材料代...	原材料名称	数量	单价	金额
1	2020/3/6	1001	木龙骨	1000	1.5	1500
2	2020/3/7	1004	pvc穿线管	800	8.5	6800
3	2020/3/8	1003	细木工板	2000	120	240000
4	2020/3/9	1004	pvc穿线管	2000	8.5	17000
5	2020/3/10	1002	石膏板	1800	23	41400
6	2020/3/11	1002	石膏板	1500	23	34500
7	2020/3/12	1007	防火涂料	600	200	120000
8	2020/3/13	1008	膨胀管	1000	0.6	600
9	2020/3/14	1005	河沙	2000	110	220000
10	2020/3/15	1013	吊件	3000	0.6	1800
11	2020/3/16	1010	白橡板	100	83	8300
12	2020/3/17	1001	木龙骨	2600	1.5	3900
13	2020/3/18	1019	沥青油	200	55	11000
14	2020/3/19	1015	直钉	200	4	800
15	2020/3/20	1003	细木工板	2000	120	240000
16	2020/3/21	1005	河沙	1500	110	165000
17	2020/3/22	1016	开孔器	400	18	7200
18	2020/3/23	1005	河沙	600	110	66000
19	2020/3/24	1019	沥青油	100	55	5500
null	null	null	null	null	null	null

图 13-15　加载数据

数据导入后，可以进入内嵌的 Power Query 查询编辑器，对数据进行编辑整理。Power Query 是 Power BI 的一个主要模块，将在第 14 章中详细介绍。

Step4：单击画布左侧的“模型”图标，弹出数据关系管理设置界面，可以看到 Power

BI 自动关联的数据模型，大部分数据关系已经建立，如图 13-16 所示。

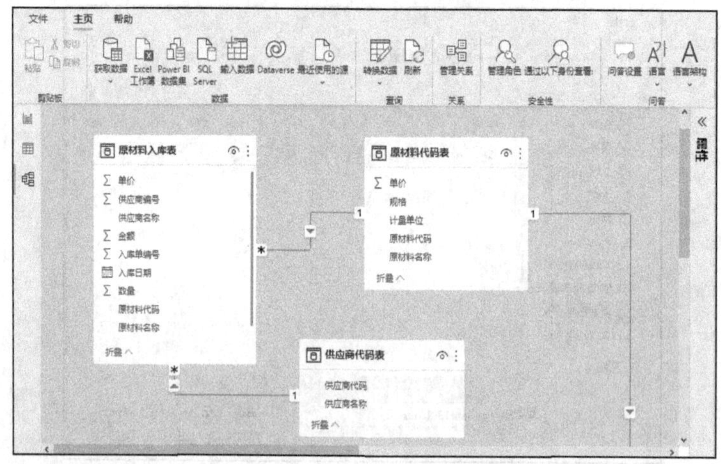

图 13-16　自动生成的关系模型

Step5：关联 Power BI 未检测到的数据关系，并调整模型布局，结果如图 13-17 所示。建立字段之间的联系，比较简单的方法是通过拖动其中一个表中的字段到另一个表中有关系的字段上。模型布局涉及内容较多，将在第 15 章中详细介绍。

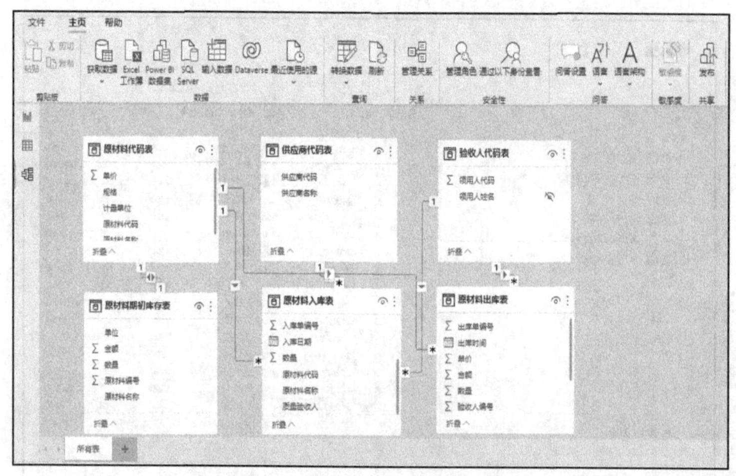

图 13-17　最终的数据关系模型

Step6：建立度量值。度量值是数据分析的关键指标，大多数情况下建立度量值是创建可视化报表必经的步骤。切换到“数据”视图，在“字段”区域选择需要建立度量值的数据表，如“原材料入库表”，在“表工具”选项卡中单击“新建度量值”按钮，并在活动框中输入度量值的计算公式，如图 13-18 所示。关于度量值和 DAX 表达式将在 15.3 节中详细介绍。

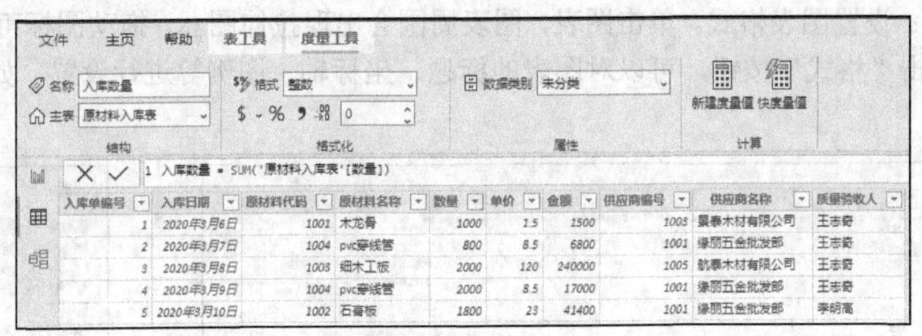

图 13-18　建立度量值

13.3.3　创建报表

创建报表即生成可视化的分析结果，这一工作需要经历选择可视化控件、填充数据、格式设置等几个环节，具体的操作步骤如下。

Step1：切换到“报表”视图，选择一个可视化对象到画布中，如簇状条形图，如图 13-19 所示。

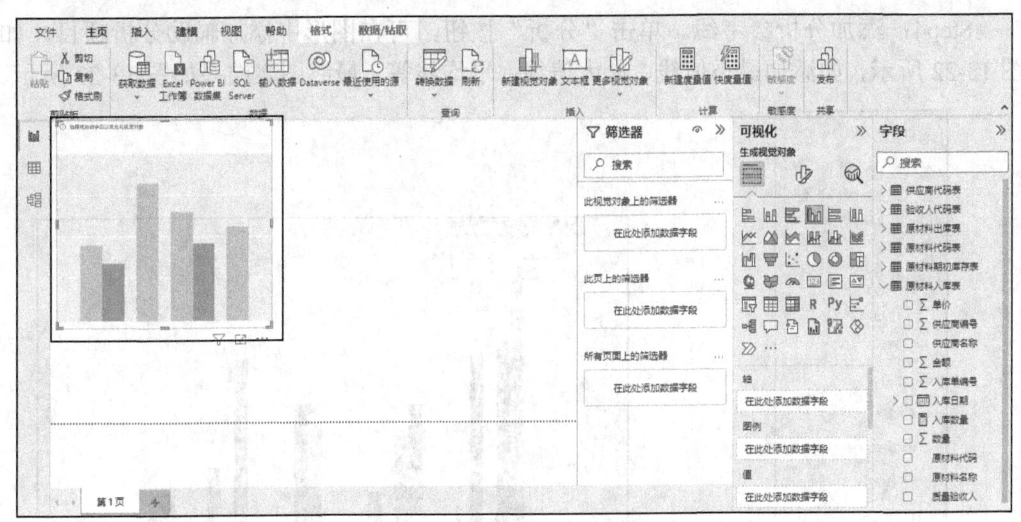

图 13-19　选择可视化控件

Step2：填充数据。图表控件下方依次为字段、格式、分析图标。选定图表后，“字段”按钮自动被激活。不同的可视化对象字段配置要求不同，绘制“簇状条形图”，只需要设置“轴”、“图例”和“值”三个字段，即分别将“供应商代码表”中的“供应商名称”和“验收人代码表”中的“领用人姓名”两个字段移入“轴”和“图例”框中，将“原材料入库表”中的“入库数量”移入“值”框中，如图 13-20 所示。移动完毕后，一个基本的图表就生成了。

Step3：设置图表格式。单击图表，图表周围会出现拉伸图标，拖动图标可修改图表大小。单击“格式”按钮，可以对图表的标题、坐标轴、图例等进行设置，如图 13-21 所示。

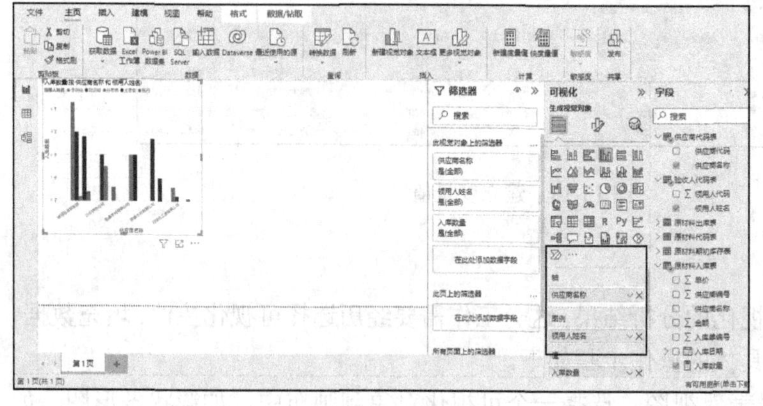

图 13-20　选择字段

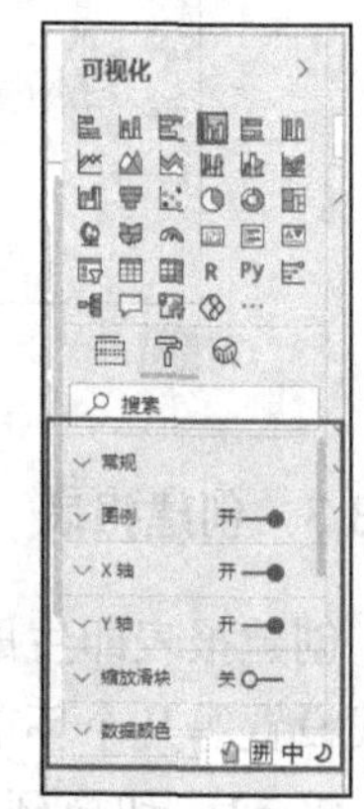

图 13-21　格式设置选项

Step4：添加分析参考线。单击“分析”按钮，可在图形中添加辅助分析项目，如图 13-22 所示，如添加最小值线、最大值线、平均线等。最终图表结果如图 13-23 所示。

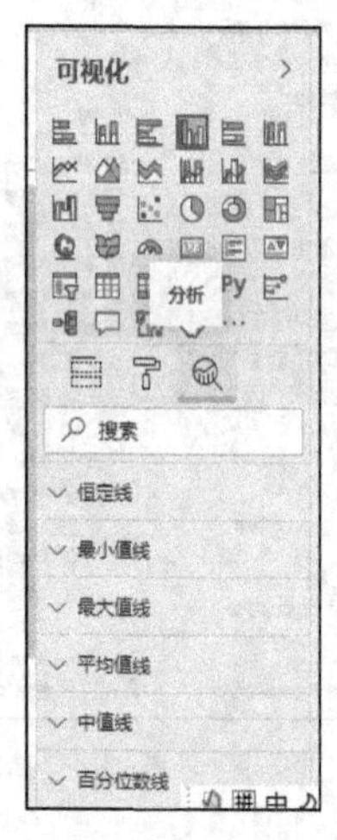

图 13-22　添加分析参考线

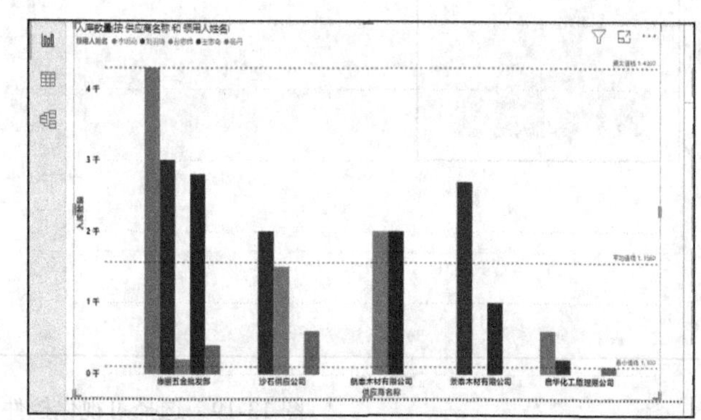

图 13-23　最终图表

13.3.4　保存报表

在 Power BI Desktop 中完成报表制作后，如果想要保留工作的成果，就需要保存报表，保存完毕后关闭报表。具体的操作步骤如下。

Step1：单击快捷访问工具栏中的“保存”按钮，或按 Ctrl+S 组合键，弹出“另存为”对话框。

Step2：设置保存位置。在“文件名”文本框中输入报表名称，最后单击“保存”按钮，如图 13-24 所示。

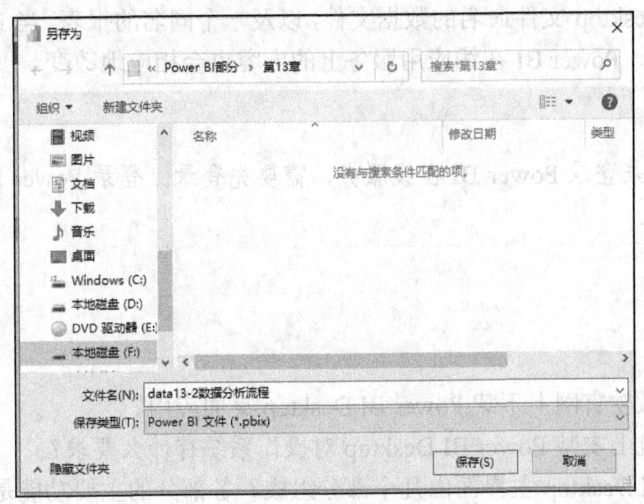

图 13-24　保存报表对话框

Step3：完成保存后，可在标题栏中看到该报表的名称，随后单击右上角的“关闭”按钮关闭报表。

13.3.5　发布共享

Power BI 报表完成后，如果想与他人共享数据，就需要将报表发布到 Power BI 在线应用服务当中。目前，微软为用户提供了三种数据报表发布方式，分别是使用 Power BI 桌面应用或 Excel 桌面应用进行报表发布，以及直接通过 Power BI 在线应用去特定数据源获取数据来进行发布。

通过 Power BI 桌面应用服务向 Power BI 在线应用服务发布报表，是最常见的数据发布形式之一。无论什么类型的数据源，只要通过 Power BI 桌面应用进行建模后都可以以数据集的形式发布到 Power BI 在线应用上，其操作步骤如下。

Step1：在 Power BI Desktop 窗口的“主页”选项中单击“共享”组中的“发布”按钮，如图 13-25 所示。

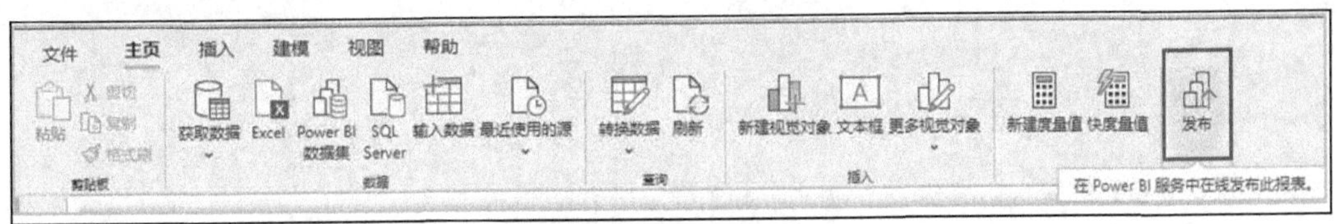

图 13-25　单击“共享”组中的“发布”按钮

Step2：在弹出的“发布到 Power BI”对话框中选择一个目标位置，如“我的工作区”，单击“选择”按钮，即可完成报表发布。

发布成功后，就可以在 Power BI 在线应用服务相应的工作区中找到一份刚刚发布的以 Power BI Desktop 文件命名的数据文件，以及一个同名的报表。当 Power BI Desktop 文件数据改变时，Power BI 在线应用服务上的内容也会相应地改变。

注意：

如果事先未登录 Power BI 在线服务，需要先登录。登录 Power BI 需要提供企业账号和密码。

习　　题

1．如何在微软官网上下载 Power BI Desktop 桌面应用？
2．在计算机上安装 Power BI Desktop 对操作系统有什么要求？
3．Power BI Desktop 主界面由几个部分组成？各部分的主要功能是什么？
4．利用 Power BI Desktop 进行数据分析的一般步骤是什么？
5．什么是报表和仪表板？两者的区别是什么？

第 14 章　Power BI 数据获取、编辑与查询

Power BI 提供了完整的数据查询与编辑功能，包括数据的筛选、合并、拆分、提取、分组等功能。本章内容分为四节，主要介绍 Power BI 的数据获取、编辑、查询等内容。通过对本章的学习，学生应掌握利用 Power BI 进行数据预处理的基本方法和操作技巧。本章内容为必修内容，建议讲授 1 学时，实践训练 1 学时。

14.1　数 据 获 取

数据是 Power BI Desktop 创建报表和视觉对象的基础。要使用 Power BI Desktop 对数据进行分析，首先需要获取数据。Power BI Desktop 获取数据的方式有两种：一种是使用“直接输入”功能，将数据一个一个地输入 Power BI Desktop 中进行存储；另一种是使用“数据获取”功能，通过连接外部数据存储设备来导入数据。

14.1.1　输入数据

输入数据是获取数据最直接的方法，此种方法适用于数据量较少的情况，在 Power BI Desktop 中输入数据的基本操作如下。

Step1：启动 Power BI Desktop，在“主页”选项卡中依次单击“数据”→“输入数据”按钮，弹出“创建表”窗口，可看到用于输入数据的行列，如图 14-1 所示。

Step2：输入数据。选中单元格，输入列名和数据；单击行号下方的“插入行”按钮 +，在插入的空白行中输入数据。应用相同的方法继续插入行并输入数据，结果如图 14-2 所示。

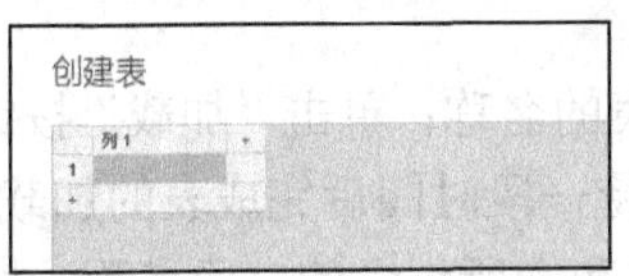

图 14-1　“创建表”窗口

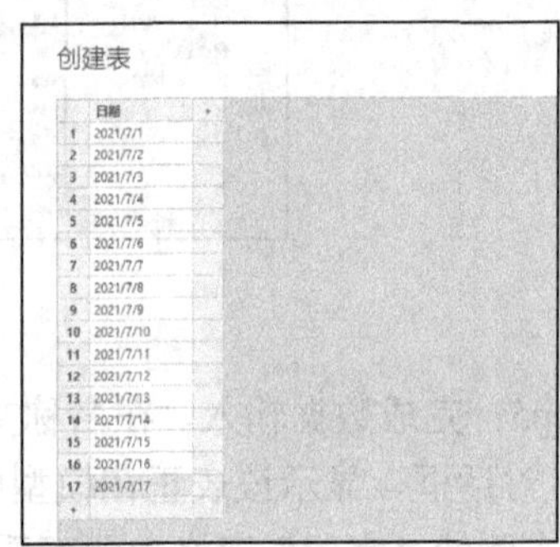

图 14-2　输入数据

Step3：删除和插入行。如果要删除多余的行，可在行号上右击，在弹出的快捷菜单中选择“删除”命令，如图 14-3 所示。如果要在已输入内容的行上方再插入空白行，可在行号上右击，在弹出的快捷菜单中选择“插入”命令，如图 14-4 所示。

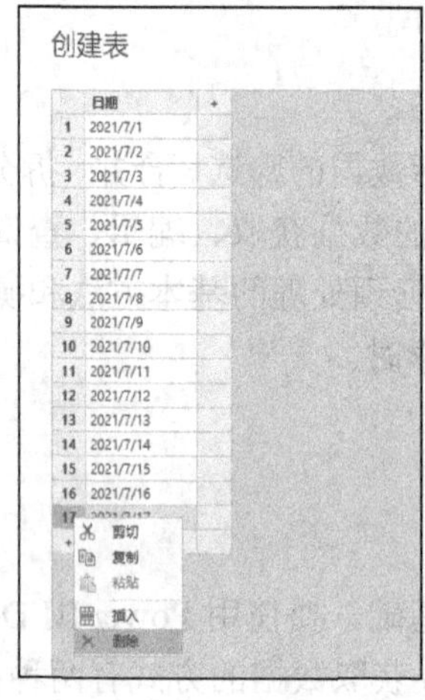

图 14-3　删除行

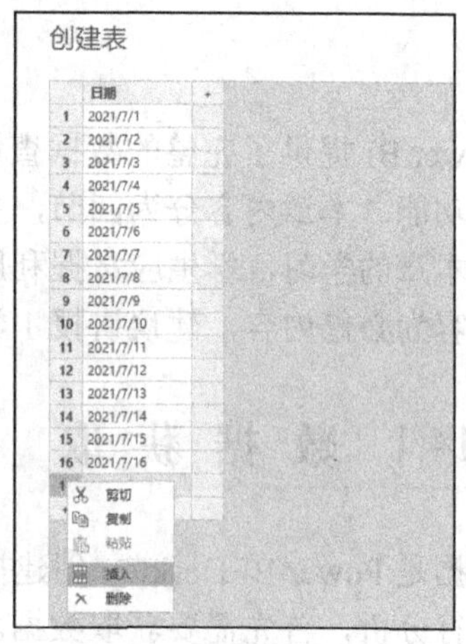

图 14-4　插入行

Step4：插入列。单击列名右侧的“插入列”按钮 + ，在插入的空白列中输入数据。应用相同的方法继续插入列并输入数据，如图 14-5 所示。

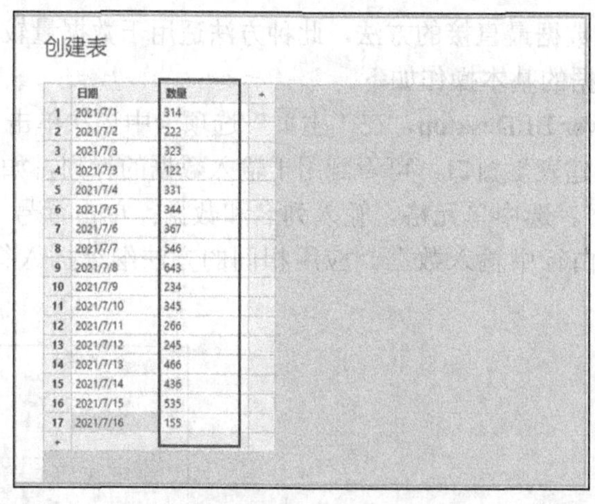
创建表

	日期	数量
1	2021/7/1	314
2	2021/7/2	222
3	2021/7/3	323
4	2021/7/3	122
5	2021/7/4	331
6	2021/7/5	344
7	2021/7/6	367
8	2021/7/7	546
9	2021/7/8	643
10	2021/7/9	234
11	2021/7/10	345
12	2021/7/11	266
13	2021/7/12	245
14	2021/7/13	466
15	2021/7/14	436
16	2021/7/15	535
17	2021/7/16	155

图 14-5　插入列

Step5：完成数据输入。在名称文本框中输入该表的名称；单击“加载”按钮，弹出“加载”对话框，显示该表正在模型中创建连接，等待一段时间后完成表的加载。此后，在窗口右侧的“字段”窗格中即可看到新建表的名称和表所包含的字段名称，如图 14-6 所示。

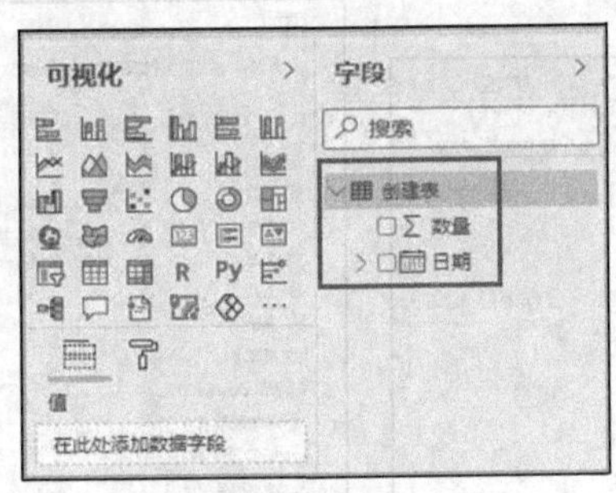

图 14-6 创建结果

14.1.2 连接外部数据源

利用 Power BI Desktop 的 Power Query 工具几乎可以从任何来源、任何结构，以任何形式获取数据，不仅支持微软自己的数据格式，如 Excel、SQL Server、Access 等，而且支持 SAP、Oracle、MySQL、DB2 等几乎能见到的所有类型的数据格式。目前，Power BI Desktop 支持连接 70 多种外部数据源，基本覆盖了市场上常用的主流数据存储介质。

在 Power BI Desktop 中，有两种模式可以连接外部数据源：一种是导入（import），另一种是直接查询（direct query）。利用这两种模式获取外部数据各有优势，比较而言，导入模式比直接查询模式适用性更强，所以这里主要介绍通过数据导入连接外部数据源的基本操作。

导入模式是最常用的连接数据的方式，支持所有类型的数据源，它的工作原理就是将外部数据源中的数据，通过复制的方式生成一个数据集，然后存储在 Power BI 中，也就是说，无论外部数据源中的数据是以何种形式存储的，在导入 Power BI 后，都会被转换成 Power BI 可识别的表进行存储。

当外部数据源以“导入方式”加载到 Power BI 后，用户对其进行的建模分析，都将基于 Power BI 复制存储的数据来进行，而不再需要与外部数据源进行交互。在这种模式下，Power BI 可以将存储的数据加载到内存中进行高速计算和加工处理，并创建数据报表。由于原始数据已经被复制存储到 Power BI 中，所以与数据源无法再次连接。

使用导入方式连接不同数据源的操作步骤基本类似。下面介绍几种常用的数据源数据导入 Power BI 的基本操作过程。

1. 导入 Excel 数据

【例 14-1】已知某企业 2020 年的原材料出库、入库资料，存储格式为 Excel，将其导入 Power BI Desktop 中，以便分析所用。

Step1：在“主页”选项卡中依次单击“数据”→“获取数据”按钮，选择“Excel”选项，打开数据文件 data14-1 原材料库存分析表.xlsx，如图 14-7 所示。

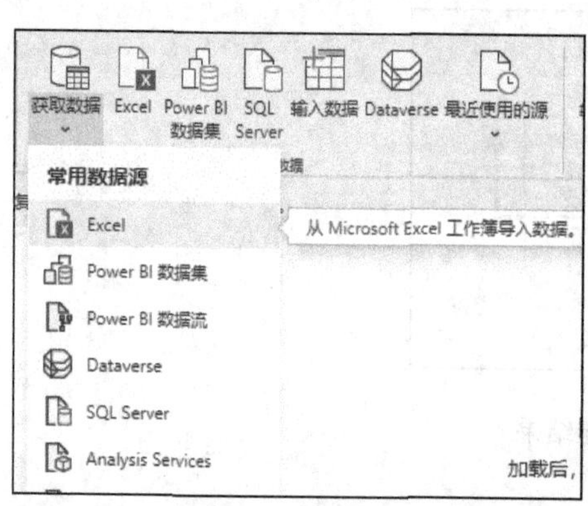

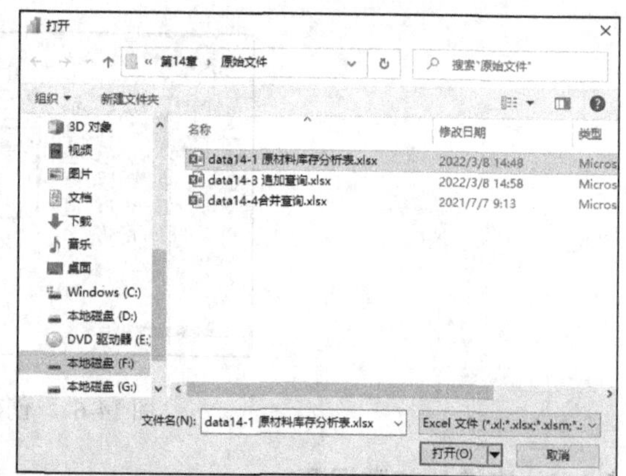

图 14-7　导入 Excel 数据

Step2：在“导航器”对话框中选择要导入的数据表，然后单击“加载”按钮，即可将 Excel 数据导入 Power BI 中，如图 14-8 所示。如果需要对数据进行编辑处理则单击“转换数据”按钮，进入 Power Query 编辑器对数据进行处理，完成编辑处理后单击“关闭并应用”按钮即可。利用 Power Query 编辑器编辑数据的详细内容将在 14.2 节中介绍。

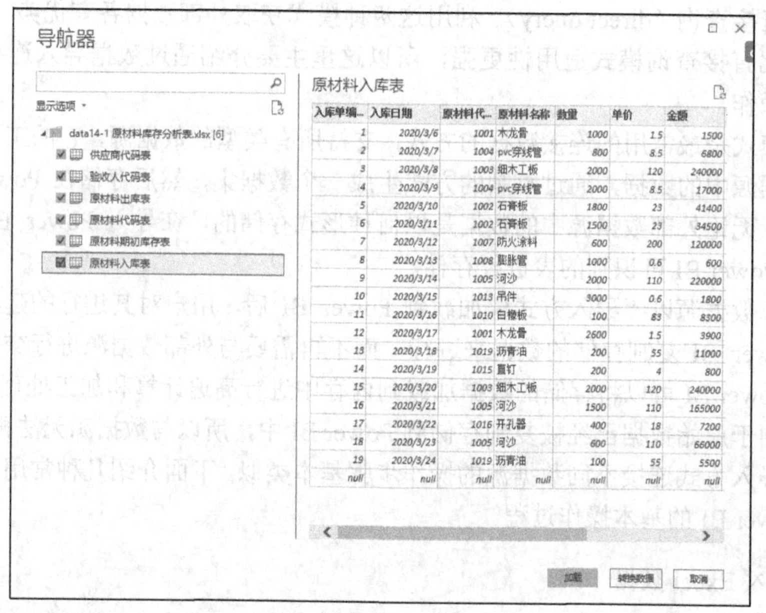

入库单编...	入库日期	原材料代...	原材料名称	数量	单价	金额
1	2020/3/6	1001	木龙骨	1000	1.5	1500
2	2020/3/7	1004	pvc穿线管	800	8.5	6800
3	2020/3/8	1003	细木工板	2000	120	240000
4	2020/3/9	1004	pvc穿线管	2000	8.5	17000
5	2020/3/10	1002	石膏板	1800	23	41400
6	2020/3/11	1002	石膏板	1500	23	34500
7	2020/3/12	1007	防火涂料	600	200	120000
8	2020/3/13	1008	膨胀管	1000	0.6	600
9	2020/3/14	1005	河沙	2000	110	220000
10	2020/3/15	1013	吊件	3000	0.6	1800
11	2020/3/16	1010	白橡板	100	83	8300
12	2020/3/17	1001	木龙骨	2600	1.5	3900
13	2020/3/18	1019	沥青油	200	55	11000
14	2020/3/19	1015	直钉	200	4	800
15	2020/3/20	1003	细木工板	2000	120	240000
16	2020/3/21	1005	河沙	1500	110	165000
17	2020/3/22	1016	开孔器	400	18	7200
18	2020/3/23	1005	河沙	600	110	66000
19	2020/3/24	1019	沥青油	100	55	5500
null	null	null	null	null	null	null

图 14-8　导入 Excel 数据结果

2. 导入网页数据

Power BI 不仅能从本地获取数据，还能从网页中获取数据。若选择从 Web 获取数据，只要在弹出的“从 Web”对话框中的“URL”文本框中输入网址，就可以直接获得

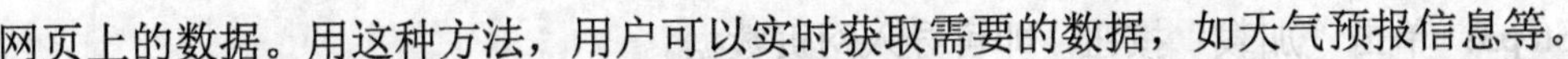

网页上的数据。用这种方法，用户可以实时获取需要的数据，如天气预报信息等。

Step1：在“主页”选项卡中依次选择“数据”→“获取数据”→“Web”选项，在弹出的窗口中输入网址，如图 14-9 所示。

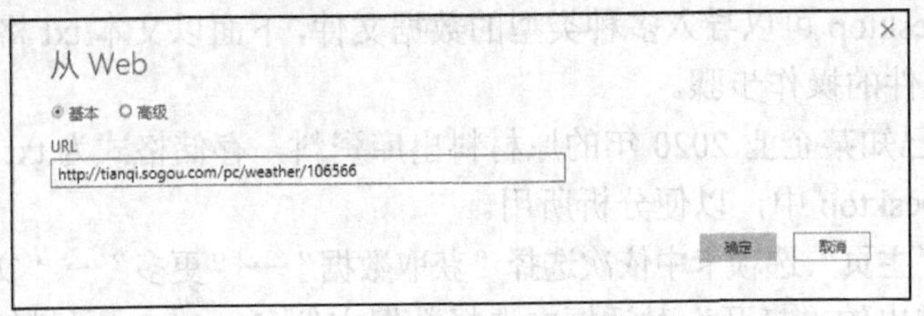

图 14-9 输入网址

Step2：单击“确定”按钮，Power BI 就开始对当前 Web 页面进行分析，并对所选表的数据给出预览，供用户进行选择，图 14-10 所示的导航器中就列出了 Power BI 在当前 Web 页面中找到的所有表的信息，用户通过选择表名称就可以在“表视图”中查看到表中的相关内容。

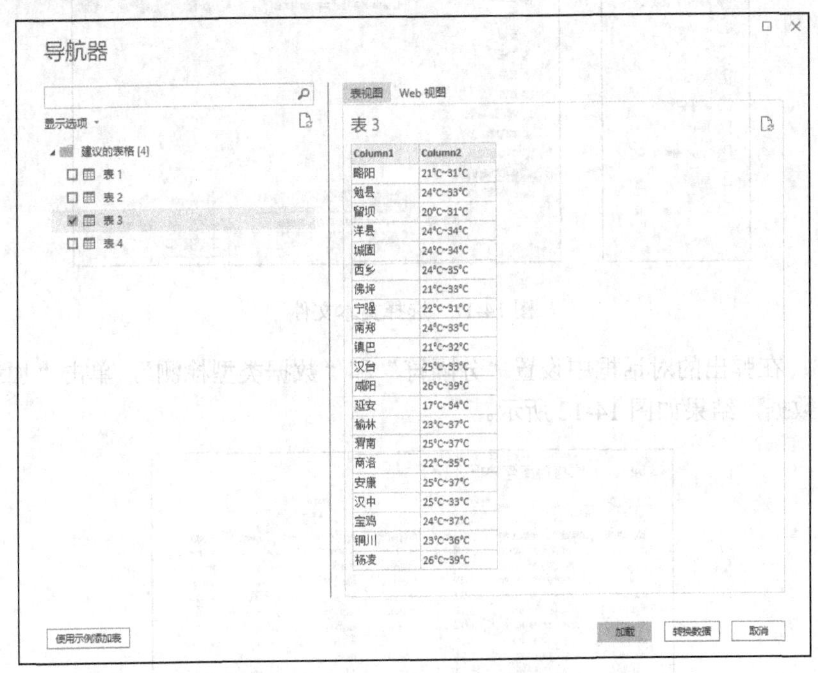

Column1	Column2
略阳	21°C~31°C
勉县	24°C~33°C
留坝	20°C~31°C
洋县	24°C~34°C
城固	24°C~34°C
西乡	24°C~35°C
佛坪	21°C~33°C
宁强	22°C~31°C
南郑	24°C~33°C
镇巴	21°C~32°C
汉台	25°C~33°C
咸阳	26°C~39°C
延安	17°C~34°C
榆林	23°C~37°C
渭南	25°C~37°C
商洛	22°C~35°C
安康	25°C~37°C
汉中	25°C~33°C
宝鸡	24°C~37°C
铜川	23°C~36°C
杨凌	26°C~39°C

图 14-10 导入网页数据视图

由于 Power BI 在进行加载时，会将原始数据按照 Power BI 可识别的表结构进行导入存储，因此生成的 Power BI 报表会与原数据显示形式有所不同。为了方便用户快速识别其要加载的 Web 页面信息，Power BI 在数据导入“导航器”中还提供了一种 Web 视图模式，在该模式下，可以直接浏览原始网页并选择要加载的表。

Step3：单击“加载”按钮，即可导入网页数据。

3. 导入其他类型的数据文件

Power BI Desktop 可以导入多种类型的数据文件，下面以文本.txt 格式文件为例说明导入其他数据文件的操作步骤。

【例 14-2】已知某企业 2020 年的原材料出库资料，存储格式为.txt 文本文档，将其导入 Power BI Desktop 中，以便分析所用。

Step1：在“主页”选项卡中依次选择“获取数据”→“更多”→“文本/CSV”选项。

Step2：在弹出的“打开”对话框中选择数据文件 data14-2 原材料库存分析表.txt，单击“打开”按钮，如图 14-11 所示。

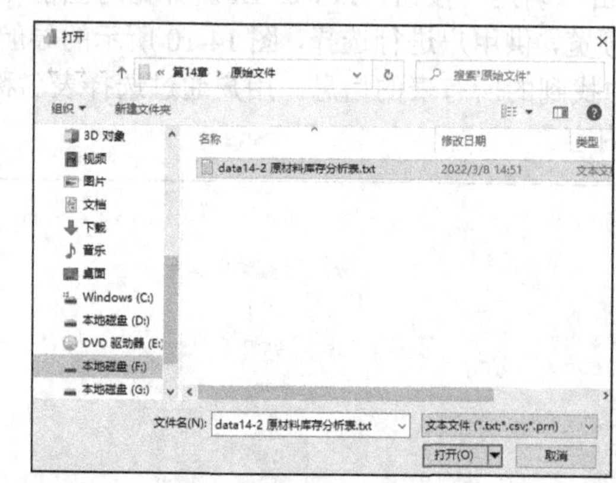

图 14-11　选择文本文件

Step3：在弹出的对话框中设置“分隔符”和“数据类型检测”，单击“加载”按钮导入文本数据，结果如图 14-12 所示。

data14-2 原材料库存分析表.txt

文件原始格式：936: 简体中文(GB2312)　分隔符：制表符　数据类型检测：基于前 200 行

出库单编号	出库时间	验收人编号	验收人姓名	原材料代码	原材料名称	数量	单价	金额
1203-0001	2020/4/5	RP-1001PD	王志奇	FT-1004CL	pvc穿线管	800	¥8.50	¥6,800.00
1203-0002	2020/4/6	RP-1004PD	孙志伟	FT-1002CL	石膏板	600	¥23.00	¥13,800.00
1203-0003	2020/4/7	RP-1003PD	刘羽琦	FT-1003CL	细木工板	800	¥120.00	¥96,000.00
1203-0004	2020/4/8	RP-1003PD	刘羽琦	FT-1001CL	木龙骨	600	¥1.50	¥900.00
1203-0005	2020/4/9	RP-1003PD	刘羽琦	FT-1005CL	河沙	800	¥110.00	¥88,000.00
1203-0006	2020/4/10	RP-1003PD	刘羽琦	FT-1004CL	pvc穿线管	300	¥8.50	¥2,550.00
1203-0007	2020/4/11	RP-1001PD	王志奇	FT-1001CL	木龙骨	500	¥1.50	¥750.00
1203-0008	2020/4/12	RP-1001PD	王志奇	FT-1008CL	膨胀管	400	¥0.60	¥240.00
1203-0009	2020/4/13	RP-1004PD	孙志伟	FT-1011CL	白松	300	¥1,050.00	¥315,000.00
1203-0010	2020/4/14	RP-1002PD	李明高	FT-1010CL	白橡板	100	¥83.00	¥8,300.00
1203-0011	2020/4/15	RP-1002PD	李明高	FT-1012CL	椴木线	200	¥1.20	¥240.00
1203-0012	2020/4/16	RP-1002PD	李明高	FT-1012CL	椴木线	200	¥1.20	¥240.00
1203-0013	2020/4/17	RP-1002PD	李明高	FT-1013CL	吊件	100	¥0.60	¥60.00
1203-0014	2020/4/18	RP-1003PD	刘羽琦	FT-1014CL	吊杆	200	¥2.40	¥480.00
1203-0015	2020/4/19	RP-1003PD	刘羽琦	FT-1015CL	直钉	300	¥4.00	¥1,200.00
1203-0016	2020/4/20	RP-1003PD	刘羽琦	FT-1016CL	开孔器	200	¥18.00	¥3,600.00
1203-0017	2020/4/21	RP-1005PD	杨丹	FT-1017CL	透明膜子	250	¥88.00	¥22,000.00
1203-0018	2020/4/22	RP-1005PD	杨丹	FT-1018CL	防火涂料	600	¥300.00	¥180,000.00
1203-0019	2020/4/23	RP-1005PD	杨丹	FT-1019CL	沥青油	100	¥55.00	¥5,500.00

图 14-12　导入文本数据文件结果

14.2 数据编辑

大多数情况下，我们获取的原始数据并不能直接用于数据建模分析，这就需要对数据进行必要的前期处理，即在将数据加载到 Power BI Desktop 的过程中，可以通过 Power Query 编辑器对数据进行过滤、合并、拆分、转换类型等初步整理操作，生成结构更加清晰、信息更加完整的数据，从而提高后续的分析建模效率。

本节所用数据均来源于“data14-1 原材料库存分析表. pbix”。

14.2.1 编辑数据列

在多数情况下数据通常是按行列排列的，所以经常需要对数据列进行处理，以满足不同的需要，如添加新的数据列、拆分数据列等。

1. 添加列

利用 Power Query 编辑器可以添加四种形式的数据列，即重复列、索引列、条件列和自定义列，如图 14-13 所示。

（1）添加重复列

添加重复列就是把选中的列复制一列，以便在不损坏原有列数据的前提下，对该列的数据进行处理。

操作步骤：在 Power BI Desktop 主对话框中，单击“转换数据”按钮，进入 Power Query 编辑窗口，选定要复制的列，单击“重复列”按钮，结果如图 14-14 所示。

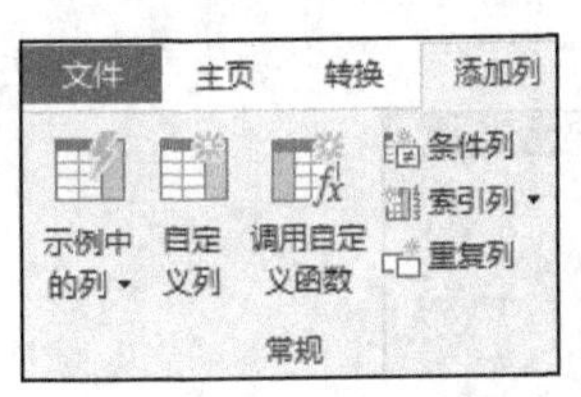

图 14-13　“添加列”的四种形式

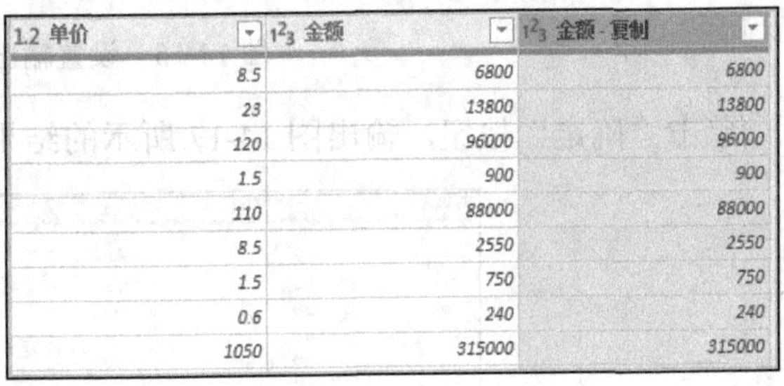

1.2 单价	1²₃ 金额	1²₃ 金额 - 复制
8.5	6800	6800
23	13800	13800
120	96000	96000
1.5	900	900
110	88000	88000
8.5	2550	2550
1.5	750	750
0.6	240	240
1050	315000	315000

图 14-14　添加重复列

（2）添加索引列

添加索引列就是为每行增加序号，记录每一行所在的位置，可以从 0 或者 1 开始。

操作步骤：选定要添加序号的列，单击“索引列”按钮，结果如图 14-15 所示。

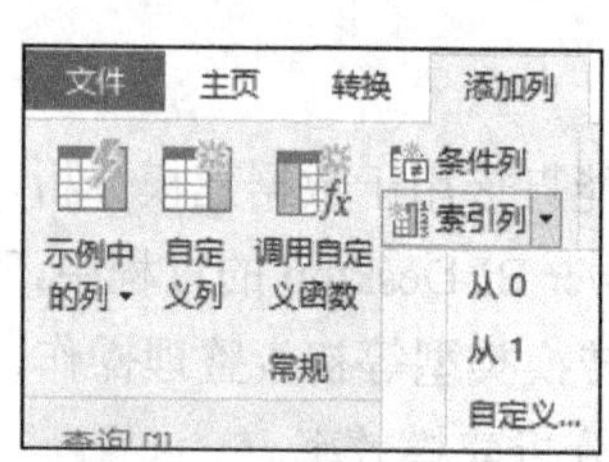

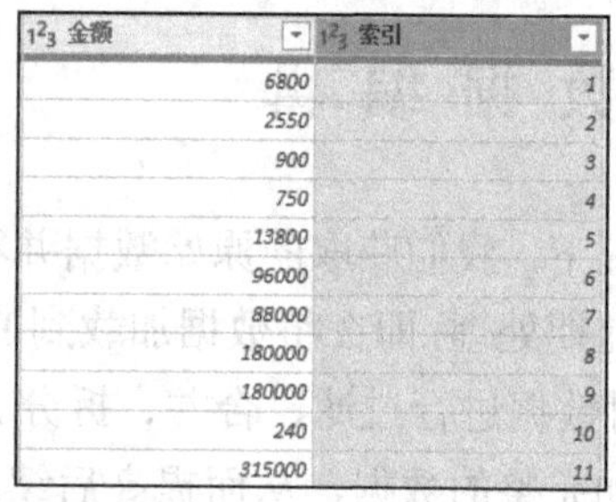

金额	索引
6800	1
2550	2
900	3
750	4
13800	5
96000	6
88000	7
180000	8
180000	9
240	10
315000	11

图 14-15　添加索引列

（3）添加条件列

添加条件列是按照指定条件从已有数据列中产生新数据列，与 Excel 中的 if 函数功能类似，即按条件输出结果。

操作步骤：单击“条件列”按钮，弹出“添加条件列”对话框，可根据需要设置输出条件，本例设置的输出条件为数量区间，如图 14-16 所示。

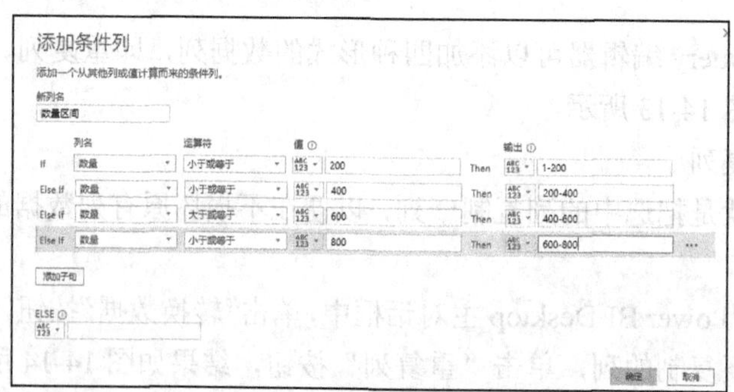

图 14-16　设置输出条件

单击“确定”按钮，输出图 14-17 所示的结果。

数量	单价	金额	数量区间
800	8.5	6800	400-600
600	23	13800	400-600
800	120	96000	400-600
600	1.5	900	400-600
800	110	88000	400-600
300	8.5	2550	200-400
500	1.5	750	600-800

图 14-17　添加条件列结果

（4）添加自定义列

自定义列就是使用 M 函数生成新的数据列。

操作步骤：添加自定义列只需单击“自定义列”按钮，输入公式即可。在输入公式时，字段输入可通过在“可用列”列表框中选择相关字段并单击“插入”按钮完成，如图 14-18 所示。

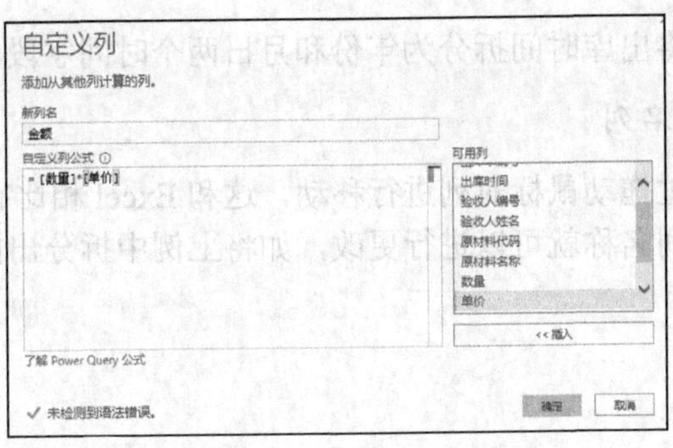

图 14-18　添加自定义列

2. 拆分列

在例 14-2 导入的企业原材料库存分析表中，出库时间由年、月、日组成，如图 14-19 所示如果需要将其拆分为年单独为一列，月和日为一列，可按以下步骤操作。

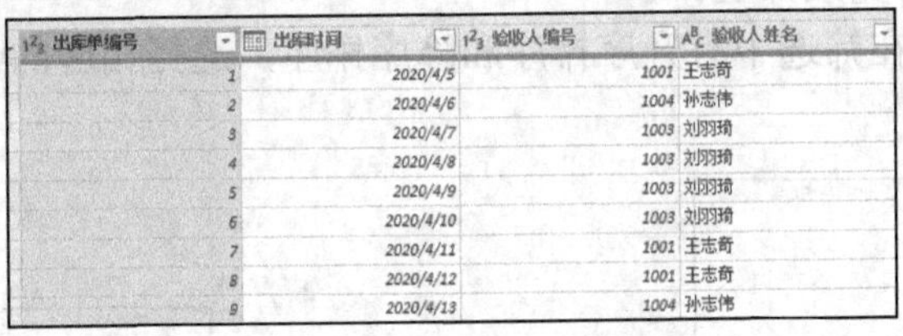

出库单编号	出库时间	验收人编号	验收人姓名
1	2020/4/5	1001	王志奇
2	2020/4/6	1004	孙志伟
3	2020/4/7	1003	刘羽琦
4	2020/4/8	1003	刘羽琦
5	2020/4/9	1003	刘羽琦
6	2020/4/10	1003	刘羽琦
7	2020/4/11	1001	王志奇
8	2020/4/12	1001	王志奇
9	2020/4/13	1004	孙志伟

图 14-19　原材料出库表

Step1：进入 Power Query 编辑窗口，选中要拆分的列，单击“拆分列”按钮，从弹出的下拉列表中可以选择“按字符数”选项。

Step2：因为这里是将年“2020”拆分出来，故输入字符数“4”，并选中“一次，尽可能靠左”单选按钮即可完成拆分，结果如图 14-20 所示。

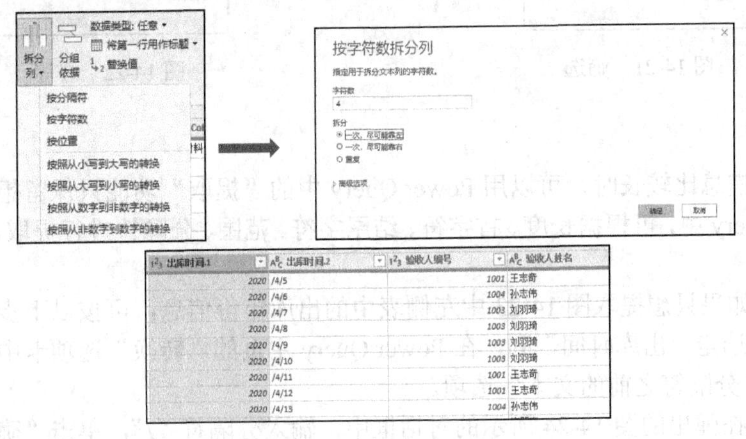

出库时间.1	出库时间.2	验收人编号	验收人姓名
2020	/4/5	1001	王志奇
2020	/4/6	1004	孙志伟
2020	/4/7	1003	刘羽琦
2020	/4/8	1003	刘羽琦
2020	/4/9	1003	刘羽琦
2020	/4/10	1003	刘羽琦
2020	/4/11	1001	王志奇
2020	/4/12	1001	王志奇
2020	/4/13	1004	孙志伟

图 14-20　拆分列

通过拆分，即可将出库时间拆分为年份和月日两个时间字段。

3. 移动列、重命名列

移动列：可以通过拖动鼠标对列进行移动，这和 Excel 相比有很大的改进。

重命名列：双击列名称就可以进行更改，如将上例中拆分出的“出库时间 1”更改为“年份”。

14.2.2 选择数据

1. 筛选和排序

通过筛选可以剔除无用的信息行。在 Power Query 中只需单击表头的“筛选”按钮，即可进行筛选和排序。比如在“原材料出库表”中，可以对原材料的“种类”进行筛选，对“销售数量”进行排序，其操作步骤如下。

1）筛选步骤：单击列名称旁边的下拉按钮▾，出现图 14-21 所示的下拉列表，选中要选择的数据即可完成筛选。

2）排序步骤：在筛选中有升序排序和降序排序，选择相应的命令即可完成排序，如图 14-22 所示。

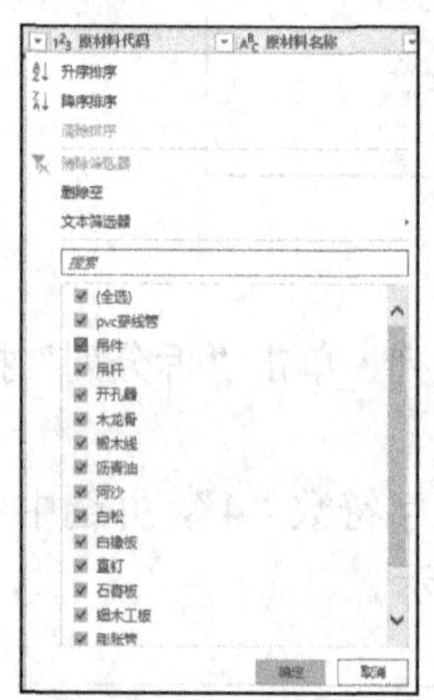

图 14-21 筛选

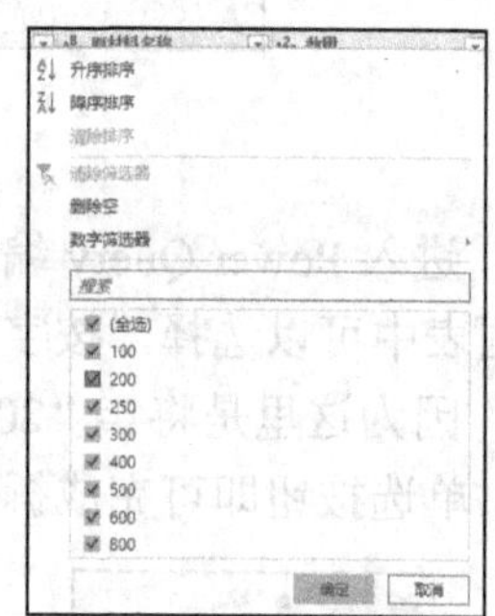

图 14-22 排序

2. 提取

当数据信息比较长时，可以用 Power Query 中的“提取”功能只保留想要的信息。在 Power Query 中，可根据长度、首字符、结尾字符、范围、分隔符进行提取，如图 14-23 所示。

例如，如果只想提取图 14-23 中左侧表中的出库年份信息，可按以下步骤操作。

Step1：选定“出库时间”列，在 Power Query 主页的“转换”选项卡中，依次选择“提取”→“分隔符之前的文本”选项。

Step2：在弹出的图 14-24 所示的对话框中，输入分隔符“/”，单击“确定”按钮，提取结果如图 14-25 所示。

图 14-23　提取功能

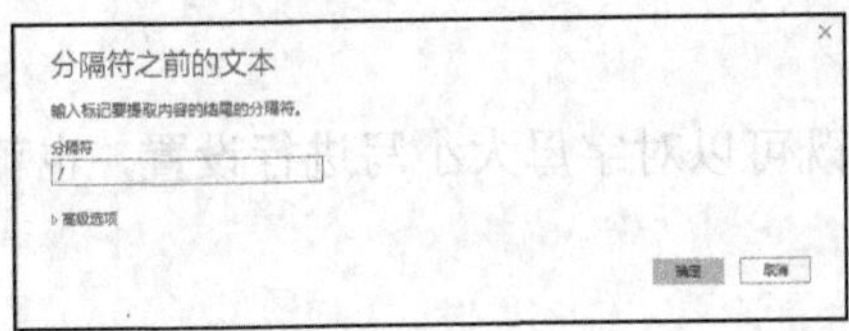

图 14-24　提取

图 14-25　提取年份结果

14.2.3　删除数据

（1）删除列

选中要删除的列，右击，在弹出的快捷菜单中选择“删除”命令，如图 14-26 所示。

（2）删除重复项

如果表中有些值是重复的，则需要删除重复项。只需右击，在弹出的快捷菜单中选择“删除重复项”命令，如图 14-27 所示。

（3）删除空值

在筛选条件下，选择“删除空”选项，或者在筛选列表中选中“null”复选框，然后单击“确定”按钮可以直接把空值删除，如图 14-28 所示。

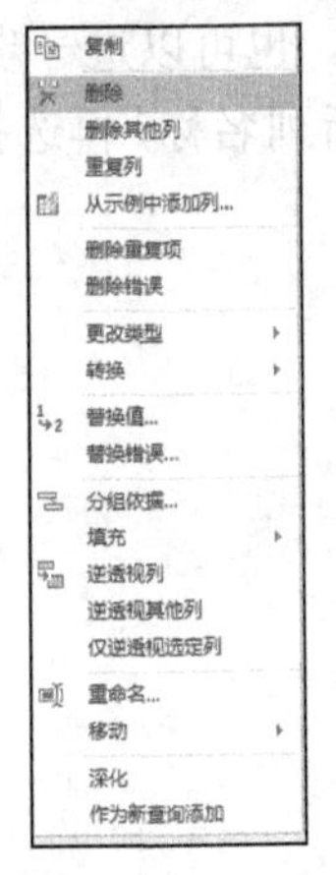

图 14-26　删除列

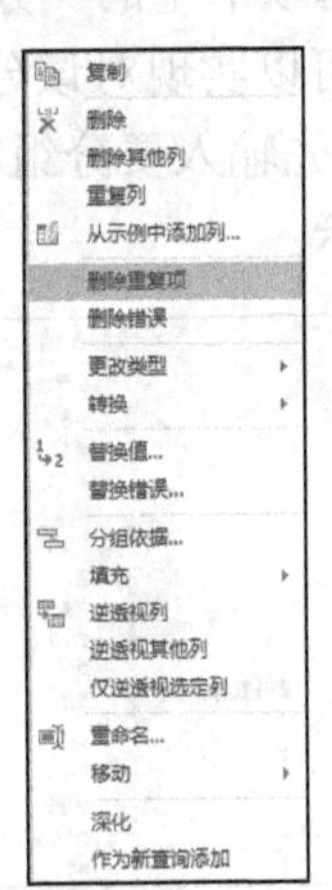

图 14-27　删除重复项

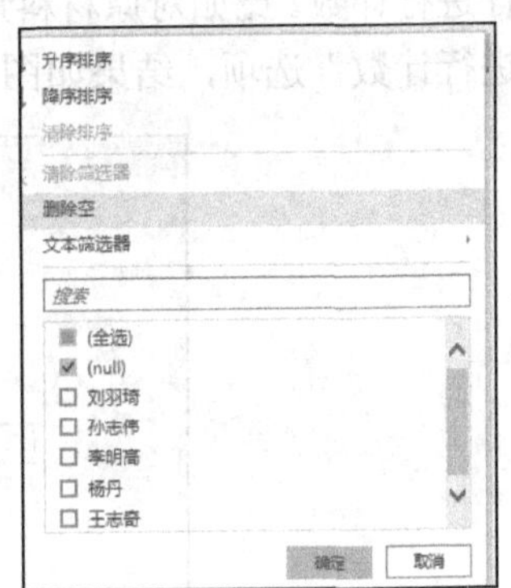

图 14-28　删除空值

14.2.4 编辑数据类型

（1）修改数据类型

每个字段的左侧都有一个数据类型按钮“ABC”，单击此按钮，在弹出的下拉列表中选择想要设置的数据类型，如“百分比”数据类型。如图 14-29 所示。

（2）检测数据类型

在“转换”选项卡中有“检测数据类型”命令，它可以自动识别数据类型，不用对每个数据进行手动调整，如图 14-30 所示。

（3）调整格式

使用“转换”选项卡中的“格式”命令，既可以对字母大小写进行设置，也可以对其他格式进行修整等，如图 14-31 所示。

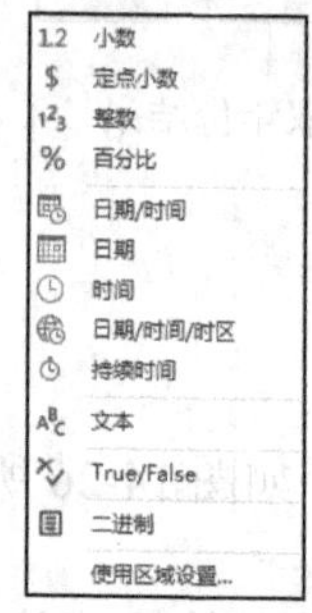

图 14-29　修改数据类型

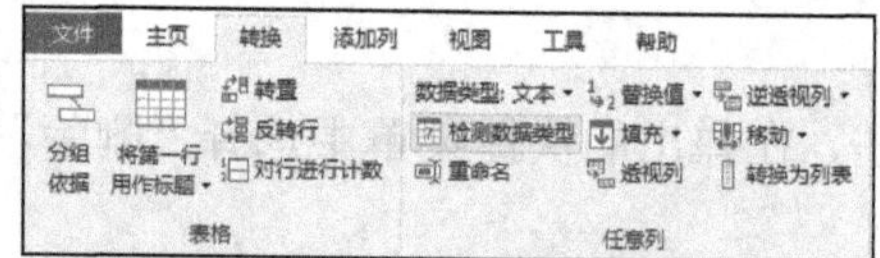

图 14-30　检测数据类型

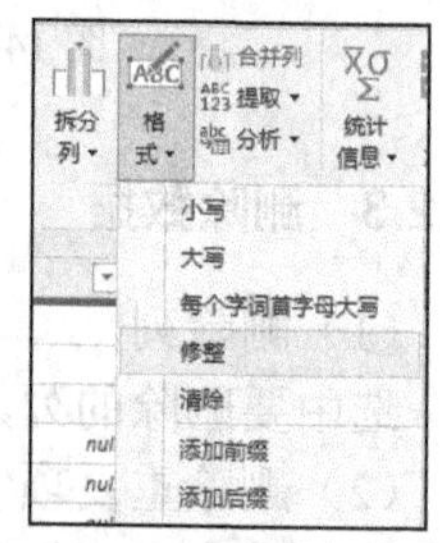

图 14-31　调整格式

14.2.5 数据分组

在 Power Query 中，单击“转换”选项卡中的“分组依据”按钮，可以实现对数据中的某一分组进行计数操作。此功能既可以实现对该分组进行计数，也可以进一步选择对行进行计数。比如对原材料进行计数，先输入要分组的列名称及新列名称，再选择“对行进行计数”选项，结果如图 14-32 所示。

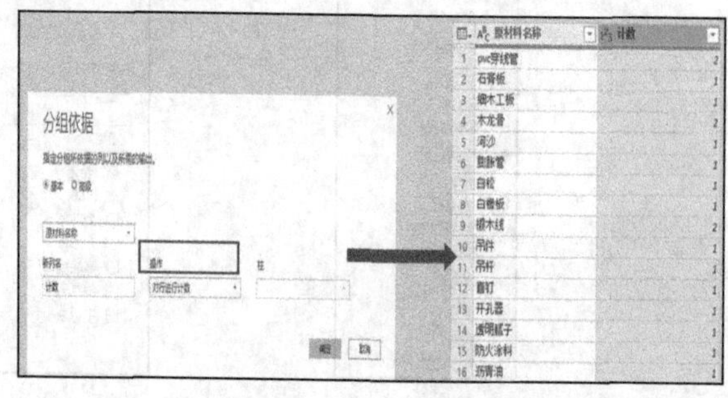

图 14-32　分组计数

14.3 数 据 查 询

14.3.1 追加查询

追加查询是在现有记录的基础上，在下边添加新的数据行，是一种纵向合并操作。如果有两个表式相同的表格，需要合并为一个表，就可以使用 Power Query 的“追加查询”功能。

【例 14-3】图 14-33 所示是两张原材料出库单中的数据，利用 Power Query 的“追加查询”功能合并两张表。

原材料出库表1	Column2	Column3	Column4	Column5
出库单编号	出库时间	验收人编号	验收人姓名	原材料代码
1	2020/4/5	1001	王志奇	1004
2	2020/4/6	1004	孙志伟	1002
3	2020/4/7	1003	刘羽琦	1003
4	2020/4/8	1003	刘羽琦	1001
5	2020/4/9	1003	刘羽琦	1005
6	2020/4/10	1003	刘羽琦	1004
7	2020/4/11	1001	王志奇	1001
8	2020/4/12	1001	王志奇	1008
9	2020/4/13	1004	孙志伟	1011

原材料出库表2	Column2	Column3	Column4	Column5
出库单编号	出库时间	验收人编号	验收人姓名	原材料代码
10	2020/4/14	1002	李明嘉	1010
11	2020/4/15	1002	李明嘉	1012
12	2020/4/16	1002	李明嘉	1012
13	2020/4/17	1002	李明嘉	1013
14	2020/4/18	1003	刘羽琦	1014
15	2020/4/19	1003	刘羽琦	1015
16	2020/4/20	1003	刘羽琦	1016
17	2020/4/21	1005	杨丹	1017
18	2020/4/22	1005	杨丹	1018
19	2020/4/23	1005	杨丹	1019

图 14-33　要合并的数据表

Step1：在 Power BI 中打开示例文件 data14-3.xlsx，将要追加查询的所有数据表先添加到 Power Query 中，如图 14-34 所示。在“查询”区域列出了要合并的表格名称 Sheet1 和 Sheet2，列表区域显示的是要合并的第一个表。

图 14-34　数据转换窗口

Step2：选中 Sheet1，单击“转换”组中的“将第一行用作标题”按钮，将 Sheet1 表中的第一行内容提升到标题行。按同样的方法将 Sheet2 中的第一行内容也提升到标题行。

Step3：单击“组合”组中的“追加查询”按钮，打开“追加”对话框，在“要追加的表”列表框中选择“Sheet2”，如图 14-35 所示。

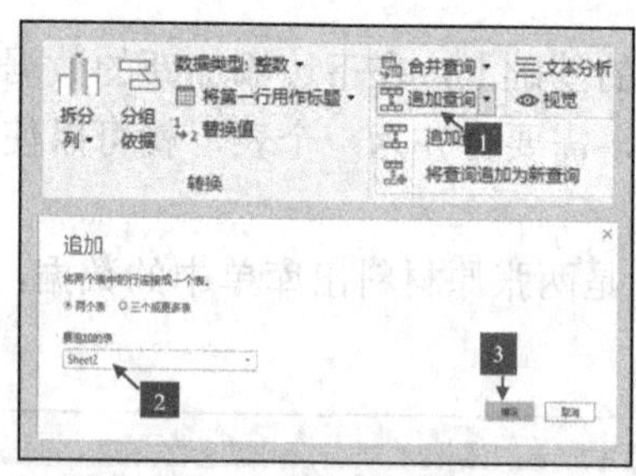

图 14-35　追加查询

Step4：单击“确定”按钮，得到两张表的追加查询结果，如图 14-36 所示。

入库单编号	入库日期	原材料代码	原材料名称	数量	单价	金额	供应商编号	供应商名称	质量验收人
1	2020年3月6日	1001	木龙骨	1000	1.5	1500	1003	晨泰木材有限公司	王志蔚
2	2020年3月7日	1004	pvc穿线管	800	8.5	6800	1001	缘丽五金批发部	王志蔚
3	2020年3月8日	1003	细木工板	2000	120	240000	1005	航泰木材有限公司	王志蔚
4	2020年3月9日	1004	pvc穿线管	2000	8.5	17000	1001	缘丽五金批发部	王志蔚
5	2020年3月10日	1002	石膏板	1800	23	41400	1001	缘丽五金批发部	李明高
6	2020年3月11日	1002	石膏板	1500	23	34500	1001	缘丽五金批发部	李明高
7	2020年3月12日	1007	防火涂料	600	200	120000	1006	启华化工原理限公司	李明高
8	2020年3月13日	1008	膨胀管	1000	0.6	600	1001	缘丽五金批发部	李明高
9	2020年3月14日	1005	河沙	2000	110	220000	1007	沙石供应公司	刘羽琦
10	2020年3月15日	1013	吊件	3000	0.6	1800	1001	缘丽五金批发部	刘羽琦
11	2020年3月16日	1010	白橡板	100	83	8300	1003	晨泰木材有限公司	刘羽琦
12	2020年3月17日	1001	木龙骨	2600	1.5	3900	1003	晨泰木材有限公司	刘羽琦
13	2020年3月18日	1019	沥青油	200	55	11000	1006	启华化工原理限公司	刘羽琦
14	2020年3月19日	1015	直钉	200	4	800	1001	缘丽五金批发部	孙志伟
15	2020年3月20日	1003	细木工板	2000	120	240000	1005	航泰木材有限公司	孙志伟
16	2020年3月21日	1005	河沙	1500	110	165000	1007	沙石供应公司	孙志伟
17	2020年3月22日	1016	开孔器	400	18	7200	1001	缘丽五金批发部	杨丹
18	2020年3月23日	1005	河沙	600	110	66000	1007	沙石供应公司	杨丹
19	2020年3月24日	1019	沥青油	100	55	5500	1006	启华化工原理限公司	杨丹

图 14-36　追加查询结果

14.3.2　合并查询

如果说追加查询是纵向合并，那么合并查询就是横向合并，合并查询需要两个表中有相同的字段，相当于 Excel 的 VLOOKUP 功能，就是匹配其他表格中的数据，不过 Power Query 中的合并查询要比 VLOOKUP 功能强大得多，并且操作也更简单。

【例 14-4】在示例文件 data14-4.xlsx 中的“原材料出库表”中添加“原材料代码表”中的“原材料代码”字段。使用 Power Query 的“合并查询”功能，以“原材料名称”作为关联字段，对两个表进行横向合并。

Step1：打开示例文件 data14-4，进入 Power Query 编辑器，切换至“原材料出库表”，在“主页”选项卡下的“组合”组中单击“合并查询”按钮，如图 14-37 所示。

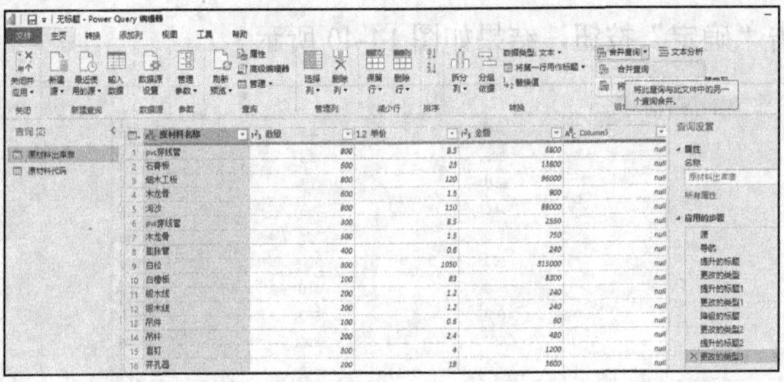

图 14-37　打开"合并查询"功能

Step2：设置合并表。在弹出的"合并"对话框下方选择要合并的"原材料代码表"，选择要合并的两个表中相同的字段"原材料名称"；单击"确定"按钮，如图 14-38 所示。

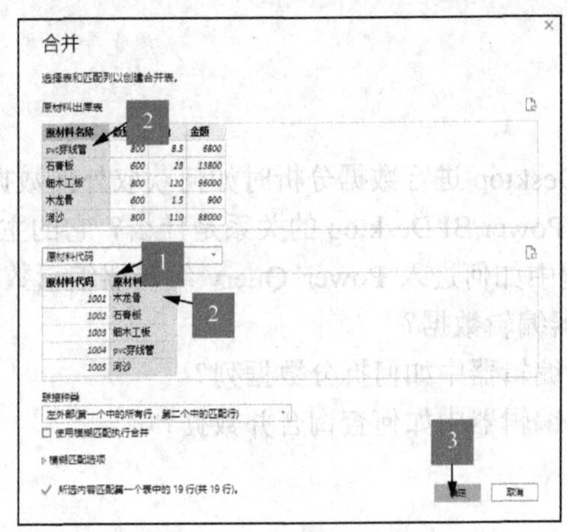

图 14-38　设置合并表

Step3：选择扩展列。返回编辑器中，可看到在"原材料出库表"右侧多了一个新增列。单击该列列标题右侧的图标，在展开的列表中选中需要合并的字段"原材料代码"，如图 14-39 所示。

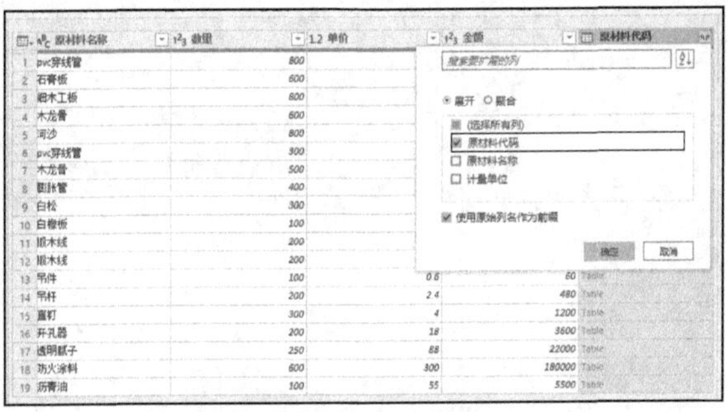

图 14-39　选中合并字段

Step4：单击“确定”按钮，结果如图 14-40 所示。

原材料名称	数量	单价	金额	原材料代码.原材料...
pvc穿线管	800	8.5	6800	1004
pvc穿线管	300	8.5	2550	1004
木龙骨	600	1.5	900	1001
木龙骨	500	1.5	750	1001
石膏板	600	23	13800	1002
细木工板	800	120	96000	1003
河沙	800	110	88000	1005
防火涂料	600	300	180000	1007
防火涂料	600	300	180000	1018
膨胀管	400	0.6	240	1008
白松	300	1050	315000	1011
白橡板	100	83	8300	1010
根木线	200	1.2	240	1012
根木线	200	1.2	240	1012

图 14-40　合并查询结果

习　　题

1．利用 Power BI Desktop 进行数据分析时如何获取外部数据？举例说明。

2．Power Query 与 Power BI Desktop 的关系是什么？它的主要功能是什么？

3．在数据导入过程中如何进入 Power Query 编辑器编辑数据？在数据导入后如何进入 Power Query 编辑器编辑数据？

4．在 Power Query 编辑器中如何拆分数据列？

5．在 Power Query 编辑器中如何查询合并数据？

第 15 章　Power BI 数据建模

可视化是数据展示的形式，数据查询是对基础数据的处理，而数据建模才是 Power BI 数据分析的关键。Power BI 可以从多个表格、多种来源的数据中，根据不同的维度、不同的逻辑来聚合分析数据，而提取数据的前提是要将这些数据表建立关系，这个建立关系的过程就是数据建模。在接下来的学习中，首先以基本概念的介绍为切入点开启 Power BI 数据建模的学习。本章内容为必修内容，建议讲授 1 学时，实践训练 1 学时。

15.1　基 本 概 念

15.1.1　关键字段与非重复值

Power BI 数据建模就是建立表间的关联关系。要建立一个表与另一个表之间的关联关系，有一个重要的条件：在两个表中，建立关联关系的两个字段必须在其中一个表中没有重复值。在数据库中，没有重复值的字段一般可以作为表的关键字段。关键字段之所以关键，就是因为没有重复值。通常把 Power BI 数据模型中，表间有关系的两个字段中没有重复值的字段称为关键字段，而关键字段的取值为非重复值。

15.1.2　关系及相关元素

创建数据关系，首先需要了解关系的概念及相关的基本元素，在 Power BI Desktop 中，关系是指数据表之间的基数和交叉筛选方向。基数就是连接两个字段的对应关系，类似于关系表的外键引用，是通过两个数据表之间的单个数据列进行关联，被关联的数据列叫作查找列。基数分为多对一、一对一和一对多，而一对多和多对一其实是一样的，因此实际上就只有两种关系。图 15-1 中展示了 Power BI Desktop 中的几种关系，各关系的具体含义如表 15-1 所示。

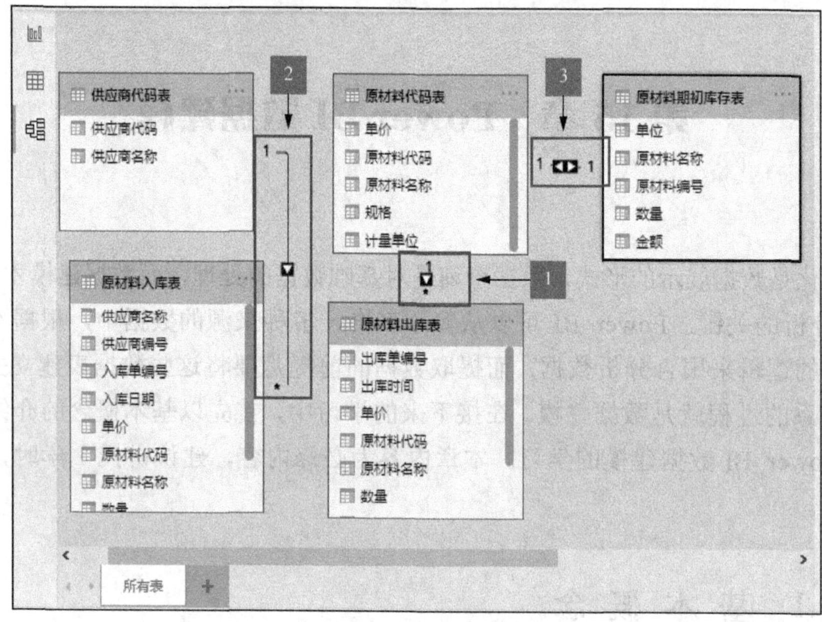

图 15-1　关系类型

表 15-1　关系及含义

序号	名称	含义
1	多对一 （*：1）	多对一是最常见的关系类型，代表一个表中的关系列有重复值，而在另一个表中是单一值，具有唯一值的表称为查找表，而具有多个值的表称为引用表。例如，原材料出库表和原材料代码表之间的基础关系是多对一，那么原材料代码表是原材料出库表的查找表，原材料出库表是引用表。在原材料代码表中查找列（原材料代码）的值是唯一的，不存在重复值，而在原材料出库表中，查找列（原材料代码）的值不是唯一的
2	一对多 （1：*）	一对多是多对一的反向，如原材料代码表和原材料入库表之间的基数关系是一对多。原材料代码表是原材料入库表的查找表，原材料入库表为引用表。关键字段“原材料代码”在原材料代码表中没有重复值，而在原材料入库表中存在重复取值
3	一对一 （1：1）	一对一关系是关联的两个表中的关系列的每一个值都是唯一的，不存在重复值

15.2　数 据 建 模

在 Power BI 中，数据建模就是识别表的类型和表之间的关系，并在 Power BI Desktop 的“模型”视图中，通过拖动字段或者通过关系管理窗口来建立数据关联。在建模过程中首先需要对数据表按字段属性进行分类，然后合理地设计模型布局。

15.2.1　识别表的类型

表的分类一般有两种：一是 Lookup 表，即查找表，也称维度表；二是数据表，即引用表，也称事实表。Lookup 表的主要特征是包含类别属性信息，数据量较小，包括具有不重复值的关键字段，如图 15-2 所示的供应商代码表和验收人代码表中的供应商名称列和领用人姓名列的每个名称都只出现了一次，且无重复项目。把此类表叫作 Lookup 表的原因是在 Excel 中，人们经常把它当作 VLOOKUP 函数中的目标查询表来使用。

图 15-2 中下方的表为数据表，即引用表，其特点是数据量较大，能够建立度量值。对应于上面两个表，其中的关键字段“供应商名称”和“领用人姓名”在该表中都有重复值。

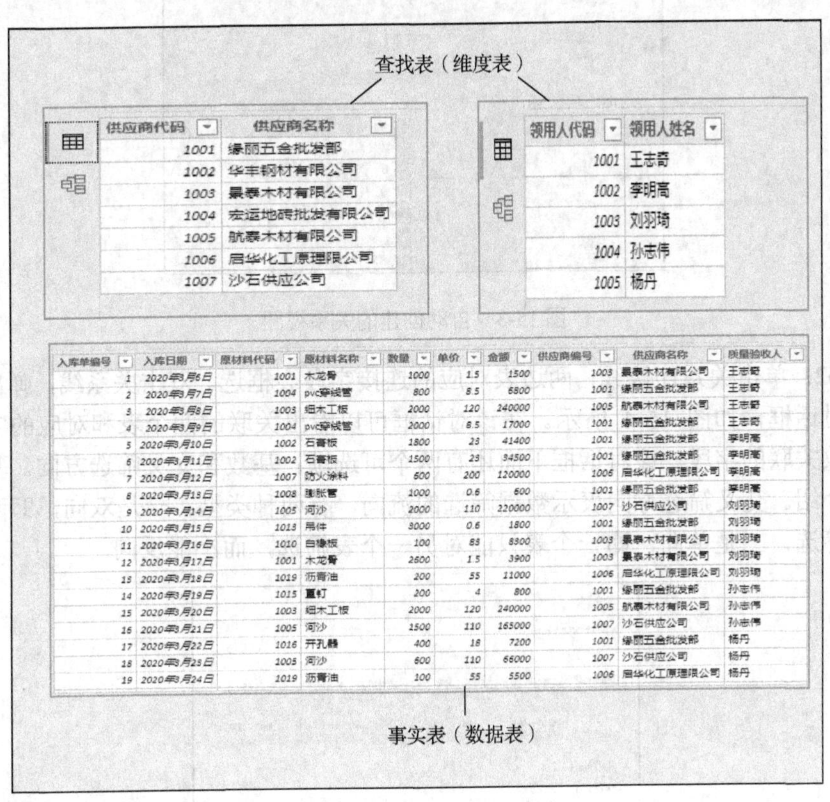

供应商代码	供应商名称
1001	缘丽五金批发部
1002	华丰钢材有限公司
1003	晨泰木材有限公司
1004	宏运地砖批发有限公司
1005	航泰木材有限公司
1006	启华化工原理限公司
1007	沙石供应公司

领用人代码	领用人姓名
1001	王志奇
1002	李明高
1003	刘羽琦
1004	孙志伟
1005	杨丹

入库单编号	入库日期	原材料代码	原材料名称	数量	单价	金额	供应商编号	供应商名称	质量验收人
1	2020年3月6日	1001	木龙骨	1000	1.5	1500	1003	晨泰木材有限公司	王志奇
2	2020年3月7日	1004	pvc穿线管	800	8.5	6800	1001	缘丽五金批发部	王志奇
3	2020年3月8日	1003	细木工板	2000	120	240000	1005	航泰木材有限公司	王志奇
4	2020年3月9日	1004	pvc穿线管	2000	8.5	17000	1001	缘丽五金批发部	王志奇
5	2020年3月10日	1002	石膏板	1800	23	41400	1001	缘丽五金批发部	李明高
6	2020年3月11日	1002	石膏板	1500	23	34500	1001	缘丽五金批发部	李明高
7	2020年3月12日	1007	防火涂料	600	200	120000	1006	启华化工原理限公司	李明高
8	2020年3月13日	1008	膨胀管	1000	0.6	600	1001	缘丽五金批发部	李明高
9	2020年3月14日	1005	河沙	2000	110	220000	1007	沙石供应公司	刘羽琦
10	2020年3月15日	1013	吊件	3000	0.6	1800	1001	缘丽五金批发部	刘羽琦
11	2020年3月16日	1010	白橡板	100	83	8300	1003	晨泰木材有限公司	刘羽琦
12	2020年3月17日	1001	木龙骨	2600	1.5	3900	1003	晨泰木材有限公司	刘羽琦
13	2020年3月18日	1019	沥青油	200	55	11000	1006	启华化工原理限公司	刘羽琦
14	2020年3月19日	1015	直钉	200	4	800	1001	缘丽五金批发部	孙志伟
15	2020年3月20日	1003	细木工板	2000	120	240000	1005	航泰木材有限公司	孙志伟
16	2020年3月21日	1005	河沙	1500	110	165000	1007	沙石供应公司	孙志伟
17	2020年3月22日	1016	开孔器	400	18	7200	1001	缘丽五金批发部	杨丹
18	2020年3月23日	1005	河沙	600	110	66000	1007	沙石供应公司	杨丹
19	2020年3月24日	1019	沥青油	100	55	5500	1006	启华化工原理限公司	杨丹

图 15-2　数据表的类型

15.2.2　创建数据关系

在数据分析时，利用多个表中的数据及关系来执行一些复杂的数据分析任务，需要创建数据关系，它是数据建模的关键与核心。创建数据关系包括自动检测关系、调整表块布局和手动建立关系三个环节。

【例 15-1】对 data 14-1 中的数据建立数据关系。

（1）自动检测创建关系

Step1：在 Power BI Desktop 中建立一个模型，导入数据后单击“模型”按钮，Power BI 会自动检测关系并连接，自动检测并不一定能找出所有的数据关系，但能够帮助用户加快创建关系的速度。

导入示例文件 data14-1 原材料库存分析表.pbix，Power BI 自动检测数据关系，并在数据表之间进行关联。选择“模型”选项卡，可以看到自动创建的数据关系视图，如图 15-3 所示。

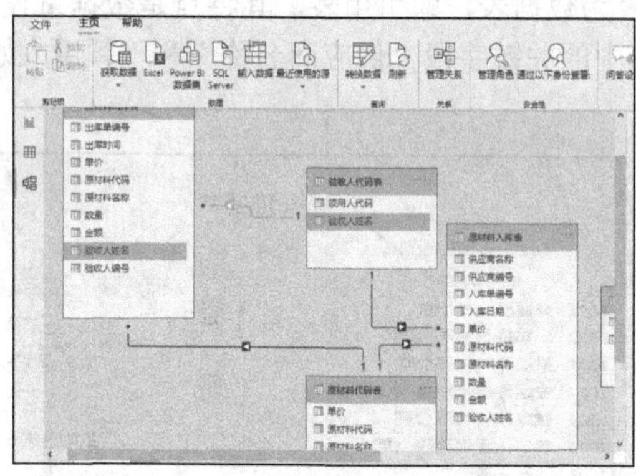

图 15-3　自动创建的关系视图

Step2：单击关系连接线，两边表对应的连接字段会框选。双击关系线，弹出“编辑关系”对话框，如图 15-4 所示。在该对话框可以看出关联的两个表和对应的字段，也可以更改关联的字段。该对话框下面还有两个可选项：基数和交叉筛选方向。基数前面已做过介绍。交叉筛选方向表示数据筛选的流向，有两种类型：一是双向，即两个表可以互相筛选，二是单向，即一个表只能对另一个表筛选，而不能反向。

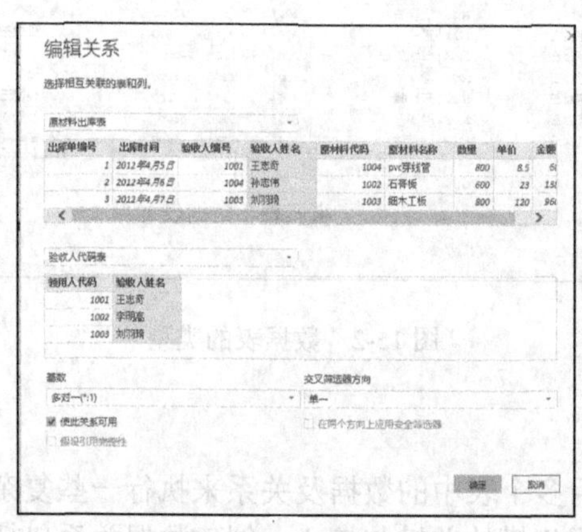

图 15-4　“编辑关系”对话框

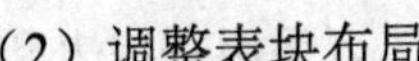

（2）调整表块布局

Power BI 自动创建的关系，数据块的分布比较散乱，不便于查看关系。因此，多数情况下，特别是数据表较多时，需要重新调整模型中数据块的布局。

1）对相距较远的数据块，直接拖动鼠标调整表数据块的位置。

2）对表中字段较多且没有完全显示的表数据块，可将鼠标指针放置在表数据块底部或顶部的边框线上，等鼠标指针变为形变指针，即变为形状时，按住鼠标左键并拖动调整表数据块的大小来显示表中的全部字段。

3）根据模型中查找表和事实表的多少合理布局表数据块。

① 如果查找表有多个，数据表（引用表）只有一个，可采用数据表在中间，查找表围绕在周围的“星状”布局，如图 15-5 所示。该模型除了中间的销售数据表是数据表外，其他四个表均为查找表。

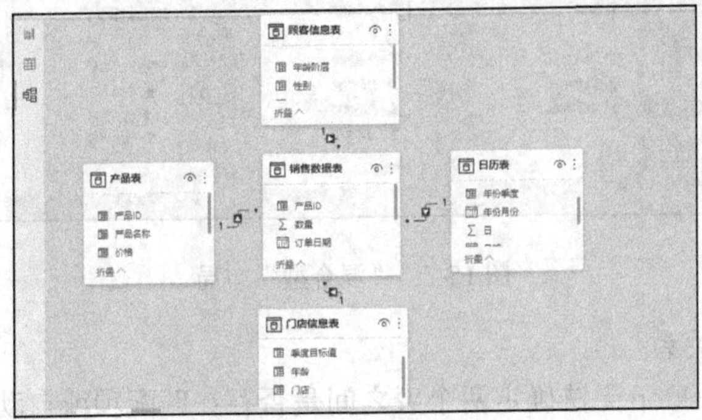

图 15-5　“星状”布局

② 如果查找表有多个，数据表也有多个，但表间关系单一，可采用查找表在上，数据表在下的“流水状”布局。在本例中原材料代码表、供应商代码表和验收人代码表属于查找表，原材料期初库存表、原材料入库表和原材料出库表属于数据表，正好适合建立这种“流水状”布局的模型，如图 15-6 所示。

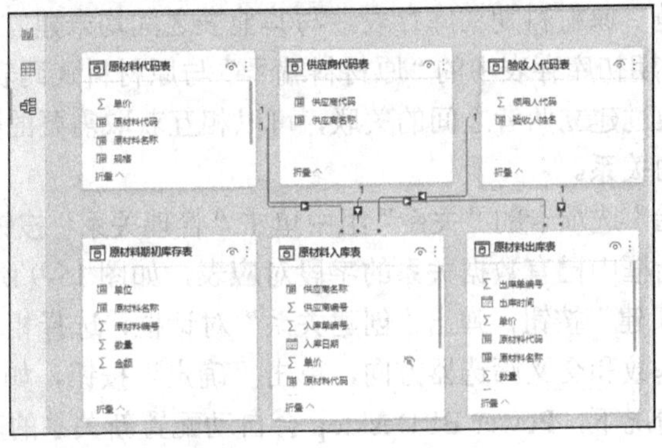

图 15-6　“流水状”布局

③ 如果查找表有多个，事实表也有多个，且表间关系复杂，可采用查找表和事实表交叉分布的“混合型”布局。但切记关系要明确清晰，有关系的表数据块尽量靠近，以防关系线错综交织，如图 15-7 所示。该模型中类别、日期、门店城市、品牌四个表为查找表，销售明细表为事实表，产品明细表则既是销售明细表的查找表，又是品牌表的数据表。由于表间关系较为复杂，所以适合建立交叉的“混合型”布局的模型。

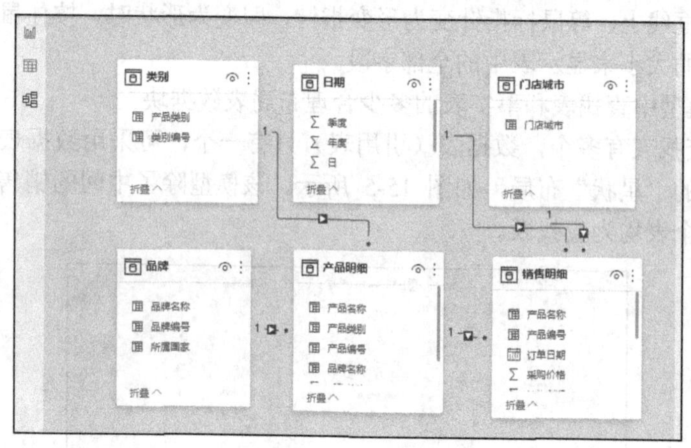

图 15-7　“混合型”布局

（3）手动创建关系

当 Power BI Desktop 无法确定两个表之间是否存在匹配项或自动检测所创建的关系不能满足分析的需要时，可手动创建关系。手动创建关系有两种方法：第一种是直接在表的数据块上拖放想要在表之间创建连接的字段，建立数据之间的关系，即选中一个表中的字段拖到另一个表的对应字段上建立关系；当字段较多且使用第一种操作不便时，可以用第二种方法，即通过“关系管理”中的“创建关系”功能建立数据之间的关联。

【例 15-2】对例 15-1 中自动创建的数据关系手动添加未关联的数据关系。

Step1：单击“模型”视图，可看到导入模型的六个表数据块，表之间已经自动创建了大部分关系，但是“原材料期初库存表”与其他表之间均未建立关系，如图 15-8 所示。事实上，原材料期初库存表中的“原材料编号”与原材料代码表中的“原材料代码”是有关系的，而且通过建立两者之间的关联，可以相互获取需要的数据信息，所以需要手动建立两者之间的关系。

Step2：在“开始”选项卡的“关系”组中单击“管理关系”按钮，弹出“管理关系”对话框，可看到对话框中已有数据关系的字段对应表，如图 15-9 所示。

Step3：单击“新建”按钮，弹出“创建关系”对话框，选择相互关联的表和列；在对话框的下方设置基数和交叉筛选器方向，单击“确定”按钮，如图 15-10 所示。需要注意的是，在默认情况下，Power BI Desktop 会自动配置新关系的基数、交叉筛选器方向和活动属性，但必要时可对其进行更改。

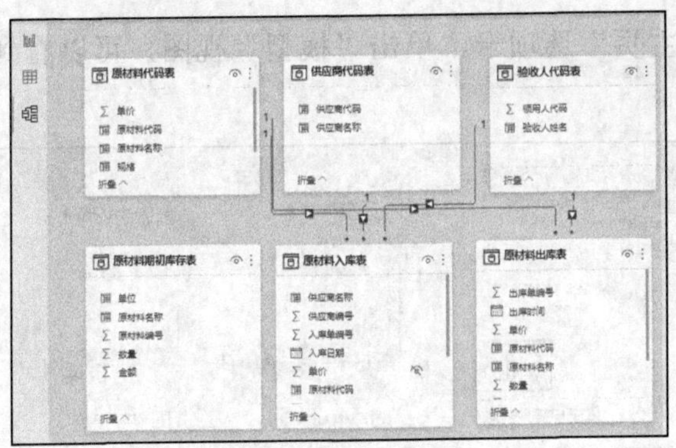

图 15-8　自动检测到的数据关系

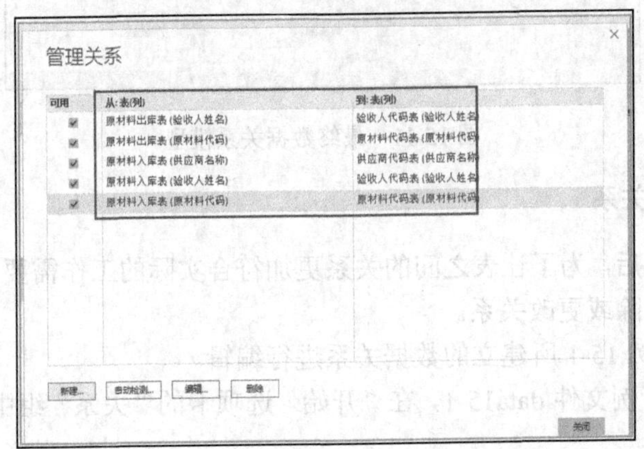

图 15-9　“管理关系”对话框

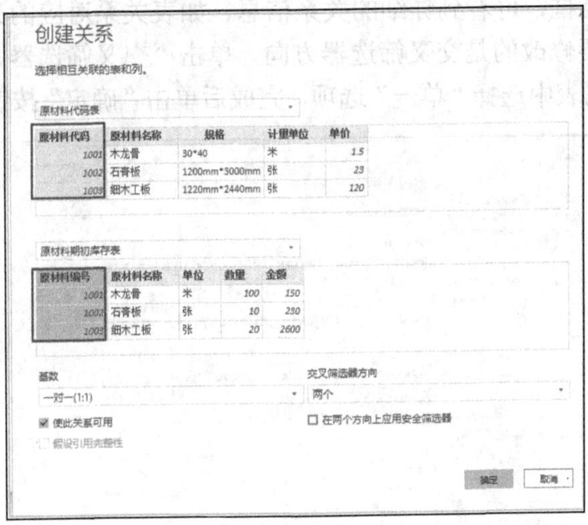

创建关系

选择相互关联的表和列。

原材料代码表

原材料代码	原材料名称	规格	计量单位	单价
1001	木龙骨	30*40	米	1.5
1002	石膏板	1200mm*3000mm	张	23
1003	细木工板	1220mm*2440mm	张	120

原材料期初库存表

原材料编号	原材料名称	单位	数量	金额
1001	木龙骨	米	100	150
1002	石膏板	张	10	230
1003	细木工板	张	20	2600

基数：一对一(1:1)　交叉筛选器方向：两个

☑ 使此关系可用　☐ 在两个方向上应用安全筛选器

☐ 假设引用完整性

确定　取消

图 15-10　“创建关系”对话框

Step4：返回“主页”选项卡，单击“模型”视图，可以看到新创建的关系，如图 15-11 所示。

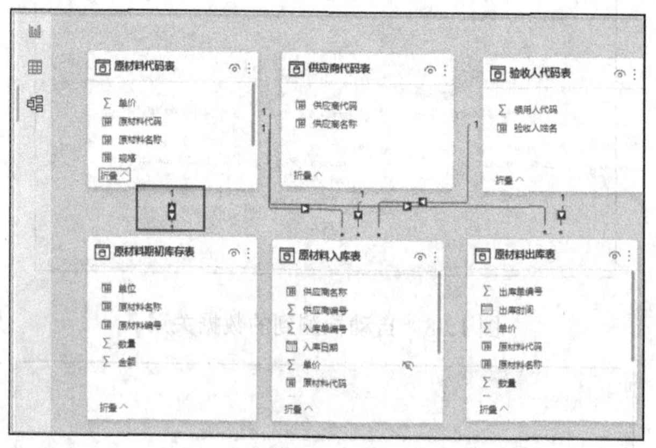

图 15-11　最终数据关系模型

15.2.3　编辑数据关系

模型创建完成后，为了让表之间的关系更加符合实际的工作需要，有时还需要对关系进行编辑，即删除或更改关系。

【例 15-3】对例 15-1 所建立的数据关系进行编辑。

Step1：打开示例文件 data15-1，在“开始”选项卡的“关系”组中单击“管理关系”按钮。

Step2：在弹出的“管理关系”对话框中选择要编辑的关系，单击“编辑”按钮，弹出“编辑关系”对话框，可看到详细的关系信息，如表关系对应的列、基数和交叉筛选器方向等，这里需要修改的是交叉筛选器方向，单击“交叉筛选器方向”右侧的下拉按钮，在打开的下拉列表中选择“单一”选项，完成后单击“确定”按钮，如图 15-12 所示。

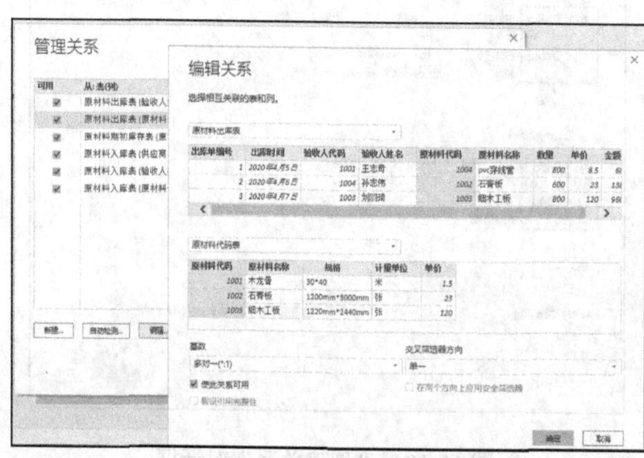

图 15-12　改变“交叉筛选器方向”

Step3：如果要删除关系，可返回“管理关系”对话框，选中要删除的关系，单击“删除”按钮，并在弹出的“删除关系”对话框中单击“删除”命令，如图 15-13 所示。完成删除后单击“关闭”按钮关闭对话框。此外，还可以在“模型”视图中选中连接表的关系，再按 Delete 键，或者直接在连接表的关系线上右击，在弹出的快捷菜单中选择“删除”命令，完成删除操作。

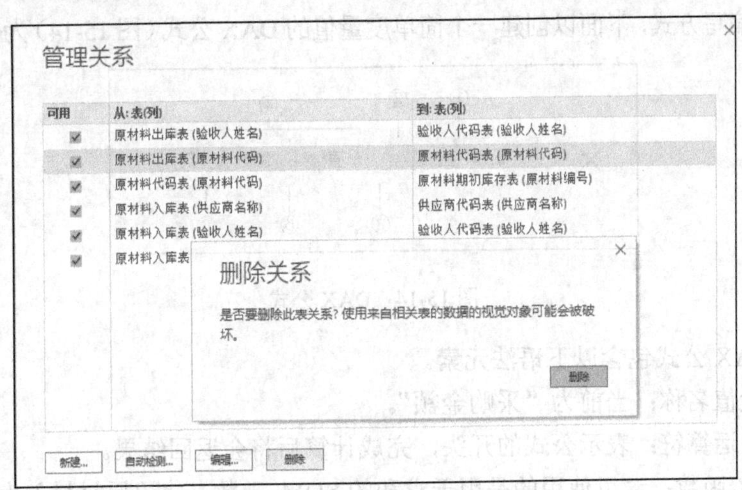

图 15-13　“删除关系”对话框

Step4：查看编辑和删除效果。返回 Power BI Desktop 主界面，在“模型”视图下，可查看编辑和删除关系后的效果。

15.3　DAX（数据分析表达式）

在 Power BI Desktop 中，导入各种类型的数据并创建报表都非常简单，无须任何公式计算就可以对数据进行一定程度的处理，并得出有价值的分析结果。但是在已有的值、列或表不利于关系的建立或不符合分析需要时，就需要使用 DAX（data analysis expressions，数据分析表达式）来创建度量值、计算列或创建新表。

15.3.1　DAX 的概念

DAX 是一个专为数据模型及商业智能计算而设计的公式语言。简单来说，DAX 可帮助用户充分利用数据来创建新的信息或关系，进而快速高效地解决实际的商业智能问题。

DAX 公式类似于 Excel 公式，也由函数、运算符、常量等组成。实际上，DAX 公式有许多与 Excel 公式相同的功能，但是 DAX 公式旨在处理交互式的切片或筛选的报表中的数据，如 Power BI Desktop 中的数据。DAX 公式与 Excel 公式的区别：在 Excel

中，可在表中的每行使用不同的公式；而在 Power BI 中，为新列创建 DAX 公式时，它可得到表中每一行的计算结果。

15.3.2 DAX 的语法

在创建 DAX 公式之前，首先需要了解 DAX 公式的语法，包括组成公式的各种元素和公式的编写方式，下面以创建一个简单度量值的 DAX 公式（图 15-14）为例进行介绍。

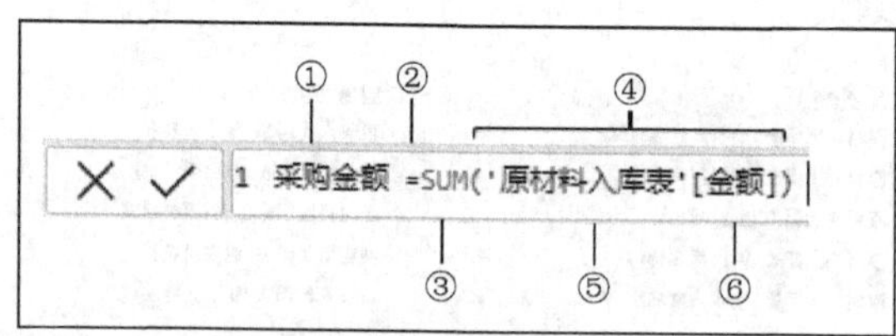

图 15-14 DAX 公式

以上 DAX 公式包含以下语法元素。

① 度量值名称：当前为“采购金额”。

② 等号运算符：表示公式的开头，完成计算后将会返回结果。

③ DAX 函数：这里使用的是用于求和的 SUM 函数，将“原材料入库表”的“金额”列中的所有数值相加。

④ 括号：用于括住包含一个或多个参数的表达式，几乎所有函数都至少需要一个参数，一个参数会传递一个值给函数。

⑤ 引用的表：此处为“原材料入库表”。

⑥ 引用的表中的引用列：此处为“金额”列，使用此参数，SUM 函数就知道在哪一列上求和。

如果将以上 DAX 公式转换成人类的语言，则其含义为，对于名为“采购金额”的度量值，计算“原材料入库表”的“金额”列中的值总和。

需要注意的是，DAX 公式语法的正确性非常重要。大多数情况下，如果语法不正确，将返回语法错误。有时候即使语法正确，返回的值也可能不是预期值。好在 Power BI Desktop 的公式栏提供了建议功能，能帮助用户选择正确的元素来创建语法正确的公式。

15.3.3 DAX 的函数

DAX 含有一个超过 200 个函数、运算符和构造的库，在创建公式时具有很大的灵活性，利用它可以计算出几乎满足任何数据分析需求的结果。表 15-2 为各类 DAX 函数的功能及每个类别中的常用函数。

表 15-2　DAX 表达式中的函数

函数类别	函数功能	常用函数
日期和时间函数	DAX 中的日期和时间函数类似于 Excel 中的日期和时间函数。但是，DAX 函数基于 Microsoft SQL Server 使用的 datetime 数据类型，并且可以采用列中的值作为参数	DATE 函数 DAY 函数 NOW 函数 TODAY 函数 WEEKDAY 函数 YEAR 函数
时间智能函数	能够使用时间段（包括日、月、季度和年）对数据进行操作，然后生成和比较针对这些时间段的计算，支持商业智能分析的需要	CLOSINGBALANCEYEAR 函数 PARALI ELPERIOD 函数 PREVIOUSDAY 函数 SAMEPERIODLASTYEAR 函数 STARTOFYEAR 函数 TOTALMTD 函数
筛选器函数	帮助用户返回特定数据类型、在相关表中查找值、按相关值进行筛选	CALCULATE 函数 DISTINCT 函数 EARLIER 函数 EARLIEST 函数 RELATED 函数
信息函数	查找作为参数提供的表或列，并且指示值是否与预期的类型匹配。例如，如果引用的值包含错误，则 ISERROR 函数将返回 TRUE	ISBLANK 函数 ISERROR 函数 ISNONTEXT 函数 ISNUMBER 函数 ISTEXT 函数
逻辑函数	返回表达式中有关值或集的信息。例如，通过 IF 函数检查表达式的结果并创建条件结果	AND 函数 IF 函数 IFERROR 函数 NOT 函数 OR 函数 SWITCH 函数
数学和三角函数	DAX 中数学和三角函数类似于 Excel 中的数学与三角函数。但是，DAX 函数使用的数值数据类型与 Excel 中的存在一些差别	ABS 函数 CURRENCY 函数 INT 函数 RAND 函数 ROUND 函数 SUM 函数
父/子函数	帮助用户管理数据模型中以父/子层次结构表示的数据	PATHCONTAINS 函数 PATHITEM 函数 PATHITEMREVERSE 函数
统计函数	提供许多用于创建聚合（如计数、求平均值或求最小值和最大值）的函数	AVERAGE 函数 COUNT 函数 COUNTA 函数 COUNTBLANK 函数 MAX 函数 MIN 函数

续表

函数类别	函数功能	常用函数
文本函数	用于返回部分字符串、搜索字符串中的文本、连接字符串值	BLANK 函数 CONCATENATE 函数 REPLACE 函数 SEARCH 函数 UPPER 函数
其他函数	执行任何类别函数都无法定义的唯一操作	DATATABLE 函数 ERROR 函数 GENERATESERIES 函数 SUMMARIZECOLUMNS 函数 UNION 函数

15.3.4 DAX 的应用

要掌握 DAX，较好的方法就是动手创建一些基本公式来处理一些实际数据。如果有一定的 Excel 公式与函数基础，通过实践就能很快熟悉 DAX 的应用。

1. 利用 DAX 创建度量值

度量值是用 DAX 创建的一个只有名称显示在“字段”窗格而不显示计算结果的字段，它不改变源数据，也不改变数据模型，也就是说，度量值不会占用报表内存，只有在使用度量值创建视觉对象时才会执行计算。此外，度量值还可以循环使用，即一个度量值可用于创建另一个度量值，因此，在模型中新建度量值时，建议从最简单的度量值开始创建。

【例 15-4】在例 15-1 所建模型中创建度量值，对“原材料入库表”中的“数量”进行加总。

Step1：打开示例文件 data15-1，在“数据”视图下选择要添加度量值的表“原材料入库表”，单击“计算”组中的“新建度量值”按钮，在公式栏中可以看到自动输入的 DAX 公式，默认情况下，新度量值的名称就是“度量值”，如图 15-15 所示。建立多个度量值时，如果不进行重命名，各度量值将被命名为“度量值 1”“度量值 2”……依此类推。

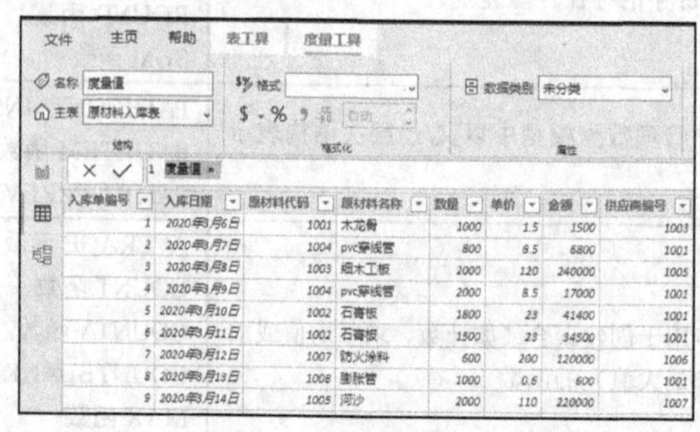

图 15-15　新建度量值

Step2：输入公式。将默认的度量值名称更改为“原材料入库数量”；在“=”后输入函数“SUM”及英文状态下的前括弧“(”，此时 Power BI Desktop 自动显示相关的数据字段列表，在字段列表中双击要输入的字段名，如“‘原材料入库表’[数量]”，如图 15-16 所示。

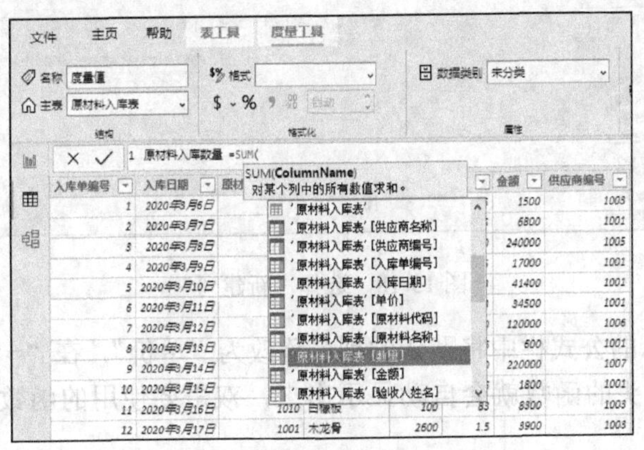

图 15-16　输入 SUM 函数

Step3：完成字段选择后，输入英文状态下的后括弧“)”，再按 Enter 键，即可完成度量值的创建。此时在右侧的“字段”窗格中可看到创建好的“原材料入库数量”度量值，如图 15-17 所示。

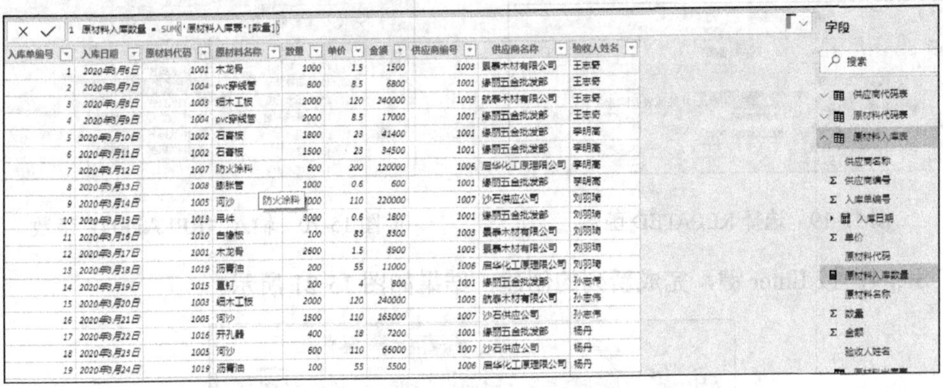

图 15-17　创建好的度量值

2. 利用 DAX 创建计算列

若已有的数据表不包含所需要的值字段，则在 Power BI Desktop 中可通过“计算列”功能，利用已有的字段生成需要的新字段，通过该方式创建的字段会自动添加到已有的数据表中。

【例 15-5】将“原材料代码表”中的“单价”移入“原材料期初库存表”中。

Step1：打开示例文件 data15-1，在“数据”视图下选择要添加新列的表“原材料期初库存表”，单击“计算”组中的“新建列”按钮，如图 15-18 所示，将会在表中添加一列空白列。

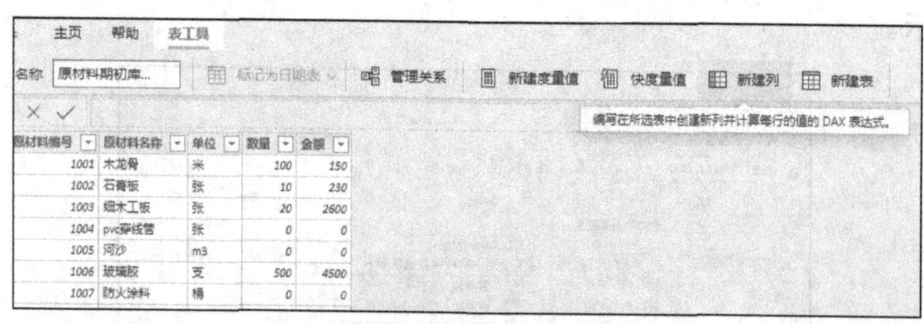

图 15-18　选择“新建列”

Step2：在显示的公式栏中将默认的列名称改为“单价”，在“=”后输入“REL”，所有以“REL”开头的函数就会自动显示出来，双击要使用的函数“RELATED”，如图 15-19 所示。

Step3：输入英文状态下的前括弧“(”，在自动显示的相关数据字段列表中双击“'原材料代码表'[单价]”，如图 15-20 所示，然后输入英文状态下的后括弧“)”，完成公式输入。

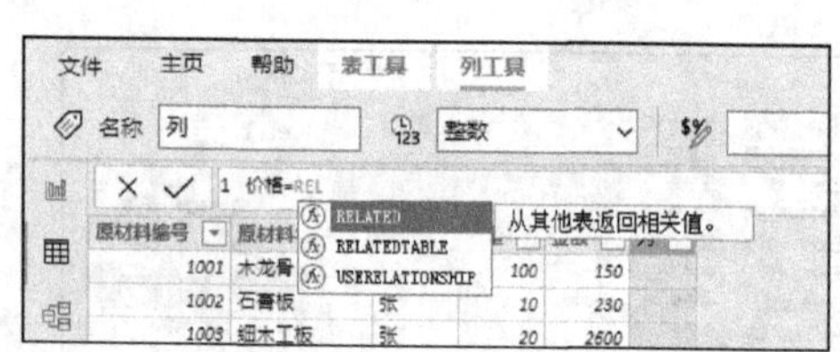

图 15-19　选择 RELATED 函数

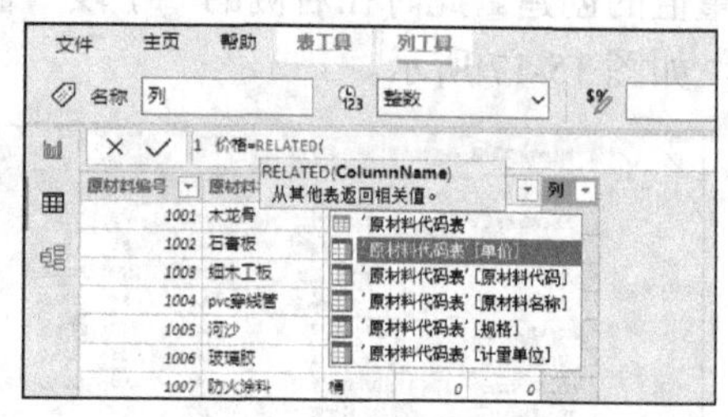

图 15-20　输入“RELATED”函数

Step4：按 Enter 键，完成新列的创建，结果如图 15-21 所示。

1 单价 = RELATED('原材料代码表'[单价])

原材料编号	原材料名称	单位	数量	金额	单价
1001	木龙骨	米	100	150	1.5
1002	石膏板	张	10	230	23
1003	细木工板	张	20	2600	120
1004	pvc穿线管	张	0	0	8.5
1005	河沙	m3	0	0	110
1006	玻璃胶	支	500	4500	15
1007	防火涂料	桶	0	0	200
1008	膨胀管	个	0	0	0.6
1009	大芯板	张	10	850	85
1010	白橡板	张	0	0	83

图 15-21　新建列

3. 利用 DAX 新增空白表

当模型中新建的度量值比较多时，可新建一个空表，用于专门放置度量值，以方便统一查看和管理度量值。新增空白表需要利用 DAX 中的 ROW 和 BLANK 函数。下面通过实例说明新建空白表并移动度量值的操作过程。

Step1：打开示例文件 data15-1，单击“数据”视图，在“计算”组中单击“新建表”按钮，弹出“新建表”窗口，如图 15-22 所示。

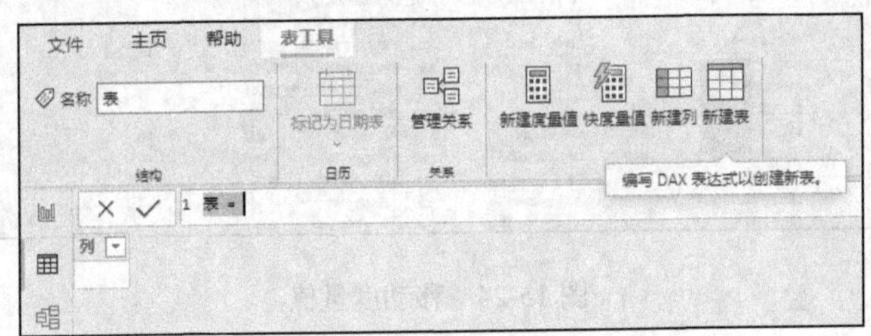

图 15-22 新建表

Step2：在公式栏中输入“度量值表=ROW(“度量值”,BLANK())”。按 Enter 键，可以看到，新建的名称为“度量值表”的表中只有一个空白的度量值列，在“字段”窗格中也多了一个名为“度量值表”的新表，如图 15-23 所示。

图 15-23 输入建表的 DAX 公式

Step3：在“字段”窗格中选中“原材料入库表”中要移动的度量值“原材料入库数量”，在“结构”组中单击“主表”活动框右侧的下拉按钮，在展开的下拉列表中选择新建的“度量值表”选项，如图 15-24 所示。

Step4：应用相同的方法，将其他度量值移入新建的“度量值表”中，总共包括 8 个新建的度量值，如图 15-25 所示。

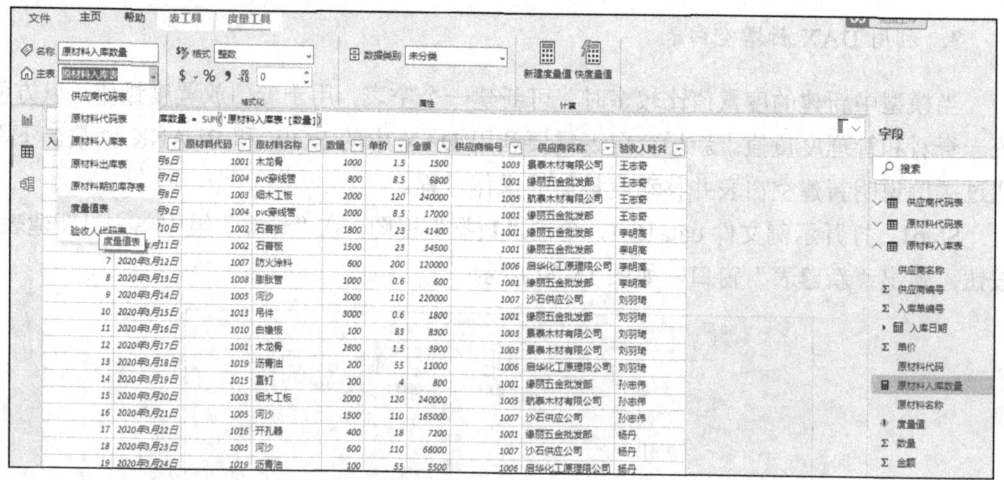

图 15-24　移动度量值

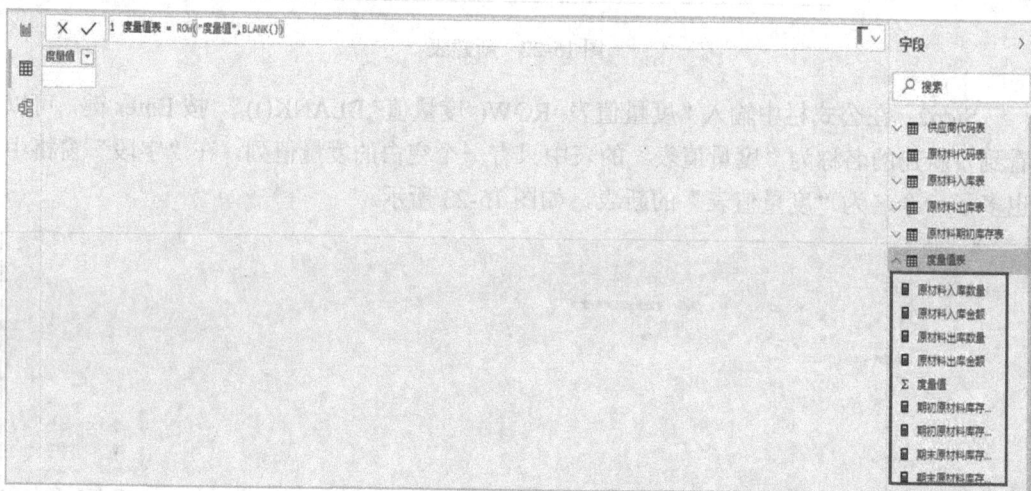

图 15-25　新建的度量值表

习　　题

1．在利用 Power BI 进行数据分析时，数据建模指的是什么？其作用是什么？

2．利用 Power BI Desktop 进行数据分析时，如何快速进入建模视图？

3．在 Power BI 数据建模中关系指的是什么？如何创建和管理关系？

4．什么是 DAX？举例说明如何建立某一字段总数量的 DAX？

5．如何在 Power BI Desktop 中建立空白表，并移动度量值到表中？

第 16 章　Power BI 数据可视化

使用 Excel 制作的图表其实就是一种可视化形式。但若要对庞杂的数据进行多角度分析就需要使用 Power BI。Power BI 作为一种交互式的数据可视化工具，提供了从简单的条形图、饼图到复杂的地图、瀑布图、漏斗图和仪表等更深奥的可视化效果，使数据可视化的过程变得更加多样和智能。此外，Power BI Desktop 还提供了大量页面格式设置工具如形状和图像，可使报表变得生动，并通过页面上的筛选、钻取、突出显示等交互功能，实现数据的动态、联动展示。本章将介绍如何使用 Power BI Desktop 创建交互式可视化报表的相关内容。本章内容为必修内容，建议讲授 2 学时，实践训练 2 学时。

16.1　Power BI 的可视化视觉对象

Power BI Desktop 中预置了类型丰富的经典视觉对象，还可以通过导入自定义视觉对象来扩充视觉对象的类型。

16.1.1　经典视觉对象

Power BI Desktop 中预置的经典视觉对象共有 30 多个，包括表格、切片器和图形，既包括 Excel 可以制作的基本图形，如柱形图、条形图、折线图、饼图、散点图等，也包括地图、仪表、卡片图等一些 Power BI 新增加的图形，如图 16-1 所示。每个视觉对象有各自的特点和适用范围，在实际工作中要根据数据情况和可视化分析需要来选择使用。

图 16-1　经典视觉对象

16.1.2 添加自定义视觉对象

虽然 Power BI Desktop 已经预置了种类多样的视觉对象，但并不能完全满足复杂多变的数据可视化需求。为此，Power BI Desktop 提供了添加自定义视觉对象的功能。

获取自定义视觉对象的途径有两个：一是从文件中导入自定义视觉对象，二是从 AppSource 下载自定义视觉对象并导入 Power BI Desktop，导入界面如图 16-2 所示。

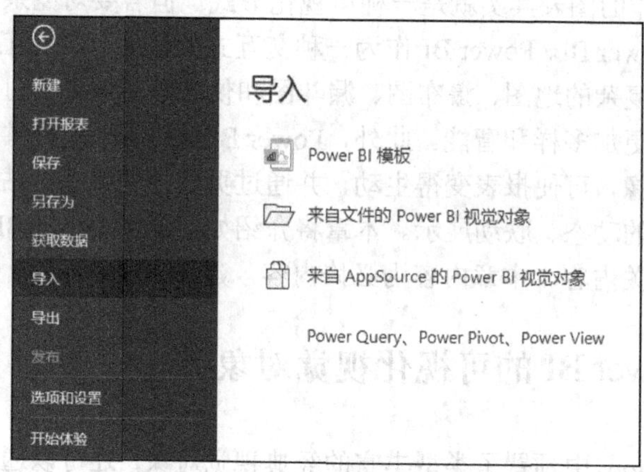

图 16-2 导入视觉对象界面

1. 从文件导入视觉对象

如果事先已将要用的视觉对象下载到计算机中，就可以从文件中导入视觉对象，具体的操作步骤如下。

Step1：在“可视化”窗格中，单击“获取更多视觉对象”按钮，如图 16-3 所示。

Step2：在展开的列表中选择“从文件导入视觉对象”选项，如图 16-4 所示。

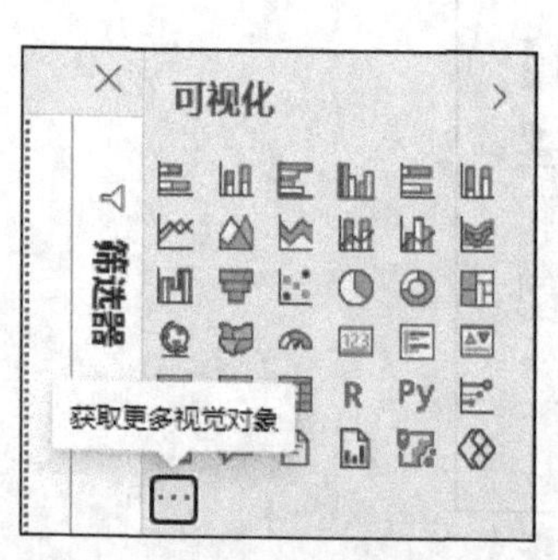

图 16-3 “获取更多视觉对象”按钮

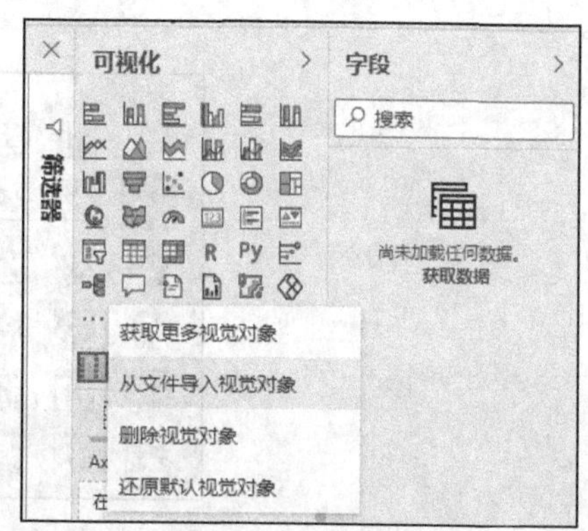

图 16-4 获取视觉对象选项

Step3：选择要导入的视觉对象，如“Enlighten Bubble Stack 1.0.0.0”并单击要导入的视觉对象所对应的文件，如图 16-5 所示，单击“打开”按钮，即可将该视觉对象添加至可视化窗格，如图 16-6 所示。

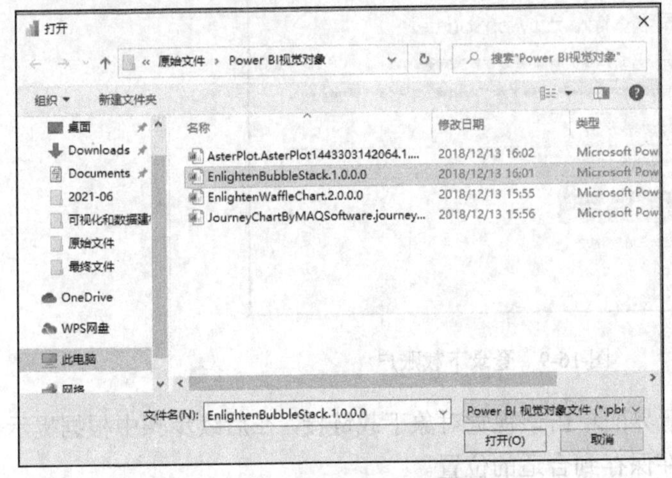

图 16-5　打开文件中的视觉对象

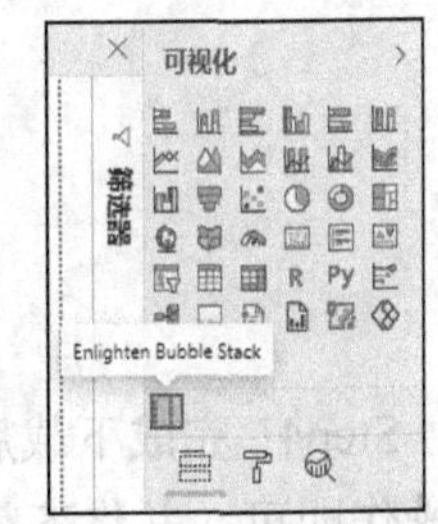

图 16-6　导入的视觉对象

2. 从 AppSource 导入视觉对象

Step1：打开网页浏览器，在地址栏输入 http://appsource.microsoft.com/zh-cn/，在打开的网页顶部“更多”选项中选择“应用”选项，在弹出的“筛选器”窗格中，选择“产品”展开列中的“Power Platform”选项，即可看到“Power BI 视觉对象”选项，如图 16-7 所示。

Step2：选择“Power BI 视觉对象”选项，即可看到所有视觉对象的搜索结果，如图 16-8 所示。

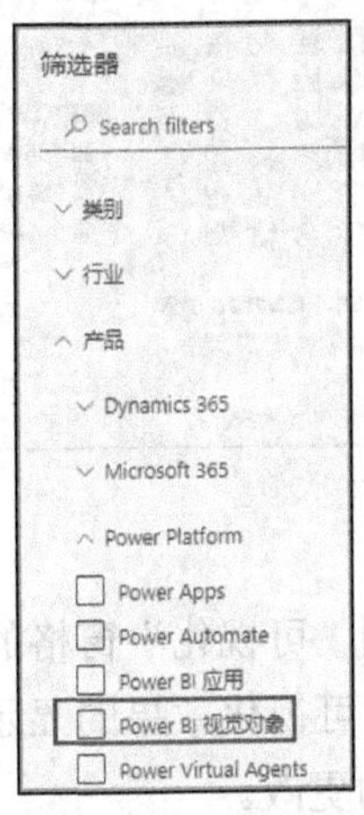

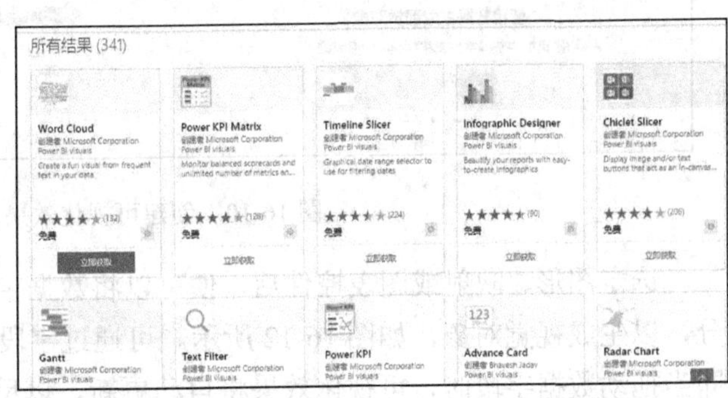

图 16-7　从 AppSource 导入视觉对象

图 16-8　AppSource 中的视觉对象

Step3：单击“立即获取”按钮，输入“单位或学校账户”，登录后即可进行下载，如图 16-9 所示。

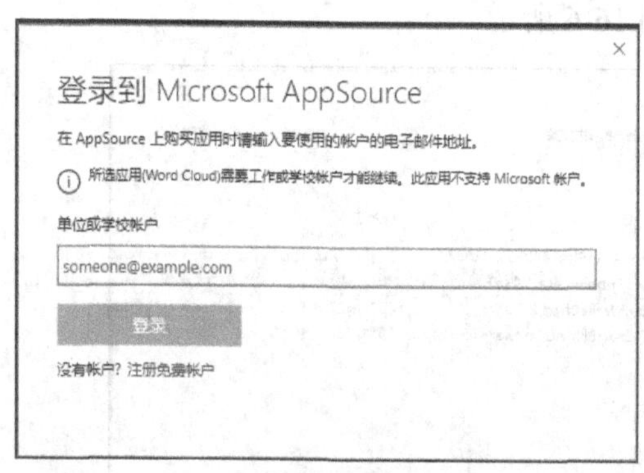

图 16-9　登录下载账户

Step4：完成下载后，在新界面单击该视觉对象下载链接，在后续步骤中根据提示信息操作即可，并将下载的文件保存到合适的位置。

16.2　Power BI 创建可视化效果的基本方式

在 Power BI Desktop 中有两种不同的方式来创建新的可视化效果。一是从“字段”窗格中拖动字段名称，并将它们放在报表画布上。默认情况下，可视化效果显示为数据表，如图 16-10 所示。二是在“可视化”窗格中单击想要创建的可视化控件。如果使用此方法，默认的视觉对象是类似于所选的视觉对象控件的空白占位符，如图 16-11 所示。

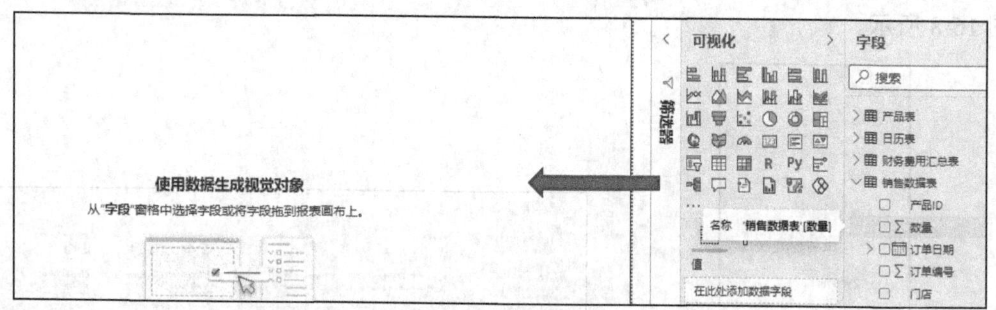

图 16-10　创建可视化效果方式一

选定图形、映射或图表控件后，便可以将数据字段拖动到“可视化”窗格的下半部分，以生成视觉对象，如图 16-12 所示。可通过字段变换更改可视化效果的显示内容，即当拖动数据字段时，可视化效果将自动更新，以反映相应的更改。

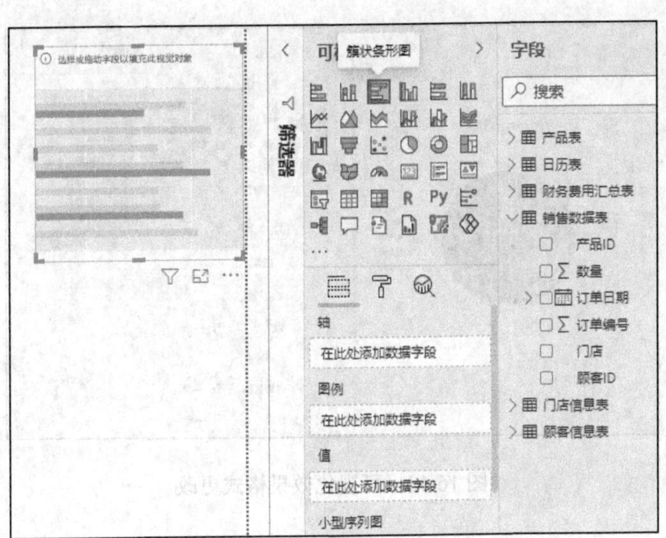

图 16-11　创建可视化效果方式二

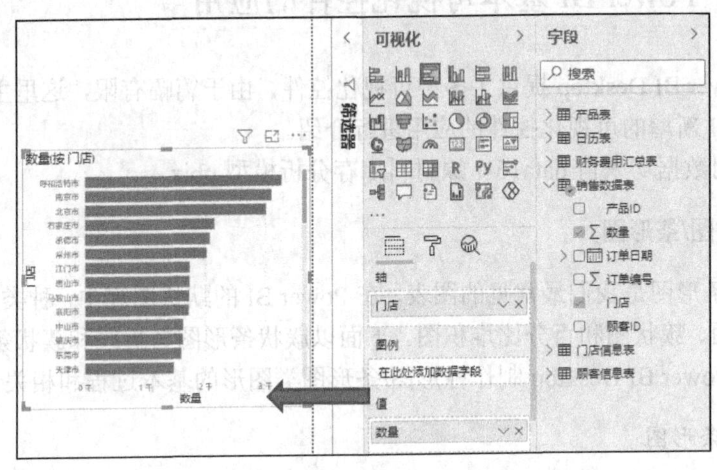

图 16-12　创建可视化效果字段设置

选中需要更改的可视化对象，单击图表，周围出现拉伸图标，拖动图标可修改可视化对象的大小，还可以通过单击和拖动可视化对象将其移到画布上的任意位置。如果想在不同类型的可视化对象之间进行转换，那么在选定想要更改的可视化对象后，从“可视化”效果窗格中选择其他的可视化对象即可。

单击“可视化”效果窗格上的“格式”按钮，可以对选择的可视化对象进行外观上的更改，如背景、对齐方式、标题文本和数据颜色。进行外观更改的可用选项根据所选的视觉对象类型的不同而不同，如图 16-13 所示。

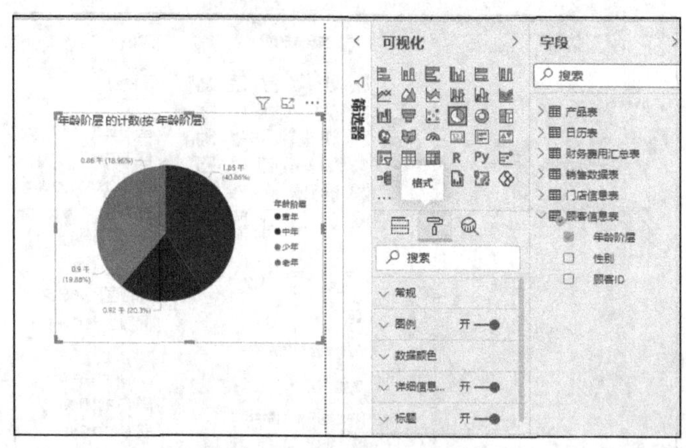

图 16-13　可视化效果格式更改

16.3　Power BI 基本可视化控件的应用

前述 Power BI Desktop 提供了多种可视化控件，由于篇幅有限，这里主要对一些常用和 Power BI 新增的可视化控件的应用进行介绍。

本节所用数据均来自 data16-1 原材料库存分析模型.pbix。

16.3.1　柱形图/条形图

柱形图/条形图是我们最常见的图表，在 Power BI 的默认图表中，种类也是最多的，又分为堆积图、簇状图和百分比堆积图。下面以簇状条形图与折线和簇状条形组合图为例介绍利用 Power BI Desktop 制作柱形图/条形图类图形的基本过程和相关说明。

1. 簇状条形图

簇状条形图用于将不同含义的条形图组合成一张图表，将这些条形图以相邻位置摆放显示，适用于不用分类系列之间的对比。

（1）簇状条形图属性

簇状条形图的各种属性分别如表 16-1～表 16-3 所示。

表 16-1　簇状条形图“字段”属性

序号	选项	描述
1	轴	*X* 轴的分类
2	图例	只能选择一列，显示分类中各个系列
3	值	*Y* 轴统计值

表 16-2　簇状条形图“格式”属性

序号	选项	描述
1	X 轴	实现 *X* 轴间距、字体大小、颜色、标题等属性的自定义调整
2	Y 轴	实现 *Y* 轴位置、数据范围、字体大小、颜色、标题等属性的自定义设置
3	数据颜色	实现图形颜色的设置
4	数据标签	实现数据标签的字体大小、颜色、单位等属性的自定义设置
5	绘图区	实现背景图片及其透明度的自定义设置

表 16-3　簇状条形图“分析”属性

序号	选项	描述
1	恒定线	增加自定义参考线并进行样式设置
2	最小值线	增加最小值参考线并进行样式设置
3	最大值线	增加最大值参考线并进行样式设置
4	平均值线	增加平均值参考线并进行样式设置
5	中值线	增加中位数参考线并进行样式设置
6	百分位数线	增加百分位参考线并进行样式设置

（2）操作示例

绘制簇状条形图只需要设置轴、图例和值三个字段即可，具体的操作步骤如下。

Step1：导入示例文件，单击“可视化”效果窗格中的“簇状条形图”按钮，空白的簇状条形图会自动显示在“报表画布”区域。

Step2：字段设置。将“原材料代码表”中的“原材料名称”和“供应商代码表”中的“供应商名称”两个字段分别移入“轴”和“图例”框中，将“原材料入库表”中的“数量”移入“值”框中，即可生成图 16-14 所示的图表。

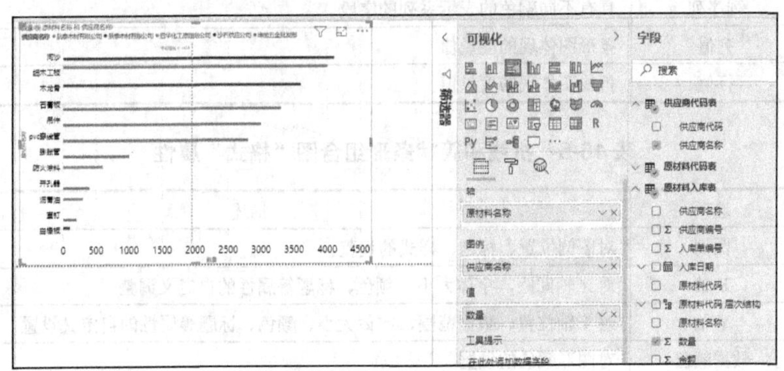

图 16-14　簇状条形图字段设置

Step3：单击“可视化”效果窗格上的“格式”按钮，弹出图 16-15 所示的图表格式设置选项，利用这些选项可对视觉对象进行外观上的更改和修饰。

Step4：单击“可视化”效果窗格上的“分析”按钮，弹出图 16-16 所示的分析设置选项，利用这些选项可添加图表辅助分析参考线和数据，如数据平均值线、最大值线和最小值线等。

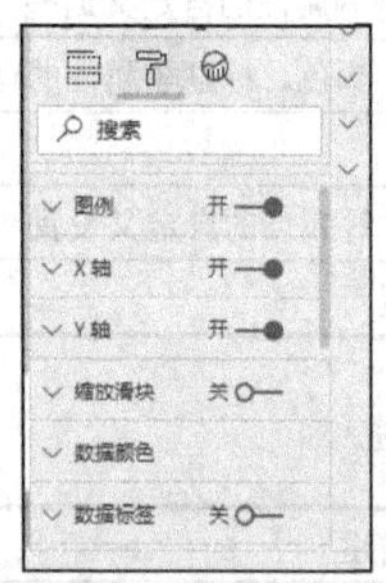

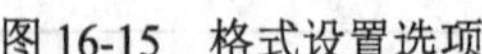

图 16-15　格式设置选项

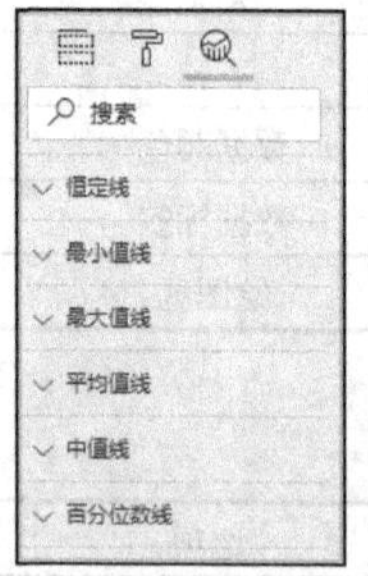

图 16-16　图表分析选项

2. 折线和簇状条形组合图

折线和簇状条形组合图是将折线图和簇状条形图组合在一起的图表，具有折线图和簇状条形图的所有特点，同时，它可以在同一维度上通过折线图和簇状条形图进行不同度量间的对比展示。

（1）折线和簇状条形组合图属性

折线和簇状条形组合图的各种属性如表 16-4 和表 16-5 所示。

表 16-4　折线和簇状条形组合图“字段”属性

序号	选项	描述
1	共享轴	放置于水平轴的分类字段
2	列序列	具有不同颜色的表示系列的字段
3	列值	条形图体现的度量值
4	行值	折线图体现的度量值

表 16-5　折线和簇状条形组合图“格式”属性

序号	选项	描述
1	图例	对图例位置、标题、样式的调整
2	X 轴	对 X 轴间距、字体大小、颜色、标题等属性的自定义调整
3	Y 轴	对 Y 轴位置、数据范围、字体大小、颜色、标题等属性的自定义设置
4	数据颜色	对图形颜色的设置
5	数据标签	对数据标签的字体大小、颜色、单位等属性的自定义设置
6	形状	对图形样式的自定义设置
7	绘图区	对背景图片及其透明度的自定义设置

（2）操作示例

绘制折线和簇状条形组合图需要设置共享轴、列序列、列值和行值四个字段，具体操作步骤如下。

Step1：导入示例文件 data16-1，单击“可视化”效果窗格中的“折线和簇状条形组合图”按钮，添加空白的折线和簇状条形组合图到“报表画布”区域。

Step2：字段设置。将“原材料出库表”中的“原材料名称”字段移入“共享轴”框中，将“度量值表”中的“原材料出库数量”和“原材料出库金额”两个字段分别移入“列值”和“行值”框中，即可生成图 16-17 所示的图表。

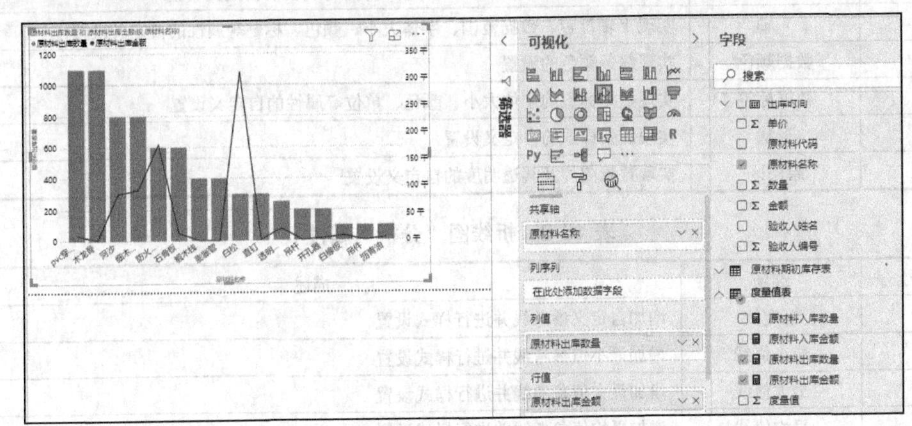

图 16-17　折线和簇状条形组合图

Step3：单击“可视化”效果窗格上的“格式”按钮，对图形标题、坐标轴字体的大小及其他图形外观进行更改和设置等。

16.3.2　折线图

折线图也是最常用的一种图表类型，并且利用折线图和条形图做时间序列分析时通常是可以互换的，但折线图可连接各个单独的数据点，展现数据变化趋势更加简单、清晰。将折线图与条形图结合，可以提供多维度的时间序列分析。

折线图适用于观察数据在一个连续时间段内或者不同类别中的变化趋势，如近一年股价的变化、用户的增长趋势等。Power BI 可以为折线图添加参考线，如平均值线、最大值线、最小值线等。

折线图的局限性在于，当 X 轴的数据类型为无序分类或者 Y 轴的数据类型为连续时间时，不适用；另外，不能修改折线图分类在某区间的特定样式。

（1）折线图属性

折线图的各种属性如表 16-6～表 16-8 所示。

表 16-6　折线图“字段”属性

序号	选项	描述
1	轴	X 轴的分类
2	图例	只能选择一列，显示分类中的各个系列
3	值	Y 轴统计值

表 16-7　折线图“格式”属性

序号	选项	描述
1	X 轴	实现 X 轴间距、字体大小、颜色、标题等属性的自定义调整
2	Y 轴	实现 Y 轴位置、数据范围、字体大小、颜色、标题等属性的自定义设置
3	数据颜色	实现线条颜色的设置
4	数据标签	实现数据标签的字体大小、颜色、单位等属性的自定义设置
5	形状	实现线条样式的自定义设置
6	绘图区	实现背景图片及其透明度的自定义设置

表 16-8　折线图“分析”属性

序号	选项	描述
1	恒定线	增加自定义参考线并进行样式设置
2	最小值线	增加最小值参考线并进行样式设置
3	最大值线	增加最大值参考线并进行样式设置
4	平均值线	增加平均值参考线并进行样式设置
5	中值线	增加中位数参考线并进行样式设置
6	百分位数线	增加百分位参考线并进行样式设置

（2）操作示例

绘制折线图需要设置轴、图例和值三个字段，具体的操作步骤如下。

Step1：导入示例文件，单击“可视化”效果窗格中的“折线图”按钮，添加空白折线图到“报表画布”区域。

Step2：字段设置。将“原材料入库表”中的“入库日期”字段移入“轴”框中，将“金额”字段移入“值”框中，即可生成图 16-18 所示的折线图。

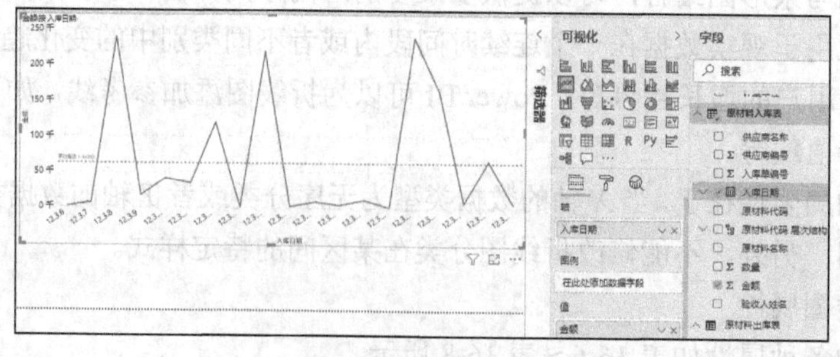

图 16-18　折线图

Step3：单击“可视化”效果窗格中的“格式”按钮，对折线图进行外观上的更改。

Step4：单击“可视化”效果窗格中的“分析”按钮，添加图表辅助分析参考线和数据。

16.3.3　散点图

散点图用于表示相关变量之间的变动关系，它是将数据显示为一组点，值由点在图表中的位置表示，类别由图表中的不同颜色标识，数据大小由图表中的图形大小表示。散点图的局限性在于它仅适用于较少维度数据间的比较。

（1）散点图属性

散点图的各种属性如表 16-9～表 16-11 所示。

表 16-9　散点图“字段”属性

序号	选项	描述
1	详细信息	用于显示明显字段
2	图例	用于显示只有颜色的分类字段
3	X 轴	需要放置于 *X* 轴的字段
4	Y 轴	需要放置于 *Y* 轴的字段
5	大小	用于确定值大小的字段
6	播放轴	用于播放动画效果的字段

表 16-10　散点图“格式”属性

序号	选项	描述
1	X 轴	实现 *X* 轴间距、字体大小、颜色、标题等属性的自定义调整
2	Y 轴	实现 *Y* 轴位置、数据范围、字体大小、颜色、标题等属性的自定义设置
3	形状	实现对散点图形状及大小的设置
4	绘图区	实现对背景图片及其透明度的自定义设置
5	数据颜色	按类别标注图形的颜色

表 16-11　散点图“分析”属性

序号	选项	描述
1	X 轴恒定线	设置恒定线在 *X* 轴的位置、线条样式等
2	Y 轴恒定线	设置恒定线在 *Y* 轴的位置、线条样式等
3	对称底纹	设置上部底纹和下部底纹的颜色等

（2）操作示例

绘制散点图需要设置图例、X 轴、Y 轴和大小四个字段，具体的操作步骤如下。

Step1：导入示例文件，单击“可视化”效果窗格中的“散点图”按钮，添加空白散点图到“报表画布”区域。

Step2：字段设置。将“原材料代码表”中的“原材料名称”字段移入“图例”框中，将“度量值表”中的“原材料出库数量”字段移入“X 轴”和“大小”框中，将“原材料入库数量”字段移入“Y 轴”框中，即可生成图 16-19 所示的图表。

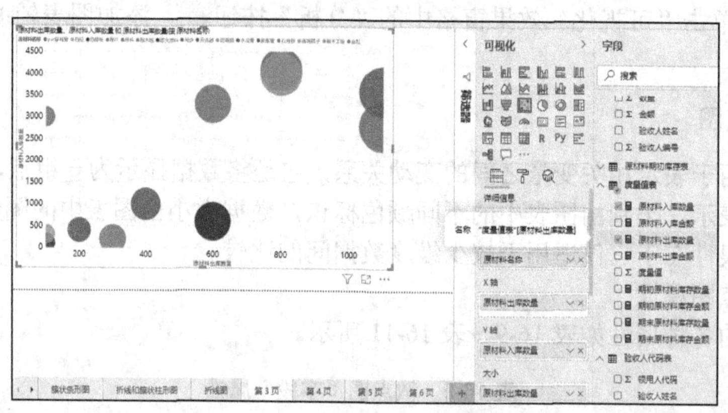

图 16-19　散点图字段设置

Step3：单击“可视化”效果窗格上的“格式”按钮，对散点图进行标题、点的颜色和大小等外观上的更改和修饰。

Step4：单击“可视化”效果窗格上的“分析”按钮，给散点图的 X 轴和 Y 轴加上恒定线，以便于分析。

16.3.4　仪表

仪表可以反映某一指标的目标完成率，简单直观，生动新颖。仪表的局限性在于无法显示完成率，无法根据数据是否达到标准值来自动改变颜色。

（1）仪表属性

仪表的各种属性如表 16-12 和表 16-13 所示。

表 16-12　仪表“字段”属性

序号	选项	描述
1	值	通常为已完成量
2	最小值	仪表中的最小值
3	最大值	仪表中的最大值
4	目标值	仪表中的目标值

表 16-13　仪表“格式”属性

序号	选项	描述
1	测量轴	实现对图形最小值、最大值和目标值的设置
2	数据颜色	实现对图形的颜色设置
3	数据标签	实现对最大值、最小值颜色及字体大小等的设置
4	目标	实现对目标值颜色、字体大小等的设置
5	标注值	实现对标注值颜色、显示单位等的设置

（2）操作示例

绘制仪表需要设置值、最小值、最大值和目标值四个字段，具体的操作步骤如下。

Step1：导入示例文件，单击“可视化”效果窗格中的“仪表”按钮，添加空白仪表到“报表画布”区域中。

Step2：字段设置。在本例中，只需将“度量值表”中的“期末原材料库存数量”字段移入“值”框中即可，如图 16-20 所示。默认情况下，仪表的最小值为 0，最大值为跟踪数据的 2 倍，因此弧正好在正中央，将图表分割为两部分。如果要调整最大值和展示目标值，还需要设置视觉对象的格式。

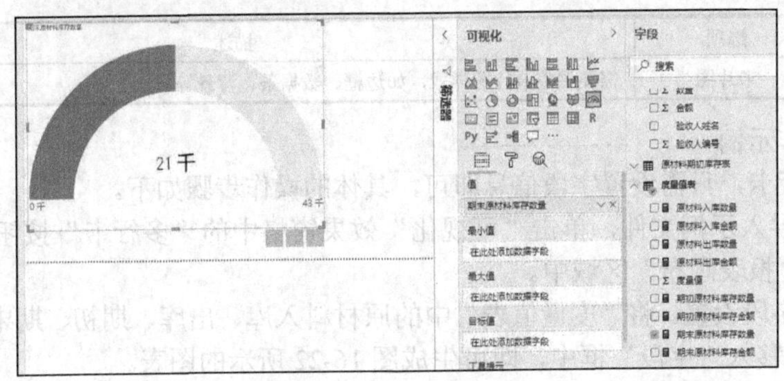

图 16-20　仪表字段设置

Step3：单击“可视化”效果窗格上的“格式”按钮，在弹出的下拉列表中选择“测量轴”选项，根据数据特征将最小值设为 0，最大值设为 42000，目标值设为 25000，如图 16-21 所示。最后将图形背景色设置为“白色 10%深色”。

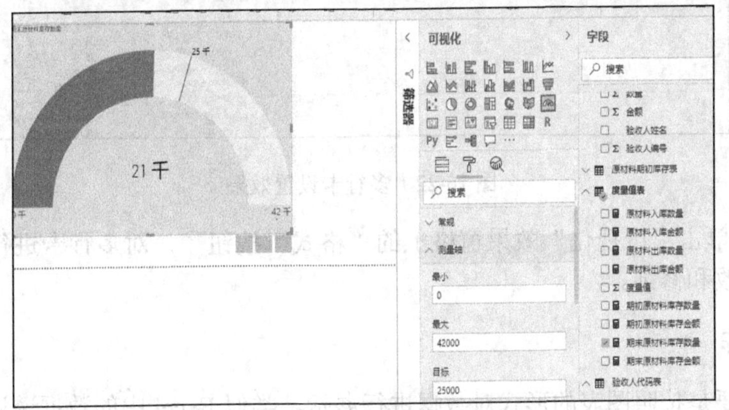

图 16-21　仪表测量轴设置

16.3.5　多行卡

多行卡是卡片图的延伸，用于显示在 Power BI 仪表盘或报表中想要跟踪的一组最重要的信息，一般布局于报表顶部显眼的位置，起强调作用。多行卡的局限性在于，不能在指标前添加图表，不能根据数字的大小范围实现红绿灯指示效果，类别标签不能调整位置。

（1）多行卡属性

多行卡的各种属性如表 16-14 和表 16-15 所示。

表 16-14　多行卡“字段”属性

序号	选项	描述
1	字段	需要显示的一组数据

表 16-15　多行卡“格式”属性

序号	选项	描述
1	卡片图	需要调整卡片图样式，如边框、数据条、背景等

（2）操作示例

创建多行卡，只需设置字段信息即可，具体的操作步骤如下。

Step1：导入示例文件，单击“可视化”效果窗格中的“多行卡”按钮，添加空白多行卡到“报表画布”区域中。

Step2：字段设置。将“度量值表”中的原材料入库、出库、期初、期末数量和金额 8 个字段全部移入“字段”框中，即可生成图 16-22 所示的图表。

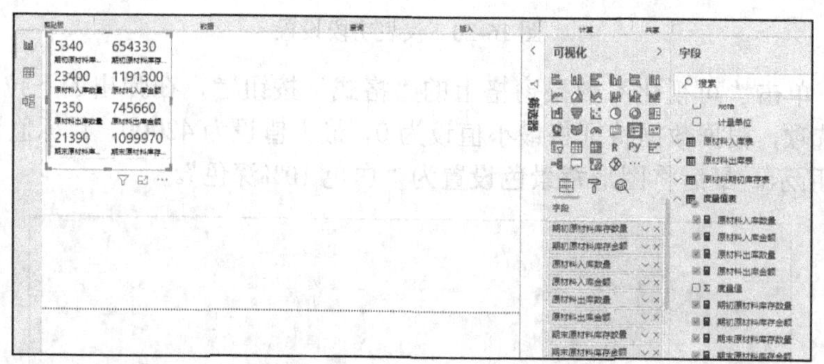

图 16-22　多行卡设置效果

Step3：单击“可视化”效果窗格上的“格式”按钮，对多行卡进行字体大小和外观上的更改和修饰。

16.3.6　矩阵

矩阵主要是按照图表的形式对数据进行展示，类似 Excel 中的数据透视表。矩阵自动把字段中相同名称的列进行聚合，不会出现名称相同的数据列。控件中的行数和列数分别由每个行组和列组中的唯一值个数确定。

（1）矩阵属性

矩阵的各种属性如表 16-16 和表 16-17 所示。

表 16-16　矩阵“字段”属性

序号	选项	描述
1	行	以行形式展示数据
2	列	以列形式展示数据
3	值	矩阵统计的数字

表 16-17　矩阵“格式”属性

序号	选项	描述
1	样式	调整矩阵样式
2	网格	调整矩阵网格线样式
3	列标题	调整矩阵列标题样式
4	行标题	调整矩阵行标题样式
5	值	调整矩阵内容样式
6	小计	调整矩阵小计样式
7	总计	调整矩阵总计样式

（2）操作示例

创建矩阵，需要设置行、列和值三个字段，具体的操作步骤如下。

Step1：导入示例文件，单击“可视化”效果窗格中的“矩阵”按钮，添加空白矩阵到“报表画布”区域中。

Step2：字段设置。将“原材料代码表”中的“原材料名称”字段移入“行”框中，将“度量值表”中的“期初原材料库存数量”“原材料入库数量”“原材料出库数量”“期末原材料库存数量”依次移入“值”框中，即可生成图 16-23 所示的矩阵表。从本表可以看出，年度内各种原材料期初、期末库存数量及本期的入库和出库数量。

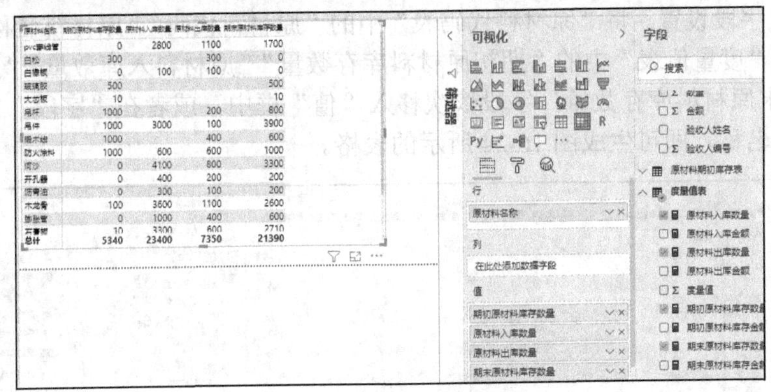

图 16-23　完成的矩阵表

Step3：单击“可视化”效果窗格上的“格式”按钮，对矩阵表进行外观上的更改和设置。

16.3.7 表

表是以行和列表示的包含相关数据的网络，包含表头和合计行，在表中可以进行数量比较，也可以查看各分类下的数据值，用表展示数据比图形更精确。

（1）表属性

表的各种属性如表 16-18 和表 16-19 所示。

表 16-18 表“字段”属性

序号	选项	描述
1	值	表要显示的列

表 16-19 表“格式”属性

序号	选项	描述
1	格式	调整表的样式
2	网格	调整表的网格线样式
3	列标题	调整表的列标题样式
4	值	调整表的内容样式
5	总数	调整表的总计行样式
6	字段格式设置	调整每列的内容样式
7	条件格式	调整符合条件的数据样式，高级控件还可以调整正负值颜色等内容

（2）操作示例

创建表，只需要设置值字段即可，具体的操作步骤如下。

Step1：导入示例文件，单击“可视化”效果窗格中的“表”按钮▦，添加空白表到“报表画布”区域中。

Step2：字段设置。将“原材料代码表”中的“原材料代码”“原材料名称”“计量单位”字段和“度量值表”中的“期初原材料库存数量”“原材料入库数量”“原材料出库数量”“期末原材料库存数量”字段依次移入“值”框中，或者在“字段”窗格中选中相应的字段名称，即可生成图 16-24 所示的表格。

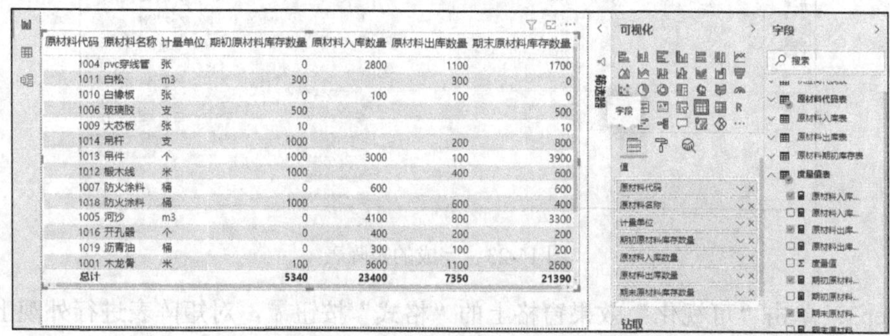

图 16-24 表制作效果

Step3：单击“可视化”效果窗格上的“格式”按钮，对初始表格的样式、网格和字体大小及颜色等进行外观上的更改。

16.3.8 切片器

切片器用于筛选页面中可视化显示的数据，从而查看指定范围内的数据。切片器是筛选的一种替代方法。

（1）切片器属性

切片器的各种属性如表 16-20 和表 16-21 所示。

表 16-20 切片器“字段”属性

序号	选项	描述
1	字段	需要筛选的字段

表 16-21 切片器“格式”属性

序号	选项	描述
1	选择控件	“单项选择”开关和指定是否显示“全选”选项
2	页眉	调整页眉文本显示样式
3	项目	调整文本显示样式

（2）操作示例

添加切片器，只需要设置一个字段，具体的操作步骤如下。

Step1：导入示例文件，单击“可视化”效果窗格中的“切片器”按钮，添加空白切片器到“报表画布”区域中。

Step2：字段设置。将“原材料入库表”中的“年份”“月份”“日期”字段移入“字段”框中，即可生成如图 16-25 所示的图表。

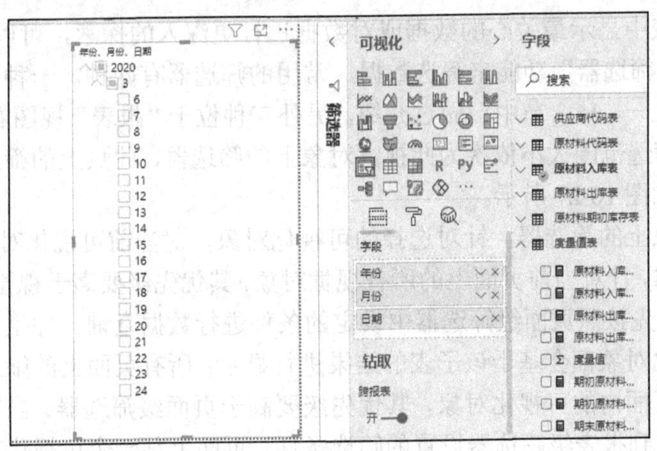

图 16-25 切片器添加效果

Step3：单击“可视化”效果窗格上的“格式”按钮，在展开的工具栏中选择“项目”工具，将切片器的字体颜色设置为“黑色”，字体大小设置为14号。

Step4：筛选数据。在报表中绘制柱形图，利用切片器可以选择不同时间范围的原材料入库数量数据进行显示，如选择6～8日来自不同供应商的原材料入库数量，得到的图形如图16-26所示。

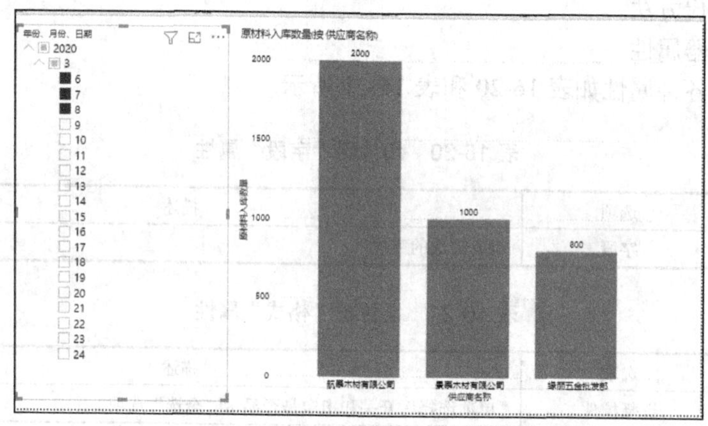

图16-26　带有切片器的可视化对象

16.4　Power BI 筛选器、层次结构与交互分析

16.4.1　筛选器

1. 筛选器的种类

为了在报表中显示最关心的数据或对数据进行更深入的探索，可以使用Power BI Desktop中的“筛选器”功能来筛选数据，常用的筛选器有四种。一种是切片器，它属于可视化对象之一，16.3节中已做过介绍。另外三种位于“报表”视图右侧的“筛选器”窗格中，按照筛选范围大小依次为此视觉对象上的筛选器，此页上的筛选器和所有页面上的筛选器，如图16-27所示。

此视觉对象上的筛选器，针对选择的可视化对象，对当前可视化对象起过滤作用；此页上的筛选器，针对当前页面上的所有视觉对象，其优先级要高于视觉对象级筛选器，即Power BI会先按照页面级筛选器中设定的条件进行数据查询，并生成一个子表，页面当中的可视化对象都会基于该子表的结果进行显示；所有页面上的筛选器则是针对当前报表中所有页面内的可视化对象，其优先级要高于页面级筛选器，当在不同页面切换数据时，可以看到报表级筛选器设置的筛选条件。页面上某一个可视化对象显示的数据取决于三个筛选器共同作用的结果。

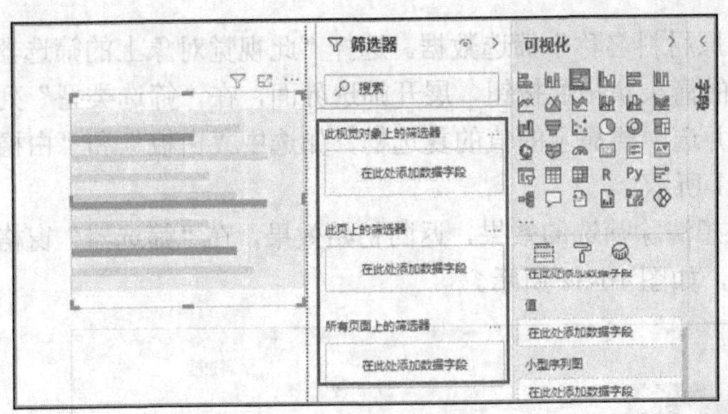

图 16-27　筛选器及其种类

通过筛选器，可以使用“基本筛选”、“高级筛选”和“前 N 个”选项限定不同的筛选范围，如图 16-28 所示。其中，基本筛选是将字段中的所有非重复值都罗列出来供用户选择，选中意味着 Power BI 会按照该条件来过滤数据，没有选中的值不会出现在可视化对象中；高级筛选允许用户创建一定的查询规则来获取所需过滤显示的数据，不同类型的字段所提供的高级筛选条件不尽相同，如文本字段和日期字段的筛选条件分别如图 16-29 和图 16-30 所示。

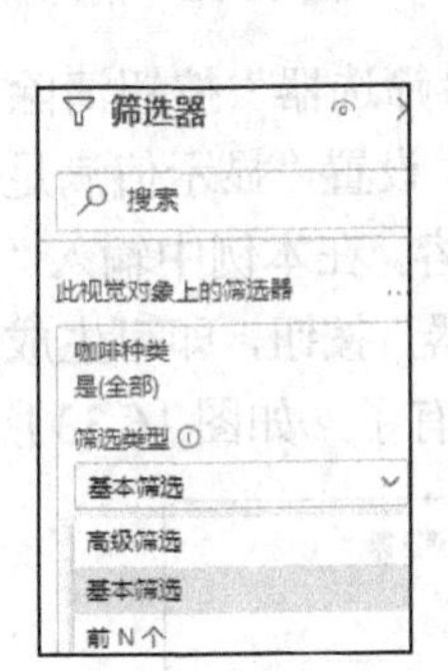

图 16-28　筛选范围设定选项

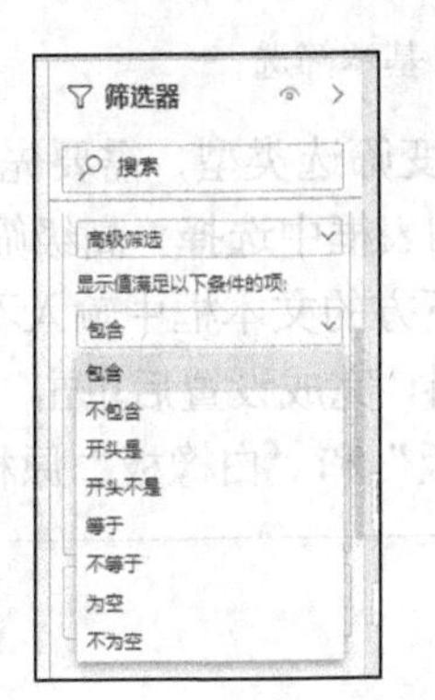

图 16-29　文本字段筛选条件

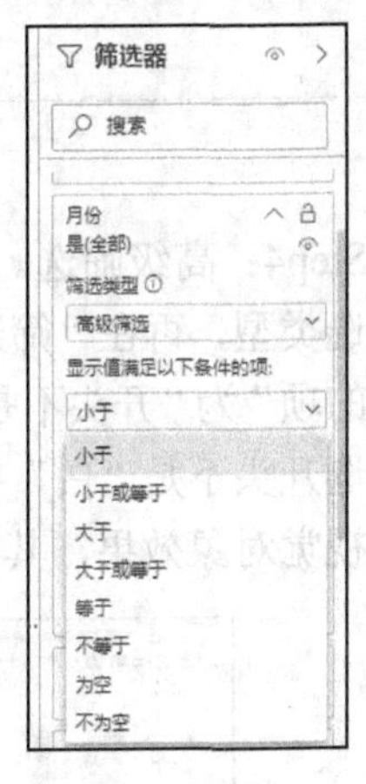

图 16-30　日期字段筛选条件

2. 筛选器应用实例

在 Power BI Desktop 中不同筛选范围的筛选器在筛选方式上完全一致，在具体操作上基本类似，只是在利用页面筛选器和报表筛选器筛选数据时需要指定筛选字段。筛选字段必须是在同一页面或同一报表的所有视觉对象中同时出现的字段。下面以视觉对象筛选器的应用为例，介绍 Power BI Desktop 筛选器中三种筛选方式的实际应用。

Step1：导入示例文件，单击“报表”视图中的“折线与簇状条形组合图”按钮。

Step2：按“原材料名称”筛选数据。选择“此视觉对象上的筛选器”下的“原材料名称”字段右侧的箭头状拓展按钮，展开筛选界面，在“筛选类型”列表框中选择“基本筛选”选项，并选中要显示的值的复选框，如选中“白板”和“白橡板”复选框，筛选结果如图 16-31 所示。

Step3：如果想清除筛选的效果，返回初始效果，在“筛选器”窗格中单击“清除筛选器”按钮即可，如图 16-32 所示。

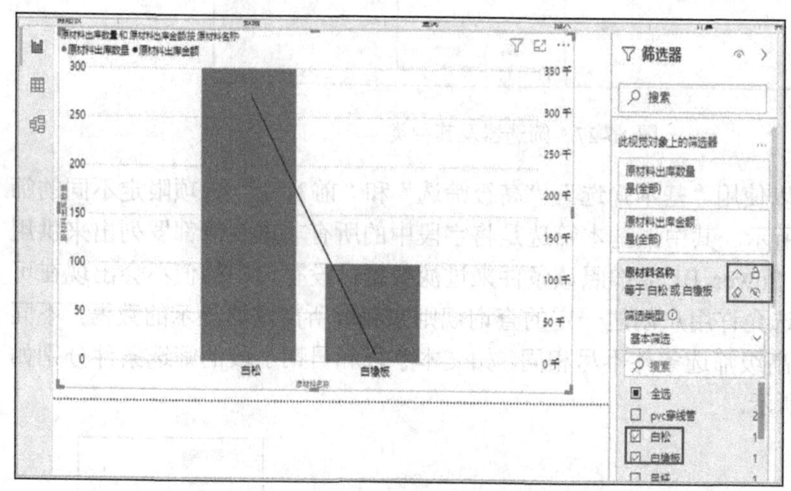

图 16-31　基本筛选

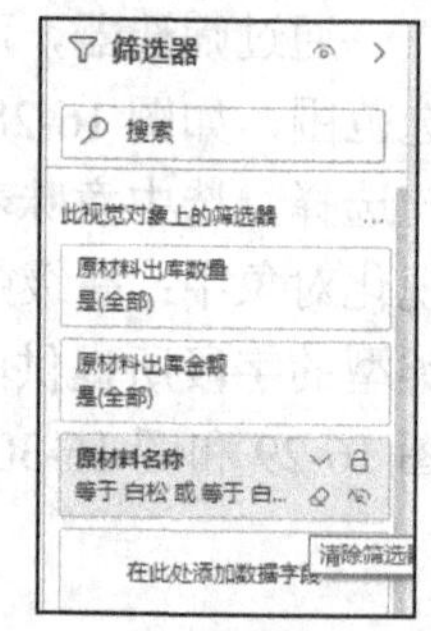

图 16-32　清除筛选器

Step4：高级筛选。如果想改变筛选类型，需要先单击“清除筛选器”按钮清除目前的筛选类型，再在“筛选类型”列表框中选择“高级筛选”选项，设置“显示值满足以下内容的项”为“开头不是”，并在下方的文本框中输入不包含的内容，在本例中输入“白”，即筛选开头不是“白”字的原材料，完成设置后单击“应用筛选器”按钮，即可生成筛选后的视觉对象效果，其中的“白板”和“白橡板”原材料已经没有了，如图 16-33 所示。

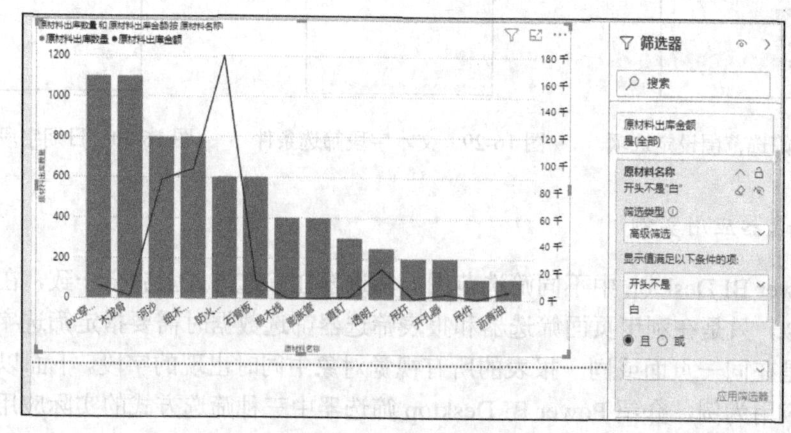

图 16-33　高级筛选效果

Step5：除了前面应用到的“基本筛选”和“高级筛选”筛选方式，还有一种“前 N 个”筛选方式，该方式用于筛选排名前 N 项和最后 N 项的数据，具体可参照“基本筛选”和“高级筛选”的操作方法。

16.4.2　层次结构

层次结构是指具有上下级关系的两个或多个数据组成的结构，这个结构可以作为一个普通的数据列来创建可视化对象，并且使得构造的数据可以按照层级关系进行浏览。在 Power BI 中最典型的层次结构就是日期结构，如日期的层次结构可以定义为年、季、月和日等。默认情况下，在导入数据时，Power BI Desktop 会对数据集中具有层次关系的数据列自动建立层次结构。当自动建立的层次结构不能满足需要时，用户可自行建立层次结构。

下面以 data16-1 中“原材料入库表”中的原材料入库时间为例，说明建立层次结构的操作步骤。

Step1：导入示例文件，在“原材料入库表”中的“年份”字段上右击，在弹出的快捷菜单栏中选择“新的层次结构”命令，就会发现在“原材料入库表”的字段中多了一个“年份层次”结构集合，下面只包括“年份”，如图 16-34 所示。按同样的方法在要新建层次结构的字段上右击，可创建其他层次结构。

Step2：选择“月份”字段，右击，在弹出的快捷菜单中选择“添加到层次结构”命令，将其添加至新创建的层次结构中，如图 16-35 所示。按同样的方法将“日期”字段也添加至该层次结构中。当新建了层次结构后，在要加入层次结构的字段上右击，在弹出的快捷菜单中选择“添加到层次结构”命令，Power BI 会自动将该字段加入新建的层次结构中。

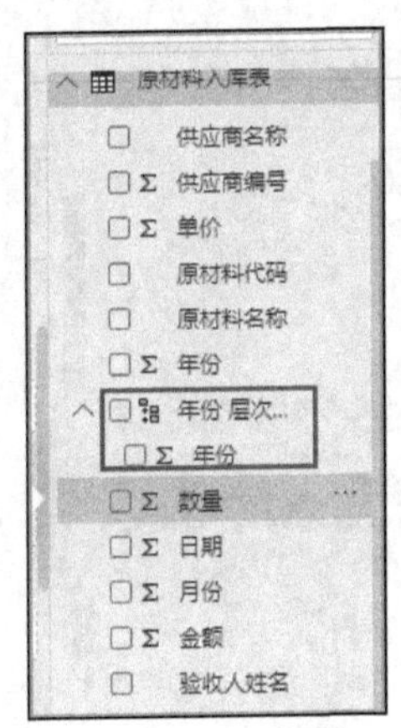

图 16-34　新建层次结构

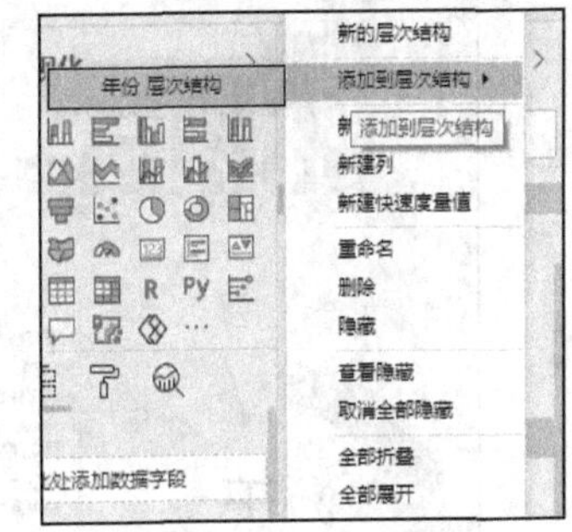

图 16-35　添加“月份”到新的层次结构中

Step3：重命名层次结构。选定新创建的“年份”层次结构，右击，在弹出的快捷菜单中选择“重命名”命令，将“年份”层次结构名称改为“原材料入库时间”。

Step4：把“原材料入库时间”层次结构放入“原材料入库数量”折线图中的 X 轴上，图表右下角就多了一排“钻取”按钮，如图 16-36 所示。单击向上、向下箭头按钮可以实现层次钻取数据，从而可以在“年份月份”和“年份月份日期”时间结构之间切换视图。要展开全部数据，则单击 按钮以展开层次结构中所有级别。

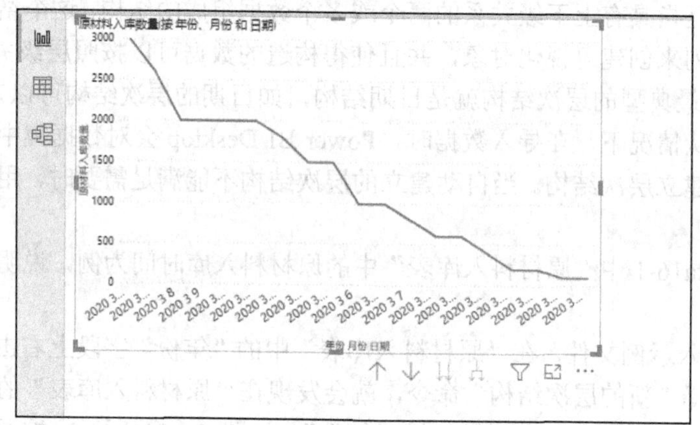

图 16-36　数据钻取

16.4.3　交互分析

交互分析是 Power BI 所具有的一大特色。交互就是各视觉对象之间可以相互交流和沟通，Power BI 中的默认图表之间可以实现交互分析。

例如，在图 16-37 所示的画布中有折线和簇状条形组合图、瀑布图、仪表等多个可视化视觉对象。

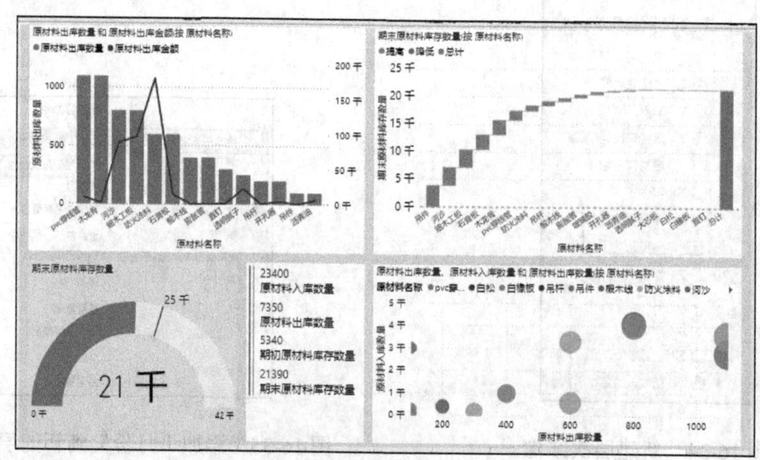

图 16-37　画布

当在画布中单击“折线和簇状条形组合图”中的“防火涂料”时，画布中所有的图表都会显示原材料为“防火涂料”的数据情况，如图 16-38 所示。

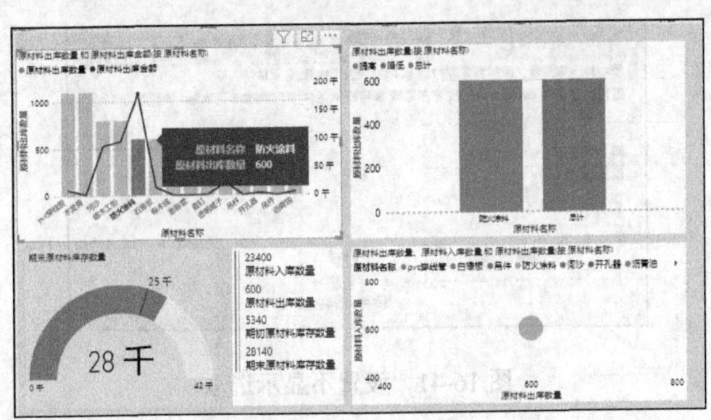

图 16-38　图表互动

如果要更改图表之间的交互关系，则可以自定义交互方式，即在“格式”选项卡中单击“编辑交互”按钮完成更改，如图 16-39 所示。

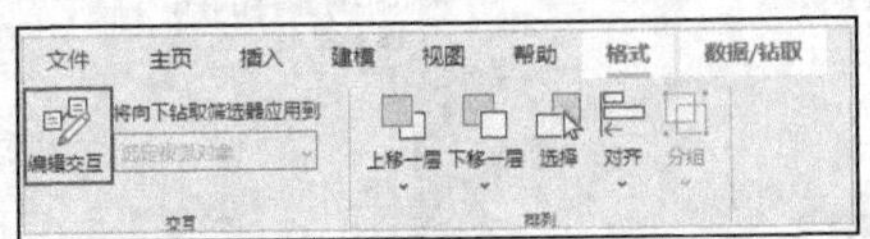

图 16-39　“编辑交互”按钮

例如，要使画布中的“散点图”不响应筛选操作，即在其他视觉对象变化的情况下散点图保持不变，可按以下步骤操作。

Step1：在画布中选中任意一个视觉对象，如“瀑布图”，然后依次单击窗口顶部工具栏中的“格式”→“编辑交互”按钮，Power BI Desktop 会将“筛选器”、“突出显示”和“无”交互三个数据交互按钮添加到报表页面上的其他视觉对象中。因为有些视觉对象无法突出显示数据，所以只会出现“筛选器”和“无”交互两个按钮，如图 16-40 所示。

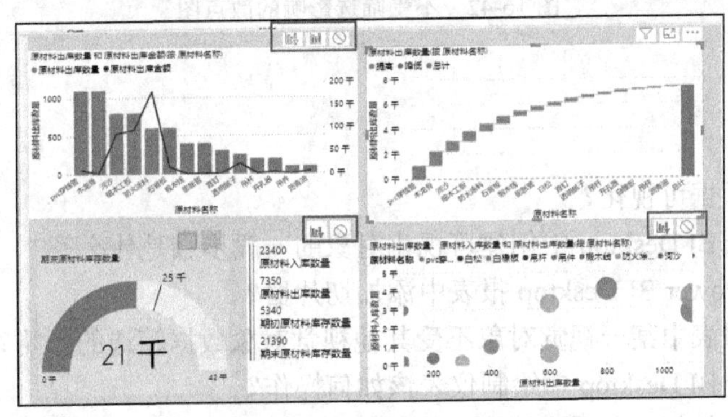

图 16-40　添加数据交互按钮

Step2：如果不希望筛选散点图中的数据，可单击散点图右上角数据交互按钮组中的“无”按钮，如图 16-41 所示。

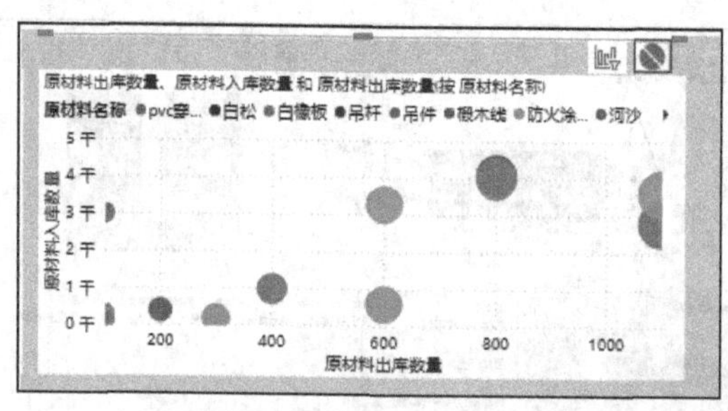

图 16-41　设置不显示选项

Step3：设置完成后，在“瀑布图”中单击某个数据条，可发现“散点图”已经不受筛选的影响，图形不会发生任何变化，如图 16-42 所示。如果要取消“不受筛选影响”的设置，单击“筛选器”按钮即可。

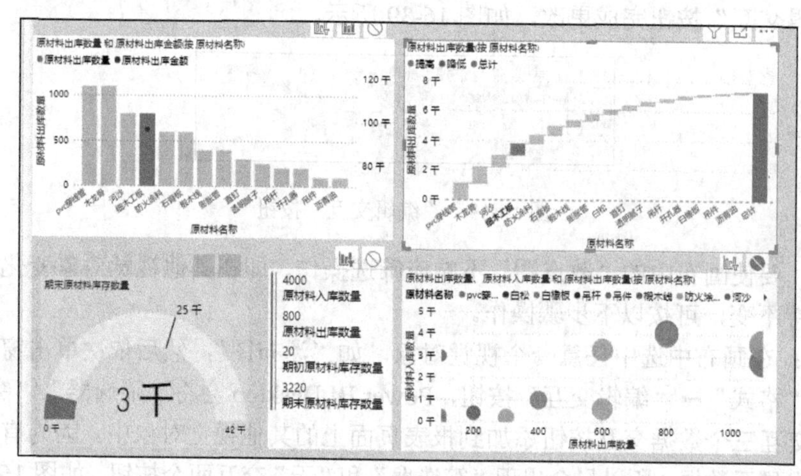

图 16-42　不受筛选影响的散点图

习　　题

1．什么是数据可视化？
2．在 Power BI Desktop 中创建可视化对象的一般步骤是什么？
3．如何在 Power BI Desktop 报表中添加切片器？
4．如何使报表中某一视觉对象不受其他视觉对象数据筛选的影响？
5．在 Power BI Desktop 中绘制仪表该如何操作？
6．在报表中如何建立层次结构？请举例说明。

参 考 文 献

陈剑，2020．Power BI 数据清洗与可视化交互式分析[M]．北京：电子工业出版社．
杜强，贾丽艳，严先锋，2014．SPSS 统计分析：从入门到精通[M]．2 版．北京：人民邮电出版社．
杜智敏，2010．抽样调查与 SPSS 应用[M]．北京：电子工业出版社．
耿勇，2017．Excel 数据处理与分析实战宝典[M]．北京：电子工业出版社．
韩小良，2019．Power Query 智能化数据汇总与分析[M]．北京：中国水利水电出版社．
胡平，崔文田，徐青川，2007．应用统计分析教学实践案例集[M]．北京：清华大学出版社．
黄本春，李国柱，2010．统计学实验教程[M]．北京：中国经济出版社．
贾俊平，何晓群，金勇进，2007．统计学[M]．3 版．北京：中国人民大学出版社．
金立钢，2019．Power BI 数据分析报表设计和数据可视化应用大全[M]．北京：机械工业出版社．
李洪成，2010．SPSS 18 数据分析基础与实践[M]．北京：电子工业出版社．
梁彦冰，崔雪松，2010．SPSS 15.0 统计分析与实践应用宝典[M]．北京：中国铁道出版社．
林杰斌，林川雄，刘明德，2006．SPSS12 统计建模与应用实务[M]．北京：中国铁道出版社．
林书明，2020．Excel 革命！超级数据透视表 Power Pivot 与数据分析表达式 DAX 快速入门[M]．北京：电子工业出版社．
龙马高新教育，2020．Excel 2019 从新手到高手[M]．北京：人民邮电出版社．
马世权，2018．从 Excel 到 Power BI 商业智能数据分析[M]．北京：电子工业出版社．
迈克尔·亚历山大，2019．中文版 Excel 2019 宝典[M]．赵利通，梁原，译．10 版．北京：清华大学出版社．
牟恩静，李杰臣，2019．Power BI 智能数据分析与可视化：从入门到精通[M]．北京：机械工业出版社．
神龙工作室，2015．Excel 2013 数据处理与分析[M]．北京：人民邮电出版社．
王德宝，2019．Excel 报表一劳永逸（数据+函数+表格）[M]．北京：清华大学出版社．
王国平，2018．SPSS 统计分析与行业应用实战[M]．北京：清华大学出版社．
王国平，2021．Microsoft．Power BI 数据建模与可视化快速上手[M]．北京：清华大学出版社．
吴培乐，2012．经济管理数据分析实验教程：SPSS 18.0 操作与应用[M]．北京：科学出版社．
武松，潘发明，等，2014．SPSS 统计分析大全[M]．北京：清华大学出版社．
薛薇，2013．SPSS 统计分析方法及应用[M]．3 版．北京：电子工业出版社．
袁卫，庞皓，曾五一，等，2006．统计学习题与案例[M]．北京：高等教育出版社．
张立军，任英华，2009．多元统计分析实验[M]．北京：中国统计出版社．
张婷婷，2020．Excel 2019 应用大全[M]．北京：机械工业出版社．
张煜，2020．Power BI 数据分析从零开始[M]．北京：清华大学出版社．
职场无忧工作室，2020．Excel 2019 办公应用入门与提高[M]．北京：清华大学出版社．
Excel Home，2013．Excel 2010 数据透视表应用大全[M]．北京：人民邮电出版社．
Excel Home，2018．Excel 2016 应用大全[M]．北京：北京大学出版社．